克里姆林宫的信件

斯大林与丘吉尔、罗斯福的战时通信

THE KREMLIN LETTERS
1941-1945　Ⅰ

〔英〕戴维·雷诺兹
〔俄〕弗拉基米尔·佩恰特诺夫　编著
云晓丽｜译

天地出版社｜TIANDI PRESS

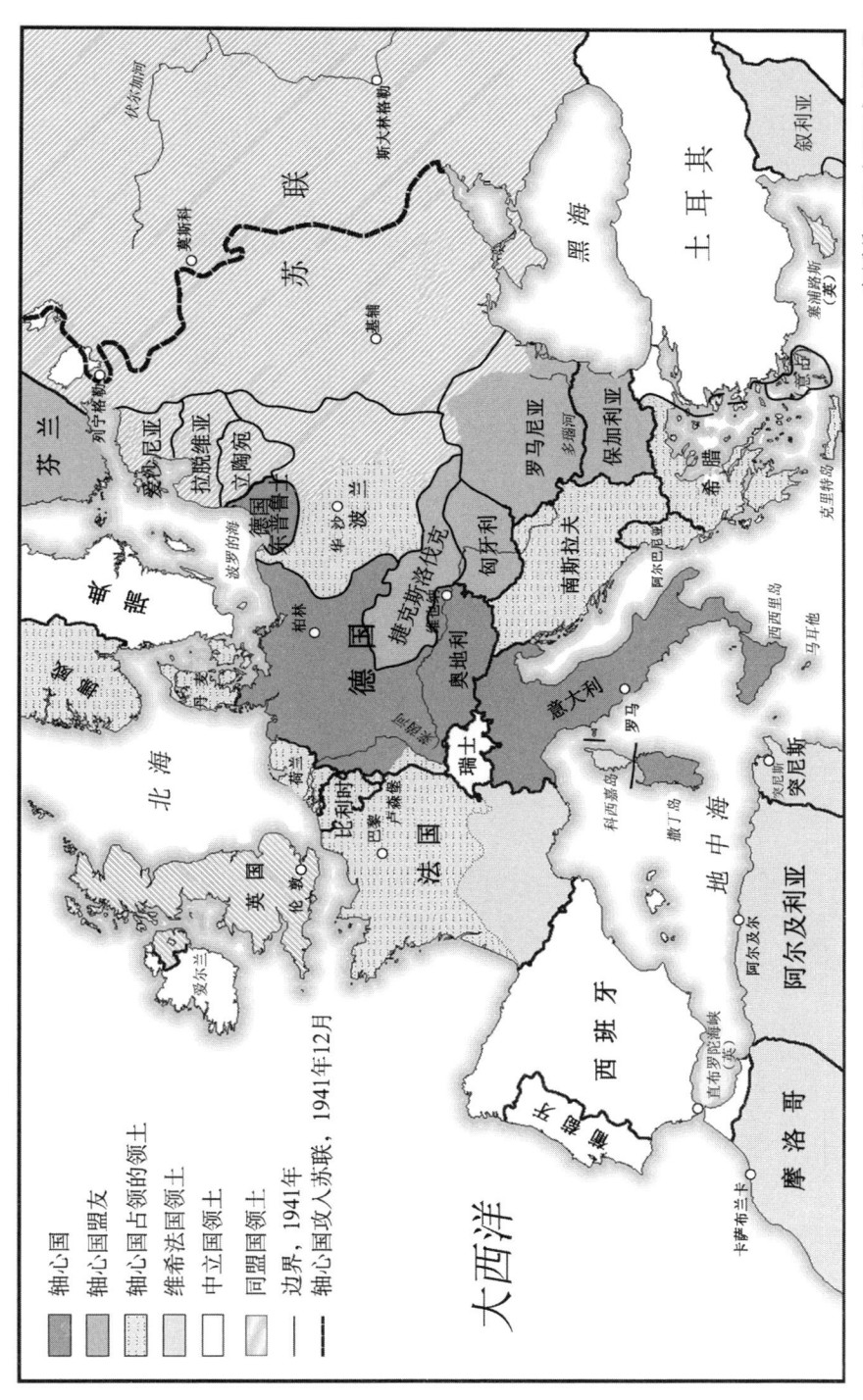

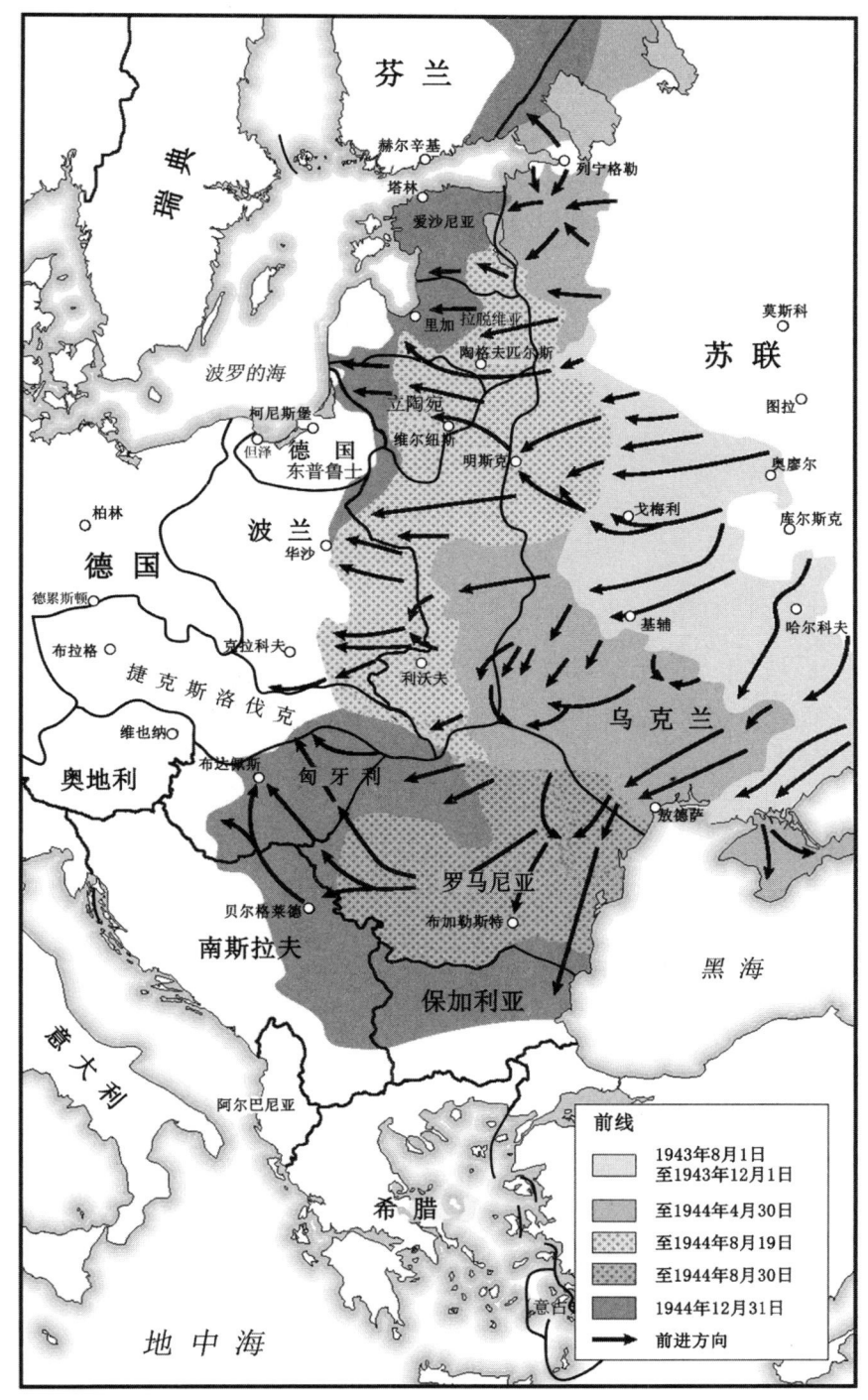

☆ ☆ ☆ ☆ ☆

……我认为我能够比您的外交部或我的国务院更好地应对斯大林。斯大林对你们的高层人物有成见。他感觉他更喜欢我,我希望他继续这样。

罗斯福致丘吉尔(1942 年 3 月 18 日)

如果斯大林和我每周能见一次面,就不会有各种隔阂。我们一见如故,相处得很融洽。

丘吉尔与科林·库特的谈话(1944 年 1 月 27 日)

我深知在外交史上,从未有过像我们这样如此紧密团结的三大国联盟,盟友能够如此坦诚地表达自己的观点。

斯大林在雅尔塔会议上的谈话(1945 年 2 月 8 日)

导 言

他们三个人，最不可能桃园三结义。一个是英国贵族和美国家族继承人的后代，热衷于捍卫等级制度和帝国。一个是来自哈德逊河谷的神秘"乡绅"，政治上进步，痴迷于欧洲帝国主义。还有一个是冷酷坚韧的革命者，现在，决心在一个充满敌意的世界里，逐步建立自己的影响力和自己国家的威望。然而，在近4年的时间里，"三巨头"领导了历史上最有效的联盟，在1941年至1942年残酷的冬天里克服了重重困难，到1945年，战胜了希特勒的种族灭绝政权，战胜了意大利和日本等轴心国。更重要的是，这个令人难以置信的三人组合，每一个人都被另外两个人所吸引，真正尝试着以独特的方式建立个人关系。正如本书将展示的那样，他们的三角外交关系，决定了第二次世界大战的结果。

温斯顿·丘吉尔、富兰克林·罗斯福和约瑟夫·斯大林，在1941年6月22日希特勒入侵苏联至1945年4月12日罗斯福突然去世之间，相互往来了682封信。这些信件，有些是冗长的政策性文件，有些只是闲谈，对聊前线的新闻简报，另一些是简短的确认通知、致谢或供应物资清单。《克里姆林宫的信件》刊载了他们最重要的往来信函，占信件总数的一半多，包括那些揭示三位伟人性格和他们会面计划的信函，以及关于第二战场、北极护航船队和战后势力范围等核心问题的往来信件。所有信件将会在今后的网络在线版本中展示。

1957年，苏联政府首次出版了三巨头的信件，有俄文版和内容既全面又准确的英文翻译本。[1]这项工作是斯大林本人在1950年发起的，作为他反驳西方"歪曲历史"运动的一部分。但在1951年末，临近出版时，这个项目突然被放弃了，直到赫鲁晓夫时代才出版，由外交部长安德烈·葛罗米柯担任主编。据推测，也许仅仅是因为两位译者都是英国人。盖伊·伯吉斯和唐纳德·麦克莱恩都毕业于剑桥大学，当时居住在莫斯科，他们对英文文本稍微作了润色。苏联是第一个出版原始文献的国家，而且译文如此准确，这不符合西方冷战思维下对专制主义的苏联人的刻板印象。莫斯科之所以着急出版这些信件，是因为注意到了丘吉尔和其他西方战争回忆录作者的用意和态度，他们选择性地使用斯大林的信件，弱化在击败希特勒的战争中苏联所起的巨大作用。[2]

然而，这些文献的出版，是"未加工的原始资料"，极少有苏联方面的背景介绍。现在，借助于三国政府的档案，特别是最近公开的斯大林档案和外交部档案中的苏联资料，以及私人信件和日记，有可能将这些信件置于完整的国际背景中：约有5000份文件的项目数据库，包括每封信件的草稿，顾问之间或英国内阁等会议上讨论这些信件的记录，以及大使们对三位主角如何传递和接收信件的方式所作的评论。通过这些林林总总的资料，这些信件打开了了解这场战争的外交活动的多重窗口。为了揭示这一点，本书辅以相关解说，将原始信件和背景链接在一起，用以阐明它们的完整意义。叙述以时间顺序展开章节，每一章都以简要概述几个月的事态发展开始。这些信件和评论，生动地揭示了丘吉尔所称的"大联盟"和罗斯福所谓的"同盟国"的外交，深入地揭示了在1940年至1941年的世界危机中聚集在一起的三位卓越的但迥然不同的领导人的思想和个性。

丘吉尔和罗斯福都很坦率地表示，他们希望与这位迄今为止一直离群索居的苏联领导人建立私人关系。斯大林也很享受他在国际政治高层的新地位，并对在历史的关键时刻与美国和英国的对话者对抗（及合作）感到兴奋。尽管双方交换的一些信息，似乎只是程序化地陈述事实，但很多都具有政治敏感性和高度私密性。从不同的国家档案中可以看出，这三位领导人在撰写信稿时都很谨慎，仔细思考了该说什么，什么时候说，用何种语气说，然后焦急地等待回应。这就是为什么我们也复制了他们在后续的草稿中所作的更重要的修改。

爱较真的人应该知道，不存在所谓信件的"最真实"的文稿。这些信件不仅从一种语言翻译成另一种语言，而且大部分信件还是作为秘密电报被传递，这意味着要对文字进行加密和解密。在这一过程中，不仅同义词取代了原始词，而且词序也经常被打乱，以减少密码被轴心国破解的危险。这就解释了英国首相的不满，丘吉尔曾向他的内阁抱怨说："在翻译的过程中，原文的语气往往被破坏了。"[3] 在少数情况下，误译引起了误解，甚至是冒犯。比如在1943年10月丘吉尔的一封信中，英文单词"diversion"（牵制）被克里姆林宫错误地翻译为"*diversiya*"（俄文意思是"颠覆"或"破坏"）。[4] 因此，这本书刊载了丘吉尔和罗斯福用英文发送或接收的信件版本，尽管苏联人的翻译通常很粗糙，尤其是1943年至1944年苏联驻华盛顿大使馆的翻译不能令人满意，当时安德烈·葛罗米柯正在适应新大使的环境。这里，关键是要看斯大林的信件是以何种形式呈现给美国总统和英国首相的，以及美国总统和英国首相又作了怎样的解读。

对一些读者来说，所有这些似乎都是枯燥的评注。因此，我们有必要详细说明其中的微妙之处，尤其对熟悉"脸书"的一代人更是如此。在手机、电子邮件、网络电话和社交媒体出现之前，在一个战争使国际旅行变得危险的世界里，电报是主要的通信手段。这是三个不太可能成为盟友的国家互相了解对方的唯一途径。事实上，罗斯福和斯大林直到"巴巴罗萨"行动开始后的第29个月，才于1943年11月在德黑兰会面。他们的第二次会面，也是最后一次，是1945年2月在雅尔塔。即使是喜欢四处游历的丘吉尔，也只与斯大林举行过四次会晤，分别是德黑兰峰会和雅尔塔峰会，以及在1942年8

月和 1944 年 10 月他对莫斯科的单独访问。在战争的其他大部分时间里，三巨头再没有面对面地交流过。

他们的关系在很大程度上是通过书信建立的。这种个人互动交流和内心思想感情的流露，在历史上有过一些著名例子。人们会想起西塞罗致阿蒂库斯和其他朋友的信件，埃洛伊兹和阿伯拉尔博学多才的激情，或是伏尔泰与叶卡捷琳娜二世和启蒙运动的其他杰出人物的通信。事实上，在 18 世纪，"书信体小说"一度成为受人追捧的流派，这要感谢塞缪尔·理查森、让-雅克·卢梭和约翰·沃尔夫冈·冯·歌德等作家，他们通过主要人物的信件，展开了他们的故事。[5] 当然，本书的书信并不会成为文学的经典。然而，它们值得被铭记，因为这些信反映了 20 世纪最重要的三位国际领导人的思想和个性，而且他们的通信构成了第二次世界大战战略格局的一个重要部分。

这些人和他们的思想

约瑟夫·斯大林是《克里姆林宫的信件》中的核心人物，一方面是因为新的俄语资料使西方读者获得了新的见解，另一方面是因为大多数时候，他是另外两个人争取的人。他身材矮小，身高仅 5 英尺 4 英寸*（1.62 米），可能比丘吉尔矮 1 英寸。他相貌平平，脸上有天花痘痕，因童年受伤，左臂变形弯曲，但斯大林仍然是俄罗斯近代史上的杰出人物，到现在，他的国家又在努力接受他。早期的冷战人物传记，将斯大林描绘成一个冷酷无情地追求权力和名声的独裁者，说他在极度贫困的格鲁吉亚，度过了一个受虐待的童年，那些经历影响了他后来的精神世界，如今这些传记已经让位于更加细致入微的描述。这里引用传记作家斯蒂芬·科特金的话：

---

* 1 英尺约 0.3 米，1 英寸约 0.025 米。

斯大林粉碎了任何将他限制在二元结构中的企图。他有一种独裁者的倾向，当他想成为独裁者时，他有绝对迷人的魅力。他是一个灵活务实的理论家。他执迷于攻击，但他是一个早熟的地缘政治思想家，他在布尔什维克中是独一无二的。然而，他也易犯重大的战略错误。[6]

这些性格上的矛盾在本书的信件中得到了充分的体现。但要理解其中所说的内容，我们需要超越心理学的范畴。最近有传记作家强调了斯大林的另外两个特点。

首先，尽管他热爱个人崇拜，但他对他人，对他的"团队"的依赖，正如希拉·菲茨帕特里克所说：

尽管斯大林是无可争议的最高领导人，但他更喜欢与身边的一群强大的人物一起行动，这些人对他个人忠诚，但作为一个团队协同工作，他同时代的墨索里尼和希特勒却不是这样的。这些人并不是他领导地位的竞争对手，但他们也不是政治上的小人物或简单的"随从"，比如他的秘书或秘密警察。[7]

其次，是他的用词技巧。尽管斯大林能够以武力来维护自己的权力并实现自己的目标，但他也认识到，笔常常比刀剑更有力。年轻的时候，斯大林就是格鲁吉亚的诗人，他在东正教神学院学习过几年，精通俄语，在他的整个政治生涯中，他一直是苏联历史的"总编辑"。他在细节方面做得很好，注重语法、标点和风格，但更为重要的是，他关注大局。和丘吉尔一样，他坚信，如果你把"历史的裁决权"留给别人，他们就会把"你"从"他们的"叙述中抹去。

团队合作和编辑工作在斯大林电报的撰写中是至关重要的，这一点，从俄罗斯国家社会和政治历史档案馆收藏的斯大林资料中可以清楚地看到。这里的关键人物是斯大林的副手维亚切斯拉夫·米哈伊洛维奇·莫洛托夫,自 1939 年起,他担任苏联外交人民委员*。[8] 许多年后,在回顾战时信件时,莫洛托夫公正地评论道:"斯大林和我共同起草了许多信件。一切都是通过我完成的。不可能有任何其他方式。"[9] 莫洛托夫本人就是一位经验丰富的语言大师,曾在苏联共产党机关报《真理报》创办的早期担任编辑。他从 1939 年起担任外交人民委员,深谙苏联外交的风云变幻和错综复杂性。1942 年夏天,斯大林让他担任私人特使,去会见丘吉尔和罗斯福。在西方,莫洛托夫因工作狂热和严厉刻板而广为人知,他本人获得了"否决先生"等绰号。有时候,他让自己的副手安德烈·维辛斯基和弗拉基米尔·杰卡诺佐夫起草次要问题的信件。在更重要的事情上,莫洛托夫可能会得到"老板"的亲自授意,然后,由他给"老板"起草一份文稿。不管怎样,几乎所有的草稿,都提交给"斯大林同志批准",然后由斯大林批注"同意"或"同意修改的意见"。斯大林经常用他的蓝铅笔,有时是红铅笔,添加整段的文字。

苏联外交的曲折过程,将在以后的章节中更充分地讨论。但这里,有必要强调几个关键主题。在 1941 年和 1942 年,斯大林的首要任务都是确保得到西方的实质性援助。虽然这两年,他的日常工作事项各不相同,但有两个曲目,他是不断地老调重弹。第一是开辟"第二战场",最理想的地点是在法国北部;其次是从英国通过北极护航船队到阿尔汉格尔斯克和摩尔曼斯克的持续的补给。虽然,随着红军在斯大林格勒**和库尔斯克的胜利,苏联的困境在 1943 年有所缓解,但斯大林仍然把开辟第二战场和北极护航船队,视为西方盟友诚信的试金石。到 1943 年 6 月,情况变得明朗起来,即那一年,在法国不会有任何登陆。与此同时,丘吉尔由于损失惨重,暂停了北极

---

* 1923 年 7 月,苏联成立负责外交事务的外交人民委员会,部门由外交人民委员领导。1946 年 3 月,外交人民委员会更名为苏联外交部。

** 伏尔加格勒的旧称。

护航船队。愤怒的斯大林从伦敦和华盛顿召回了他的大使，以表达自己的政治态度。伊万·迈斯基和马克西姆·李维诺夫，都是不带偏见的国际问题专家和有造诣的语言学家，曾在莫斯科和西方之间担任熟练的双重口译员，有时还在信件的编写和呈交方面提供建议。但这两位大使都不是克里姆林宫的核心成员，现在，两个人都受到了莫斯科的怀疑。接替迈斯基和李维诺夫的，是在伦敦的费奥多尔·古谢夫和在华盛顿的安德烈·葛罗米柯。他们是莫洛托夫的门生，性格上更加偏狭，脾气暴躁而不绅士；他们缺乏外交手腕和语言上的灵活性。由于这些原因，在二战的后半段时间里，苏联的外交变得迟钝。

克里姆林宫的另一个重大关切是苏联战后的边界问题。在 1941 年至 1942 年期间，斯大林和莫洛托夫多次提出这个问题，试图从他们的新盟友那里尽早获得明确的承诺。然而，面对伦敦尤其是华盛顿难以逾越的障碍，斯大林在 1942 年 5 月改变了策略，决定随着战争的进展，让战后的边界通过"力量对比"来解决。换句话说，把这个问题留给红军，而不是外交部门。但是，从 1944 年至 1945 年，在关于巴尔干半岛的命运，特别是关于波兰的命运的通信中，边界问题再次成为热门话题。这个时候，苏联已经有了强大的军事地位，斯大林对此深信不疑，但他还是担忧盟友可能会背着他与希特勒做交易。1941 年 5 月，德国副元首鲁道夫·赫斯飞往英国，斯大林对此疑虑重重就是一个例子。事实上，整个通信过程中最激烈的交锋，发生在 1945 年 3 月至 4 月。当时，斯大林指责他的盟友试图通过伯尔尼的秘密谈判，促成德国对西方的单方面投降。

温斯顿·丘吉尔比约瑟夫·斯大林更善于言辞。二战之前，他以写作为生，经常撰写低俗新闻、尖锐的政治评论以及大量的历史、传记和回忆录作品。他在政治上特立独行，在他的职业生涯中改换过两次政党，他在 20 世纪 30 年代被广泛认为是策略上的机会主义者，在判断上反复无常。斯坦利·鲍德温首相在 20 世纪 30 年代的大部分时间里，一直想把丘吉尔赶下台，他开玩笑说，"温斯顿出生时，许多仙女扑向他的摇篮"，将"想象力、口才、勤奋、能力"等礼物赠予他，使他应接不暇，直到一个仙女说，"没有一个人应该得到这么多礼物"，于是不再给他"判断力和智慧"。[10] 但事实证明，在一个最重要的问题上，即来自希特勒的威胁方面，丘吉尔比所有同时代的人都更有洞察力，也更直言不讳。在经历了 10 年的政治"在野"后，到 1939 年战争爆发时，正是他的这种睿智，确保他能重返政坛，然后在 1940 年 5 月，就在纳粹的闪电战席卷西欧之际，他被任命为英国首相。年轻时当过兵的丘吉尔，从担任首相之初就下定决心，要牢牢把握住英国的战略，同时也要让自己在外交关系上，尤其是在与英国的主要盟国的关系上青史留名。他相信自己的说服力，并藐视外交部，他喜欢个人外交，在他后来称之为"峰会谈判"方面，他先是向罗斯福示好，后来又与斯大林结盟。二战期间，他乘飞机旅行了 10 万多英里*，通常是乘坐改装过的轰炸机，这些轰炸机没有加压装置，机舱温度很高，经常绕飞在敌人领空的边缘。1944 年 10 月丘吉尔访问莫斯科时，有人说，"三巨头"就像基督教的"三位一体"。斯大林打趣道："如果真是这样，丘吉尔一定是圣灵。他经常飞来飞去。"[11]

对丘吉尔来说，给其他领导人写信，就是交谈的一种替代。与编辑出身的斯大林保持简短犀利的风格不同，丘吉尔倾向于广泛地讨论政策和问题，正如他常说的那样，起草信函，从口到手。换句话说，他口授给秘书们，然后编辑他们的打字稿，有时会对比几个版本，至少他已经考虑到，有些文字是写给子孙后代的，因为他已经计划撰写战争回忆录。这部回忆录最终在 1948 年至 1954 年间，出版了 6 卷。例如，1944 年 1 月，就英国是否可能在 1940 年与希特勒签订妥协的和平协议之事与斯大林进行了论争后，丘吉尔写了一封信，但这封信最终并没有发出。他评论说："我们最好把过去的事留给历史去评说，但请记住，如果我活得足够长久，我可能会成为一名历史学

---

* 1 英里约 1.6 公里。

家。"[12]

当然,并非每一封信都是丘吉尔自己撰写的,更多常规的信件是由相关部门,特别是外交部,以及参谋长委员会和他自己的私人办公室完成的。1945年1月,他的秘书、他信赖的顾问"乔克"·科尔维尔评论说,看着以首相的签名发出的信息和信件,"我经常想,对未来的历史学家来说,要想知道什么代表了'真正的丘吉尔',什么代表了'丘吉尔学派',是多么困难啊"[13]。然而,科尔维尔在写这些话时深信,这场战争的记录档案都是国家秘密,在几十年内都不会向好奇的学者开放。事实上,大多数档案都是在20世纪70年代公之于世的。萨里丘园英国国家档案馆的首相档案和剑桥大学丘吉尔档案中心的补充资料,其中许多内容可在互联网上查询到,有助于我们更准确地确定在他称之为与斯大林和罗斯福的"私人通信"中,他的作者角色。这个书信三人组中英国一方的另一个特色,是与威斯敏斯特和白厅合议制的体制相适应的,是内阁在批准和有时起草关键信件方面的贡献。有时,内阁讨论的会议记录,还能进一步揭示这些文档背后的思想。

丘吉尔对自己的外交重点很明确。他的首要任务就是打败希特勒。正如他在"巴巴罗萨"前夕说的:"如果希特勒入侵了地狱,我也会在下议院为恶魔说几句好话。"[14]不过,他援助斯大林的意愿总是受到英国境况的限制,并不容易实现。英国是一个岛国,在一场真正的世界大战中承担着广泛的全球义务,而且在敦刻尔克大撤退之后,英国军队实际上不得不从头开始组建。第一次世界大战中的索姆河战役和帕斯尚尔战役的失败如阴云笼罩,长久地困扰着丘吉尔,所以1941年至1942年的大部分时间里,英国军队未能赢得重大胜利,这让丘吉尔坐卧不安,他还痴迷于必须将地中海视为大英帝国补给线的关键。他想把精力集中在他所谓的轴心国的"软肋"上,换句话说,就是北非和意大利。1942年至1943年,因为美国新组建的大部分作战部队都部署到了太平洋地区,这让英国首相能够(就欧洲的事务)向罗斯福发号施令,这种对英国的亚洲帝国的命脉地中海的关注,也符合丘吉尔的坚定决心：无论战争如何变迁，"我当国王的首席大臣，并不是为了主持清算大英帝国"[15]。

1943年上半年，在何时开辟第二战场的问题上，美国总统和英国首相试图欺骗斯大林，这非常不明智，恼怒的苏联领袖撤回并更换了大使。到1943年末，丘吉尔自己优先考虑的事项也发生了转变。他是一名坚定的反共产主义者，随着德国走向末路，他更加担心红军会横扫东欧。不过，丘吉尔也希望与斯大林的良好个人关系可以减少一些不利的后果。对两位领导人来说，波兰成了他们关系的"试金石"，尤其在战后的边界和组建新政府两个问题上双方存在较大分歧。丘吉尔的问题是，到1944年末，由于苏联红军在东欧和东南欧的节节胜利，斯大林控制了大部分棋局。不管怎样，丘吉尔的强项是打牌而不是下棋，在战争的最后阶段，他缺乏斯大林的耐心和计谋。事实上，在1945年，英国首相处理与斯大林的关系时变得很不稳定。随着春天的到来，欧洲露出了胜利曙光，1945年2月雅尔塔会议后，他从对斯大林的过分信任突然转向对隐约可见的"铁幕"的恐惧，仿佛看到世界末日将要到来。

在这三位通信者中，富兰克林·罗斯福最不关心写作的细节。"他的"大量信件出自五角大楼，因为美国军方热衷于利用这一高层渠道，越过难以对付的红军官僚机构的领导层。即使美国总统写信时，他通常也乐于接受哈里·霍普金斯、威廉·莱希的草稿，在战争后期也接受查尔斯·"奇普"·波伦的草稿。霍普金斯是艾奥瓦州的社会工作者，工作勤奋，他以前是罗斯福最亲密的助手；莱希是海军上将，从1942年7月起正式成为"总司令的参谋长"；波伦是美国国务院俄国语言文学的研究者，苏联问题专家，在德黑兰和雅尔塔会议上担任总统的翻译。在回忆录中，莱希写道，总统经常对他说："比尔，你可以试一试这样写。"莱希又补充说："当然，我总是照办，而他总是修改了。""总是"这个词太强烈了，但正如波伦当时的备忘录所表明的那样，即使罗斯福没有修改草稿，他通常也会阅读并批准它，甚至在他生命之火将熄的最后几个月里。[16]总统在修改信稿时，通常在原本官僚主义的文件中增加个人魅力，鼓励不同声音，因为罗斯福和丘吉尔一样，对自己的个人魅力有着无限的信心。这方面的一个显著标志，是他在1942年3月的一次评论（见书前插页）。罗斯福之前没有见过斯大林，在仅仅互通了几封信后，他告诉丘吉尔，他能比任何人包括英国首相本人，更好地应对这位苏联领袖。

然而，罗斯福也是一位"轮椅总统"，他在40岁之前患上了脊髓灰质炎症，此后无法独立行走。虽然不像斯大林那样害怕飞行，他热衷于旅行，但他远不如周游世界的丘吉尔那样行动自如。他不得不依靠别人来充当他的耳目，尤其是霍普金斯和商业大亨埃夫里尔·哈里曼，他们两人是罗斯福与丘吉尔和斯大林之间关键的中间人。[17]他甚至想背着丘吉尔会见斯大林。丘吉尔在发现这种欺瞒之后，深感羞辱。与丘吉尔相比，罗斯福更倾向于写信，认为书面交流总是能够促进情感和思想的真正交流。他在德黑兰对斯大林的首次问候中，表达了一些真正发自内心的东西。他说："我很高兴见到您，为了实现这一会晤，我已经努力了很长时间。"[18]然而很明显，罗斯福的健康再也没有从那次德黑兰之行的劳累中恢复过来，后来的克里米亚雅尔塔峰会，加速了他走向生命的终点。罗斯福向斯大林示好，实际上是被判了死刑。这些努力是否值得，是本书涉及的一个更深层次的问题。

尽管罗斯福不像他的两位同行那样注重细节，但在外交政策上，他对自己的方向有着清晰的认识。

首先，他认为，虽然苏联"和世界上其他任何独裁政权一样专制"[19]，但它逐渐摆脱了革命阶段，与外面的世界建立了趋于合作的关系。他想鼓励这一进程。因此，在历届共和党政府将苏联视为受蔑视的国家之后，在1933年，他决定与苏联建立正式的外交关系。1941年，罗斯福毫不怀疑苏联的持续抵抗，这对于身处前线的英国和美国两国至关重要，他不顾政治右翼、天主教会和国务院强硬派的反对，向苏联提供了租借援助。大多数职业外交官对美国总统的苏联政策怀有敌意，这促使他起用霍普金斯和哈里曼这样值得信赖的中间人，以绕过外交机构。

其次，罗斯福还认为，必须使他的人民摆脱孤立主义，甚至在珍珠港事件之后，他还担心一旦赢得最后的胜利，孤立主义会卷土重来。因此，这场战争实际上是为美国人提供了美国国务院所称的"第二次机会"，能够实现伍德罗·威尔逊关于建立国际组织的构想，即现在的联合国。为了赋予新的联合国真正的力量，罗斯福认为它的建立必须以主要大国为中心，即美国、苏联、英国和中国"四个警察"。他确信没有英国和苏联的参与，联合国将胎死腹中。他和丘吉尔的关系一直很重要，但在战争的后半段，他越来越认为这是理所当然的。1943年至1945年间，他的难题在于将苏联拉入他所谓的大国"家族圈"。[20]

罗斯福的首要目标是按照他的条件，创建一个战后的联合国组织，但他从未低估其中的困难。演讲撰稿人罗伯特·舍伍德说："威尔逊的悲剧总是浮现在他的脑海里。"[21]1919年9月，美国总统威尔逊抱着病躯长途跋涉，辗转全国各地，面对群众发表演讲，狂热地游说美国支持"国际联盟"，直到10月第二次严重的中风发作，这使他在白宫的最后岁月里都处于半瘫痪状态。这一政治上的和个人的双重悲剧，对"轮椅总统"罗斯福来说尤为辛酸。1944年9月，在观看电影《威尔逊》时，罗斯福明显被中风的场景震撼了。他喃喃地说："天哪，这种事不会发生在我身上吧！"不到7个月后，1945年4月12日，罗斯福因大面积脑出血，溘然长逝。[22]

三角关系——以及为什么它很重要

三国领导人之间的关系，一直是评论家和学者们的关注焦点。[23]不过人们对它的研究，普遍缺乏对他们之间的通信和这些信件背后的故事的系统研究。认真对待这个问题，可以进一步揭示由这些富有传奇色彩的人物组成的充满活力的三角——一个对战时和战后时代都产生深远影响的三角关系。这三个人不仅在政治和外交政策上，而且在战略上和行动上，都拥有巨大的权力。毕竟，斯大林和罗斯福既是三军统帅，也是政府首脑，而丘吉尔，尽管官方称他为"国王的首席大臣"，实际上也是最高统帅，只是没有相应的名分。他们每一个人，都深信自己有操纵他人的能力。他们如何处理彼此的关系，更广泛地说，他们如何玩三角外交的游戏，是他们的通信中反复出现的特点。1941年至1945年间，他们都不会预料到冷战的到来，在德国和日本战败后，他们寻求某种工作关系。但他们每个人都试图以自己的方式塑造这种关系，正是在这里，我们看到了冷战的一些根源。从《克里姆林宫的信件》中，可以清楚地看出这一点。

尽管斯大林没有意识形态的狂热，但从他对打破资本主义竞争和包围的基本期望上看，他仍然是一个布尔什维克。也就是说，这些信件证实了他对罗斯福抱有更多的尊重，以及他与丘吉尔更难相处、往往也更加紧张的关系，这种区别体现在1944年6月他对南斯拉夫共产主义者米洛万·吉拉斯的讲话中，他说："丘吉尔是那种如果你不警惕他，他就会掏你腰包的人……罗斯福不是这样的。他把手伸进去，只为了更大的硬币。"[24] 虽然在与两位西方领导人打交道时，莫洛托夫的草稿通常没有区别，但斯大林经常会对草稿进行修改，以表达他对罗斯福的某种敬意，而对丘吉尔的措辞，则更为强硬。他对美国总统的看法，基于多重考虑。其中一些是结构性的：美国优越的军事和经济实力，以及与美国相对独立的超然地缘政治关系，而大英帝国是苏联在亚洲和近东的权力和地位的长期竞争对手。其他考虑因素更加个人化：罗斯福是与苏联建立外交关系的发起者，又是以租借形式提供慷慨的战时援助的人，这与丘吉尔形成鲜明对比。丘吉尔是一个臭名昭著的激烈的反共分子，他在俄罗斯内战期间，支持西方对布尔什维克革命进行干预。哈里曼注意到，在德黑兰会议结束后，斯大林"与美国总统交谈，仿佛他在与所有与会者中级别最高的人交谈一样"[25]；与对待丘吉尔不同，他对罗斯福要体贴得多，更经常地赞同罗斯福的观点，表达自己的不同意见的时候也更克制。他偶尔用揶揄和挖苦来刺激英国首相。在苏联情报报告中所用的这两位领导人的代号，代表罗斯福的是"船长"，而丘吉尔则是"野猪"，这可能不是偶然的，斯大林的特工知道"老板"的观点和偏好。

当然，抛开意识形态的差异不谈，斯大林从不轻易相信任何人。由于苏联在伦敦和华盛顿的广泛的情报渗透，他知道了罗斯福的两面派真面目，特别是在秘密研制原子弹和延迟开辟第二战场方面。然而，对斯大林来说，罗斯福是实施他的宏大战略的最重要的基石，即击败共同的敌人，然后通过扩大苏联在欧洲和远东的势力范围来确保胜利的果实。在这些领土问题上，罗斯福比丘吉尔更通融，在很大程度上，这是因为美国远离欧洲，美国和苏联的势力范围也有一定的距离。例如，美国总统对于将远东地区的领土和权利移交给苏联，并无异议；而在英国方面，尽管丘吉尔在雅尔塔会议上对日本占领地区的问题也表现出类似的迁就态度，但英国外交大臣安东尼·艾登则认为，没有必要用收买的方式让苏联加入亚洲战局。罗斯福在德黑兰会议上向斯大林明确表示，在欧洲，只要苏联提供民主的表象，美国就不会阻碍苏联恢复对波罗的海诸国的控制，也不会质疑苏联在波兰和东欧的霸权争端。相比之下，丘吉尔对这些问题更加投入，而且常常被激怒。1939年，英国正式为波兰开战，并对希腊和东地中海产生了浓厚的兴趣。尽管美国国务院对任何带有"势力范围"和旧世界强权政治色彩的事情都感到十分担忧，但罗斯福决心不卷入欧洲的领土争端，并且一再坚持，他不能让美国军队驻扎在欧洲一两年以上，这反映了一种适合斯大林的世界观。美国总统感兴趣的是全球合作的宏伟架构，而不是欧洲不断变化的边界的棋盘外交。就个性和政策而言，罗斯福在斯大林眼中是易于预测的人，也是一个可以驾驭的伙伴；没有了他，未来似乎更加不确定。

反过来，对罗斯福来说，斯大林的个性对于实现两个基本的外交政策目标至关重要。这两个目标是：将苏联反对轴心国斗争的贡献最大化，以及确保战后合作。罗斯福认为，没有这些合作，就不可能有持久的和平。这就是他为什么如此热衷于把苏联纳入国际社会。他的基本假设与许多政治上中间偏左的美国人一样，即他们正在见证苏联与西方的逐渐融合。在布尔什维克夺取政权25年之后，斯大林领导下的苏联似乎已经发展成为这样一个国家，其外交政策不是由革命扩张驱动的，而是由国家利益驱动的。换句话说，苏联正在成为一个由现实政治推动的更加"正常"的国家。与此相关，苏联社会的关键领域似乎正在逐步转向自由化的过程中。战争时期的迹象，包括1943年废除共产国际这一苏联外交政策的革命力量，以及放宽对东正教的限制，同时强调了有历史意义的俄罗斯爱国主义，而不是马克思列宁主义意识形态，以此激励人民的战争努力。1943年9月，罗斯福告诉纽约天主教大主教弗朗西斯·斯佩尔曼说，他希望在10年到20年内，"欧洲的影响将会使俄罗斯人变得不那么粗野"，而且（苏联）与美国和英国"出于勉强的友谊"，可能"很快会成为一种真正持久的友谊"。[26] 罗斯福甚至承认了相互进化的可能性，美国资本主义的社会化和苏联社会主义的自由化，能够在世界分裂为两种敌对的制度之前实现。毕竟，他是"新政"总统，他在1944年呼吁制定《第二权利法案》，将经济权利与1791年《第一权利法案》赋予美国宪法的政治自由相结合。[27]

所有这些，都加强了他通过与斯大林的个人交往来"教育"苏联的宏伟战略。苏联领袖显而易见的权力，他以这样或那样的方式改变一个伟大国家的能力，在这里是一个明显的优势。这个能在不到10年的时间里推动农业集体化和大规模工业生产的人，似乎也能改变社会和政治——如果斯大林能得到恰当控制的话，而罗斯福将这种控制看作自己的特殊任务。在美国总统看来，根本问题是苏联人的不安全感，以及随之而来的让他们摆脱冷漠无情的必要性。因此，他努力避免给人留下任何一点英美集团勾结在一起的印象，尤其是在德黑兰会议之前和期间，所以在那时，他拒绝了丘吉尔举行双边会谈的请求。而且在他生命的最后几周里，他试图阻止英国首相几乎每天都对斯大林大发雷霆，正如他在去世前一天的电报中所说："这些问题以这样或那样的形式似乎每天都在出现，而且大多数都得到了解决。"[28]

丘吉尔对斯大林和苏联的态度，在很多方面是非常不同的。罗斯福对未来的看法基本上是乐观的，而英国首相则在希望和担忧之间摇摆不定。例如，1944年1月中旬，他写信给艾登，谈了"俄罗斯国家性质发生的深刻变化"和"我们心中对斯大林的新信心"。然而，不到3个月，4月1日，他对英国外交大臣说："尽管我尽一切努力去同情这些共产党领导人，但我对他们没有丝毫信心。力量与事实，是他们唯一的现实。"[29]丘吉尔也不支持罗斯福的左派趋同的信念，自20世纪20年代以来，丘吉尔对社会主义和共产主义的强烈反对一直是他国内外政策的指导方针。丘吉尔也认同在英国当权派中广为流传的"东方问题专家"对俄罗斯的看法，谈到他们"农民式"的粗鲁和亚洲人的"野蛮"，有时候还把他们比作"乡下佬"。甚至有左翼倾向的英国外交官也忍不住发表傲慢的评论，有一个人写道："斯大林和莫洛托夫都未在伊顿公学和哈罗公学就读过，这真令人遗憾，但对此，我们又能怎么办呢？"[30]然而，丘吉尔确实相信，尤其是在纳粹德国与苏联签订了互不侵犯条约之后，他所面对的是一个以"现实政治"为考量，而非以意识形态为考量来主导外交政策的政权。正如他在1939年10月1日的广播讲话中所说的那样："我无法向你们预测俄罗斯的行为。其行为扑朔迷离，如同一个隐藏在谜中的谜，但也许有一个解谜的钥匙。这把钥匙就是俄罗斯的国家利益。"[31]而钥匙掌握在斯大林手中。

因此，在苏联领导人的重要性以及与他沟通的可能性方面，丘吉尔和罗斯福的意见是一致的。两人都以各自不同的方式相信，与克里姆林宫的这位"隐士"打交道是可能的。这一信念在他们短暂而紧张的面对面会谈中得到了巩固，当时，斯大林用精心策划的抱怨塑造了一个截然不同的形象。这位苏联领导人会安静地坐着，不时地信手涂鸦，然后用清晰而中肯的评论回应——尽管往往带有讽刺的意味。愤世嫉俗的英国外交官亚历山大·卡多根爵士以毫不掩饰的钦佩口吻概括了斯大林在雅尔塔的表现。他说，罗斯福"夸夸其谈"，丘吉尔"用低沉的声音大吹大擂"，而斯大林"只是坐在那里接受这一切，并感到相当有趣。当他确定插话的时候，他从来不说一个多余的字，而且话语非常中肯。他显然有很强的幽默感，而且性情相当急躁"。[32] 这篇文章写于 1945 年 2 月，在两次重要峰会之后。但值得注意的是，1942 年 8 月，在罗斯福和丘吉尔真正见到斯大林之前，"乔大叔"这个和蔼可亲的绰号就已经进入了他们的私人对话中。事实上，人们之所以相信可以与这位苏联领袖打交道，是因为自 1941 年 6 月以来双方的信函往来直接而清晰。无论是以书面形式，还是亲自见面沟通，他们之间的对话都是真实的——尽管在翻译过程中丢失了一些东西。

然而，斯大林却不是一个容易看透的人。埃夫里尔·哈里曼在战争期间与这位苏联领袖交谈过几十次，1975 年，他描述斯大林是"我所知道的最莫测高深、最矛盾的人物"。斯大林频繁地在礼貌和粗鲁之间转换，让人捉摸不透。丘吉尔的解释是："在俄罗斯，有两股力量不容忽视：（1）斯大林本人，作为个人，他对我很友好。（2）委员会中的斯大林，他背后有冷酷的委员会，我们和他都不得不认真面对这个委员会。"[33] 罗斯福和哈里曼也采用了"两个斯大林"的比喻，将与莫斯科的摩擦归咎于苏联政治局中的强硬派，或者莫洛托夫未能传递准确的信息。然而，这一切都是一厢情愿的想法。尽管斯大林是一个"团队"，但在莫斯科，谁是"老板"这个问题，没有任何人有丝毫的怀疑。

因此，尽管"乔大叔"表面上很平易近人，与他打交道却是一件微妙而棘手的事情。更复杂的是，三巨头关系不仅仅是双边关系——斯大林和丘吉尔，斯大林和罗斯福，丘吉尔和罗斯福——而且还是三角关系，并且反复无常，这往往会让三巨头中的一个人感到寡不敌众或被边缘化。当然，这个三角形从来不是等边的，因为罗斯福和丘吉尔之间的关系远比与斯大林密切。

他们双边通信的数量是他们与苏联领导人通信总量的两倍多。在战争年代，他们见面的次数也更多，偶尔也会通过电话交谈，充分利用语言相同的优势。在更深层面上，除了殖民地和贸易集团，英美两国在大多数盟国外交事务上基本团结一致，在政治和社会价值观上也有普遍共识。三巨头成员对其合作伙伴行为的认知程度也是不平等的：罗斯福和丘吉尔经常互相告知对方他们与斯大林的通信，经常协调他们给斯大林的答复，而后者只能猜测（或从情报报告中推断）他的两个伙伴互相交流的内容。这种根本的不对称，总是使他在与伦敦和华盛顿的竞争中处于不利地位。[34]

然而，丘吉尔和罗斯福的关系从来都不是一成不变的。他们的关系形成于1940年，当法国沦陷后，丘吉尔决心继续战斗，这确保了罗斯福支持英国作为美国的防御前线；1941年8月，他们在停泊于纽芬兰的美国军舰上举行了第一次战时会晤，双方就战争目标和共同价值观在《大西洋宪章》中达成一致，从而使他们的关系得到了加强。这将成为两国与苏联关系的基准文件。现在，美国已成为盟友。珍珠港事件后，罗斯福和丘吉尔在仅仅一年多的时间里就会晤了三次，两次在华盛顿，然后是在卡萨布兰卡。他们试图为全球战争制定战略，在这场战争中，他们必须在遏制日本在太平洋地区的行动与尽早建立抗击纳粹德国的第二战场之间取得平衡。关于后者，双方存在着根本分歧：美国人希望早日发动跨英吉利海峡的进攻，以缓解苏联的压力，而丘吉尔则希望采取更为谨慎的外围战略，即通过北非和意大利对轴心国"紧缩包围圈"。

在这一时期，斯大林在三人组中处于绝对弱势。盟国对苏联的援助虽然意义重大，但并没有在逆转德国东线局势方面发挥决定性的作用。1943年1月和7月，苏联红军在斯大林格勒和库尔斯克取得了胜利，但付出了巨大的代价。到1943年春天，三巨头的三角格局发生了变化。罗斯福从未怀疑过与英国密切合作的必要性，这一直是不言而喻的，但现在他更积极地与斯大林接触，将这位苏联领导人视为战时战略（进攻法国）和战后外交（例如欧洲非殖民化）的盟友。他对1943年11月德黑兰会议的驾驭表明，无论在个人层面还是在政策层面上，他都站到了斯大林一边。在离开德黑兰的时候，丘吉尔非常清楚，政治联盟的"二加一"格局，已经转向了不利于他的方向。厌恶和沮丧使他陷入了悲观，他预言说，"一场更血腥的战争"或许会"消灭文明"，并愤怒地说，"我们必须对这些残忍的俄罗斯人做些什么"。[35] 这是丘吉尔的情绪波动之一，不过他很快就转向了更加积极乐观的态度。但山雨欲来，他在德黑兰会议后的悲观情绪表明，他意识到了三角关系内部的力量平衡正在悄然发生变化。

在战争的最后一年，三巨头之间的相互影响波动更大。在战略上，罗斯福现在是跨大西洋联盟的高级合作伙伴，他不顾丘吉尔持续的对危险的预感，批准了诺曼底和法国南部的登陆行动，并封闭了作为主要战区的地中海，在那里，英国人仍然占有主导地位。所有这些，都与斯大林的内心企盼暗合。另一方面，在1944年夏天，三巨头的联盟达到了顶峰，他们协调了在欧洲大陆的行动，从东西两个方向合击第三帝国。在通信中涉及的一些外交问题上，丘吉尔和罗斯福与斯大林存在分歧，尤其是在对待华沙起义和波兰解放后国家政府的组成上。然而，罗斯福从未让波兰问题妨碍其更广泛的美苏合作愿景，他集中精力吸引苏联人加入联合国。在这一阶段，情况通常是二加一，但一系列信件从一个议题转换到另一个议题。例如，在雅尔塔，斯大林和罗斯福在波兰问题上意见不一，这两人都没有时间讨论丘吉尔的额外愿望，即在德国给法国一个占领区。不过，英国首相最终还是如愿以偿了。随着胜利的临近，联盟内部的紧张关系和潜在的猜疑变得越来越明显，但三位领导人仍然对他们的个人关系抱有相当大的信心。在雅尔塔，斯大林告诉罗斯福和丘吉尔："只要我们努力发挥作用，就没有什么可害怕的。我们要避免损害联盟的分歧。"[36]

究竟是罗斯福的去世带来了根本性的改变，还是这种"如果……那么"的假定推测只是对伟人和历史的一种幻想，这仍然是一个有争议的问题。

然而，假如将反事实思维撇开不谈，这些信件确实明确了这三个人在协调他们国家之间的关系中所起的核心作用，从而决定了战争的结果。这些如此不同的政治人物有着截然不同的社会背景，其所在国家的政治制度亦不同，他们之间的合作并没有确切的保障，《克里姆林宫的信件》中充满了摩擦和怀疑。但是我们更能看到，到1942年春天，轴心国——德国、意大利和日本——已经在欧亚大陆、北非和西太平洋地区获得了非常强大的地缘政治地位。在政权方面，它们也非常相似。然而，在军事和外交合作方面，它们从来也无法与美国、英国、苏联匹敌；希特勒以高人一等的态度对待墨索里尼，与东条英机没有通信往来。相比之下，三大国领导人能够以刮骨疗毒的勇气把他们的矛盾勇敢割舍，为了战胜共同敌人，顾全大局，求同存异。[37]

正如本书卷首的引语之一，在雅尔塔的一场气氛良好的晚宴上，斯大林"煮酒论英雄"，高调赞美联盟中最独特的性质——坦诚。他们的联盟的确是历史上最密切的合作联盟。在基本层面上，三巨头的反希特勒联盟起到了真正的作用，而柏林—罗马—东京轴心国，却是各行其是。这一点在《克里姆林宫的信件》中，也表达得清清楚楚，纤毫毕现。

目 录
CONTENTS

第 一 章　风云际会　　　　　　　　　　　　001
　　　　　（1941年6月至9月）

第 二 章　"两场相对无关的战争"　　　　　039
　　　　　（1941年9月至12月）

第 三 章　"我能应对斯大林"　　　　　　　091
　　　　　（1941年12月至1942年4月）

第 四 章　中间人莫洛托夫　　　　　　　　123
　　　　　（1942年4月至7月）

第 五 章　丘吉尔的"冰块"　　　　　　　　165
　　　　　（1942年8月至10月）

第 六 章　卡萨布兰卡：一桌只有两人　　　219
　　　　　（1942年11月至1943年1月）

第 七 章　第二战场何时开辟？　　　　　　261
　　　　　（1943年2月至4月）

第 八 章	南辕北辙	319
	（1943 年 4 月至 7 月）	
第 九 章	反击：乌克兰和意大利	371
	（1943 年 8 月至 9 月）	
第 十 章	面对面：莫斯科与德黑兰	411
	（1943 年 10 月至 12 月）	
第十一章	德黑兰精神消逝	461
	（1944 年 1 月至 3 月）	
第十二章	"力量与事实"	503
	（1944 年 3 月至 6 月）	
第十三章	东西合击	557
	（1944 年 6 月至 9 月）	
第十四章	"只有我们三人"	621
	（1944 年 10 月至 12 月）	
第十五章	雅尔塔会议及其后	701
	（1945 年 1 月至 4 月）	
后　　记		767
尾　　注		787
致　　谢		855

第一章

1941年
6月至9月

风云际会

1941年6月，苏、美、英三国的外交关系进入了一个全新的时期。不过这种外交上的新变化，还无法完全摆脱过去的阴影。首先，我们应当简略地回顾一下那段历史，以便了解战时三角联盟之间紧张复杂而微妙的关系。直到1933年，美国才与苏联建立外交关系，虽然英国1924年就与苏联建立了外交关系，但也经历了1927年至1929年的断交。对于西方国家干涉苏联内战，斯大林始终保持高度的警惕。1926年，德国加入国际联盟；1938年《慕尼黑协定》签订。斯大林认为这些动作都不怀好意。而英国的保守派则担心会出现一个新的苏德轴心，毕竟双方曾在1918年签订《布列斯特 – 里托夫斯克和约》，在1922年签订《拉巴洛条约》。20世纪30年代，苏联外交人民委员马克西姆·李维诺夫在莫斯科推行集体安全政策的初步尝试，就因为这些历史性的猜疑以及安全利益的分歧而遭到了失败。

1939年3月，内维尔·张伯伦政府手足无措，因为他们无奈地看到了绥靖政策的失败而又毫无作为。希特勒已经露出豺狼的獠牙，扼杀了捷克斯洛伐克的独立，波兰很明显会是纳粹德国的下一个打击目标。尽管为时已晚，英法还是要求德国保证波兰的领土完整。但到1939年，英法保护波兰的承诺已经变成一纸空文，因为波兰被入侵时，英法既没有遏制德国的能力，也没有派遣军队的意图。想有效遏制希特勒，只有依靠苏联红军的帮助，然而与莫斯科共同保卫波兰的想法太过异想天开。苏联与波兰积怨颇深，沙皇帝国崩溃时和1920年至1921年的战争中失去的土地，苏联现在极度渴望收复。在整个二战期间，苏波敌意常常困扰着伦敦与莫斯科的合作。到1939年夏，斯大林已经看清了英国外交的脆弱本质，他和莫洛托夫接受了希特勒达成协议的提议。自 5 月始，莫洛托夫已经取代了李维诺夫，成为外交人民委员。

1939 年 8 月的《苏德互不侵犯条约》犹如一颗炸弹在西方国家炸响，20 世纪 30 年代最鲜明的意识形态鸿沟被轻易跨越。希特勒向斯大林保证德国只对波兰入侵，不与苏联发生战争。事实上，该条约的秘密协议促成了 1939 年 9 月苏德共同瓜分波兰，苏联全权接管了罗马尼亚的部分地区以及爱沙尼亚、拉脱维亚和立陶宛波罗的海三国，这三个国家在十月革命后经过浴血奋战，获得了脱离俄罗斯的短暂独立。人们预料德国会与英法展开一场旷日持久的战争，如同 1914 年至 1918 年第一次世界大战那样，而这场战争将耗尽三个大国的力量，并给苏联重整军备的宝贵岁月。《苏德互不侵犯条约》显示了斯大林非凡的外交"手段"，他因此赢得了美国《时代》周刊 1939 年"年度风云人物"的最高荣誉。

随后一年，国际舞台的主角毫无疑问是希特勒。1940 年，英法因绥靖政策的错误而遭到报复，《苏德互不侵犯条约》使得希特勒能够把精力全部集中于西线。希特勒凭着好运与奇谋，突袭了阿登，仅仅用了 4 周的时间就将法国从战争中淘汰，这是恺撒大帝最优秀的将军们 4 年都未能取得的成就。丘吉尔 5 月 10 日接任英国首相，他平息了内阁主和派的骚动。在夏天，英国面临着迫在眉睫的入侵威胁，然后又经历了德国空军狂轰滥炸的严酷冬天，德国潜艇逐步切断补给线的打击也紧紧扼住英国的咽喉。苏联局势虽然相对太平，但事与愿违，放纵德国的后果使得希特勒在 1940 年统治了欧洲大陆。尽管斯大林在 1940 年 6 月率先将军事力量投送到了波罗的海诸国，但没有时间建立防御体系。英国外交部认为共同的困境有可能使苏联和英国联手，于是在 1940 年 6 月准备了一封信，提议苏联应考虑如何"抵制德国霸权"。丘吉尔亲笔签署了信函，以确保新上任的英国大使斯塔福德·克里普斯爵士能够见到斯大林。[1] 但这封信不仅泥牛入海，反而增加了斯大林的怀疑。斯大林认为英国人试图挑动他与希特勒交战，以便减轻英国的压力。虽然克里普斯是英国左派亲苏派的主要成员，但莫斯科不为所动。对斯大林来说，重要的是实用主义，而不是意识形态。1940 年 7 月 1 日，克里普斯晋见斯大林，在克里姆林宫进行了 3 个小时艰难的会谈。直到"巴巴罗萨"行动（"Barbarossa"）开始之后，他才再次见到斯大林，而丘吉尔仍然没有收到斯大林的片纸只字。

不管伦敦想要什么，斯大林都漫不经心，他把主要注意力都放在希特勒身上，希望争取宝贵的时间。11 月，莫洛托夫访问柏林，寻求关于巴尔干地区的领土交易，这对俄罗斯进出黑海十分重要。几百年来，出海口对俄罗斯都是一个重要的问题。莫洛托夫对保加利亚和罗马尼亚的讨价还价突出了苏联的核心利益，即巴尔干地区的势力范围，并预示了 1944 年丘吉尔与斯大林的"百分比"交易。更直接的是，苏联与德国会谈的破裂促使希特勒 1940 年 12 月 18 日下达 21 号指令，他命令德国国防军做好准备，"在一场快速战役中，甚至在对英格兰的战争结束之前，粉碎苏维埃俄国"，这样德国就可以在 1941 年完全控制欧洲大陆。他警告说："1942 年之后，美国有可能进行干预。"[2]

随后，德军在东欧的集结，克里姆林宫密切关注。从 1940 年秋天开始，苏联内务人民委员部（NKVD）提供了一份代号为"冒险"（"Venture"）的特殊作战文件，其中德国的意图和部署的信息引起了斯大林的注意。这位苏联领袖向来不大相信自己的情报机构，他通过自己的假设过滤了大量的数据，得出两个密切相关的结论：直到击败英国，希特勒才会转向东方；任何入侵都会伴随着一场漫长的心理战，就如 1938 年的捷克斯洛伐克战争和 1939 年的波兰战争。因此，斯大林决定避免任何在柏林看来是苏联挑衅的事情。他认为美国副国务卿萨姆纳·韦尔斯 3 月 1 日以及丘吉尔本人 4 月 3 日发出的纳粹德国即将入侵苏联的警告，是故意促使他与德国交战。丘吉尔的函电被证实特别有争议。在战争回忆录中，丘吉尔对克里普斯直到 4 月 19 日才送达电报，而且还是送给了莫洛托夫的副手安德烈·维辛斯基这件事大做文章，他甚至认为："如果是我直接联系斯大林，就有可能使苏联避免那么多的空军力量在地面被摧毁。"[3]这种说法不仅显示出丘吉尔对个人外交的狂热自信,而且表明他全然不了解斯大林对英国近乎偏执的不信任。5月10日,希特勒的代理人鲁道夫·赫斯降落在英国,这个令人震惊的消息加深了苏方的怀疑。的确,英国外交部通过释放假消息不恰当地鼓励了苏联的怀疑,说赫斯的使命极有可能是一个特立独行的、单独的行为,反映了纳粹领导层的分歧,甚至预示了要与英国结盟反对布尔什维克苏联的企图。斯大林下定决心不给希特勒发动进攻的任何借口,直到最后都避免全国动员。总参谋长格奥尔吉·朱可夫元帅于1941年6月22日凌晨3时30分给斯大林打电话,报告了德国对整个边界进行炮击和轰炸,并请求允许报复,在几分钟之内,朱可夫只听到电话另一端沉重的呼吸声。[4]

那天早上,苏联空军损失了1200架飞机,占其空军总兵力的八分之一,这些飞机大部分是在地面上被摧毁的。德军数量在苏联西部激增,一周后,斯大林终于认识到这场危机的严重性,他喃喃自语道:"列宁建立了我们的国家,而我们把它搞砸了。"他究竟是精神崩溃了,还是在装模作样,以便嗅出可能的反对意见,目前尚不清楚。但他很快就振作起来,于7月3日首次向他的人民发表讲话,自称为总司令和国防部长,以及政党领导人和政府首脑。然而,正如苏联官方历史所记载的,希特勒"突然袭击"的成功很大程度上是斯大林自己造成的,在战争开始的几个月里,他的人民为此付出了惨痛的代价。[5]

在西方,"巴巴罗萨"行动的毁灭性开端产生了持久的影响。它为军事领域提供了一个假设,使军界普遍认为:红军在1937年斯大林清洗军官阶层时遭到了损害,随后在1939年至1940年的"冬季战争"中被芬兰人打击,无法真正地抵抗。伦敦和华盛顿的大多数情报分析家都认为,红军会在一两个月内屈服。7月4日,韦尔斯向美国驻苏联大使劳伦斯·斯坦哈特提出忠告说,人们相信"如果德国军队愿意的话,他们可以在一周内进入莫斯科",并建议他着手将使馆人员向东撤离。在英国,苏联迅速崩溃和随之而来的德军重新部署到法国的论调，使人们再度产生对英国自身的安全担忧。英国反侵略部队接到命令，要在 9 月 1 日前做好最充分的准备。[6] 尽管这些论调很快就被修正了，但英国和美国军界中的许多人，都是发自内心地反对共产主义的，甚至到了 1942 年，他们对苏联持续抵抗的能力仍然怀疑。考虑到他们自身在重整军备方面的巨大缺陷，这对他们向苏联提供援助的意愿产生了深远的影响。

然而在最高层，丘吉尔和罗斯福却更加认真地对待新的关系，哪怕是在德军席卷一切的情况下，仅仅为提振苏联的士气，也比冷眼旁观无动于衷强。罗斯福比丘吉尔更乐于助人，但是他的国家有保持中立的国策，而且国民都不愿意参战，尤其是与"无神论"的苏联人协同作战，所以他必须谨慎行事。而英国与美国不同，英苏之间迅速发展成正式的互相援助关系，并且宣布任何一方都不得与德国单独媾和。该声明于 7 月 12 日签署，但丘吉尔并未打算向红军提供援助，他认为那样会削弱英国自己的战争能力，特别是在北非。这使他与外交大臣艾登以及其他几名政要，尤其是报业大亨马克斯·比弗布鲁克产生了对立。比弗布鲁克想为苏联做更多的事情，他的主张在全国范围内赢得了广泛的支持。

关于援助的争论，存在于伦敦和华盛顿内部，反映了潜在的战术差异：是讲条件有代价，援助的同时与苏联进行贸易并向其索取情报，还是一种慷慨大方、不附带任何条件的支援。后一种态度是建立在这样一种假设上，即西方需要布尔什维克改变对资本家根深蒂固的成见。这是罗斯福的直觉，而他的得力助手哈里·霍普金斯 7 月底对莫斯科的访问强化了他的这种直觉。事实上，这种直觉一直引导着他对苏联的政策，直到战争结束。丘吉尔的情绪从 1941 年开始更加飘忽不定，时而温和配合，时而怨恨咆哮，这种方式激怒了艾登等顾问。但是他对地中海的战略关注，即 1942 至 1944 年间他的战略主旨，在 1941 年秋天已经非常明晰。

与英国签署协议后，斯大林随即发出一连串的电文，这些电文丝毫没有提及他先前与希特勒的协议，只是大声疾呼对西方物资的需求，同时还期望英国向苏联北方或高加索地区派遣军队。在这些电文中，他强调了苏联的抵抗对英美两个大国的价值，也利用了他们一定会有的愧疚感，即俄罗斯人进行了如此之多的战斗。可以把这些电文仅仅作为审慎的外交文件来阅读，它们以实事求是的方式写成，几乎没有问候，也几乎不带情感。斯大林的强调得偿所愿，引发了丘吉尔和罗斯福对俄罗斯英雄主义热烈且带有愧疚的敬意。斯大林还有一些电文确实有直白的一面，例如他9月3日匆忙向秘书口授的内容，让丘吉尔于"今年就在巴尔干某个地方或法国开辟第二战场"，这个战线将会"从东线转移30至40个德国师"。此电文以及发给苏联驻伦敦大使迈斯基的相关电报传达了一种东西——让人胆战心惊的恐慌。三者之间在通信上还有另一个特点：尽管有各种外交上的虚饰和官僚主义的繁文缛节，许多电文都人情味十足。

☆ ☆ ☆ ☆ ☆

丘吉尔试图保持东线稳定来平衡英国稀缺的资源，这在"巴巴罗萨"行动开始后他给斯大林的第一封信中显而易见。6月22日晚，丘吉尔通过英国广播公司（BBC）宣布英国支持苏联，然后克里普斯敦促丘吉尔亲自写信告诉斯大林，克里普斯在莫斯科不再是"不受欢迎的人"，而且他比大多数英国观察员更乐观地看待苏联的抵抗。但丘吉尔拒绝了英国大使要求立即采取行动的呼吁，避免作出任何实质性的承诺。丘吉尔认为这封信的作用仅仅是打破僵局。他在最后的编辑中用斜体字进行渲染，强调了目前英国的战争努力，并热情洋溢地赞扬了苏联的抵抗。[7]

丘吉尔致斯大林

1941年7月7日发，1941年7月8日收[8]

我们在此都感到非常骄傲，俄罗斯军队正在对纳粹毫无来由的无情入侵进行顽强和英勇的抵抗。人们普遍钦佩苏联士兵和人民的英勇和坚韧。我们将竭尽所能为你们提供帮助，只要天时、地利以及我们战争资源的增长允许我们这样做。战争持续得越长久，我们能提供的帮助就越多。在所有德国占领的领土和我们可以触及的德国本土，我们正用空军日夜不停地进行猛烈的攻击。昨日大约有400架飞机在海外进行了日间出击。星期六夜晚，200余架重型轰炸机袭击了德国的城镇，有些装载3吨炸弹，而昨晚有近250架重型轰炸机在行动。对德国的空中打击将继续下去。如此，我们希望能迫使希特勒把他的部分空军力量撤回西方，逐渐减轻一些您的压力。除此之外，海军部已经按照我的意愿，准备在不久的将来，在北极展开一场重大的行动，在此之后，我希望英俄海军之间能建立联系。与此同时，通过对沿挪威海岸的清扫，我们已经拦截了许多向北攻击你们的补给船只。

我们欢迎俄罗斯军事代表团的到来，以便协调未来的计划。

我们只需要继续战斗就可以击败恶棍。

7月8日，克里普斯亲自将此信呈交斯大林。斯大林显得紧张而急切，但也表达了对最终胜利的信心。此时，斯大林似乎对政治支持更有兴趣，对物资援助倒在其次。出于对柏林—伦敦轴心的担心，他迫切要求英国和苏联达成一个公开且具有约束力的协议。他说，希特勒联盟"应该遭到另一个联盟反对"：如果这两个国家受到互助条约的约束，"那么也许会有长期而有目的的合作"。斯大林希望此协议包括两个要点：承诺军事援助，禁止缔结单方的和约。[9]尽管斯大林对纳粹—苏联条约有过痛苦的经历，但他显然认为，比起希特勒的所作所为，西方民主国家会更加认真地对待合约责任。虽然合约不能保证对方一定会履行承诺，但可以加强合作并加大杠杆作用。

克里普斯建议伦敦抓住这个机遇[10]，丘吉尔立即起草了一封给斯大林的回信。他在最后一段过早地提出了在任何战后方案中美国的利益，尽管美国仍然是中立的。丘吉尔告诉艾登，他希望召开一次内阁会议讨论该草案。艾登对丘吉尔插手自己的领域感到恼火，建议他通过克里普斯办理此事，还说通常丘吉尔—斯大林通道应该用于解决"至关重要"的问题，首相不应该"参与外交事务的日常细节"。[11] 然而丘吉尔没有被敷衍过去，战时内阁于7月9日晚上召开会议，只讨论了这一个事项。"互换照会"显得过于薄弱，而正式条约又太不确定且耗时，他们想在两者之间找到一个折中的办法。内阁将该文件措辞为"议定声明"。内阁更喜欢这个说法，而不是"协定"这个词。外交部常务次官亚历山大·卡多根爵士强调说："恐怕这是我们著名的折中办法之一。"内阁决定删去最后一部分关于战后边界和美国默许的内容（如下所示），因为"这可能会给波兰人与俄罗斯人的谈判造成困难"。[12]

这条电文在7月10日早晨发送给了克里普斯，据艾登的私人秘书奥利弗·哈维说，艾登"极其厌恶首相的专断"，这让人想起丘吉尔与罗斯福的关系上所采取的方式。这种情况在接下来的4年中反复出现。[13]

丘吉尔致斯大林

1941年7月9日发，1941年7月10日收[14]

克里普斯大使已报告了他与您的谈话，并以两个标题说明了拟议的英俄议定声明的条款，即：

（1）互相援助，关于数量和质量无精确要求；

（2）两国任何一方，均不得缔结单方的和约。

我立即召集了战时内阁,包括新西兰自治领总理弗雷泽,他现在和我们在一起。我们有必要与加拿大、澳大利亚和南非自治领进行磋商,与此同时我向您保证,我们完全赞成您提出的议定声明。我们认为应该在收到自治领的消息后立即签署,并立即向全世界发表。在以后的讨论中,自然会谈到细节。

您当然会理解,在胜利的和平会议上,美国无疑将成为一个主导方,我们的立场是,领土边界问题必须按照居住在那里的人们的意愿以及民族史志的一般思路来解决,其次,这些族群在划定后,必须自由选择自己的政府形式和生活制度,只要他们不干涉邻国人民类似的权利。

7月10日下午2时,克里普斯将这一信函送达斯大林,同时还有伦敦寄来的声明草案。其中包括两项规定:

(1)两国政府相互承诺在目前的对德战争中给予对方各种援助。
(2)他们进一步承诺,在这场战争中,除非双方同意,否则他们将不得谈判或缔结停战协定或和平条约。

斯大林的要求是将这份文件称为"联合行动协议",而不仅仅是一份"声明"。他还询问了协议的预期期限。克里普斯说,协议的有效期为"对德国战争的整个持续期间",正如草案第二条所述,只有在两国政府都同意讲和时才能终止。根据苏联的记录,斯大林开玩笑地问克里普斯:"英国是否担心俄罗斯人会凭自己的力量击败德国人,并告诉英国人他们不想与英国打交道?"[15]经过他们的讨论,修订后的英国草案用电报发至伦敦和华盛顿。当双方都确信"联合行动"用俄语不可能被解释为联盟条约时,内阁表示同意,罗斯福也表示赞同。7月12日,该协议由莫洛托夫和克里普斯在莫斯科签署,并声明立即生效。这样一来,英国和苏联小心翼翼地开启了两国关系的新篇章。在一个月前，这似乎是无法想象的。

苏联媒体热情洋溢地宣传协议，称它建立了"伟大的苏联人民和英国人民真正强大的联盟"。英国广播公司国内服务也中断了广播节目，宣读协议的全文，而丘吉尔则于7月15日在下议院发表讲话，宣布该协议是一个"联盟"，并称俄罗斯人民为"我们的盟友"。[16] 不过丘吉尔言行不一，在伊拉克、克里特岛、埃及和叙利亚的军事行动中，英国军队也力不从心，他们对苏军能否坚持到最后也一直怀疑。伦敦方面直截了当地告诉英国驻莫斯科的军事代表团负责人诺埃尔·梅森-麦克法伦将军，说俄国人"必须自救，就像我们在不列颠战役和大西洋战役中拯救了自己一样"[17]。而苏联派往伦敦的军事代表团，也受到英国陆军大臣戴维·马基松的冷遇。苏军代表团海军少将尼古拉·卡拉莫夫写道："马基松没有和我们握手，也没有让我们坐下……听我们……他心不在焉。当他说话的时候，我们意识到我们正在与一个坚决反对合作的人打交道……他根本不明白英国和苏联的军事联盟的意义。"[18]

与此同时，苏德战场的局势继续恶化。7月16日，德军占领了通往莫斯科主干道上的斯摩棱斯克市，这让斯大林非常愤怒。当天，他的长子雅科夫·朱加什维利也被俘了。在愈演愈烈的危机中，斯大林决定在写给丘吉尔的第一封信中增加赌注。斯大林提出，基于苏联与英国的协议以及丘吉尔关于他们之间"联盟"的声明，有必要开辟新的战场以对抗希特勒，尽管他尚未使用"第二"这个词。他提出了在法国进行跨海峡登陆，或在挪威北部进行海空作战的想法，以作为他们新关系中合乎逻辑的后续行动。他还试图证明苏联根据纳粹—苏联条约于1939年向西扩张是合理的，在1941年，这个扩张起了很大的作用，因为这个缓冲地带给了红军更多的空间来遏制希特勒的"突然袭击"。

斯大林致丘吉尔

1941年7月18日发，1941年7月19日收[19]

请允许我对您写给我的两封私人信件表示感谢。

您的信函是事态发展的起点，后来促成了我们两国政府达成共识。现在，正如您以充分的理由所说的那样，在与希特勒德国的斗争中，苏联和英国已成为作战盟友。我毫不怀疑，尽管困难重重，但是我们两国仍会非常强大，足以粉碎我们共同的敌人。

苏联军队在前线的处境仍然很艰难，但提及这一点并非不合时宜。希特勒出尔反尔，违反《苏德互不侵犯条约》，并对苏联突然袭击，这两件事都对德国军队有利，其所造成的后果仍然有待于苏联军队去感知。

不难想象，如果苏联军队当初不是在基什涅夫、利沃夫、布列斯特、考纳斯和维堡地区抗击德军的进攻，而是在敖德萨、卡曼涅茨、波多尔斯基、明斯克和列宁格勒*周边地区，德军的状况就会有利很多倍。

因此，在我看来，如果可以在西部（法国北部）和北部（北极地区）开辟一个打击希特勒的战场，苏联以及英国的军事态势将会大为好转。

法国北部的战场不仅可以把希特勒的军队从东部引开，同时也使希特勒无法入侵英国。刚刚提到的战场的建立，将会受到英军以及整个英格兰南部民众的欢迎。

我充分认识到建立这样一个战场所涉及的困难，然而我相信，尽管困难重重，也应该建立它，不仅为了我们共同事业的利益，也为了英国自身的利益。现在是开辟这个战场最有利的时刻，因为现在，希特勒的军队已经转向了东方，而他还没有机会巩固他在东方所占领的阵地。

---

* 1924年为纪念列宁更名为列宁格勒，1991年恢复原名圣彼得堡。

在北方开辟战场更为容易。在这里，就英国而言，需要的仅仅是海空作战，无需步兵或炮兵登陆。苏联的陆军、海军和空军都将参加这一行动。如果英国能够将大约一个轻型师或更多的挪威志愿兵转移到这个战区，我们将非常欢迎，可以让他们在挪威北部组织军事行动来抗击德国人。

出于保密的原因，斯大林的信函由迈斯基本人翻译和打印，他亲自将信函送到首相的乡间别墅——白金汉郡的契克斯庄园，丘吉尔正在那里度周末。丘吉尔与家人一起玩完棋盘游戏后，他们两人下楼去了一间"沉闷的画室"。坐在沙发上，丘吉尔仔细地阅读信件。迈斯基在日记中写道："收到'私人信件'，他非常高兴，**丝毫不加掩饰**。"丘吉尔还表达了对斯大林在1939年至1940年将苏联边界向西移动防御的认可，他说："相当正确！我一直都理解并力图证明斯大林在过去两年中奉行的'有限扩张'的政策是合理的。"但是丘吉尔对军事行动持有很大的保留态度，称在法国登陆的想法是"危险的"，可能会"以灾难告终"。他只对北部水域的作战感兴趣，迈斯基在房间里时，丘吉尔给海军部打电话强调了这一点。为了听起来更加积极，丘吉尔对空中打击高谈阔论，承诺要"毫不留情地轰炸德国"并"打击德国人的士气"。这句话在1941年至1943年期间成为人们耳熟能详的口头禅。[20]

丘吉尔的回函通过克里普斯送达斯大林，该信函反映了丘吉尔在契克斯别墅所拟订的方案，强调在芬兰和挪威北部海域的海军作战计划。当迈斯基看到信函副本时，他的表情很平淡。[21] 然而，从丘吉尔的角度来看，该信函充分解释了地缘政治对英国的制约：德国在法国北部的防御力量、跨越英吉利海峡的困难、在中东和大西洋的战役，以及为了实施任何两栖作战对制空权的持续需求，1940年4月英军在挪威的纳姆索斯港口登陆失败，以及1941年5月面对德国伞兵的突袭未能坚守克里特岛的战斗都显示了这一点。下面还有一些论点将会在未来的两年中继续。

丘吉尔致斯大林

1941年7月20日发，1941年7月21日收[22]

我非常高兴地收到您的来函，并从多方面获悉俄国军队为保卫故土所进行的英勇斗争和许多有力的反击。我完全意识到，通过迫使敌人在西部前线部署和作战，消耗了他们首批部分军事力量，你们因此获得了军事优势。

只要是我们能够做到的合理而有效的帮助，我们都会去做。然而，我请求您注意我们的资源和地理位置带给我们的限制。从德国进攻俄罗斯的第一天起，我们就研究进攻被占领的法国和低地国家的各种可能性。参谋长们看不到任何可能对你们略微有用的方法。仅仅在法国，德国人就有40个师，而且德国人苦干了一年多，在整个海岸构筑了防御工事，布满了大炮、铁丝网、坚固的机枪掩体和海滩地雷。我们可以夺取短暂的空中优势的唯一地段，就是从敦刻尔克到布洛涅。这里有一大堆防御工事，有数十架重炮俯瞰着海上通道，其中许多可以直接跨海峡射击。黑夜不到5个小时，即使在这段时间里，整个区域仍被探照灯照亮。企图进行大规模登陆将会遭遇强硬的还击，而小规模的袭击只会导致惨败，这对我们双方都是弊大于利。在德军无需从您的前线调遣哪怕一支小部队之前，一切就都结束了。

您肯定明白，我们已经孤军奋战了一年多，而且，尽管我们的资源在增加，并且从现在起将快速增加，但无论是在国内还是在中东，在陆地上和空中，我们都承受着最大的压力。您肯定也明白关乎我们生存的大西洋战役，以及在面对德军U型潜艇和福克-沃尔夫战斗机的空中封锁时我们所有的护航船队的行动，这些都使我们伟大的海军部队承受着极限压力。

然而，对于北方，我们必须寻求我们可以提供的任何迅速帮助的机会。近三周以来，海军参谋部一直在准备一场行动，在海上用飞机针对挪威北部和芬兰的德军船只进行空中打击，希望摧毁敌人的海上运输部队，减轻攻击您北极侧翼的德军力量。首先，我们已请求你方参谋部在7月28日至8月2日之间，清除某个区域的俄罗斯船只，我们准备在这段时间进攻。其次，我们将立即派出一些巡洋舰和驱逐舰到斯匹次卑尔根群岛，他们能够从那里与您的海军部队一起袭击敌人的船只。再次，我们将派出潜艇来阻断德军在北极海岸的交通，尽管由于白夜的缘故，这条交通线路也特别危险。最后，我们将派出一艘装载着各种补给的布雷舰艇去阿尔汉格尔斯克。目前我们只能做到这些了，尽管我希望做得更多。务请保守上述秘密，直到我们告诉您何时可以公开而不会有危害。

挪威的轻型师并不存在，而且如果没有适当的战斗机提供空中掩护，不可能把部队，无论英国或是俄罗斯的军队在昼间投送到德军占领区。去年我们在纳姆索斯有过痛苦的经历，而今年在克里特岛，我们也有尝试这种冒险计划的惨痛经历。

为了后续行动的开展，我们正在研究在摩尔曼斯克为一些英国战斗机中队提供基地。除了地面人员和装备，首先还需要运送一批高射炮，随后是飞机的到达，其中一些可以从航空母舰上起飞，另一些可以装箱运送。这些基地建立后，我们的斯匹次卑尔根飞行中队可能会来到摩尔曼斯克。一旦我们的海军在北方的行动为人知晓，我们别无他想，只能认为德国人将会立即遵循他们一成不变的做法，即以俯冲轰炸机的强大力量来对抗我们的部队，因此必须循序渐进。所有这一切都将花费数周时间。

如果您有任何其他建议请尽管提出来，同时我们也会认真寻找打击共同敌人的其他方法。

斯大林痛苦地接受了这封信（提及的建议），听从了迈斯基的劝告。他显然意识到，此时此刻，英国首相的决心是不可能改变的。[23]如何援助苏联的争论现在转向了军事装备。因为艾登和另一些人反对丘吉尔在7月20日给斯大林的信函中表达的消极态度，战时内阁同意向阿尔汉格尔斯克转移200

架美国"战斧"（P-40C）战斗机，以租借方式交付苏联，专门用于中东地区。这是对苏联所能作出的最小补偿。[24] 英国没有使用过"战斧"战斗机，因为是美国飞机，人们认为美国将负责备件和地面设备。尽管如此，时为空军中将、绰号"轰炸机"的阿瑟·哈里斯急迫地阻止再给苏联战斗机，他告诉美国人，俄罗斯机械师"连熟悉的技术都没有，根本不能进行有效操作和维护"。然而当美国人对第一批"战斧"战斗机进行评估后，他们在报告中惊讶地说，仅仅在三个半星期内，50名俄国机械师就组装了47架飞机，他们"没有标准工具和技术手册，在倾盆大雨中每天工作14小时"。美国人得出的结论是，苏联人"完全有能力有效地使用和修理美国的飞机和设备"。[25] 事实上，斯大林当时立即派出了最好的航空技术人员到阿尔汉格尔斯克，他们组装了"战斧"战斗机，不需要美国人的任何帮助，而丘吉尔在信函中认为必须有美国人的帮助才能完成，太想当然了。

丘吉尔致斯大林

1941年7月25日发，1941年7月26日收[26]

我很高兴地通知您，虽然这将严重消耗我们的战斗机资源，但战时内阁已作出决定，尽快向俄罗斯发送200架"战斧"战斗机。其中140架将从这里直飞阿尔汉格尔斯克，另外60架出自我们从美利坚合众国订购的飞机。关于备件和安装这些机器的美国人员的详情，仍有待美国政府的安排。

本国不久将有数量为两三百万双的短靴可供装运。我们还准备在今年提供大量的橡胶、锡、羊毛和呢绒、黄麻纤维、铅和虫胶。我们正在认真考虑您对原材料的其他要求。从这里无法供应或是受到限制的物资，我们正在与美利坚合众国讨论，想办法解决。详情会传达给通常的官方渠道。

我们正在以钦佩和激动的心情关注着俄军宏大且出色的战斗，而我们所有的信息都显示敌人损失惨重，正经历种种噩梦。我们对德国的空袭将会越来越猛烈。

第二天，7月26日，丘吉尔的这一信函由克里普斯送达。根据这位大使的报告，斯大林对丘吉尔承诺的物资表达了"真诚的感谢"，然后请求紧急运送1万至1.2万吨的橡胶。[27]7月28日，丘吉尔发来一封鼓舞人心的回函，像往常一样，用艾登称为"多愁善感和华丽的"语言所包装着，艾登和外交部官员担心这些华丽辞藻会"对斯大林产生最不利的影响"，斯大林会认为"华丽辞藻"根本"无法替代枪支"。[28]丘吉尔信函的主要内容是美国总统的得力助手哈里·霍普金斯即将对莫斯科进行访问。尽管丘吉尔和霍普金斯在1941年1月才第一次见面，但丘吉尔很快就带着深情和敬意来对待这位来自艾奥瓦州的不知疲倦的前社会工作者，称他为"看到问题核心的勋爵"，因为他能够直接切入任何问题的核心。

丘吉尔致斯大林

1941年7月28日发，1941年7月28日收[29]

橡胶，我们将以最好、最快的方式从这里或美国发货。请确定是哪种橡胶，以及您希望它以什么方式来运送。初步的订单已经发出。

这些天，哈里·霍普金斯先生一直和我在一起。上周他请求美国总统让他去莫斯科。我必须告诉您，这个人身上有着争取民主和击败希特勒的激情。不久前，我向他要25万支步枪，现在步枪马上就到了。他是总统最亲密的私人代表，他今晚离开我的住所去您那里，带去总统完整的指示。通过适当的渠道，您会得知他的到达。您完全可以相信他。他是我们的朋友，也是您的朋友。他会协助您计划未来的胜利以及对俄罗斯的长期供应。您也可以与他自由地谈论政策、战略和日本问题。

俄罗斯军队为保卫自己的国土而进行的大规模的伟大的抵抗，使我们大家团结起来。一个可怕的充满轰炸的冬天将展现在德国面前，还没有人拥有这样的待遇。我在上一份电报中提到的海军行动正在推进。非常感谢您在你们伟大的战斗期间，对我们力所不及的困难给予理解。我们将竭尽全力。

霍普金斯一直在伦敦访问，筹划丘吉尔和罗斯福进行战时的第一次会晤。根据1941年3月通过的《租借法》，美国的援助开始流向英国，但是由于意识形态上的怀疑和对苏联抵抗（能力）的疑虑，能否将该计划扩展至苏联，华盛顿是有疑虑的。此外，莫斯科在美国下的任何订单都可能与英国的需求冲突，例如"战斧"战斗机的情况。到7月下旬，日渐明显的是，英美对斯大林的供给政策，取决于更清楚地了解苏联到底需要什么和苏联能抵抗多久。这些紧急的事务使霍普金斯突然想去莫斯科进行个人访问，他于7月25日请求美国总统批准。更笼统地说，正如霍普金斯对迈斯基所说的那样，他想让"罗斯福和斯大林的关系更为密切"。因为对罗斯福来说，这位苏联领袖"仅仅是一个人名"，罗斯福对斯大林这个人并没有什么感觉。霍普金斯把自己看成"轮椅总统"和克里姆林宫神秘人物之间的至关重要的联络人，他想为他们的个人关系加温，就像他正在为罗斯福和丘吉尔做的那样。他私下里把自己的作用描述为"两个爱慕虚荣的人之间的催化剂"。[30]

莫斯科访问不期而至。7月27日深夜，美国驻伦敦大使约翰·吉尔伯特·"吉尔"·温南特突然造访苏联大使馆，为霍普金斯和他的两名助手申请签证。他夸张地宣布，这几位将在半小时内前往苏联。此时已是晚上11点多，领事部及签证部已经锁门，所以迈斯基只是在每本护照上写了他的许可，并加盖了使馆印章。然后温南特被飞驰的汽车送到尤斯顿火车站。午夜，这位美国大使再次致电迈斯基，他喊道："我刚刚赶上了，火车已经开动了。"[31] 霍普金斯将从那里前往苏格兰，然后从苏格兰飞往阿尔汉格尔斯克，之后再飞往莫斯科。这是一段危险的旅程。

霍普金斯随身携带着罗斯福写给斯大林的一封信，此信由美国国务院的萨姆纳·韦尔斯帮助拟写。这是罗斯福与斯大林的第一次通信，罗斯福在信中明确表示，霍普金斯实际上是他极为信任的代表。罗斯福像丘吉尔一样，喜欢用言语来支持苏联的抵抗，即使没有行动，也要用言语支持。[32]

罗斯福致斯大林

1941年7月26日发，1941年7月30日收[33]

霍普金斯先生是应我的要求在莫斯科与您本人以及您可能指定的其他官员进行磋商，讨论至关重要的问题：面对希特勒德国背信弃义的侵略，您的国家正在进行着伟大的抵抗，美国如何能够迅速有效地给予贵国援助？我已经告知您的大使乌曼斯基先生，美国政府将尽其可能地提供援助，用武器、弹药、军备和其他所需物资来满足你们最迫切的需求，以及可供你们国家在未来的两个月里实际使用的物资。戈利科夫将军率领的代表团现在正在华盛顿，我们会立即与该代表团讨论落实这些问题的细节。我认为，霍普金斯先生正在对莫斯科进行的访问具有无可估量的价值，会使我们在美国就能清楚地了解你们最紧迫的需求，这样，我们就能作出最切合实际的决策，以便简化交货流程并加快交货速度。明年冬天，我们将能够供应贵国政府希望从我国获得的大量军备。因此，我认为，两国政府的当务之急应该是把精力集中在未来3个月内可以抵达俄罗斯的军备上。

我请求您像信任我一样信任霍普金斯先生，他完全能代表我。他将直接向我传达您的观点，并告诉我您认为最紧迫的具体问题，如果是我们可以提供帮助的，一定如您所愿。

最后，请允许我表达我们所有美国人的钦佩之情，钦佩俄罗斯人民在捍卫自由和俄罗斯独立的战斗中所表现出的非凡勇气。你们的人民以及所有反对希特勒用侵略征服世界的其他人民的成功，一直鼓舞着美国人民。

霍普金斯抵达莫斯科时，德国空军正在对这个以木结构建筑为主的城市进行夜间空袭。英美大使馆和军事代表团的代表无法自由行动，他们发现很难获得明确的信息。霍普金斯也不例外，他从没有靠近过前线，一直到他离开，也没有获得什么确切的情报。但是他与克里普斯的三次交谈，让他摆脱了美国大使馆的一些负面信息。7月30日和31日，霍普金斯在克里姆林宫与斯大林进行了6个小时的会谈，斯大林及其获胜的决心给他留下了深刻的印象。他们讨论了供货会议的必要性，会议准备在莫斯科举行，以协调苏联、美国和英国的需求。在为了回应罗斯福信函的一次特别机密的谈话中，斯大林让霍普金斯铭记美国参战的重要性，并补充说，他将欢迎美国军队"在美军的完全指挥下，进入俄罗斯战线的任何地方"。据霍普金斯说，斯大林还"反复强调美国总统对当今世界普通民众的影响力之大，超过了任何其他力量"。不论是否夸张，这是斯大林对丘吉尔绝对不会使用的措辞，这是斯大林对两个盟友的不同评价的早期迹象。[34]

几个月后，1941年12月，霍普金斯在《美国杂志》上发表了他对莫斯科的访问记述。即使考虑到战时过度的宣传和最糟糕的美国新闻用语，该记述也表达了霍普金斯对斯大林的极大热情。

> 没有人能够忘记那幅画面，这位俄罗斯最高领袖站在那里，目送我离开。那是一个严峻、粗犷、坚定的人物，穿着像镜子一样发亮的靴子、结实而宽松的长裤和舒适的衬衫，没有佩戴任何装饰。他身材敦实，像足球教练梦想中的后卫。他身高5.6英尺左右，体重约190磅。他的手掌宽大，像他的头脑一样坚定有力。他的声音有些刺耳，但始终处于控制之中。他的声调抑扬顿挫，以重音来强调需要强调的话语。[35]

霍普金斯对斯大林积极的评价加强了罗斯福给予苏联更多军事援助的决心。8月2日，罗斯福抱怨进展缓慢，他指出："假如我是俄罗斯人，我会感觉美国在推诿搪塞。"他告诉他的对苏援助最高行政长官:"请以我的最高权威,用严厉的措施,让他们如坐针毡,让事情动起来。"罗斯福优先考虑的事情是哪些物资能够在 9 月到达。他解释说,因为"10 月 1 日之后,我们都担心由于雨、雪、霜冻等原因,能否采取非常积极的军事行动,以及德国能否被牵制到那时,从而使俄罗斯在春季之前都安然无损"。说得委婉些,这些话被证实是一个不切实际的假设。[36]

与此同时,7 月 31 日,丘吉尔接续自己 28 日信函的内容,精确描述了英国将如何向苏联供应两万吨橡胶。如同过去那样,从东南亚运输比从英国运送更容易。1941 年 8 月,一队货船满载着橡胶,从马来亚(今半岛马来西亚)驶往符拉迪沃斯托克,英国对苏联援助的承诺首次得以兑现。[37]

尽管斯大林巧妙地应对了霍普金斯,但他所承受的压力,在他 8 月 4 日发送给罗斯福的第一封信函中显而易见。该信完全是针对芬兰的,由莫洛托夫起草,原封不动地发送给了驻华盛顿的乌曼斯基大使:"你应立即请求与罗斯福会晤,并告知他以上情况。"乌曼斯基得到指示说:"立即报告结果。"[38]然而,此刻罗斯福已经在去往纽芬兰海岸的途中,他要到普拉森舍湾与丘吉尔秘密会晤。因此,乌曼斯基大使翻译了信函,并给罗斯福写一附信,请他直接回复莫斯科。[39]

这封信没有个人之间的寒暄,也没有表达对霍普金斯的欣赏,斯大林直截了当地敦促美国政府对芬兰施加压力,此时芬兰作为纳粹德国"共同作战的国家",已经恢复了它 1939 年至 1940 年与苏联的战争。丘吉尔践行了承诺,对芬兰和挪威北部的德国基地进行了打击,结果是英国皇家海军航空兵战果不佳,代价高昂,7 月 30 日损失了 15 架飞机,而对佩萨莫港的袭击导致芬兰政府断绝了与英国的外交关系。斯大林现在要求罗斯福断绝美国与芬兰的外交关系。

斯大林致罗斯福

1941年8月4日发，1941年8月7日收[40]

苏联认为，恢复芬兰的中立并使其脱离德国的问题至关重要。苏联政府掌握了最可靠的信息，表明英国和芬兰之间断交，以及大不列颠对芬兰的封锁，确实取得了令人满意的结果，引起了芬兰高层的内部冲突。现在在那些高层中可以听到支持中立和与苏联和解的声音。

斯大林先生确信，如果美国政府在适当的时候向芬兰政府强调美国与芬兰断交的危险，芬兰政府就会更加坚决，并有更大的勇气脱离纳粹德国。

在这种情况下，苏联政府愿意对芬兰作出某些领土上的让步，以便促进它过渡到和平政策，而且苏联政府愿意与芬兰缔结一项新的和平条约。

作为首次接触，这一次的外交表现并不出色。斯大林并不高明的诉求近乎要求，肯定会使白宫怒目。罗斯福当时并没有直接答复，但两周后韦尔斯告诉乌曼斯基，作为对斯大林的回应，罗斯福已经警告芬兰特使不要继续对苏作战，并提到苏联有意愿对芬兰作一些领土上的让步。但是，韦尔斯补充说，芬兰人不应把这种意愿理解为苏联的软弱，他还强调了苏联的决心和与德国战斗到底的能力。[41] 韦尔斯的观点与国务院观点是一致的。

不过这些提议对赫尔辛基丝毫没有效果。到12月，英国人已经渐渐陷入与芬兰的战争，而美国与芬兰人的外交关系则一直保持到1944年夏天。在如何处理苏联的敌人这种棘手的问题上，伦敦和华盛顿又一次表现出差异。

8月14日，纽芬兰峰会结束时，罗斯福和丘吉尔给斯大林写了第一封联名信。他们注意到当前的斗争已经成为一场全球性的斗争，而且极具复杂性，因此确定了早些时候的讨论，即在莫斯科举行苏美英供应会议，埃夫里尔·哈里曼将率领美国代表团。他们指示在那里的大使代表两国把信函交给斯大林。

　　这封信并未提及英国和美国官员在罗斯福的要求下仓促起草的所谓《大西洋宪章》，该宪章阐明了战后世界应该确立的八项原则，以争取"更美好的未来"。丘吉尔原本希望这次会议或许预示着美国参战，但现在，他所得到的仅仅是美国的参战原则，尽管他向内阁渲染了一个中立的国家以这种方式与一个好战的大国"令人惊讶地"协作。但并非所有人都认可，一位大臣谴责宪章是"毫无意义的陈词滥调和危险的模棱两可"。特别是宪章的第三条，关于尊重"各国人民选择其政府形式的权利"，在适当的时候会给丘吉尔和斯大林带来重大的外交问题，它潜在地挑战了大英帝国的地位以及苏联对东欧的领土要求。第四条，关于有机会在"同等条件下"进入市场和获得原材料，也反映了罗斯福开放英国"帝国特惠制"贸易安排的愿望。该宪章是两国领导人对大英帝国未能达成共识的早期迹象。[42]

罗斯福和丘吉尔致斯大林

1941年8月14日发，1941年8月15日收[43]

　　我们审议了哈里·霍普金斯先生从莫斯科回国后的报告，并用这个审议的机会，共同协商了当你们正在进行抵抗纳粹攻击的伟大斗争时，我们两国如何能最好地帮助您的国家。我们目前正在合作，以便为您提供你们最迫切需要的最大数量的物资。已经有许多载货船只驶离了我们的海岸，在不久的将来，还会有更多的货船出发。

　　我们现在必须把注意力转向考虑制定一个更长期的政策，因为要赢得完全的胜利，仍有漫长而艰难的道路要走，否则我们的努力和牺牲将会付之东流。

　　战争在许多条战线上继续，而在战争结束之前，可能还会有新的战线展开。我们的资源虽然巨大，但却不是无限的，因此，必定会产生一个问题：

何时何地以及以何种方式可以最好地利用这些资源，包括已制成的战争物资和原材料，以便最大程度地促进我们的共同努力。

贵军和我军的需求，只能根据对许多事实的充分了解来确定，我们在作出决定时必须考虑这些事实。为了使我们所有人能够就分配我们的共同资源作出迅速的决定，我们建议应该召开一次会议，地点在莫斯科，我们将派遣能够与您直接讨论这些事宜的高级别代表参加会议。如果这次会议对您有吸引力，我们希望您知道，在该会议作出决定之前，我们将继续尽快向您运送物资和材料。

我们充分认识到，苏联勇敢和坚定的抵抗，对击败希特勒主义是至关重要的。因此，我们认为对于规划共同资源未来分配的问题，在任何情况下都应该采取刻不容缓的行动。

8月15日，斯坦哈特和克里普斯将信函送达，斯大林表示感谢，并说他会尽快推进在莫斯科召开供应会议。苏联政府正式公布了此信的正文和在克里姆林宫接待两位大使的消息。斯大林对西方盟友给予支持的这个引人瞩目的高调信号非常高兴。[44]

在8月29日的下一封信中[45]，丘吉尔重提向苏联供应作战物资。"战斧"战斗机已在途中。丘吉尔现在正在督促提供两个中队的"飓风"战斗机，并承诺如果斯大林需要，还会提供更多。9月7日，飞机及其机组人员抵达苏联。丘吉尔还谈到了伊朗，1939年至1940年英国曾经在这里扩大影响力，对抗莫斯科和柏林。也是在这里，"巴巴罗萨"行动改变了局势。8月25日，苏联军队和英国军队进行干预，抢先一步阻止了德国人策划的政变。没有遭遇任何重大的抵抗，苏联军队就挺进了伊朗北部各省，而英国陆军和皇家海军则占领了伊朗的西南地区和波斯湾的港口。他们的部队于9月中旬共同进入德黑兰，迫使亲德的雷扎·沙赫退位，让位给他的儿子，然后经过大量的工作，逐步订立了消除德国影响力的三国政府之间的条约，确认了战争期间各方在北方和南方的势力范围，并给予同盟国在全国范围内的运输通信自由。1941 年到 1945 年间，有 4100 万吨的货物经由伊朗运送，几乎占对苏联的租借援助总量的四分之一。[46]

丘吉尔的信还提及了与东京的关系。在东京，"巴巴罗萨"行动引发了激烈的争论，分歧在于应该将这把刀猛地插入苏联的后背，还是利用苏联和英国被德国缠住的机会，去扩展东南亚的势力范围。罗斯福和丘吉尔在大西洋会议上态度强硬，意在威慑，对日本敲山震虎，实际上反倒加速了日本在 1941 年底急速开战。斯大林遵守他在 1941 年 4 月与东京签署的中立条约，是可以理解的。

1941 年 8 月 26 日，迈斯基与艾登有过一次真挚的交谈。迈斯基大使表示，莫斯科的"不满与日俱增"，原因是英国在援助方面做得"微乎其微"，如果英国不打算开辟第二战场，那它提供军事装备就应该更加慷慨。艾登解释说，英国对德国进行了轰炸，在利比亚、伊朗等地也开展了军事行动。迈斯基回应说："仅仅夹住狂暴野兽的尾巴是不够的，必须用棍棒猛击它的头！"[47]

迈斯基就这次面谈向莫斯科提交了报告，斯大林极为罕见地在 8 月 30 日以私人电报的方式予以回应：

> 你与艾登就英国战略的谈话充分反映了苏联人民的心情。我很高兴你能这么好地感知这种心情。从本质上讲，盎格鲁普拉 [英国政府] 以其被动的观望政策帮助了希特勒主义者。希特勒主义者们想将他们的对手各个击破，今天是俄罗斯人，明天是英国人。英国人的被动性帮助了希特勒主义者。英国称赞我们，为我们鼓掌，并且诅咒德国人，但这并不会改变任何事情。英国人懂得这一点吗？我认为他们是懂得的。那他们想要干什么？我认为，他们想让我们变弱。如果这个假设是正确的，那我们与英国人打交道时就要小心谨慎，如履薄冰。

斯大林继续深化这一主题，他强调了德国最近重新调遣了"最后的30个师从西部到我们的前线"，以及苏联在基辅和列宁格勒周围的处境在迅速恶化。他说，很明显"德国人无视英国人的威胁，认为这是虚张声势"，并且阴郁地问道："为什么德国人对英国人的消极态度如此放心呢？"他警告迈斯基说："如果在接下来的三四个星期内英国人没在欧洲开辟第二战场，我们和我们的盟友可能就会失败。虽然这是一个悲剧，但它可能成为一个事实。"[48]

迈斯基被斯大林的电报内容所震撼，他在当天回复了一份个人电报。他敦促斯大林直接向丘吉尔发出呼吁，而他则当面请求开辟第二战场，或者请求增加物资。迈斯基阐述了他称为"复杂的动机之难题"，在矛盾中英国的政策被混乱消耗，阻止了政界（尽管不是公众）对开辟第二战场的想法，以下几种观念存在于英国政客中间：

（1）坚信德国在陆地上不可战胜。

（2）自我安慰，认为俄罗斯人仗打得很好，我们不必着急，我们应从容不迫，冷静地实施我们的计划，做好准备在1942年或1943年实施决定性进攻。

（3）一种要削弱我们的欲望，存在于英国保守党有影响力的圈子中。

（4）英国人对大规模的登陆作战准备不足。

（5）对新的"敦刻尔克"的恐惧，这种恐惧可能会渐渐危害英国政府在国内的地位，并损害其在美国的声誉。

尽管伦敦自满与恐惧的情绪混合交织在一起，但迈斯基没有排除对开辟第二战场所做的"新的努力争取"："丘吉尔和其他人最终必须明白，如果苏联退出舞台，大英帝国也会完结。"他建议由"斯大林给丘吉尔写一封私人信件"，或者"我和丘吉尔之间就当前局势进行广泛的谈话"。他认为前者更有效。[49]

斯大林听从了迈斯基大使的建议。他把9月3日给丘吉尔的信口授给他的小个子秘书亚历山大·波斯克列贝舍夫,秘书把信的内容写在从袖珍记事本上撕下来的纸页上。斯大林把信递过去进行加密时,用蓝色铅笔补充道:

伦敦,致苏联大使迈斯基。现给你发去我给丘吉尔的私人信件文本。请翻译并发送给丘吉尔。我收到了你的密电,并决定使用你推荐的两种方案,我写一封私人信函,你口头上施加压力。

这份电报深化了斯大林于8月30日发给迈斯基的电文,它以引人注目的方式阐明了苏联的需求:当年秋天在法国或巴尔干登陆,足以转移30或40个德国师,并保证铝、飞机和坦克的供应,这有助于弥补在德国的攻占中苏联失去的生产能力。斯大林还提到当时苏联正在实施的大型工厂、工人和家庭的漫长而艰难的疏散计划,他强调,搬迁后的工厂在7到8个月里无法重新建立并运转。该电文以斯大林给迈斯基的一个附言结束:"收到请告知。立即报告与丘吉尔讨论的结果。"[50]根据斯大林档案中该文件上的标记来判断,此电文是匆忙打字并加密的,在90分钟内完成,并于9月3日晚上10时发出。迈斯基在日记中满意地写道:"我的建议已被接受。坚定、清晰和没有感情色彩的词汇,没有幻想,没有粉饰。事实如此。威胁隐约可见。这是我的一份多么出色的不同凡响的文件!"[51]

斯大林致丘吉尔

1941年9月3日发,1941年9月4日收[52]

非常感谢,除了您先前让予的200架战斗机,您又承诺向苏联出售另外200架战斗机。我毫不怀疑,我们的飞行员将能够操纵它们,并用它们打击敌人。

然而我不得不说，这些飞机显然可以投入行动，但却不能立即行动或同时行动，只能以不同的小组在不同的时刻行动。这样一来，这些飞机就无法给东线战场带来任何实质性的改变。这不仅仅是因为如此大规模的战争需要大量的飞机源源不断地运来，更重要的是近三个星期以来，在乌克兰和列宁格勒等重要地区，苏军的处境已经恶化。

大约三周之前，前线形成的相对稳定局面，被最近转调来东线的30至34个德国师以及数量庞大的坦克和飞机所扰乱。此外，20个芬兰师和26个罗马尼亚师也变得更加活跃。德国人认为，西部的危险是虚张声势，他们毫不犹豫且无所顾忌地将所有部队从西部调动到东部。德国人相信，他们可以一个一个地击败所有敌人，首先是俄罗斯人，然后是英国人。

结果，我们丧失了乌克兰的大部分地区，敌人现在出现在列宁格勒的大门口。

所有这些情况都带来了一些非常险恶的后果。我们已经损失了在乌克兰的克里沃罗格铁矿和许多冶金厂。此外，我们已经疏散了第聂伯河边的一个铝厂和季赫温的另一个铝厂、乌克兰的一个汽车制造厂和两个飞机制造厂，从列宁格勒疏散了两个汽车制造厂和两个飞机制造厂，所有这些工厂最早也要在7到8个月后才能在新的地方重新投入运行。这削弱了我们的防御能力，使苏联处于危险的境地。

此时此刻，必须提出的问题是，如何摆脱这种危急的局面？

我认为只有一种可能来补救这一状况，那就是今年就在巴尔干某个地方或法国开辟第二战场，这个战场能够从东线转移30至40个德国师，同时在10月初，为苏联供应3万吨铝，以及每月至少交付大约400架飞机和500辆坦克（小型和中型）。

如果没有这两种形式的帮助，苏联或许会被击败，或许会被削弱，严重到在很长一段时间，苏联都无法用积极的行动来帮助盟友打击希特勒主义。

恐怕我今天的函电会引起阁下最大的担忧，但我只能如此。经验告诉我要面对现实，无论现实多么令人不快，并且不要害怕说出真相，无论真相多么不受欢迎。

事实证明，伊朗事件的结果不算坏。英国和苏联军队共同的军事行动提前解决了这些问题。将来无论我们的军队在哪里一起行动，事情都将永远如此。但是伊朗只是一个小插曲，战争的结果当然不会在伊朗决定。

苏联与英国一样，不希望与日本开战。苏联履行其条约义务，包括与日本的中立条约。然而，如果日本违反条约并进攻苏联，它将面临苏联军队的强大抵抗。

最后，请允许我对您赞赏苏联军队的事迹表达感激之情，苏军正在与希特勒和支持他的那帮强盗进行一场血战，为了我们的自由，为了我们的共同事业。

9月4日，苏联人民委员会第一副主席维辛斯基将上述信函送达克里普斯大使。克里普斯转发此信，并呼吁英国政府作出"巨大的努力"，向苏联提供"大量且即时的直接援助"，否则，做任何事情可能都于事无补。[53]在伦敦，迈斯基将信函大致翻译了一下，于9月4日晚10点在唐宁街10号亲自交给丘吉尔和艾登。据艾登说，克里普斯大使"非常认真地强调了当前局势的严重性"，说当前可能是"历史的转折点"，并补充说："如果苏维埃俄罗斯被打败，我们如何能指望打赢这场战争？"[54]丘吉尔吸着雪茄，聚精会神地聆听，但随后阐述了他尽人皆知的论点，即在1941年底之前不可能在欧洲开辟第二战场，或提供数量相当巨大的军事物资。在提及斯大林每月需要500辆坦克的请求时，丘吉尔说，这个数量超过了目前英国的总产量。他不愿费心去补充说，整个英国陆军也没有足够的作战兵力去与30或40个德国师交战。丘吉尔最后总结说："只有上帝才能在接下来的6到7周帮助你们，而你们不相信上帝。"他说这句话时，就如迈斯基所说的，表情"似笑非笑"。[55]

次日，丘吉尔提点克里普斯，让他明白英国的伟大战略。"我们所有的将军都坚信，（登陆作战）血腥地被击退可能会一直持续下去，或者，即使我们夺取了小型的立足点，几天后也不得不撤出。"在谈及克里普斯大使呼吁作出"巨大的努力"时，丘吉尔讽刺地补充道："我想你的意思是超越空间、时间和地理的努力。遗憾的是，我们并未被赋予这些特性。"英国首相还重申了他长期秉持的一个观点，即关于1939年8月的莫洛托夫—里宾特洛甫《苏德互不侵犯条约》的后果。丘吉尔说："如果法国战场存在，西方的情况就会完全不同，因为那样一来，我毫不怀疑，对俄罗斯的入侵就不会成为可能，因为可以立即发动巨大规模的反攻。谁能说不是呢？"他狡黠地补充道："但是，使希特勒能够在动用军队进攻法国之前摧毁波兰，或者在动用军队进攻俄罗斯之前摧毁法国，唇亡齿寒，这不是我们的错。"[56]

9月5日的大部分时间里，丘吉尔都在准备给斯大林的回复，他取消了其他约会。上午，艾登召开了一个参谋长会议，迈斯基和苏联驻伦敦的军事代表团团长也应邀参加会议，以便亲耳听到英国战略的依据。英国军方提出了一系列论点，反对在欧洲进行牵制性登陆，但这仅仅证明了迈斯基先前的估计："人们可以感觉到，参谋长们被德国战争机器的威力控制了，完全失去了主动性和胆魄。"[57]

与此同时，丘吉尔向内阁展示了一份答复草稿，由内阁讨论。这种做法比较罕见，通常，丘吉尔会刻意地将他与斯大林和罗斯福的通信作为"私人信件"来处理，这表明丘吉尔意识到在这个历史关头，必须谨慎作决定。丘吉尔告诉同僚说，斯大林"应该被告知真相，他有能力面对这个局面"，而克里普斯在他情绪化的要件中却忽略了这些。[58]大臣们讨论后，听从了参谋长们的建议，排除了在法国或巴尔干地区的牵制性军事行动，但丘吉尔的答复草稿避开了物资供应问题，被认为语气和内容过于消极，在工党成员看来尤其是这样。[59]艾登、军需大臣比弗布鲁克和参谋长们提出了一些修正之

处,并郑重强调:

> 不祥的迹象表明俄罗斯正在崩溃。这是一份具有历史意义的电报,可能是迄今为止首相发送给外国国家元首的最重要的电报。因此,大臣们和参谋长们认为,在这场战争的这一关键阶段,这封电报应该自始至终听起来令人鼓舞,即重点应放在友好情谊的精神上,愿意共克时艰和迎接胜利的精神上,消极的或令人沮丧的信息应当尽可能排除。[60]

丘吉尔在最终发给斯大林的回复中考虑了这些建议。他采纳了比弗布鲁克的建议,承诺英国提供斯大林"最低"要求的一半物资,换句话说,即每月提供200架飞机和250辆坦克,同时表示希望另一半由美国提供。丘吉尔显然非常满意,对大部分英国政客来说,这是一个相当于"俄罗斯日"的活动。艾登在日记中写道:"为了庆祝这个成果,温斯顿坚持到饭店吃晚饭,并与马克斯[·比弗布鲁克]去了里兹饭店,共进了惬意的晚餐,美味有牡蛎、松鸡肉等。他们交谈甚欢,温斯顿神采奕奕。"[61]

丘吉尔致斯大林

1941年9月5日发,1941年9月6日收[62]

见信即复。尽管我们应该竭尽全力,但事实上,英国没有可能在西部采取任何行动,除了空军。空中打击会在冬天来临之前使德国军队从东方撤出。如果没有土耳其的帮助,我们绝不可能在巴尔干地区建立第二战场。假如阁下愿意,我将给出英军参谋部得出这些结论的所有理由。这些理由在今天有外交大臣和参谋长参加的会议上,已经与贵国的大使进行了讨论。行动如果只能导致代价高昂的惨败,会得不偿失,无论出于何种善意,都于事无补,只会对希特勒有好处。

我所掌握的信息给我一个总体印象：德国的入侵已经达到顶峰，极端的暴力已经结束，而冬天将让您英勇的军队养精蓄锐。不过这仅仅是我个人的观点。

关于物资。我们痛心俄罗斯工业遭受的巨大损失，我们已经并仍将竭尽全力为您提供援助。我正在给罗斯福总统发电报，催促哈里曼先生的代表团尽快抵达伦敦。我们将尽快，甚至在莫斯科会议之前，就可以告诉您我们承诺的每个月发送的飞机和坦克的数量，以及橡胶、铝、布等的供应情况。就我们而言，我们现在准备发送给您的飞机和坦克是英国生产的，数量为您所要求的每月总数的一半。我们希望美国提供您需求的另一半。我们将尽一切努力立即开始向您运送装备。

我们已经下达了命令，向波斯铁路提供机车车辆，使其目前的运力从每天单程2趟火车增加到最大限度，即每天单程12趟火车。这应该能在1942年春季之前实现，后面还将逐步改善。机车在更换燃油器后，要从本国绕道好望角运出，而且铁路沿线的供水系统也需要改造。第一批48台机车和400节车厢即将启运。

我们现在准备与您合谋共计。英国军队是否有能力在1942年间攻入欧洲大陆，这取决于难以预料的重大事件。不过有可能在最北部地区，当有了更多的暗夜可以隐蔽行动时，为您提供帮助。我们希望在今年年底之前，将我们在中东的军队数量提高到75万，然后到1942年夏季提高到100万。一旦利比亚的德意联军被摧毁，所有这些军队就可以立即部署在您的南方侧翼，并迫使土耳其至少保持真正的中立。同时，我们将继续越来越猛烈地从空中打击德国，并继续保持海洋通道的畅通，保卫我们自己的生命线。

在您信函的第一段中，您使用了"出售"一词。我们并未以这种方式考虑此事，也从未想过支付之事。我们为您提供的任何援助最好建立在与美国租借法同样的友谊基础之上，这种租借并没有以货币结算。

我们愿意以我们的力量对芬兰施压，包括立即通知芬兰，如果他们继续超越旧边界，我们将会向他们宣战。我们正在请求美国采取一切可能的措施来影响芬兰。

9月7日，在收到丘吉尔回复的第二天，苏联领袖斯大林会见了克里普斯。大使说，"我发现斯大林非常沮丧和疲倦"，"之前的怀疑和不信任态度有所抬头"。显然，斯大林之前对丘吉尔的期望太高，现在非常失落。克里普斯试图找出斯大林9月3日的信中可能涉及失败的背后原因，或许苏联会与德国人单独休战？但斯大林坚定地说："不。"他解释说，如果守不住拥有煤矿和炼钢厂的顿涅茨克，以及机械制造业中心莫斯科和列宁格勒，苏联就可能损失三分之二的用于保障前线的生产能力。斯大林说守不住是"有可能的"，如果那样，苏联就不得不停止激烈的抵抗，转为防御策略，或许会退过伏尔加河。[63]斯大林的态度是值得信任的，但语气直率生硬，或许是希望以此震撼英国人。

在接下来的一周，前线局势继续恶化。9月8日，德军和芬兰军队切断了所有进出列宁格勒的陆路，开始封锁，几乎达900天，直到1944年1月，封锁才被完全解除。13日，斯大林派朱可夫前往列宁格勒，试图在最后的危急关头挽救这座城市。与此同时，德国人以钳形攻势包围了基辅，9月18日，基辅陷落，50多万人丧生或被俘，向南的通道被打开，敖德萨和克里米亚告急。在丘吉尔拒绝开辟第二战场的一周后，斯大林再次进行尝试，这次他请求对苏德战场进行直接的军事支持，无论在北方还是南方。表现他焦虑的一个迹象就是他要求英国25至30个师直接参与作战。这是一个完全不可能的数字，按英国军队的部署，直到1944年初，这个要求都高于整个英国陆军的部署水平。[64]反过来，如果苏联认为有必要自沉列宁格勒的军舰以防止它们落入德国人之手，英国提出的战后经济赔偿更乏善可陈，而且肯定不够明智。

斯大林致丘吉尔

1941年9月13日发，1941年9月15日收[65]

在我的最后一封信中，我陈述过苏联政府的观点，即建立第二战场是维护我们共同事业的最根本的补救办法。您在来信中再次强调目前无法实现，在答复您此函时，我只能重申，不开辟第二战场，只会有利于我们共同敌人的阴谋。

我毫不怀疑，英国政府渴望看到苏联取得胜利，并为了胜利孜孜以求。如果英国政府认为在欧洲西部建立第二战场目前不可取，或许可以找到另一种方法为苏联提供积极的军事援助？

在我看来，似乎大不列颠可以毫无风险地将25至30个师投送到阿尔汉格尔斯克，或运送他们穿越伊朗到苏联南部地区。这样，苏联军队和英国军队就可以在苏联领土上建立军事合作，并肩作战。法国在一战中也有类似的情况。刚才提到的安排将会产生极大的帮助，沉重打击希特勒的侵略。

我非常感谢您承诺每月交付铝、坦克和飞机，为我们提供援助。

我欢迎英国政府在铝、坦克和飞机方面提供援助，不是以通常的商业方式，而是以友谊和合作为基础。

我希望英国政府有足够的机会看到苏联政府懂得如何感谢其盟友的援助。

9月12日，英国驻莫斯科大使克里普斯爵士递交给莫洛托夫先生一份备忘录。在此备忘录中有这样一句话："假如苏联政府迫不得已销毁在列宁格勒的海军舰艇，以防止其落入敌人手中，国王陛下政府将会在战争结束后承认苏联政府的赔偿要求，即国王陛下政府给予一定的补偿，用来修复被毁坏的船只。"

苏联政府理解并赞赏英国政府愿意为苏联所遭受的损失作出部分赔偿

的想法，假如在列宁格勒的苏联舰艇不得不被销毁，毫无疑问我们将会这么做。但是，造成这种损失的责任不在英国，而在德国。因此，我认为这种损失在战后应该由德国赔偿。

9月15日，迈斯基将信函转交丘吉尔。丘吉尔试图运用他擅长的平衡术，既进行安慰又不作出承诺。"我要把想法说出来"，他说他"原则上"愿意派遣英国军队前往苏联，实际上，他"甚至认为这是一种荣誉"。丘吉尔对迈斯基说，但是他必须与内阁讨论此事，并强调英国兵力不足，因为已经安排60万军队不久后在利比亚发动攻势，而事实是英国本身只有不到100万训练有素的武装部队。海上运输力量不足也是一个问题。丘吉尔告诉苏联大使说："我不想误导你，即使英国政府决定派遣一支远征军到你们那里，也不会在冬季之前到达。"丘吉尔渴望强调斯大林信函中的积极方面，他说自己非常高兴，"斯大林先生终于相信我们对苏联的良好意愿"。迈斯基向莫斯科报告他与丘吉尔的谈话，不加掩饰，照实叙述。他结束时说："从丘吉尔今天的述说中，我很清楚地感觉到，派遣25至30个师是不可能的。但重要的是，英国人竟然要开展这样一场军事行动，即使最初只用很小的军力。然后，他们会越陷越深。"[66]

丘吉尔在1950年撰写的战争回忆录的第三卷中，提到斯大林提出的25至30个师的要求，他评论说，"几乎令人难以置信"，而且"与一个以这种荒谬方式思考的人讨论问题毫无意义"。[67]也许是出于这个原因，丘吉尔在9月13日的答复中回避了这个问题，而是强调莫斯科会议和跨越伊朗的运输线路计划。他谈到要研究南北两翼可能的"军事合作"，但没有涉及任何细节，还谈到促使土耳其人参战的愿望。在战时通信中，土耳其是另一个丘吉尔非常痴迷的问题。

丘吉尔致斯大林

1941年9月18日发，1941年9月19日收[68]

非常感谢您的来信。哈里曼代表团已经全部抵达，并整天与比弗布鲁克及其同事一起工作。他们的目标是调查整个战争资源，以便能够与您一起制定出可行的路线图，确定每月交付的具体计划，从而尽可能地弥补您的军需损失。罗斯福总统的想法是，第一个计划应该一直持续到明年6月底，理所当然，我们将继续与您一起战斗直到胜利。我希望会议可以在本月25日在莫斯科开幕，稍后您会知道他们的行程和交通工具。在所有人都安全地聚集起来前，请勿声张此事。

我非常重视开通从波斯湾到里海的直达路线，不仅要有铁路，而且要有一条非常好的公路。在修建公路的过程中，我们希望获得美国的力量和组织方面的支持。比弗布鲁克勋爵将解释整个供应和运输计划，他与哈里曼先生有着最亲密的友谊。

参谋部已经研究了我们可能会与您进行军事合作的所有战区。两个侧翼，北部和南部，无疑提供了最有利的机会。假如我们能够在挪威成功地实施行动，瑞典的态度就会受到强有力的影响，但是目前我们既没有足够的兵力，也没有足够的运输工具来完成这个项目。同样，在南部，极有价值的是土耳其，如果土耳其能够站到我们一边，将会又有一支强大的军队可用。土耳其愿意加入我们一同参战，但它又感到害怕，这并非没有道理。可能承诺有大量的英国部队支援且供应土耳其人所缺乏的技术材料，将会对他们产生决定性的影响。我们将与您共同探讨任何形式的有用的援助，唯一的目的就是用最大的力量来打击共同的敌人。

我完全赞同对俄罗斯舰队的补偿首先由德国承担。胜利无疑将会使我们控制德国和意大利重要的海军舰船，并且在我们看来，这些舰船最适合弥补俄罗斯舰队的损失。

对丘吉尔信函的反应如今已是司空见惯。9月18日，艾登让迈斯基看了这封信，迈斯基抱怨说，丘吉尔对英国远征军一事没有明确答复，并提醒说，这会让莫斯科产生不好的印象。外交大臣艾登想为苏联人做更多的事，于是向丘吉尔求情，但丘吉尔坚定地说："一切取决于运输能力。我们不反对研究任何计划，但我们绝不鼓励妄想。任何大规模的军队都不可能从英国被派遣到俄罗斯作战。"此时，丘吉尔的目光牢牢锁定在克劳德·奥金莱克将军即将在利比亚发动的进攻上，他期望在地中海有一个决定性的突破。[69]

埃夫里尔·哈里曼和马克斯·比弗布鲁克两个团队在伦敦的供货商谈，一直进行得非常艰难甚至冲突不断，当然也包括两个团队的领导人。加拿大裔的英国报业大亨马克斯·比弗布鲁克虚张声势、恃强凌弱，在讨论对苏援助之前，他就威逼美国人，强调美国对英国兑现现有的承诺。但是哈里曼更胜他一筹。哈里曼的女儿说，丘吉尔是"一位绅士"，而比弗布鲁克是"一个无赖，幸运的是我父亲可以讲两种语言"。比弗布鲁克告诉内阁国防委员会，9月5日丘吉尔对斯大林作出的英国和美国的援助保证已经"超出了美国的计划"，因为产量的估算现在已经缩减了。他补充说："从1941年10月到1942年6月每月400架飞机和500辆坦克的承诺，是美国和我们自己作出的保证，是我们可以通过牺牲利益来实现的。而这种牺牲将几乎全部由我们承担。"[70]参谋长们警告说，这种牺牲将对英国的计划和战略，特别是针对德国的轰炸攻势和建立新的装甲师，产生可怕的影响。而支持对苏联援助的人，尤其是比弗布鲁克、艾登和工党领袖克莱门特·艾德礼，则强调必须避免俄罗斯崩溃。丘吉尔试图平衡这些争论，他构想出比弗布鲁克前往莫斯科的使命，指示他避免提供有关生产计划的确切数据，而且不要承诺1942年中期之前提供更大的援助，那时英美两国的生产才真正开始，除非美国确实成为参战国。在珍珠港事件之前，英国的战略空虚无力，这一点从丘吉尔指令中的一段话可以明显看出：

> 俄罗斯人肯定会问，你们打算如何赢得这场战争？对此我们的回答是："通过顽强战斗，直到纳粹土崩瓦解，如同上次德国皇帝土崩瓦解一样。"为了这一目的，我们无论在任何条件下、在任何地方遇见敌人，都将与他们作战。我们将通过宣传瓦解他们，用封锁压制他们，最重要的是，持续不断地、毫不留情地轰炸他们的家园，并且不断增加轰炸力度。上一次，我们无法确定如何以及何时赢得战争，但是我们没有懈怠，也决不屈服，历经艰辛，最终取得胜利。[71]

或者，就像他私下里常说的那样，只是 KBO（keep buggering on）——永不懈怠。

第二章

1941年
9月至12月

『两场相对无关的战争』

9月28日，比弗布鲁克和哈里曼团队抵达莫斯科。丘吉尔和罗斯福都发了贺电，不过罗斯福的贺电被德国情报部门披露，显得不大光彩。两位使者与斯大林进行了第一次友好会面、艰难的第二次会议，以及较有成效的最后一次会议。这种"友好、艰难和较有成效"三部曲，成为盟友访问克里姆林宫的一种熟悉的模式。三方用了一周的时间，达成了美国和英国向苏联提供物资的基本协议，他们打算以协议作为开辟第二战场的某种替代品。尽管协议不尽如人意，但莫斯科会议作出的在抗击共同敌人的战斗中共享三个大国资源的基本决策，最终被证明具有非常重要的战略意义，特别是对比之后进攻柏林和东京的行动——那些未能进行任何有意义的合作。

物资补给协议让英国人付出了高昂的代价，很多原本运往英国的美国物资转向了苏联。但在第一年，英国人比美国人更充分地履行了协议，尽管英国自身也很困难，但为了应对全球战争，英国动员了一切可以动员的力量。另一方面，美国在财政援助方面更为慷慨：罗斯福10月30日和11月6日的信函显示，美国向苏联提供了10亿美元的无息贷款，而且只要求在战后5年开始还款，还提供了500万美元的免费医疗物资。[1]11月4日，斯大林致函罗斯福表示感激，尽管语言略显呆板，但他表现出的热情语气，在他给丘吉尔的电文中很少见到。这是整个战时通信的另一个特色。不过在这一阶段，罗斯福总统正领导着一个在参战问题上分歧严重的国家，很像这个三角关系中的第三方，直到珍珠港事件爆发。在这之前，三位领导人互通的34封信函中，只有6封信是从白宫发出的，而且由于传输的延误（有一次竟长达5个月才收到）以及德国情报机构的拦截，这6封信的影响力进一步被削弱。

1941年的整个秋冬，斯大林都在不断提醒伦敦和华盛顿，与敌人进行战斗的主要是俄罗斯人。然而，对于苏联人能战斗多久，西方仍然争论不休。10月15日至16日，德军距离莫斯科已经不到100英里，首都陷入恐慌，外国使馆紧急撤离到向东约500英里的古比雪夫。因为斯大林和外交部门最终决定留在莫斯科，盟国之间的沟通更加困难。

三巨头的信函中并未提及疏散危机，但危机显而易见，并且对他们的关系产生了影响。丘吉尔的注意力全部集中在北非，德国人和意大利人将遭遇英国的"十字军"行动（"Crusader"）。丘吉尔正用他特有的热情大肆宣传，他要在整个地中海地区力挽狂澜，甚至将土耳其也卷入同盟国的战争。他把自己陷在雪茄的烟雾之中，尽情地幻想。在罗斯福和哈里曼看来，丘吉尔对东方并不抱有太大的希望，他预言，一旦希特勒在俄罗斯腹地稳定了战线，在1942年就不会把英国放在眼里，并且或许会在1943年攻击美国。丘吉尔对苏联的情绪极度悲观，身在古比雪夫的克里普斯对丘吉尔的悲观看法提出严厉的批评。10月30日，克里普斯警告说，如果没有任何真正的合作，就存在"两场相对无关的战争"，这是危险的。克里普斯认为英国政府对苏联的态度，远不及1941年春天对注定要倒霉的希腊人慷慨。丘吉尔被克里普斯的这句尖刻的话深深刺痛了，他同意派两名高级将领前往莫斯科进行宽泛的会谈。11月4日，唐突的会谈提议通过信函传达给斯大林，同时还表达了一些抱怨和怀疑，即英国是否真有必要对芬兰、匈牙利和罗马尼亚宣战，这三国的军队正与德军一起围殴俄罗斯。11月8日，斯大林作出回复，此前一天，11月7日，斯大林在白雪覆盖的红场情绪激动地检阅了出征的军队，战士们即将为保卫莫斯科战斗和牺牲。尽管已是山穷水尽，但斯大林并未矫饰言词。他批评说，英国对较小轴心国的政策"令人无法容忍"，并讽刺地说，除非英国的将军们带着具体的军事援助计划，以及为共同的战争与和平的目标来访，否则接待他们毫无意义。丘吉尔气得脸色铁青，大发雷霆。

然而有意思的是，到1941年11月末，这位众所周知的"粗鲁"的苏联领袖开始学习外交语言。得知丘吉尔的狂怒后，在人们的劝说下，11月23日，斯大林主动说了些近乎道歉的话。更让人惊讶的是，在一周后，他向丘吉尔的生日致贺。斯大林并不情愿祝福一个资本家兼帝国主义者"生日快乐"，尤其是一个想把"十月革命"扼杀在摇篮里的人。可能是驻伦敦的苏联大使迈斯基提醒他这样做的，迈斯基面对这一对儿敏感易怒的人——斯大林和丘吉尔，在这二人之间经常扮演双簧角色，他的这一角色会在后面的文章中反复出现。11月30日，斯大林发出的两行字的信，是本章中最引人注目的文件之一。丘吉尔则用自己的甜言蜜语作了答复，他们的关系暂时解冻。到此时，克里普斯令人信服的论点和斯大林的愤怒已经影响了丘吉尔，丘吉尔逐渐把苏联看成是一个真正的重要盟友，并努力协调他们的战略和政策。在克里普斯的建议下，艾登被任命为使者。12月7日，这位英国外交大臣肩负着特殊使命前往莫斯科，而此时，这场动人心魄的战争突然发生了戏剧性的变化。

☆☆☆☆☆

9月21日，丘吉尔给斯大林写了一封信，让比弗布鲁克亲自送交。丘吉尔把他惯用的明快有力的语言与旨在表明英国固有的地缘限制结合起来。他使用了给比弗布鲁克指令中的材料，强调说在接下来的9个月里，盟军对俄罗斯的援助将主要由英国承担。丘吉尔还强调说，与美国或俄罗斯的人口相比，他的国家的人口较少，这限制了英国陆军的规模。

9月29日，代表团与斯大林第二次会晤的时候，比弗布鲁克递交了丘吉尔的信。前一天的首场见面会进展顺利，但此时的斯大林却面有愠色，焦躁不安，他来回踱步，不停地抽烟，并质疑盟友的善意。他咆哮道："你们提供的物资数量不足，非常清楚地表明你们希望看到苏联被打败。"丘吉尔的信函也受到了冷遇，斯大林撕开信封，一眼没看就把信搁在桌上，继续开会。

会议结束时，莫洛托夫提醒斯大林，他才将信塞回信封，随手交给一名助手。哈里曼和比弗布鲁克无法确定整个会议是一场令人不安的表演，还是斯大林压力太大太紧张了。而到第三次会面时，会议则平静而富有成效。过了些时候他们得出结论说，他们是标准的苏联外交手段的受害者。但是斯大林对丘吉尔信函不屑一顾的态度，可能反映了其他情况，即英国首相给比弗布鲁克的指示，也就是这封信的基础，已经被伦敦的苏联特工抢先一步传递给了克里姆林宫，斯大林事先就知道了。[2]

丘吉尔致斯大林

1941年9月21日发，1941年9月29日收[3]

英国和美国的代表团现在已经出发，此信将由比弗布鲁克勋爵呈交给您。比弗布鲁克勋爵受到内阁最充分的信任，并且是我认识最久的和最亲密的朋友，他与哈里曼先生建立了最亲密的关系。哈里曼先生是卓越非凡的美国人，全心全意致力于我们共同的胜利。他们会将大不列颠和美国紧急磋商后我们所能安排的一切，都呈现在您的面前。

罗斯福总统已经决定，从1941年10月（含本月）至1942年6月（含本月）的9个月内向您发送每月的配额。您有权准确了解我们每个月可以提供的货物，以便您能最大程度地利用资源。

美国的议案截止日期是1942年6月底，但我毫不怀疑此后两国可以提供数量大得多的配额。您可以确信，我们将尽最大努力，弥补纳粹入侵后你方军工产业所遭受的严重损失。比弗布鲁克勋爵就此问题有什么看法，我不干预。

您会注意到，直到1942年6月底的配额，几乎完全是由英国生产和供应的，或者是我们从美国采购的产品以及依据《租借法》提供给我们的产品。美国已经决定将几乎全部出口剩余都提供给我们，因此在这段时间内美国很难加大供应。我希望美国的生产得到强力推动，并且到1943年，美国的强大工业为战争而全面展开。就我们而言，不仅要从现有产量的基础上实现大幅的增长，还要进一步动员民众的力量来满足我们的共同需求。然而您也明白，我们的陆军及其装备仅为贵国或德国的五分之一或六分之一。我们的首要任务是保持海运畅通，第二项任务是取得决定性的空中优势。这些都依靠我们在不列颠群岛的4400万人力。我们永远都不指望拥有能比肩欧洲大陆军事强国的军队或军火工业。尽管如此，我们仍将尽最大努力为您提供援助。

伊斯梅将军是我在参谋长委员会的私人代表，他通晓我国军事政策的全部领域，他被授权与您的指挥官一起探讨任何务实的合作计划或设想。

如果我们能够清除利比亚西翼之敌，我们将会有相当数量的军队，包括空军和陆军，在俄罗斯战线的南翼进行合作。

在我看来，如果能说服土耳其抵制德军借道攻击，或者更好的话，让它在我们这一边参战，那就事半功倍。我确信您一定会对此给予应有的重视。

我一直与您一样，同情中国人民为保卫自己的祖国反抗日本侵略者所进行的斗争。当然，我们也不想与日本为敌，但是从我与罗斯福总统会晤的结果看，美国已经向日本政府表达了更为明确的态度，施加了更大的压力。我代表国王陛下政府紧急宣布，假如美国卷入对日战争，英国会立即站在美国一边。我认为我们三个国家都应该尽可能继续向中国提供援助，可以竭尽全力去做，而不必考虑引发日本宣战。

毫无疑问，我们各国人民面临着长期的斗争和苦难，但是我对美国将作为交战国参与战争抱有很大的希望，如果这样的话，我更坚信只要我们坚持斗争就会取得胜利。

我希望随着战争的继续，可以看到占全世界人口三分之二的大英帝国、苏联、美国和中国的广大民众团结一致，并肩前进抗击迫害他们的人。我相信他们所走的道路会通往胜利。

衷心祝愿俄罗斯军队获胜，让纳粹暴君灭亡。

9月17日，罗斯福致函斯大林，信的语气谦逊而朴实无华，目的是建立个人联系并赞赏斯大林。罗斯福在信中拐弯抹角地提醒斯大林，俄罗斯不是唯一的战场。这封信本应由哈里曼亲自转达，然而因恶劣的天气而被延误，哈里曼离开伦敦前没有收到这封信。抵达莫斯科后，哈里曼主动要求罗斯福提供一个"私人函件"给斯大林，并强调比弗布鲁克已经递交了一份丘吉尔的函件。于是华盛顿用电报发送了一份副本，9月30日，哈里曼将它呈交斯大林。由于美国国务院使用的是一种简单的密码，结果被德国人破解，在全世界大肆宣扬，以此作为罗斯福与共产主义者"勾结"的证据。[4]

在1941年至1942年，这并不是三巨头秘密通信泄露的唯一事件，也不是美国人应该特别受到批评的最后一个例子。罗斯福意识到国务院的信息传输不可靠，于1942年4月告知苏联驻华盛顿临时代办安德烈·葛罗米柯，苏联的加密系统"更可靠"。丘吉尔告诉罗斯福，英国人已经能够破解美国的外交密码。[5]后来白宫越来越多地使用美国海军更安全的系统来传输消息。以这种方式绕过国务院，也反映了罗斯福对他称为"条纹裤"套装的官僚作风的深恶痛绝。

罗斯福致斯大林

1941年9月17日和29日发，1941年9月30日收[6]

这份说明将由我的朋友埃夫里尔·哈里曼呈交给您，我已请他担任我国赴莫斯科代表团团长。

哈里曼先生非常了解你方战线的战略重要性，我知道，他将竭尽所能使莫斯科的谈判圆满成功。

哈里·霍普金斯已经非常详细地给我讲述了他与您鼓舞人心的和令人满

意的交谈情况。对苏联军队英勇抵抗的赞美，我无以言表。

我深信，我们将会找到各种方法来满足所有战线，包括你方战线在内的抗击希特勒所必需的物资与军需。

我特别想借此机会表达我的坚定信心，贵军最终一定会战胜希特勒。我还向您保证，我们将竭尽所能提供一切物资援助。

呈递这一函件时，哈里曼敦促斯大林与罗斯福建立直接的联系。"斯大林说，他很高兴听到这句话，因为他以前觉得自己不应该冒昧地直接与罗斯福讲话。"[7]斯大林的下一封信写于10月3日，由莫洛托夫起草，的确是写给罗斯福本人的。该信函由哈里曼发送。斯大林利用比弗布鲁克在莫斯科的机会也向丘吉尔发送了一封类似的信。

斯大林致罗斯福

1941年10月3日发，1941年10月16日收[8]

您的来信已由哈里曼先生转交给我。我愿借此机会向您表达苏联政府的深切谢意，因为您让哈里曼先生这样的权威人士担任美国代表团团长，他参与了三大国莫斯科会议的各个进程，效果非凡。

我毫不怀疑，您将会做一切必要的工作，以确保尽可能迅速地、彻底落实莫斯科会议的各项决议，尤其是考虑到希特勒分子一定会利用冬季到来之前的几个月，尽一切可能对前线施加压力来对抗苏联。

像您一样，我毫不怀疑战胜希特勒的最终胜利，将属于那些团结一致打击残暴的希特勒主义并加速其灭亡的国家，为了这个任务，苏联正为此承受巨大和沉重的牺牲。

在冷战最严重的时期，丘吉尔撰写了回忆录，他这样描述莫斯科会议，

"接待缺乏热情，讨论根本不友好"，几乎没有（交换）信息，甚至谈不上热情款待。为了加强语气，他还引用了一个编出来的笑话，说一个苏联国际旅行社的导游带着一位皇家海军陆战队军官游览城市，导游介绍说："这是艾登酒店，以前叫里宾特洛甫酒店……这是丘吉尔街，以前叫希特勒街……"如此等等。直到后来导游主动问军官："同志，您想吸支烟吗？"海军陆战队军官回答说："谢谢，同志，以前叫混蛋。"实际上，莫斯科会议成为建立联盟抗击希特勒的一个里程碑。尽管有斯大林友好—艰难—较有成效的外交策略三部曲，但对比以前冷淡的外交关系，可谓峰回路转，西方来宾还是为自己受到的礼遇而感到荣幸，而斯大林在克里姆林宫宴请西方贵宾，堪称史无前例。会议促成了《第一议定书》的签署，这是英国和美国向苏联供应物资的协调计划，实施时间从 1941 年 10 月 1 日到 1942 年 7 月 1 日。比弗布鲁克明确地告诉英国代表团，他们"去莫斯科，不是讨价还价，而是去给予"。他反对把援助当作相互补偿，认为这种给予是"打破俄罗斯对西方怀疑态度的一种方法"[9]。

在克里姆林宫的晚宴上，丘吉尔的军事大臣黑斯廷斯·"帕格"·伊斯梅将军与斯大林进行了简短但有益的交谈，他向内阁报告了谈话内容。这位苏联领袖坚持认为，"坦克和飞机决定战争"。伊斯梅在报告中指出，这可能是一个最近的发现，如果是这样的话，或许可以解释为什么俄罗斯人对西方的坦克、反坦克炮和高射炮最感兴趣，而不是野战炮和机枪，但是英国人准备大量提供的恰恰是后两种武器。但俄罗斯人需要的武器，英国和美国自身也产量有限。斯大林坦率地对伊斯梅说，他完全理解英国目前为什么不能开辟一个西方战场：

> 欧洲的整个形势已经改变。英国再也不能仅仅依赖自己的海军了。在和平时期，它必须有征兵制度和一支庞大的军队。法国总会有投降的"贝当"，因此不能依赖法国军队或民众。日本发现，除了庞大的海军，

还可以维持一支庞大的陆军。那么英国为什么不这样呢？

伊斯梅还为缺乏共享的信息而感到遗憾，他说，俄罗斯总参谋部告诉英国军事代表团的信息，"准确地说毫无价值"。这反映了俄罗斯的"高度集权"以及20多年来在两国之间盛行的"互不信任互不喜欢"。因此，伊斯梅认为，"任何具有联合性质的事情"，"在目前的情况下都毫无价值"。但他希望"按时履行我们的援助承诺"会"创造出一个新的氛围"。[10]

就在比弗布鲁克递送英国对莫斯科会议的感谢信时，斯大林不失时机地提醒丘吉尔，迄今为止盟军的援助不足。[11]丘吉尔意识到当下的重要性，召开了国防委员会会议。在会上，他对在莫斯科商定的第一批交货事宜作出了具体的安排。10月6日，内阁批准了该项计划，同时还有丘吉尔给斯大林的宣布开始交货的电文。电文中，丘吉尔引用了古拉丁语名言："快速给，即是加倍给。"[12]这种用法对他来说凤毛麟角。

丘吉尔致斯大林

1941年10月6日，1941年10月7日收[13]

我很高兴从比弗布鲁克勋爵那里得知莫斯科三方会议的成功。"快速给，即是加倍给。"我们打算周期性地、不间断地运送物资，每10天派出一支船队。以下货物已在途中，将于10月12日到达阿尔汉格尔斯克：

20辆重型坦克；

193架战斗机（10月之前的配额）。

以下将在10月12日起航，于10月29日抵达：

140辆重型坦克；

100架"飓风"战斗机；

200 辆履带式小型装甲运兵车；

200 支配备弹药的反坦克步枪；

50 门发射 2 磅重炮弹的火炮和弹药。

以下将于 10 月 22 日起航：

200 架战斗机；

120 辆重型坦克。

上述列表显示，截至 11 月 6 日，10 月份飞机的配额总数和 280 辆坦克将抵达俄罗斯。10 月份配额的履带式小型装甲车、反坦克步枪和发射 2 磅重炮弹的反坦克火炮都会在 10 月到达。20 辆坦克已装运，经伊朗运出；15 辆即将从加拿大运出，运抵符拉迪沃斯托克。运送的坦克总数为 315 辆，比我们承担的全部配额少 19 辆，这将在 11 月补齐。上述计划未考虑美国供应的物资。

在安排运输队的发船周期时，我们依靠阿尔汉格尔斯克来运送大部分货物。我想这部分工作已经在做了。

最美好的祝福。

几天后，在给斯大林的一封信中，丘吉尔再次想用其他形式的援助来代替英国派远征军到苏联，他主动提出用英军替代镇守伊朗的几个苏联师，以便"解放"出后者去对抗德军。尽管丘吉尔郑重保证，英国不会利用苏联撤军而登堂入室，但斯大林不能冒险，削弱自己在另一个国家的地位，而这个国家还为苏联提供给养、膳食、住宿。这开启了苏英两国历史对抗的源头。丘吉尔想雪中送炭，促进信任，斯大林却疑虑重重，甚至没有给予回复。

丘吉尔致斯大林

1941年10月12日发，1941年10月13日收[14]

感谢您10月3日的来信。正如我在10月6日的电报中向您报告的那样，我持续下达指示以加快在阿尔汉格尔斯克的交货速度。您的3000辆卡车的要求将会立即从我们的陆军库存中得到满足，这些卡车的交付不得妨碍坦克和飞机的供应。我们正在请求哈里曼安排一个从美国发货的更大的长期计划。

关于波斯。我们在那里唯一的利益是：首先，作为阻止德国向东渗透的屏障；其次，作为向里海盆地补给物资的直通路线。如果您愿意从那里撤出5个或6个俄罗斯师调往前线，我们将承担维持秩序、维护和改善补给路线的全部责任。我以英国的名誉承诺，无论在战争期间或战争结束时，我们都不会牺牲任何俄罗斯人的正当利益，来为自己谋取任何好处。在任何情况下，签署三方协议的问题都非常迫切，以避免内部混乱问题的加剧，以及随之而来的供给线路被阻断的危险。韦弗尔将军将于10月18日到达梯弗里斯（今第比利斯），他将与您的将军们一起讨论，解决您指示的任何问题。

千言万语，难以表达我们对你们伟大而英勇的斗争的敬佩之情。我们希望在不久的将来用行动来证明这一切。

斯大林对此没有答复，当时的军事局势已经千钧一发。"台风"行动（"Typhoon"）是希特勒对莫斯科的新攻势，突破了所谓的莫扎伊斯克防线，此防线横跨著名的1812年博罗季诺战场。最后一道防御工事匆匆构筑起来，以保护首都前方最后60英里。10月15日，恐慌弥漫莫斯科，中午，英国和美国大使突然被告知，他们必须于当天晚上通过专列疏散使馆的工作人员。在莫斯科河对岸与克里姆林宫隔河相望的英国大使馆，网球场上点燃一堆篝火，大量的信件被匆匆烧毁。当被问及如何处置无线电设备时，克里普斯只说了3个字:"粉碎它。"西方外交官花了5天的时间才到达伏尔加河畔的古比雪夫市,通常乘火车,行程不足一天。一列待命数小时的专列准备将斯大林向东转移,直到计划被终止。10月16日,工厂、商店和莫斯科地铁全部关闭,大街上看不到一辆公共汽车或电车。成千上万的办公室在焚毁文件,天空中飘满了灰烬,犹如兆示灾难的黑"雪"。家家户户带着能带走的财物逃亡,而暴徒在洗劫被遗弃的商店和住宅。众多身影朝着四面八方奔去,一位目击者将莫斯科形容为"一个蚂蚁堆"。直到10月20日,政府才控制了局面,将这座城市置于严格的军事管制之下。[15]

与此同时,罗斯福也在评估莫斯科会议,包括哈里曼带回来的斯大林10月3日的信函。罗斯福问霍普金斯:"你的意见,我应该怎样回复?尤其是考虑到哈里曼告诉斯大林我很愿意与他直接通信时,斯大林显然很满意。"[16]霍普金斯敦促罗斯福作出个人回应。他说,从他自己在莫斯科的会晤来看,"很明显,斯大林不信任我们的大使和其他使馆工作人员",而且很可能"如果斯大林受到敦促的话,他对国务院的态度也一样"。[17]

罗斯福致斯大林

1941年10月13日发[18]

我们将[在]10月运送94辆轻型坦克和72辆32吨中型坦克以及备件和弹药。其中大多数将在10月15日之前离开美国。

我们将运送100架轰炸机和100架我们最新式的战斗机及其备件和弹药。这些将会在接下来的10天内装船。

我们即将在10月份运送5500辆卡车和大量的带刺铁丝网。我们承诺在10月份发运的所有其他军事物资正在快速组装准备装船。

昨天有3艘船离开美国前往俄罗斯港口。我们正在尽一切努力赶运其他物资。

俄罗斯档案馆并未存留这一信函，这或许进一步证明了当时莫斯科处于危机之中。[19]

两周后，罗斯福告诉斯大林，苏联已被纳入租借范围。但具有讽刺意味的是，鉴于罗斯福保持与斯大林私人联系的愿望，该信件是以外交邮件通过德黑兰发送的，但是被延误了。一直到1942年3月15日，它才姗姗来迟，到达古比雪夫的美国大使馆，并于次日交付克里姆林宫。它离开白宫，走了将近5个月！[20]

罗斯福致斯大林

1941年10月25日发，1942年3月16日收[21]

哈里曼先生已把您日期为1941年10月3日的信件交给我。非常感谢您的来函。

已发送一份电报通知您，我们可以将苏联纳入我们的租借安排。

我愿借此机会再次向您保证，我们将竭尽全力将这些物资运送到您的战线。

你们的军队和人民击败希特勒主义的决心，对于全世界热爱自由的人民是一个鼓舞。

在几天后的另一份函件中，罗斯福详述了在租借协议下给苏联提供的援助计划。这份函件确实到达得很快，不过形式怪异。罗斯福的函件是通过电报发送给在古比雪夫的美国驻苏联大使斯坦哈特的，但大使认为一字不差地传输可能会泄露美国海军的密码。根据他的想法，苏联人已经截获了这份电文。最终，斯坦哈特费了一番周折，将函电作了改写，给了维辛斯基一份备忘录，原文的第一人称笨拙地变成了第三人称，因此"我看到了"变成"总统看到了"。斯坦哈特又口头上作了强调，罗斯福批准了莫斯科会议的所有决议，并且还给予苏联 10 亿美元的无息贷款，以支付租借的物资费用。斯坦哈特补充说："从现在开始，苏联政府不必担心所交货物的金融方面的问题，无论如何，直到全部贷款用完为止，苏联都可以高枕无忧。"[22] 在此之前，克里姆林宫一直在寻求用来支付物资的资金，已向海外运出 10 吨黄金，相当于 3000 万美元，作为支付美国物资贷款的一部分押金。[23]

罗斯福致斯大林

1941年10月30日发，1941年11月2日收[24]

我看到了莫斯科会议的《议定书》，并与我们的代表团成员讨论了其中的数据。

我已经批准供应包括军事装备和弹药在内的所有物品，并指示最大程度地利用车队来提供尽可能多的原材料。我已下令立即开始发货，并保持最大的发货量。

为了消除任何财务上的障碍，我还指示立即作出安排：根据《租借法》，可以装运价值达到 10 亿美元的货物。

我建议，在征得苏联政府同意的情况下，对由于输送货物而产生的债务不收取任何利息，并且，苏联政府对此债务的偿还在战争结束 5 年后开始，并在随后的 10 年内完成。

我希望贵国政府可以作出特别的努力，向美国出售你们可供的或许是美国急需的商品和原材料。出售给美国货物的资金将记入苏联政府的账户。

我想借此机会表达对贵国政府的赞赏，感谢您和您的同事们迅速高效地举办了莫斯科供应会议。同时我向您保证，这次会议的决议将在最大程度上得到执行。

我相信如果情况需要，您会毫不犹豫地直接与我联系。

次日，10月31日，斯坦哈特交给维辛斯基一份除《第一议定书》概述的物资以外的其他物品清单。[25] 斯坦哈特大使请求维辛斯基将该清单视为总统的函件，"因为所收到的关于物品清单的电报，并非来自赫尔，而是来自罗斯福"[26]。在丘吉尔吝啬和不愿合作的时候，罗斯福的慷慨大方受到克里姆林宫的赞赏，这从斯大林的回信中可以明显看出来。尽管美国国务院翻译的英文有些不自然，但斯大林给罗斯福回信的语气，显然与斯大林最近发送给唐宁街10号的那些信函截然不同。

斯大林致罗斯福

1941年11月4日发，11月7日收[27]

尽管我尚未收到您来信的正文，但美利坚合众国大使斯坦哈特先生于11月2日通过维辛斯基先生，已将一份备忘录传送给我，该备忘录向我阐明了您信函的内容。在这方面，首先请允许我表达：我完全赞同您对莫斯科三国会议工作的评价，这些工作在很大程度上要归功于哈里曼先生以及比弗布鲁克先生所做的努力和辛苦付出，他们尽一切可能使会议在最短的时间内圆满完成。您说会议的决议将会得到最大程度上的执行，苏联政府对您的这一说法深表谢意！

总统先生，苏联政府真诚地感谢，并接受您的决定：向苏联提供10亿美元的无息贷款来支付给苏联的军备物资和原材料，以此作为对苏联特别实质性的援助。苏联正在与我们共同的敌人、残忍好杀戮的希特勒主义者进行伟大而艰苦的斗争。我代表苏联政府，完全同意您所提出的关于向苏联提供这笔贷款的条件：偿还贷款从战争结束5年后开始，并在这5年期满之后的10年内进行偿还。

苏联政府准备尽一切可能向美利坚合众国提供可供使用的和可能需要的商品和原材料。

总统先生，关于您的建议，即您和我之间应立即建立个人的直接联系，如果情况需要这样，我很愿意遂您所愿，并准备做一切必要之事使其成为可能。

11月6日凌晨1时，维辛斯基将此信和一份英文文本交给斯坦哈特，并补充说，斯大林和莫洛托夫希望在苏联媒体上发表罗斯福的信函。这位谨慎的美国大使担心10亿美元的贷款是绕开美国国会分配的，公开披露在政治上是否合时宜。[28] 他补充说，罗斯福"对英国曾作出类似决定，几个月之后被报道出来，当时美国的公众舆论已经适应了这样的措施"[29]。但是华盛顿对苏联要求的反应非常积极。霍普金斯告诉葛罗米柯，"莫斯科的回应是我们期望的最好结果"，而当这位苏联驻华盛顿的临时代办葛罗米柯第二天与罗斯福见面时，总统显然对斯大林的答复"非常满意"。[30] 罗斯福批准公开发表自己的信函，但要经过改写，以防德国人"能够破译我们的密码"。11月8日，罗斯福和斯大林的信函内容由美国国务院公布，第二天，苏联也在《消息报》上发表。[31]

10月初，丘吉尔给斯大林写了两封令人不安的信函之后，已经3个星期没有再给斯大林写信。英国首相于10月20日致信罗斯福，信函标明"仅供您亲阅"。这封详细而冗长的信充分说明那年秋天，在丘吉尔的战略视野内，俄罗斯已经处于边缘地位。在信中，丘吉尔着重强调英国再三被推迟但现在迫在眉睫的北非"十字军"行动。丘吉尔对苏联的前景并不看好：莫斯科弥漫着恐慌情绪，政府部门向东疏散。他的疑虑从他为罗斯福总统描绘的黯淡情景中可以明显看出来：

我们必须预料到，一旦希特勒稳定了俄罗斯战场，他一定会开始在西方集结大约50个或60个师入侵不列颠群岛……本人完全可以假定他的计划是：1939年——波兰；1940年——法国；1941年——俄罗斯；

1942 年——英国；1943 年——？无论如何，我认为我们必须做好准备，迎接从明年 3 月开始的极其猛烈的攻击。

丘吉尔 10 月 15 日与哈里曼交谈时，对 1943 年局势的揣测已不那么隐晦，他评论说，"也许是美国"[32]。

我们当然应该记住，在 1941 年秋天，美国仍然是保持中立的，而丘吉尔经常夸大战略风险，希望敦促美国总统引领保守避战的国会宣战。即便如此，此信函仍然清楚地表明他对地中海的关注以及对苏联能否生存下去的怀疑。

丘吉尔的态度是有争议的。内阁成员比弗布鲁克和艾登都敦促首相作出派遣军队的承诺，用军队来援助苏联人，哪怕只是为了表现联盟的团结。对丘吉尔处理苏联问题的态度，克里普斯的批评最为有力，他既是丘吉尔的伙伴，又是政治家和对手，他作为一个没有任何专业背景的大使，敢于反驳丘吉尔，是很有胆量的。丘吉尔在另一封信里，充满了对莫洛托夫—里宾特洛甫《苏德互不侵犯条约》的谴责，对派遣两三个师"深入俄罗斯腹地"被"切成碎片作为象征性的牺牲"的"愚蠢"想法的嘲笑，以及对令人不安的北非攻势计划的"疯狂"。对于此信，克里普斯谴责说，英国显然倾向于打一场单独的"对希特勒大有好处的"战争，"而不是一场在协同计划基础上进行的战争"。他指出，在春季，人们曾"认为很值得"将外交大臣艾登和帝国总参谋长迪尔派到巴尔干，去协调希腊人的抵抗，但没有成功。"然而不能否认，作为盟友，苏联人现在对我们来说比希腊人更为重要。"在克里普斯看来，"我们对待苏联政府缺乏信任，把他们看成低人一等，而不是可信赖的盟友。这种态度与十月革命以来我们一直采取的态度是相同的，苏联人对此强烈不满"。他特别提到"在苏联内战时期我们代表白俄罗斯人进行的干预"，这是克里普斯对丘吉尔毫不掩饰的挖苦，因为丘吉尔一直是政府里最直言不讳的铁杆干预者。当然每个人都有自己的政治和意识形态倾向，但克里普斯的核心观点是正确的：丘吉尔政府对待苏联人的态度，与对待希腊人和实际上仍保持中立的美国人的态度截然不同，英国已与美国人就战略方面举行过广泛的参谋级别的秘密会谈。[33]

丘吉尔执意不肯出兵苏联，哪怕只是象征性的军事行动。在这一点上，他非常顽固。不过他还是感觉到有义务帮助苏联，最好能在战略磋商方面更加积极合作。这是他给斯大林的下一封信的核心内容。内阁讨论之后，第二天，11月4日，丘吉尔发出了他的信函。[34]丘吉尔主动提出向莫斯科派两名英国的高级将领，一位是在印度的总司令阿奇博尔德·韦弗尔爵士（他了解俄罗斯，会讲俄语），另一位是已被任命但尚未到任的远东总司令伯纳德·佩吉特。丘吉尔希望一石两鸟，一是采纳克里普斯和其他人的建议，派人与克里姆林宫进行真正的对话，二是希望说服斯大林，让他相信经由摩尔曼斯克或波斯"派遣一支英国军队去俄罗斯不现实"。[35]在信中，丘吉尔还质疑了苏联的持续请求，即让英国对德国的盟友芬兰、罗马尼亚和匈牙利宣战，这些盟友现在正与苏联交战。艾登赞同迈斯基的论点，即在军用物资尚未到位的时候，派遣军队是表达一种姿态，标志着英苏之间政治上的合作。10月21日，苏联驻伦敦大使迈斯基恳请英国外交大臣艾登说，"请做这件事吧"。[36]但丘吉尔更加注重美国和自治领的意见，他决意拖延下去。为了给苏联一点儿甜头，安慰一下，丘吉尔在信中重申，英国将努力通过北部和南部路线运送物资，并对日本施加压力。[37]

丘吉尔致斯大林

1941年11月4日发，1941年11月6日收[38]

为了明确有关事项并制订未来的计划，我准备派遣驻印度、波斯和伊拉克的总司令韦弗尔将军在莫斯科、古比雪夫、梯弗里斯或您所在的任何地方与您会面。除此之外，我们新任命但尚未到任的远东总司令佩吉特将军将与韦弗尔将军同去。佩吉特将军一直是我们这里的中心人物,他将会带去我们最高统帅部最新的和最佳的观点。这两位将军能够准确告诉您我们的立场、我们的能力以及我们认为的明智之举。他们可以在大约两周内到达您那里。您是否希望与他们会晤?

斯大林元帅,您认为此时此刻,英国如果向芬兰、匈牙利和罗马尼亚宣战,是件好事吗?那只是一种形式,因为我们已经对他们实行了极度的封锁。我是反对宣战的,因为首先,芬兰在美国有很多朋友,考虑到这一事实,不宣战才是稳妥的做法。其次,罗马尼亚和匈牙利,这些国家到处都有我们的朋友,他们目前被希特勒控制,成为他人的工具。但是,如果命运要求他们与那个恶棍对抗,他们可能会很容易回到我们这边。英国宣战只会使他们所有人寒心,那就是为渊驱鱼,为丛驱雀,并使希特勒看起来好像真的是欧洲大联盟的领导人,他们团结一致对抗我们。务请不要认为这是我们缺乏热情或友情才怀疑您的精妙设想。除了澳大利亚,我们的自治领都不愿意宣战。不过,如果您坚持认为宣战将对您有真正的帮助并且值得,我会再次把这个问题交由内阁讨论。

我希望我们的物资能尽快从阿尔汉格尔斯克运走,如同它们被运来那样迅速。现在从波斯运送的物资已经源源不断。我们将要最大限度地促进双向的运进运出工作。请确保与坦克和飞机同行的我方技术人员有机会将这些武器在最佳状态下移交给你方人员。目前,我们在古比雪夫的代表团接触不到实际事务。他们只是想提供帮助,并没有别的意图。运送这些武器是我们自冒风险,我们渴望这些武器能有机会发挥最大的作用。解决这些问题需要来自您的命令。

我无法奉告我们当前的军事计划,正如您也需要对你方的军事行动三缄其口,但是请您放心,我们不会无所事事。为了使日本保持不异动,我们正将最新的战列舰"威尔士亲王"号派遣到印度洋,该舰可以捕获或摧毁任何日本船只,同时我们正在印度洋建立一支强大的战斗中队。我正在敦促罗斯福总统加大对日本人的压力，并持续让日本感到恐惧，以使符拉迪沃斯托克的路线不会被封锁。

我不想说过多的溢美之词，因为您已经从比弗布鲁克勋爵和哈里曼先生那里知道了我们对你方战斗的感受。请对我们坚持不懈的支持充满信心。

我将很高兴能直接从您那里获悉您收到这封电文的回执。

罗斯福在11月6日发送了一封信，详细说明了他落实援助方案的情况：美国红十字会（ARC）认捐了500万美元，用以支付大约三分之一的医疗物资，这是美国和英国承诺的在莫斯科会议上签署的议定书的一部分。（与英国和许多其他国家的红十字会不同）美国红十字会对美国国会负责，罗斯福要求美国红十字会与苏联红十字会之间签署一项正式协议。11月14日，斯大林对这一提议欣然同意。[39]

此间，斯大林与丘吉尔的关系跌到了新的低点。丘吉尔11月4日的信函没有受到莫斯科的礼遇。丘吉尔不愿向德国的盟友芬兰、匈牙利和罗马尼亚宣战的消息被英国媒体披露，引起了人们对他诚意的严重怀疑。丘吉尔所提议的权限含混的英国将领访苏一事，使人们回忆起1939年8月毫无结果的军事谈判，这些谈判促使苏联与纳粹德国达成条约。派两位将军到苏联的提议，遭到斯大林毫不掩饰的嘲讽与拒绝。迈斯基建议斯大林不妨接受访问，以便试探出英国的"真实意图"，同时可以预先阻止伦敦方面反咬一口，说已经提出了参谋级别的会谈，但莫斯科"置之不理"。斯大林对迈斯基的建议不屑一顾。[40]

此时，斯大林的注意力已经转移到一个更高的层面上，他寻求正式的苏英联盟，包括明确的战争目标。最初，他于9月30日向比弗布鲁克提出了这个想法，但后者未向丘吉尔提及此事。艾登后来告诉迈斯基，伦敦愿意讨论此类问题，但艾登只是顺便提及的。[41] 因此，斯大林决定直接向丘吉尔呼吁，他以丘吉尔在11月4日提及有必要阐明苏英关系为借口，对丘吉尔含沙射影批评阿尔汉格尔斯克的苏联机构处理援助物资效率低下感到恼火，斯大林还以颜色，指责英国运送的货物包装太差。他的语言简洁扼要，收尾很突然。在这份文件最初的打印稿上，莫洛托夫写道，"斯大林同志同意"[42]，这意味着该草稿很可能是莫洛托夫根据"老板"斯大林的指示拟写的。

斯大林致丘吉尔

1941年11月8日发，1941年11月11日收[43]

您的信函已于11月7日收悉。

我完全同意您的看法，苏联与英国之间应该建立明确的关系。这种清晰度目前尚不存在。缺乏明确性是两种情况的结果：

（1）我们两国在战争的目标和战后和平的组织计划方面没有明确的协议。

（2）苏联与大不列颠之间尚未就欧洲抗击希特勒的相互的军事互助达成协议。

只要在这两个问题上没有达成一致，苏英关系就不可能明确。不仅如此，坦率地说，只要目前的局面存在，就难以保证相互信任。当然，向苏联提供军事物资的协议具有非常积极的价值，但它并未解决也未详尽地论述我们两国关系的全面问题。如果您在信函中提到的韦弗尔将军和佩吉特将军来莫斯科的目的是就上述两个基本问题达成协议，我当然愿意与他们会晤，并与他们讨论这些问题。但是，假如两位将军的使命仅限于交流信息和探讨一些次要的问题，我认为就不值得打扰两位将军了。在这种情况下，我也很难抽出时间来进行会谈。

在我看来，英国拒绝对芬兰、匈牙利和罗马尼亚宣战的问题，已经造成了无法容忍的局面。苏联政府是通过秘密的外交渠道向英国政府提出这个问题的。目前的局面对于苏联来说，非常出乎意料。整个问题开始于苏联政府向英国政府提出要求，却结束于美国政府审议这一问题，再后来是广泛的宣传。整个问题现在正在新闻媒体上随意讨论，有友好的意见，也有敌对的意见。而在这一切之后，英国政府告诉我们它否定了我们的建议。为什么要这样做呢？它仅仅显示了苏联与英国之间的不团结。

您可以放心，我们正在采取一切必要的措施，以便将所有从英国运到阿尔汉格尔斯克的武器迅速地运输到合适的地点。对于从伊朗路线运来的物资，我们也会做同样的事情。在这方面，我请您注意一个事实（尽管这是一个小问题），正在抵达的坦克、飞机[和]火炮的包装时有缺损，有时同一辆车的部件被分装在不同的运输船上，有些飞机，由于包装的缺陷，抵达我们这里时已经损坏。

11月11日，在议会大厦丘吉尔的办公室里，迈斯基将此信函呈上。丘吉尔读完信件，从椅子上跳了起来，在房间里来回疾走。迈斯基写道："他脸色苍白，喘着粗气，显然被激怒了。"丘吉尔对这封信，从语气到内容都感到愤怒，他提醒迈斯基说，尽管斯大林此前与希特勒达成过协议，但他仍在6月22日迅速向苏联伸出了友谊之手。他还指出，英国的战争目标，目前在《大西洋宪章》中有所概括。丘吉尔稍微冷静下来后，又说："现在，我不想回复斯大林……我现在怒火中烧，可能会说出许多令人不愉快的话。"但是，丘吉尔将把这件事交与内阁讨论。[44]

艾登在回忆录中说："后来，我们变得非常熟悉斯大林元帅给首相信函的冷峻语气了，但他第一次这么冷峻，给战时内阁留下了非常不愉快的印象。"[45]艾登认为苏联"非常多疑"的心态表明其担心"我们和美国联合起来，把他们排除在战后的利益分配之外"。内阁成员普遍同意丘吉尔和艾登的建议：推迟正式的答复，同时通过克里普斯和迈斯基明确表示，英国政府对这封信的语气和内容感到"痛心与惊讶"。[46]

克里普斯这时在古比雪夫，他提出忠告说，斯大林的态度，只有对他的两个建议作出"明确答复"才能改变，这两个建议即关于联盟协议和战后规划。他建议艾登应该和参谋长们一起去莫斯科。在另外的几封表达愤怒的信中，克里普斯大使坚持认为，迄今为止，伦敦的决策者们都忽略了"这些根本问题的重要性，无论在战争期间还是在战后，斯大林将这些问题视为英国人全面合作的诚意的试金石"。像迈斯基一样，克里普斯力劝伦敦对斯大林"坦率和生硬"的讲话方式不要太当真，因为斯大林以前"从未真正接触过任何西方的沟通方式和外交惯例"。[47] 克里普斯的论点给英国外交部的人留下了深刻的印象。为了制定《伏尔加宪章》，外交部门承受了很大的压力。这是一份关于战争目标的英苏文件，用于补充《大西洋宪章》，并"使斯大林感觉良好"[48]。然而，丘吉尔断然拒绝了关于战后方案的任何讨论。作为妥协，内阁批准了艾登给克里普斯的电报，表示伦敦同意战后合作，但强调在战争的现阶段，讨论细节还为时过早。[49]

11 月 12 日，艾登打电话给迈斯基，对斯大林的信函表示不满，并要求解释来信异常冷峻的语气。迈斯基争辩说，斯大林的要求是正当且合理的，在俄国历史上如此危急的时刻，作为最高统帅，斯大林承受着"巨大的"压力，人们应该给予"体谅"。他提醒艾登，斯大林与英国人不同，他认为战争即将达到高潮，并"将于明年结束"，这"或许能解释斯大林为什么希望早日对战后问题进行磋商"。[50] 14 日，英国外交大臣艾登建议迈斯基大使设法获得由莫洛托夫发出的和解信号。正如艾登所说的，这会使自己"再搭建一座沟通的桥梁"。比弗布鲁克也表达了同样的观点。11 月 15 日以及 19 日，迈斯基大使两次给莫斯科发电报，他强调了这些对话，以表明需要向英国伸出橄榄枝，作出和解的姿态。他援引"一位完全可靠的消息人士"（实际上是艾登本人）的话汇报说，英国内阁原则上准备派出 3 至 4 个英国师，"在他们之后，再拉动其他的师"，内阁还准备开始就战争目标和战后问题进行磋商，艾登被授权去做这项工作。斯大林在"可靠的消息人士"和"3 至 4 个英国师"这些词下面划了线。迈斯基说英国政府正在"等待我们的某种'和解姿态'，甚至等待我代表斯大林同志或莫洛托夫同志宣布：丘吉尔误解或曲解了斯大林同志的信……在这样一种'姿态'之后，他们就会改变措施，采取正式的新方针"。[51]

艾登欣然接受了克里普斯请他访问莫斯科的建议，认为这会加强自己在英苏关系中的作用，自从"巴巴罗萨"行动开始以来，丘吉尔一直独霸这一领域。艾登告诉克里普斯，这次访问的目的是"尽我所能，使斯大林确信我们的合作现在是忠诚的、全心全意的，在战后也将如此"。但他同时也提醒克里普斯大使，英国无法提出关于战争目标的简单声明，因为目前尚不清楚"我们的条件和问题将会是什么，而且没有美国的参与，我们绝不能独自先行"。[52]

此时，斯大林已经掌握了这一信息。11月19日晚上，迈斯基收到了自己一直为之焦虑的有些像和解的电报。这是一份出色的文件，值得逐字引用：

> 我给丘吉尔的信函完全是事务性的，并未指责英国政府的任何成员，尤其是丘吉尔首相。我一直奔忙于前线的各种事情，甚至抽不出一分钟时间关注个人事务。但非常奇怪的是，我的信函中所提出的有关军事协议和战后和平这些重大的问题竟然被忽视，焦点集中在个人私事上。如果哪一方在当前情况下感觉被冒犯了，那只会是我的祖国，因为由我国政府通过秘密外交程序提出的芬兰问题，已经披露给了新闻界，有报道称英国已经拒绝了苏联，决定不向芬兰宣战。这件事已经让我的祖国非常失望、感到羞辱，这难道很难理解吗？然而，尽管如此，我在这方面也毫无怨言，我只希望促成一件事，即签订关于欧洲相互援助打击希特勒的协议以及关于战后和平的协议。以上就是我对艾登和比弗布鲁克诉求的回复。[53]

该文件的草稿尚未在斯大林档案馆中找到，但它清楚地表明是出自这位苏联领袖之手。其措辞把受伤的民族自豪感和明理宽宥的态度结合起来，这是为了共同事业而忍辱的政治家的风度，犹如"钢铁侠"开口说"对不起"。在交付给英国人之前，迈斯基用第三人称重新措辞，改写了该文本，以免给人留下任何直接道歉的印象，该函件立即受到艾登和英国外交部的欢迎，成为他们一直在寻求的"橄榄枝"，而丘吉尔在他的回忆录中也展示了这封信，用来证明"甚至斯大林，似乎也认为自己做得太过分了"[54]。11月18日，期待已久的英国"十字军"行动在利比亚展开，取得了最初的成功，这也缓和了英国首相的情绪。

正如迈斯基预言的那样，伦敦的"正式的新方针"很快出台。11月21日，一份和解的电报由丘吉尔发出。电文是他与艾德礼、比弗布鲁克和艾登共同草拟的。英国外交部本来愿意自己处理此事，部分原因是丘吉尔同斯大林一样并未对此"作出"道歉，丘吉尔仍然试图在芬兰和战争目标上据理力争，并煞费苦心地告诫克里姆林宫：必须"在军队和物资之间进行选择"。[55]然而，丘吉尔已经回应了斯大林的要求：英国外交大臣将在"高级军事专家及其他专家"的陪同下访问莫斯科，宗旨是"讨论与战争有关的一切问题"，包括不仅向高加索地区派军队，而且还派军队直接深入到位于南线的红军作战前线。丘吉尔在莫斯科仍然是臭名昭著的最激进的反革命分子，令人震惊的是，他现在明确表示，意识形态的差异与共同的地缘政治利益相比，位居第二。该电文是向斯大林的建议迈出的明确的一步，体现了对联盟关系的重视。正如丘吉尔在其开篇段落中所表明的那样，这种联盟关系，他与罗斯福已经建立，尽管美国仍然保持中立。

丘吉尔致斯大林

1941年11月21日发，1941年11月22日收[56]

刚刚收到您的来函，非常感谢。在战争的最初阶段，我就开始与罗斯福总统进行私人通信，这使我们之间加深了了解，有助于共同迅速地开展工作。我唯一的愿望是与您在平等、友好和信任的条件下合作。

关于芬兰。在我给您发送9月5日的电报时，我已准备充分，建议内阁考虑向芬兰宣战。后来的信息使我改变了看法，我认为，与其我们正式宣战，把芬兰人与有罪的轴心国一起放在被告席上，逼迫他们战斗到底，不如让芬兰人停止战斗，让他们置身事外或回家，这对俄罗斯，对我们共同的事业更有帮助。但如果在接下来的两周内，他们依然我行我素，而您仍然希望我们对他们宣战，我们一定会这样做的。我同意您的看法，发布任何本不该公开的信息是非常错误的。当然我们没有责任。

假如我们在利比亚的进攻能如我们所愿，摧毁那里的德国和意大利军队，则有可能以比国王陛下政府迄今为止所享有的更大的自由，对整个战争进行广泛的评估。

为了这个目的，我们愿意在不久的将来派遣外交大臣艾登（您认识他），经由地中海与您在莫斯科或其他地方会面。他将由高级军事专家及其他专家陪同，讨论与战争有关的一切问题，包括不仅向高加索地区派出军队，而且向南部的贵军前线派出军队。我们的航运资源和交通设施有限，无法大量投送兵力，正因为如此，您将不得不在跨越波斯的军队和物资之间进行选择。

我注意到，您还希望讨论战后的和平组织问题。我们的想法是我们全力以赴与您联合作战，不断加强与您的沟通。无论这场战争持续多久，我确信我们必将赢得战争。当胜利来临时，我们期望作为消灭纳粹的三大合作伙伴，苏维埃俄罗斯、大不列颠和美国将齐聚在胜利大会的会议桌前。当然，首要目标是防止德国，特别是普鲁士向我们突然发起第三次进攻。俄罗斯是一个共产主义国家，而英国和美国不是，并且也不打算成为共产主义国家，这个事实并不妨碍我们为我们的共同安全和合法利益制订一个良好的计划。我们的外交大臣将会与您讨论这个方面的全部问题。

贵军发动的莫斯科和列宁格勒保卫战以及在整个俄罗斯战线上对入侵者的英勇抵抗，必将对纳粹极权架构造成致命打击。我们不求上天眷顾，只是把命运紧握在自己手里，竭尽全力最大限度地打击敌人。

斯大林对丘吉尔的来信感到非常满意。他的策略成功了：动摇英国人，让他们采纳自己的计划。他甚至接受了丘吉尔的建议，给芬兰人下最后通牒，两周内停止与苏联作战，而不是立即宣战。他特别赞赏英国首相在战后和平方案中，明确接受苏联人作为平等的伙伴。莫斯科周边的局势也在改善，德军的进攻现出颓势，尽管克里姆林宫还在他们的望远镜里。因此，斯大林迅速而友好地作了回复。

斯大林致丘吉尔

1941年11月23日发，1941年11月25日送达[57]

非常感谢您的来信。我衷心地欢迎您在信函中表达的愿望，在友谊和信任的基础上通过个人通信方式与我合作。我希望这将极其有助于我们共同事业的成功。

在芬兰问题上，苏联从未提出过任何其他建议，至少在最初是这样的，苏联只是建议，让芬兰停止军事行动或从战争中退出。如果芬兰在您所说的短暂时间内完全拒绝顺从，那么我认为英国宣战就是合理和必要的。否则，就会造成一种印象，即在对希特勒及其最狂热的帮凶作战的问题上，我们之间缺乏团结一致，以及希特勒的帮凶可以逃脱惩罚，恣意妄为。至于匈牙利和罗马尼亚，我们或许可以稍后考虑。

我完全支持您关于外交大臣艾登先生早日访问苏联的提议。我相信，我们共同达成一项关于苏联和英国军队在我方战线共同开展军事行动的协议，以及迅速落实这一协议，将具有重大且积极的意义。理所当然，考虑和采用战后和平组织等事宜,应该建立在一个总体的思想上,即防止德国首先是普鲁士再一次破坏和平,再一次使各国人民陷入可怕的屠杀。

我也完全同意您的看法:一方面是苏联,另一方面是大不列颠及美利坚合众国,这两者之间存在的制度差异,不应该并且也不会妨碍我们成功地解决涉及我们的共同安全和合法利益的所有基本问题。如果在这一点上仍有一些遗漏和疑虑,我希望在与艾登先生洽谈的过程中能够将它们消除。

英军已在利比亚成功地展开攻势,在此谨表祝贺。

苏联军队抗击希特勒军队的斗争仍然紧张激烈。尽管困难重重,但我军的抵抗力量在日益增长,并将继续加强。我们战胜敌人的意志坚定不移。

斯大林的信函在白厅受到欢迎,但他要求尽早就英国军队去苏德战场达成协议,引起了内阁和军方的关注。在提醒国防委员会讨论派两个英国师,或许再加上一个印度师前往顿河时,丘吉尔建议:鉴于英军正处在利比亚一场重大战役的交战中,而且红军夺回了顿河畔的罗斯托夫,双方军事形势都已发生变化,因此计划应该随之修改。英国首相补充说,他始终认为派遣英军到俄罗斯是"多此一举"。他仍倾向于"给俄国人提供尽可能多的装备"。军方也持相同的观点,艾伦·布鲁克爵士(接替迪尔出任帝国总参谋长)就认为,履行提供军队的承诺"可能意味着中止利比亚攻势"。[58]12月4日,战时内阁在寻找可替代方案时,同意再拼凑一些物资,同时暂且对斯大林保持缄默,以免再次损害双方关系。[59]

关系缓和了。显著迹象是11月30日,斯大林向丘吉尔致以生日问候。对不常与"资产阶级"领导人接触的苏联领袖来说,这非比寻常,这种姿态旨在彰显对新的同盟关系的重视。这个主意或许是迈斯基提出的。互致生日问候很快成为斯大林与丘吉尔往来书信的一个惯例,但有重要意义的是,最先采取主动的是斯大林。

斯大林致丘吉尔

1941年11月30日发，1941年11月30日收[60]

热烈祝贺您的生日。我衷心祝愿您身体强健，这对战胜人类的敌人——希特勒主义——至关重要。请接受我最美好的祝愿。

12月3日，艾登交给迈斯基丘吉尔的回复，并请求苏联政府允许在两国媒体上发表这两封信，该请求被获准。这是一个姿态，很可能是丘吉尔的主意。[61]而在莫斯科，《真理报》的公告由斯大林亲自进行精心编辑。[62]

丘吉尔致斯大林

1941年12月3日发，1941年12月5日收[63]

非常感谢您在我生日之际发来最亲切友好的祝福。请允许我借此机会荣幸地告知您，英国人民以钦佩之情注视着英勇的俄罗斯军队坚定地捍卫列宁格勒和莫斯科，我们为贵军在顿河畔罗斯托夫赢得的辉煌胜利而欢欣鼓舞。

丘吉尔仍然希望避免与芬兰开战，但艾登反对。他告诉丘吉尔说："假如我出发之时这个问题仍未解决，我看不出我去莫斯科的使命如何才有成功的机会。"他想带着所谓的"满满一篮子"礼物去莫斯科，尤其是丘吉尔和军方已经对派兵一事食言之后。艾登得到了英国自治领领导人的支持，他们强调说，任何进一步的拖延都会被"视为软弱"，并会"引起俄罗斯怀疑"。丘吉尔不情愿地让步了，他咆哮着说，对芬兰宣战将被证明是"历史性错误"。[64]

就这样，12月6日，英国向芬兰、罗马尼亚和匈牙利宣战。在前一天，红军在莫斯科周边发起了反攻，来自西伯利亚的新锐师团猛击精疲力竭的德国人。英国舰队的核心力量正在南海阻拒日本人。简而言之，艾登的莫斯科访问正逢其时，这次访问有望成为苏英联盟发展的里程碑。在此过程中，斯大林已开始学习外交艺术，丘吉尔已经降低了他对布尔什维克主义的怀疑。

艾登及其一行，包括迈斯基大使，于12月7日下午1时15分乘坐专列离开尤斯顿火车站，前往苏格兰最北部。但是次日清晨，当他们到达因弗戈登的海军基地，乘船前往苏联时，不仅艾登的访问，整个战争看起来都全然不同了。

约瑟夫·斯大林。1924—1953年担任苏联党和国家最高领导人

富兰克林·罗斯福。美国第32任总统（1933—1945年），美国历史上首位连任四届的总统

温斯顿·丘吉尔。1940—1945 年和 1951—1955 年两度出任英国首相

罗伯特·安东尼·艾登。1935—1938 年、1941—1945 年和 1951—1955 年三度担任英国外交大臣

斯塔福德·克里普斯。1940—1942年任英国驻苏联大使

哈里·霍普金斯。富兰克林·罗斯福总统的助理,曾担任美国商务部长

萨姆纳·韦尔斯。1933—1943年任美国助理国务卿和副国务卿，任内制定和推行罗斯福对拉丁美洲的"睦邻政策"

1941年6月,纳粹德国向苏联发起代号为"巴巴罗萨"的侵略战争。图为1941年8月德军向苏联首都莫斯科进军,途经苏联中部城市斯摩棱斯克

"巴巴罗萨"行动中,快速推进的德军遭到战线后方苏联游击队的有力抵抗

1941年8月，霍普金斯访苏期间，斯大林与其会见

劳伦斯·斯坦哈特。1939—1942年任美国驻苏联大使

埃夫里尔·哈里曼。1941年任美国总统派驻英国的特别代表,1943—1946年任美国驻苏联大使

1941年9月28日，英国和美国代表团抵达莫斯科。中为比弗布鲁克勋爵，他左手边是埃夫里尔·哈里曼，右手边是安德烈·维辛斯基

1941年9月底，以埃夫里尔·哈里曼为首的美国代表团、以比弗布鲁克勋爵为首的英国代表团和以莫洛托夫为首的苏联代表团在莫斯科举行三国部长级会议，讨论如何有效地援助苏联作战的问题

维亚切斯拉夫·米哈伊洛维奇·莫洛托夫。第二次世界大战时期任苏联人民委员会第一副主席,兼任苏联外交人民委员

安德烈·维辛斯基。1939年任苏联人民委员会副主席，1940—1949年任第一副外交人民委员

伊万·迈斯基。1932—1943年担任苏联驻英国大使，是苏联历史上任期最长的一位驻英大使

1941年11月7日，莫斯科红场，苏联红军在卫国战争最艰难的时刻举行盛大的阅兵仪式。参加阅兵式的部队在阅兵完毕后直接开赴前线

1941年11月，穿着冬季厚重服装的德军步兵穿过莫斯科地区。脆弱的补给线让德军进展缓慢

1941年11月,英军在北非发起"十字军"行动,图为英军的十字军坦克在西部沙漠开往前线

第三章

1941年12月
至
1942年4月

『我能应对斯大林』

12月8日，专列到达因弗戈登不久，艾登接到了丘吉尔打来的紧急电话，丘吉尔兴奋地传达了珍珠港的消息。日本对美国进攻，紧接着希特勒宣战，国际局势风云剧变。艾登之所以访问莫斯科，是因为英国人在战争中只有一个主要盟友，他们迫切需要改善与斯大林的关系。现在，突然之间，一个已经与英国结成"同盟"的国家陷入了交战状态。[1]而且，对于拥有一半美国血统、狂热地反对共产主义的丘吉尔而言，美国比起苏联更加意气相投。

假如美国提前两三周参战，英国首相是否会授权艾登访问苏联（或者对芬兰宣战），就非常耐人寻味了。可以确定的是，珍珠港事件大大降低了艾登访苏的必要性。这一点从那天早上就能看出来。丘吉尔在电话中说，他将立即前往华盛顿与罗斯福协调政策。艾登认为，在如此关键的时刻，首相和外交大臣两个人都离开英国是愚蠢之举，但丘吉尔置之不理。12月12日，在艾登离开5天后，丘吉尔也乘坐专列从尤斯顿火车站出发前往苏格兰。他先到达苏格兰西南部的克莱德河，然后再从那里去美国东部的波托马克河。这具有象征意义，而且很贴切。纵观整个战时联盟，从始至终，丘吉尔最优先考虑的总是美国，而艾登则更倾向于苏联。

珍珠港事件在战略以及外交方面，改变了英美与苏联的关系。日本对美国太平洋舰队的突然袭击，造成2400多名美国人丧生，成为美国的一大耻辱，激起了美国人对"偷袭"报仇雪恨的强烈愿望。它也暴露了美国对全面战争的准备不足。几个月来，罗斯福一直专注于各种各样的战争动员，这非常必要，但这也是日本越过太平洋和东南亚地区，对西方势力进行一系列猛烈突袭的先兆。美国旋即失去了菲律宾，而英国也被夺走了马来亚和新加坡，日本人还占领了法属印度支那所有地区和荷属东印度群岛。到来年春天时，他们已经威胁到印度和澳大利亚，这是大英帝国财富和劳动力的重要来源。美国和英国卷入了一场大规模的遏制战，这使他们无法专注于"德国第一"的政策。但是，为了生存，斯大林则维护苏联与日本的中立协定，避免卷入太平洋战争，以便集中精力抗击希特勒。到美国海军在中途岛战役中（1942年6月4日至7日）摧毁大部分日本航母舰队扭转局面之前，日本已经改变了亚太地区的战略地缘，以庞大的人力和战略原材料，尤其是石油、锡和橡胶的储备，丰富了自己的帝国。虽然在1941年12月，德军被牵制在莫斯科的大门口，但希特勒仍在来年春季发动了毁灭性的新攻势，获得了经由斯大林格勒的战略枢纽，朝东南方向向高加索油田推进。同时，陆军元帅埃尔温·隆美尔率领的北非德意联军也向开罗逼近。

实际上，到1942年夏，柏林—罗马—东京轴心已控制了世界上三分之一以上的人口和矿产资源。[2] 与此同时，莫斯科、伦敦和华盛顿却在俄罗斯、北非和太平洋地区独立作战，各打各的，面临着把自己一方分散、削弱的危险局面。最终，同盟国取得了胜利，而轴心国归于失败，但是这一结果在1942年初还丝毫看不出来。

丘吉尔访问华盛顿是建立联盟的重要举措。他和罗斯福与各自的军事顾问在阿卡迪亚举行了会议，会议期间（1941年12月22日至1942年1月14日），他们创建了参谋长联席会议来监督审查军事方针，并建立了一个"联合委员会"网络，以协调军需品的处理、运输、供应等诸如此类的问题。两个盟国还确认了战胜德国是最首要的战略重点，是最优先考虑的战略问题，战胜德国后，意大利和日本就可能屈服。但是以有限的资源在众多战线上开展全球战争，这种"先德后日"的战略并不容易遵循。有效的战争管理的先决条件是，在每个战区都采用"统一指挥"的原则，这是由美国陆军参谋长乔治·马歇尔将军提出的。他从未忘记在上一次大战中，他作为年轻的参谋在法国的经历。那是1918年春第一次世界大战的后期，费迪南·福煦将军被任命为最高盟军总司令，这一任命对于遏制英法美之间的分歧、更好地抵抗德国新的猛攻并赢得战争至关重要。马歇尔坚持认为统一指挥意味着"在空中、地面和海上，一个人指挥整个战区"。因为"人性的弱点"，仅仅"合作"是不够的。这些弱点不仅是国家方面的，还有军种方面的，例如，美国海军与美国陆军的竞争就像它对英国皇家海军的猜疑一样，是发自内心深处的。

马歇尔认为，在阿卡迪亚确定的统一指挥的原则，是他对赢得战争胜利的重大贡献之一。[3] 在暗中，英国人和美国人还秘密地计划共同研发原子弹，共享通过英国的"超级机密"项目破译密码所收集的信息情报和美国海军情报局"魔术"小组截获的情报。在所有这些方面，华盛顿和伦敦之间的联盟发展成为堪称战争历史上最亲密的联盟。哈里·霍普金斯讲了一个可能是杜撰的故事，虽不足信，但却恰当地反映了英美之间的关系。他说，丘吉尔在华盛顿时，罗斯福为他在白宫里安排了一个房间。有一次，罗斯福去拜访他，看到丘吉尔刚洗完澡，湿漉漉的，浑身赤裸，容光焕发。罗斯福非常尴尬，想退出去，但丘吉尔示意他回来，用低沉而响亮的声音说："对美国总统来说，英国首相什么都不隐瞒。"[4]

丘吉尔在华盛顿犹如耀眼的明星，相比之下，艾登在莫斯科则黯然失色。但艾登对苏联的访问（1941年12月15日至22日）是伦敦和莫斯科关系的一个里程碑，是一个划时代的事件。因为这是英国外交大臣首次访问苏联。[5] 会谈的主要议题是签署两国之间的联盟条约，但斯大林突然扩大了议事范围，要求该条约包括就苏联战后边界问题达成一致。这或许反映出德军在莫斯科被击溃后，斯大林生出了盲目乐观的情绪，对地缘政治的判断再次飘忽不定，他误以为这是希特勒即将失败的象征。他对在1942年结束战争充满希望，期盼着苏联在未来的和平会议上保有一席之地。因此，莫洛托夫针对战后解决方案，成立了外交部门的第一个计划委员会。斯大林的主要领土要求是恢复和承认1941年6月22日之前的苏联边界，并在罗马尼亚建立苏联军事基地，以换取莫斯科承认英国在西欧的安全利益。不过，1941年6月的边界是根据1939年《纳粹—苏维埃条约》建立的边界，条约使苏联控制了波兰东部、罗马尼亚的部分地区以及波罗的海三国。斯大林的要求引起了两个盟友与他的激烈争论。在伦敦，艾登倾向于让步，而丘吉尔在1942年前几个月逐渐改变了立场。罗斯福和美国国务院强烈反对这种违反《大西洋宪章》的行为，英国在两个盟友之间进退两难。艾登告诉内阁说："苏联的政策与道德无关，无法区分是非；美国的政策是夸张的，过于强调道德，至少在涉及非美国利益的情况下是这样的。"[6] 整个春季，关于这个问题的争论一直持续不休。

斯大林对更多物资的需求和尽早开辟第二战场的要求，在三巨头的往来通信中继续占据着中心位置。突然加入战争后，美国面临着太平洋战场的挑战，以及大西洋沿岸德国U型潜艇一连串的毁灭性打击。随后发生船只短缺进而无法将租赁货物运送到苏联，导致《第一议定书》项下的美国交货中断。尽管美国军方主张尽早对"欧洲堡垒"进行正面进攻，以此作为打垮第三帝国的最佳方式，但他们缓慢的重整军备和对太平洋地区的全神贯注，使他们处于弱势地位，难以挑战丘吉尔的"外围战略"，即在轰炸、封锁和颠覆的配合下，通过在地中海的军事行动，逐步收紧对德国的包围圈，然后对德国直接发起攻击。1942年3月，德怀特·D.艾森豪威尔将军领导下的美国战争部作战处制定出计划纲要，代号"围歼"（"Roundup"），即在1943年春季全面登陆法国北部。以防万一，在1942年夏季和秋季苏联即将失败或德国"急剧削弱"的情况下，可以进行一场较小规模的登陆，包括6至8个师，代号"锻锤"（"Sledgehammer"）行动。在接下来的一年中，这些计划成为伦敦和华盛顿之间激烈辩论的主题。莫斯科对此很感兴趣，但又无能为力，就像一个在一边看热闹的人。

1942年初，甚至在那一整年中，丘吉尔一直是斯大林的主要通信者，他把自己看成西方与克里姆林宫的中间人。罗斯福的信件较为零散，通常是短期内来函数封，就像片片飞雪，然后是长久的沉寂。然而，罗斯福对于联盟该走向何方这个问题有着清晰的认识。1月1日至2日，他、丘吉尔、苏联和中国大使，以及其他22个国家的代表共同签名，签署了旨在"共同斗争，抗击企图征服世界的野蛮和残暴势力"的《联合国家共同宣言》。"联合国家"（United Nations）一词，是由罗斯福总统创造的，正是在他的坚持下，该宣言明确表明是以《大西洋宪章》的原则为基础。2月23日，罗斯福通过无线电广播发表了他最成功的"炉边谈话"，与美国人分享了他的全球主义思想。6000万听众（大约占潜在的成人听众的80%）都把地图摊在自己面前，罗斯福向他们解释了这种"新型战争"的地缘政治关系，他说这涉及"世界上的每一块大陆，每一个岛屿，每一片海洋，每一条空中航线"。有一位朋友鼓动他更频繁地在广播上讲话，但罗斯福说他抽不出这么多时间。他委婉地补充道，不管怎样，"我认为我们必须避免过多的个人领导，我的好朋友温斯顿·丘吉尔已经深受其害"。[7]

在罗斯福的全球视野中，斯大林尤为重要。罗斯福已经厌倦了做丘吉尔的配角，设法加强自己与克里姆林宫的联系。罗斯福加入了关于苏联边界的探讨，然后在4月，他首次向斯大林建议两人会面，并且提议此事不仅要对丘吉尔保密，而且要对国务院保密。同时，他还向丘吉尔传达了另一种信息，说自己可以比华盛顿和伦敦的专业外交官们更好地"对付"斯大林，并含蓄地表达了他会比丘吉尔做得更好。下面是后来的另一个敏感话题。

☆ ☆ ☆ ☆ ☆

罗斯福对太平洋地区局势的担忧，在珍珠港事件之后他与苏联人的第一次交流中可以明显看出来。12月8日，罗斯福"疲惫而心事重重"地会见了斯大林的新任大使马克西姆·李维诺夫。罗斯福问，苏联是否预料会遭受日本的攻击？李维诺夫"表示怀疑，认为这样做不一定符合日本的利益"。[8]3天后，当这位大使确认苏联不会当下对日宣战时，罗斯福要求国务院不要公开此事，以便尽可能地牵制日本的军事力量部署，"否则他们会肆意地对英国和美国采取行动"。[9] 12月14日，罗斯福再次召见李维诺夫，并交给他一封写给斯大林的信，敦促苏联人至少要参加对莫斯科和中国协调战略的讨论。斯大林的回复礼貌而推诿。[10]

12月19日，李维诺夫送达斯大林的回函。李维诺夫大使后来说，罗斯福"举起双手，开始重复他早先对我说过的含糊不清且令人困惑的解释"。李维诺夫直言不讳地评价说：

> 荷属东印度群岛地区和新加坡的局势进展得不太顺利，太平洋地区的所有阵地可能很快就会失去。罗斯福希望创造一种强化的外交活动和各种会议的表象，因为公众要求联合行动和共同的计划。[11]

莫斯科的观望策略显然是合理的。当罗斯福向李维诺夫询问苏联参与拟议的太平洋战争委员会之事，代表包括美国、英国、苏联和荷兰时，李维诺夫大使转达了他12月24日得到的莫洛托夫的指示："非常遗憾，我们目前无法参加该委员会"，因为我们"在远东并非一个好战的大国"。[12] 李维诺夫悲观地预测了西方盟友在亚洲的灾难，后来被证明是准确的，而斯大林认为，在伦敦、华盛顿与东京交战的时候，他自己维持与日本的中立条约是正确的。然而，随之而来的不协调，是三巨头之间不安定甚至关系紧张的另一个根源。

此时，丘吉尔正在前往华盛顿的途中，目的是防止美国人将注意力集中于日本。在海上航行时，他向斯大林发送了一封电函，承诺会"完全地"告知他会议的结果。此函由艾登于12月16日亲自送达，他向丘吉尔汇报说，斯大林"对您的信非常满意"。[13]

礼尚往来。12月21日，丘吉尔发电报祝贺斯大林"生日快乐"，希望增进与斯大林的关系。斯大林礼貌回应，同时祝贺丘吉尔和"友好的"英国军队最近在利比亚取得的胜利。1941年11月至12月的"十字军"行动非常重要，从军事角度来说，它缓解了对图卜鲁格港口的包围，具有战略意义，在心理上，它提振了战胜德意军队的信心和士气。但惨胜犹败，英国军队筋疲力尽，占领的黎波里和到达利比亚与突尼斯边界的最终目标无法实现。

丘吉尔致斯大林

1941年12月21日发，1941年12月21日收[14]

我真诚地祝愿您生日快乐，并希望未来的周年纪念日，能够让您的俄罗斯在经历了暴风骤雨的洗礼之后，得到胜利、和平与安全。

斯大林致丘吉尔

1941年12月27日发，1941年12月27日收[15]

非常感谢您在我生日之际献上的美意。借此机会，我向您和朋友们 [原文如此] 英国军队衷心祝贺你们最近在利比亚取得的胜利。

在华盛顿期间，丘吉尔注意到一件事情。12月30日，达维德·扎斯拉夫斯基在《真理报》上发表了题为"在菲律宾的贝当方式"的文章，美国媒体以及外交公文对这篇文章很反感，提出批评意见。作者用辛辣的讽刺抨击了美国放弃菲律宾，将其比作"瓢虫"的行为，"仰面朝天蜷起腿，屈服于自己的敌人"。文章将这种"贝当方式"与列宁格勒和伦敦对德国空袭的英勇抵抗作了鲜明对比。英国外交部近乎幸灾乐祸地评论道，"其实这是在指责美国人怯懦"。[16] 这篇文章触及一个痛处，因为华盛顿痛苦地知悉了道格拉斯·麦克阿瑟将军匆忙撤离了菲律宾首都马尼拉，但他在巴丹半岛上的作战，由于士气振奋，受到美国军方和媒体的大肆宣传。《真理报》对麦克阿瑟撤离行动的贬损与这些观点大相径庭，于是，丘吉尔决定提出"友好的评论"，阐明此类文章对苏美关系的危害。斯大林非常委婉地作了答复，否认官方对该文章的认可，但没有谴责其观点。[17]

丘吉尔经常向斯大林祝贺红军的胜利，是有充分理由的。莫斯科附近的反攻始于1941年12月5日，当时气温是零下15摄氏度，积雪深达一米。之所以取得一个接一个的胜利，是因为新锐红军部队供给充足，他们掐掉了莫斯科周围德军的凸出部分。希特勒拒绝全面撤军的呼吁，要求部队"拼死抵抗，捍卫自己的阵地"。他开除了几名高级指挥官，自己直接指挥军队。[18]此时，胜利冲昏了斯大林的头脑。正如朱可夫后来回忆的，在1942年1月5日的一次苏军最高统帅部会议上，"老板"（斯大林）宣布他对未来军事行动的宏伟愿景："德国人在莫斯科附近被击败后，茫然无所措，他们对冬天的准备不足。现在是发动总攻的最佳时机。"斯大林像往常一样在办公室里踱来踱去，他宣称，红军的任务是"一鼓作气将他们驱赶到西面，迫使他们在春季之前消耗他们的储备和预备队"。朱可夫和其他一些人提醒说，在所有的战线上开展如此大规模的攻势，资源不足。但斯大林置之不理。[19]他的心情已从秋天般的阴郁转变为狂热。1月7日，从列宁格勒的周边一直到哈尔科夫，红军沿着800公里的前线展开了总攻，他们的任务是确保"在1942年，希特勒主义者的军队彻底失败"[20]。但红军在经历了最初的成功后很快陷入颓势，因为红军越过了自己脆弱的补给线，苏联空军放弃了固定的有供热装置的机场，不得不像德国空军一样，忍受冰冻的、条件恶劣的简易机场。"斯大林的军队如强弩之末，没能消灭在莫斯科前方被包围的德军，只是在其他地方取得了有限的进展。"[21]

这种真实的战况丝毫没有出现在丘吉尔与斯大林的通信中。丘吉尔继续向红军表示虚情假意的祝贺，投桃报李，斯大林也对英国在北非取得的成功表示赞赏。[22]

尽管从心理上讲，图卜鲁格的救援与莫斯科的反攻相似，但两者规模明显不同。"十字军"行动中，双方有23.7万名士兵参与，德意两军伤亡和失踪3.83万人，相比之下，英国军队损失了1.77万人，[23] 而莫斯科战役却有700万人参加，德国损失了61.5万人，苏联损失了95.8万人。[24]

丘吉尔致斯大林

1942年1月11日发，1942年1月15日收[25]

我很高兴收到您的友好来电，该电报是1月9日通过M.李维诺夫送达给我的。这里的报纸充满了对俄罗斯军队的赞颂，因此，也请允许我表达对你们的伟大胜利的赞美，这些胜利是您对俄罗斯军队的领导能力和奉献精神的褒奖。我在这里讲话时一直强调，按时向俄罗斯交付承诺的配额物资极为重要。

祝您新年万事如意。

斯大林致丘吉尔

1942年1月16日发，1942年1月16日收[26]

您的1月15日来信收悉。我衷心感谢您的新年祝福以及对红军胜利的良好祝愿。我对您和英国军队在北非取得的重大胜利表示热烈祝贺。

1942年2月9日，罗斯福写给斯大林的一封信纯粹是提供信息。美国总统知道，承诺的物资未足量且未按时交货，原因是与日本交战后船只短缺，华盛顿官僚主义的繁文缛节也是原因之一。一份美国战争部关于1941年10月至12月向苏联提供物资的报告指出，承诺的750辆坦克中有298辆既未交货也未运输，更为严重的是，900架战斗机短缺780架，828架轻型轰炸机短缺747架。罗斯福下达命令，从1942年1月1日起，必须遵守计划中每个月的指标，所有累积的短缺要在 4 月 1 日前补足。[27] 罗斯福在给斯大林的信函中汇报了为挽救这种情况而采取的措施，旨在缓和对方的不满。

罗斯福致斯大林

1942年2月9日发，1942年2月11日收[28]

1 月和 2 月，我们装运或即将装运 244 架战斗机、24 架 B-25 轰炸机、233 架 A-20 歼击机、408 辆中型坦克和 449 辆轻型坦克。

这里的报道表明，你们在击退纳粹方面进展良好。

目前，尽管我们在远东遇到了麻烦，但我相信不久的将来这一地区的力量能得到加强，达到一个前所未有的程度，能够制止日本人前进。同时，我们也为进一步的挫折做好了准备。

我意识到尽早将我们的物资运送到你方的重要性，我们正在尽一切努力发运货物。

珍珠港事件之后的两个月，罗斯福只给斯大林发了几封信函，双方都很务实，就事论事，现在他急于使通信活跃起来。萨姆纳·韦尔斯意识到这一点，在 2 月 10 日拟出一份信件草稿，以备罗斯福想发送"更加个人化的"东西。[29] 该草稿涉及两项积极的内容，介绍新任美国驻苏联大使、海军上将威廉·H. 斯坦德利，并传达罗斯福决定提供一笔新的大额贷款用来支付租借货物。早在 1941 年 9 月，斯大林就曾一针见血地告诉哈里曼和比弗布鲁克，斯坦哈特大使是"散布失败主义谣言"的人，他"不相信胜利"，"肆意地"谈论俄罗斯政府。罗斯福得知这个信息后，四处寻找替代人选。

哈里曼委婉地谢绝了这份工作，转而推荐了斯坦德利，他曾是哈里曼的莫斯科代表团的成员。斯坦德利是一名退休军官，在服从命令方面无可指摘，但缺乏与苏联的交往经验，他很可能向总统夸耀过自己是一个杰出而实用的信使。³⁰ 罗斯福给斯大林写信时，遵循了韦尔斯的草稿，只不过删除了最后一个相当老套的关于租借货物交付问题的段落。

罗斯福致斯大林

1942年2月10日发，1942年2月14日收[31]

我非常高兴贵国政府愿意接受我信赖的老朋友、海军上将斯坦德利作为美国驻苏联大使。我和大使多年保持密切联系。我对他完全信任，并把他推荐给您，这不仅因为他是一个精力充沛和正直的人，而且是一个对苏联成就赞赏和钦佩的人，您应该记得他，他去年与哈里曼先生一起访问了苏联。从莫斯科回来以后，斯坦德利将军已经做了大量的工作，使美国进一步了解了苏联的局势。他有丰富的背景，对我们各自国家所面临的问题比较了解，我相信有您的支持，他会让美苏更加紧密地合作，他的努力一定会取得成功。

我刚刚注意到，苏联政府已经向我们提出了价值超过10亿美元的弹药和物资的采购申请单，去年秋天通过我们之间的书信往来，苏联政府根据《租借法》提出采购这些弹药和物资。因此，我建议根据该法令，将第二笔的10亿美元交由贵国政府支配，条件与第一笔10亿美元贷款相同。关于获得第二笔10亿美元的条件，假如您有任何不同的建议请提出，请您放心，这些建议会得到认真和积极的考虑。不管怎样，时间会证实，为了适应不断变化的情况，我们现在可能订立的财务计划，对双方都是理想的。

我知道，有关迅速交付贵国政府已经订购的物资的问题，是哈里曼先生的一封信函的主题，我们将在解决这些问题上取得圆满成功。

几乎同时，斯大林向罗斯福发出了回复。他对2月9日信函的回复枯燥无味，但第二封信则刻意地亲切友好，他感谢罗斯福提供新的贷款，也没有对细节吹毛求疵，因为罗斯福的信函展现了希望。由于战争，苏联的资源处于"极度紧张"状态，这笔费用或许会在未来的某一天被一笔勾销。这两份文件都由莫洛托夫拟稿，并由斯大林批准，未经任何改动。值得注意的是，斯大林避免在物资供应问题上对供货政府进行直接批评，尽管他有充分的理由这样做。在给斯大林和莫洛托夫的一份备忘录中，对外贸易人民委员阿纳斯塔斯·米高扬说，在《第一议定书》签订后的前3个月中，"英国一直能大致准确地履行其义务，但美国的交货就不能这样说了"。备忘录在结束时说，美国政府的代表"给予慷慨的承诺，然后随意地出尔反尔"。[32] 斯大林的克制可能不仅仅是由于不愿意冒犯罗斯福，还因为他意识到罗斯福和霍普金斯正在竭尽所能地改善局势，而美国军方和其他官僚机构则经常拿总统的指示不当回事。[33]

斯大林致罗斯福

1942年2月18日发，1942年2月19日收[34]

我收到了您的来信，告知我1月和2月从美国发运军备的事宜。我希望强调一个事实，即目前，当苏联人民及其军队竭尽全力反击希特勒的军队时，美国完成交货，包括坦克和飞机，对我们的共同事业，对我们进一步的成功都至关重要。

斯大林致罗斯福

1942年2月18日发，1942年2月20日收[35]

谨确认收到您2月13日（原文如此）的来信。我首先想说的是，我和您一样有信心，您用如此热情的词汇，对新任命的美国驻苏维埃社会主义共和国联盟大使斯坦德利海军上将给予极高评价，我相信通过他的努力，我们两国之间的关系将更加密切，我们也一定会取得圆满成功。

总统先生，苏联政府衷心感谢并接受您的决定：根据《租借法》条款下的军备供应法，以适用于第一笔10亿美元贷款相同的条件，提供另一笔10亿美元由苏联政府支配。关于您的询问，我必须告知您，目前，因抗击我们共同的敌人，苏联的资源几近枯竭，为了不再延误实施，苏联政府对您的内阁提供上述第二个10亿美元所附加的条件没有异议。同时，我完全同意您的看法，并希望表达：在以后的日子里，我们能共同确定一个对我们双方似乎都适合的时间，来修改现在订立的财务协议，以便对上述情况给予特别的关注。

借此机会，我希望提请您注意这样一个事实，即苏联的组织机构在获得给予苏联的贷款时，从美国购买装备和物资运输到苏联港口方面，目前正经历极大的困难。我们认为，在目前情况下，采用英国的运输方法运送美国军备是最合适的安排，英国方面将军备从英格兰运输到阿尔汉格尔斯克，这个方法比较成功。但是迄今为止，美国还未采用此种方式。按照这种方式，运送军备和物资由英国军事当局自行指定船只，并在港口组织安排装货以及前往目的港的护航。如果美国政府也可以采取同样的方式，运送军备且护航至苏联港口，苏联政府将不胜感激。

白宫对斯大林提议将美国物资按照英国的模式集中调度作出了回应。罗斯福致信霍普金斯说："我认为这很重要，我们应该这样做。请您准备回信，由我签名好吗？"[36] 该信函也领会了斯大林有关支付租借款的暗示，函件通过李维诺夫发出。

罗斯福致斯大林

1942年2月23日发，1942年2月24日收[37]

在此确认收到您2月20日的来函。

我希望您知道，在适当的时候，我们将很高兴与您一起重新考虑有关我们根据《租借法》预付资金的协议。目前，最重要的问题是把物资运送到你方。

我正在提出您关于从这里集中调度向俄罗斯发送军需品的建议，以供马上研究。

贵军进一步胜利的消息使我们非常振奋。

我谨向您热烈祝贺苏联红军成立24周年。

经过一系列的通信，又出现了一个间断，罗斯福和斯大林7个星期没有联系，直到4月中旬才再次通信。丘吉尔听从艾登的建议，也决定向斯大林祝贺红军建军纪念日，尽管自1918年成立之初，红军就是他的眼中钉肉中刺。丘吉尔花了一些时间改进了外交部的草案，还参加了在苏联大使馆举行的红军节招待会。战争改变了丘吉尔的态度。

丘吉尔致斯大林

1942年2月23日发，1942年2月24日收[38]

在经历了8个月的艰苦奋战之后，今天庆祝红军建军24周年，这场战役体现了红军官兵最大的荣耀，并将红军的功绩永远载入了史册。在这个值得骄傲的时刻，我向您，一位苏维埃社会主义共和国联盟国防委员会主席，以及苏联军队所有官兵，转达大英帝国人民对你们的功绩的钦佩和感激之情，以及我们一起抗击共同敌人的斗争终将取得胜利的信心。

丘吉尔和斯大林的书信在2月期间所谈的内容，比不上下面的内容有趣。伦敦表面上盛赞红军及其胜利，暗中已通过对德国恩尼格码（Enigma）机密码解密获得大量情报，形成逐渐清晰的判断，即苏联的反攻势头正在减弱。

内阁联合情报委员会（JIC）确信，一旦春季天气好转，德国人有可能会发动新的大规模攻势，而且他们会向东南方向朝着高加索油田前进。这也是华盛顿的看法。苏联能不能抵抗住第二轮大规模猛烈进攻，是一个有争议的问题，尽管疑虑不如1941年夏天那样强烈。阅读那年春天三巨头的信函时，以及评估伦敦和华盛顿之间关于1942年大部分时间的战略和物资供应的争论时，这种令人不安的不确定性让人印象深刻。[39]

信函中也未提及英国2月份的政治危机，因为丘吉尔经受了他妻子称为"屈辱之谷"的时期，这与1940年丘吉尔的巅峰时期形成鲜明对照。两个戏剧性的事件在全世界引起轰动，动摇了英国的信心。2月13日，德国战列巡洋舰"沙恩霍斯特"号和"格奈森诺"号从法国西北海岸的布雷斯特逃脱，沿着英吉利海峡全速驶向威廉港的安全地带，仿佛英国皇家海军和皇家空军无法维护英国周边水域的安全。两天后的2月15日，新加坡被3.6万日本军队占领，8万名大英帝国士兵投降，丘吉尔后来称其为"英国历史上最严重的灾难和最大的投降"。这次惨败，连丘吉尔也难辞其咎，因为他固执地拒绝接受一旦日本控制了马来亚大陆，他称为"堡垒"之地的新加坡将无法防御。英国的整个亚洲帝国似乎处于危险之中。2月19日，日本飞机轰炸了澳大利亚北部海岸的达尔文市，促使堪培拉的政府为保卫家园，召回正在北非战役中发挥关键作用的3个澳大利亚师。之后印度也受到入侵的威胁，恐慌在马德拉斯和其他沿海城市蔓延，这凸显了帝国当局的无能。印度国大党已经做好对英国的统治发起重大政治挑战的准备，而民族主义领袖苏巴斯·钱德拉·鲍斯呼吁与"邪恶的"英国政权进行武装斗争，并坚持认为德国、意大利和日本是"我们天然的朋友和盟友"。[40]

新加坡无奈地投降了，这使丘吉尔在与他的两个主要盟友打交道时，陷入了外交上的巨大窘迫。尽管美国人被赶出菲律宾，但麦克阿瑟成功地将巴丹半岛的防御转化为宣传上的胜利。不管斯大林头脑发热的反攻有什么问题，苏联人终究是在与德军的主力进行较量。艾登的私人秘书奥利弗·哈维在日记中写道，丘吉尔对俄罗斯"非常不满"，"我相信，在他内心深处以及潜意识里，首相嫉妒斯大林及其军队的成功"。[41]

这些挫折激起了人们对丘吉尔战时领导能力的强烈质疑。《每日邮报》含蓄地批评说，"谁也不是必不可少的"。[42] 2月19日，丘吉尔改组了他的战时内阁，不顾旧时的友谊，他撤掉了造成不和的比弗布鲁克及斯塔福德·克里普斯。克里普斯那时已经从俄罗斯回来，而且作为援助俄罗斯和尽早建立第二战场的拥护者，在民意中占有优势地位。克里普斯和艾登现在被认为可能是丘吉尔的接替者。哈维在2月27日星期五的日记中写道：他"超人的努力使他筋疲力尽。我们都相信，首相不会坚持太久"。丘吉尔的女儿玛丽在同一天记录："爸爸情绪非常低落……他感到很难过，一些事件令他震惊。"[43]

那天丘吉尔正在牛津郡的乡间别墅迪奇利庄园，这是一个沉重而漫长的周末，沉思之余，他口授了一封冗长的电报给斯大林。丘吉尔已经向罗斯福倾诉了自己的苦恼，罗斯福很同情他，并在函电中建议他不要理会"后座司机"的指手画脚。[44] 丘吉尔的情绪平稳了许多，以少有的坦率致信克里姆林宫，向斯大林阐述了日本的强势攻击对战略的影响。他说，面对捍卫缅甸和印度的"最严重的困难"，他不得不重新部署为"黎凡特—里海前线"而招募的师，以支持"俄罗斯军队的左翼"。他还试图解释全球战争所波及的后勤问题，说明开往远东地区的运兵舰船一年最多只能往返三趟。然而，丘吉尔确实作出了保证，英国正在"最严格地"遵守10月份比弗布鲁克达成的每月供应物资的协议。丘吉尔将该信转给外交部，要求发往克里姆林宫，但卡多根认为此信"相当愚蠢"，予以强烈指责，他反对信中"低落的"语气，并与艾登沟通。丘吉尔和外交部争论了4天后，重新起草了函件，决定不向苏联领袖斯大林发送任何有关战争局势的综述。[45]

然而在3月9日，丘吉尔确实向斯大林发送了一封简短的信函，明显提及与莫斯科长期存在的分歧，即是否承认苏联1941年6月边界的问题。这充分表明，2月的危机对丘吉尔的情绪影响有多么深远。在艾登1941年12月访苏期间，斯大林提出了边界问题，作为拟议的两国之间联盟条约不可分割的一部分。遵照《大西洋宪章》，英国的立场是战后和平会议召开之前，不得就领土问题达成协议。斯大林的坚持反映了他自己的希望，即莫斯科的反攻可能会决定1942年的战争，以及苏联目前需要为其关键诉求争取支持。但是，罗斯福和国务院注意到第一次世界大战期间英、法、俄之间的所谓"秘密条约"，因此他们强调在这场战争之后，和平缔造者们应该从一张白纸开始，而美国将最适合按照自己的意愿在它的上面书写历史。回到英国后，艾登极力要求承认这个问题，坚信斯大林是"彼得大帝政治上的后裔，而不是列宁的后裔"，对斯大林来说，传统的俄罗斯人的安全问题，比共产主义的传播更重要。艾登告诉内阁，斯大林认为边界问题是"对我们诚意的严峻考验"。艾登强烈暗示，如果一定要选择的话，与俄罗斯人搞好关系，比与美国人搞好关系更为重要。1月8日，丘吉尔从美国发来电报，直截了当地告诉艾登他坚持罗斯福的路线，并愤怒地说，1941年的边界是"通过与希特勒可耻地勾结而获得的"。他严厉地告诉艾登，斯大林所说的严峻考验，考验的是"我们是否真诚维护《大西洋宪章》的原则，斯大林已经签署了这个宪章。我们与美国的关系也有赖于此"。丘吉尔同时也暗示，他认为这是一个两难的问题，英国无可奈何。[46] 对英国来说，同时兼顾两个伟大的盟友始终是个问题，但在战争的现阶段，在安抚俄罗斯方面，艾登总是想比丘吉尔走得更远。英国首相残存的反布尔什维克主义情结起了一定的作用，艾登的政治立场是中间偏左，不过作为外交大臣的艾登，也同意外交部内部普遍的假设，即战争结束后，美国有可能再次背弃欧洲。

2月6日，战时内阁对这个问题进行了正式讨论，比弗布鲁克和艾登倾向于支持苏联，而强烈反对共产主义的工党领袖克莱门特·艾德礼则谴责这一想法是"危险的……错误的和不适当的"，会让英国面临"进退维谷的局面"。丘吉尔犹豫不决，随后他赞同把这个问题的利弊"平衡地介绍"，告知罗斯福。[47] 英国驻华盛顿大使哈利法克斯勋爵陈述了这一观点，但徒劳无益，罗斯福在韦尔斯的支持下，坚持自己的立场。罗斯福说他将亲自与李维诺夫处理此事。对艾登而言，罗斯福的反对意见，以及更糟糕的，罗斯福对苏联—英国的内部事务直接干预令人恼火。艾登被迈斯基提出的边界问题烦扰不已，在整个2月，他一直对丘吉尔施压。在阻止了丘吉尔2月27日的"沮丧的"草稿之后，他于3月6日敦促丘吉尔致信罗斯福，建议与处境艰难的斯大林进行战略对话，但不要谈及边界问题。次日，疲惫不堪的丘吉尔按照艾登的要求告诉罗斯福："日益严重的战争使我感觉到，《大西洋宪章》的原则不应该被解释为可以拒绝承认俄罗斯在遭受德国攻击时，俄罗斯所占领的边界。"[48]

丘吉尔的意思，在两天后他给斯大林的电报第一句话中就提到了。

丘吉尔致斯大林

1942年3月9日发，1942年3月12日收[49]

我已向罗斯福总统发送了一封信，敦促他批准我们与您签署关于战争结束时俄罗斯边界的协议。

我已发出明确指示，我们所承诺的物资供应不得以任何方式中断或延迟。

现在，时局正在好转，我们正在恢复对德国昼夜猛烈的空袭。我们正在继续研究其他措施以便减轻你方的负担。

贵军持续的进展和已知的敌人的惨重损失，肯定是这个艰难时期我们最大的精神力量的源泉。

这封函件的简短掩盖了其重要性。关于边界的第一句话标志着英国外交部与莫斯科缔结延迟的联盟条约有了新进展。丘吉尔的第二句话，提供了对物资的保证，话语也非常有力。这封函件的另一个护身符般的作用，是怕苏联误解比弗布鲁克的辞职，他是迄今为止援助俄罗斯的主要倡导者。丘吉尔也意味深长地提到了对德国愈加猛烈的空袭。2月22日，空军中将"轰炸机"哈里斯被任命为英国皇家空军轰炸机司令部的指挥官，他开展了毫不留情的不间断的战役，对德国工业中心有效地进行区域轰炸。在后来的一年中，这都成为丘吉尔在战略和外交层面仅有的拿得出手的功绩。他含糊不清地提及研究帮助俄罗斯人的"其他措施"，暗示了那年春天伦敦与华盛顿之间关于第二战场的白热化的争辩。

斯大林回复英国首相时，已经收到李维诺夫关于3月12日与罗斯福会晤的报告。美国总统是按照自己打算参加苏英谈判的情况行事的，他告诉苏联大使说，他接受苏联对其西部边界的要求的有效期，但他并未预见到在战后对此问题有何分歧意见。然而，罗斯福援引《大西洋宪章》，以及考虑到国内和国际消极反应的危险，反对就这一问题缔结秘密协议。李维诺夫写道："罗斯福显然暗示该协议应该只是口头的，而不是正式的。"[50] 在莫斯科，就像在伦敦一样，罗斯福干预苏联与英国的磋商引起了不满。莫洛托夫在3月3日已经告诉李维诺夫："在这种情况下，我们更愿意与另一个合作伙伴打交道，那就是英国人。"[51] 苏联通过李维诺夫转达的对罗斯福的回应，仅仅是答谢罗斯福的建议，而在给丘吉尔的回复中，斯大林明确表示，他希望以双边形式签署一项包含战后边界协定的条约。他在信中提及1942年是战争转折点，这表明他对苏联的进攻一直抱有幻想，同时，也是对需要开辟第二战场的含蓄提醒。

斯大林致丘吉尔

1942年3月14日发，1942年3月16日收[52]

非常感谢您于3月12日在古比雪夫递交的信函。关于贵国为确保向苏维埃社会主义共和国联盟供应物资以及加强对德国的空袭所采取的措施，谨向您表达苏联政府的感激之情。

我愿意表达坚定的信念：尽管偶尔会有挫折，但是我们军队的联合行动，最终将战胜我们共同的敌人，而1942年将成为抗击希特勒主义斗争的转折年。

关于您提到的第一点，涉及苏维埃社会主义共和国联盟的边界问题，我认为仍有必要就适当的协议文本交换意见，假如双方同意签署它的话。

3月16日，迈斯基在乡间别墅契克斯庄园，向丘吉尔递交了这一信函，并在那里与丘吉尔和艾登共进午餐。外交大臣艾登评论说，关于苏联边界，罗斯福的干预可能会使苏英条约的签署复杂化。丘吉尔间接提到《大西洋宪章》以作暗示，他说："从一开始，我就不愿承认1941年的边界，但是，由于斯大林的坚持，我最终同意了他这样做。"迈斯基非常大胆地建议他们"咨询"美国，但不要寻求美国的"许可"。他说，总的来说，"英国政府应该减少一些对'美国大叔'的依赖，而多考虑一些自己政策的独立性"。丘吉尔和艾登都听了这番话，但未发表评论意见。当迈斯基问起丘吉尔如何看待斯大林认为1942年是这场战争决定性的一年时，"丘吉尔的脸色阴沉下来"，他有些恼怒地说："我看不出来1942年如何能成为决定性的一年。"与1941年不同，丘吉尔现在面对的不是两个，而是三个主要的敌人，以及各种新的国内外问题。用迈斯基自己的话说，他决定"不畏艰险"，坚持认为战争的"关键时刻"即将到来。他接着又说，如果不加以制止，希特勒的春季攻势将如汹涌浪潮，滚滚越过高加索地区，到达伊朗、土耳其、埃及和印度，在印度洋的某个地方与日本连接，并向非洲延伸。如果希特勒获得成功，他将会解决所有的原材料问题，侵占苏联至关重要的领土，并导致大英帝国的"崩溃"。迈斯基高声喊道，对盟国来说"这是最后的机会"。艾登表示赞同。丘吉尔喃喃地说："也许你是对的。"丘吉尔情绪低落，迈斯基称之为丘吉尔的"暮色心情"。不过，当谈到英国对苏联作战的努力非常钦佩时，丘吉尔精神活跃起来，他说："想象一下吧！我自己的妻子已经是苏粉了……她说的都是苏联红十字会，苏联军队。"丘吉尔眼里闪出狡黠的神情，继而补充道："难道你们不能接纳她为苏联人吗？她是当之无愧的。"对丘吉尔来说，第二战场实际上已经成为一个家庭的问题。[53]

丘吉尔和斯大林之间的通信往来目前很低调。在3月20日信函中，丘吉尔提到比弗布鲁克对华盛顿的访问，但并未解释访问目的。比弗布鲁克告诉迈斯基，此行是要就苏联的边界问题与罗斯福沟通。[54] 在信中，丘吉尔以非常谨慎的方式提到德国人使用毒气的可能性，再次表明伦敦与苏联休戚与共的关系。他还利用这封信，介绍了他的新任驻苏联大使阿奇博尔德·克拉克·克尔爵士。与克里普斯不同，克尔爵士是职业外交官，和斯坦哈特相反，在接下来的战争中，他将在英苏关系中发挥卓越的作用。

丘吉尔致斯大林

1942年3月20日发，1942年3月21日收[55]

非常感谢您14日对我最新电报的回复。比弗布鲁克将前往华盛顿，他将在那里与美国总统一起沟通交流，根据我们之间以及我们两国政府之间的通信往来，协助解决条约的问题。

迈斯基大使上周与我共进午餐，并提到了一些证据，表明德国人可能在企图发动的春季攻势中，对你方使用毒气。在咨询了我的同事和参谋长们之后，我愿向您保证，国王陛下政府将会把任何使用毒气武器对付俄罗斯的行为，完全视为针对我们自己。我方一直在建造一个巨大的拥有大量航空毒气炸弹的储备库，从您的军队和人民被以这种方式袭击的那一刻起，我们将毫不犹豫地把这些炸弹投放到德国西部所有合适的目标上空。

我们需要考虑的一个问题是，是否应在适当的时候公开发布警告，说明将对德国使用毒气弹进行报复，以表达我们的决心。这种警告或许会威慑德国人，使他们不敢在已经给世界制造了无数恐怖之后，再增添这种新的恐怖。请您告诉我您对此事的想法，以及德国人是否准备投掷毒气弹的证据，以证明我们的警告是正当的。

这件事情现在不必着急，在我所采取的措施可能会使这种新形式的攻击针对我们的公民之前，我需要充裕的时间，把我们所有预防毒气的准备工作做到极致。

我相信您会给我们的新任大使一个亲自呈递这份函件的机会，能与您面谈他会感到非常荣幸。如您所知，他是从蒋介石将军那里卸任归来，与蒋介石私交甚笃，在过去4年中，他一直保持着这种联系。我相信，他受到了蒋将军的高度尊重和信任。我希望并且相信他同样会赢得您的尊重和信任。他是我多年的至交。

3月29日，斯大林接待了克拉克·克尔，和他在克里姆林宫的防空洞里度过了两个半小时，其间还有过一次德军空袭，但他俩仿佛置身事外。克拉克·克尔大使是获得了特别许可的，他从古比雪夫出发熬过了20小时的旅程，递交了国书，并呈交了丘吉尔的信件。他与异常拘谨的克里普斯截然不同。在仔细考虑了如何应对这场会见之后，他给喜欢抽烟斗的斯大林送来一些上好的英国烟草，他们就烟斗、女人和中国问题进行了惬意的、开诚布公的聊天，还讨论了官方事务，如德军各师的部署以及瑞典和土耳其的外交政策等。斯大林特意表达了感谢，更确切地说是惊讶：英国人已经履行了他们的供货承诺，与美国人的行为相比，他们赢得更多的赞许。克拉克·克尔在一封致伦敦的私人信件中写道："我原以为他是一个高大而魁梧的人。"相反，他见到"一个矮小消瘦的，背部弯曲且头发灰白的男人，头部很大，有着硕大的发白的双手"，他的目光"几乎是偷偷地，盯着我的肩膀而不是我的面孔"，总是避免直视对方的眼睛。克拉克·克尔告诉艾登，他们相处就像"两个老顽童"。毫无疑问，斯大林发现克拉克·克尔是令人愉快的伙伴，而大使也能够以越来越直率的方式同这位苏联领袖讲话。然而，这是否能转化成对英国的真正的外交利益，尚不清楚。[56]

在回信中，斯大林欣然接受了丘吉尔关于德国发动毒气攻击后随之采取联合报复的建议，并建议涉及芬兰的话，也应采取类似的行动。这并未引起丘吉尔更多的兴趣，但在4月9日的信函中，他确实同意了。他还同意斯大林提出的让化学防御领域的苏联和英国专家直接接触的建议，并提出如果苏联人需要，可提供芥子气及其解毒剂和漂白粉。[57]

☆ ☆ ☆ ☆ ☆

尽管在2月23日至4月11日期间，罗斯福没有与斯大林通信，但罗斯福现在开始在外交政策上坚持自己的主张。华盛顿已从珍珠港事件的巨大冲击中恢复过来，面临着美国军队和美国经济突然转变为战时体制。罗斯福已经充分认识到自己的英国盟友在2月份遭受的灾难性打击，尤其是在新加坡问题上。不仅英国的力量在减弱，丘吉尔本人的能力似乎也在减弱，1942年与1940年明显不同，而罗斯福虽然与丘吉尔紧密结盟，但仍想保持一定的距离。3月11日，他告诉财政部长兼老朋友亨利·摩根索：

> 我不想陷入和英国人一样的处境。他们承诺向俄国人提供两个师，但他们没有兑现。他们承诺在高加索地区提供援助，他们也没有兑现。英国人对俄国人作出的每一个承诺，最后都辜负了。我们与俄罗斯人相处得很好的唯一原因，是到目前为止我们一直遵守着诺言。

斯大林在3月29日向克拉克·克尔指出，美国对苏联的物资供应不足，这有损美国信誉。罗斯福无视供应短缺纯粹是"我们自己也在参战"的结果，他对摩根索说："没有任何事情比俄罗斯崩溃更为糟糕。我宁愿失去新西兰、澳大利亚或者其他任何地方，也不愿苏联崩溃。"[58]

3月18日，罗斯福在给丘吉尔的一封闲谈的信中明确表达了他对俄罗斯的看法：

> 我知道当我告诉您下面的消息时，您不会介意我的直率：我认为我能够比您的外交部或我的国务院更好地应对斯大林。斯大林对你们的高层人物有成见。他感觉他更喜欢我，我希望他继续这样。

考虑到罗斯福与斯大林从未谋面，并且仅仅往来了十几封信，这样说是有些滑稽可笑的，但是，轻松的语气和孤傲的自信是罗斯福的典型特征。可以"个人应对斯大林"的信念，一直是罗斯福外交政策的指导方针，直至他去世那天。[59]

罗斯福新近对首鼠两端的英国人疑心大起，决心支持苏联。他于1942年春在外交的三个方面采取了主动。其中之一是他对苏英边界争论的干预。另一个是在英国宗主权的问题上，他大胆尝试强行参与。3月10日，罗斯福怀着自己称之为"非常羞怯"的心情委婉地向丘吉尔建议道，是时候承认印度自治了。作为样本，他还提供了《联邦条例》。1783年美国从英国获得独立后，在新宪法达成之前，最初就是根据这个条例治理国家的。罗斯福认为，这可能会激发印度对这场战争的支持，并"与半个世纪以来世界的变化以及所有和纳粹主义作战的人民的民主进程保持一致"。一个月之后，美国总统又"非常坦率"地重申自己的想法，警告说如果英国不承认印度自治，当印度沦落到日本人手中，美国将会作出反应。丘吉尔闻讯勃然大怒。他是反对印度自治的死硬派，他口授了一封回信，说明自己为美国这样的政策"不应该负有责任"，并预测"内阁和议会将会强烈反对"。不过他最终没有发出这封信，而是在4月12日非常直率地向哈里·霍普金斯表明了自己的态度，包括用辞职威胁。霍普金斯说，丘吉尔情绪激动，在"半夜的两个小时"里一直不停地说，其间还不时夹杂着"一连串的脏话"。[60]

罗斯福得到了信息，再未直接提及印度的事。然而，他强迫丘吉尔接受了他所提三项举措中最重要的一项，即尽早建立第二战场。4月8日，霍普金斯与陆军参谋长乔治·马歇尔将军一起抵达伦敦，带着详细的计划和一封罗斯福的私人信件。罗斯福告诉丘吉尔："你们的人民和我们的人民要求建立一个战场，以减轻俄国人的压力，他们很明智地看到，如今俄国人正在消灭更多的德国人，并摧毁更多的装备，比你和我加在一起的还要多。"罗斯福宣称，"我全身心地投入制订"此项计划。美国军方坚信，战胜德国最快的方法是在法国开辟一个西部战场，他们设想了一场盟军48个师在勒阿弗尔和布洛涅之间的英吉利海峡沿岸大规模登陆。登陆计划定于1943年4月1日，代号为"围歼"。它的重要前奏是"波莱罗"作战计划（"Bolero"），即在不列颠群岛上集结实施登陆作战所需的军队和物资。同时，另一作战计划"锻锤"的大纲也已制定，这一行动的宗旨是在苏德战场出现危急形势时，于1942年9月在法国登陆6至8个师，以便调虎离山，从东方转移希特勒的一部分兵力。[61]

罗斯福加大了对丘吉尔的拉拢，并向斯大林发出一封信。此函于3月底起草，但一直延误到霍普金斯抵达伦敦。罗斯福作了删节和增补（用斜体字标注），以使提议看上去更加具体、更有吸引力。它表明罗斯福多么想在阿拉斯加或西伯利亚与斯大林见面。他还删除了一些有关美国战略和后勤物流的背景信息。[62] 由于与斯大林的私人会晤不可能在短期内实现，所以罗斯福邀请莫洛托夫前往华盛顿讨论有关第二战场的问题。他不仅对丘吉尔隐瞒了这封信，而且对国务院也只字不提。他将信件亲自交给葛罗米柯，请他转交克里姆林宫，理由是苏联使馆的编码系统更为安全。[63] 后来，罗斯福又在4月1日以一种非常笼统的方式告知丘吉尔："在您见到哈里和马歇尔时，我一得到您的消息，我就会建议，请斯大林派两名特别代表立即来见我。"[64]

罗斯福致斯大林

1942年4月11日发，1942年4月12日收[65]

遗憾的是，地理距离使我和您目前无法会面。我们在私人交谈中进行思想交流，有助于开展反对希特勒主义的战争。假如事情进展顺利，能如我们所愿，我和您明年夏天可以在阿拉斯加附近靠近我们边界的地方一起度过几天小时的时光。与此同时，我认为，我们应该尽可能地交换意见我尽早得到您的忠告和建议，这在军事上是极其重要的。

我在考虑一项非常重要的军事提议，涉及使用我们的军队以缓解你方战场的紧张局势。这一军事目标对我来说意义重大。

如您所知，我们一直在太平洋地区采取遏制行动，现在我相信，那片区域的局势目前已经相当稳定。此外，我们不断增加的生产计划，强化了我们的薄弱环节，使我能够将目光转向西方，转移一些进攻你们国家的德国兵力。

与我的建议有关的令人信服的理由之一是运输问题，这是我们最困难的问题。因此，军队和军需品横跨大西洋的航行，比横跨太平洋的更长航行更具有军事上的优势。

必须考虑若干欧洲战场的备选方案。

因此，我希望您考虑近期派莫洛托夫先生和一位您信赖的将军前往华盛顿。如果我们以重要方式提供援助，时间问题至关重要。我们将为他们提供一架良好的运输机，以便他们能够在两周内往返。

我不希望这样的行程安排让我的朋友李维诺夫先生感到意外，他应该理解这个想法，我们可以通过这样的访问来赢得时间。

我建议采取这一步骤不仅出于保密的要求，更重要的是我们在最终确定共同军事行动的战略方针之前，我需要您的建议。

我已经派正在派霍普金斯前往伦敦讨论有关此提议。

美国人民为贵国武装部队的卓越斗争而感到鼓舞，我们愿意提供比现在更多的帮助，以使贵军摧毁希特勒的军队和物资。

谨向您致以诚挚的问候。

斯大林对罗斯福的信函非常满意，特别是与莫洛托夫就军事和战略问题交换意见的想法，他认为这标志着盟国终于准备进行关于开辟第二战场的认真讨论。然而，在对莫洛托夫的华盛顿之行作出最后决定之前，李维诺夫奉命从罗斯福那里了解他在会面时打算讨论哪些问题。

苏联大使在汇报4月14日他与罗斯福的谈话时，确认了将要讨论的问题是在法国登陆，斯大林在给罗斯福的回信中提到了这一点。[66] 克里姆林宫在此前已经作出决定，莫洛托夫将要访问伦敦以完成有关苏英条约的谈判，现在正好一箭双雕。

斯大林致罗斯福

1942年4月20日发，1942年4月21日收[67]

前几天我在莫斯科收到您的来信，非常感谢您。

苏联政府赞同，有必要安排V.M.莫洛托夫和您会面，就将来在欧洲建立第二战场的问题交换意见。莫洛托夫可以在5月10日至15日之前与一位能胜任的军事代表一起抵达华盛顿。

理所当然，莫洛托夫还将在伦敦停留，与英国政府交换意见。

我毫不怀疑，安排一次您和我之间的私人会晤是有可能的。我对此非常重视，特别是考虑到我们这些国家所面临的关于组织起来战胜希特勒主义的重任。

请接受我真诚的问候，并祝愿美利坚合众国在与敌人的战斗中取得胜利。

4月23日,海军上将斯坦德利在抵达苏联12天后,终于见到斯大林,递交了新任美国大使的国书。这次会晤的氛围有些拘谨,与一个月前接待克拉克·克尔时大相径庭。这位海军上将举止刻板,缺乏英国人的潇洒风度。斯坦德利转达了罗斯福的问候以及对俄罗斯人坚韧不拔的战斗精神的钦佩,并说他受命再次提出单独会晤的想法。斯坦德利说:"总统告诉我,他确信如果你们两位能够坐下来讨论问题,我们两国之间将永远不会缺乏理解。"斯大林回答说,他也希望能安排一次会面。斯坦德利还说罗斯福对租借交货的延误表示遗憾,他又补充说,他的主要任务之一就是恢复如期发货,他还提出了解决两国之间的空中通信的问题,向斯大林强调开辟阿拉斯加—西伯利亚走廊的好处。然而,这位苏联领袖坚持加拿大—格陵兰—冰岛线路,这主要是因为斯坦德利提出的路线,会增加日本对苏联的敏感。斯大林仍然像他习惯的那样,竭尽所能地刺激他的访客,让他们无所适从。斯大林对这位美国海军上将批评说,美国未能像英国人那样建立护航船队,并问他们为什么不建造货运潜艇。生硬的对话反映出斯大林与斯坦德利的关系僵化死板,斯坦德利缺乏克拉克·克尔的大胆的人情味,这一点,在接下来的一年中变得显而易见。[68]

这期间,霍普金斯和马歇尔已经从伦敦返回美国。丘吉尔给罗斯福写了一封信,主要说会谈的问题,他极力称赞美国的战略计划,说这是一份"精彩的文件",他向罗斯福保证,英国人"完全赞同您集中精力对付主要敌人的观点"。但是英国首相又提到了"一个基本的先决条件",即应该在太平洋地区做足够多的事情,来"阻止日本人和德国人联合"。[69]经过详细的讨论,美国战略的一些弱点暴露出来,为了维护1943年更加可行的"围歼"计划,马歇尔不断强调1942年的"锻锤"计划的可能性。马歇尔这样做,是竭尽全力阻止美国的资源向太平洋转移,阻止麦克阿瑟和美国海军在当年就对日本进行全面战役的想法。然而,不足8个师在法国"紧急登陆",成功的机会微乎其微。美国的策划者们在私下里说,登陆"应该被看作为了共同利益作出的牺牲"。而且，由于美国人知道自己无法在7月1日之前向英国派遣任何地面部队，并且估计到10月1日也只能派遣6.6万人，所以牺牲的只能是英国和加拿大军队。[70] 伦敦的参谋长们对此非常清楚，"这些计划极端危险"。布鲁克在日记中写道，他发现马歇尔"非常有魅力"，但是"他的战略能力没给我留下丝毫印象，根本没有打动我"！马歇尔专注于横渡英吉利海峡，完全没有考虑下一步该怎么做。"我们登陆后，是向东、向南还是向西走？他还没有开始考虑！"布鲁克认为，在东南亚和地中海地区的军事行动更可行，于是他坚决支持。另一方面，英国领导人非常圆滑，既不想给"太平洋第一"的策略火上浇油，也不想在支持俄罗斯上落在美国后面，因此他们顺水推舟，把自己的疑虑搁置一旁，不替美国人操心。正如丘吉尔的军事大臣"帕格"·伊斯梅后来所承认的，当英国人的保留态度在夏季的晚些时候变得清晰起来时，这种掩饰使美国人感到他们对英国人的"信仰支离破碎了"，英国人辜负了美国人的信任。[71]

尽管如此，罗斯福在4月21日会见李维诺夫时，已经清楚地了解了局势。苏联大使转交了斯大林的信函，从他事后发给莫洛托夫的报告来判断，罗斯福和李维诺夫的大部分谈话内容都是关于英国的，发人深省。罗斯福提到了霍普金斯和马歇尔的访问，"暗示他们的任务没有成功"。罗斯福说，丘吉尔和战时内阁"呼吁开辟第二战场，但总参谋部反对，理由是过度扩展了英国战线"。由于缅甸的防御"毫无希望"以及锡兰（斯里兰卡的旧称）也"极有可能"会被放弃，罗斯福说，这将使日本人能够控制孟加拉湾，并威胁阿拉伯海的交通要道。他还谈到了英国人接二连三的不幸事件。英国人说的不幸事件，是指最近在锡兰附近损失了两艘巡洋舰和一艘战列舰，但是由罗斯福总统描述出来，其意味大大不同。罗斯福显然是想说英国人"笨手笨脚地把事情搞砸了"。罗斯福几乎不加掩饰的轻蔑语气，与他给丘吉尔的多封信函中表达的关切语气判若云泥。当李维诺夫问，远东地区的这些问题与第二战场有何关联时，罗斯福论证说，"不列颠群岛有足够的资源"，罗斯福

"承认没有任何关联,说英国因无所作为而正在衰败,而加拿大的军队则渴望战斗。接着罗斯福笑着说,英国人原则上赞成第二战场,但他们希望推迟到 1943 年,而美国人坚持要立刻开辟第二战场"。

所以,李维诺夫告诉莫洛托夫:"罗斯福认为您返程时最好在伦敦稍作停留,因为您也可以替总统说话,对英国施加双重压力。"[72]

至此,三国联盟对两个基本问题的反复讨论磨合,已经确定了事务的基本走向,奠定了一个基础。这两个问题是第二战场和战后苏联边界问题。在前一个问题上,英国与它的两个伙伴就缓急问题分道扬镳,而在第二个问题上,美国则与另外两个伙伴立场不同,背道而驰。在此之前,三巨头之间重要的中间人是美国人和英国人,即霍普金斯、哈里曼和比弗布鲁克。到 1942 年春天,轮到苏联人上场了,这位不善变通的外交新星腾空而起,他就是维亚切斯拉夫·莫洛托夫。

第四章

1942年
4月至7月

中间人莫洛托夫

3月和4月是俄罗斯的"泥沼季节"。春天，解冻的道路泥泞不堪。德军和苏联红军为发动夏季战役，都在紧锣密鼓地重新部署。莫斯科在1941年12月扭转局势之后，斯大林对1942年结束战争的勃勃雄心已然不再，而希特勒，也面临着巨大的兵力和装备危机，这迫使他将德国经济转变为"全面战争"的状态，尽管如此，希特勒仍然处于非常强势的地位，从列宁格勒到塔甘罗格，他还有稳固的前线，他的军队仍然处在距离莫斯科150英里范围以内。他的1942年的设想（"蓝色"行动，"Blue"），是向东南方向突然攻击，以夺取伏尔加盆地和高加索油田的经济资源。与1941年的"巴巴罗萨"计划一样，斯大林对德国的意图再次误判，使纳粹的计划得逞。这位苏联领袖被蒙蔽了，他认为希特勒的主要攻击将针对莫斯科。他坚持在准备不足的情况下先发制人，进一步落入德国人的圈套。5月12日，铁木辛哥在哈尔科夫的反攻在一周之内（5月17日至22日）就灾难性地陷入了敌人的包围圈，令人回想起1941年最糟糕的日子。一俟德军代号为"蓝色"的夏季攻势于6月28日真正实施，德国人向东南方向的挺进就迅速且具有毁灭性。7月23日，希特勒在占领了顿河畔的罗斯托夫之后欣喜若狂，将自己的军队一分为二，一路向高加索地区进发，另一路更加致命，直逼斯大林格勒。

　　对于美国而言，主要战争发生在太平洋。春季，日本人继续坚持不懈地前进，在3月里征服了缅甸和荷属东印度群岛。4月8日，美军在巴丹半岛投降，一个月后，马尼拉湾科雷希多岛的要塞陷落，这意味着美国被逐出整个菲律宾。直至6月4日中途岛海战，日本人在一个下午损失了4艘大型航空母舰，他们的推进才慢下来。但他们现在仍然控制着资源丰富的东南亚大部分地区，以及西太平洋的大部分地区。毫不奇怪，美国公众、政客和战略家们在1942年全神贯注于亚洲，而不是欧洲。相比之下，英国的注意力集中在北非，埃及沙漠中的拉锯战也到达了一个关键的阶段。

6月20日，英军在图卜鲁格向人数不占优势的隆美尔的军队投降，通往开罗的道路对德军来说已畅通无阻。丘吉尔的伤痛与不幸更深了一层，他得到这一消息的时候，正在白宫与罗斯福商谈。正如他在回忆录中所写的那样："失败是一回事，耻辱是另一回事。"[1]

因此，在目前情况下，3个盟国正朝着不同的方向观望，对美国和英国来说，这是一场全球战争。相比之下，身处欧洲的斯大林认为，苏联正在为自己的生存而战，命悬一线，最好维持与日本的中立条约。然而，这3个国家之间最显著的差异不在于冲突的范围，而是冲突的强度。整个第二次世界大战期间，在美国大陆上，仅有6名美国人因敌方行动而丧生。1945年5月5日在俄勒冈州，一位牧师的妻子和她的5名主日学校班里的学生在森林里，偶然绊到日本的气球炸弹。[2]对英国人来说，到1942年，纳粹德国对伦敦空袭的"闪电战"的最糟糕时期已经过去，尽管在4月至6月，针对埃克塞特、诺里奇和坎特伯雷等文化目标的所谓"贝德克尔空袭"，造成了约1600名平民丧生。与之相比，两年内的第二次，苏联的中心地区却被希特勒的"歼灭战"完全破坏了。

1942年，大约三分之二的德军部署在东线，在那一年，红军丧生或失踪的人数达200万。[3]1941年，苏联紧急向东疏散了大约1500家大型工厂，挽救了重要的产能，但是尽管如此，1942年苏联的国内生产总值（GDP），还不到1941年的80%。由于国防工业占国内生产总值的60%以上，而且大量人力被征调服务于武装部队，粮食产量急剧减少，生活水平骤然下降。大多数人赖以生存的食物严重不足，并且以代用面包为主。例如，在列宁格勒被围困的最恐怖、最严重时期，一位居民描述说："我们学会了用芥末做甜甜圈，用酵母做汤，用辣根做汉堡包，还用细木工胶做明胶。"俄罗斯战争的第一个冬天，这种极度贫困在整个苏联西部很普遍。[4]

这就形成了1942年春季和夏季期间三巨头外交的军事背景。三大问题继续突出：盟国对苏联的物资援助，苏英条约包括接受苏联1941年的边界，以及最为重要的开辟第二战场的时机。考虑到苏联的战争努力与它的两个盟国的战争努力之间的不对称，对丘吉尔和罗斯福来说，使斯大林在这三个方面感到满意，成为检验"大联盟"能不能可靠运转的必不可少的试金石。

1941年10月签署莫斯科供应议定书*时，这场战争仅限于欧亚大陆和北非。珍珠港事件后，全球战争使后勤保障方面的挑战极端复杂化，英国的参谋长们激烈地争论说，他们不应该再遵守议定书。全球战争也使英国皇家海军和英国商船队的运输能力达到了极限。1942年第一季度，英国损失的货运吨位是1941年第四季度损失吨位的两倍。北极船队从冰岛到阿尔汉格尔斯克和摩尔曼斯克的2000英里的路线，尤其危险。因此，参谋长们敦促丘吉尔援引《第一议定书》中的免责条款，该条款规定："如果战争形势发生变化，国防负担转移到其他战区，则这三个国家有必要共同协商，并决定对现行的安排需要作出哪些调整。"然而，丘吉尔坚定地认为英国必须履行供货承诺，因为这是给几乎陷入绝境的俄罗斯人提供的唯一切实的支持。此时，正值英国舆论呼吁在法国开辟第二战场，但是丘吉尔和他的参谋长们认为，进攻法国是自取灭亡的方法。他在1941年12月写道："仅仅以这种供货方式，我们就可以保持对斯大林的影响力，并能够将强大的俄罗斯力量融入战争的总体格局中。"罗斯福也持相同的观点，但珍珠港事件后，华盛顿的后勤混乱，致使苏联的物资供应排在美国的需求之后，因此，在莫斯科的交货计划上，美国远远落后于英国。直到1942年3月，白宫才开始控制住局势。霍普金斯指示说："第一议定书的实施，必须优先于我们战争计划的任何阶段。"[5]

就在此时，德国人以"蒂尔皮茨"号战列舰为先锋，加强了在挪威北

---

* 莫斯科供应议定书包括1941年10月至1945年4月签署的四份议定书。

部的海军和空军部署。白昼到来，黑暗开始消失，机会渐渐化为乌有。4月底，英国内阁决定减少船队活动的频率和规模，这成为5月丘吉尔和斯大林之间争论的焦点。7月中旬，在PQ-17船队损失了三分之二的船只后，丘吉尔发了一份很长的电报，遗憾地宣布船队的行动延期，这引发了他们之间的冲突，关系紧张到了极点。斯大林收到电文时，他的南方战线刚刚陷落，心情非常不好，他以不守信用甚至是怯懦这样的词语，强烈批评丘吉尔。这有点儿像1941年11月他们之间争执的重演，而解决这次争端，靠的不仅仅是互相祝贺生日快乐。

关于苏英条约的争端，他们采取了不同的做法。3月9日，丘吉尔在给斯大林的信中显示，到春天时，他在艾登的压力下改变了主意。艾登认为，英国应该承认苏联对波罗的海诸国的控制，但是波兰东部战时盟国的领土是另一回事，应当区别对待。斯大林最终被说服了，4月22日，他授权莫洛托夫访问英国解决此事，访问日程是5月20日至27日。这次访问，是在这位苏联领袖很不情愿的情况下同意的，他自始至终对他的外交人民委员严加约束，经常要求莫洛托夫事无巨细地提供更多的信息。最终，这场危机得以解决，出乎所有人的意料（尤其是出乎莫洛托夫的意料），斯大林接受了另一个更宽泛的条约，承诺建立20年的友谊，但不提及任何领土问题。那是在5月24日，斯大林的态度出现了一百八十度的大转变，当时正值哈尔科夫灾难降临，任何残存的早日结束战争的希望都破灭了。斯大林拿出了不同寻常的热情，与丘吉尔就该条约问题进行了亲切的交流。斯大林集中精力，希望促成在1942年开辟第二战场。[6]

第二战场的问题在1941年冬季已经被淡化了，那时东线战场的前景看起来更加光明，但随着德国人新的推进，到1942年5月时，第二战场对苏联来说变得迫在眉睫。斯大林很清楚丘吉尔对跨越英吉利海峡展开进攻非常抵触，因此他把精力集中在罗斯福这里。5月29日至6月5日，莫洛托夫对白宫进行访问，这是他访问英国后外交之旅的第二站。罗斯福总统尽其所能，让早日开辟第二战场的前景听起来令人鼓舞，但这激怒了马歇尔将军和战争部。6月8日至11日，当莫洛托夫在返回莫斯科的途中再次访问伦敦时，丘吉尔试图浇灭任何对于1942年开辟第二战场的希望，同时，作为一种制衡，他大谈特谈盟军1943年的计划，这种置俄国人的生死于不顾、听天由命的态度，为苏联日后的怨恨埋下了祸根。斯大林仍然对1942年的行动充满了希望，他甚至同意了罗斯福削减船只的要求，减少向苏联运送物资。罗斯福的理由是为开辟第二战场腾出货运吨位。或许是出自同样的原因，在7月初，斯大林还同意了另一项要求，把原定供给苏联的美国轰炸机转移到英国的埃及前线。在当月中旬，马歇尔作出最后的努力，试图说服英国人在1942年实施一场小规模的跨海峡登陆（"锻锤"计划）。但是马歇尔没有成功，罗斯福推翻了马歇尔的参谋长联席会议议题，转而支持丘吉尔当年秋天进攻法属非洲西北部的计划。斯大林明白这一点后，直截了当地告诉丘吉尔，苏联无法接受把开辟第二战场推迟到1943年。7月23日，他给丘吉尔写了一封充满愤怒的信，谴责了丘吉尔推迟北极的护航船队。

在处理这三个有争议的问题时，罗斯福并未兑现3月份他对丘吉尔的轻率承诺，那时候罗斯福说，他能"对付"斯大林。4月至7月的大部分信件来自丘吉尔首相，而罗斯福发送的信函大多数都是由下属准备的。7月20日，罗斯福的亲密助手萨姆纳·韦尔斯准备起草一封更具个人风格的信函，但因事态的发展而被搁置。罗斯福热衷于建立阿拉斯加—西伯利亚的空中走廊，以加大空中运力并加强通信沟通。他们6月和7月的大量通信都是在说这件事，这些信件由美国陆军航空队构思和执笔。罗斯福对苏联盟友的热情突出表现在他愿意向斯大林提供保证（至少是口头上的夸夸其谈），尤其在物资供应和开辟第二战场方面，而他的顾问们提醒罗斯福说，他的保证与现实相去甚远。罗斯福对此似乎并不在意，他的主要目的是让俄罗斯人一直战斗到1942年底。

正是因为如此，粗鲁的莫洛托夫反倒成为1942年春季和初夏联系三巨头的中间人，这真是令人难以置信。他的精神因为旅程艰辛和极度危险而高度紧张，再加上斯大林事无巨细的干涉，他感到身心疲惫。无独有偶，与他的焦头烂额相对应的，是他的谈判对手艾登。1941年12月艾登前往莫斯科访问，他的使命是对1941年11月丘吉尔和斯大林之间的书信冲突作出回应，而莫洛托夫处理的是三边关系。但是这一次，英苏两位领导人在1942年7月的第二次重大冲突，却以一种更加戏剧化的方式解决了，而且这一冲突把三巨头的关系带到一个完全不同的层面上。

☆ ☆ ☆ ☆ ☆

4月22日，斯大林致信丘吉尔，他关心的主要问题是苏英政治条约草案。由于英国内阁已决定不理会美国的意愿，愿意签署一项接受苏联1941年6月边界的条约，该草案的谈判已经取得了进展。罗斯福和国务院无可奈何，勉强默许。4月8日，战时内阁批准了一项新的协议草案，并通过迈斯基把草案转交给克里姆林宫。这个草案包括一项安抚美国人的条款，即在苏联重新占领的地区的人民，拥有移民的权利。但是艾登认为莫斯科未必会接受这项条款，而事实确实证明了这一点。[7]在4月22日的电报中，斯大林说莫洛托夫将去伦敦亲自处理分歧问题。对这一提议，丘吉尔欣然接受。

斯大林致丘吉尔

1942年4月22日发，1942年4月23日收[8]

最近，苏联政府收到了由艾登先生转发的苏联和英国之间的两项条约的草案，草案在某些实质性的方面，与艾登先生在莫斯科期间讨论的各项条约的文本有所不同。鉴于这些草案显示出的难以由通信解决的新的分歧，苏联政府决定，尽管障碍重重，依然派遣莫洛托夫先生前往伦敦，以便通过面对面讨论的方式，处理所有阻碍条约签署的问题。这样做尤为必要，因为在欧洲开辟第二战场的问题，需要我们两国政府的代表初步交换意见（开辟第二战场，是美国总统在写给我的上一封信中提出的，在信中他邀请莫洛托夫先生前往华盛顿商讨此事）。

请接受我的问候，并祝你们在与敌人的战斗中取得胜利。

丘吉尔致斯大林

1942年4月24日发，1942年4月25日收[9]

我非常感谢您4月23日的来信，我们当然欢迎莫洛托夫先生，我确信与他一起能做很多有益的工作。我很高兴您能促成这次访问，我相信这次访问会非常有价值。

在5月4日的信函中，罗斯福邀请莫洛托夫乘坐美国飞机前往美国，并在白宫下榻。这是罗斯福自己的想法，旨在显示他对这次会晤和代表团的重视，并再次表明他愿意与苏联领袖建立个人关系。他将此函交给李维诺夫，请他转交给莫斯科[10]。这再次反映出罗斯福相信苏联密码的安全性，以及他想与美国国务院保持一定的距离。

罗斯福致斯大林

1942年5月4发，1942年5月6日收[11]

我们北方航线的船队遇到了严重的困难，我们已将这些复杂的情况告知李维诺夫。然而，您可以放心，我们将不遗余力地让尽可能多的船只起航。

我已知悉您对海军上将斯坦德利的盛情款待，我愿在此表达我的感谢。

我盼望与莫洛托夫会面，一得知行程安排，我们就将做好准备，提供即时的交通便利。我非常希望莫洛托夫在华盛顿期间，可以和我一起住在白宫，如果需要的话，我们也可以在附近提供一套私人住宅。

在此信中，罗斯福还提及一个问题，即北极护航船队，它现在已经成为同盟国之间摩擦的主要根源。4月24日，英国内阁同意减轻皇家海军的压力，将未来的北极货运船队减少到每两个月三支，每支船队不超过25艘商船，从而确保提供足够的护航保护。[12]当更多的美国物资和货船终于运往苏联之时，这对美国人的影响与对英国人的影响一样大。罗斯福劝诫丘吉尔，他警告说："在这个时候，有任何消息传到斯大林那里，说我们的物资将停止供应，不论出于何种原因，都会带来令人遗憾的后果。"但丘吉尔只允许将有护航的船队规模增加至35艘，不得超过，因为海军"竭尽全力了"。罗斯福勉强同意，但一如既往地虚与委蛇，他于5月1日提议，不要给斯大林发令人沮丧的信，他们两人应"强烈要求俄罗斯人减少需求，降至最低限度"，理由是我们为开辟第二战场做准备，"需要所有可能的弹药和船只"。[13]

内阁于4月24日作出决策时，还强烈要求"应该在非常高的级别提出要求，增加对俄罗斯的援助，并保护运输船队"[14]。但是苏联海军是苏联军队中的"灰姑娘"，舰艇不足，还缺乏提供支援的轰炸机和侦察机。驻苏联北部的英国海军高级军官告诉伦敦，克里姆林宫本身的态度实际上是，"这些船队是你们唯一的贡献。如果你们想让它们得到保护，就把飞机发运过来"。对斯大林来说，在他为不可避免的德国春季攻势做准备时，这个问题尤为紧迫。他现在就想获得最大数量的《第一议定书》规定的物资，即使这意味着以后的供应相对减少。然而在4月份，物资的供应量急剧下降，与3月的29艘货船相比，4月只有7艘货船成功抵达苏联北部，原因归于冰岛周围厚厚的冰层。4月25日，莫洛托夫恼怒地给李维诺夫发电报说："英国和美国对德国人可能会发动进攻的担忧被夸大了。"李维诺夫和迈斯基被告知要在华盛顿和伦敦提出严正交涉。[15]尽管护航船队PQ-15于5月5日抵达摩尔曼斯克，出发时的 25 艘船中有 22 艘完好无损，但仍无法完全弥补缺口。因此，5 月 6 日，斯大林向丘吉尔发出紧急呼吁。

斯大林致丘吉尔

1942年5月6日发，1942年5月6日收[16]

我有一事相求。大约 90 艘载有各种重要援苏军用物资的轮船，目前被困在冰岛，或者从美国到冰岛的航线上。我明白英国海军组织护航的船队有困难，那么这些船只的航行，或许将延误很长时间。

我充分意识到其中所涉及的困难，以及英国在这件事上所作的牺牲。然而，我认为我有责任向您提出请求，采取一切可能的措施，以确保上述所有物资在 5 月抵达苏联，因为这对我们的前线极为重要。

请接受我的诚挚问候和对成功的最良好的祝愿。

在回信中，丘吉尔强调了皇家海军面临的问题（5 月初在北极航线上损失了两艘巡洋舰）。根据内阁 4 月 24 日的指示，他还强调了需要更多的来自苏联方面的海空援助。护航船队 PQ-15 已得到了及时出现的两艘苏联驱逐舰的帮助，尽管天气状况可能才是起决定性作用的因素，浓雾使德国空军滞留在地面上。

丘吉尔致斯大林

1942年5月9日发，1942年5月11日收[17]

您 5 月 6 日的电报收悉，感谢您的来函和问候。我们下定决心奋勇前进，将最大数量的军用物资送到你方。由于"蒂尔皮茨"号战列舰和其他敌方水面舰艇镇守在特隆赫姆峡湾，我们每支船队通过此处，都会进行一场激烈的舰队作战，但是我们仍将继续竭尽全力。

毫无疑问，您的海军顾问已经向您指出了各种危险，即运输船队容易遭受敌方水面舰艇、潜艇以及来自敌方掌控的各个基地的空中打击，它们扼守在护航船队路线的侧面，贯穿整个船队的通道。

到目前为止，由于恶劣的天气条件，德国人所开展的进攻规模，大大小于我们的合理预期。

我们正在投入所有可用的资源来解决这一问题，为此，我们已经很冒险地减少了我们在大西洋上的护航力量。毫无疑问，正如您意识到的，这样做的结果是我们的海军人员遭受了严重的伤亡。

我相信您不会介意我的直言不讳，我强调需要增加苏联海军和空军的协助，帮助这些船队安全通过。

假如您想收到相当数量的从英国和美国装船的物资，至关重要的是，苏联海军和空军应该意识到，他们必须对运输船队负起主要的护卫责任，无论是进港还是出港，当船队在子午线以东、东经28度水域时，从这里看不到摩尔曼斯克海岸。

请求苏联军队提供进一步支援的方式如下：

（1）苏联地面部队更多更坚决的援助；

（2）提供足够的远程轰炸机，其作战半径应覆盖船队经过的北角地区，对德国人的机场进行猛烈轰炸；

（3）提供远程战斗机，以便在船队接近你方海岸时，掩护船队通过那段航程；

（4）用飞机和水面舰艇进行反潜巡逻。

明天（星期日）晚上，我打算发表广播讲话，警告德国人，如果他们对俄罗斯军队发动毒气战，我们一定会立刻对德国进行报复。

斯大林没有将此事进一步推进，而是给丘吉尔发了一封温和的回信，同时利用罗斯福向英国人施压。

斯大林致丘吉尔

1942年5月12日发，1942年5月13日收[18]

我收到了您5月11日的来信，感谢您承诺向苏联运送最大数量的军用物资。我们非常理解英国正在克服的困难，以及你方在完成这项艰巨的任务时所遭受的重大的海上损失。

至于您建议苏联空军和海军采取更有效的措施，来保护您所提及的区域的运输线，我们将立即采取一切可能的措施，您不用担心。不过，有必要考虑到这一事实：我们的海军力量是非常有限的，我们绝大多数的空军都在前线作战。

请接受我最诚挚的问候。

斯大林谢绝了罗斯福提出的使用美国飞机接送莫洛托夫的提议，两架最先进的TB-7轰炸机做好了准备。几天前它们试飞到英国，非常顺利。不过在返回途中，其中一架飞机遭德国飞机攻击而受损，但仍成功返回莫斯科。[19]尽管有明显的风险，但克里姆林宫依然决定在没有盟军护航的情况下执行此项任务。

斯大林致罗斯福

1942年5月15日发，1942年5月15日收[20]

您通过李维诺夫大使转达的信函已收到，我非常感谢您。我已经请求丘吉尔首相作出努力，尽快克服驶往苏联的船只在运输和护航方面的困难。由于 5 月从美国和英国发运物资是当务之急，因此我向您，总统先生，提出同样的请求。

由于天气状况不确定，莫洛托夫先生前往美国和英国的行程必须推迟几天。现在看来，前往英国和美国的旅程，都可以使用苏联飞机。我想要补充一点，苏联政府认为对莫洛托夫先生的旅程最好不进行任何宣传，直到莫洛托夫先生返回莫斯科，正如去年 12 月艾登先生访问莫斯科时所做的那样。

关于莫洛托夫先生在华盛顿逗留期间的下榻地点，我和莫洛托夫先生感谢您友好的建议。

当李维诺夫给霍普金斯打电话，说莫洛托夫接受了罗斯福总统请他住在白宫的邀请时，斯大林信中含义模糊的最后一句话明朗了。为了保守机密，苏联人非常外行地给莫洛托夫起了一个代号，叫"布朗先生"。

英国是莫洛托夫先期前往的地方，丘吉尔和他的同事们正等在那里，渴望在没有美国人进一步干预的情况下签订苏英条约。在外交人民委员莫洛托夫抵达的前几天，丘吉尔压制了一场强烈抗议，参谋长们抗议说反对继续护航北极船队。第一海军大臣、海军上将达德利·庞德私下里将北极护航称为"我们定期的沉重负担"和"各方面都对我们不利的极其荒谬的行动"。丘吉尔告诉参谋长们，斯大林和罗斯福都"非常反对我们现在停止船队运行"，并辩称，假如有一半船只抵达，这一行动就是合理的。"我们对此事不作出尝试和努力，就会削弱我们在两个主要同盟国之间的影响力。我也有你们的疑虑和担忧，但我觉得这是个责任问题。"[21] 丘吉尔写信告知斯大林已派出 PQ-16 船队（实际上被延误至 5 月 21 日）时，吐露了自己的担忧，并给予明确的告诫，说日后的航行悬而未决。这支 PQ-16 护航船队由 35 艘货船组成，目前看来是可以被安全地护航的最大数量。莫洛托夫访问的紧迫感，无疑增强了英国首相的悲观苦恼情绪，他在纠结中下定决心，即把"责任"放在谨慎之上。

丘吉尔致斯大林

1942年5月19日发，1942年5月20日收[22]

一支由35艘船组成的护航运输队昨日起航，奉命奋勇前进，抵达你方。德国人大约有100架轰炸机在伺机袭击这些货船和护航舰只。我们的顾问团队认为，除非天公作美，让我们再次遇到有利于我们的天气，阻滞德国空军，否则我们一定会看到，大部分舰船及其运载的军用物资将沉入海底。

正如我在5月9日的电报中所提到的，这在很大程度上取决于你方的远程轰炸机摧毁敌人机场的程度，包括在本月22日至29日期间对巴杜福斯的轰炸。我知道您会竭尽全力。

如果我们运气不好，船队损失惨重，那么我们唯一能做的或许就是阻止更多的船队起航，直到7月冰层向北退去，让我们有了更宽广的水域。

莫洛托夫的飞机从莫斯科出发，经过10个小时的飞行，5月20日上午8时降落在苏格兰东海岸的邓迪。然后，他乘火车前往伦敦，在途中与迈斯基会面（莫洛托夫从心底里不喜欢他），并被安置在首相的乡间别墅契克斯庄园。这符合苏联人提出的隐秘和安全的要求，同时也标志着莫洛托夫作为贵宾的特殊身份和地位。在回忆录中，丘吉尔提到了他所称谓的"俄罗斯人对外国人的根深蒂固的怀疑"，并讲了一些故事。莫洛托夫的安保人员要走了所有房间的钥匙，几名黑衣女人昼夜守卫着房间，即使莫洛托夫和他的警卫在伦敦开会时也是这样。在极少数情况下，当契克斯的工作人员得到允许整理床铺时，"他们看到枕头下的手枪，深感不安"。丘吉尔从他的回忆录中删除了一个故事，情况是这样的：契克斯庄园的管家格蕾丝·拉蒙特在一天凌晨两点左右，去了莫洛托夫的房间，因为她看到他的窗帘上隐约透出一丝光亮，违反了严格的灯火管制。她敲门后，门锁被打开，门开了大约一英尺，莫洛托夫正握着一支自动手枪对着她。正如丘吉尔所描述的，作为"一位风华正茂、性情温和的苏格兰女士"，拉蒙特小姐"一点儿也不惊讶"，她平心静气地解释了问题，莫洛托夫立即锁上房门并拉紧窗帘。1950年，丘吉尔在他删除这段话时说，这一事件"从侧面揭示了苏联的生活方式与西方大国生活方式之间的鸿沟"[23]。

5月21日至26日召开的伦敦会谈，集中讨论了两个关键问题，即开辟第二战场和苏英条约。[24] 在会谈开始的那几天，莫洛托夫心情沮丧。他5月23日致电斯大林说，尽管他在契克斯和英国首相一起用餐时和一次深夜的长谈中，首相表示出他"个人的格外关注"，但丘吉尔"在有关两个主要问题的实质方面，对我的想法明显缺乏重视"。莫洛托夫补充说，他很可能是"正观望我们前线上的态势变化，此刻并不急于与我们达成共识"。在登陆法国的问题上，英国首相强调了缺乏船舶和必要的制空权。关于条约草案，尽管英国现在愿意承认战后让俄罗斯吞并波罗的海诸国，但是他们想将移民权纳入条约中，并且他们还固执地认为在波兰边界问题上不可能有任何让步，因为英国的同盟条约已经保证了波兰的独立。英国的这两个观点都不为苏联人所接受。莫洛托夫严肃地告诉斯大林："我认为在我访问美国后重返英国毫无意义，因为我看不出任何改善的可能性。很有可能，我的美国之行前景也不理想，但去的承诺必须遵守。"[25]

丘吉尔意识到了莫洛托夫的失望，于是向斯大林说情斡旋。

丘吉尔致斯大林

1942年5月23日发，1942年5月24日收[26]

我们非常高兴在伦敦接待莫洛托夫先生，并就军事和政治事务与他进行了富有成效的对话。我们已将我们的计划和资源向他作了详尽而真实的说明。关于条约，他会向您解释其中的困难，主要是我们不能违背我们以前对波兰的承诺，因而不得不考虑我们自己和美国人的意见。

我相信，如果莫洛托夫能从美国再回到我们这里，将对我们共同的事业具有最大的价值。然后，我们可以继续我们的讨论，我希望这能促进我们三国之间密切的军事合作。而且，我就能够告知他我方军事计划的最新进展。

最后，我希望政治讨论可以进一步开展。基于所有这些原因，我非常希望您同意莫洛托夫先生在回国的途中，对我们作进一步访问。

斯大林向丘吉尔许诺，苏联的空军和海军将会"竭尽全力"保护 PQ-16 船队。20 架"伊柳申"IL-4 轰炸机已经转移到北极地区，苏联最高统帅部下令，"从 5 月 25 日至 29 日对巴杜福斯、斯瓦特内瑟、特罗姆瑟、哈默弗斯特的敌方机场进行系统的打击"。[27]

与此同时，英国外交部试图通过草拟一份全新的条约草案来打破外交僵局。新条约避免了任何领土问题，仅仅是两国承诺建立战时同盟并签署 20 年的互助协定。艾登告诉内阁，它的要点，"将是为了取代承认俄罗斯人的边界要求，向他们提供反对德国侵略的战后同盟，直到世界范围的维护和平体系形成之时"，或假如这样一个体系永远不存在时，例如"美国拒绝参加"。[28] 这一限制性条款提醒我们，在战争的现阶段，挑剔的英国人担心美国可能会再次回到一战后的孤立主义状态，就像 1918 年之后那样。

5 月 24 日上午，莫洛托夫将英国的文本转发给莫斯科，并直率地评论说："我们认为这份条约是不可接受的，因为它是空洞的宣言，苏联不需要。"但是那天晚上，斯大林的答复非同凡响：

我们已经收到艾登交给你的条约草案。我们不认为这是一个空洞的声明，而将其视为重要的文件。它没有涉及边界问题，但也许这不是坏事，因为它给了我们自主权。边界问题，或者更确切地说，保证我们国家一个或其他地区的边界安全的问题，将由武力决定。

斯大林告诉莫洛托夫不要试图修改以前的条约,而要采纳艾登的草案作为协议的基础,但有两处小的修改。他指示莫洛托夫"尽快签署条约,然后飞往美国"。尽管斯大林写给莫洛托夫的信函像往常一样以熟悉的第一人称单数的形式,但信尾的署名是"*Instantsiya*",该词表示苏联共产党中央委员会,这样的署名只在特别重要的情况下才使用。无论从字面上还是隐喻上,莫洛托夫都明白了信函的意思。那天晚上,他发送了谦卑的答复:"我将遵照苏共中央的指示行事,我相信新的条约草案具有积极的价值。只是我未能立刻领会它。"从这件事可以看出斯大林与他最亲密的同事之间的关系。莫洛托夫在西方被广泛认为是硬汉,但他基本上是听从斯大林的下属。这一点他们两人都知道。[29]

英国外交部的官员草拟条约草案时,对苏联的反应并不持乐观态度。艾登希望莫洛托夫能够认识到,鉴于两国和国际上都对条约有广泛的期待,如果他一味地不让步,有可能空手而归。艾登认为,即使遭到苏联人的拒绝,能"提供条约,也会增强我们的地位"。正如他的私人秘书奥利弗·哈维简洁归纳的,因为"别无选择"。因此,苏联突然的一百八十度大转弯,让人倍感意外。哈维沉思着说:"一切都非常神秘。"5月25日,悬而未决的问题得到了"最顺利、最迅速"的解决,第二天,条约大张旗鼓地签署了。新的《二十年互助协定》似乎满足了政府的双重愿望,对英国人来说,"尽我们所能,消除俄罗斯人对我们的疑虑,而没有牺牲我们自己的原则"[30]。英国的决策者们感到很高兴。为了凸显他的努力,艾登告诉内阁:"我们现在与苏联的关系已经建立在与以往完全不同的、更加令人满意的基础上。"丘吉尔向罗斯福保证,该条约现在"完全符合我们的《大西洋宪章》",并称赞莫洛托夫为"政治家",他有"行动自由权,与您、我在李维诺夫身上看到的大不相同"。英国首相几乎没有意识到,谁是使得莫洛托夫突然展现出了灵活性的幕后推手。[31]

斯大林因何转变立场,至今仍难以理解。最有可能的原因是,他看到了与盟友无休止地争吵是否承认苏联西部边界，徒劳无益。美国驻伦敦大使约翰·怀南特多次向迈斯基和莫洛托夫表明，争吵会引起华盛顿极大的反感。怀南特还劝告说，以争吵的方式"使罗斯福的立场复杂化是不可取的"，因为在他看来，"第二战场比某些条约更重要"。因此，怀南特增强了莫洛托夫和迈斯基的信念：罗斯福可以向丘吉尔施加压力，推翻英国参谋长们否决1942年跨海峡攻击的决定。斯大林似乎也持有这种观点，他会考虑前线的新困难。春天解冻后，那里的德军的重大行动已经重新开始。截至5月22日完成包围时，德军在哈尔科夫周围的大规模钳形攻势中，消灭了苏联战斗序列中的三支步兵部队和一支坦克部队。这场灾难紧随在克里米亚发生的类似的灾难之后，在克里米亚，斯大林任性的密友列夫·麦赫利斯指挥失当，导致另外三支军队的损失。现在真正的危险是，随着德军向高加索地区挺进，苏联前线的整个南翼都将崩溃。因此，斯大林着力于早日开辟第二战场，避免在外交上进一步讨价还价。正如斯大林告诉莫洛托夫的，他愿意看到自己在战场上获得的利益比在谈判桌上得到的多。在1942年，无论这看上去多么牵强，但最终证明他是正确的，尽管付出了巨大的代价。[32]

收到丘吉尔5月23日的信函后，斯大林确认莫洛托夫从华盛顿回国的途中，在伦敦停留。

斯大林致丘吉尔

1942年5月24日发，1942年5月25日收[33]

我在5月24日收到了您的上一封信。维亚切斯拉夫·莫洛托夫以及我都认为，对他来说比较明智的选择就是，从美国返回途中在伦敦停留，以完成与英国政府代表就我们两国关心的问题进行的谈判。

迈斯基这样记载，5月25日他们收到此函时，"丘吉尔和艾登极其高兴，首相立即明确表示他非常想与斯大林同志会面"。

莫洛托夫支持首相的想法,并表明这次会议无疑将是非常有益的和备受关注的,以及斯大林同志将会很高兴见到您。丘吉尔面露喜色说道:"一旦我们肃清了挪威北部的敌人,我们将在被征服的领土上安排会议,甚至召开有罗斯福总统参加的三巨头会议。"[34]

这是第一次提及丘吉尔和斯大林之间可能的会面,会面最终将在8月进行。莫洛托夫返回莫斯科后,丘吉尔又写了一封信,斯大林也作出了积极的回应,两个函件语气都非常亲切、热情、友好,并在苏联报纸上刊登,只是删除了关于PQ-16船队的段落。[35] 由于友好条约计划将持续到1962年,苏英关系似乎有了一个新的基础。

丘吉尔致斯大林

1942年5月27日发,1942年5月28日收[36]

我们非常感谢您,正如您所做的,您解决了我们在条约中的困难。我相信,美国方面也会对此表示赞赏,而且我们三个大国现在能够团结一致,无论发生什么困难,我们都能勇往直前。

很高兴见到了莫洛托夫先生,我们在消除两国之间的障碍方面已经做了大量的工作。我非常高兴他在归国途中再访英国,因为还有更多有益的工作要做。

到目前为止,船队一切顺利,但它现在正处于最危险的阶段。非常感谢您为保证船队顺利进港而采取的措施。

既然我们已经承诺要做20年的盟友和朋友,我愿借此机会向您致以诚挚的、良好的祝愿,我坚信胜利必将属于我们。

斯大林致丘吉尔

1942年5月28日发，1942年5月28日收[37]

我非常感谢您对我们新条约的签署所表达的友好的情感和良好的祝愿。我确信，该条约对于今后加强苏联与英国之间，以及我们两个国家与美国之间的友好关系至关重要，它将在战争胜利结束后，确保我们的国家密切合作。我也希望莫洛托夫从美国回国的途中与您会晤，结束尚未完成的那部分工作。

关于保护船队的措施，您可以放心，在这方面，现在和将来我们都会尽己所能、全力以赴。

请接受我最真诚的良好祝愿，我坚信我们最终将取得彻底的胜利。

5月29日下午4点，莫洛托夫到达白宫。由于天气恶劣，他在冰岛耽搁了一天半。这位苏联外交人民委员一到达，正如他对自己的描述，"满面灰尘，头发凌乱衣衫不整"，不过他立即投入了与罗斯福的讨论，仅第一天晚上就讨论了三次。美国总统渴望与斯大林建立特殊的关系，因此开诚布公讲了他的构想，即胜利者大国，美国、苏联、英国和中国组成"国际警察部队"，对德国和日本实施《大西洋宪章》的原则，并将持续四分之一世纪之久，直到他们学会抑制他们的侵略本能。罗斯福说，丘吉尔反对这个想法，丘吉尔含糊其词地要建立一个更新换代的"国际联盟"，但罗斯福认为该联盟是"效率低下的"，不值得认真考虑，并相信他自己的基于大国"警察"的方法是唯一的答案。他告诉莫洛托夫："如果美国和苏联坚持国际警察部队的话，丘吉尔将不得不接受这一提议。"莫洛托夫的回应是令人鼓舞的，但态度不明朗，他将精力更多地放在第二战场的问题上。他坚持认为，假如美国人和英国人能转移40个德国师到欧洲西部，那么希特勒的命运将在1942年被决定。军事顾问们提醒罗斯福,目前缺乏横跨大西洋的船只,无法大量运送人员和物资,因此,他仅仅对莫洛托夫提出了使用6至10个师实施"锻锤"行动的方案。他告诉莫洛托夫,他想"冒这个险",哪怕没有"成功的保证"。根据苏联的记录,罗斯福补充说:"为了在1942年帮助苏联,作出牺牲是必要的。很可能我们不得不经历另一个敦刻尔克,并损失10万至12万人。"[38] 罗斯福并未说明的是,因为美国缓慢的军事动员,以及在太平洋地区的承诺,他准备用来牺牲的部队大部分将来自英联邦。

莫洛托夫并未把这种小规模的登陆放在眼里。他承认红军的南翼比较脆弱,并警告说德国人可能会突破至巴库油田,这将极大地增强希特勒的力量,而使红军成为软弱的敌手。他直言不讳地说,如果美国将开辟第二战场推迟到1943年,"你最终将不得不在战争中率先受到最大的影响"。罗斯福问马歇尔将军,他们是否可以告诉斯大林他们正在"准备第二战场"。马歇尔表示同意,于是罗斯福以一种典型的外交辞令说,"授权莫洛托夫先生通知斯大林先生,我们有望今年建立第二战场"。他还提出,苏联应减少对物资的需求,以便美方腾出更多的船只用于"波莱罗"计划,在英国集结部队和补给。莫洛托夫对此持怀疑态度,担心既没有第二战场,又没有足够的物资。[39]

那几天,莫洛托夫越来越沮丧。在美国的记载中,这位苏联外交人民委员原来的表现一直是"出人意料的坦率和友善",这或许是因为"从斯大林先生口中说出来的话,比莫洛托夫先生说出来的中听些"。6月1日会谈的最后一个上午,他的举止"更加粗暴和武断",让人感到"气氛紧张"。[40] 这是因为就像在伦敦一样,莫洛托夫被"老板"一连串的电报弄得手足无措,这些电报明确标明来自"苏共中央"。6月1日,斯大林指示他告诉罗斯福,国际警察的想法"绝对地合理",并且会得到"苏联政府的全力支持"。6月3日,斯大林抱怨说:"苏共中央对您通信的简洁和缄默不满意……苏共中央想知道每一件事……"接着,斯大林又补充说,有关会谈的公报"除了其他方面，还应该提及在欧洲建立第二战场的话题，以及在这个问题上已经达成的共识"。6月4日，在另一份"苏共中央"的电报中，斯大林同意了罗斯福减少给苏联运送物资船只的要求，他说："为了建立第二战场，很可能美国和英国需要这样做，腾出吨位将部队运到西欧。"莫洛托夫按照斯大林的指示行事，确保公报包括以下声明："在会谈的过程中，对1942年在欧洲建立第二战场的紧迫任务，达成了共识。"[41] 当然，这种措辞是模棱两可的，它可能意味着他们一致认为建立第二战场的任务很紧迫，或者他们实际上同意在1942年建立第二战场。马歇尔强烈反对将日期包括在内，但罗斯福很坚持。正如他告诉丘吉尔的："我特别想让他回国时满载而归，并且给斯大林一个有利的说明。我倾向于认为，目前俄罗斯人有些情绪低落……我们可能面临，或许现在正在面临着的大麻烦就是俄罗斯前线的战况，我们必须制订计划来应对它。"美国外交官查尔斯·波伦后来大胆地评论说："美国政府中的一些人认为，鼓励，即使是虚假的，也会使苏联的意志更加坚定。"[42]

当时，斯大林比莫洛托夫更为乐观，他认为他的盟友一定会在1942年登上欧洲大陆作战，尤其是他已经为了与英国达成协议，在物资供应方面作了很大的让步。6月7日，他告诉莫洛托夫："考虑到我们正在减少对物资的要求，您应该敦促丘吉尔开辟第二战场，并于今年开始行动。"[43] 但是6月9日在伦敦，莫洛托夫开始新的会谈时，却发现丘吉尔变了，丘吉尔比以往任何时候都不愿意作出有关1942年开辟第二战场的承诺。莫洛托夫强调了罗斯福的言论，说罗斯福认为可以冒"第二个敦刻尔克"的风险，可以牺牲10万至12万名士兵。丘吉尔忽然愤怒了，他大发雷霆地说，"我们是不会干这样的蠢事来赢得战争的"，他还说宁愿辞职也不愿实施没有成功可能的行动。莫洛托夫辩解说，他只是在转达罗斯福的观点，丘吉尔立刻反驳说："我会亲自把我对此事的意见告诉他。"6月10日，在他们的会议结束时，丘吉尔给了莫洛托夫一份外交上的备忘录，希望阐明对罗斯福有关1942年登陆作战的模糊而乐观的言论。备忘录说：

我们正在准备1942年8月或9月在欧洲大陆登陆……目前无法事先判断那时的局势是否会使这项行动依然可行。因此，在这件事情上，我们不能作出任何承诺，但是，只要这个行动看起来是合理的和明智的，我们就将毫不犹豫地实施我们的计划。

丘吉尔在1942年开辟第二战场的问题上，谨慎地保留了英国的立场，然而对下一年的计划，他的态度却豪爽得多：

最后，也是最重要的一点，我们正在全力以赴组织和准备在1943年由英国和美国两国军队对欧洲大陆展开大规模登陆作战。我们没有为这场战役的范围和目标设定任何限制，战役首先将由100多万名英美士兵，以及适当军力的空军部队来实施。[44]

因此，两位西方领导人都准备为开辟第二战场承担风险……罗斯福是在1942年，丘吉尔是在1943年。他们的主张并没有说服克里姆林宫，但他们确实在未来的几个月中对克里姆林宫施加了影响。

从莫洛托夫的穿梭外交中，苏联人、英国人和美国人都感觉到了缓和的气氛。但莫洛托夫自己这几个星期以来，一直承受着非常大的压力。斯大林发给莫洛托夫的电报带着脾气，他对不得不通过代理人进行外交感到厌恶。丘吉尔对"第二个敦刻尔克"这一提法的愤怒不仅反映了他对英国军事逆转的敏感，而且反映了他和日渐独断的大西洋彼岸的盟友在处理与苏联关系上产生了分歧。罗斯福的花言巧语和自信态度是他最有力的政治武器，但翻译人员使延迟的对话变得沉闷，他显然感到不舒服，和霍普金斯所称的"受到限制"一样，特别是与像莫洛托夫这样的人打交道时。莫洛托夫缺乏李维诺夫那样的国际风范。[45]简言之，人们感觉到三巨头中的每一位，都渴望与其他领导人亲密接触。

6月13日，在莫洛托夫安全返回莫斯科之后，如下信函交流在苏联报刊上发表，以振奋俄罗斯人的信心，激怒轴心国。

罗斯福致斯大林

1942年6月6日发，1942年6月8日收[46]

非常感谢您派莫洛托夫先生来见我。我们的交谈非常令人满意，我将焦急地等待他安全抵达的消息。

斯大林致罗斯福

1942年6月12日发，1942年6月17日收[47]

总统先生，关于V.M.莫洛托夫先生访问美国取得了令人满意的成果，苏联政府赞同您的看法。

总统先生，我借此机会代表苏联政府，感谢您对莫洛托夫先生及其一行在美国逗留期间的热情款待。

V.M.莫洛托夫先生今天已经安全返回莫斯科。

在莫洛托夫的穿梭外交之后，丘吉尔和罗斯福都试图通过发送有益的情报趣闻来保持各方良好的心情。6月16日，丘吉尔提醒斯大林注意北方船队的航线可能面临威胁，甚至摩尔曼斯克可能会遭到袭击。他模糊地谈到了"联合作战"，并提出派6个英国皇家空军的战斗机中队给予支持，斯大林欣然接受。[48]6月17日，由美国陆军航空队（AAF）拟写的一封总统的信函，强调日本最近占领了阿拉斯加西南美国阿留申群岛的两个岛屿，敌人在那里的空军基地可能对美国西海岸和苏联远东地区构成危险。罗斯福渴望建立一条从阿拉斯加到西伯利亚的空中补给线，他敦促斯大林尽快授权相关人员秘密对话。这位苏联领袖一直避免做任何可能危及苏联与日本中立条约的事情，尤其是考虑到苏德战场的严峻形势。但是，在 6 月 11 日签署苏美互助协定后，克里姆林宫同意建立这条空中航线。[49]

丘吉尔在谈论北极的行动时，一再谈论登陆挪威，他的这种痴迷反复出现。在 6 月 1 日给参谋长的备忘录中，他断言挪威北部的有限的德军可以很容易被消灭。然后，

> 不仅通向俄罗斯北部的海上交通线将保持畅通，而且我们还会小规模地建立起第二战场，而在这个战场，纳粹很难把我们驱逐。如果进展顺利，我们可以逐渐向南推进，从顶部展开消灭欧洲纳粹的地图。[50]

这些轻松的句子体现了丘吉尔对外围行动的傲慢与自信，这种自信激怒了他的军事顾问。在 6 月 8 日的参谋长委员会上，有人指出作为"第二战场"，挪威的价值是有限的，因为它对德国没有什么重要的意义。此外，该国交通网络薄弱，这将会迟滞部队大规模向南方推进。丘吉尔极为愤怒，他对军方说，你们必须集中精力"克服重重困难"，而不是试图判断"这一行动是否可取，这个事必须由上级来决定"。[51] 但是，参谋长们却坚持己见，他们告知丘吉尔，"在现阶段，我们无法提出具体计划"[52]。

不过后来，在 6 月 11 日，军方和内阁又与丘吉尔达成共识，"我们今年不应在欧洲大陆上实施任何大的登陆计划，除非我们打算待在那里"。这项约定，本来是想避免从东线转移德国军队和自杀式的空袭任务（尽管它并未阻止 8 月 19 日对迪耶普进行"打了就跑"的袭击，那场袭击对英国士兵的确是一个灾难）。在前一天给莫洛托夫备忘录的基础上，大家还达成一致的是，1942 年在法国登陆的"锻锤"计划，只有"在十拿九稳的条件下"才会启动。丘吉尔补充说："稳操胜券的条件似乎不太可能实现。"[53] 6 月 17 日，带着这种共识，丘吉尔飞往美国。这是自 1 月以来他第一次与罗斯福会面。

在这期间，他敦促英美进攻法属西北非（"体育家"行动，"Gymnast"），这样一来，两个盟友"将不会整整一年都在大西洋战区袖手旁观"[54]。在1942年任何跨英吉利海峡进攻的问题上，英国都有效地行使了否决权。由于美国军事动员的缓慢以及太平洋地区的战争需要士兵，在北非作战的大多数部队都是英国人和加拿大人。罗斯福一直对北非很感兴趣，而图卜鲁格港的情况，以及3.3万人的盟军部队向隆美尔的非洲军团投降，令人十分震惊，这个消息更使丘吉尔忧心忡忡。至丘吉尔6月25日动身回国时，罗斯福不顾马歇尔将军的持续反对，仍然坚定地倾向于"体育家"行动。

此刻，行动对莫斯科还是保密的。令人吃惊的是，两位领导人在给克里姆林宫的下一封信函中，谁都不提华盛顿的讨论，这不利于消除斯大林长久以来对西方的怀疑。丘吉尔继续用友好的措辞取悦斯大林，包括一封过度恭维的信，纪念苏联抵御纳粹德国进攻一周年。这封信作为一种公开表态，在英国和苏联两国报刊上发表了。[55]

罗斯福或许是想尽量避免更多空洞的言辞，他并未发送周年纪念信函，而是集中精力试图论证阿拉斯加—西伯利亚空中走廊（ALSIB）的可行性。美国陆军航空队热衷于在接下来的几周内，在冰层融化之前确定计划，包括从美国阿拉斯加诺姆基地开展一次秘密的侦察飞行，侦察该空中走廊下的苏联领土。斯大林同意这样做，但强调只有苏联飞行员才能执行此项飞行任务。在7月2日与斯坦德利大使的谈话中，斯大林明确表示，希望一切保持低调，以免刺激日本，并且有关此计划的会谈应该在莫斯科举行，而不是在其他两个国家的首都。会谈结束后，斯坦德利告诉华盛顿，"目前大型的军事代表团来苏联不合时宜"[56]。因此，在美国陆军航空队拟写的另一封信中，罗斯福于7月6日告知斯大林，福利特·布拉德利将军将赴莫斯科，代表美国进行会谈。布拉德利一直待到1942年11月，直到细节制定出来。[57]

7月4日，丘吉尔让罗斯福请求斯大林，允许将40架美国"波士顿"轰炸机转交给在埃及的英军。德军威胁开罗，英军的需求迫在眉睫。这些轰炸机当时在伊拉克的巴士拉，正在前往苏联途中。丘吉尔向罗斯福承认："由于俄罗斯正处于战争最激烈的阶段，这实在是一个难以启齿的请求，如果您认为不能够按照我的要求办，我也会非常理解。"[58] 罗斯福转达了英国的请求，同时希望斯大林基于盟军整体的作战情况而作出决定。斯大林立即同意了，罗斯福发了一封感谢信，并提供了额外的 115 辆中型坦克作为补偿。丘吉尔对苏联引人注目的团结姿态表示感激。斯大林也对这些坦克表示赞赏，依他的性格，他还花了一些时间告诉美国总统，美国的坦克"被反坦克武器的射弹击中后方或侧面时，很容易起火"，因为它们使用了高纯度且高挥发性的汽油。斯大林说："我们的专家认为柴油发动机最适合于坦克。"罗斯福对此表示感谢，并说，从今以后美国的坦克将使用低辛烷值的燃料。[59]

罗斯福致斯大林

1942 年 7 月 5 日发，1942 年 7 月 6 日收[60]

埃及的危机，以及它对通往俄罗斯补给线的威胁，让丘吉尔首相给我发了一封加急信函，询问原定运往俄罗斯的、现在在伊拉克的 40 架 A-20 轰炸机，是否可以转移到埃及战场。由于我这里的信息有限，无法对此事作出判断，因此，我请您从联盟国家全局的军事利益角度出发作出决定。

斯大林致罗斯福

1942 年 7 月 7 日发[61]

考虑到盟军在埃及的处境，我不反对将目前在伊拉克、正前往苏联途中的 40 架 A-20 轰炸机转移到埃及前线。

罗斯福致斯大林

1942年7月9日发，1942年7月10日收[62]

我非常感谢您的电报，授权将40架轰炸机转移到埃及。我正安排马上向您运送带有弹药和备件的额外的115辆中型坦克。这些坦克是7月份协议中规定要发送给你方的坦克总数以外追加的部分。

丘吉尔致斯大林

1942年7月9日发，1942年7月11日收[63]

我刚刚从罗斯福总统那里听说，您已经同意将40架"波士顿"轰炸机转移到我们在埃及的部队，这些轰炸机已经到达巴士拉，在前往你方的途中。在目前情况下，这是一个很难向您启齿的请求，我对您迅速而慷慨的回应深表感谢。这些轰炸机将直接投入战斗，在曾经的战斗中，我们的飞机一直使敌人伤亡惨重。

☆☆☆☆☆

在开辟第二战场问题上，英国与苏联的关系已经紧张，1942年7月，北极护航船队又发生了重大危机。6月27日，PQ–17船队从冰岛起航，前往阿尔汉格尔斯克。7月4日晚上，当船队航行在熊岛附近的北极水域时，海军上将达德利·庞德爵士害怕传说中的德国战列舰"蒂尔皮茨"号已经离开挪威港口，他不顾情报人员的劝告，下令船队散开。这是一个灾难性的决定。此前，已经进入北极水域的34艘商船中，仅损失了3艘船，但是在下达"散开"命令之后，有23艘船被敌机或德国潜艇击沉。大多数历史学家都指责庞德过分恐惧"蒂尔皮茨"号，他因小失大，作出了最坏的决策。[64]

但是在当时，真相被掩盖了。尽管内阁国防委员会坚持认为，"当俄罗斯前线的伟大战斗正在激烈进行时"，北极护航船队不应中断，[65] 同时，派遣船队前往马耳他一样很危险，皇家海军面临很大压力。马耳他是地中海战役中的一个重要要塞，丘吉尔告诉庞德，"马耳他岛的命运危在旦夕"，但英国必须向被围困的民众保证，"海军永远不会放弃马耳他"。[66] 7月13日，第一海军大臣直言不讳地告诉国防委员会，假如下一支援苏船队起航，他不能保证每一艘船都能成功抵达。他补充说，所有参谋长都建议暂时停止这些船队。面对这样直截了当的建议，国防委员会别无选择。甚至连艾登也同意了，尽管他非常担心接二连三的英国"负面事件"发酵。此时，对苏联人造成负面影响的事实有1942年的开辟第二战场成为泡影，"波士顿"轰炸机的转移，以及这次船队的几近覆灭。[67]

7月14日，丘吉尔给斯大林写了一封长信，他把草稿发给罗斯福，内容是关于PQ-17船队的灾难，以及在"永恒的白昼"的夏季的几个月中，暂停北极船队的决定。罗斯福回复说，他"很不情愿"地同意了这一决定，并认为这封信写得"很好"。[68] 14日晚上，迈斯基大使被邀请到唐宁街10号，与丘吉尔和庞德共进晚餐。丘吉尔的心情很糟糕，他喊道："四分之三的船队消失了，400辆坦克和300架飞机躺在海床上！我的心在流血。"丘吉尔告诉迈斯基，派出PQ-17船队是违背海军的建议的，在遭受这样的损失之后，内阁别无选择，只能暂时停止船队活动。迈斯基非常震惊，他尖锐地提出了有关"散开"命令的问题，并坚持说，正当德国夏季攻势开始的时候，暂停物资供应对苏联来说是灾难性的。迈斯基最反感庞德，庞德也进行了强烈的回击。丘吉尔支持庞德。不过迈斯基大使感觉到，丘吉尔的支持也"没有太大力度"。[69]

丘吉尔焦躁不安地给斯大林写信，花了几天时间反复修改。[70] 但他的要点一直没有改变，他在第二段末尾作了预示灾难的警告。丘吉尔说，如果损失了大型战列舰，可能会危及对大西洋的控制，从而危及为"1943年真正强大的第二战场"做准备的机会。他试图留下积极的印象，谈论他的计划，如何将德国人赶出挪威北部，并向苏军的南翼提供空中支援，同时他承认在秋季之前，任何行动都没有可能，因为要等北部的白夜现象消退，以及必须在埃及打败隆美尔。

丘吉尔还提出了另一个敏感的问题，即把3个波兰师从苏联调遣到巴勒斯坦。这些部队成立于1941年夏天，是在"巴巴罗萨"行动之后，由于英国的调停，苏联与波兰关系缓和，斯大林从苏联集中营释放出波兰战俘，允许他们在刚离开卢比扬卡监狱的瓦迪斯瓦夫·安德斯将军的指挥下组建自己的军队。1942年3月，斯大林同意安德斯的军队逐步向中东转移。6月30日，莫洛托夫与克拉克·克尔正式安排，将这3个师调给英军。[71] 尽管丘吉尔感谢这些援军，但军队带着家属一起来，丘吉尔很不满，并在给斯大林的长篇信函的结尾提出了这两点。

丘吉尔致斯大林

1942年7月17日发，1942年7月18日收[72]

我们从1941年8月开始向俄罗斯北部派遣小型船队，一直到12月之前，德国人没有采取任何干扰措施。从1942年2月起，船队规模扩大，德国人随后将相当数量的潜艇和大量的飞机调动到挪威北部，对船队进行猛烈的攻击。我们为船队提供了尽可能强大的驱逐舰和反潜飞机来护航，使船队成功抵达。虽然有不同程度的损失，但还不至于让人望而却步。显然，德国人对仅仅依靠飞机和潜艇取得的成果不太满意，他们开始使用水面部队来攻击船队。对我们来说幸运的是，他们总是让重型水面部队向熊岛的西部挺进，而他们的潜艇则向东。因此，英国本土舰队可以防止敌方水面部队的进攻。在派出5月的船队之前，海军部警告我们说，如果德国人调整部署，正如我们担心的那样，将水面部队向熊岛的东边部署，船队的损失将会非常严重。然而我们决定继续让船队起航。德国水面舰艇没有攻击，我们的船队通过了，损失的六分之一主要来自空袭。然而在 PQ-17 船队的例子中，德国人最终以我们一直担心的方式重新部署了他们的兵力。他们将潜艇向熊岛的西边集中，让水面部队向熊岛的东边进攻。PQ-17 船队的最终情况目前尚不清楚。当时，只有 4 艘船抵达了阿尔汉格尔斯克，另外 6 艘在新地岛港口。但是，后者随时可能遭到空袭。因此，在最好的情况下，仅有三分之一船队能够幸存。

我必须解释一下，当敌人的水面战斗中队在最北端的战位时，我们船队的处境十分危险和困难。我们认为冒险让我们的本土舰队驶向熊岛东边的方向，可能会受到强大的德国岸基飞机的攻击，冒险的尝试是不正确的。假如我们为数不多的最强大的战列舰中有一两艘损失了，或者遭到严重破坏，而"蒂尔皮茨"号及其僚舰——很快就会有"沙恩霍斯特"号加入它们的行列，仍有战斗能力，那么我们将失去对大西洋的控制。失去对大西洋的控制除了影响我们赖以生存的粮食供应，我方的战争能力将受到削弱，最重要的是，跨越大洋的美军护航船队的运力目前一个月内增至 8 万余人，失去了制海权，这个势头将会受到阻止，进而无法实现在 1943 年开辟真正强大的第二战场。

我的海军顾问们告诉我，在当前情况下，如果他们站在德国的角度，掌控了德国水面部队、潜艇和空军的话，他们保证能完全摧毁任何前往俄罗斯北部的船队。到目前为止，我方海军还不能对试图在白昼条件下执行护航任务抱有任何期望，下一批船队不会比 PQ-17 船队更走运。因此，极为遗憾，我们得出的结论是，试图运行下一支船队 PQ-18 不会给您带来任何好处，而只会给我们共同的事业带来无可弥补的损失。同时，我向您保证，如果我们能想出一些方法，能找到机会，让至少一定比例的船队物资到达你方，我们就将立即重新开始启动船队。问题的关键是，要让巴伦支海成为德国军舰的险地，就像现在德国军舰让巴伦支海成为我们的险地一样。这就是我们应该运用共同的资源致力去做的事。我想尽快派一位高级官员前往俄罗斯北部，与您的官员商谈并制订出计划。

同时，我们准备立即将一些本来计划在 PQ 护航船队中执行任务的船只派遣到波斯湾。船舶的选择将会与在伦敦的苏联代表协商，以便可以商定运输货物的优先顺序。如果选择了战斗机（"飓风"和"空中眼镜蛇"），你们能够在南方战线操作和维护它们吗？我们可以在巴士拉着手组装它们。我们希望增加跨波斯航线的通行能力，以期到 10 月份达到每月 7.5 万吨的水平，并努力进一步增加运力。我们正在请求美国政府通过增加铁路机车和卡车的发货来帮助我们。如果您同意使用美国支援苏联的卡车，用于从波斯湾到里海的公路货物运输，其所增加的运输量，我们将会立即解决。现在这些卡车正在波斯湾组装。为了确保运输能力得到充分利用，我们同意将 9 月份预计到达的装载量提高到 9.5 万吨，10 月份的装载量提高到 10 万吨，这两个月卡车和飞机的运输都不计算在内。

您在 6 月 20 日给我的电报中提到北方的联合行动。目前，来自海上的障碍使我们无法派遣地面部队和空军前往挪威北部作战。为此，我们双方的军官应立即一起考虑在 10 月或 10 月之后可能采取哪些联合行动，因为那时白昼现象会减少。您最好能派您的军官来这里，如果无法做到，我们的军官将前往你方。

除了在北部地区的联合行动，我们还在研究如何在你方南翼提供帮助。如果我们能够击退隆美尔，我们或许可以在秋天派出强大的空军在您的战线左翼作战。在不减少援苏物资供应的情况下，在跨波斯航线上维持这些军队显然困难较大，但是我希望在不远的将来向您提出详细的建议。我们必须首先打败隆美尔，这场战斗现在很激烈。

我愿再次为您让出的 40 架"波士顿"轰炸机表达我的感谢。德国人不断向非洲派遣更多的兵力和飞机，但是我们的大批增援部队正在靠近奥金莱克将军，强大的英美重型轰炸机部队即将到达，将为地中海东部提供安全保障，并封锁隆美尔的补给港图卜鲁格和班加西。

我相信，斯大林元帅，您同意提供的3个波兰师加入他们在巴勒斯坦的同胞，将符合我们的共同利益，在那里我们可以充分地把他们武装起来。上述这些将会起到极其重要的作用，不仅在未来的战斗中，而且让人感觉到，越来越多的部队向南，会使土耳其人保持高昂的斗志。我们非常重视你们这个计划，我希望它不会由于波兰士兵想要随部队运送大量的妇女和儿童而落空，这些妇女和儿童在很大程度上依赖波兰士兵的口粮。供养这些家属对我们来说是一个相当大的负担。我们认为，为了组建一支忠实的、为我们的共同利益而战斗的波兰军队，承担这一负担是值得的。在黎凡特地区，我们自己的粮食也非常短缺，但如果我们能够将波兰军队带到印度，那里的粮食是足够的。

如果波兰人不能协助作战，我们就不得不动用目前正在训练的大批英美军队来替代，这些军队是为进攻欧洲大陆而集训的。而这些准备工作已经诱使德国人将两个重型轰炸机群从俄罗斯南部调到法国。请相信我，在你们伟大的斗争中，我们和美国人会做一切有益和明智的事情来帮助你们。我和罗斯福总统正在不断地寻找方法，以克服地理、海洋和敌人的空中打击所造成的非凡困难。我已给总统看过此份电报。

与此同时，在美国华盛顿，罗斯福最亲密的顾问萨姆纳·韦尔斯似乎对白宫与克里姆林宫之间通信的官僚气开始感到担忧。罗斯福并没有真正兑现他在3月份的承诺："我能应对斯大林。"

韦尔斯主动提出为罗斯福起草一封发给斯大林的信，介绍布拉德利将军，赞扬新的北太平洋航空线，并把布拉德利的使命描述为斯大林和罗斯福之间私人会面的一种替代。罗斯福7月20日签署了此信，在信的开头段落中，罗斯福说："仍然令我深感遗憾的是，到目前为止，由于一些事件的拖累，我们无法会晤并当面讨论各种问题。"[73] 毋庸置疑，这些话虽然是韦尔斯写的，但却发自罗斯福内心。然而最终，罗斯福决定不发出此信。

尽管罗斯福与斯大林的信函往来只不过是公事公办，但丘吉尔冗长的信件则是希望证明英国政策的合理性，不过这些表述触碰到了克里姆林宫的痛处。5月下旬，苏联在哈尔科夫和克里米亚遭遇挫败后，6月28日，德军又向高加索地区发起了夏季攻势（"蓝色"行动）。像在1941年一样，苏联的情报失败导致德国最初的成功。斯大林和总参谋部都确信希特勒的主要目标仍将是莫斯科，因而他们向南部重新部署后备队的速度非常缓慢，即使在6月19日一架德国飞机紧急迫降在苏联防线后面，苏联军队获得了德军一整套作战命令之后，斯大林仍然认为这是"骗局"，是德国圈套的一部分，根本不予理会，并严厉地拒绝了一项增援的要求。斯大林说："假如他们在市场上出售师团，我会给你们购买5到6个，但遗憾的是他们并没有出售。"[74] 直到7月5日，苏联最高统帅部才确信，对苏联首都的攻击只是虚晃一枪。7日，德军抵达沃罗涅日的顿河畔，然后南下，向顿河畔的罗斯托夫挺进。7月23日，在罗斯托夫沦陷后，希特勒分兵几路，命令A集团军群向南去占领高加索油田，而B集团军群驱车向东去夺取斯大林格勒。

回顾历史，德国指挥官将元首的狂妄行为视为斯大林格勒崩溃的开始，但在当时，德国人似乎正在取得巨大成功，势不可当，所向披靡。军事历史学家戴维·格兰茨和乔纳森·豪斯说，"这一时期弥漫着近乎绝望的恐慌情绪"，可以由7月28日斯大林第227号命令 *Ni Shagu Nazad*！（"决不后退！"）看出来。该命令说："制造恐慌的人和懦夫必须就地枪决。退却的心态必须坚决消除。"任何投降的人都是"祖国的叛徒"，必须立即被枪决或转移到劳改营。前线后面的"督战队"将执行命令，射杀任何动摇的士兵。[75]

正是在这场危机之中，刚好在顿河畔的罗斯托夫陷落之前，克里姆林宫收到了丘吉尔7月17日冗长的信函。在信中，英国人准备暂停俄罗斯的北极补给线，并拒绝在1942年建立第二战场，斯大林认为这是双重的背叛。迈斯基感到深深的沮丧,他建议斯大林在回信时,有必要声明"事实上,在对我们来说最紧要的关头,我们的盟友让我们听天由命"。迈斯基敦促斯大林对丘吉尔采取"强硬立场",他让斯大林明确表示"如果 1942 年没有开辟第二战场,这场战争就可能会失败,或者至少苏联会被严重削弱,以至于无法积极参加斗争"。尽管迈斯基发现斯大林最终的回复比他预期的"稍微温和一些",但实际上,这是又一封深思熟虑的故意不讲外交策略的信件。斯大林除了指责英国海军部对 PQ-17 船队的处理不当,还指责英国对自己盟友缺乏"善意",不准备履行"合同义务"。在这封信中,斯大林还暗讽了英国政府的懦弱。1941 年 11 月以来,这样的信函未曾有过。[76]

虽然丘吉尔的信是盛怒之下冲动的产物,但和斯大林的反驳相比,说明两国在对待这场战争的态度上有一些根本分歧。英国人对援苏船队和第二战场的谨慎,反映了岛国的担忧。对英国来说,一个依海而生的国家,海上通道和海军对它的安全至关重要。在这一点上,俄罗斯人没有类似的体会,对一个以内陆为主的大国来说,也不可能有类似的经历。斯大林冷酷地断言,"风险与损失"只是战争博弈的名词,这不仅反映出一种对战争的现实态度,而且反映出他对人员损失的一种漠然的态度。一个民主国家的领导人持这种态度是难以想象的,尤其是英国,更是无法容忍的。时至今日,英国仍然被一战时的索姆河战役和帕斯尚尔战役的阴影所笼罩。

斯大林致丘吉尔

1942年7月23日发,1942年7月23日收[77]

我收到了您 7 月 17 日的来信,从中得出两个结论。首先,英国政府拒绝经由北线继续向苏联运送军用物资。第二,尽管关于 1942 年建立第二战场的紧迫任务已写进双方通过的联合公报,但英国政府把此事推迟到 1943 年。

我们的海军专家认为,您为了证明中断驶往苏联北部港口的船队是正当的而提出的那些理由，完全没有说服力。他们认为，只要有善意并愿意履行合同义务，这些船队就可以定期派遣，并可以给敌人造成重大损失。我们的专家还难以理解英国海军部为什么发布命令，让PQ-17护航船队返回，而让货船分散开，并试图在没有任何保护措施的情况下逐一到达苏联港口。当然，我不认为定期前往苏联北部港口的船队不会承受任何风险或损失。但是在战争中，任何重大行动的实施都伴随着风险或者损失。[当然，您知道，苏联正在遭受非常重大的损失。][78] 无论如何，我从来没有想到英国人会恰恰在苏德战线非常严峻的形势下，在苏联比以往任何时候都更需要这些物资的时刻，对我们停止发运军用物资。显然，经由波斯湾的运输根本不可能弥补中断前往苏联北部港口的船队所导致的缺口。

关于第二个问题，即在欧洲建立第二战场，恐怕它现在并未得到应有的严肃认真的对待。充分考虑到苏德前线的现状，我必须着重强调，苏联政府不能默然接受将在欧洲建立第二战场的行动推迟到1943年。

对您的信中提出的问题，我坦诚地表达了自己的观点以及我同事们的观点。我希望您不会因此而感到被冒犯。

那天晚上在唐宁街10号，迈斯基把斯大林的信函转交给丘吉尔。丘吉尔心情不好，因为他收到了从埃及传来的令人沮丧的消息。经过3个星期的激战，隆美尔的攻势虽然止步于阿拉曼，但是拥有强大优势的英国第8集团军也未能给敌人造成决定性的杀伤。迈斯基记录道："他非常痛苦。"

丘吉尔肯定喝了太多的威士忌。我可以从他的面孔、眼睛和姿势看出来。他的头不时地以一种奇怪的方式摇晃着，透露出他实际上已经是一个老人了，并且用不了多久，他的身体就会快速走下坡路。丘吉尔只是保留着一种强大的意志力，让自己保持战斗状态。

读完斯大林的信，丘吉尔既"沮丧又生气"，尤其是被违反义务的指责刺痛了。他告诉迈斯基大使，若不是苏联人正在顽强抵抗纳粹德国的进攻，他是不会接受这些指责的。第二天晚上，战时内阁也同丘吉尔一样表示愤慨，但同意他的意见，不发送回信，因为"争吵"对"我们双方都没有好处"。然而，对斯大林指责中那些被认为不正确的地方，英方仔细地罗列出来，而且大家同意将这些意见口头传达给迈斯基，连同一份关于护航船队问题的详细简报。[79]

就像1941年11月发生的类似的冲突一样，一旦陷入僵局，外交家迈斯基和艾登便推动事情发生转变。7月24日，外交大臣艾登淡淡一笑，对大使迈斯基说："两个伟人发生了冲突，他们发生了争执……你和我需要让他们和解……真遗憾，他们互相连面也没见过！"迈斯基在日记中写道："丘吉尔脾气暴躁，但也很容易平息。在最初的情绪反应过后，他会像政治家一样思考和推测"，并且，"最后他会得出必要的结论"。1941年末，丘吉尔大发雷霆之后随即反思，结果是艾登12月访问莫斯科，之后莫洛托夫回访伦敦以及苏英条约的签署。迈斯基沉思着："这次会是什么结果？我们拭目以待。"[80]

罗斯福也敦促丘吉尔，要更有远见地思考问题，他在7月29日的电报中评论说：

> 我们必须时刻记住我们盟友的个性，以及他所面临的极端困难和非常危险的局势。不能指望任何本国正在被侵略的人，会从世界的角度来看待战争。我认为我们应该设身处地为他着想。我认为，首先应该明确地告诉他，我们已经确定了1942年的行动方针。[81]

罗斯福提及了关于1942年的军事行动。关于这个行动，伦敦和华盛顿之间进行了旷日持久的"讨论"，现在有了最新结论。在前两周，英美两国军方终于同意实施当年秋天进攻法属西北非的"火炬"行动（"Torch"），这是"体育家"作战计划（"Gymnast"）的新名称。美国陆军仍然执着于在1942年开启有限度的跨海峡进攻，希望把1942年重大进攻的焦点集中在法国，同时也能帮助苏联人。当时的美国陆军参谋部军事计划局局长德怀特·艾森豪威尔将军认为，即使成功登陆的胜算只有二分之一，并且保持滩头阵地的概率只有五分之一，但为了"激励"苏联继续参战，冒这个风险也是值得的。与丘吉尔的观点相比，这种对人员损失的淡漠态度更接近斯大林。关键是损失的大多数人员不会是美国人，所以，美国的策划者在这场争论中底气不足。7月中旬，美国参谋长联席会议的伦敦之行，又一次以失败告终。空手而归后，他们认为美国现在应该集中精力抗击日本。对此，丘吉尔冷笑着说："只是因为美国人今年不能在法国有一场惨败"，"他们想在太平洋生闷气并且沐浴"。然而，罗斯福认为必须于1942年在欧洲对德国采取行动。他下定决心，作为三军统帅，他必须采取最坚决的行动。罗斯福否决了参谋长联席会议的结论，接受了丘吉尔针对西北非的计划，他像丘吉尔一样坚信，这样做并不会妨碍1943年登陆法国作战。因此，到7月底，他们有了更加具体的事情要与斯大林探讨。[82]

正如艾登所暗示的，英国外交部也有一种强烈的感觉，认为丘吉尔应该亲自去与斯大林沟通。克拉克·克尔大使对两国关系跌至谷底感到震惊，并担心莫洛托夫没有将英国的立场准确地转达给斯大林，他敦促两国领导人进行面对面的会晤。他认为，如果根本没有在1942年开辟第二战场的计划，则有必要向斯大林详细说明英美的立场，而"没有任何人比首相更能做到这一点"。他还认为，一个西方盟友去访问苏联，对鼓舞士气至关重要。他说："如果情况继续恶化，俄罗斯人将士气低落，这次访问可能是扭转局势的唯一希望。"外交部常务次官亚历山大·卡多根爵士也支持丘吉尔访苏，不过他不确定应该如何应对，是"把我们的一手牌向俄罗斯人和盘托出"，还是仅仅尽量去"安抚"他们。他写道，前者风险很大，但是后者，将"注定首相的旅行极为不愉快"。卡多根不相信苏联人会满足于"明天会有果酱"这种画饼充饥的承诺，并补充说："我不知道在接下来的3个月左右，我们该如何应对，同时不把所有的牌都给苏联人看。"[83]

艾登给丘吉尔看了克拉克·克尔的电报，支持丘吉尔与斯大林进行个人会晤，尤其是此行可以与丘吉尔即将开始的埃及之行结合起来。据艾登说，丘吉尔相信个人外交的作用，他喜欢冒险。听艾登一说，丘吉尔欣然接受了这个想法。外交大臣艾登告诉战时内阁，他认为丘吉尔与斯大林的会晤"将是最有价值的"，他的同事们同意了，尽管他们担心丘吉尔的心脏能否承受这种压力。[84]

7月31日零点30分，迈斯基接到一个电话，要求他立即前往唐宁街10号。迈斯基后来回忆说，丘吉尔正处于"那样一种心情，他兴奋而机敏，带着善意的调侃，人也变得非常有魅力"。丘吉尔带着顽皮的微笑，递给迈斯基一张纸说："你看一看。它有什么用吗？"苏联大使迅速地扫了一眼，回答说："当然！它非常有价值，价值非常大！"这是丘吉尔写给斯大林的信函的文本，上面写着9月恢复护航船队等令人鼓舞的话，并提议他们两人举行会晤共同商讨这场战争。丘吉尔靠在椅背上小口抿着威士忌，心满意足地抽着他那"独一无二的"雪茄。迈斯基想到自己先前的预测已经"被证明是完全正确的"，丘吉尔已经"冷静下来"，现在只专注于与斯大林见面。苏联大使对丘吉尔说，他会立即将这封信用电报发送给莫斯科。[85]

丘吉尔致斯大林

1942年7月31日发，1942年7月31日收[86]

我们正在作出初步安排（请参阅我随后的信），争取在9月的第一周派遣一支大型护航船队前往阿尔汉格尔斯克。

如果您邀请我，我愿意在阿斯特拉罕、高加索地区或其他方便的会面地点与您会晤。然后，我们可以一起讨论战争问题，并共同作出决策。这样我就可以告诉您我们与罗斯福总统作出的关于1942年进攻行动的计划。英军总参谋长将与我同行。

我马上就要动身去开罗。您能想象得到，我在那里有重要事情。如果您愿意，我将从那里确定一个我们见面的方便的日期。就我而言，如果一切都顺利的话，日期或许在8月10日至13日之间。

战时内阁已经批准了我的提议。

丘吉尔的补充信函清楚地表明，要想恢复北极护航船队，苏联人必须履行其空中掩护的承诺。因此，该信可以看作丘吉尔对斯大林指责英国人违反了他们的义务的某种微妙回击。

丘吉尔致斯大林

1942年7月31日发，1942年7月31日收[87]

这是对上一封信的补充。

我们正在采取初步措施，以便在9月的第一周内发出由40艘船组成的护航运输队。但是，我必须明确指出，就像PQ-17船队一样，即使只有三分之一的船只能抵达你方已属万幸，除非贵军对巴伦支海的德国水面舰队实施空中打击，以阻止它们攻击护航船队。毫无疑问，正如你们所知，我已经与迈斯基讨论了上述情况，并且我知道他已经向您转达了我们认为必不可少的最起码的空中掩护的条件。

一俟收到丘吉尔的两封信，斯大林当即回复。他似乎对丘吉尔愿意亲自讨论这些紧急问题感到满意，并邀请丘吉尔来莫斯科，因为他和他的军事人员在如此关键的时刻都无法离开首都。有关船队问题，斯大林将丘吉尔的信视为 9 月恢复航行的坚定承诺，并保证采取"一切可能的措施"增加空中掩护。

斯大林致丘吉尔

1942年7月31日发，1942年7月31日收[88]

我代表苏联政府邀请您到苏联与政府成员会晤。如果您能来苏联与我们共同商讨反希特勒战争的紧迫问题，我将不胜感激，因为纳粹德国对英国、美国和苏联的威胁，现在已经达到了前所未有的程度。

我认为最合适的会面地点是莫斯科，因为我本人、政府成员和总参谋部的高层在对德作战的关键时刻，都不能离开首都。

贵军总参谋长的出席是非常令人满意的。

请根据您在开罗完成事务所需的时间自行确定会面日期。您请放心，我方对于日期不会有异议。

请允许我表达我的谢意，感谢您同意于 9 月初发出运送援苏军用物资的下一支护航船队。尽管从前线调离飞机极为困难，但我们将采取一切可能的措施来加强对船队的空中保护。

该信于 7 月 31 日用电报发给了迈斯基，以便发送给艾登，因为丘吉尔已经离开伦敦前往开罗。[89] 私下里，外交大臣艾登表示希望迈斯基能参加丘吉尔与斯大林的会谈：

如果您能够担任他们的翻译，那就太好了！好的翻译不仅能够还原对话的内容，还能传达出谈话的精神！您有这个天赋！首相告诉我，在我们与莫洛托夫的会谈中您担任翻译时，他感到他和莫洛托夫之间的语言障碍荡然无存。[90]

但是迈斯基的命运星光正在莫斯科消逝，他并未受到邀请。一年多来，艾登和比弗布鲁克、迈斯基和莫洛托夫以各种不同的方式充当相互的译员。经过他们谨慎的撮合，用艾登的话来说，"两个伟人"终于要见面了。这次会晤，将被证明是一个具有历史意义的重大外交事件。

第五章

1942年
8月至10月

丘吉尔的『冰块』

1942年夏季和秋季，盟国之间的关系在很大程度上，是由这场全球战争的前线形势决定的，三国领导人的情绪波动，也在冷暖张弛之间。通信的主角仍然是斯大林和丘吉尔。丘吉尔继续扮演着西方盟友首席代表，但是现在，他不愿再纸上谈兵，而是要本人披挂上阵，亲自出马，准备于1942年8月12日至16日访问莫斯科。丘吉尔在他1950年的回忆录中所说的话，读起来很真实，他说："我思考着我的使命，如何前往这个愠怒而险恶的布尔什维克国家。我曾在它诞生时，试图将它扼杀在摇篮里。在希特勒出现之前，我一直将它视为自由文明的不共戴天的敌人。我应该对他们说些什么？"他需要传达的信息是，"1942年没有第二战场"，这似乎像"带着一大块冰去北极"。但英国首相表示，他确信自己有责任"亲自告诉他们事实，并且与斯大林面对面地解决问题，而不是依靠电报和中间人"。[1]

不论是否有责任，丘吉尔的观点是正确的，面对面地会谈非常重要。从这一刻起，他们的通信开始因这种私人关系而变得生动。在斯大林的公寓里，丘吉尔享用了最后一顿晚宴，带着微醺的醉意离开了莫斯科。宿醉难以克服，终归会醒，但印象是持久和不可磨灭的，从斯大林那里，丘吉尔领略了其战略智慧和人格魅力。在访问期间，丘吉尔经历了十分痛楚的感情挫伤，但最后那天晚上，他被斯大林出乎意料的热情和款待所陶醉，他确信自己终于见到了"真正的斯大林"，并"窥视"了斯大林的"灵魂"或"内心"。在那次会面之后，他对阿奇博尔德·克拉克·克尔大使和他的私人医生莫兰勋爵说，斯大林是个"伟人"。丘吉尔欣喜不已，他说："我们相互敞开了心扉，分别时我们已经成为挚友。"[2] 即使那一刻的兴奋已经消退，丘吉尔也愿意相信斯大林针对自己盟友的那些使人激愤的言论，是在诸如神秘的"人民委员会"以及难以捉摸的同僚施加的压力下说出的。[3] 在这种"两个斯大林"的观点中，丘吉尔说服了自己：斯大林尽管脾气暴躁，但本质上，他是一位明智而温和的政治家，只不过不时地受到苏联领导层内部"黑暗势力"的干扰。

相应的，在访问的几天之后，莫洛托夫异乎寻常地健谈，他对克拉克·克尔说："斯大林对首相的精神和活力印象深刻。"即使他们的谈话中有某些"粗俗的地方"，也是有益的，"因为他们的粗俗来自坦率与真诚，两者是相互理解的基础，必不可少"。苏联外交人民委员说，在此之前，两国领导人"只是通过彼此的电报相互了解"，但是现在他们见过面了，并且"毫无保留地交谈，每一位都能对另一位的信函给予高度评价，并从更深层的角度来理解这些信函"。[4] 即便如此，个人接触并没有改变斯大林对丘吉尔的疑虑，这一点在他10月28日给迈斯基的信中可以明显看出，本章末尾将引用此信。

"两个斯大林"的比喻有时也会被罗斯福的特使埃夫里尔·哈里曼引用，但是美国驻莫斯科大使、海军上将斯坦德利，则强烈质疑这个比喻。[5] 他与白宫的观点也不一致，他认为罗斯福对斯大林的态度，很像一位"圣诞老人"，用有限的资源慷慨援助，而不严格遵循交易原则。另一个总统特使温德尔·威尔基，以及帕特里克·赫尔利，常常忽略斯坦德利，这让他愤愤不平。他们两人重现了一年前霍普金斯和哈里曼的情景。这种模式反映出罗斯福对美国国务院路线的持续不满，也反映出轮椅总统仍未能与斯大林建立书面的或当面的直接联系。罗斯福未能和丘吉尔一起与斯大林在莫斯科会面，而且信函的数量和篇幅都远远落后于丘吉尔。例如，在8月22日至10月5日之间，白宫与莫斯科的通信间断了很长时间，并且那两个函件都不是关于政策的电报，而是专人送达的介绍信。此外，与罗斯福—斯坦德利的僵局形成鲜明对照的是，丘吉尔能以口头和书面形式向他的驻莫斯科大使征求意见，而罗斯福不能。另一方面，斯大林给罗斯福的信函并不频繁，但在为数不多的信件中，再次闪现出某种温暖，这种温暖在他与丘吉尔的更频繁、更务实的通信往来中很少见到。

尽管 8 月份访问后形成了积极氛围，以及丘吉尔努力地说服斯大林相信在法属西北非的"火炬"行动优点多多，但克里姆林宫仍然对 1942 年没有在法国开辟第二战场表示愤慨。到 10 月，两国的关系又变得极为紧张，由于"火炬"行动的缘故，北极护航船队又一次推迟，英国人又把承诺给斯大林格勒前线的 150 架"空中眼镜蛇"战斗机突然向美国人转移。还有对鲁道夫·赫斯新的谴责。赫斯是希特勒在纳粹党内的代理人，在"巴巴罗萨"行动的前夜，神秘而不可思议地逃到了英国。早些时候就有的一些关于英德阴谋的怀疑，现在又复活了。如同 1941 年秋天，三巨头在通信中聚焦于苏德战线的严峻形势，而这次斯大林格勒是焦点中的焦点，德国第 6 集团军在残酷的围攻中逐渐占领了这座城市的大部分。斯大林几乎完全陷入这场危机之中，对缺乏空中掩护感到焦急，并暗中筹划于 11 月实施的反攻。

在整个战争中，斯大林格勒保卫战具有非常重要的战略意义和象征意义，与之相比，其他一切都黯然失色。他的两个盟友也全神贯注地应对自己的战略危机，每一次危机都是对政治家的真正考验。对丘吉尔来说，他要面对来自埃及的德国非洲军团的威胁。8 月 8 日，他在开罗大使馆附近疾走，一边走一边大喊："隆美尔，隆美尔，隆美尔，隆美尔，除了打败他，还有什么更重要？"整个 9 月和 10 月，丘吉尔都纠结于对阿拉曼发起反攻，非常不耐烦。[6] 他和罗斯福为"火炬"行动的战略和后勤问题已经争论了数月，双方都焦急地等待着在摩洛哥和阿尔及利亚实施的登陆。美国总统（徒劳地）希望登陆发生在 11 月 3 日国会的中期选举之前，以给他的民主党一个急需的利好。

在这种情况下，丘吉尔和罗斯福自然很难理解斯大林的燃眉之急，也很难让这位苏联领袖了解盟友的情况。10 月初，罗斯福心中闪现出担忧，害怕斯大林会寻求与柏林单方面媾和。当月末，丘吉尔和他的内阁（在"两个斯大林"的模式下）推测，苏联红军现在可能在苏联外交政策中扮演更大的、更有力的角色。斯大林信函的简短和草率在伦敦引起了特别的争论（实际上斯大林是把全部注意力都集中在斯大林格勒战役），10月13日，克里姆林宫发来的两句话电报，几乎达到滑稽的程度。就莫斯科而言，它夸大了英国人的虚伪，怀疑他们有意伤害苏联。那些浴血奋战的人们，很难理解西方盟友在战争的最关键时刻不愿抛洒热血来抗击共同的敌人。即使是用物资替代的帮助，也可能会被误解。在高加索地区成立英美空军的提议，让莫斯科回想起1918年至1919年俄国内战期间英国占领巴库的事件。美国渴望建立一个阿拉斯加—西伯利亚空中走廊，尽快给苏联人运送飞机，却引起了苏联的怀疑，苏联认为美国正在试图把苏联卷入对日战争。

尽管偶尔出现波动，但美国人和英国人并没有过分怀疑1942年苏联人的抵御能力。在夏末，有人担心高加索沿岸的防御力量薄弱，可能会使德国人进入土耳其和近东地区，但实际上，英美两国军事统帅部都认为苏联很可能会坚持下去，即使在最坏的情况下，苏军也会缠住德军的主力。[7]双方领导人也意见一致。10月7日，丘吉尔对英国将领韦维尔说："看起来，俄罗斯之战似乎会让希特勒大失所望。"罗斯福在10月27日告诉丘吉尔："我非常确定俄罗斯人能挺过今年冬天，我们应该继续大力推进我们的计划，既要给他们提供物资，也要建立一支空军与他们并肩作战。"[8]鉴于对苏联生存能力的这种基本的信心，伦敦和华盛顿方面对俄罗斯的援助，永远不会像莫斯科自己所提出的那样大，那样紧迫。

☆ ☆ ☆ ☆ ☆

丘吉尔致斯大林

1942年8月1日发，1942年8月1日收[9]

我一定会去莫斯科见您，并从开罗确定日期。

丘吉尔曾在7月31日的信中提到，他或将于8月10日至13日访问莫斯科。但是他在开罗被耽搁了，因为乱无头绪、被围困的第8军没有主帅。这副重担最终落到了布鲁克的门生伯纳德·蒙哥马利将军身上。直到8月10日，丘吉尔才乘飞机离开开罗，飞往德黑兰。在德黑兰，他需要与苏联空军司令部联络，在对方的安排下前往莫斯科。

1942年，欧洲缺少第二战场，丘吉尔不希望英国承担全部责任。8月4日，他对罗斯福说："我非常想在与'乔'（Joe，斯大林名字中约瑟夫的昵称）的会谈中得到您的帮助和支持。您能让埃夫里尔和我一起去吗？我认为，如果我们在一起，事情会容易些。我对这项工作有些生疏。"这个倡议来自哈里曼，他强烈认为有必要在第二战场问题上表现出英美团结，并在艾登的支持下，对罗斯福试探性地提出这个想法。罗斯福最初感觉这样做可能会引起怀疑，让人以为哈里曼正在"充当观察员"，好像美国不信任丘吉尔，在暗中监视他。但是艾登穿针引线，让丘吉尔亲自提出这项要求。罗斯福很快同意了，并告知斯大林。8月8日，哈里曼在开罗赶上了首相。[10]

罗斯福致斯大林

1942年8月5日发，1942年8月6日收[11]

我请求让哈里曼先生前往莫斯科，以便为您和您的访客随时提供任何形式的帮助。

罗斯福经常在美国代表到达苏联之前，先给斯大林写一封私人信件，信中简要描述访问的目的以及访问者的个性和政治观点。温德尔·威尔基是1940年美国大选的共和党候选人，他的支持对罗斯福至关重要。他们的外交政策在许多方面观点吻合，他们一致认为美国不能再回到孤立主义，而且两人都是欧洲殖民主义的敏锐的批评者。罗斯福希望威尔基赞同他关于美国与苏联走近的想法,并且作为名义上的共和党领袖在美国宣传这些想法。有关罗斯福政策是"与贵国政府建立真正友谊"的话为斜体字,是罗斯福在打字稿中添加的。[12]

罗斯福致斯大林

1942年8月8日发,1942年8月9日收[13]

我想请您对下列计划发表坦率的意见,我认为这个计划可能是有益的:

我准备派遣温德尔·威尔基先生访问埃及、沙特阿拉伯、叙利亚、土耳其、伊拉克和伊朗,主要目的是向这些较小国家的政府解释如果德国胜利那他们所面临的危险,以及他们对未来最大的希望是挫败纳粹对近东和中东地区的统治。

出于完全不同的目的,威尔基先生非常想访问苏联。除了想目睹俄罗斯人民在击退入侵者和团结一致为胜利而作出伟大牺牲方面展现的精神力量,还想了解俄罗斯人民取得的巨大进步。

正如您所知,他在1940年选举时是我的竞争对手,而且是当今少数党的领袖。他在战争工作中有极大的贡献,并在我们反对纳粹主义、*与贵国政府建立真正友谊*的外交政策中,真心实意地支持我的政府。我个人认为,立足于现在和将来,他访问苏联将会是一件好事。他会在9月上半月飞往苏联。

请您信任我,坦率地告诉我,您是否愿意让他来做一次短暂的访问。

莫斯科方面知道威尔基是罗斯福外交政策的积极支持者。对罗斯福的询问,斯大林作出了积极的回应,并发送了一个简短的答复,承诺这位美国政治家将会受到"最热情友好的接待"。[14]

与此同时,丘吉尔乘坐一架改装过的"解放者"轰炸机,从开罗绕道德黑兰前往莫斯科。飞机上没有暖气,只有一个床垫和一些毛毯,没有床,毛毯只是放在一个搁板上。飞机没有隔音装置，引擎的轰鸣声震耳欲聋，掩盖了人说话的声音，再加上他们是在1.2万英尺以上的高空，必须戴着氧气面罩，丘吉尔和哈里曼的对话都是写在纸条上，来回传递。飞机沿着地中海，跨越里海向着伏尔加河的上游飞行，让人担心的是遇到落单的德国战斗机。美国上将道格拉斯·麦克阿瑟（并非亲英派）后来评论说，仅仅是这次旅程，丘吉尔就应该获得一枚维多利亚十字勋章。这是英国最高荣誉勋章。[15]从德黑兰飞行了一整天之后，在两名苏联军官的引导下，这架飞机于8月12日下午5时左右降落在莫斯科中央机场，丘吉尔一行受到莫洛托夫和其他官员、外交官以及新闻记者的欢迎。

欢迎仪式上有一个仪仗队依次演奏了3个盟国的国歌。布鲁克和他的军事人员以及英国外交部的亚历山大·卡多根爵士迟到了一天，他们的"解放者"轰炸机出了故障，又重返德黑兰，改乘一架更为豪华的苏联客机（美国的道格拉斯DC-3）飞往莫斯科。这架飞机上有单人沙发，还有一台留声机，地板上还铺着一块波斯地毯。

英国首相的旅程非常辛苦，到达的时候也已较晚，他本来可以将与斯大林会面的时间推迟到第二天早上，但这不是丘吉尔的做派。8月12日晚上7时，他兴奋不已，乘车前往克里姆林宫，与苏联领袖进行首次会面。哈里曼也出席了。[16]在前两个小时里，丘吉尔详细解释了为什么在1942年将不会实施跨海峡进攻。用他自己的话说，那两个小时是"乏味的、凄凉的和严峻的"[17]。斯大林坚持认为，不冒险就不能赢得战争，不让部队在战斗中流血，就不可能真正训练部队和士兵。英国首相在阐述了坏消息之后，接着又解释了"火炬"行动，他甚至以鳄鱼作比喻来描述如何攻击地中海轴心国的"软腹"，然后在法国攻击它的"硬鼻子"。丘吉尔认为他们在友好的气氛中度过了4个小时。分开后他回到了"第七国家别墅"（斯大林在昆采沃的别墅，在访问期间归英国首相使用），既疲惫又兴奋。

8月13日中午，丘吉尔会见了莫洛托夫，更详细地解释了英国设计的军事行动，特别是缓解德国对马耳他的围困，那里有英国的船队，还是英国皇家空军对希特勒发动突袭的出发地。丘吉尔还通过一份简要备忘录将这些转达给斯大林。[18] 当晚 11 点，他前往克里姆林宫进行第二次会面。斯大林立即递给他一份备忘录，此备忘录正式地详细阐述了斯大林前一天晚上所作的批评，依次重复了斯大林 7 月 23 日给丘吉尔的信。斯大林指责丘吉尔违反了 6 月份他所作出的关于 1942 年开辟第二战场的承诺，并强调这种做法对苏联的士气和红军行动造成了损害。他甚至非常严厉地指责说：苏联最高统帅部根据对当年建立第二战场的期望，已经计划了 1942 年夏季和秋季的军事行动。有趣的是，丘吉尔将斯大林外交备忘录的英译本寄回伦敦时，可能是弄错了，遗漏了这一点，如下面方括号所示。谈话显然提到了这一点，而丘吉尔在 8 月 14 日的书面答复中明确地反驳了这个说法。

斯大林致丘吉尔

1942 年 8 月 13 日发，1942 年 8 月 13 日收[19]

由于今年 8 月 12 日在莫斯科交换了意见，我确信英国首相丘吉尔先生认为 1942 年在欧洲建立第二战场是不可能的。众所周知，1942 年在欧洲建立第二战场，是莫洛托夫在伦敦逗留期间商定的，双方达成一致，并在今年 6 月 12 日苏英联合公报中体现出来。人们还知道，在欧洲建立第二战场的目标，是让德国军队从东线撤军到西方，并在西方建立抵抗德国法西斯力量的重要基地，通过这种方式缓解 1942 年苏德战线上苏联军队的处境并提供救援。[毋庸置疑，苏联最高统帅部在计划夏季和秋季的军事行动时，是以 1942 年在欧洲开辟第二战场为前提的。][20]

不难理解，英国政府拒绝于 1942 年在欧洲开辟第二战场，对整个苏联民意都造成了打击，人民期望第二战场的建立。这使前线红军的情况复杂化了，影响了苏联最高统帅部的计划。毋庸赘言，拒绝在 1942 年开辟第二战场将给红军带来困难，毫无疑问，也会对英国和其余盟国的军事形势造成不利影响。在我和我的同事看来，在欧洲建立第二战场的最有利时机就在 1942 年，因为我们看到，几乎所有的德国军队和最好的后备部队都已经调离到了东线，留给欧洲的军队数量无足轻重，而这些军队的战斗力也比较弱。我们不知道 1943 年是否会有与 1942 年一样有利的开辟第二战场的条件。

因此，我们认为，1942 年在欧洲建立第二战场是有可能的，而且应该是有效的。然而，遗憾的是，我未能说服英国首相先生，而美国总统的代表哈里曼先生在莫斯科举行的谈判中，也全力支持首相先生。

这份文件先是被口头翻译给丘吉尔，丘吉尔说他将以书面形式答复。在这之后，斯大林开始了对英国人更广泛的批评，指责他们违背了对物资和第二战场的承诺，甚至暗讽英国士兵害怕战斗。英国会议纪要是这样慎重表述的："斯大林认为，如果英国军队一直像俄国军队那样勇敢作战，他们就不会对德国人如此恐惧。"当时，斯大林讲这些话的时候，声音一如既往地低沉，几乎不看对方的眼睛。糟糕的翻译加剧了矛盾冲突，英国译员查尔斯·邓洛普少校将丘吉尔的话翻译成俄语，而俄罗斯译员巴甫洛夫把斯大林的话翻译成英语，双方口译人员均违反了将外语翻译成自己母语的惯例。丘吉尔说巴甫洛夫"比迈斯基差得很远"。丘吉尔对斯大林的批评感到愤怒，并为翻译的不连贯而恼火，到最后，他实在无法忍受，慷慨激昂地为自己辩护，还提醒斯大林：1940 至 1941 年间，英国勇敢地单枪匹马作战了一年。丘吉尔长篇大论的发言持续了大约 5 分钟，在此期间，两位口译员都没有做任何记录。卡多根试图作一个简短的解释，但斯大林微笑着打断了他："我不明白您这些话的意思，但上帝做证，我喜欢您的精神。"谈话接着有点儿生硬地转到了军事问题上，会面最终于深夜 12 时 45 分结束。丘吉尔又生气又困惑，直至上床睡觉，他也不知道应该如何解读斯大林反复无常的情绪。[21]

第二天，丘吉尔向伦敦的战时内阁发送了以下分析：

我们问自己，如何解释斯大林这种表现，以及前一天晚上形成的良好基础为何会发生这样的转变。我认为最有可能的是，他的"人民委员会"没有像他那样接受我带来的信息。他们或许拥有比我们想象得更大的权力，但更无知。而且他为了将来的目的和他们的利益，正在表现得与众不同，并为自己释放压力。卡多根说，圣诞节时，斯大林接见艾登，也表现过类似的冷酷无情。而哈里曼说，比弗布鲁克肩负使命访苏的时候，一开始，也遭遇了这种手段。[22]

"两个斯大林"是一种认识，他表面友好，但遇到压力却有强烈的对抗性，这种认识从西方人最早接触斯大林时就已经产生了。英美访问者也习惯了苏联外交热冷交替的技巧。多年以后，布鲁克回顾往事，提出了另一种解释。他推测，"斯大林侮辱温斯顿，目的是弄清他的反应，并判断他是一个什么样的人"，然后他对丘吉尔的勃然大怒产生了良好的"印象"。[23] 无论对第二次会面时斯大林的行为作何解释，是出于政治上的或策略上的目的，还是他个人性格使然，反正在当时，斯大林让丘吉尔深感委屈又愤愤不平。

在 1942 年夏天，苏联的政治和军事领导层对尽快开辟第二战场的可能性究竟有什么看法，很难给出一个确切的答案。

一方面，苏联外交官和情报官员并没有寄予厚望，7 月 16 日，迈斯基从伦敦致电："1. 在今年的战役中，我们只能依靠自己。2.1942 年将不会有实际的第二战场，除非希特勒在未来几个月垮台，人们争相前往柏林，但是现在下结论还为时尚早。"[24]7 月 30 日，李维诺夫也以类似的悲观情绪写道，在与罗斯福会面之后，"所有情况都使我更加坚信，他在第二战场的问题上是不可能改变态度的"。[25]7 月 31 日，一名"内务人民委员部的驻外特工"发送了以下信息："英国内阁国防委员会在 7 月 25 日的会议期间决定，今年不开辟第二战场。"[26]1976 年，莫洛托夫回首往事时坦率地说，那时他本人和斯大林都不相信有这种可能性，并说他们曾在此问题上对英美施加压力，只是为了获得道德上的优势，迫使英美在其他问题上让步[27]。

另一方面，1942年5月至6月，在莫洛托夫访问华盛顿期间，斯大林告诉他接受罗斯福的提议，可以减少美国援苏的物资供应，以便为开辟第二战场做准备。尽管作为外交人民委员的莫洛托夫告诉斯大林说，这样做可能人财两空，既没有第二战场，也没得到物资。[28]这位苏联最高统帅如果不相信罗斯福的保证，就不可能在如此绝望的时刻同意作出这样的牺牲。与此相关的还有斯大林对苏联驻伦敦大使馆参赞基里尔·诺维科夫的报告的反应，诺维科夫提醒说，丘吉尔将要来莫斯科，解释同盟国拒绝在1942年开辟第二战场的问题。斯大林评论说，同盟国不可能拒绝在今年开辟第二战场。[29]很可能这位苏联领袖希望通过向丘吉尔施压，迫使首相改变立场，尽管斯大林肯定明白，准备如此大规模的军事行动需要数月的时间。不过，无论斯大林真实想法是什么，表达愤怒对自己来说没有损失。至少，这会使丘吉尔感到羞愧，并迫使他为自己辩护。

按照承诺，丘吉尔在8月14日的一份备忘录中回应了斯大林信函的要点，这份备忘录建立在他两天前在克里姆林宫讲话的基础上。争论的方式是典型的丘吉尔式的作风——诡辩的，有时是互相矛盾的，但好斗。丘吉尔试图将"火炬"行动描述为抗击德国人的"第二战场"。这是完全正确的，但斯大林对这个术语的理解大不相同，斯大林认为"第二战场"是指对法国的大规模进攻。丘吉尔坚持认为，即使是瑟堡半岛上小规模的"锻锤"抢滩登陆行动，也可能会以"灾难"告终，这意味着"锻锤"行动也已经被排除，因为英国舆论不会容忍一场"徒劳的"送死行动。但对于习惯了流血牺牲的斯大林来说，如果这次行动能够转移德国人注意力，丘吉尔的上述论点就不是关键所在。在第二段中，丘吉尔认为，即使成功登陆，（希特勒）也不会"从俄罗斯撤回哪怕一个师"。在两个段落之后，丘吉尔声称关于"锻锤"的"种种说法"其实已经误导了希特勒，并迫使他"在法国海峡沿岸保持了庞大的德国空军和其他军事力量"。在回应关于不守信用的指责时，丘吉尔强调了他在 6 月 10 日给莫洛托夫的机密备忘录中所说的话，即英国人对 1942 年的第二战场，"不能作出任何承诺"。相比之下，斯大林则强调莫洛托夫访问（6月 4 日和 6 月 11 日）之后苏英、苏美联合公报中的乐观（虽然模棱两可）措辞。他指出，与备忘录不同的是，这些都是公开声明，因此对士气有影响。[30]

丘吉尔致斯大林

1942 年 8 月 14 日发，1942 年 8 月 14 日收[31]

1942 年最好的第二战场，且唯一可能在大西洋地区实施的大规模军事行动就是"火炬"行动。如果这个行动能够在 10 月实施，相较于其他计划，它将会给予俄罗斯更多的帮助。它也为 1943 年做好准备，并具有斯大林元帅在 8 月 12 日的谈话中提到的 4 个优势。英美两国政府对此已经下定决心，所有的准备工作正在以最快的速度展开。

与"火炬"行动相比，以 6 个或 8 个英国和美国师在瑟堡半岛和海峡群岛上发起进攻，将是一场危险而徒劳的行动。德国人在西部拥有足够的军队，足以用坚固的防线将我们阻止在这个狭窄的半岛上，并会把他们在西部的所有空军集中起来对付这个半岛。英国的海陆空各部都认为，这 6 个或 8 个师的登陆只会以灾难告终。即使实施了登陆，（希特勒）也不会从俄罗斯撤回哪怕一个师。这样的行动对敌人打击有限，对我们来说则是一个不能承受之痛，并会大大无端消耗 1943 年真正的行动所需的兵力和登陆艇。这是我们既定的看法。CIGS[帝国总参谋长]将根据俄罗斯指挥官的要求，就任何细节进行磋商。

英国或美国并没有违反诺言。我指的是 1942 年 6 月 10 日给莫洛托夫先生的我方备忘录的第五段，其中明确指出："我们不能作出任何承诺。"这份备忘录是经过长时间的商谈敲定的，其中已经明确说明，这种计划被采纳的可能性很小。其中一些对话已记录在案。

然而，有关今年英美登陆法国的种种说法已经误导了敌人，使其在法国海峡沿岸保持了庞大的德国空军和其他军事力量。如果出现任何公众争议，对盟国的共同利益，特别是对俄罗斯的利益，都将是有害的，因为在争议中，英国政府一定会将自己所持有的反对"锻锤"行动的有力论点向国民展示。一直在这个问题上感到振奋的俄罗斯军队将会普遍感到沮丧，而敌人则会更放心地从西方撤出更多的军队。最明智的做法是使用"锻锤"作为"火炬"的掩护，并在"火炬"开始时，宣布它为第二战场。这就是我们想要做的。

我们不能认可与莫洛托夫先生关于第二战场的谈话，成为改变俄罗斯最高统帅部的战略计划的根据，尽管这些谈话的口头和书面的形式都记录在案。

我们重申我们的决心：要以一切可行的方式援助我们的俄罗斯盟友。

除了备忘录，丘吉尔还在8月14日向斯大林发送了另一封信，更新了马耳他船队（"基座"行动，"Pedestal"）的损失情况。他想要证明英国人也在战争中流血牺牲。考虑到在埃及危机中，以及未来的"火炬"行动中马耳他对英国的战略重要性，丘吉尔必然更加重视"基座"行动，而不是北极船队。8月15日，丘吉尔给庞德发电报说："保卫马耳他，值得付出沉重的代价。"[32] 前一天，华盛顿的参谋长联席会议在商船和海军护航的分配问题上，将北方船队列为最低优先等级。[33] 丘吉尔给斯大林发送关于第二战场的备忘录，并没有彻底宣泄情绪。对于斯大林在他们第二次会面时所说的话，丘吉尔感到厌烦、沮丧甚至恼怒，他说要立即回家。在14日晚间克里姆林宫的酒宴上，大部分时间里，丘吉尔都闷闷不乐。斯大林也感觉到了这一点，觉得自己需要作出一些弥补，于是对丘吉尔说："我是一个粗鲁的人，不像您那样经验丰富"，并请求对方不要误解自己的"粗鲁"。丘吉尔摆出一副愉快的面孔，与这位苏联领袖拍了几张合影，随后埋头处理官方文件，然后突然说了声"再见"，就大步向外走去。斯大林几乎小跑起来，一路追上他，把他送到等候的车队前。回到别墅，丘吉尔与卡多根就拟议的公报发生了一场争吵，他对自己的医生莫兰勋爵说，他"受够了"，称"本来就不该来"，并宣称他不会再接近斯大林了。他说，道"再见"而不是"晚安"，是自己经过深思熟虑故意那样说的。[34]

第二天早晨，莫兰和卡多根都敦促克拉克·克尔进行调解，要确保丘吉尔在离开之前与斯大林再次会面，因为如果有三巨头之间出现裂痕的报道，对同盟国的事业将是灾难性的。克拉克·克尔大使鼓起勇气，劝说脾气暴躁的丘吉尔出去散步。与面对面交谈相比，散步时人比较放松，并且远离苏联的窃听装置。克拉克·克尔在日记中写道："我说着话，他站在冷杉树间，在我前面跺着脚。我一边望着他发红粗壮的脖子和一副耸起的肩膀，一边对他说话。"英国大使说，他曾经敦促首相前往莫斯科，因为他认为丘吉尔与斯大林的私人会晤会带来"巨大的好处"。大使盯着首相的脖子说，自己曾经对首相有"极大的信心"，现在他感到"失望"了。首相转过身来，克拉克·克尔又解释说，在第一次会面时，丘吉尔已经凭着他的"魅力"达到了"令人钦佩的效果"，但是接下来在第二天，他让斯大林感到不高兴，斯大林反过来又惹怒了丘吉尔。大使告诉丘吉尔说，您是"一位贵族，是一位通晓世故的人"，而俄罗斯人则是"直率的，他们要么在农田扶犁，要么来自工厂的车床边，他们都是工农出身，粗鲁而且缺乏经验"，然而，丘吉尔并没有意识到这一点，反而动怒了。丘吉尔认真起来，望着大使回应说："那个人羞辱了我。从现在开始，他将不得不独自作战……我代表一个伟大的国家，我天生就不屈服。"克拉克·克尔再次追问丘吉尔：您可曾考虑过，如果俄罗斯因为缺乏盟友的支持，垮台了，那会是什么后果呢？会有多少年轻的英国和美国士兵，必须牺牲自己的生命才能弥补这个损失？无论斯大林曾经说过什么话，伤害过您的自尊心，您都不能"在俄罗斯危难之时，对他们弃之不顾"。逐渐地，丘吉尔变得平和了。克拉克·克尔抓住这个机会，让他告诉斯大林，他想再会谈一次，只有他们两个人，考虑到前一天晚上斯大林的和解情绪，这样的会晤可能会很顺利，尤其是如果丘吉尔再次施展魅力。突然，丘吉尔大步走回别墅，并召唤卡多根过来。他指着克拉克·克尔说道："他说这都是我的错。"然后他轻声地笑起来，忧郁的情绪已经烟消云散。巴甫洛夫被召见，几分钟之后就确定下来当天晚上 7 时在克里姆林宫会面。[35]

这是一场务实的谈话，大约 90 分钟后，丘吉尔起身准备离开，他解释说，他的飞机将在第二天清晨起飞。斯大林建议他们再喝一两杯告别酒。丘吉尔说，他"原则上赞成这个主意"，于是两人换了个地方，去了克里姆林宫另一侧，来到苏联领袖的官邸。在场的还有丘吉尔的新译员阿瑟·伯斯少校，他的父亲是苏格兰商人，母亲是俄罗斯人，在圣彼得堡出生和长大，他在内战中曾为白俄罗斯人作战，现任英国驻莫斯科的军事代表团的代表。伯斯虽然不是专业翻译，但会双语，不仅口语流利，还能与莫洛托夫甚至斯大林轻松地交谈。斯大林有浓重的格鲁吉亚口音，伯斯形容说像是听到"一个偏远的苏格兰高地的人"讲英语。丘吉尔很快称赞伯斯是"一位出色的翻译"，并在随后与斯大林的所有会晤中，都由他来担任翻译。[36]

在斯大林的私人公寓里，丘吉尔见到了斯大林的女儿斯韦特兰娜，丘吉尔描述说，她是"一个漂亮的红发女孩"。在接下来的几个小时里，在如旋转轮盘般的餐桌前，丘吉尔品尝了无数"精美菜肴"和"美酒"，最后斯大林兴致勃勃地砍了一只"乳猪"，酒宴在凌晨 1 时 30 分左右结束。除了对英国皇家海军和北极护航船队的几句嘲弄，"老板"的心情很愉快，他可能是听从了迈斯基的建议，与丘吉尔相处的关键是"就各种主题进行一场纯粹的私人聊天"。谈话的主题包括在挪威的行动，会议的联合公报，慕尼黑，迈斯基（"他说得太多了"，斯大林咕哝道），20 世纪 30 年代对富农的清算，以及斯大林可能访问伦敦（丘吉尔承诺会有"盛大的接待"）。当丘吉尔滔滔不绝地谈论他的祖先、军事天才约翰·丘吉尔——第一任马尔伯勒公爵以及路易十四的军队是苦难的源头时，斯大林带着伯斯所称的"狡黠、调皮的表情"说，自己认为惠灵顿公爵是"更伟大的将军"，因为他打败了"有史以来最大的威胁"——拿破仑。丘吉尔还嘲笑罗斯福的想法,他说当罗斯福最终与斯大林会面时,罗斯福"或许会希望斯大林对上帝做些什么"!根据伯斯的说法,斯大林说,"就自己而言,他尊重上帝,并希望在上帝的帮助下能够取得胜利"。(这段对话在英国官方记录中被遗漏了。)大约凌晨 2 时 30 分,丘吉尔终于起身了,乘车返回别墅,快速换了衣服,及时赶到机场。飞机于 5 时 30 分按时起飞。丘吉尔在回忆录中写道,当时,自己"头痛欲裂,这对我来说极不寻常"。在返回德黑兰的航班上,丘吉尔睡了一觉,摆脱了宿醉的困扰。[37]

在飞往开罗之前,丘吉尔写了一封感谢信,克拉克·克尔通过莫洛托夫转交了此信。[38]

丘吉尔致斯大林

1942年8月16日发,1942年8月17日收[39]

飞行快速而顺利,一到德黑兰,我就抓紧机会写信,感谢您的友情和盛情款待。我很高兴去了莫斯科,首先是因为我有责任表明观点,其次是因为我确信我们的联系,将对促进我们的事业起到有益的作用。请代我向莫洛托夫问好。

与斯大林的最后一次深夜谈话,给丘吉尔留下了难忘的印象。他给罗斯福和内阁发电报说:"我有一位非常好的口语翻译,能让我和斯大林更轻松地交谈。会谈有分歧,最后还是友好占了上风,我们第一次相处得如此融洽和充满善意。我认为,我已经(与斯大林)建立了非常有益的个人关系。"后来,丘吉尔回到国内,更加坦率地对迈斯基说:"所有正式的会面,会议记录,专家以及其他东西,都轻如鸿毛。重要的是要了解与你一起合作的那个人的心灵。在那天晚上,或者更确切地说,那天夜晚,我看到了斯大林的灵魂。"⁴⁰2001年，乔治·W.布什总统在被问及和弗拉基米尔·普京相处得如何时，他的回应和上述表达惊人地相似。⁴¹毫无疑问，在离开莫斯科时，丘吉尔深信，他能够与斯大林坦诚合作，只要克里姆林宫黑暗的政治力量允许他们这样做（"两个斯大林"理论）。

☆ ☆ ☆ ☆ ☆

罗斯福未能亲自参加莫斯科会面，他深感遗憾。在8月14日的宴会上，哈里曼提醒斯大林，罗斯福很想见他，苏联领袖回答说，这样的会面"非常重要"。他希望能在冬天，自己"不那么心事重重"的时候进行会面，这个计划也许12月在冰岛能实现。⁴²

8月18日重新开始与斯大林通信时，罗斯福提到了美国最近在所罗门群岛的登陆，但他依然强调德国是"我们真正的敌人"，而苏联则"在今年的毙敌和损失方面都是最多的"。他承诺给苏联1000辆坦克，莫斯科非常欢迎，因为迄今为止，美国在履行其义务方面比英国迟缓。斜体的段落是罗斯福本人添加的，想让信函看上去更有人情味，不过用莫斯科的眼光看，大多数措辞空洞无物。⁴³

罗斯福致斯大林

1942年8月18日发，1942年8月19日收⁴⁴

非常遗憾，我未能与您和首相一起参加莫斯科会议。我深知军事形势的紧迫性，特别是在涉及俄罗斯前线的局势时。

我相信，我们在西南太平洋拥有了一个立足点，日本人很难把我们从那里驱逐出去。我们的海军在那里损失惨重，但为了获得我们现在拥有的优势，这是值得的。我们将向海军施加压力，激励他们努力抗击敌人。

另一方面，我非常清楚我们真正的敌人是德国，我们的力量和优势必须尽早地用来对付希特勒。请您放心，只要尽人力所能，安排好运输工具，这件事就会完成。

与此同时，在8月份，将有1000多辆坦克从美国运往俄罗斯，包括飞机在内的其他重要物资也将发运。

美国明白，俄罗斯在今年的毙敌和损失方面都是最多的。我们对贵国伟大而顽强的抵抗深表钦佩。请相信我，我可以郑重地告诉您，我们将向您尽快和尽可能多地提供援助。

和往常一样，斯大林的回答简明扼要。他强调苏联目前最需要卡车，而在这方面，美国已经远远落后于《第一议定书》的计划安排。他还巧妙地暗示了更多北极护航船队的重要性。[45]

斯大林致罗斯福

1942年8月22日发，1942年8月23日收[46]

我已收到您8月18日的来信。我也为您未能参加最近我与丘吉尔先生的会谈而感到遗憾。

正如您提到的，关于8月份从美国装运的坦克和军用物资，我愿强调我们目前特别关心的是接收来自美国的飞机和各种武器，以及尽可能多的卡车。此外，我希望能够采取一切措施，以确保最迅速地向苏联运送货物，特别是通过北部的航线。

罗斯福渴望保持一些个人接触的印象。22日，他又发出了一封非正式信函，向斯大林介绍本月初讨论过的温德尔·威尔基的最新访苏计划。[47]

8月30日晚上，隆美尔在阿拉曼南部发动攻势。对德国而言，阿拉姆哈勒法战役目标是在盟军的增援部队到达之前，击溃英国第 8 军，这是隆美尔最后的机会。丘吉尔立即通知了斯大林，并给罗斯福发送了相同的信。[48]

尽管付出了沉重的代价，到 8 月中旬，"基座"行动还是成功了，它解除了马耳他的压力，使英国海军部队得以重新部署，为新的船队 PQ-18 提供了强有力的护航。9 月 6 日，丘吉尔写信给斯大林，详述了船队的准备工作。为了保护这 40 艘商船，英国部署了 77 艘战舰，这是前所未有的数量，还首次使用一艘航空母舰护航，直接提供空中支援。[49]在信中，丘吉尔还报告了埃及的局势，在那里，隆美尔的攻势正在逐渐消退。与丘吉尔在信中希望的相反，因为后勤问题，英国的反击和"火炬"行动不得不推迟。第 8 军的新任指挥官伯纳德·蒙哥马利将军决心先加强自己的军队，对隆美尔的进攻推迟到 10 月 23 日，而"火炬"行动直到 11 月 8 日才开始。

在寻找其他新闻取悦斯大林的同时，丘吉尔把目光停留在苏德战场南翼，他考虑向这里派遣英美空军，这是他和哈里曼在莫斯科时提出的。[50]8 月 30 日，他写信给罗斯福，称这个项目是"我们与俄罗斯合作，保卫波斯油田的一项长期政策"。但是很明显，丘吉尔的根本目的是保护大英帝国的战略利益。在 7 月 23 日给参谋长的一份通知中，他谈到将英国军队放置到苏德战线上，以"保卫里海和高加索山脉，并鼓励土耳其保持中立，从而保护整个黎凡特—里海地区"。[51] 然而，因为有对北非和太平洋地区的承诺，向该地区派遣一支英美空军分遣队（行动代号"天鹅绒"）的想法，华盛顿并不喜欢。因此，在丘吉尔 9 月 6 日写信给斯大林的时候，向高加索地区部署英美空军中队的问题，仍在讨论中。

丘吉尔致斯大林

1942 年 9 月 6 日发，1942 年 9 月 7 日收[52]

拥有 40 艘货船的 PQ-18 护航船队已经起航。由于我们无法在敌方岸基飞机的攻击范围内派遣重型战舰，所以我们提供了一支强大的驱逐舰突击部队，如果敌方的水面舰艇在熊岛以东攻击我们，舰队将对付它们。为了保护船队免受空袭，我们还将一艘刚刚建成的辅助航空母舰纳入护航行列。此外，我们在船队和德国人的基地之间还部署了一条强大的潜艇巡逻线。但是，德国水面舰艇攻击的风险仍然很严重。只有在巴伦支海安排非常强大的空中打击力量，使德国人在那个区域的重型战舰冒着远大于我们重型战舰的风险，才能有效地避免这种危险。在侦察方面，我们提供了8架"卡塔琳娜"水上飞机和3架"喷火"PRU[照相侦察机]，它们将从俄罗斯北部起飞。为了增加空袭的规模，我们派出了32架鱼雷攻击机，这些飞机在途中遭受了损失，不过我们希望至少有24架可以投入行动。我们知道，你们目前提供19架轰炸机、10架鱼雷攻击机、42架短程和43架远程战斗机，这样才能形成最终的威慑力量。现在需要的是更多的远程轰炸机。我们十分理解，你们在主战场上所承受的巨大压力，使你方很难再提供更多的远程轰炸机。但是，我必须强调这支船队的重要性，其中，我们使用了77艘军舰，它们在行动期间需要装载1.5万吨燃料。如果你们可以暂时将更多的远程轰炸机派遣到北方，就请这样做。为了我们的共同利益，这非常必要。

隆美尔在埃及的进攻遭到了有力回击，我非常希望[我们]本月在埃及能取得好的战绩。

"火炬"行动虽然比我向你提到的最早日期推迟了大约3周，但目前此项行动正在全面展开。

我已向美国总统提出明确的建议，要求在冬季派遣一支英美航空分遣队在你方南翼行动。我正在等待总统的答复。他原则上已经同意，我期待收到他的详细计划。然后，我会再发电报给您。与此同时，我希望，机场和通信的规划经您批准后，可以按我在莫斯科期间您的军官所同意的进行。为此，我们急于先从埃及派遣几位参谋到莫斯科，一旦你方准备好，我们就这样做。

我们满怀钦佩之情关注着俄罗斯军队的持续、伟大的抵抗。德国人的损失肯定是惨重的，而冬天也越来越近了。星期二向下议院讲话时，我会用你方认可的令人愉快的措辞，讲述我的莫斯科之行，我对访问至今保留着最愉快的回忆。

请代我向莫洛托夫问好，感谢他对我平安返航的祝贺。愿上帝保佑我们所有的事业兴旺发达。

斯大林次日回复了丘吉尔。他很高兴 PQ-18 护航船队已经起航，并意识到其安全抵达苏联的重要性。尽管苏德战场处境艰难，他还是同意调度苏联的远程轰炸机，以及苏联海军北方舰队的驱逐舰协助保护船队。因此，PQ-18 船队大部分安全抵达，是苏英合作的一个显著的例子。

斯大林致丘吉尔
1942年9月8日发，9月9日收[53]

我于9月7日收到了您的来信。我明白 PQ-18 船队安全抵达苏联至关重要，以及采取措施保卫它的必要性。尽管我们目前难以调动更多数量的远程轰炸机来执行这项任务，但我们仍然决定这样做。今天，我方已经下达了增派远程轰炸机的命令，以满足您提出的要求。

祝愿您在埃及打击隆美尔的行动取得圆满成功，并祝"火炬"行动取得圆满成功。

9月12日，丘吉尔对此作出回应，感谢斯大林为保护 PQ-18 船队增派苏联空军。他急于表明英国人正在攻击纳粹德国的核心，从他在莫斯科和斯大林的谈话中，他还知道斯大林是轰炸德国的狂热支持者，因此，丘吉尔详细说明了英国皇家空军向德国投放的炸弹的最新吨数。9月23日，斯大林在与威尔基会面时说："轰炸德国是非常重要的，它削弱了德国人的士气。轰炸破坏了希特勒的权威和（德国人）对他的信心。"[54]

但是，在丘吉尔访问莫斯科和 PQ-18 船队起航之后，苏英关系有限的"缓和"又将结束。9 月 15 日，迈斯基收到莫斯科发来的一封电报，称两天前，英国战争部通知苏联贸易代表团，将从 PQ-19 船队中撤下 150 架"空中眼镜蛇"（P-39）战斗机，用 280 辆卡车作为替代。"英国人报告说，据说苏联统帅部同意了这一变更。"[55] 苏联大使奉命向艾登紧急抗议，要求确保这些战斗机重新装船。9 月 17 日，艾登告诉迈斯基说，这些飞机是应艾森豪威尔的要求，用于"火炬"行动的，而最初从英国的租借份额中指定划拨给苏联的 154 架"空中眼镜蛇"，经丘吉尔批准转让给美军了。迈斯基为了确保"对当前损失的补偿"，努力游说艾登、比弗布鲁克和克里普斯，编号为 20 的船队应一起发送。[56] 英国外交大臣想通过向苏联人提供额外的阿尔伯马尔飞机，来"减轻我们迫不得已的调整给苏联人带来的损失"，[57] 并且想方设法解释北非登陆的后勤困难。艾登告诉丘吉尔说："苏联人对海军事务一无所知，我认为他们到今天也没有想清楚。假如我们现在真正去尝试，也做不到将'火炬'行动与船队运输一起干好，我们无法同时执行这两项任务，这是鱼与熊掌，不能兼得。"[58] 或者，正如英国首相在 9 月 8 日简洁有力地向下议院说的那样，俄罗斯人是"陆地动物"，而英国人是"海洋动物"。[59]

9 月 20 日，斯大林给迈斯基发了电报：

> 我认为在"空中眼镜蛇"战斗机的问题上，英国人的行为极为傲慢无礼。未经我们的同意，英国人无权转移货物。英国人声称是根据美国人的命令才这样做的，这是非常虚伪的。显而易见，美国人是应英国人的要求行动的。[60]

实际上，英国人的说法是正确的，但斯大林的愤怒也完全可以理解。苏联人迫切需要战斗机，尤其是在斯大林格勒前线，在那里，德国人拥有明显的空中优势。此外，7月份有过类似的情况，斯大林曾经向盟友让步，转移了40架波士顿轰炸机。他在10月下旬给迈斯基发电报说："我对'火炬'行动并不看好。如果与预期相反，这次行动成功了，人们反倒会赞同从我们这里划拨飞机，认为那样做是正确的。"[61]

美国陆军航空队司令"哈普"·阿诺德将军收到了苏联供应协议管理委员会的一个温和的警告，敦促他考虑"俄罗斯人的性情以及他们现在的处境"，并且，"尽量不要将原定给俄罗斯的装备转移到别的方向"[62]。但是，鉴于地中海和太平洋地区战争的巨大需求，这些话说起来容易，做起来难。在这一点上，连丘吉尔也开始明白后勤的重要性。9月21日，丘吉尔收到一份来自艾森豪威尔的很长的简报。艾克（艾森豪威尔的昵称）私下告诉马歇尔，那个时候，丘吉尔显然是"第一次""强烈地意识到'火炬'行动"对于其他行动来说，是"不可避免的代价"。这不仅需要停掉至少几个月的北极护航船队，而且还对1943年在法国建立第二战场造成困难。尽管马歇尔一再指出后一点，6月份参谋长联席会议在最后的备忘录中也曾多次指出，但丘吉尔"表示自己现在非常惊讶地发现，TORCH（'火炬'行动）几乎排除了实现1943年ROUNDUP（'围歼'行动）的任何机会"。艾森豪威尔的简报很长，阅读需要两个多小时，在简报里，艾克向丘吉尔详细地讲述了"开辟新战区，建立第二条交通线路，建造新港口和基础设施，以及组建舰队更长的周转期所涉及的所有额外费用"。[63]

那天晚上，丘吉尔给罗斯福发送了一份焦虑的电报，其内容包含很多漫无边际的想法。

尽管40艘船已经装载，组成了PQ-19船队，但是现在很清楚，如果不将"火炬"行动推迟三周，船队就无法出发。"因此，现在应该告诉斯大林了，首先不会有PQ-19船队，其次在年底前，即1月之前，我们无法再派遣PQ船队了，1月以后，我们才能再运行PQ船队。这是英美苏关系中一个艰难的时刻。"他告诉美国总统，"我们曾庄严地承诺向俄罗斯供应物资，而不兑现承诺，可能会产生最严重的后果。"丘吉尔还浅尝辄止地提到了这对 1943 年建立第二战场的影响。他说："我在会议上得到的印象是，ROUNDUP（"围歼"）不仅被 TORCH（"火炬"）延误或妨碍了，甚至无法在 1943 年实施。这对斯大林来说将是又一次巨大的打击。"因此，丘吉尔想给克里姆林宫发一封电报，通知他们 1 月份之前停止北极护航船队，同时提议开始计划在挪威登陆（"木星"行动，"Jupiter"），这是一个令英国和美国军方都感到震惊的说法，但却是丘吉尔最痴迷和最喜爱谈论的话题之一。[64]

丘吉尔的信函到达白宫时，罗斯福正在美国中心地区和西海岸进行为期两周的巡视（9 月 17 日至 10 月 1 日）。他视察了国防工厂，同时为民主党在即将到来的国会中期选举争取选票。霍普金斯迅速向唐宁街 10 号发送了一封临时电报："力劝首相在收到美国总统的信之前，一定不要给斯大林发这封信。很明显，现在对斯大林所说的话，以及我们准备作出的坚定承诺，可能是战争的转折点。"[65] 丘吉尔言听计从，决定推迟宣布暂停船队的消息，转而向斯大林发送一些零碎的情报，比如德国每月的飞机产量，以及德国海军在里海的行动等。[66]

斯大林的答复如同一盆冷水，10 月 3 日，他警告丘吉尔，斯大林格勒的局势不断恶化，在那里，德国第 6 集团军已经向距离伏尔加河仅几英里的城市北部的工厂区，展开了新的攻势。德国人在大多数地区都具有明显的优势，敌人拥有 700 到 1000 辆坦克，1 万门火炮和迫击炮，而红军仅有 7000 门火炮。他们的空中优势，斯大林估计是二比一，实际上差距更大，是 1000 架飞机对 389 架。[67] 因此，斯大林在信中强调迫切需要英美两国的战斗机，甚至可以暂时放弃坦克和大炮，他亲自在草稿中明确提及"喷火式"战斗机和"空中眼镜蛇"战斗机。[68] 有些句子带有悲哀的语气："如果缺乏空中保护，即使最勇敢的军队也无能为力。" 9 月 23 日，斯大林直截了当地告诉威尔基，"我们最近在南方的失败主要是空军缺乏战斗机，这是至关重要的"[69]。

斯大林还提到了 PQ-18 船队的安全抵达；9 月 21 日，大多数船只到达了阿尔汉格尔斯克。总的说来，船队44艘商船中损失了13艘。苏联对外贸易委员阿纳斯塔斯·米高扬用嘲讽的方式告诉斯大林："13艘船中有12艘是在英国人护卫的地区被击沉的。"[70]在信函的最后，斯大林对英国人提供的德国战斗机生产情报表达了他的看法，他估计数字为2500架，而不是1300架。[71]

斯大林致丘吉尔

1942年10月3日发，1942年10月3日收[72]

我不得不告知您，自9月初以来，斯大林格勒地区的局势已经恶化。德国人在这一地区集结了大量的航空兵后备队，确保了二比一的空中优势。我们没有足够的战斗机来保护我们的军队。如果缺乏空中保护，即使最勇敢的军队也无能为力。我们尤其需要"喷火式"战斗机和"空中眼镜蛇"战斗机。我把这一切极为详细地告诉了温德尔·威尔基先生。

装运武器的船只已经抵达阿尔汉格尔斯克，正在卸货。这是一个极大的帮助。鉴于运力短缺，假如可以确保增加战斗机的数量，我们准备暂时放弃一些其他的援助，以便减少吨位，如果有必要这样做的话。如果英国和美国每月能为我们提供800架战斗机（英国约300架，美国约500架），我们将暂时放弃对坦克和火炮的要求。这样的帮助会更加有效，并会改善红军在前线的劣势。

你方情报机关的信息显示，德国每月最多制造1300架战斗机，这和我们掌握的信息不一致。根据我方情报，德国飞机制造厂以及在被占领国家从事飞机部件制造的工厂，每月至少生产2500架战斗机。

6月和7月，罗斯福和斯大林讨论的阿拉斯加—西伯利亚空中走廊计划，在秋凉之时逐渐确定下来。7月26日，福利特·布拉德利将军从华盛顿飞往莫斯科，但他的谈判并不顺利，有几次近乎谈崩。[73]莫洛托夫和米高扬都向李维诺夫指出,"一些美国人夸大这条路线的重要性,非常可疑,他们希望我们与日本的关系复杂化",苏联对此做法保持警惕。[74]10月6日,斯大林与布拉德利会面。10月8日,美国战争部和苏联驻华盛顿军事代表团的代表也讨论了此事。在这之后,情况有所好转。1942年10月底,这条路线开始通航。[75]尽管阿拉斯加—西伯利亚空中走廊直到1943年4月才达到每月运送142架飞机的目标,但最终,空中走廊在战时援苏方面发挥了重要作用。8000多架美国飞机通过这条路线到达,占提供给苏联的飞机总数的50%以上。[76]

尽管罗斯福积极参与了丘吉尔和斯大林关于PQ船队的通信,但他在8月18日写信之后,7周没有与克里姆林宫直接交流。10月5日他再次写信,主要是介绍一个新的使者。帕特里克·赫尔利是前胡佛政府(1929年至1933年)的战争部部长,他是俄克拉何马州的共和党人,也是总统的政治盟友。罗斯福聘请他作为私人特使,负责一系列战时任务,直到1944至1945年任驻华大使时,赫尔利作为一个醉酒的小丑而使自己失宠。在斯大林看来,罗斯福找了一个借口,说赫尔利正在去往澳大利亚和新西兰的途中,他需要说服澳大利亚人和新西兰人相信"德国第一"是明智的战略,以及俄罗斯抗击希特勒的中心地位,但是这封信大多是"虚伪的奉承话"(事实上,赫尔利从未真正到过新西兰)。历史学家沃伦·金博尔指出,"像他之前的其他特使一样,赫尔利的任务是给斯大林的政治脉搏把脉,并向这位苏联领袖保证美国将会坚持到底"。[77]罗斯福还希望赫尔利能够收集有关苏德战场局势的第一手资料,因为苏联人对局势总是遮遮掩掩,不甚明朗。这封信是萨姆纳·韦尔斯以他惯常的冗长风格起草的,10月5日,罗斯福签署该信。[78]11月14日,赫尔利与斯大林进行了长时间的私人会谈并递交此信。随后,他被带往斯大林格勒前线进行了为期10天的视察,并于12月8日将一份详细的报告发给了罗斯福。[79]

罗斯福致斯大林

1942年10月5日发，1942年11月14日收[80]

亲爱的斯大林先生：我在此向您介绍帕特里克·赫尔利将军，他是前战争部部长，现任美国驻新西兰公使。

赫尔利将军将要返回新西兰任职，我认为最重要的是，在他返回之前，应该给他访问莫斯科的机会，以及尽可能地通过他的现场观察来了解我们当今世界战略中最重要的方面。我希望这样一来，他由于有了亲身经历，就能够让新西兰政府和澳大利亚政府确信，同盟国联合起来击败希特勒的最有效方式是对英勇的俄罗斯军队提供一切可能的帮助，他们如此出色地抵御了希特勒军队的进攻。

我同样也请赫尔利将军访问埃及、伊朗和伊拉克，以便他能够熟悉中东的那部分地区，亲眼看到正在该地区进行的战役。

如您所知，澳大利亚和新西兰政府一直倾向于认为，同盟国必须立即对日本发动全面进攻。我希望赫尔利将军在访问苏联后能够对这两个政府说，同盟国奉行的最佳战略是让他们加入进来，团结一致确保打败希特勒，这就是战胜日本的最好、最可靠的方法。

我向您致以最衷心的祝贺，祝贺苏联军队取得的巨大成就，并向您致以最良好的祝愿，祝您永远幸福安康。

斯坦德利大使对赫尔利的来访并不知情。此前，他曾多次遭到威尔基的冷落，甚至连威尔基和斯大林的谈话内容也一无所知。[81] 他对于自己被边缘化，仅仅被视作一个信差而感到愤怒，并且他认为，罗斯福的政策是苏联要什么就给什么，而且不求任何回报，他反对这样的政策。因此，美国大使决定飞回国内亲自解释自己的立场。10月6日，斯大林与斯坦德利会面时，让他给罗斯福捎一封信。在信中，斯大林提出了 8 月 22 日对罗斯福、10 月 3 日对丘吉尔以及在 9 月 23 日与威尔基的会谈中已经提到的想法，强调苏联对战斗机、卡车和铝的迫切需求，并再次表明需求的数量。[82] 其中一个新的提议，是让苏联使用美国商船，通过符拉迪沃斯托克运送货物。美国人无法向符拉迪沃斯托克运送军事物资，因为他们正与日本交战。

但是，克里姆林宫等不及斯坦德利亲自送达信函。10 月 8 日，莫洛托夫向苏联驻华盛顿大使发出紧急电报："由于斯坦德利可能在一星期之后才能到达华盛顿，因此您现在就前往罗斯福处，送达这封来自斯大林同志的信，同时解释您这样做，是因为信中所提到的问题万分紧急。"[83] 10 月 11 日，信件电文被送交白宫的霍普金斯。[84]

斯坦德利回国的消息让罗斯福非常惊慌，这表明了华盛顿的紧张情绪。罗斯福担心美国大使带回的斯大林的绝密信件可能会提到：假如盟国不增加对苏联的帮助，苏联与德国可能单独讲和。10 月 5 日，罗斯福在电报中向丘吉尔表达了他的担忧。罗斯福不大相信，并回复说他不知道斯坦德利带来了什么信，但他说："我不相信这预示着单方讲和。到目前为止，俄罗斯的战役一直对希特勒非常不利，尽管他们 [俄罗斯人] 对我们两国都很生气，但他们绝对不绝望。"[85]

斯大林致罗斯福

1942 年 10 月 7 日发，1942 年 10 月 11 日收[86]

我借斯坦德利先生前往华盛顿的机会，向您发一封私人信函，我想就美国向苏联提供军事物资表达几点看法。

据报告，物资方面的困难主要是由于运力不足造成的。为了缓解运输形势，苏联政府将同意削减某些美国对苏联的军备供应。我们已经做好你方暂时放弃坦克、枪支、弹药、左轮手枪等供应的准备。与此同时，我们极其需要增加新型的现代战斗机（例如"空中眼镜蛇"）的供应，并且不论在任何情况下，都需要增加一些其他种类的物资。应该指出的是，"小鹰"（Kitty hawk）飞机在与德国现代战斗机的对抗中不能胜任。

如果美国在任何情况下都能够确保我们每个月获得以下物资，那将是一件好事：

500 架战斗机；

8000 至 1 万辆卡车；

5000 吨铝；

4000 至 5000 吨炸药。

除此之外，重要的是在 12 个月内保证供应 200 万吨谷物（小麦），以及尽可能多的油脂、压缩食品和肉罐头。如果美国同意给苏联提供至少 20 至 30 艘船，则这些食品中的大部分，可以经由符拉迪沃斯托克由苏联船队运送。我已经和威尔基先生谈过这些事，我相信他会把它传达给您。

关于前线的局势，您当然知道，在过去的几个月中，由于飞机特别是战斗机的短缺，南方的局势更加恶化，尤其是在斯大林格勒地区。事实证明，德国人拥有大量的飞机储备。在南方，德军在空中至少有两倍的优势，这使我们无法掩护部队。这场战争的实践已经表明，即使最勇敢的部队，如果没有空中掩护，也会束手无策。

在收到斯大林 10 月 3 日较为悲观的信之后，丘吉尔不大可能继续拖延告知 PQ 船队停航的消息了。罗斯福西行视察回来后，担心斯坦德利会带来斯大林想要单独讲和的信件，因此他"最强烈地"敦促丘吉尔，千万不能告诉斯大林 PQ-19 船队已被暂停。他让英国人想办法把派遣的船队分散开，两三艘船为一个小组，在护航有限的情况下，避开德国人。他说："我认为冒这个险总比在这个时候危及我们与俄罗斯的整个关系要好。"然而在伦敦，英国海军部清楚地表明，缩小派遣船队的规模还是会消耗同样多的护航舰队，而"躲避（敌人）的可能性微乎其微"。丘吉尔对罗斯福说，迈斯基已经知道了 PQ-19 的命运，并告诉美国总统，尽管"延迟两星期（告诉斯大林）有好处，这是你提出来的，但我强烈认为现在就应该告诉他"。10 月 7 日晚上，在战时内阁进行讨论之后，他向罗斯福发送了一份修改后给斯大林的信的草稿。在罗斯福改写了第三段关于高加索地区的内容之后，电报由丘吉尔于 8 日按时发出，而在当天晚些时候，罗斯福发出了一封他自己的意在激励苏联人的信。[87]

丘吉尔致斯大林

1942 年 10 月 8 日发，1942 年 10 月 9 日收[88]

我们将在本月底向埃及发起进攻，"火炬"行动将于 11 月初开始。这些行动的结果是（1）迫使德国人派遣空中和地面部队来反击我们的行动，或者（2）迫使他们接受我们的成功所创造的新局面，即对西西里岛和欧洲南部发动进攻的威胁，从而对他们进行牵制。

我们对埃及的进攻将是有力的。"火炬"行动将是一场大规模的行动，除美国海军外，还有 240 艘英国军舰和超过 50 万名士兵参与其中。这一切都在不可逆转地向前推进。

美国总统和我急于将一支英美军队部署在您的南翼，并在苏联最高统帅部的战略控制下运作它。这支军队将包括：英军的 9 个战斗机中队，5 个轰炸机中队；美军的 1 个重型轰炸机编队，1 个运输机编队。我们已经下达命令，组建这支部队并各就各位，以便他们在新年初期可以参加战斗。这支军队大部分将来自埃及，一旦他们能够撤出埃及战斗的话，我们相信这场战斗将会成功。

在迈斯基 10 月 5 日交付给我的信中，您要求我国和美国大量增加对俄罗斯的战斗机供应。我们将尽快通过波斯湾航线向您发运150架"喷火式"战斗机,另外再提供相当于50架战斗机的备件,它们是我们仅能提供一次的特别增援物资,可以随时发运。这次特别增援物资,是北部航线供应协议之外的物资。罗斯福总统将会就美国的援助份额另外发电报。

令我欣慰的是,最后一支船队中有很大一部分安全地到达了阿尔汉格尔斯克。取得成功的原因在于多达77艘军舰参与了这次护航行动。在我们即将实施的行动完成之前,再抽出海军执行护航任务已不可能。"火炬"行动结束后,会撤出必要的护航船只,它们可以再次在北部水域使用。

尽管如此,我们仍然打算尽最大努力,不用护航船队掩护,由独立航行的船只通过北方航线向您运送物资。已经安排好在10月28日至11月8日的无月光期,货船从冰岛起航。除了美国方面将要派出的船只,我们的10艘船正在做准备。这些舰船将以大约200英里的间距,特殊情况下以更大的间距单独航行,依靠躲避和分散来回避敌人。

我们希望从1943年1月起,以强有力的护航船队恢复物资运输。

当然,假如挪威不允许德国人使用挪威北部的机场,那对你们和我们都有很大帮助。如果你们的参谋部可以制订一个好的计划,我和美国总统将尽我们所能立即研究合作的可能性。

罗斯福致斯大林

1942年10月8日发,1942年10月9日收[89]

英国首相已将他给您的信件副本发给了我。

我们将尽快行动,组建一支空军部队,在您的战略统帅部指挥之下,布置在高加索地区。我现在正在努力,即刻为您寻找额外的飞机,并尽快通知您。

我正在努力安排,将我们的一些商船转交给你们,以增加你们在太平洋地区的运力。

我刚刚订购了一批汽车轮胎生产设备,准备提供给您。我们正在向波斯湾派遣大量的增援部队,以增加这条路线上的运力,我们相信这是可以做到的。我们正在运送大量的发动机和其他设备以及人员。

我有信心,我们深思熟虑的行动将取得成功。

斯大林格勒保卫战感染了每一个美国人,我们相信胜利属于你们。

苏联驻伦敦和华盛顿大使没有掩饰对这些信函的不满。迈斯基和他的海军随员哈尔拉莫夫少将反复游说,让英国人派遣单舰,他认为北极的10月是一段黑暗时期,在这一时期,很难从飞机上发现商船,而阿尔汉格尔斯克港还没有结冰。尽管苏联对更多"喷火式"战斗机的需求只得到了部分满足——如果只考虑飞机的话,则是满足了一半,如果包括另外相当于"50架战斗机的备件",则满足了三分之二,但丘吉尔表示,这150架战斗机的转移,不属于斯大林要求的每月例行的供应,只是一次性的援助。迈斯基对莫斯科说:"正如你们所看到的,英国人仍然忠实于自己'零碎'的让步。特别是有关'喷火式'战斗机的情况,与去年发生的'飓风'战斗机的情况类似。"[90]在华盛顿,李维诺夫在10月7日用"火炬"行动来提醒罗斯福,苏联的真正目标是建立第二战场。苏联大使向莫斯科汇报,"我问",

总统是否认为登陆是不可行的。他回答说,当敌人的力量被削弱时,这是有可能的。我指出,如果东线变得安静了,希特勒将会把他的部队转移到西方,那么登陆就更加难以实现了。总统竟然说,他们正在做实际上可行的事情,希特勒将体会到侧翼被突然打击的滋味。[91]

罗斯福意识到,有必要就他们准备提供的援助给斯大林一个明确的答复。斯大林不需要抽象的承诺,他想要的是具体的数字和交货时间表,尤其是战斗机的供货情况。美国人被丘吉尔10月8日的信所激励，他在信中说要提供超出《第二议定书》的额外的飞机。10月10日，霍普金斯写信给马歇尔说："鉴于战略形势，总统认为最好给斯大林一个肯定的答复。"虽然斯大林10月7日的信中所要求的500架飞机被认为是不现实的，但额外交付300架飞机（每月100架），仍被认为是可行的。[92]

罗斯福致斯大林

1942年10月11日发，1942年10月12日收[93]

我正在研究增加向俄罗斯发送的战斗机数量的所有可能性。事实是，所有已组装完成的"空中眼镜蛇"战斗机，马上就会投入战斗前线。由于紧迫的作战需求，我们目前无法为您提供更多的"空中眼镜蛇"战斗机，但我希望以减少其他型号的飞机生产为代价，增加这种型号飞机的产量，以便加大对您的援助力度。同时，如您所知，我们即将实施的行动如果能像人们希望的那样成功，那么我们还能腾出一些战斗机。

我们的重型轰炸机大队已接到命令立即动员起来，目的是在您的南翼实施作战行动。这些飞机和充足的运输机不久后将到达高加索地区。这一行动不会受限于任何其他行动或承诺。20艘在太平洋的商船也可以提供给你们。

10月，我们将向您运送276架战斗机，并且尽一切可能加快交货速度。关于炸药、铝和卡车的供应情况，我将在大约一天内给您发电报。

10月13日，斯大林给丘吉尔发了一封神秘而含义模糊的信件，在白厅引起了混乱。

斯大林致丘吉尔

1942年10月13日发，10月13日收[94]

我收到了您10月9日的来信。谢谢您。

假设这是指丘吉尔于10月8日发送的电报，伦敦很难理解为什么斯大林对丘吉尔提出的在其南翼部署英美空军，以及提供额外的战斗机和北方航线上的零散商船的具体提议不予置评。英国外交副大臣奥姆·萨金特爵士认为，这封信体现了"斯大林目前的坏脾气和不礼貌"，以及对第二战场的不满，可能是与老布尔什维克对盟国干预俄罗斯内战的记忆有关，这些记忆被在高加索地区提供飞机所激发。[95] 然而，丘吉尔认为他发现了某些不祥的东西。10月24日，他在给罗斯福的一封信中对整个问题进行了思考，他承认自己对"神秘的感谢"和斯大林对他的详细建议保持"令人困惑的"沉默，感到极为费解。丘吉尔写道："我不知道，这个与众不同的斯大林的内心发生了什么，使他无法给予有效的答复。或许是苏联军队在苏联高层获得了新的立足点。"这是"两个斯大林"理念的又一个反射。然而，罗斯福却不像丘吉尔那样担心。他在27日回复说："我对我们各自的回应或莫斯科没有回应并未感到过分不安，我已经确信，出于同样的目的，他们不像我们那样擅于表达。"[96] 因此，虽然在10月初，正是丘吉尔消除了罗斯福对苏联可能达成妥协和平的恐惧，而罗斯福在3个星期后，反过来平息了丘吉尔对克里姆林宫权力斗争的担忧。反正在"火炬"行动和阿拉曼战役之前的那个月，两位领导人都很紧张。

那么，斯大林在10月13日作出的含义不明的回应背后有什么隐情吗？斯大林档案中的文件显示，斯大林仔细阅读了丘吉尔10月8日的长信，下划线标出了信函中最重要的部分以及巴甫洛夫的翻译错误，后者匆匆地将第一段中的"diversion"(牵制)一词翻译为"subversion"(颠覆)(俄文"diversiya")。[97] 因此,他知道信函内容,但自己没回复,而将此事托付给了莫洛托夫,莫洛托夫最终放弃了抱怨空运减少的草稿,只发了两句简短的话表达致谢。[98]

这一切都说明,并不存在英国人极力想要了解的深层次的政治原因,英国人多心了,事实只是斯大林和莫洛托夫因为更紧迫的事务,删繁就简了。斯大林的主要关切是在对德国的战斗中获得迅速、实质性的帮助。到10月13日,他被拒绝了,既没有得到1942年在欧洲开辟的第二战场,也没有得到完整的运输船队。他或许并不反对其他形式的援助,例如高加索地区的英美空军部署或挪威北部的军事行动。然而,这些都需要协调,需要谈判,最重要的是需要准备和实施的时间,因此在目前尚不重要。所以,斯大林和莫洛托夫可能认为,相比与丘吉尔进行令人倦怠的交流,简短的致谢更为可取。

10月14日,罗斯福继续他11日的信,详细介绍了卡车、炸药、小麦和其他物资的交付情况。[99] 莫洛托夫的回应也是简短致谢,与他向丘吉尔发送的致谢相同。这一点已非常明确了:语言和词汇现在都无关紧要了。无论从字面上还是在道理上,都是盟友应该履约的时候了。

斯大林致罗斯福

1942年10月15日发,1942年10月16日收[100]

您10月12日的来信收悉,感谢您的来信。

斯大林致罗斯福

1942年10月19日发,1942年10月21日收[101]

我收到了您10月16日的来信。我的回复被耽搁了,因为与前线有关的事宜转移了我的注意力。现在，关键的一点[是]你方货物在规定时间内到达苏联的问题。

在与丘吉尔和罗斯福的通信中，斯大林1942年10月的信件是最简短的。斯大林格勒周围的局势十分危急。尽管朱可夫元帅正在准备大规模的钳形攻势（"天王星"行动，"Uranus"），以围歼正在围攻斯大林格勒的德国第6集团军，但这个行动直到11月初才准备妥当。10月15日，德国第14装甲师的一个团到达伏尔加河的岸边，切断了红军部队北上的道路，并有可能沿着河岸向南推进，以包围四面楚歌的苏联第62军的其他部队。红军极度缺乏空中支援。这个问题，斯大林一再向丘吉尔和罗斯福强调。苏联第8航空军各种型号的飞机不足200架，其中只有24架是战斗机。从10月19日起，在斯大林格勒的北面和南面，苏军展开了转移德国人注意力的行动，让支离破碎的部队可以撤回伏尔加河对岸，重新部署和增援。但是这些攻击仅仅持续了几天。斯大林格勒能否坚持到朱可夫的反击行动开始，悬而未决。[102] 在这种情况下，斯大林和莫洛托夫不会与他们在伦敦和华盛顿的笔友闲聊。

对西方来说，沉默本来是最明智的政策，但丘吉尔和罗斯福克制不住自己。丘吉尔为10月8日的信件编了一个附言，而罗斯福则以海军上将斯坦德利抵达华盛顿作为借口说事。

丘吉尔致斯大林

1942年10月18日发，1942年10月19日收[103]

我本应该补充的是，这150架"喷火式"战斗机都装备有2门机炮和4挺机枪。

罗斯福致斯大林

1942年10月24日发，1942年10月26日收[104]

海军上将斯坦德利已将您的私人信件交给了我，副本您在这之前已发给我了。我们的大使还向我提供了一份他所看到的俄罗斯局势的非常详尽的报告。他证实了我们早前听到的有关您的军队实力和战斗素质的说法，传达了您提出的对物资迫切需求的消息。我完全认识到这些需求的重要性。

莫洛托夫向罗斯福发送了一个简短的致谢。[105]丘吉尔没有收到任何回复，而他又有一个月没有写信给斯大林了。在斯大林的心灵深处，埋藏着恼怒和怀疑。10月19日，斯大林致电迈斯基："我们莫斯科人有一种印象，丘吉尔一心想让苏联失败，然后以牺牲我们的国家为代价，与希特勒或布吕宁（魏玛共和国前总理）的德国同流合污。"[106]迈斯基非常大胆，敢于同他的领导人唱反调。他说，"苏联的失败，将不可避免地意味着大英帝国的终结"，因此，与希特勒或布吕宁的任何交易，都是英国公众及舆论所不能接受的，尤其是丘吉尔，他有"狂热的反德情绪"。[107]28日，斯大林继续阐述他的担忧：

我仍然认为，丘吉尔是简单战争的支持者，很容易受到那些一心想让苏联失败的人的影响，以我们国家的失败，以牺牲苏联为代价与德国妥协，是英国和德国之间最简单的战争形式。

当然，英国人以后会意识到，如果没有在欧洲大陆上的俄罗斯阵线，没有法国的参与，他们，也就是英国人自己，注定要失败。但是他们何时会意识到这一点呢？

我们将拭目以待。

我怀疑英国人会不会支持北方的行动。他们谈论它只是为了保持体面的形象。

丘吉尔在莫斯科告诉我们，到1943年初春，就会有100万英美军队在欧洲开辟第二战场。但是，丘吉尔显然属于那种重诺轻践的人，自己说过的话，很快就遗忘了。

他还发誓在整个9月和10月密集轰炸柏林。然而，他没有履行他的诺言，甚至不愿意将为什么违约告诉莫斯科一声。

好吧，让我们记住我们正在与什么样的盟友打交道。[108]

苏联与英国之间的紧张关系，重新唤起了斯大林之前对英国在苏联背后与德国勾结的担忧。勾结的主要标志是鲁道夫·赫斯，他在1941年5月逃往英国。在德国和英国的苏联情报机构，密切监视着有关赫斯使命的进展，他们详述了他对希特勒的亲密和忠诚，他们相信他的做法不是一时冲动，而是有计划的行动。[109]根据苏联内务人民委员部伦敦站的说法："随着战争的进行，赫斯可能会成为支持妥协的阴谋中心，这将有益于英国的和平党以及希特勒。"[110]赫斯的潜在效用显然使克里姆林宫大为忧虑，如果不是这样，英国人为什么继续为赫斯提供避风港？正如斯大林10月19日对迈斯基说的那样，丘吉尔最有可能"留着他备用"。[111]那天，《真理报》发表了一篇题为"将希特勒犯罪集团绳之以法"的文章，声称：

出名的犯罪分子赫斯只好穿上希特勒飞行员的制服飞到英国，看来他现在可以逃避国际法庭的审判，避免被追究无数的罪行，从而把英国变成了黑帮的避难所。[112]

《真理报》上的这篇文章与莫洛托夫10月14日发表的一项正式声明相呼应，此声明是回应一周前英国关于对战犯进行惩罚的声明。英国的声明是在与美国和其他西方盟国磋商后发布的，但未与莫斯科协商。这种专横的行

Совещание военных экспертов

Вопрос о втором фронте.

"第二战场的问题"。1942年10月6日,《真理报》通过发表资深漫画家鲍里斯·叶菲莫夫的名为"军事专家会议"的讽刺漫画,含沙射影地攻击英国人。几位高傲自大又极端保守的老将军都有很特别的名字,如:"假如他们揍我们怎么办?""急什么?"和"为什么要冒险?"他们正在听闻劲十足的年轻的"勇气将军"和"决心将军"训诫,绘画者似乎想让这两位年轻的将军看起来像美国人。现在时钟已经过了11时。

为令克里姆林宫的领导层感到愤怒,他们声明:

> 苏联政府认为有必要将已经在战争过程中,被与纳粹德国作战的各地方当局抓获的所有德国纳粹领导人,立即在特别国际法庭被依法提起诉讼,并用最重的刑罚惩处他们。[113]

在这些领导人中就有赫斯,苏联人要求立即审判他。

《真理报》的这篇文章引起了白厅的愤慨。同时白厅也感到困惑,克里姆林宫为什么要采取这样的攻击姿态并公开表达,而不是私下表达其关切。克拉克·克尔奉命亲自向斯大林抗议。艾登的私人秘书哈维在10月26日的日记中写道,"英苏关系几乎糟糕到了极点",他觉得赫斯的癫狂非常令人难以置信,"俄罗斯人难道真的认为我们留着他,就是为了某种反苏举措吗?赫斯已经疯狂到神经错乱了,无论出于何种目的,赫斯都毫无用处"。[114] 艾登和迈斯基对此事进行了坦率的交谈。苏联大使汇报说,英国外交大臣"非常激动和焦虑,他的脸红一阵白一阵,好几次把声音提高"。根据艾登的说法,他告诉迈斯基,他对文章感到"惊讶和强烈的不满",这种关于英国的措辞"在盟国之间是无法容忍的"。迈斯基最终承认,《真理报》关于赫斯的文章,是宣泄莫斯科对丘吉尔未能履行对建立第二战场和轰炸柏林"承诺"的"严重失望"。[115]

10月26日,英国战时内阁讨论了俄罗斯人"不友好的态度"。除了第二战场的问题,还提出了其他的解释,包括"军方在该国高层占据了更重要的位置"的想法,或者是想转移国内对军事损失的批评,甚至苏联恐惧"他们不会在和平会议上得到应有的地位"。[116]

第二天,丘吉尔建议艾登"沉着冷静地对待俄罗斯人,不要为他们的谎话而冲动,要稳步地继续我们的任务。你应该记住,布尔什维克通过撒谎和千篇一律的宣传,削弱了许多强大的政府,他们可能认为通过这些方法,会给我们也留下一些印象"。丘吉尔坚称,"被俄罗斯人目前的情绪所左右,将是一个重大的错误",他使外交大臣确信:"现在唯一有益的事情,就是努力战斗并赢得胜利……如果我们的努力最终获得成功,你会发现我们的处境将大不相同。"[117]

到1942年10月底,三巨头的通信处于一种暂停的状态。每一个领导人都必须等待事态的发展。英国人在多次拖延后,对阿拉曼的进攻于10月23日开始,但结果仍未确定。"火炬"行动定于11月8日,而朱可夫的"天王星"行动定于第二天。对于三巨头,现在,行动比言语更重要。

1941 年 12 月，日本偷袭美国珍珠港，美军战列舰"西弗吉尼亚"号和"田纳西"号起火燃烧

日本偷袭美国珍珠港后，1941年12月8日，罗斯福总统在白宫签署宣战书

1942年2月，日军占领新加坡，英军向日军投降

威廉·斯坦德利。1939年任美国海军部长和总统特别顾问，1942—1943年任美国驻苏联大使

克拉克·克尔。1942—1946年担任英国驻苏联大使,1946—1948年担任英国驻美国大使

乔治·马歇尔。1939年担任美国陆军参谋长,1947年出任美国国务卿

1942年5月,苏联人民委员会第一副主席、外交人民委员莫洛托夫(左二)访问英国,与英国首相丘吉尔会面

1942年5月，苏联外交人民委员莫洛托夫访问美国，与美国总统罗斯福会面

1942年6月，英国PQ-17北极护航编队

德国"蒂尔皮茨"号战列舰。属于大型战舰,火力强大,防御坚固,1941年2月正式服役,1944年11月被英国皇家空军炸沉

1942年8月，丘吉尔（中）与第8集团军司令蒙哥马利（左一）、英军中东战区总司令哈罗德·亚历山大（右一）在北非

1942年8月，丘吉尔访问莫斯科，与斯大林会晤

第六章

1942年11月
至
1943年1月

卡萨布兰卡：一桌只有两人

1942年11月，三巨头终于开始品味真正的军事胜利的盛宴。

11月4日，经过11天的鏖战，德意军队开始了从阿拉曼漫长的撤退。北非的战役，双方大约都死亡5000人，但与东线的伤亡比起来，简直就是小巫见大巫。北非的胜利，在政治和鼓舞士气方面价值是巨大的。蒙哥马利打败了隆美尔，英军最终击败了德军（尽管隆美尔的步兵中有很大一部分是意大利人，而大英帝国和英联邦的军队在蒙哥马利的部队中占了相当大的比例）。然后，11月8日，10万多英军和美军在（维希政府统治下）法属北非的卡萨布兰卡、奥兰和阿尔及尔登陆，他们大多数没有战斗经验，参战的人数是1915年加里波利登陆战的两倍。值得一提的是，其中盟军的两支特遣队从英国出发，跋涉了2800英里，第三支从美国出发，越过大西洋，航行了4500英里。鉴于这次行动的规模和威慑力，法国人在几天内就停止了抵抗，丘吉尔和罗斯福都松了一口气。两位领导人都敏锐地意识到，虽然仗是强令将军们打的，但自己所面临的风险让人不寒而栗。丘吉尔对艾登说："如果'火炬'行动失败，那我就完蛋了，必须辞职走人。"罗斯福也有同样的担心，当登陆的电话打来时，他接电话的手都在颤抖，当他得知美国兵上岸的伤亡少于预期时，他喊道："谢天谢地，谢天谢地！"[1]

相比"天王星"行动，阿拉曼战役和"火炬"行动黯然失色。11月19日7时20分，无数"喀秋莎"火箭弹雨点般地落下，昭示着大规模围歼的反攻开始，包围斯大林格勒的轴心国军队陷入灭顶之灾。经过两个月的大规模集结，苏联在整个斯大林格勒地区的兵力达到110万人，还有900辆坦克、1.35万门大炮和1110架飞机。[2] 红军先把保护德国第6集团军侧翼的几个弱小的罗马尼亚师作为目标。陆军指挥官弗里德里希·保卢斯低估了苏联的能力，又因为燃料缺乏，部队的机动力被严重削弱，再加上希特勒连续的"不许撤退"的命令，军队最终瘫痪。保卢斯将军无法迅速作出反应，在5天内，苏联的钳形攻势就包围了他及其部队33万人。两个月的围困之后，保卢斯率部投降，9万多士兵拖着缓慢而沉重的步伐走向苏联战俘营，绝望而无助。"天王星"行动，是东线战争的转折点。

难怪丘吉尔将他的战争回忆录1942年至1943年这一段，命名为《命运的转折》(The Hinge of Fate)。对于三巨头中的每一位来说，"转折"都发生在1942年11月。

我们可以从他们的书信往来中感觉到这一点。例如，丘吉尔在11月24日写信给斯大林，谈他们的"可信赖的个人关系"时，语气变得更加温和了。他们二人在11月和12月互致生日问候，重复了1941年的模式。然而，他们的写信风格仍然非常有特色。斯大林一贯轻描淡写、举重若轻，不过多陈述他军事行动的规模和他的伟大胜利，而丘吉尔则倾向于大肆吹捧相对较小的军事行动，并且不明智地预测前景。

罗斯福不太喜欢丘吉尔式的空洞表达方式。他和斯大林在生日时没有互相问候。与丘吉尔相比，罗斯福与斯大林的通信仍然不多。和以前一样，这位轮椅总统对特使们非常信任，让特使充当他的眼睛、耳朵和嘴巴。尽管这种做法可能曾让斯大林不高兴，但在帕特里克·赫尔利将军的事例中，罗斯福的做法获得了回报。赫尔利不仅与斯大林进行了长时间的会晤，而且斯大林还给了他到斯大林格勒前线的访问权，这份殊荣是史无前例的。罗斯福甚至考虑过派遣美国陆军参谋长乔治·马歇尔将军去传达卡萨布兰卡会议的结果。

盟军在"火炬"行动中登陆后，进展缓慢，因此有必要在北非召开这次峰会（1943年1月12日至24日）。最初，人们盼望盟军在圣诞节前就抵达突尼斯，但盟军的谨慎推进和希特勒对突尼斯的快速增援，使得盟军在冬天的雨水把沙漠的沙子和土路变成泥浆之前，不可能很快取得胜利。这次挫折证明了马歇尔早先警告的正确性，即"火炬"行动将会转移和分散对跨海峡进攻的注意力，丘吉尔直到很晚才意识到这一点。因此，盟国需要讨论他们在 1943 年的行动。罗斯福建议召开一次高级别的参谋会议，而丘吉尔则赞成三位领导人直接会晤。该提案于 12 月 2 日至 3 日正式提交给斯大林。然而，斯大林谢绝了邀请，理由是军事行动的压力使他无法脱身。这也许是他拒绝的主要原因，但正如丘吉尔所推测的那样，这位苏联领袖很可能意识到，现阶段，无论施加怎样的压力，他的盟友也不会开辟第二战场，而更明智的做法，是把他的登场延迟一段时间，到那时，他会有更大的讨价还价能力。然而，罗斯福不愿意接受"不"的回答，他敦促斯大林重新考虑，甚至提议将会晤推迟到 1943 年 3 月。面对斯大林的固执己见，罗斯福继续敦促举行面对面的会晤。

1942 年 12 月，往来通信的气氛再次变得紧张。斯大林重新开始对第二战场的开辟（或者至少是同盟国对计划的明确表述）锱铢必较，丘吉尔则闪烁其词。他和罗斯福都面临着盟国航运运力不足的严重挑战，尤其是对于两栖登陆作战至关重要的突击艇短缺，护卫舰也短缺，载有重要物资的商船横跨大西洋和太平洋，以及进入北极水域全靠护卫舰的保护。12 月，斯大林突然改变想法，拒绝英美向高加索地区派遣空军。他表面上说，是因为战斗正在向北转移，但也可能是克里姆林宫考虑到俄罗斯内战期间遭到盟国的军事干预，不希望他们的人员出现在苏联的土地上。罗斯福在五角大楼的敦促下，一直唠唠叨叨想说服斯大林，允许美国空军中队到苏联远东地区。斯大林非常恼怒，他认为美国想在他的国家为了生存与希特勒殊死搏斗之际，将苏联拖入太平洋战争。这是可以理解的，作为回应，斯大林给了罗斯福第一封令人不快的信函。这封信激怒了罗斯福，不过罗斯福决定不予回复。

因此，丘吉尔、罗斯福及其参谋们于 1943 年 1 月 12 日至 24 日在卡萨布兰卡开会时，气氛十分紧张。他们的桌边只坐了两个人，缺少斯大林。然而他们知道，斯大林正在不耐烦地等待着盛宴上更多的美味，等待更多优厚的条件。会谈的结果是英国的地中海战略胜利，下一个目标是西西里岛，同时英国也保持着必要的部队，以防德国突然崩溃。在伦敦和华盛顿，人们已经普遍认为，真正开辟第二战场将推迟到1944年。与会人员没有像罗斯福那样异想天开，曾想派遣马歇尔作为私人使节访苏，而是决定发送一封措辞谨慎的联名信件，概括总结这次会议。他们大概意识到派遣一个信使，只会招致苏方令人不快的盘问。斯大林的回复故作姿态，彬彬有礼，但它让丘吉尔和罗斯福十分为难，因为回信要求他们列出现在所策划的1943年击败德国的"具体行动"的内容和时间。这将成为斯大林在接下来的几个月里一再重复的口头禅。

☆ ☆ ☆ ☆ ☆

11月5日，丘吉尔写信给斯大林，宣布隆美尔的军队在阿拉曼战败，"火炬"行动即将开启，他的骄傲和兴奋跃然纸上（他在7日继续跟进，告知德国最新的损失情况，并警告德国将对巴库发动空袭[3]）。"您所关心的政治问题"这句话，是指斯大林8月12日在克里姆林宫发表的评论，他认为这次行动"在政治上没有经过充分的思考"，而"让戴高乐或任何其他法国将军参与这项行动会更有利"。[4]尽管丘吉尔扬扬得意地保证这些问题已经得到"圆满解决"，但"自由法国"的领袖夏尔·戴高乐将军对自己被排除在"火炬"行动之外的愤怒，成为未来几周英国和美国的大麻烦。

埃及局势的转变，加速了丘吉尔推进在高加索地区部署英美空军的构想。但是，与莫斯科关系升温的最引人注目的标志，是丘吉尔在信的末尾含糊地表达了对苏联即将到来的十月革命周年纪念日的祝贺，这位布尔什维克主义的死敌，肯定从未想过自己会说出这样的恭维话。

丘吉尔致斯大林

1942年11月5日发，1942年11月5日收[5]

我曾经承诺过，当我们的军队在埃及取得对隆美尔的决定性胜利时，我会告诉你。亚历山大将军现在报告说，敌人的战线已被击溃，他们正以极度的混乱向西撤退。敌人除了主战部队，在我们沿海岸推进的路线以南，沙漠中还有6个意大利师和两个德国师。这些师几乎没有机械运输或补给，并且很可能在接下来的几天里遭到重大伤亡。除此之外，隆美尔唯一的撤退路线是沿海公路，如今这条道路已经挤满了部队和车辆，敌人的头顶有我们极具优势的空军在不断攻击。

"绝密"，仅供您自己知道。"火炬"行动将以非常大的规模不日来临。我认为，您所关心的政治问题已经得到圆满解决。这项军事行动正在有条不紊地进行。

我非常渴望继续努力，尽快将20个英美空军中队部署在您的南翼。罗斯福总统完全同意，并且埃及现在局势已经稳定。然而，在做任何事情之前，贵军和我军军官有必要对登陆场地等作出详细的安排。

请尽快告知我您希望如何安排这次磋商。拟派遣的中队已在我10月8日的电报（外交部第268号）中说明，根据这份电报，我们一直在做可能的准备，等待着您的安排。

请允许我向您，斯大林元帅，以及莫洛托夫先生，就斯大林格勒保卫战的伟大胜利以及彻底挫败希特勒对俄罗斯发动的第二次战役表示祝贺。我非常愿意从您那里获悉高加索地区的情况。

向你们的周年纪念日献上最诚挚的祝愿。

尽管莫斯科有些人担心西方可能对高加索地区打歪主意，但斯大林还是接受了丘吉尔提出的 20 个英美空军中队部署在那里的提议,并于 11 月 8 日提议,对相关的详细安排进行讨论。为了与缓和关系的语气保持一致,他祝贺英国首相在阿拉曼的胜利,并对"火炬"行动的成功表达最良好的祝愿。在回应英国首相要求获悉高加索地区的最新情况时,他再次强调了空军力量的不足。[6]

斯大林致丘吉尔

1942 年 11 月 8 日发,11 月 9 日收[7]

您的信函在 11 月 5 日收到。

我祝贺贵军在埃及的军事行动取得进展。我坚信,您一定能够彻底歼灭隆美尔集团及其意大利盟友。

我们这里的所有人都希望"火炬"行动取得成功。

非常感谢您和罗斯福总统已经决定,在不久的将来派遣 20 个英美空军中队前往我们的南方战线。这 20 个中队迅速抵达将是非常有价值的帮助。英国、美国和苏联代表就初步安排进行必要的磋商,最好先在莫斯科举行,以后有需要时可以直接在高加索地区进行。我已经得到通知,美国将为此派出阿德勒将军。我将等待您来信告知,任命谁代表英国。

与 10 月份相比,我们前线的局势有所恶化。德军成功占领了高加索地区的纳尔奇克市。他们正在接近弗拉季卡夫卡兹,那里目前正在进行激烈的战斗。我们这里的困难是缺少战斗机。

我对您祝贺苏联的周年纪念表示感谢。

当迈斯基于 11 月 9 日向丘吉尔转交这一简短但热情友好的信件时,他发现英国首相正处于他所称的"因非洲的成功而感到兴奋"之中。丘吉尔有些忐忑不安地看了看信封,但对读到的内容感到满意。首相说"这样就好"，"我想作为朋友与斯大林一起合作"。接着他问道，到底发生了什么？"很长一段时间，他对我的信都没有回应，然后我收到了一句'谢谢'，丝毫不知道该如何理解它。"丘吉尔依然精力充沛，继续阐述他对"火炬"行动之后英美军队未来行动的设想——占领西西里和撒丁岛，结束与意大利的战争，让土耳其加入同盟，并在巴尔干半岛实施行动。他称这一切都是"1943年的第二战场"。苏联大使立即对丘吉尔所说的话泼冷水，询问丘吉尔对登陆法国北部的承诺，并强调说"意大利—巴尔干半岛的计划总是围绕着"如何打败希特勒的问题转，没有提到第二战场。丘吉尔放慢了讲话的速度，告诉苏联大使："现在不要告诉斯大林任何事情。这只是一个最初的概要。我会写信给他，这样他可以从我这里了解到我的想法。"迈斯基转身就把丘吉尔的话传达给了莫斯科，并补充说"不要出卖我，以免下次丘吉尔不再那么健谈"。[8]

与迈斯基对谈之后，丘吉尔于11月13日给斯大林发送了一封详细的信，同时抄送给罗斯福参考。[9]他补充了向高加索地区部署空军中队的计划，并解释说空军元帅彼得·德拉蒙德，一名澳大利亚人，曾是英国皇家空军驻中东地区的副总司令，他将与美国将军埃尔默·阿德勒（斯大林11月8日的信中曾提到）一起领导英国团队参与此项计划。两名军官及其工作人员于11月21日抵达莫斯科，但他们的谈判很快遇到了一个无法逾越的障碍，苏联人想要这些飞机，但不想要英美飞行员。[10]

丘吉尔这封信以大量的篇幅详述盟军在北非取得的胜利，以及推测未来的战况。他热衷于描绘笼统的场景，这与斯大林的简洁、实事求是的态度形成鲜明对比。丘吉尔特别提到了美国驻阿尔及尔最高司令部与维希法国武装部队总司令弗朗索瓦·达尔朗海军上将达成的协议，正是达尔朗下令停火，并停止对盟军的进一步抵抗。11月13日，艾森豪威尔任命达尔朗为法属北非高级专员。与达尔朗的"肮脏交易"在英国和美国引发了巨大争议，与其有关的事情也出现在三巨头的通信中，直到这位海军上将在圣诞节前夜遇刺身亡。

在所有这些细节中，丘吉尔没有提到苏联关心的一个关键问题——恢复北极护航船队。迈斯基在11月8日会见英国首相时曾对此询问。"丘吉尔同意重新考虑这个问题"，迈斯基告诉斯大林，"但他的表情让人不太乐观"。[11]

丘吉尔致斯大林

1942年11月13日发，1942年11月14日收[12]

非常感谢您11月8日和10日的来信，两封信我都已收到。

我已任命德拉蒙德空军元帅代表英国参加苏联、美国和英国代表之间的讨论，讨论在您的南部战线部署20个英美空军中队的初步安排。德拉蒙德元帅已经接到命令，立即带着一小批参谋人员离开开罗前往莫斯科。

我们在埃及和法属北非的行动取得了重大的成功。我们已经深入到昔兰尼加。图卜鲁格已经被夺回。敌军的所谓装甲部队现在已经缩减为一支很小的、被紧紧追赶的、不足20辆坦克的队伍，我们正在紧追不舍。在我看来，可以肯定地说，班加西将很快被收复，敌人会试图逃入的黎波里塔尼亚，在阿盖拉守住防线。他们已经在从班加西撤离物资，并努力在苏尔特湾建立临时的不太大的新基地。

"火炬"燃烧得很好，艾森豪威尔将军和我们的指挥官有希望完全控制法属北非，并在突尼斯尖端建立一支优越的空中力量。所有这些都是为了进一步采取有攻击性的军事行动。所有大型的部队护航船队已经或正在从大不列颠出发，安全地穿越大洋。我们希望在吉罗将军的领导下在北非建立一支强大的反德法军。

西班牙和葡萄牙的政治反应最令人满意，直布罗陀港口和飞机场无法使用的危险，目前已不再是一个严重的问题。我们以及您在我们的谈话中所预见到的德国入侵维希法国，是一件好事，维希政权对法国民族的毒害影响将会减弱，全体人民很快将学会憎恨德国人，就像他们在占领区被憎恨一样。土伦舰队的未来还不明朗。德国人感觉自己还没有强大到要求其投降的程度，据说他们不打算占领土伦。受我们控制的海军上将达尔朗已经要求舰队驶往西非港口。这项命令是否会被服从仍然是个疑问。

整个非洲沿岸的局势已经发生了巨大的逆转，我们可以利用这个机会。如果我们能开辟一条穿越地中海的军事交通通道，我们的运输问题将会大大缓解，并且我们将与土耳其进行比以往任何时候都更密切的接触。我正在与罗斯福总统沟通，他对美军的胜利感到高兴。必须在几天内对整个情况进行审查，以期采取进一步的强力行动。我会尽快告知您我们对未来的想法。我相信您肯定知道，在最近几个月艰难的日子里，我们多么急切地想要减轻一些您承受的过重的负担。与此同时，我猜测您仍然相信高加索山脉在冬季不会被攻破。

11月14日，斯大林写信给丘吉尔和罗斯福。[13]大部分内容是相似的，包括预先告知斯大林格勒的反攻以及对"火炬"行动取得成功的良好祝愿，但给罗斯福的信中，斯大林提及自己与帕特里克·赫尔利将军的会面，赫尔利是罗斯福10月5日信函的送信人。在斯大林格勒危机最严重的时候，"老板"没有时间接待来访的客人。美国大使馆最初提出要求，斯大林带着怒气告诉莫洛托夫："我不想接待赫尔利将军。我正在前线，很忙。"[14]罗斯福频繁使用特使让斯大林很不高兴。根据苏联的会议记录，1943年2月，莫洛托夫告诉克拉克·克尔："罗斯福把派往苏联的每个人都称为他的特别代表。在斯大林同志看来，这是错误的……丘吉尔的处理方式更谨慎。"[15]也许这是为了奉承英国人，但斯大林却指出了两位西方领导人做法上的差异：丘吉尔试图通过他自己（冗长的）文字来吸引斯大林，如11月8日的信函，而轮椅总统罗斯福则更多地依赖代理人来联系这位苏联领袖。

然而最终，斯大林同意了罗斯福的要求，去见赫尔利，正如罗斯福所希望的，这次会面取得了成果。[16] 赫尔利将军被获准对战区进行为期 10 天的视察，他视察了斯大林格勒围歼德军的关键行动，在西南前线，与该行动的指挥官尼古拉·瓦杜丁将军进行了会谈，他还巡视了高加索地区的南翼。赫尔利的乐观报告为罗斯福提供了第一个直接的证据，说明了在这场战争的关键阶段斯大林格勒和整个东线发生的一切。他一返回，罗斯福就给莫洛托夫发了他给赫尔利的信的摘录："您的出色报告，加上您对俄罗斯军队发起的宏大战役以及高昂士气的一切描述，使我感到极大的快乐。"[17]

斯大林致罗斯福

1942 年 11 月 14 日发，1942 年 11 月 14 日收[18]

非常感谢您的来信，它是赫尔利将军今天交过来的。赫尔利将军和我就战略问题进行了长谈。在我看来，他已经理解了我的意思，并且相信同盟国目前所采取的战略是正确的。他提出请求，想去看看我们的一条战线，特别是高加索战线。他将获得这样的视察机会。

在过去的一周里，苏德战场没有发生重大变化。我们希望在不久的将来发动我们的冬季战役。对它的准备工作现在正在进行。我将随时向您通报这个战役的进展情况。

我们这里所有人都对美国和英国军队在北非取得的辉煌成就感到高兴。请允许我祝贺您的胜利。我衷心地祝您取得更大的成功。

罗斯福在回信中先赞赏了斯大林与赫尔利的会面，然后说美国海军最近成功地击退了企图夺回瓜达尔卡纳尔岛的日本军队。瓜岛在澳大利亚东北 1000 英里处。罗斯福对斯大林说，尽管美国向澳大利亚和新西兰施加了压力，但让他们起来反抗日本，目前收效甚微。他向斯大林强调，自己在"德国优先"的战略上与丘吉尔"完全一致"。罗斯福再次提到了"与您和您的参谋人员"面对面会晤的价值。

罗斯福致斯大林

1942年11月19日发，1942年11月21日收[19]

您对赫尔利将军这么友善，我非常高兴。

您能很清楚地认识到事物的本质，我非常欣慰。我很难说服澳大利亚和新西兰人民对抗日本的威胁，最有效的办法是首先摧毁纳粹。赫尔利将军会亲自告诉他们。您、丘吉尔以及我，在这一点上是完全一致的。

我们最近在西南太平洋的战斗，使得阵地更加巩固，尽管我们还没有消除日本人向南推进的企图。

美国和英国的参谋人员正在研究，如果我们控制了从直布罗陀到叙利亚整个地中海南岸地区，下一步的行动是什么。在采取任何行动之前，丘吉尔和我都想与您和您的参谋人员商量一下，因为不论我们下一步在地中海做什么，都将对您的宏伟战役和您提出的即将到来的冬天的行动产生影响。

告诉您再接再厉太多余了，因为您正在这样做。我真的感到各处的情况看起来都更光明了，更有希望了。

"天王星"行动在11月19日开始，5天之内，红军的钳形攻势已经包围了德国第6集团军，包围者反被包围。斯大林决定立即通知他的盟友。11月20日，他向丘吉尔和罗斯福发送了完全相同的信。他的最后一句话是，苏联的军事行动进展得"还不错"。这显示了斯大林一贯的谨慎，不过早炫耀自己。他的谨慎是与生俱来的，他甚至迷信这类事情。[20]

斯大林致丘吉尔

1942年11月20日发，1942年11月20日收[21]

我们在斯大林格勒地区，在前线的西北部和南部展开了攻势。这些攻势的第一阶段的主要任务，是夺取斯大林格勒—利哈亚铁路，扰乱斯大林格勒的德国集团军的交通线。在西北地区，德军的战线被突破了22公里，在南部地区被突破了12公里。这些军事行动进展得还不错。

在两国军队节节胜利的背景下，斯大林和丘吉尔之间的通信变得轻松起来。11月24日，丘吉尔给斯大林发了一封较长的信，语气特别舒展。信的开头提到了他们的"相互信任的个人关系"和他们"向广大人民负责"，听起来好像他和斯大林都是民主的政治家。英国首相接着确认，下一批次的北极护航船队将在圣诞节前起航。但是，隐藏在字句中的真实意图并不容易被参透。丘吉尔详细描述了他对土耳其、叙利亚甚至意大利的计划。虽然信的最后几行提到在英国南部部署大量的英国和美国军队，为的是把德国人牵制在加来海峡，并且，盟军在法国"准备利用各种有利的机会"，但这种对第二战场的说法难以取信斯大林。当然，丘吉尔在11月9日与迈斯基谈话时，已经对英国最优先考虑的事项做过轻率的表达，但令人惊讶的是，他现在发出这样一封精心编写的信，只能让斯大林对盟军战略产生最严重的怀疑。

丘吉尔还顺便提到了在英美掀起的艾森豪威尔与达尔朗协议丑闻的愈演愈烈的风暴，"无赖"一词是英国首相自己添加的。正如罗斯福在11月17日公开表示的那样，丘吉尔暗示，这些安排只是暂时的，直到他们的军队牢牢控制法属北非。克拉克·克尔和莫洛托夫交谈之后，知道了莫洛托夫的担心。克拉克·克尔警告艾登说，达尔朗可能是一个危机，在苏联人的思维模式下，他们会认为达尔朗是"第二个赫斯"。[22]

丘吉尔致斯大林

1942年11月24日发，1942年11月25日收[23]

收到你们的热烈和衷心的祝贺，我感到非常高兴。我认为，对于向生命危在旦夕的广大人民负责，忠诚履行我们的职责来说，我们之间相互信任的个人关系是最重要的。

我想向美国总统借12艘美国驱逐舰，总统很遗憾地告诉我说他办不到。但是我现在已经成功地组织了由30多艘舰船组成的护航船队，12月22日从冰岛起航。海军部将一如既往地与您的军官们协调行动。由于"火炬"行动的影响，德国人已经把大部分飞机从挪威北部转移到欧洲南部。另一方面，德国在挪威的地面部队仍处于警戒状态。到目前为止，海军部对QP护航船队*的进展感到满意，这支船队利用了恶劣天气，现在正处于我们派去会合的巡洋舰的保护之下。

我已经向罗斯福总统就土耳其问题谈过一些初步看法，发现他也形成了和我非常相似的观点。在我看来，第一，我们大家都应该作出新的努力，使土耳其在明年春天参战，站在我们这一边。为此目的，我希望美国加入英苏共同保证土耳其领土完整和国家地位的行列。[24]这将使我们三个国家步调一致，而美国人对土耳其人很重要。第二，我们已经向土耳其运送了大量的军需品，包括来自中东的200辆坦克。在冬季，通过陆路或沿黎凡特海岸，我将继续向土耳其运送军需品，如果可以，同时派遣便衣专家进行培训以及提供维修服务。第三，我希望到明年初春时，在叙利亚集结大量军队，它们将从我们的第8、第9和第10集团军中抽调，以便在土耳其受到威胁或愿意加

---

* 英国海军把从冰岛出发向东航行的载货护航船队命名为PQ船队，把从苏联向西返回的空船队称为QP船队。

入我们的情况下，去帮助土耳其。很明显，你们在高加索地区或高加索以北的行动也可能会产生很大的影响。如果我们能让土耳其参加战争，我们不仅可以打开黑海通向你方左侧的航运路线，而且我们也可以从土耳其的基地猛烈轰炸罗马尼亚的油田，这些油田对轴心国至关重要，因为你们成功地保卫了高加索地区的主要石油资源，使其未落入敌人手中。进入土耳其的优势在于，我们的主要行动可以通过陆路展开，并且可以作为在地中海中部发动攻势的补充，而地中海中部的攻势将发挥我们的海上力量和大部分空军力量。

我已经同意了罗斯福总统的建议，如果您同意的话，我们在不久的将来派两名英国高级军官和两名美国人到莫斯科，策划1943年的战争。如果您同意，请告诉我。

我希望您意识到，斯大林元帅，航运是我们的短板。为了完成"火炬"任务，我们不得不大幅减少跨大西洋的护航舰艇，以至于11月的上半月成为我们迄今为止最糟糕的一个月。我们和美国人的测算是每月损失70万吨，我们正在努力降低战损。在过去的一年里，平均损失并没有那么严重，但11月前两周情况非常糟糕。你们拥有广袤的土地，可能很难体会到海上交通制约着我们的生存和战斗。

不要为无赖的达尔朗烦恼。我们向法属北非派遣了一支庞大的英美军队，并且正牢牢地控制着局势。由于法国军队没有抵抗，现在又得到了法军越来越多的支持，我们或许比原计划提前15天。最重要的是尽早夺取突尼斯尖端和比塞大海军基地。我们第1集团军的主力可能会立即发动进攻。一旦在那里建立起空军优势，我们就能以一种前所未有的强度猛烈地轰炸敌人，让墨索里尼及其法西斯分子好好地尝一下被打的滋味。

与此同时，我们打算在英国集结大量英美陆军和空军，并在我们的东南海岸和南部海岸不断做好准备，把德国人牢牢牵制在加来海峡等地，并随时准备利用各种有利的机会。我们的轰炸机将越来越猛烈地轰炸德国。这样，绞索就会越来越勒紧劫数难逃的罪人。

你们进攻的极好消息源源不断地传来。我们正屏息凝神地关注着它。谨向您致以最美好的祝愿。

11月25日，美国总统发出一封特别轻松的信给斯大林，带着乐观的语气描述了最近在瓜岛的胜利，以及他希望猛烈轰炸很快就会破坏意大利军队的士气，迫使该国退出战争。这是一个他与苏联驻华盛顿代表交谈时常常说起的主题。[25]

在回复丘吉尔11月24日的来信时，斯大林感谢丘吉尔安排了一支新的北极护航船队，并表示"完全同意"让土耳其参加战争以及在三巨头的代表之间举行参谋人员会谈的想法。特别有趣的是他对丘吉尔关于"无赖"达尔朗的评论和反应。在这封供斯大林审阅的草稿中，莫洛托夫曾毫不含糊地谴责了美国与达尔朗的交易：

> 至于达尔朗，在我看来，对他的怀疑是合理的。无论如何，关于北非事务的重大决定，不应该建立在信任达尔朗和像他那样的人的基础上，而应该以那些在与残暴的希特勒不懈斗争中成为诚实盟友的人为依靠，我相信你会同意这一点。

但斯大林显然认为这样的说教太过分了，而且忽略了关键的一点，即"肮脏的交易"实际上帮助了盟军登陆的成功。[26] 所以他把莫洛托夫愤怒的句子换成了他自己的极富表现力的词语，即在战争中有必要利用"哪怕是魔鬼和他的奶奶"。这也表明尽管斯大林的外交很大程度上依赖莫洛托夫，但最终还是要由"老板"写剧本。斯大林对信的内容做了一些其他的修改。他在关于部队在英国集结的段落中又提出了一个尖锐的问题，提醒丘吉尔曾作出的在1943年开辟第二战场的"承诺"。莫洛托夫在信的最后一段感谢丘吉尔对斯大林格勒战役胜利的祝贺，斯大林把这段话换成了关于反击以及"火星"行动的更具体的信息。"火星"行动在莫斯科以西进行，目的是阻止德国人向保卢斯的第6集团军派遣增援部队。[27]

斯大林致丘吉尔

1942年11月27日发，1942年11月28日收[28]

我在11月25日收到了您的来信，非常感谢。关于发展我们个人关系的重要性，我完全同意您的看法。

我很感激您所采取的措施，派遣一支新的大型船队到阿尔汉格尔斯克。我知道，鉴于地中海的大规模行动，这对您来说十分困难。

在土耳其问题上，我完全同意您和罗斯福总统的意见。我们希望尽一切可能使土耳其在来年春天加入战争，站在我们这一边。这对于加速击败希特勒及其同伙至关重要。

在我看来，为了促进对北非和西非的占领，美国人对达尔朗的利用并非坏事。出于军事上的目的，应该利用各种各样的"达尔朗们"，"哪怕是魔鬼和他的奶奶"。[29]

我密切关注了您的来信，说你们和美国人没有放松东南海岸和南部海岸的准备工作，以便把德国人牵制在加来海峡等地，还说你们随时准备利用各种有利的机会。我希望这并不意味着您要改变您在莫斯科所作的承诺，即于1943年春天在西欧开辟第二战场。

我完全同意罗斯福总统的建议和您的愿望，即安排三方总参谋部的代表在莫斯科举行会谈，以便拟订1943年各自的军事计划。只要您愿意，我们随时准备同英国和美国代表见面。

在斯大林格勒战役中，我们到目前为止是成功的，部分原因是降雪和大雾阻碍了德国空军的活动。

我们打算在接下来的几天里在中央前线展开积极的军事行动，以便把敌军牵制在这里，防止他们的任何一部分向南方转移。

斯大林关于"魔鬼和他的奶奶"的话给艾登留下了深刻印象。他对迈斯基夸赞说："你们的语言非常丰富，有很强的表现力。"然而，苏联大使写道，艾登"对达尔朗的报道感到非常忧虑，这种忧虑很大程度上源于担心美国人私下里可能在玩一场不完全符合英国利益的游戏"[30]。斯大林并不是唯一一个将达尔朗比作魔鬼的人。罗斯福引用了一个"巴尔干半岛的"谚语，在一次新闻发布会上，他说："我的孩子们，在极其危险的时候，你们可以与'魔鬼'同行，直到你们过了那座桥。"[31] 在莫斯科，英国外交官注意到莫洛托夫很快就津津有味地重复斯大林关于达尔朗的说法。苏联的次一级官员，比如迈斯基和莫洛托夫，在最初时对利用达尔朗毫无把握，这些都强烈地表明支持美国政策的决定是斯大林独立作出的。[32] 克拉克·克尔告诫说，《达尔朗协定》为美国人在没有与莫斯科进行任何磋商的情况下，在解放区组织政府开了一个危险的先例。"俄罗斯人声称，随着时间的推移，每个国家都将出现政治管理问题，不仅我们和美国人会遇到这样的问题，他们也会。北非是第一个，它将开创一个先例。"他还补充说："俄罗斯人不想被排除在任何事情之外。"[33]

11月30日，丘吉尔向内阁宣读了斯大林的电报。他指出了电报"非常亲切友好的"的语气，但电报也提到了丘吉尔在8月份的"承诺"。根据内阁会议记录，丘吉尔说，不断变化的军事形势"要求我们更加义不容辞地于1943年在欧洲开辟第二战场。我们目前在地中海的活动虽然重要，但同俄罗斯正在作出的努力相比，我们的贡献并不大"。[34] 就在前一天，他也提及了斯大林的信，直截了当地对参谋长们说：

> 我当然认为，我们应该制订进攻法国海岸的计划，包括在英吉利海峡地区以及比斯开湾的战略部署，并应确定1943年7月为预定日期。

从俄罗斯前线的情况来看,希特勒不可能把大规模的军队从东方调到西方。他现在还不得不监视法国南部海岸。俄国前线的战斗已经有了很大的变化,而且可能从根本上改变了全局。

这些关于1943年7月横渡英吉利海峡的评论提醒我们,尽管丘吉尔一再痴迷于地中海,但他的战略思想比他的"斗牛犬"形象所暗示的更加反复无常。[35]

11月27日,随着"天王星"行动的顺利实施,斯大林抓紧看完了来信,并热情地回复了罗斯福19日的电文。他注意到应该表明当前对伦敦和华盛顿有信心,认为他们将在圣诞节前控制整个北非地区。他表示希望这次战役"可能会影响整个欧洲的战争局势",并让盟军在欧洲大陆开展"进攻作战"。为了这个目的,他赞同三大国的参谋级会谈,认为这是可取的。

斯大林致罗斯福

1942年11月27日发,1942年11月27日收[36]

我在11月21日收到您的来信,非常感谢。我完全理解您希望向澳大利亚和新西兰人民清楚地说明当前的战争形势,也理解您对西南太平洋地区军事行动的关切。

关于地中海的军事行动,它们进展得非常顺利,并且可能会影响整个欧洲的战争局势。我赞同您的观点,即美国、英国和苏联的参谋人员之间进行适当的磋商是可取的。

致问候,并祝贵军在今后的攻势中取得新的胜利。

1942年11月底,苏英关系处于最热烈、最活跃的阶段。伦敦已经决定恢复北极护航船队,而盟军终于在各自的战场上尝到了胜利的滋味。英国外交官对与莫斯科关系的改善感到高兴，他们相当重视斯大林在11月6日纪念布尔什维克革命25周年活动上的演讲，他提到"英苏美联盟成员之间的友谊稳步加强"，以及"他们合并成一个统一的战斗联盟"。由卡多根签署的英国外交部北方司的一份备忘录称："斯大林去年11月6日的讲话可以被看成他向苏联宣布，苏联政府决定从政策层面尝试与美国展开合作。"[37]

同样，斯大林强调了他与丘吉尔通信的个人性质，和1941年一样，1942年11月30日他向丘吉尔致以最美好的生日祝福，而丘吉尔也给他回信表示感谢。随后在12月又有了一轮信件，丘吉尔为斯大林的生日送上祝福。[38]

☆ ☆ ☆ ☆ ☆

1943年的计划像一块重石，压在三大巨头每个人的心上，协调的必要性显得尤为迫切。尽管在1942年11月27日，斯大林已经同意罗斯福召开参谋人员的三方会议，但丘吉尔却持有不同意见，他认为这些问题需要在三巨头会议上共同研究解决。他问美国总统："咱们提议在明年1月举行怎么样？"并指出："斯大林在莫斯科和我谈过，表示愿意今年冬天到某个地方来见您和我，他提到了冰岛。"[39] 在哈里·霍普金斯的敦促下，罗斯福提出了召开峰会的想法。几个月来，他一直想见到斯大林本人，他很嫉妒腿脚比自己更快的丘吉尔，已经偷偷地比他抢先了一步。他向英国首相提议，三方应于1943年1月15日左右在北非开会，这是基于一个（错误的）假设："在会议之前，突尼斯和比塞大应该被肃清，隆美尔的军队也应该被肃清。"然而，在给丘吉尔发送这封信之前，罗斯福删除了哈里·霍普金斯草稿里有关"在会议召开之前，您和我有必要全面了解"的句子，取而代之的是："我认为您和我彼此之间非常了解，我们二人在会议之前的见面就不必要了。"[40] 这将成为战争后期常见的模式。罗斯福希望单独与斯大林打交道，而不是给斯大林一种印象，即这位苏联领袖面对的是一个坚定的英美阵线，而这正是丘吉尔一贯坚持的路线。

两位领导人分别在12月2日至3日向斯大林提出了召开北非会议的建议,这个想法的发起者是罗斯福。

罗斯福致斯大林

1942年12月2日发,1942年12月5日收[41]

考虑到我们总体的军事形势和早日作出战略决策的必要性,我愈加笃信,您、丘吉尔和我应该尽早会晤。

在我看来,仅仅召开三方军事代表的会议是不够的。首先,因为未经我们同意,他们无法作出最终决定。第二,我认为万一德国崩溃时,我们应该有一个程序,我们对此应该有一些初步的协议。

最迫切的理由是我非常渴望和您谈一谈。我的建议是,在对我们三方都方便的非洲某个安全的地方秘密会面。时间,大约是1943年1月15日到20日。

我们每个人都带一支由我们的陆军、空军和海军高级指挥官组成的小规模的谈判队伍。

我真的希望您能对这一建议给予积极的考虑,因为我看不出还有其他办法有助于我们尽快共同就重要的战略问题作出决策。如果有了正确的决策,我们就可以击败德国,而且我相信一定会比我们预期的更早。

我随时可以乘飞机出发,但我认为在每年的这个时候,冰岛或阿拉斯加不是理想的会谈地点。我想,阿尔及利亚南部、喀土穆或其附近的某个地点较合适,所有的游客和媒体都可以被拒之门外。至于日期,仅仅作为一种建议,您可否考虑在1月15日左右?

丘吉尔致斯大林

1942年12月3日发，1942年12月4日收[42]

美国总统告诉我，他已提议我们3个人1943年1月份在北非的某个地方会晤。

这比我们在莫斯科讨论的冰岛计划要好得多。您可以在3天内到达任意预期的地点，我可以在两天内到达，美国总统与您的时间接近。我真诚地希望您会同意。我们必须尽早决定1943年在欧洲全面进攻德国的最佳方式。这个问题只能由政府和国家首脑在其高级专家的协助下才能解决。只有通过这样的会晤，战争的全部负担才能根据能力和机会来分担。

但斯大林谢绝了与他的两个盟友会晤的邀请，除了再次敦促丘吉尔开辟第二战场，他发的回信几乎相同（假如不考虑翻译上的差异）。[43]历史学家沃伦·金博尔评论道："斯大林的缺席是他自己的选择，也是他的错误"，"他错过了一个对他所批评的政策施加影响的机会"。[44]这位苏联领袖的借口是前线战事繁忙，这相当有说服力，但可能不是唯一的原因。恐惧乘飞机旅行，不愿冒险走出内务人民委员部的安全网络，期望在进入伟大战略的决定性讨论之前加强他的军事战略地位，这些都是可能的因素。在卡萨布兰卡会议期间，当罗斯福正在思考斯大林缺席的动机时，丘吉尔告诉美国总统（根据他对迈斯基的叙述）：

斯大林是个现实主义者。他的意思不言自明。如果斯大林来到卡萨布兰卡，他问你和我的第一件事会是："你们在1942年消灭了多少德国人？你们打算在1943年消灭多少？"我们两个人能说些什么呢？我们自己也不确定1943年我们要做的事情。这一点斯大林从一开始就很清楚。

那么他来参加会议有什么意义呢？⁴⁵

斯大林致丘吉尔

1942年12月6日发，1942年12月6日收⁴⁶

您12月4日的来信已收到。

我欢迎安排三国政府首脑会晤的想法，以确定共同的军事战略路线。

然而，令我非常遗憾的是，我无法离开苏联。我们时间紧迫，我一天也不可能离开，因为现在，我们冬季战役的重要军事行动正在进行。这些行动在1943年1月份不会减少，相反很可能会增加。

我正等待您对我上一封信中有关1943年春天在西欧建立第二战场的有关问题的答复。

斯大林格勒地区和中央前线的行动都在发展。在斯大林格勒地区，我们包围了一大批德国军队，希望能将他们完全彻底地消灭。

在收到斯大林的回应后，丘吉尔告诉迈斯基，他理解斯大林所关注的问题的"严重性"，但与斯大林的会晤无法实现，让他感到很遗憾，尽管美国方面表现消极，但他已经敦促在1943年尽早开辟第二战场。正如迈斯基告诉莫斯科的那样：

> 我的印象是，美国人和英国人把在西欧开辟第二战场当作一个球，当罗斯福坚持1942年开辟第二战场时，丘吉尔反对，如今，当丘吉尔支持1943年开辟第二战场时，罗斯福反对。从本质上讲，双方都怀有同样的想法，那就是为他们自己打一场"简单的战争"。⁴⁷

斯大林拒绝来卡萨布兰卡，让罗斯福很不高兴，甚至有点儿恼怒，他再次尝试，以"至关重要的事情"为诱饵，强调只能当面讨论，他甚至提议可以将会面安排在 1943 年 3 月举行。[48] 丘吉尔在回信中，没有直接答复斯大林关于第二战场的问询，提出需要与罗斯福共同决策。

罗斯福致斯大林

1942 年 12 月 8 日发，1942 年 12 月 10 日收[49]

您认为您无法脱身在 1943 年 1 月赴会，我感到非常失望。我们之间有许多至关重要的事情要讨论。这些事情不仅关系到重要的战略决策，而且关系到我们应该以试探性的方式讨论一些措施。假如德国的情况突然发生变化的话，这些措施我们随时可以拿来实施。

至关重要的事情还包括与北非和远东未来政策有关的其他问题，这些问题不能只由各国军方人员来讨论。

我充分理解当前和近期你们面临的紧张局势，以及您出现在战斗前线附近的必要性。

因此，我建议我们暂定于 1943 年 3 月 1 日左右在北非举行会晤。

丘吉尔致斯大林

1942 年 12 月 12 日发，1942 年 12 月 13 日收[50]

在您 11 月 27 日给我的信中，第五段的最后一句话以及 12 月 6 日的信中，您特别询问了 1943 年的第二战场问题。除非与美国总统在一起，我无法单独回答这个问题。正是由于这个原因，我非常热切地希望我们三个人之间的会晤。我们彼此都明白，最重要的军事原因拖累了您，在实施重大的军事行动时您无法离开俄罗斯。我一直在与总统沟通，看看怎么办才好。

在给罗斯福回信时，斯大林显然仔细权衡过，但他又一次礼貌地拒绝了罗斯福提出的 1943 年 3 月举行会晤的提议，建议他们通过写信来讨论罗斯福想到的任何紧急问题。他还提醒罗斯福最迟在 1943 年春天开辟第二战场，以兑现"承诺"，用奉承美国人明智地利用达尔朗来平衡这一令人不快的提醒。尽管此信在某些地方的翻译是直译的，比如"道路"意味着达尔朗已经被带进了盟军的潮流中，从他的语气中还是能捕捉到一些东西：耐心有礼貌，但有点儿傲慢，仿佛在对付一个犯了错误的孩子。

斯大林致罗斯福

1942年12月14日发，1944年12月14日收[51]

我也必须对我近期，甚至在 1943 年 3 月初都无法离开苏联表示深深的遗憾。前线事务让我分身乏术，战事要求我经常出现在我们的部队附近。

到目前为止，我还不知道，总统先生您和丘吉尔先生打算在我们的联席会议上讨论什么具体问题。我想知道，假如条件不允许我们见面，是否可以通过写信来讨论这些问题？我认为我们之间不会有分歧。

请允许我相信，时间不会白白流逝，您，总统先生，和丘吉尔先生关于 1942 年，以及无论如何都会在 1943 年的春天在欧洲开辟第二战场的承诺将会兑现，明年春天英美联军确实将在欧洲开辟第二战场。

关于苏联对于利用达尔朗和其他像他一样的人的态度的各种谣言，我想申明，在我以及我的同事们看来，艾森豪威尔对达尔朗、布瓦松、吉罗和其他人的政策是完全正确的。我认为，你们成功地把达尔朗和其他人带到了同盟国抗击希特勒的道路上，这本身就是一个巨大的成就。不久前，我也把这一点告诉了丘吉尔先生。

罗斯福对斯大林的顽固和挖苦感到恼火，没有回复这封信。相反，他倒是从斯大林的态度中省悟到，关于在高加索地区部署英美空军部队（"天鹅绒"行动，"Velvet"）进展得太缓慢了。该行动自 11 月中旬开始，到目前为止，苏联人已经算清了账，"天鹅绒"行动需要向高加索地区调动 2.2 万兵力，以牺牲向苏联提供的物资和运力为代价，相当于每月从波斯走廊减少 3 万吨货物。苏联方面的建议是只要飞机，不要机组与维修人员，但是盟军代表拒绝了，谈判陷入僵局。[52] 在回复罗斯福时，斯大林说，由于最惨烈的战斗发生在其他地方，所以再也没有必要向高加索地区派遣空军中队了。他再次提醒罗斯福，苏联人需要的是飞机，而不是飞行员。美国总统于 12 月 21 日作出简短回应，承诺加快飞机运送。[53]

12 月 29 日，丘吉尔向斯大林说了实话：北非战事不顺利。他现在不得不承认，之前希望在圣诞节前抵达突尼斯，现在事与愿违，德国的顽强抵抗延缓了盟军的进展，拖延了对北非的扫荡。不过，他一如既往地对形势作了最好的解释。关于继续北极护航船队，英国首相给出了更多积极的消息。他和罗斯福已经商定，尽管斯大林缺席，他们两人仍将在卡萨布兰卡附近会面。[54] 丘吉尔将最后这条信息秘密传达给了斯大林，他的话不可能增强克里姆林宫的信心，丘吉尔避免使用"第二战场"这个有魔力的词，并再次强调运力的紧张。在 1943 年 1 月 5 日的简短致谢中，斯大林继续施加压力，他告诉丘吉尔："如能获知会谈的结果，我将非常感谢。"[55]

丘吉尔致斯大林

1942 年 12 月 29 日发，1942 年 12 月 30 日收[56]

你们在南方取得的不断扩大的胜利，使我们深受鼓舞。它们证实了您在莫斯科对我所说的话，其结果可能影响深远。

轴心国正在突尼斯突出部打造他们的桥头堡，我们在第一次进攻时差一点儿夺取了它。现在看来，那里的战斗将持续到 1943 年 1 月和 2 月。我希望亚历山大将军的军队能在2月初掌控的黎波里。隆美尔很可能会带着他的军队向突尼斯突出部撤退，其军队约有7万德国士兵和同样多的意大利士兵，其中三分之二是行政部队。非洲海岸的作战使敌人付出了巨大的代价，他们在运输途中和港口都有重大损失。我们将尽最大努力尽快结束这场战役。

12月份的PQ船队目前进展顺利，超出了所有人的预期。我现在已经安排在1943年1月份派遣一支由30艘或更多船只组成的完整船队到你方，尽管海军部还未决定分一批去还是分两批去。

仅告知您本人，我不久将去拜访罗斯福总统，以确定我们1943年的计划。我的最高目标是让英国人和美国人在最短的时间内以最大兵力与敌人作战。运力不足的问题是最突出的。我会告知您会面的结果。

一天后，斯大林收到罗斯福发来的另一封信。在莫斯科拒绝了高加索地区的"天鹅绒"行动后，罗斯福再次提出向苏联派遣美国空军的问题，这次是在西伯利亚。美国军方极力鼓动罗斯福，让他说服斯大林在远东建立空军基地，以应对美国与日本的战争。这份电报的最终版本，是由海军上将莱希代表参谋长联席会议拟定的，联席会议希望利用高层渠道，绕过冷漠迟钝的苏联军事官僚机构。就在新年之前，罗斯福只字未改地批发了这份电报。[57] 这是一封措辞严厉的信，极为详细地（甚至列出具体的苏联军官的名字）说明美国人在一个战区里想要做的事。这个战区对斯大林的整体战略而言是无足轻重的，但在这个地区，斯大林对美国试图把他卷入一场不希望发生的战争极度敏感。

罗斯福致斯大林

1942年12月31日发，1943年1月1日收[58]

假如日本在远东攻击俄罗斯，我准备在那个战区用一支拥有100架四引擎轰炸机的美国空军部队尽早援助你，只要苏联当局提供某些物品和装备，并且提前准备好适当的作战设施。这支部队的补给靠航空运输，因此，苏联政府应提供炸弹、燃料、润滑油、运输工具、住房、暖气和其他有待确定的次要物资。

虽然我们没有确切的消息说日本将会攻击俄罗斯，但这似乎是一种终极可能。因此，我们要为这个突发事件做好准备。您10月6日同意布拉德利将军可以对远东的空军设施进行考察，我建议现在就开始，由您授权的11月11日开始的布拉德利将军和科罗连科将军之间的讨论应该继续进行。

我打算指定布拉德利将军为代表，我完全信任他，如果您同意的话，他将代表美国继续这些讨论。他将被授权探索俄美在远东战区联合行动的每一个阶段，并根据他的调查，集结一支空军力量，必要时，我们将调派这些空军协助你们。他还将确定可行的和必要的预先准备范围，以确保我们的部队在敌对战争开始时，及时有效地参与。他的小组人员不会超过20人，将乘两架美国道格拉斯DC-3型飞机飞到俄罗斯。

如果您同意，我建议他们从阿拉斯加出发，沿渡船路线进入西伯利亚，从那里在俄罗斯人的陪同下，抵达苏联军队在远东的总部，并从那里去俄罗斯的其他地方，进行所需的调查，讨论行动计划。

假如有一名会说英语的俄罗斯军官，如目前在华盛顿的弗拉基米尔·奥夫诺温上尉，或在莫斯科的斯莫利亚罗夫上尉，作为副官兼联络官，被选派陪同布拉德利将军，那将是非常有益的。

我借此机会表达我对伟大的俄罗斯军队的勇气、毅力和军事力量的钦佩之情，这些方面，布拉德利将军已经向我汇报，你们上个月取得的伟大胜利也已经反映出来。

罗斯福12月31日的信肯定重新唤起了斯大林长期以来的担忧，即美国人想把苏联过早地拖入与日本的战争中。在远东部署美国空军是对苏日中立条约的公然违反，而美方所提议的对苏联远东军事设施的调查，也带有间谍活动的味道。巴甫洛夫翻译的不准确也产生了影响：相对比较中性的词汇"survey"（"osmotr"，考察）变成了看上去带有侵入性的"inspection"（"inspektsiya"，检查）。[59] 尽管如此，斯大林在答复中只是重申了他关于高加索地区的看法，即美国应该派出轰炸机，但不派飞行员前往苏德战场。[60]

尽管斯大林明确表态，罗斯福依然坚持。他迟迟没有意识到问题的症结，他未经仔细考虑，就草草批准了12月30日五角大楼的草案，造成了一些问题。因此，这次他花费了一些时间编辑他们的材料，除了其他修改，还添加了信函文本中的斜体字，凸显有关马歇尔将军的段落。但事实上，美国总统仍然再三要求，争取让苏方批准布拉德利将军对西伯利亚进行初步考察，结果使自己越陷越深。

罗斯福派马歇尔去莫斯科讨论整个战略形势的提议，符合罗斯福派重要人物去摸清斯大林底细的习惯。由于斯大林不打算来卡萨布兰卡，这一点尤其值得考虑。然而，这只是罗斯福最近的心血来潮。1943年1月7日在参谋长联席会议上，罗斯福突然灵光一闪，产生了一个想法。根据官方会议记录，在对卡萨布兰卡的计划进行一番讨论之后：

总统问马歇尔将军，他是否认为他，马歇尔将军，应该去一趟莫斯科。

马歇尔将军说："期望我在那里完成什么任务？"

总统回答说，这次访问的特别目的是要鼓舞俄罗斯人的士气。他说，我两次邀请斯大林先生与我和丘吉尔进行商谈，但未能如愿。他说，在英国和美国看来，斯大林可能觉得自己是局外人，而且有一种孤独感。

罗斯福提到一些他打算与丘吉尔在卡萨布兰卡讨论的话题，包括"无条件投降"的细则，战后轴心国的裁军，在夏天进行三巨头会晤的计划，并表明马歇尔"可以成为告知斯大林先生这些结果的使者"。这位陆军参谋长深吸了一口气,表明他将访问莫斯科。[61]

罗斯福致斯大林

1943年1月8日发,1943年1月10日收[62]

读了您关于远东问题的无线电[报]的回信,我想我没有把自己的思想表达清楚。

正如我以前关于南高加索问题所解释的,除了用现有的航空部队建制,在这个时候向俄罗斯派遣重型轰炸机是不切实际的。

我们关于100架飞机的提议所指的是,如果日本和俄罗斯之间真的爆发战争,在这种情况下,我们打算在太平洋战区重组我们的空军,100架有组织的飞机可以集中在东西伯利亚,因为他们的行动和你们在那里的战斗,可以使我们缩减太平洋战区其他地方的空军部署。

我在电报中提出的想法,具有预先制订保护计划的性质,只是针对一种可能发生的情况。建议立即采取的行动,是参考布拉德利将军与苏联官员的考察和讨论。只有通过这种初步的考察和事先规划,才有可能在西伯利亚爆发冲突时,提供相当迅速的援助。

我想派马歇尔将军随后到莫斯科访问,如果可以安排的话,我希望届时您能与他讨论这个问题。

他将会告诉您非洲目前的局势,以及今年剩余时间在所有战区已经策划的行动。我认为这会非常有帮助,并且他将带去最新的消息。同时,我在去年12月30日提出建议,即布拉德利将军及其一行立即前往远东进行考察,并与参谋人员讨论,如能早日答复上述提议,我将不胜感激。

我对贵军的持续推进高度赞赏。在各条战线上消耗敌人的策略已经开始奏效。

丘吉尔对北非的前景仍持乐观态度。他曾在 1942 年 12 月 29 日让参谋长们做一些探讨，考虑 1943 年在欧洲大陆对抗希特勒，"是否可以从西部和南部组织联合或者并行的作战行动"，换句话说，就是在法国，在西西里岛或撒丁岛登陆。1943 年 1 月 5 日，参谋长给了他一个清醒的回答，让丘吉尔从幻想回到现实。参谋长说，以我们现在可用的攻击舰和登陆艇，"不足以在同一时间实施一项以上的大规模两栖行动"，甚至到了 1943 年 8 月，也只能达到有限的规模，而且极其危险，在登陆行动至关重要的最初 48 个小时里，当部队正在奋力建立滩头阵地时，我们在法国，登陆能力也仅仅是 4 个师，或是在意大利，登陆能力不超过 3 个师。[63]

登陆艇和攻击舰的严重短缺，只是一场更大的航运危机的一个方面。1942 年 10 月，丘吉尔给罗斯福发过一封长信，内容是"指导我们在战争中联合行动的一些要点"，他直言不讳地说："首先，我提出德国 U 型潜艇的威胁。我相信，这是我们最大的危险"，估计造成"每月损失 70 万吨"货物。由于英国对进口的依赖，这不仅"削弱了我们的战争能力，甚至威胁到我们的生命"，而且"大大限制了美国参战的力量。海洋原本是你们的盾牌，但现在即将变成你们的牢笼"。11 月 30 日，罗斯福回复说，我想"向你们保证，请放心，我们不断扩大的舰队，可以满足你们的进口所需要的吨位"。他还说，美国海军部将与驻华盛顿的英国海军参谋部商议有关分配美国预计在 1943 年生产的 336 艘护卫舰的事宜。然而，这封信从来没有在参谋长联席会议分享过，而且不管怎样，"火炬"行动，太平洋战区和 U 型潜艇，都让英美在航运上付出了代价，这被证明是 1943 年英美军事上的短板，成为阿喀琉斯之踵。[64]

1943 年 1 月 10 日，丘吉尔在给斯大林的信中，也提到了这次航运危机，丘吉尔告知他，由于缺少护卫舰，计划中的北极护航船队又一次中断。而此时，大西洋之战正处于高潮。因此，1 月份驶往俄罗斯的商船从 30 艘减少到 19 艘。但丘吉尔说，他们将在 2 月和 3 月派出完整的船队。在丘吉尔给斯大林写信之前，迈斯基已经得到了风声。苏联大使提到丘吉尔在1942年12月29日的信中对斯大林的"承诺"，要求艾登和英国海军部履行这个义务。[65] 丘吉尔闻言勃然大怒：

> 迈斯基先生说我承诺在1月和2月派出30艘船的护航船队，他并没有说实话。应该告诉迈斯基，我对俄国人这些反反复复的唠叨，已经忍无可忍了，试图对我敲打烦扰，再不会有丝毫用处。我们在世界各地的护航力量如此薄弱，以致英国商船队遭受了不成比例的惨重损失。[66]

但在1月11日他们会面时，老练的艾登并没有责难迈斯基；迈斯基大使告诉莫斯科，艾登说丘吉尔"作出这样明确的承诺是犯了一个错误"。[67] 斯大林1月16日以简短的答复，平静地回应了这封信。[68]

丘吉尔致斯大林

1943年1月10日发，1943年1月12日收[69]

1942年12月的护航船队现在已经成功地渡过难关，您将会收到我们的轻装部队与强敌交战的细节。

英国海军部原本打算将1月份的护航船队分成两批，每批15艘船，第一批在1月17日左右起航，第二批在本月晚些时候起航。从最后一支船队的经验可以清楚地看出，敌人打算通过水面舰艇部队阻止后面的船队，因此有必要立即增加我们的护航舰，使其超过原先预计的1月份的规模。因为白天时间变长，以后的船队护卫需要进一步增强。

因此，我们不得不修改我们的安排。1月份的船队不分成两批，我们将于1月17日起航19艘船（包括2艘加油船），而不是原定的15艘船。接下来大约在2月11日，将会有一支由28艘至30艘船组成的完整的护航船队。

此后，我们将尽最大努力在 3 月 10 日左右，派出一支 30 艘船的护航船队，但这要取决于美国人是否用护航舰船协助我们。如果他们不能提供这种援助，这个船队最早只能到 3 月 19 日起航。

罗斯福 1 月 8 日关于远东的信函让斯大林疑心大起。尽管斯大林 1 月 5 日直截了当地说明，他们在苏德战场上只想要战机援助。罗斯福重申他向远东派遣空军部队的提议，致使这位多疑的苏联领袖得出结论：美国试图让苏联参加"他们的战争"，而美国又同时避开俄罗斯的战争。斯大林也对马歇尔的访问计划感到不快。换一个时间，斯大林可能会接见这位美国陆军参谋长，但在目前的情况下，他认为这样的访问不受欢迎，并粗鲁地回问访问的意义何在。同样让人恼火的是，罗斯福痴迷于布拉德利将军提出的对潜在的西伯利亚空军基地进行"考察"。在巴甫洛夫的翻译中，"检查"这个词不恰当地又溜进来，斯大林在它下面重重地划上线。[70] 考虑到所有这些令人恼火的事，斯大林改变了他对罗斯福一贯的彬彬有礼的语气，向罗斯福发出了首封言辞犀利的信，带有讽刺的意味。他的回信中大量使用了"检查"一词，不仅坚决拒绝罗斯福的所有提议，而且还提到了盟军在北非缓慢的进展，这种触及痛处的说法让人感到不快。尽管这封信的草稿是由莫洛托夫捉刀代笔，但莫洛托夫肯定是按照斯大林的指示行事的。

看到这封信后，迈斯基预测罗斯福可能会对斯大林的回复"生气"，但又觉得"没办法！美国人需要得到教训。他们真以为自己是社会的中坚，是全世界的导师"[71]。

斯大林致罗斯福

1943 年 1 月 13 日发，1943 年 1 月 13 日收[72]

我愿对你们决定向苏联派遣 200 架运输机表示感谢。

关于向远东地区派遣轰炸机部队，我在之前的几封信中已经明确表示，我们需要的不是航空兵部队，而是不包括飞行员的飞机，因为我们自己的飞行员绰绰有余。这是第一点。

其次，我们希望你们提供的飞机援助不是在远东地区，因为那里还没有进入战争状态，而苏德战场对航空援助的需求尤其迫切。

您建议让布拉德利将军考察俄罗斯在远东和苏联其他地区的军事目标，对此我很不理解。道理似乎很明显，俄罗斯的军事目标只能由俄罗斯的检查员检查，正如美国的军事目标只能由美国的检查员检查一样。在这方面，一定不能有任何误解。

关于马歇尔将军的苏联之行，我必须说，我对他的使命不是很清楚。我要求说明他这次旅行的目的和目标，以便我能够在充分理解其意义的情况下考虑这个问题，然后再作出答复。

我的同事们对北非行动的减缓感到担忧，而且，据说这不是短期的，而是长期的。关于这一点，我可以从您那里得到一些信息吗？

罗斯福没有回应斯大林非常不友好的信，他想以同样的方式回应，却又克制住了这种冲动；但正如丘吉尔后来告诉迈斯基和艾登的那样，罗斯福在卡萨布兰卡时发了脾气，宣泄了自己的情绪。显然，英国人赞同斯大林对美国总统想在苏联远东地区采取的愚蠢手段的反应：丘吉尔笑称这是"一封不同凡响的信"。根据迈斯基的日记，"当艾登听到向西伯利亚派遣100架轰炸机的提议时，他的脸上作出一副恐怖的表情"。丘吉尔说："噢，坦率地说，罗斯福是被斯大林的信激怒了，想要回一封信恶语相向。但我还是说服了他。我告诉他说：听着，实际上现在谁在战斗？只有斯大林！看他在多么奋勇地战斗啊！我们必须体谅他，对他宽容与让步。总统最终同意了，并改变了与斯大林争吵的想法。"[73]

第六章 卡萨布兰卡：一桌只有两人

☆ ☆ ☆ ☆ ☆

丘吉尔和罗斯福来到卡萨布兰卡，兴致勃勃，就像两个逃课成功的小学生。罗斯福建议，他和霍普金斯用堂吉诃德和桑丘·潘沙做化名。丘吉尔用强烈的讽刺口吻问道："用这个做伪装难以看穿，您是怎么想到的？"他建议用"Q队长"和"P先生"，并补充说："特别注意，我们必须关照好我们的Q队长和P先生。"[74] 会议地点在卡萨布兰卡郊区豪华的安发酒店，在那里，从1月12日至24日，两位领导人和盟军参谋长联席会议（CCS）举行了一系列紧张的会议。在第二战场这个主要的战略问题上，他们可以选择的方案非常有限。马歇尔反复警告说，"火炬"行动耗尽了后勤方面的资源，已经影响到1943年对法国的登陆作战，使"围歼"行动变得不太可能了。到1943年新年时，北非战事进展缓慢、航运能力匮乏和登陆艇短缺这些综合因素，使任何其他行动都没有可能，除了在欧洲大陆上夺取较小的"立足点"（"锻锤"行动）。甚至于"锻锤"行动能够实施，也是基于这样一个假设："德国部署在法国的兵力减少了，或者由于军队撤出，或者由于内部崩溃。"这与苏联的想法背道而驰，斯大林想要的，是对希特勒的"欧洲堡垒"进行正面攻击，冒着损失巨大的风险，把德军从东线拉回来。[75]

在1月24日的总结报告中，盟军参谋长联席会议列举了从英国出发的三种两栖作战方式。因为这些决策将给三巨头的关系投下长期的阴影，所以我们准确地引述如下：

（1）实施突袭，主要目标是发动空战和造成敌人损失。

（2）开展目标为攻占桥头堡的军事行动，并且在德国人的士气和资源允许的情况下，积极扩大战果。

（3）利用德国瓦解的机会，重返欧洲大陆。

根据第（2）项，盟军参谋长联席会议确定了一项针对科唐坦半岛（瑟堡港以南）的行动，目标日期为1943年8月1日。他们还同意建立一个美英规划人员班子，其指令将包括："根据上述第（3）项，为重返欧洲大陆做好准备，执行此项任务的部队将在英国逐月待命。"这个段落的草案中曾包括一句附加的话："该指令还将为1944年登陆欧洲大陆的计划作出规定。"但是这句话从最终版本中删除了，尽管它反映了盟军参谋长联席会议明显的意图。美国陆军航空队司令"哈普"·阿诺德将军说："看起来，在1944年的春天之前，不会有任何规模的登陆欧洲的作战行动。"布鲁克赞同他的话，但补充说："我们肯定有望在1944年大规模进入欧洲大陆。"[76]

考虑到一旦北非解放后需要采取的行动，卡萨布兰卡会议同意由艾森豪威尔担任盟军最高指挥官，准备在7月进攻西西里岛（"哈士奇"行动，"Husky"）。至于进攻之后会发生什么，无人谈及。在会议开始时，布鲁克就明确排除了"1943年从西西里岛对意大利采取任何进一步行动的可能性，除非意大利彻底崩溃"，但他认为，西西里岛是一个便利的基地，从那里可以加强盟军的轰炸，"迫使意大利退出战争"。马歇尔对这种战略转向并不满意。这位美国陆军参谋长仍然专注于登陆法国，认为这是战胜德国的关键，并警告说："每一个偏离主要计划的转移或次要问题都是一个'真空泵'。"[77]很明显，他担心1943年的"哈士奇"行动可能会产生这样或那样的影响，就像1942年的"火炬"行动一样。但随着会议的发展，他和他的美国同事无法抵抗英方的压力。这在一定程度上是由于跟太平洋地区相比，法国是否应被优先考虑，美国陆军和美国海军对此存在着难以解决的深刻分歧；另一个原因是，英国人来到卡萨布兰卡，带着一大批消息灵通的计划人员，为他们提供支持的还有皇家海军指挥舰"布洛洛"号（HMS Bulolo）上的一个有地图、海图和统计数据的流动作战室。美国陆军规划师艾伯特·魏德迈感伤地改编了尤利乌斯·恺撒的名言，恺撒说：我来，我见，我征服！魏德迈反其意而用之，他说："我们来了，我们听了，我们被征服了。"[78]

用迈斯基的话来说，所有这一切都意味着，盟军将继续夹紧纳粹这头野兽的"尾巴"，而不是"用棍棒猛击它的头"。[79] 尽管罗斯福和丘吉尔一直考虑在 1943 年实施某种跨海峡登陆作战的可能性，但他们知道卡萨布兰卡的会议结果不可能让斯大林满意。因此，他们决定以一封特别的联名信向他汇报。1 月 21 日至 22 日，盟军参谋长联席会议起草了这封联名信，又由霍普金斯和哈里曼改写润色，并由两位领导人在 1 月 23 日和 24 日两个晚上进行讨论。丘吉尔告诉战时内阁："我们的想法是，这份陈述应该阐明共同的意图，但不包含任何承诺。"这封联名信取代了罗斯福早先的打算派遣马歇尔作为特使前往莫斯科的想法，或许是因为斯大林对马歇尔造访态度冷淡，也可能因为罗斯福和丘吉尔希望尽量减少与克里姆林宫的讨论。[80]

重要的是不仅要通知克里姆林宫，而且要向全世界宣告反希特勒联盟的团结。精心起草的首脑峰会联合公报说：

> 斯大林元帅被热情地邀请与美国总统和英国首相会面，在这种情况下，会晤原本会在更远的东方举行。但此时他无法离开俄罗斯，因为作为统帅，他正在亲自指挥大规模的进攻。
>
> 总统和首相充分意识到俄罗斯正在其广阔的土地上成功地反击，承受着这场战争的巨大压力，而美英的主要目标，则是一直在选择最佳的地点，尽可能猛烈地打击敌人，尽可能多地减轻俄罗斯军队的压力。
>
> 斯大林元帅已经充分了解了我们的军事计划。[81]

关于斯大林"充分了解"的说法是夸大之词，因为给他的联名信故意表达得很模糊。不过，这两位西方领导人对克里姆林宫的反应也很清楚。丘吉尔对内阁说："除非我们在今年春天之前在法国部署 50 个或 60 个师，否则斯大林不会接受任何其他的选择，我认为他会对这封联名信感到失望和愤怒。但是我认为明智的是，我和美国总统应该站在一起。毕竟我们背后有广泛的支持。"[82]

丘吉尔和罗斯福致斯大林

1943年1月26日发，1943年1月27日收[83]

我们已经和我们的军事顾问进行了磋商，并且确定了在1943年的前9个月美英部队将要采取的军事行动。我们希望立即告知您我们的意图。我们相信，这些行动，加上你们的强有力的攻势，很可能让德国在1943年屈服。必须尽一切努力来实现这一目标。

我们丝毫不怀疑，我们的正确战略是集中力量击败德国，以期在欧洲战场上早日取得决定性的胜利。与此同时，我们必须对日本保持足够的压力，以保持在太平洋和远东地区的主动权，必须支持中国，并且防止日本人把他们的侵略扩大到其他战区，比如你们的沿海省份。

我们的主要愿望一直是将强大的德国陆军和空军从俄罗斯前线转移，并且最大限度地向俄罗斯提供物资。我们将不遗余力地通过一切可能的途径向你们提供物资援助。

我们此刻的意图是将轴心国赶出北非，建立海军和空军基地，以便：
（1）开辟通过地中海进行军事运输的有效通道；
（2）展开对南欧重要的轴心国目标的密集轰炸。

我们已经决定尽早在地中海开展大规模的两栖作战。这些行动的准备工作目前正在进行，并将涉及相当大量的兵力集结，在埃及和北非港口要集结大量登陆艇和登陆舰船。此外，我们还要在英国境内集结一支强大的美国陆军和空军。这些军队，连同英国的军队一起，将做好准备，在条件允许时重返欧洲大陆。我们的敌人肯定会知道这些集结，但他们不知道我们会在何时何地，以何种规模发动攻击。因此，他们将被迫把陆军和空军分散开来，布防在法国所有的海岸、低地国家、科西嘉岛、撒丁岛、西西里岛和黎凡特，以及意大利、南斯拉夫、希腊、克里特岛和多德卡尼斯群岛。

在欧洲，我们将迅速加强盟军的轰炸，从英国发起对德国的突袭，到七八月份时，其力度将是现在的两倍。我们迄今的经验已经表明，昼间轰炸造成大量德国战斗机的摧毁和损坏。我们相信，无论白天还是夜晚，不断加强袭击的节奏和力度，将大大损耗德国的设施和士气，并迅速耗尽德国的战机。正如你们所知，我们已经在西欧和地中海牵制了一半以上的德国空军。我们毫不怀疑，愈来愈猛烈且多样化的轰炸攻势，连同我们正在进行的其他行动，将迫使德国空军和其他部队进一步从俄罗斯前线撤出。

在太平洋，我们的目标是在未来几个月内，把日本人从拉包尔驱逐出去，并在此后，将战果扩至日本本土方向。我们还打算扩大我们在缅甸的军事行动规模，以便重新开放我们对中国的供应渠道。我们打算立即加强我们在中国的空军。然而，我们不能因为对日本的进攻，影响到我们利用每一个可能出现的机会在1943年痛击德国、致其失败的能力。

我们的首要目的，是最大限度地调动陆海空力量，对付德国和意大利。

斯坦德利大使和英国代办莱西·巴格利奉命将罗斯福和丘吉尔联合签名的关于卡萨布兰卡会议的信交给斯大林。1月26日夜间，他们二人将信件送到。[84] 克里姆林宫对这封信异常重视。可能是按斯大林的指示，莫洛托夫甚至命令将巴甫洛夫的译本与英国大使馆的俄文译本进行核对。外交人民委员会的工作人员汇报说："没有发现语义上的差异，两种译本之间唯一的区别，是巴甫洛夫的翻译风格用俄语读起来效果更好。"[85]

巴格利向伦敦报告说，斯大林对这封信的反应是克制的，低调而内敛。看完信的内容后，他简洁地表示，他"没有问题"。斯坦德利写道：斯大林"有一张不动声色的好看面孔"，他看着莫洛托夫，一言不发地把信递过去。不过，这两位盟国外交官私下里指出，这封信对即将展开的行动表述"不完整"且"含糊不清"。斯坦德利认为这是故意的,提醒斯大林不要过分解读卡萨布兰卡会议。尽管如此,巴格利在他的报告中推断道:"斯大林显然在期待一些更具体的东西。"[86]

1月27日和29日,丘吉尔发给斯大林两封短信,都涉及他即将对土耳其的访问。丘吉尔的即将出访在内阁中引起了很大的争论。艾登和艾德礼试图劝丘吉尔不要去土耳其,他们认为没有令人信服的理由使土耳其改变中立政策,因此访问的时机还不成熟。然而丘吉尔利用英国驻安卡拉大使提供的信息,认为他可以通过大肆宣传苏联在东线的胜利和盟军在地中海的胜利,加快土耳其的参战速度。他还利用了美国在会议上同意英国在土耳其问题上"发挥作用",就像美国在中国问题上发挥主导作用一样。丘吉尔及时地将这次会面通知了斯大林,同时公布了一个障人耳目的说法,说他实际上要去莫斯科。[87]

尽管苏联对通过直布罗陀海峡进入黑海特别感兴趣,但丘吉尔对地中海东部毫不掩饰的热情,不大可能减少斯大林对他关于第二战场的承诺的怀疑。这一点在他给丘吉尔和罗斯福联名信的回应中显而易见。他的回复与莫洛托夫的草稿相同,苏联领袖明确要求了解"具体的行动信息"和"时间安排"。目前,他没有作进一步的评论,希望(或假装希望)盟军能兑现他们的承诺,在1943年开辟第二战场。但他很容易看出,他的盟友们在两面下注,一边暗示准备进攻法国,另一边把注意力和资源集中在地中海。在接下来的几个月里,由于丘吉尔和罗斯福没有向斯大林和盘托出卡萨布兰卡会议的全部情况,联盟内部出现重大裂痕。[88]

斯大林致罗斯福和丘吉尔

1943年1月30日发,1943年1月30日收[89]

我在1月27日收到了你们亲切的联名信。感谢你们通报了卡萨布兰卡会议所作出的决议，我因此得知在 1943 年的前 9 个月美国和英国的武装力量将要实施的军事行动。我的理解是，通过对德国所作出的决定，你们确定了于 1943 年在欧洲开辟第二战场来实现击败德国的目标，你们如能提供关于这一计划的具体行动信息以及实施它们的预定时间，我将非常感谢。

至于苏联，我可以向你们保证，苏联的武装部队将会尽其所能，继续在苏德战场上对德国及其盟友发动攻势。如果情况允许，我们可望在今年 2 月的上旬至中旬结束我们的冬季战役。我们的士兵们已经疲惫了，他们需要休息，在那之后，几乎无法继续进攻。

☆ ☆ ☆ ☆ ☆

1943 年 1 月 31 日黎明时分，红军部队用手榴弹和火焰喷射器从一个地窖到另一个地窖，清扫了斯大林格勒中部的所有地区。7 时 35 分，保卢斯指挥部的参谋发出信号："入口处有俄国人。我们准备投降。"几名俄罗斯特使走下来，进入了散发着恶臭的地下室，几小时之后，这位大名鼎鼎的德国指挥官从地窖里走上来，出现在日光下，他那张憔悴、有胡茬儿的脸被相机记录下来。[90]

2 月 3 日，德国广播电台终于承认这场战役结束了，但它使听众确信，将军们及其官兵"并肩战斗直至打出最后一颗子弹"。在为期 3 天的官方哀悼中，在庄严的音乐和为死者举行的弥撒中，德国空军总司令戈林和宣传部长戈培尔试图把斯大林格勒的"英雄"提升到斯巴达人的高度。斯巴达人在塞莫皮莱战役中牺牲自己，对抗了整个"波斯"大军。但是斯大林格勒的战败不可能成为神话。几天后，继保卢斯之后，大规模投降的小道消息开始流传。大多数德国人意识到他们的国家遭受了一次重大的失败，征服俄罗斯的言论现在像天上掉馅饼一样荒谬，他们现在必须面对一场无休止的消耗战。有一个黑色笑话讲的是，东线的德军士兵读到了一个陌生的词，"和平"，没人知道这是什么意思。这个疑问一直传到营部，指挥官在最近出版的字典里找到了答案，上面写着："和平，不适合人类的生活方式，1939年废除。"[91]

斯大林格勒战役是希特勒战争的转折点。它让苏联人思考。人们可以从迈斯基的日记中看到这一点。在尽情享受了俘虏保卢斯及24名将军和9万余名士兵的欢快心情后，他沉思道："尽管我们竭尽了全力，而第二战场却没有开辟，这真的是一种纯粹的不幸吗？我对此表示怀疑。"他承认，没有第二战场，意味着俄罗斯的损失会更大。"但是从长远来看呢？其中的意义或许不同。"首先，"打败德国的所有荣耀都将属于我们"，它提升了苏联和共产主义的威望。第二，如果英国和美国袖手旁观，他们的军队"将被贴上软弱的和缺乏经验的标签，而苏联红军将会成为世界上最强大的军队"。这将"使国际的均势向着有利于我们的方向倾斜"。第三，"红军很有可能首先进入柏林，从而对和平的条件和战后的局势产生决定性影响"。迈斯基总结道：

那么，归根结底，究竟哪一种情况对我们更有利呢？

很难说。初看上去，第二战场似乎更可取。但事实真的是这样吗？

时间会证明一切。[92]

第七章

1943年

2月至4月

第二战场何时开辟？

德军在斯大林格勒投降，恰逢 1943 年的 2 月。那个月的晚些时候，是红军成立 25 周年纪念日，这成为两个盟国庆祝的焦点，罗斯福和丘吉尔都不遗余力地赞扬斯大林的军事天才。现在，红军取得了胜利，苏联领袖也完成了换装，脱下布尔什维克党服（1942 年 8 月丘吉尔访问莫斯科时，英国人嘲笑他穿的是"乡下人"服装），换上正式的军装。在他的克里姆林宫办公室里，马克思、恩格斯、列宁和其他共产主义理论家的画像被撤下来，取而代之的是俄罗斯的历史英雄，尤其是抵抗拿破仑入侵的法俄战争期间的英雄将领，如亚历山大·苏沃罗夫和米哈伊尔·库图佐夫。

2 月份，斯大林逐渐从他的盟友那里获得了卡萨布兰卡协议的更详尽的细节。罗斯福仍然在含糊其词，但丘吉尔更为开诚布公。2 月 8 日晚，他与迈斯基交谈时（或许是因为丘吉尔正在饮酒）就相当坦率。斯大林指责他的两位盟友，说他们将轴心国赶出突尼斯的进展缓慢，到现在才确定 4 月为行动的日期，而不是 2 月，还指责他们打算在 8 月或 9 月才登陆法国。他敦促盟友说，登陆应该在春天或初夏，这样才能更好地帮助红军。但不像他在 1941 年和 1942 年写的一些信，2 月 16 日的信里表达的与其说是愤怒，不如说是悲伤，他指出这样的拖延对"我们的共同利益""很不利"。如要体会斯大林在信中的语气，就应该注意到，在斯大林格勒战役之后，莫斯科对德国在 1943 年迅速崩溃抱有很大希望。在陆军元帅埃里希·冯·曼施泰因在乌克兰发动反攻（在德国被称为"顿涅茨战役"，对俄罗斯人来说，更准确的表述是"顿巴斯和哈尔科夫"行动）之后，斯大林的这些希望在 3 月下旬破灭了，从冰雪消融的日子起持续数月直到重大的危机解除，这场反攻击退红军

100多公里，直到夏天双方开始拉锯战。

随着东线的战争暂时平静下来，丘吉尔改变了他的通信方式。正如他在多个场合对英国和美国的政策制定者说的那样，他敏锐地意识到，英军和美军牵制了或许12个德军师，相比之下，斯大林面对着185个德军师。[1] 丘吉尔夸大了突尼斯战役的每一个阶段，以便让英美军队的推进看上去不是那么缓慢，他也发送关于对德国实施的几乎每一次轰炸的乐观的报告，这些轰炸是作为卡萨布兰卡协议战略轰炸攻势的一部分。他的意图很明确，就是要表明这是第二战场的一个替代品。3月11日，丘吉尔还就英国的全球部署和航运限制作了非常详尽和坦率的叙述，希望解释为什么跨英吉利海峡的进攻如此棘手。在这封信中，他披露了罗斯福一直竭力掩饰的信息，即由于北非和太平洋战役的影响，到8月份，在英国的美军师会很少。这引发了斯大林3月15日给他的两位盟友的另一封抱怨信，斯大林指出北非的局势持续下滑，强调第二战场才是盟军胜利的关键，而非地中海的行动。然后，他又一次谨慎地谈到进一步推迟登陆法国是"极度危险的"，以及他对他们信中的"含糊其词"感到"忧心忡忡"，但他并没有动怒。

3月底，丘吉尔告诉斯大林北极护船队将再次停航，而且这一次至少要停到夏末，原因是德国海军的部署，以及随之而来的盟军进攻西西里岛的航运优先。对此，斯大林同样令人惊讶地保持了沉默。这可能反映了苏联领袖在迈斯基的引导下，在与丘吉尔打交道方面越来越精明了，他学会了利用首相"位高则任重"和对苏联肩负的战争重担的负罪感。3月31日，斯大林批评那些说英国只是对战争袖手旁观的人是"无赖"，并且说不予理会。丘吉尔听说斯大林支持英国，极为高兴，他表现出孩子般的喜悦，被迈斯基详细地报告给了克里姆林宫。很明显，斯大林和丘吉尔在1943年初春在发展一种"书信"关系，试图通过书信来了解对方的心理状态。丘吉尔对此特别清楚，他通过1942年8月的莫斯科访问，形成了"两个斯大林"的思维定式，他用这个观念来解释克里姆林宫的信函为什么会时而热情，时而冷酷。"两个斯大林"的观念假设这位苏联领导人就个人而言是喜欢丘吉尔，但他同时不得不考虑他的强硬派同事的意见。这种对莫斯科权力的明显误解，将继续影响丘吉尔在1943年对苏联的看法，甚至影响到后来的战争。

在这一切中，缺席的是罗斯福。在这几个月里，罗斯福给斯大林的几封信大多是公式化地赞扬红军的胜利，而且通常是由他人代笔，罗斯福几乎不作修改。2月23日至4月26日期间，他没有发送任何信函。尽管4月份他花两周时间视察了军事基地，[2] 罗斯福大体上满意英国首相承担了通过信件与苏方保持沟通的责任，丘吉尔在信中解释了英美的有关战略和船队运输面临的困难。但2月22日，他确实在一封关于第二战场的信里做了各种记号，此信10天后才转发给丘吉尔。反过来，丘吉尔在3月11日向斯大林提供了有关美国的部署，并煞费苦心地向罗斯福隐瞒了这个信息。简言之，现在有迹象表明，两位领导人正希望用他们自己的方式与斯大林打交道。对罗斯福来说，仅仅用信结交一个笔友，吸引力显然是有限的，他想要的是一种面对面的关系。

1943年3月底，艾登对华盛顿进行了一次长时间的访问，他发现，美国总统正在进一步确定他对战后世界的愿景。罗斯福明确表示，"真正的决定"，将由美国、英国、苏联和中国作出。尽管艾登持怀疑态度，但罗斯福坚持认为中国人应该是国际"警察"之一。罗斯福还强调德国必须"彻底投降"，以及要迅速而有序地推进欧洲的非殖民化进程，他建议英国作出一种"善意"的姿态，将香港归还给中国。[3]

3月30日，在艾登访问结束时，罗斯福在新闻发布会上说，他们已经花了一些时间讨论战后和平，然后补充说："我希望并期待在不久的将来，我们将继续按照这些方针与俄罗斯政府进行讨论。"

一位记者插话说："关于这一点，还有什么更具体的消息吗？今年夏天，您打算……"

"不，今天不行。"总统在笑声中反驳道。

"关于斯大林的希望是否还在'不断涌现'？"

"是的。"

"您期待突然来访吗？"

"什么？"

"有人到来了，您会感到惊讶吗？"

"很难说。"

罗斯福一如既往地玩弄着语焉不详的花招。[4]

☆ ☆ ☆ ☆ ☆

1月30日至31日，丘吉尔在阿达纳与土耳其的领导人会谈，但没有让土耳其对盟国的政策发生任何重大的调整。然而，丘吉尔并没有放弃他长期以来要将土耳其拉入对抗轴心国战争的想法。在向斯大林汇报会谈的情况时，丘吉尔故意很乐观地表示，土耳其将会在"年底前"参战。他还敦促苏联领袖缓解土耳其在历史上生成的对俄罗斯的恐惧，并说他已经告诉他们："对土耳其来说，最安全的地方是作为一个交战国与胜利者一起坐在和平会议的桌边。"斯大林给他发了一个礼貌的回复，明确表示他希望土耳其人继续保持中立态度。[5]

在信中，丘吉尔还提到了斯大林对盟军北非攻势放缓的担忧，丘吉尔将这归咎于恶劣的天气、过长的交通线和敌人强大的防御阵地。尽管蒙哥马利的第8集团军比预期更早地占领了的黎波里，但1月23日，的黎波里的港口仍被德军摧毁，需要时间来修复。[6] 虽然丘吉尔对进展缓慢的解释是有根据的，但这些理由不可能打动斯大林。对一个指挥着数百万军队在广袤寒冷的东线进行耗资巨大的但极为成功的军事领袖来说，丘吉尔强调穿越几百英里泥泞的沙漠所遇到的困难，简直是在小题大做。

苏联在斯大林格勒的胜利，成为全世界的头条新闻。在公开的致敬仪式上，丘吉尔和罗斯福竭尽所能地赞扬了斯大林作为军事领袖的个人作用。在2月1日的新闻发布会上，丘吉尔赞扬了"我们的俄罗斯盟友，在斯大林元帅的总指挥下完成了巨大的军事壮举，斯大林元帅是一位伟大的英雄，他的名字将与那些在俄罗斯历史上最光荣和最持久的名字并列"[7]。罗斯福用一份明码电报发给斯大林的贺电，明确地表示是由一个总司令发给另一个总司令的。根据白宫的指令，这封电报转给了美国媒体，并于2月5日发表。第二天，罗斯福的问候和斯大林的礼貌回应被刊登在苏联的报纸上。[8]

罗斯福致斯大林

1943年2月4日发，1943年2月5日收[9]

作为美利坚合众国武装部队的总司令，我为贵军在您的最高统帅部的指挥下取得斯大林格勒战役的辉煌胜利致以衷心的祝贺。162天史诗般的斯大林格勒保卫战，将成为这场各国人民联合起来反对纳粹主义及其追随者的战争中，最值得骄傲的一个篇章。这座城市永远铭刻着您的名字，所有美国人今天都在庆祝这个决定性的成果。

贵军在前线的指挥官和士兵们，以及在工厂和田间一直支持他们的男人和女人都已联合起来，不仅要让自己国家的军队取得辉煌胜利，而且要用他们的榜样精神激发同盟国全体成员必胜的决心，努力击败我们共同的敌人，迫使其无条件投降。

丘吉尔和罗斯福传来的卡萨布兰卡决策，斯大林认为信息严重缺乏，表示担忧。1月30日，斯大林在收到会议粗略的讨论概要后，尖锐地提问"具体行动计划"，要求回答细节和时间安排。回信是丘吉尔在伦敦精心准备的，信件草稿发给罗斯福，进行协调和统一口径。一开始，罗斯福很高兴地准备了一封给丘吉尔的简短轻松的回信，这封信或许是他亲自口授的，他在信中表示同意（"我完全赞同"）。但当这封信展示给参谋长联席会议时，军官们很不满意，并要求修改两个关键的段落（参见后面2月9日的信）：有关意大利（2）和跨海峡进攻（4）。关于第一个段落，丘吉尔在草稿中说，在7月或更早，他们打算"跨越地中海中部进攻意大利，目的是促使意大利崩溃，以及与南斯拉夫建立联系"。由于警惕丘吉尔式的任务偏离的迹象，参谋长联席会议将"进攻意大利"改为"夺取西西里岛"（这与卡萨布兰卡会议一致），并将暗示可能在巴尔干发动战役的"南斯拉夫"一词，改为更模糊的措辞"对希腊和南斯拉夫造成影响"。至于法国，他们不同意丘吉尔对可能使用的军事力量详细阐述。丘吉尔在草稿中说："我们的目标是在8月份进行一次跨英吉利海峡的大规模行动，届时将有17个到20个英美师参与，其中4个到7个是美军师，每个师的总兵力为5万人。"美国海军作战部长、海军上将欧内斯特·金告诉罗斯福说，这一段落"承诺的远远超过了我们能够做到的，尽管所用的是'目标'一词"。这段话被改成另一种更为笼统的说法，即"我们还将在资源允许的范围内为8月进行的跨海峡行动做准备"，不然就是在9月，以及附加说明，行动时间取决于当时"德军的防御状况"。罗斯福漫不经心，同意这些修改，只对丘吉尔加了一句请求："请告知斯大林，我赞同这封信。"丘吉尔接受了美国的修改意见，拒绝了布鲁克和英国军方的意见，他们为了避免英国被牵制，试图删除可能登陆法国的日期（8月或9月）。[10]

这种跨大西洋的通信交流很重要。尽管有些鲁莽，丘吉尔希望以精确的表述回应斯大林对具体行动计划的渴望，但参谋长联席会议则使用在外交上冒险的方法，换取军事上的谨慎，不过从结果来看，这削弱了丘吉尔信函的作用。罗斯福似乎怎么样都行，对这两种方法都不在意。然而，这封电报为1943年与斯大林的关系定下了基调，因为即使电报经过了美国人刻意地模糊，它也几乎可以被理解为一种承诺，尤其是考虑到丘吉尔在 1942 年 6 月 10 日写给莫洛托夫的备忘录中，对 1943 年作出的近似承诺。对英国人来说，更糟糕的是，2 月 8 日晚，就在修改后的信件被发送给斯大林之前，英国首相随口乱讲了一番话，引出了很大麻烦。那一天，是丘吉尔结束为期两周的地中海之旅刚刚返回的第二天，晚上 10 时 30 分，迈斯基应约会面，准时到达，他过来是向丘吉尔呈交斯大林关于土耳其问题的电报。他等了好半天，才看见丘吉尔穿着连衣裤出现了。丘吉尔睡眼惺忪，头发蓬乱，显然是刚从餐后小睡中醒过来。然而，也许是那瓶"威士忌酒"助了兴，很快，丘吉尔就变得非常健谈。迈斯基在日记中记录了那天晚上的长篇叙述，开头刻意提到那瓶酒，然后把整篇记述发给了苏联政治局。

苏联大使迅速把丘吉尔对土耳其的话题，转移到卡萨布兰卡制订的计划上。丘吉尔给迈斯基看了他自己先发给罗斯福，后来给斯大林的信件草稿和美国总统的回复，其中包含了迈斯基所说的，美国总统"对丘吉尔的提议做的一些（无关紧要的）修改"。苏联大使的描述不仅提供了英国首相草稿每一段的详尽的摘要，还增加了丘吉尔本人介绍的额外细节。根据迈斯基的汇报，尤其引人注目的是首相提及有关意大利军事行动的可能范围。丘吉尔说："假如意大利人的抵抗被证明是软弱无力的，或到那时意大利发生了支持盟军的政变，英国人和美国人将会走向亚平宁半岛的北部，并且从那里向西，去法国的南部，向东，去西巴尔干半岛。"在这些规划中，没有任何一项内容是卡萨布兰卡会议上商定的。更为轻率的是，丘吉尔无意中透露了有关跨海峡进攻的能力，声称英国将指派 12 个到 15 个师。

"那么美国人呢？"迈斯基问。

丘吉尔停下来，耸了耸肩说："现在美国人在这里，只有一个师！"[11]

迈斯基非常惊讶。

丘吉尔解释说："美国人自去年 11 月以来，什么也没有派遣过。"

"您预计到 8 月份，将有多少美国师？"

迈斯基说，丘吉尔用"滑稽的绝望"神色回答道："我希望我知道。"他说，在去年8月份与斯大林谈话时，自己一直在设想，到1943年美国人会向英国派遣27个师，"正如他们承诺的那样"（当然，这是在"火炬"行动之前）。

丘吉尔喊道："现在美国人承诺，在8月前只派4到5个师！如果他们信守诺言，那么跨海峡行动将由17到20个师实施。"

"如果美国人再一次欺骗你们，您怎么办？"

丘吉尔想了一会儿，说："无论发生什么，我都要实施这个行动。"[12]

这是一次非同小可的谈话。当然，迈斯基喜欢粉饰他与丘吉尔的会面，但无论那些话是不是丘吉尔的原话，苏联大使都抓住了丘吉尔写给斯大林的信件原始草稿的精髓，而美国人一直试图掩盖这一点。2月9日，和迈斯基的大多数重要电报一样，他的报告的副本是在上午发送的[13]，被分发给所有的政治局委员。读过电报后，苏联领导层对丘吉尔那天晚些时候发来的被处理过的电报中所提的1943年的盟军战略，几乎不抱信心了。

正因如此，克里姆林宫在14日就没有被丘吉尔式的夸张语句所打动，即顿河畔罗斯托夫的解放，简直使他"无法表达"英国的"钦佩和感激"之情。[14]

丘吉尔致斯大林

1943年2月9日发，1943年2月12日收[15]

兹回复您1月30日的来信。我现在已与美国总统协商，这个问题已经提交给了大洋两岸的参谋部。我被授权代表英美双方答复如下：

（1）突尼斯东部有25万德国人和意大利人。我们希望在4月份或更早些时候消灭或驱逐这些人。

（2）完成这项任务后，我们打算在7月，或者可能更早的时候夺取西西里岛，目标是肃清地中海，促使意大利崩溃，进而对希腊和南斯拉夫造成影响，并消耗德国空军；紧随其后的是在地中海东部的军事行动，或许针对多德卡尼斯群岛。

（3）这次行动，将动用我们能在地中海集结起来的所有船只和登陆艇，以及我们能够及时训练出的突击登陆部队，将有三四十万人参与战斗。一旦建立了入境港和登陆基地，我们将最大限度地利用任何有利条件。

（4）我们还将在资源允许的范围内为8月进行的跨海峡行动做准备，英美部队都将参与这场行动。在这方面，运力和突击登陆艇再次成为限制因素。如果此项军事行动因天气或其他原因而推迟，我们将会集结更多的兵力为9月做好准备。当然，这次进攻的时间取决于彼时英吉利海峡对面的德军防御状况。

（5）这两项行动，都将得到强大的美国和英国空军的支持，而跨海峡的行动，也将得到整个英国空军的支持。总之，这些行动将使英国和美国的航运资源承受极限压力。

（6）总统和我已命令我们的盟军参谋长联席会议以最快的速度，把进攻加强到能够达到的极限。

斯大林分别回复了他的两位伙伴，不过正文基本上相同。[16]他对肃清突尼斯的进展缓慢表示失望，并敦促他们在春季登陆法国，而不是推迟到8月甚至9月。他还声称，"出于某些原因"，在突尼斯的军事行动有所懈怠，希特勒已将27个师（夸张的说法）调往东线。尽管这好像暗示盟军在背叛，但斯大林的语气总体上是劝导性的，而不是追问式的。他敦促他的盟友赶快行动，横渡英吉利海峡，在两个战场上"同时向希特勒施压"，"可以取得巨大的成果"。

值得注意的是，就像1942年初莫斯科战役正面反攻之后一样，斯大林格勒战役的胜利，已经使"老板"和苏联最高统帅部过于兴奋。2月16日红军收复了乌克兰城市哈尔科夫，他们更加大胆了。在这种令人兴奋的气氛中，苏联的战略目标已不仅仅是击败俄罗斯南部的德军；苏联最高统帅部试图摧毁整个东线敌人的防线。[17] 如果说此时此刻，苏联领导层嗅出了1943年胜利的气息，而且越来越真实，那么就不难解释斯大林信中为什么是失望的语气，而不是愤怒的语气。

斯大林致丘吉尔

1943年2月16日发，1943年2月16日收[18]

我收到了您2月12日关于策划英美军事行动的信。非常感谢您提供的关于卡萨布兰卡决议的补充资料。然而，我忍不住要对您的信，如您所说，它代表了美国总统的观点，发表一些我的看法。

从您的信中可以明显看出，与您先前的估计相反，在突尼斯的行动预计将在4月而不是2月结束。我无须对您说，这样的拖延是多么令人失望。当苏联军队仍然有能力维持其强大的总攻时，英美军队此刻在北非的强有力的行动，比以往任何时候都更有必要。如果从我们的前线和你们那边同时向希特勒施压，我们就可以取得巨大的成果。这种情况会给希特勒和墨索里尼带来极大的困难。这样，就可以加快在西西里岛和地中海东部的预定行动。

从您的信中还可以明显地看出，第二战场的建立，特别是登陆法国，计划在8月至9月间。在我看来，目前的局势要求（盟军）尽最大可能加快所设想的行动，也就是说，在比预设早得多的日期开辟西方的第二战场。为了不给敌人任何喘息的机会，极其重要的是，要在春季或夏初从西方给予敌人打击，而不能推迟到下半年。

我们有确切的消息，大意是说，自从去年12月底，当英美在突尼斯的军事行动出于某些原因有所松懈以来，德军从法国、比利时、荷兰和德国本土调拨了27个师，包括5个装甲师，前往苏德战场。这么说，缓慢的突尼斯行动不但没有从苏德战场转移走德国军队以达到帮助苏联的目的，反而使希特勒的处境得到了缓解。正是由于突尼斯的军事行动有所松懈，希特勒才得以增加一些兵力来对付俄罗斯人。

综上所述，可以得出结论，我们联合起来尽早利用希特勒在前线的困境，就能够更早地击败他。除非我们把这一切都考虑在内，除非我们利用目前的时机来维护我们的共同利益，否则很有可能让德国人获得喘息之机，重新集结兵力之后，再一次恢复他们的力量。我们每个人都很清楚，不应该允许这种情况发生。

我认为有必要把这封回信也发给罗斯福先生。

非常感谢您热烈祝贺罗斯托夫的解放。我们的部队今天收复了哈尔科夫。

丘吉尔因地中海之行疲惫不堪，患了肺炎，迈斯基没能亲自把斯大林的信转交给丘吉尔，而是去见了艾登。英国外交大臣把信交给丘吉尔，丘吉尔在病床上读了这封信。丘吉尔说，斯大林信中的"每一个看法"，都是"公平和公正的"，他会尽快作出回应。[19] 迈斯基敦促艾登根据目前的军事形势，重新考虑卡萨布兰卡协议。他说，如果苏联的攻势能得到"来自西方的有力打击"的支持，即登陆法国作战，这场战争可能会在1943年结束。"西西里岛、意大利等问题都可以推迟，因为，如果第二战场如人所愿"，"地中海问题将迎刃而解"。根据艾登对这次会面的描述，迈斯基坚定地表示，在哈尔科夫和罗斯托夫被收复之后，"苏联政府认为，今年结束战争的可能性，比一个月前看起来要大得多"。[20]

丘吉尔承诺过的回复被肺炎耽搁了。2月19日至25日之间，他没有口述任何关于卡萨布兰卡会议的记录，而是躺在床上，用读小说来消磨时间。这很反常，看得出他的病情很重。卡萨布兰卡之行也损害了罗斯福的健康，他在2月底患上了流感，久治不愈。但他需要回应斯大林2月16日对盟军战略的指责。2月18日，他的第一稿由他的参谋长、海军上将莱希起草，第二天，马歇尔将军和华盛顿的英国参谋代表团团长、陆军元帅约翰·迪尔爵士，编写了一份较长的文本。这个文本，更详细地解释了突尼斯的天气条件（据报道，这是该地区多年来最多雨的冬天），并且把推迟建立第二战场的原因"完全"归咎于航运的短缺。文本声称，"我们正在使用我们大部分的船舶和护航舰船，既有英国的又有美国的，向你方运送物资"。这个草稿还包含了一长段关于联合空袭的内容，并且有"相当一部分德国空军现在驻扎在西欧，对抗英美的行动"。[21] 罗斯福没有使用马歇尔和迪尔的文本，只发送了莱希草稿的一个缩略版本。莱希堆砌的措辞和陈腐的老一套赞扬，不可能打动斯大林。也许是考虑到英国首相的病情，美国总统2月22日发送这封信件之前，没有征求丘吉尔的意见。这在3月份引发了一些问题。

罗斯福致斯大林

1943年2月22日发，1943年2月23日收[22]

我已收到您2月16日的信，在信中您提出了一些观点，您在回复丘吉尔先生2月12日给您的信时，已经传达给他。

我和您一样感到遗憾，盟军在北非的行动没有按照计划进行，意想不到的大雨使我们从登陆港口到前线途中的道路无法通行，物资运输和部队移动都极其艰难，田野和山脉也无法通过，因此计划被迫中断。

我充分认识到，这一延误对盟国的整体行动产生了不利的影响，我正在采取一切可能的措施，尽早开始对非洲的轴心国部队发动进攻，以完成对他们的摧毁。

关于目前美国运输设施分布广泛的情况，您已充分了解。我可以向您保证，我们正在尽最大努力增加船舶的产量，以改善我们的运输。

我理解其重要性，为了减少轴心国对你们英勇的军队的抵抗，应该在可行的最早日期登陆欧洲大陆实施军事行动。您尽可以相信，在北非取得成功之后，只要我们能提高运力，美国的军事力量将很快投射到整个欧洲大陆上。

我们祝愿你们英勇的军队继续取得胜利，他们的胜利将鼓舞我们所有人。

在同一天，也许是为了弥补这封信的不足，罗斯福还向斯大林发出了对红军成立25周年正式的祝贺。英国也在这一天进行了热烈的庆祝。英国政府曾避开1942年11月布尔什维克革命25周年纪念日，但现在，在巨大的公众压力下，政府开始赞扬苏联军队。庆祝活动的高潮是在伦敦皇家艾伯特音乐厅举行的盛大庆典，由艾登致辞，节目有奏乐和朗诵，舞台背景是一面巨大的锤子与镰刀的旗帜。迈斯基在他的日记中感叹道："时代变化真快啊！"回想20多年前的内战，当时正是丘吉尔，"领导了那场讨伐布尔什维克的运动"。[23]

2月25日，丘吉尔为他对斯大林2月16日关于第二战场的信函回复迟缓而道歉，并承诺在"几天内"提供"更多信息"。事实上，他又有两个星期没有回复，只是在3月2日、4日和6日，提供了一系列简短但充满热情的最新消息，内容是关于英国皇家空军先后在柏林、汉堡和埃森投放了多少吨炸弹。对这些，斯大林礼貌性地回以感谢。[24]

直到3月11日，丘吉尔才最终回复了斯大林2月16日的信件。他实际上已经在18日口述了要点，并交给艾登和伊斯梅，后者提出了修改意见。由于丘吉尔生病，对信件文本的研究一直拖到3月3日，直到参谋长们根据丘吉尔的指示提交了一份更新的草稿，才算结束。3月4日，最新草稿作为一份提议的联名信发给了罗斯福，只是引出了罗斯福在2月22日主动发给斯大林的一份较为笼统的答复，并为没有早些发给丘吉尔而道歉。美国总统还说："鉴于我给斯大林先生的答复，把您的信视为我们双方的联名信似乎并不可取。"[25] 这条消息在伦敦引起愤怒是可以理解的。对此，3月9日，艾登并没有向迈斯基隐瞒，[26] 但这条消息，确实让丘吉尔能够作出更适合英国人的关切的回复。

丘吉尔的草稿中包含对突尼斯所面临的问题的长篇解释，比如天气、交通线路和德国的增援部队，他希望斯大林能理解这场战役的特殊困难。自从斯大林格勒战役以来，他越来越意识到苏联对战争的努力之巨大，他也希望解释英国所面临的截然不同的挑战。现在摆脱了编造联合答复的义务，他又非常详细地描述了英国在世界各地的部署，以及他的岛国所依赖的全球补给线。

这些新的段落，构成了丘吉尔的最全面、最明智的尝试，目的是让斯大林了解英国在开辟第二战场方面所面临的问题。他还提供了有关美国在英国的驻军数据，并解释说由于"火炬"行动的需求和运输困难，美军远未达到1942年年中预期的27个师。这些就是1943年1月26日卡萨布兰卡之后罗斯福从给斯大林的联名信中删除的信息，在2月22日的罗斯福—莱希的含糊不清的电报中也没有这些信息。因此，第一次，丘吉尔在一封正式的信函中全盘托出了关于1943年开辟第二战场英美两国的实力情况，尽管他在2月8日与迈斯基深夜聊天中已经泄露了大部分信息，而这些信息早已被迈斯基传递给了莫斯科。

关于这封信，还有另外两点很重要。首先，它试图反驳斯大林在2月16日提出的观点，即希特勒利用了同盟国在突尼斯的畏首畏尾形成的被动局面，向苏联前线部署了新的部队。参谋长们根据当时的情报资料，向丘吉尔解释说，这种调动主要是德国军队在西欧和东欧之间单纯的轮换，目的是通过替换来缓解部队的厌战情绪。[27] 在最后一段，丘吉尔再次明确表示，英国人和美国人只有在希特勒的势力逐渐衰落的时候，才会横渡英吉利海峡，因为"过早地"进攻将会"导致血腥的溃败"。对于英国人来说，这一直是影响跨海峡进攻的瓶颈。丘吉尔1942年8月14日在莫斯科时，强调过这一点，应该在条件成熟时实施跨海峡进攻，给德国人致命的一击，而不是打一场伤亡过度的战争。但是，这对于一个进行了近两年全面战争的军事领袖斯大林来说，丘吉尔的这种论点，他从来就没有支持过。

丘吉尔致斯大林

1943年3月11日发，1943年3月12日收[28]

罗斯福先生已经发给我一份他对您2月16日详尽的信函的回复。我的身体很好，可以自己回复。

我们的第一个任务，是通过一项行动将轴心国赶出北非，该行动的代号在我随后的[信]中告知。我们希望这会在4月底完成，到那时，轴心国部队大约有25万人与我们交战。

与此同时，一切准备工作正在加紧进行，以便在6月进行"哈士奇"行动，这是一个新的代号（见我随后的电报），比我们在卡萨布兰卡的计划早了一个月。地中海东部的行动计划也正在研究，例如：

（1）夺取克里特岛，或多德卡尼斯群岛，或一并占领；

（2）在希腊登陆。

这些行动的时间安排，在很大程度上取决于"哈士奇"行动的结果，以及船舶和登陆艇是否有效集结。当然，土耳其的援助和允许使用其机场，将具有巨大的价值。在适当的时候，我将向他们提出请求。

英国人和美国人在行进中夺取突尼斯和比塞大的尝试，在去年12月被放弃了。因为敌人太强大，而且雨季即将到来，大地已经湿透。穿越糟糕的道路，以及在法国的单轨铁路上走了一个星期，前线已经推进得很远，从阿尔及尔延伸了500英里，从波尼延伸了160英里。由于敌人战机和潜艇的强大攻击，我们只有小规模地从海上把补给品运送给军队。因此，在前线地区积累汽油或其他物资是不可能的。事实上，我们仅能给已经驻扎在那里的军队提供给养。空军也是如此,简易搭建的机场变成了一片泥沼。当我们停止进攻时,除了意大利人和仍在的黎波里的隆美尔,大约有4万名德国人在突尼斯。目前,突尼斯北部的德国军队是这个数字的两倍多,而且他们正在用运输机和驱逐舰,向那里急速调派一切可能的兵力。接近上月底时,当地局势出现了逆转,但现在情况已经恢复。我们希望蒙哥马利的军队尽早推进,从而弥补这次挫折造成的延误。他的军队应该有6个师(估计20万人),带着充足的补给从的黎波里出发,在3月底前向马雷斯阵地发起进攻。蒙哥马利的军队已经在3月6日击退了隆美尔的先发制人的进攻,使之遭受重大损失。突尼斯北部地区的英美军队,将会与蒙哥马利联合行动。

我认为您乐于了解这些事情及行动细节,所以我才说得这么详细,尽管与您所指挥的庞大的行动相比,这些行动的规模要小得多。

据英国参谋部估计,自去年11月以来,从法国和低地国家派往苏德战场的师中约有一半已经轮换,轮换的部队来自俄罗斯和德国,另一些被在法国组建的新师所取代。他们判断目前在法国和低地国家有30个德军师。

我很希望您能确切地了解我们有哪些军事资源可以用来跨越地中海或英吉利海峡攻击欧洲,这些机密情报供您作参考。到目前为止,英国陆军大部分驻扎在北非、中东和印度,不可能通过海路调回不列颠群岛。到4月底,除了蒙哥马利将军的6个师,在突尼斯北部,我们有5个英国师,或者说约有20万人,而且我们正在从伊朗调来2个经过特殊训练的英国师,从本国派来1个师,增援他们总共14个师,准备进行"哈士奇"行动。我们有4个机动的英国师、2个波兰师、1个自由法国师和1个在中东的希腊师。在直布罗陀、马耳他和塞浦路斯,有相当于4个固定的师。除了驻军和边防部队,还有10个或12个师在印度,已经组建或正在组建,以便在雨季过后夺回缅甸,并重新与中国建立联系(参见我随后的信,了解这次行动的代号)。这样一来,我们在英国的指挥下,已从直布罗陀到加尔各答绵延约6300英里的区域分布有38个师,包括拥有坚甲利兵的数量庞大的空军。所有这些部队,在 1943 年都被分配了积极而明确的任务。

一个英国师的总兵力，包括军、集团军和通信部队，估计有 4 万人。在英国仍然有大约 19 个建制师、4 个国防师和 4 个招募师，其中 16 个师正在为 8 月的跨海峡行动做准备。您肯定明白，我们的总人口数是 4600 万，冲锋在前的是英国皇家海军和商船队，假如没有他们，我们就无法生存。其后是我们非常庞大的空军，大约有 120 万人，而且，我们还需要从事武器装备生产、农业生产和防空的人员。因此，一段时间以来，我们国家的全部成年男性和女性，都被完全地招募了。

去年 7 月，美国打算派遣 27 个师，每个师的总兵力在 4 万到 5 万之间，前往英国，准备登陆法国。从那以后，他们已经派出了 7 个师参加"火炬"行动，还有 3 个师即将出发。在英国，现在只有 1 个美国师，预计至少在两个月内不会再增加。除了一支强大的空军，他们希望到 8 月，还有 4 个师可以到达。这不是对美国努力的轻视，到目前为止，这些准备没有达到去年的期望，其原因不是因为没有部队，而是因为我们没有足够的船只和护卫这些船只的工具。事实上，在一定时期内，不能指望更多的人员和物资运送到英国。

英国空军的轰炸攻势一直在稳步推进。在 2 月，有 1 万多吨炸弹被投在德国和德国占领区，自 3 月初以来，有 4000 吨炸弹落在德国。据我们的参谋部估计，德国的第一线兵力的 4500 架战斗机中，目前有 1780 架在俄罗斯前线，其余的在德国、西线和地中海前线与我们对峙。除此之外，还有意大利空军，其第一线兵力为 1385 架飞机，其中大部分都是与我们对抗的。

关于横渡英吉利海峡的进攻，美国总统和我本人的真诚愿望是，我们的军队应该加入你们以如此惊人的英勇发起的欧洲总战役中。但是为了支撑在北非、太平洋和印度的行动，以及将物资运送到俄罗斯，英国的进口计划已经被削减到最低限度，我们已经开始且正在消耗储备。然而，如果敌人的力量被充分削弱，我们就准备在 8 月之前发动进攻，计划会一个星期又一个星期地继续下去。如果敌人的力量没有被削弱,我们以劣势的和不足的兵力过早地发动进攻,战斗只会导致血腥的溃败,以及纳粹对当地人民的报复。如果我们以卵击石,我们的敌人就会取得巨大的胜利。海峡的情况只能在更接近进攻的时候才能进行判断,当我在这里宣布我们的意图,仅供您个人参考时,请勿认为我是在阻挠决策。

3月11日,丘吉尔还发出了另外两封电报,其中一封赞扬了最近放映的关于斯大林格勒的苏联电影,并承诺回赠一部新的关于阿拉曼的英国纪录片。这两部电影分别以《英雄的斯大林格勒》和《沙漠中的胜利》为名,在英国和美国公开上映。[29]

3月13日,英国首相发送了另一个轰炸德国的最新消息。其实发消息只是一个借口,真正目的是让斯大林对首相3月11日长信的第八、九、十段,保守"我们之间的秘密",具体内容就是以"我很希望……"、"一个英国师……"和"去年7月……"开头的三个段落。这种策略,在三巨头的通信中是罕见的。首相对斯大林说的一些事,并没有告诉美国总统。首相告诉外交部说,不要让美国人看这封信,如果有必要的话,这些段落应该被删除,他说,美国人"可能会因为披露了他们的实际军事部署而生气"。这让人们相信,丘吉尔希望将第二战场的拖延和不确定性的一些指责,从伦敦转移到华盛顿,不要全由英国背黑锅。15日,斯大林承诺对这些段落保守秘密。[30]

此时,苏联前线已经出现了严重的问题。2月16日,哈尔科夫被红军收复,但到3月14日,又被德国党卫军装甲部队夺了回去。这一逆转只是曼施泰因指挥德国人成功反攻的一个方面。莫斯科再一次因傲慢尝到了苦果。面对危局,"斯大林和他的部下仍然认为,他们即将取得伟大的胜利"。他们想以斯大林格勒和南方取得的胜利为基础,进一步向北挺进,摧毁希特勒在乌克兰的中央集团军群,并越过顿涅茨盆地,挺进第聂伯河。这给精疲力竭的红军带来了巨大的压力。德军士气异常高涨,加上德国空军的大力支持,使曼施泰因得以从3月初扭转了局势。春天到来，消融的冰雪阻止了苏联的任何直接反击，也帮助了德军，后者将苏联军队赶回到哈尔科夫以外，使其退到了别尔哥罗德和顿涅茨河。结果，苏联前线的后退在库尔斯克市周围形成了一个巨大的凸起，这个突出部，成为1943年3月31日至夏天双方争夺的焦点。[31]

正是在这种背景下，克里姆林宫收到了丘吉尔3月11日的长电。斯大林非常仔细地阅读了电文，他像以往一样拿着铅笔，在最令人不安的字句下面划线。[32] 在3月15日，和他2月16日的做法一样，斯大林分别给丘吉尔和罗斯福写了信，但措辞几乎完全相同。[33] 草稿是莫洛托夫拟的，但是"老板"更强调精确度和充分的论据。斯大林把重点集中在丘吉尔和罗斯福对进攻日期的含糊不清，以及他们在突尼斯的缓慢推进上，重复了更多德军被调往苏联前线的观点，并驳斥了丘吉尔关于德国军队是在轮换的说法。他提醒两位伙伴过去说过的话，即第二战场将"不迟于"1943年春天或初夏开辟。但最后，他用委婉的方式告诫说，"从我们的共同事业的利益出发"，进一步拖延将会"多么危险"。这个"危险"指的究竟是什么，斯大林在当时并没有明说。

斯大林致丘吉尔

1943年3月15日发，1943年3月15日收[34]

我收到了您对我2月16日信件的回复。

从这一答复中可以明显看出，英美军在北非的行动不但没有加快，恰恰相反，被推迟到了4月底。即使这个日期，也不是很明确。因此，在我们与希特勒的军队作战的高潮阶段，即在2月至3月，英美在北非攻势的力度不仅没有增加，反而丝毫没有进展，而且您自己确定的行动时间也被推后了。与此同时，德国成功地从西方调来了36个师（包括6个装甲师）与苏联军队作战。不难看出，这给苏联军队造成了多大的困难，而且在苏德战场上，德国人的情况得到了多大的缓解。

尽管我充分认识到"哈士奇"行动的重要性，然而我必须指出，它不能取代法国的第二战场。不过，无论如何，我欢迎这一行动按预期的计划加速推进。

现在，和以前一样，我认为主要任务是加快在法国开辟第二战场。正如你们所记得的，你们在1942年就已经肯定了建立这样一个战场的可能性，并且承诺无论如何也不迟于1943年春天。践行这一承诺的理由很充分。很自然，我在前一封信中强调了不迟于今年春季或初夏的来自西方的打击的必要性。

苏联军队在整个冬天，都是在紧张的战斗中度过的，直到现在，战斗还在继续。为了春季和夏季对抗苏联的行动，希特勒正在实施重要的措施，补充补给，给他的军队增加兵员。在这种情况下，对我们来说，极其重要的是来自西方的打击不能推迟，它应该在春天或初夏进行。

我研究了您在第八、第九和第十段中提到的英美在欧洲的行动及其面临困难的看法。我承认这些困难的确存在，尽管如此，我认为非常有必要提醒您，从我们的共同事业的利益出发，法国第二战场的进一步拖延将会是多么危险。正因为如此，您所陈述的关于策划中的英美跨英吉利海峡攻势的不确定性，引起了我的严重焦虑。对此，我认为我不能保持沉默。

3月15日，斯大林给丘吉尔发了另外两份电报。其中一份告诉丘吉尔，美国提议，通过在苏芬战争中提供美国调解的方法，来推动赫尔辛基的新政府组成。斯大林正式通知丘吉尔，就是想表明他对盟国的义务履行是一丝不苟的，这是指1942年的苏英条约，该条约排除了苏联与德国及其盟国单独谈判的可能性。作为答复，丘吉尔保持谨慎，他暗示美国的试探"并非完全不成熟"，同时表示"您将是对正确策略的最优秀的判断者"。[35]

斯大林3月15日的另一封电报，是对丘吉尔的11日和13日电报的回应。斯大林的修改（插入用斜体标出，删除用删除线标出）增加了情感色彩（"从心底衷心地"），也更坦率（关于哈尔科夫的失守）。斯大林还提到赠送丘吉尔一份纪录片的拷贝，即《英雄的斯大林格勒》。

斯大林致丘吉尔

1943年3月15日发，1943年3月15日收[36]

我收到了您3月6日和13日关于成功轰炸埃森、斯图加特、慕尼黑和纽伦堡的信。我从心底衷心地对英国空军对德国工业中心的大力打击致以敬意。

您希望您3月11日信中的第八、第九和第十段应被视为特别军事通信，您的愿望将会得到尊重。

非常感谢您对夺取维亚济马的祝贺。*遗憾的是，我们今天不得不撤离哈尔科夫我们没有把握在哈尔科夫附近是否能成功。*

您在3月11日的特别信件中提到了关于第8集团军的影片，一旦收到，我定会观看，并在我们的军队和人民中广泛放映该影片。我充分意识到这对我们的战斗友谊是多么重要。请允许我亲自把苏联电影《英雄的斯大林格勒》寄给您。

丘吉尔将斯大林3月15日的电报转发给了正在华盛顿访问的艾登，并附上了他本人3月11日致罗斯福的信，但删去了敏感的第八至第十段的内容。他还转发了斯大林3月15日关于英国皇家空军轰炸和战争影片的电报，称这是"斯大林发来的一封友好的私人电报，显然是为了淡化官方色彩"[37]。丘吉尔竭力想弄明白这两封信之间的差别。作为一个情感丰富的人，丘吉尔很容易被当时的情绪所左右，他发现自己很难想象斯大林心理上的复杂性：

他冷酷,但却是一个完美的演员,他能迅速地换上各种各样的伪装,随时在冷漠和温情中切换。所以丘吉尔再次借助"两个斯大林"的理念,给艾登发了日期为 3 月 15 日的那两份电报:

我要强调一直在我脑海中越来越强烈的感觉,在俄罗斯,有两股力量不容忽视:
(1)斯大林本人,作为个人,他对我很友好。
(2)委员会中的斯大林,他背后有冷酷的委员会,我们和他都不得不认真面对这个委员会。[38]

当晚,丘吉尔还提请内阁注意这两封信"不同的基调"。根据会议记录:"第一封信,很可能是斯大林元帅在与某个官方机构磋商后发出的",而第二封信,丘吉尔"认为是斯大林元帅的私人信件,元帅渴望与他保持良好的关系"。[39] 尽管丘吉尔对斯大林意图的判断可能是正确的,但他似乎并不怀疑,斯大林在起草这封信时,咨询的唯一"官方机构"是他的外交人民委员会。最终,丘吉尔和罗斯福都选择不直接回应斯大林的信,可能是因为无论说什么,都无法安抚他。

丘吉尔和斯大林继续友好的书信往来,谈英国的战事情况、推荐反映英军胜利的电影。3 月 28 日,英国首相汇报了对柏林的最新空袭,以及英国第 8 集团军在突尼斯南部马雷斯防线附近的"左勾拳"。电影《英雄的斯大林格勒》点燃了包括丘吉尔在内的所有英国人的热情,这部电影在影院上映后,成千上万的英国人为这座"英雄之城"捐款。斯大林对《沙漠中的胜利》的赞扬也特别有趣,他用了一个生动的词——"无赖"(podletsy),这是他本人在莫洛托夫的草稿中插入的。[40]

丘吉尔致斯大林

1943年3月28日发，1943年3月29日收[41]

昨晚，395架重型轰炸机在50分钟内向柏林投掷了1050吨炸弹。目标上空晴朗如昼，空袭卓有成效。这是迄今为止轰炸柏林最成功的一次。我们仅损失了9架飞机。

在挫折之后，突尼斯的战斗再次出现了有利的转机。我刚才得到消息说，在包围行动中，我们的装甲部队距离哈迈不到两英里。

我昨晚看了《英雄的斯大林格勒》。它极为宏伟壮观，一定会对我们的人民产生最感人的效果。

斯大林致丘吉尔

1943年3月29日发，1943年3月29日收[42]

我收到了您3月28日的信。

我祝贺英国空军对柏林进行了又一次成功的大规模轰炸。

我希望英国装甲部队能够充分利用突尼斯局势的改善，不给敌人任何喘息的机会。

昨天，我和同事一起看了您赠送给我的电影《沙漠中的胜利》。它给人留下了非常深刻的印象。这部电影精彩地描述了英国是如何战斗的，并指责了那些无赖（我们国家也有这样的人），他们说英国不是在战斗，而只是一个旁观者。我将迫不及待地等待关于突尼斯胜利的类似的电影。

《沙漠中的胜利》这部电影将在我们所有的前线部队和最广大的人民群众中放映。

斯大林的赞扬似乎是真诚的。4月12日，当克拉克·克尔问及英国的形象在苏联是否有改善时，根据苏联的记录，斯大林回答说：

《沙漠中的胜利》在这方面做得很好，我们打算在广大群众和红军中广泛宣传。他，斯大林同志，必须说，无论在军队还是在国内，有些人对这场战争知之甚少，认为盟军可以很快、很容易地开辟第二战场。有些人认为英国不是在战斗，而是在旁观。但这不是苏联政府和红军最高统帅部的意见。苏联政府中没有任何人会这样想。在我们国家，也有隐藏的敌人，针对我们与英国的联盟说三道四，他们说英国没有在战斗。但这样的人屈指可数，我们会惩罚他们。曾经，我们逮捕了这些人，英国人为此责备我们，但现在很清楚，我们必须这么做。

克拉克·克尔听到斯大林把批评苏英联盟的人视为"人民公敌"（vragi naroda）时非常震撼，在苏联，这就是"臭名昭著"的同义词。克拉克·克尔回答说，斯大林的声明一定会"让伦敦方面十分满意"。[43]

3月31日，当迈斯基把斯大林的信交给丘吉尔时，"满意"这个词远远不能表达丘吉尔的反应。根据苏联大使的日记，当丘吉尔读到"无赖"一词时，他的脸"抽搐了一下，他闭了一会儿眼睛，当他再睁开眼睛时，我看到了眼泪"。丘吉尔激动地从椅子上跳了起来，他喊道："最深切地感谢斯大林！你以前从来没有给过我这么精彩的信。"迈斯基认为，这一反应既是"真实的"，又有几分"表演"的成分，迈斯基说英国首相有"情感艺术气质"，有时，"丘吉尔，就像一个优秀的演员，流露出他的情感气质，并不阻止眼泪真正地流出来"。除去表演不说，迈斯基认为"无赖"这个词深深打动了英国首相。"他肯定在这封信里看到了他渴望已久的，对这三年以来他的战争努力的认可。而这是从谁的嘴里说出来的？……斯大林！这肯定深深地感动了丘吉尔，使他热泪盈眶。"[44]

然而，丘吉尔信以为真的赞扬有多真诚呢？我们永远都不得而知，但值得注意的是，英国外交部北方司的负责人克里斯托弗·沃纳推测，他在斯大林的恭维中发现了隐含的讽刺，他在一封私人信件中问克拉克·克尔："你认为'乔'提到在俄罗斯有些人认为我们没有尽到自己的职责，这是一种取笑吗？我承认我倾向于这样认为。"[45] 毕竟，斯大林在1941年至1942年的许多信件中，不也曾经暗示英国人不是战士而是旁观者吗？不管这位苏联领袖的意图是什么，他从迈斯基那里详细了解了丘吉尔激动的反应，并且毫无疑问会牢记这一点用于以后的通信。[46]

3月31日那天迈斯基来访时，丘吉尔的情绪格外紧张，他实际上是在期待斯大林对自己3月30日发出的信件的回应，此信称西方盟国已经决定再次暂停北极护航船队。由于商船和护航舰只的缺少，这一决定已经酝酿了一段时间。和1942年一样，护航船队这个"软肋"又被拿来说事，这一次是因为西西里岛登陆（"哈士奇"行动）取代了"火炬"行动。3月初，参谋长们力促暂停，丘吉尔起初试图抵制，他对参谋长们说："这是一件非常严重的事情。"[47] 但是到了最后，军事建议占了上风，3月18日，内阁批准船队暂停到8月。拖延了几天后，丘吉尔认为他必须把这个坏消息告诉斯大林。25日，丘吉尔告诉艾登说："坦率地直接宣布我们无能为力，会使他感到震惊，但连续闪躲和推迟，将会使他怀疑我们的意图和我们的诚实。"丘吉尔引用了一句古老的谚语，作了富有哲理的总结："我想我们倒不如，一不做，二不休。"[48]

丘吉尔知道迈斯基的手下一直在密切关注护航船只的装载和移动，真相无法隐瞒，于是，他敦促罗斯福同意他现在就给斯大林写信。丘吉尔提议的信函草稿中，集中强调了出现在纳尔维克的一支强大的德国战斗舰队，"来势汹汹地"地阻止了3月和5月的船队，并在信函的正文中插入了英方对护航舰船的需求，需要调配这些护航舰来"支持我们在地中海的进攻行动"。罗斯福同意必须告知斯大林，但对草稿作了两处修改。他删除了丘吉尔的一个句子,即如果德国水面突击艇的部署能留下"一个合理的通过机会",仍希望在5月前再派出一支护航船队。美国总统补充说,作为部分补偿,美国将"大幅度增加经由符拉迪沃斯托克的运输量"。在给斯大林发完电报后,丘吉尔又请罗斯福发送一封"支持信",他认为这肯定是"最有帮助的"。然而,罗斯福在调整了丘吉尔的电报之后,很高兴让他当这只替罪羊。[49]

同一天,丘吉尔发出了关于最新的空袭柏林战况的短信,目的是缓冲一下停航的坏消息。[50]

丘吉尔致斯大林

1943年3月30日发,1943年3月30日收[51]

德军在纳尔维克集结了一支强大的战斗舰队,由"蒂尔皮茨"号、"沙恩霍斯特"号、"卢措"号、一艘拥有6英寸主炮的轻型巡洋舰和8艘驱逐舰组成。因此,我在去年7月17日给您的信中所描述的援俄运输船队的危险,又以更加危险的形式复活了。我那时在信中曾告诉您,我们认为让我们的本土舰队在巴伦支海冒这样的风险是错误的,在那里,如果没有足够的防空反潜的手段,它可能会受到德国岸基飞机和U型潜艇的攻击。我也曾解释说,假如一两艘我们最现代的战列舰受到严重损坏,而德国战斗舰队的"蒂尔皮茨"号和其他大型军舰仍能战斗,我们整个的大西洋制海权将会受到威胁,会给我们的共同事业带来可怕的影响。

因此,罗斯福总统和我极不情愿地得出结论,不可能为接下来的援俄船队提供足够的保护,如果没有这样的保护,面对已知的想要摧毁我们的德国空军和潜艇部队,任何船只都没可能到达你方。因此我们已经发出指令,3月份的船队要被推迟。

罗斯福总统和我本人对于必须推迟3月的护航计划深感遗憾。若不是因为德国人的集结,在3月和5月初分别向你们派遣一支由30艘船组成的护航船队，是我们坚定的想法。同时，我们认为应该马上让您知道：5 月初之后，将无法继续派遣经由北方航线的船队，因为从那时起，每一艘护航舰都将用来支持我们在地中海的进攻行动，仅保留最小数量的护航舰以保障我们的大西洋生命线。过去的 3 周里，我们在大西洋已经遭受了惨重的、几乎是前所未有的损失。假设"哈士奇"行动顺利进行，我们应该能在 9 月初恢复船队，前提是德国的主力部队部署的情况允许，而且北大西洋的局势让我们能够提供必要的护航和掩护部队。

我们正在尽最大努力，增加南线的运力。过去的 6 个月里，每月的数字都增加不少。我们有理由相信数字还会增长，8 月份将达到 24 万吨。如果能做到这一点，每月的交货量将会在 12 个月内增加 8 倍。此外，美国将大幅增加经由符拉迪沃斯托克的运输量。这将在某种程度上弥补因北方船队中断带来的损失，缓解你我双方的懊恼情绪。

3 月 31 日，迈斯基对丘吉尔说，船队的消息让他"完全震惊"了。他问，这对红军和苏联人民的情绪影响几何呢？"这是他们期盼西方盟友开辟第二战场的第三个夏天。"而现在，英国正在要求俄罗斯接受运输船队停航，可能要等到 11 月或 12 月，直至黑暗到来。

丘吉尔也变得非常情绪化。他宣称，"这似乎很奇怪"，"但我们整个的海军优势，是建立在少数几支一流战斗部队的基础上的。你们的人民或许不理解这一点，但你们的政府必须理解！"。

丘吉尔踱来踱去，然后补充道："我认为我有责任告诉斯大林全部真相。我们决不能欺骗盟友。"突然，他走到离迈斯基非常近的地方，直视着苏联大使的眼睛问道："这会导致与斯大林关系的破裂吗？会，还是不会？"

迈斯基说，苏联领袖会发表个人意见，但他告诫说，丘吉尔的决定会引起斯大林"非常强烈的情绪"。丘吉尔大声喊道："我不想关系破裂。我不想！""我们，这三个大国应该团结在一起。这是一切的基础。"[52]

迈斯基把他们生动的谈话内容报告给莫斯科时，斯大林正在仔细考虑如何回复丘吉尔关于船队的电报。这件事对斯大林的影响有多大，我们无从得知，但很有可能他已意识到，这个决定是不可挽回的，所以，反驳和争论毫无意义。考虑到丘吉尔明显的尴尬，最可行且最有效的是利用他的罪恶感，来获得可以被运用在其他问题上的道德优势。不管怎样，斯大林对这个"灾难性的"消息表现出的坚韧和克制，触到了丘吉尔的痛处。

斯大林致丘吉尔
1943年4月2日发，1943年4月2日收[53]

我已收到您3月30日的来信。信中告诉我，出于必要，您和罗斯福先生不得不停止前往苏联的船队，直到9月再恢复。

我将这个意想不到的行为理解为英国和美国对苏武器和军事原材料供应的灾难性削减，因为通过太平洋的运输受到吨位的限制且不可靠，而南线只有很小的运输能力。鉴于这一点，刚才提到的两条路线，都不能弥补中止北方航线造成的损失。您当然知道，这种情况肯定会影响苏联军队的处境。

无论斯大林出人意料的反应动机是什么，其影响都是巨大的。就连迈斯基自己也对这种语气感到惊讶，他在日记中写道："比我预料的温和得多。"据这位苏联大使说，4月2日，丘吉尔"对此也非常吃惊。我到达时，他一直很沮丧，而且紧张。我能感觉到他在等待一个强烈的、粗暴的回应。他戴上眼镜，慢慢地、不情愿地把信打开，仿佛努力推迟他不得不吞下苦果的那一刻"。[54]

迈斯基向莫斯科报告说，丘吉尔绕着内阁会议桌踱了一圈后，吐露了他的情感：

告诉斯大林，他的回答是宽宏大量的、勇敢的。这就是我的看法。这样的答复，使我感到有义务加倍补偿苏联因北方船队暂停带来的损失。为了弥补，我现在拼命工作。

根据迈斯基传给莫斯科的信息，丘吉尔在内阁会议室又踱步几圈后，补充道："斯大林的这个回应，再次证明了他是多么伟大和睿智。我一定要和他合作。我将和他同舟共济。战争结束后，我将不遗余力地帮他重建俄罗斯。"过了片刻，丘吉尔突然说："我们正走向一个新时代——这将是'俄罗斯世纪'。"1941年，亨利·卢斯宣布"美国世纪"即将到来，丘吉尔的宣布是一个惊人的转折。迈斯基说，这句话，他"当然是经过深思熟虑的"，但令他震惊的是，丘吉尔"觉得有必要这样说。到目前为止，在我认识他的8年时间里，他从未以这种方式表达过自己的想法"。然而，"俄罗斯世纪"这个短语，有意无意地呼应了迈斯基本人在3月10日对艾登宣称的观点。[55]

迈斯基的表达有些夸张，但丘吉尔的表达则是深思熟虑的，他对斯大林信函的积极反应是真实的。一向谨慎的卡多根写道："首相对此感到高兴。他也许是对的。"4月2日，丘吉尔将这封信转发给罗斯福，称其为"非常自然和勇敢的回应"，这"使我更加坚定地要用一切可能的方式支持这个人"。就在3月30日，他敦促罗斯福也发一封支持信件，说"这样做只会有好处"。但罗斯福再次推托了。[56]

丘吉尔还与在莫斯科的克拉克·克尔通信："请告诉我你对'乔'关于船队事务的答复有什么看法。我自己的感觉是，他们像男人一样接受了它。"英国大使说，他也"准备接受斯大林非常尖刻的追问"，并"对'乔'的克制感到惊讶"。克拉克·克尔和斯大林一样，理解丘吉尔"位高则任重"的意识。在1942年8月对动荡的莫斯科访问期间，克拉克·克尔自己也发挥了这种意识。他对丘吉尔说，斯大林"相信您的诚意，而且我认为，他从您那里，比从其他人那里会得到更多的东西"，但他敦促说，"让人欣然接受打击，需要一句赞扬的话"。[57]

丘吉尔接受了大使的建议。4月6日，他给斯大林发了一封信，像克拉克·克尔建议的那样，信的开头一段表达了感谢并号召团结一致：

> 我感谢您在电报中关于护航船队所说的每一句话。我向您保证，只要有可能，我将尽最大努力改进。我深切地意识到俄罗斯军队所承受的巨大负担，以及他们对共同事业的无与伦比的贡献。

丘吉尔接着相当详细地叙述了最近在埃森、基尔和巴黎的空袭，以及在突尼斯重新开始的战役。对此，他又补充了新的内容。[58]

7日，斯大林回复了。在信中，他对空袭和突尼斯的行动表示祝贺，尽管在"最终"这个词中，可能带有一丝讽刺的意味。

斯大林致丘吉尔
1943年4月7日发，1943年4月7日收[59]

我收到了您的两封信，4月6日的信，以及今天的关于贵军在突尼斯取得一项重要进展的信。

我祝贺你们取得的这一重大成功。我希望这一次，英美军队将最终击败并摧毁隆美尔以及突尼斯境内的其他希特勒团伙。这对我们的共同事业将是最重要的。

我对贵军轰炸埃森、柏林、基尔和德国其他工业中心表示欢迎。你们的空军对德国重要中心的每一次打击，都会在我国广阔的国土上，在千百万人民的心中，引起最热烈的反响。

4月10日，丘吉尔在他下面的信中解释了英国政府正在采取的措施，尽力弥补因北极航线停运造成的向苏联运送飞机数量的不足。丘吉尔表现出非凡的决心，要努力减轻停航的影响。4月6日，星期二，他向内阁的主要大臣们发出了一份名为"今天的行动"的备忘录，告诉他们必须尽"一切努力"，通过位于西非的塔科拉迪英国皇家空军基地，将飞机运送到俄罗斯南部。"整件事情必须被视为最重要的和最紧急的事情，如果可能的话，我想明天，最迟星期四，发电报告知斯大林。"[60] 经过快速的研究和磋商，大臣们向丘吉尔提出了备选方案，他随后在给斯大林的信中对这些方案作了概述，包括提供额外的60架飓风（Hurricane）IID型战斗机，这是为摧毁坦克而专门装备的，已经在北非发挥了巨大作用。但是，航空部说，由于运力不足和备件短缺，这些飞机在9月或10月之前不能投入使用。他们建议丘吉尔要提到时间因素，以避免日后苏方失望。但丘吉尔不想以任何限定性条件来破坏英国慷慨的印象。丘吉尔对4月9日的草稿作了修改（文本中斜体部分）。[61]

丘吉尔致斯大林

1943年4月10日发，1943年4月11日收[62]

*两支被取消的护航船队JW–54和JW–55本应为你方运送375架"飓风"战斗机、285架"空中眼镜蛇"战斗机以及"小鹰"战斗机。后者是美国配额的一部分。*我们正在夜以继日地工作，以便制订一个计划，将所有这些飞机尽可能快速地通过其他航线运送到你们那里。

"空中眼镜蛇"和"小鹰"可能会经由直布罗陀和北非，到达阿巴丹。"飓风"没有足够的航程飞到直布罗陀，因此它们必须通过海路到达塔科拉迪或卡萨布兰卡，在那里组装，加装热带设备，*然后继续飞往德黑兰，在那里我们可以卸下热带设备。另一种备选方案是，如果突尼斯很快被征服，我们或许能够以海运的方式经由地中海，将"飓风"战斗机运至埃及或巴士拉并安装它们。*这些方案，每一种都有其困难。还有一个大问题是伴随飞机运输的大量备件。尽管如此，我们还是要克服这些困难。

我有个想法，您可能想要一些我们装配40毫米机炮的"飓风"战斗机，用于在俄罗斯前线攻击德国装甲部队。在最近的突尼斯战斗中，这些飞机成功地对抗了隆美尔的坦克。一个由16架飞机组成的中队在4天内摧毁了19辆坦克。这种飞机被称为飓风IID，装备2门40毫米机炮，每门携弹16发，以及2挺口径0.303英寸、载弹330发的机枪。在其他方面，它与飓风IIC相似，只不过飓风IID重了430磅，每小时大约慢了20英里。我最多可以给您发运60架这种型号的飞机。请告诉我您是否想要这些飞机。它们可能需要经过塔科拉迪运送，可以被纳入正在为"飓风"、"空中眼镜蛇"和"小鹰"制订的护航船队的计划中。

经美国总统批准，哈里曼先生正在与我们合作制订计划。我希望下周能发电报给您，告诉您我们的具体建议。我决心在力所能及的情况下，尽快把飞机运送到您那里。

4月11日，丘吉尔发送了有关突尼斯战况和轰炸德国的最新消息。和其他几份空袭公告一样，他高兴得有点儿过早。尽管丘吉尔说英国皇家空军已经"猛烈"袭击了杜伊斯堡和法兰克福，但由于大雾，皇家空军的打击并不是很精准。丘吉尔还提到了"援助俄罗斯基金会"的捐款，该基金会于1941年10月在英国红十字会的赞助下成立，由丘吉尔夫人克莱门蒂娜领导。这个机构通常被称为"丘吉尔夫人基金会"，已经筹集了300万英镑，这充分证明英国公众对俄罗斯人民的同情。但是，正如丘吉尔和他的夫人清楚地意识到的，考虑到英国军事援助的局限性，这在外交上也是有作用的。[63]

正如斯大林在4月12日的回信中所写的那样，苏联空军现在已经准备好对东普鲁士发动进攻，目标是柯尼斯堡、但泽和蒂尔西特等城市。他还提到要接见英国军事代表团的新任团长吉法德·马特尔将军。与大多数驻莫斯科的英国高级官员不同，马特尔并不是一个十足的反布尔什维克主义者。这场战争之前，他就对苏联的坦克学说表现出浓厚兴趣，并在1936年目睹了红军的演习。据苏联媒体报道，在莫洛托夫和克拉克·克尔参加的一次会议上[64]，这位将军与斯大林就军事问题进行了热烈的交谈。他说，英国军队"已经学会了在沙漠中击败德国人，但只有俄罗斯人才知道德国人如何在欧洲战场上作战"。他补充说，英国人有"很多东西需要向俄罗斯人学习"。斯大林优雅地回答说："我们将互相学习。"[65]

丘吉尔致斯大林

1943年4月11日发，1943年4月12日收[66]

所有纳粹和法西斯的军队，都正在向我曾告诉您的恩菲达维尔防线退却。我们的装甲部队已经从西边突破，向凯鲁万挺进。第8集团军一直在向北推进，我们正准备由第1集团军发起沉重的打击。为了重创通过海路逃生的敌人，我们正在付出巨大的努力。我希望很快能给您带来非洲的好消息。仍有20多万敌人在网中，包括伤员。到目前为止，除了死亡的——估计死亡人数最后为5000到1万，我们有2.5万名俘虏。

关于空袭。我们向杜伊斯堡派出了378架飞机，第二天晚上又派出了大约100架飞机。昨晚有502架飞机飞往法兰克福。我们猛烈地袭击了这两个地方，但也受到了乌云的阻碍。我希望您已拿到了这些地方被毁坏的电影短片以及照片。我让人定期把这些资料送给您，因为这或许会使贵军士兵高兴，他们已经看到过那么多俄罗斯城镇沦为废墟。

我正努力安排一些快船，等地中海一开放就尽快通过，以便将你们急需的物资运往波斯湾。这些物资包括我妻子的基金会购买的一些精选的药品和医疗器械，这笔基金将很快达到300万英镑，都是穷人和富人自愿捐赠的。这个基金会是英国人民对俄罗斯人民温暖情谊的明证。

斯大林致丘吉尔

1943年4月12日发，1943年4月12日收[67]

我收到了您4月10日和11日的信。

英美在突尼斯进展迅速，形成了反希特勒和墨索里尼战争的重要胜利。我希望你们消灭敌人，并且尽可能多地俘获俘虏和夺得战利品。

我们很高兴您没有给希特勒喘息的机会。在你们对德国大城市实施猛烈而有效的轰炸的同时，我们也在对东普鲁士的德国工业中心发起空袭。非常感谢描述轰炸埃森成果的电影。这部电影和您承诺赠送给我们的其他电影一样，将在我们的军队和人民中广泛放映。

预期交付而被取消的船队中的战斗机对我们有极大的价值。我也非常感谢您提供的60架配备40毫米机炮的"飓风"IID战斗机。这种飞机是我们非常需要的，尤其是其能对付重型坦克。我希望您和哈里曼先生为确保向苏联发运这种飞机的努力，能够迅速取得圆满成功。

我国的人民高度赞赏英国人民所表达的热情和同情，这种热情和同情在您提到的"援助俄罗斯基金会"中已经有所体现。请向基金会负责人，向您的夫人转达我的谢意，感谢她在这方面的不懈努力。

我今天收到了马特尔中将送来的您的信。当然，马特尔将军在学习红军和红军的作战经验方面将得到一切帮助。

4月14日，丘吉尔读到这封信，"很高兴，甚至很振奋"。迈斯基告诉莫斯科："专门提到丘吉尔夫人的那一段给他留下了特别深刻的印象。我应该解释一下，丘吉尔夫人对她丈夫有很大的影响力。他把所有的消息都告诉她，并就所有的事情征求她的意见。这一点我在战前的几年里不止一次地注意过，现在仍然如此。"[68] 下面一点可以证明这位经验丰富的苏联大使（自

1932 年以来就担任大使）提供的情报的可靠性，他自己的妻子也在"援助俄罗斯基金会"中，与克莱门蒂娜密切合作。斯大林可能记住了这一点。当丘吉尔夫人于 1945 年春天访问莫斯科时，两国政府关系处于最低点，她受到了斯大林和莫洛托夫最热烈的欢迎。

4 月 15 日，丘吉尔对罗斯福说："我和'乔'继续保持着愉快的通信往来。"[69] 所以在突袭和突尼斯问题上，他一直与斯大林保持相同的态度。他还重复了 1942 年 3 月他提出的，要向希特勒发出警告，一旦德军在东线使用毒气，随之而来的是英国会对德国本土进行报复。尽管参谋长们认为德国发动化学战的可能性"虽然不如以前那样渺茫"，但可能性"仍然很小"。丘吉尔的提议是联盟团结的另一个姿态。斯大林支持丘吉尔的提议，并于 4 月 20 日正式发表了一份声明，确认如果德国人对苏联使用毒气，英国准备以牙还牙。为了阐明这一点，声明还强调，英国的毒气资源"自去年以来大幅增加"。[70]

☆ ☆ ☆ ☆ ☆

因此，在 1943 年的前几个月，三巨头之间的关系令人惊讶地愉悦。面对第二战场进一步推迟和船队再次暂停的令人不快的消息，斯大林已经用委婉的方式指出了这将对苏联产生影响，但避免了相互指责。就丘吉尔而言，他努力加强了与斯大林的友谊，向他提供有关突尼斯战役和轰炸德国的新闻。4 月 12 日在克里姆林宫的会谈结束后，克拉克·克尔给英国外交部写信说："我从未见过斯大林的性情如此温和。的确，现在克里姆林宫似乎充满了阳光。"[71] 而当丘吉尔 21 日在午餐时间与迈斯基会面时，丘吉尔作了一个很有说服力的评论："现在我们彼此之间的关系，比起一年前更为密切了。"[72]

几个小时后，斯大林向他的两位盟友发了一封信，这封信彻底改变了气氛。

1942年10月，斯大林格勒，苏军士兵在工厂的废墟中战斗

1942年末，德军在斯大林格勒城外前进

格奥尔吉·朱可夫。1942年任苏联国防委员会副人民委员和副最高统帅,负责指挥斯大林格勒战役。1943年被授为苏联元帅。1945年率军攻克柏林,代表苏联最高统帅部接受德国无条件投降

1942 年 11 月，蒙哥马利将军从一辆 M3 格兰特坦克的炮塔里观察埃及西部沙漠的战斗

帕特里克·赫尔利。1942年任美国驻新西兰公使。后任罗斯福总统的私人代表,先后到过苏联、中近东、印度、中国。1943年参加德黑兰会议

安德烈·葛罗米柯。1939年任苏联驻美国大使馆参赞,1943—1946年任苏联驻美国大使

1943年1月，卡萨布兰卡会议期间，吉罗、罗斯福、戴高乐、丘吉尔（从左至右）会晤

1943年1月31日,德军第6集团军司令保卢斯元帅向苏军投降

《英雄的斯大林格勒》电影海报

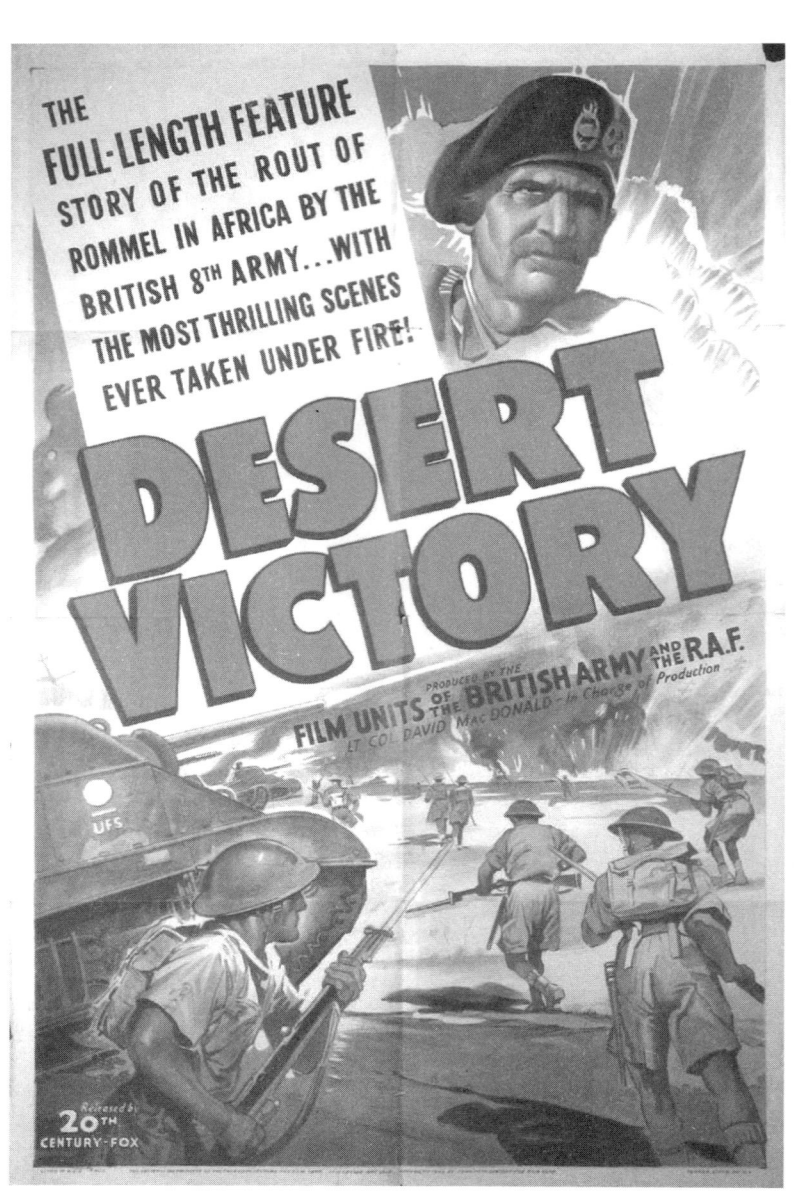

《沙漠中的胜利》电影海报

科德尔·赫尔。1933—1944年任美国国务卿

约瑟夫·戴维斯。1936—1938年任美国驻苏联大使,1938—1939年任美国驻比利时大使,1940年任助理国务卿,1945年出席波茨坦会议

亚历山大·卡多根。英国外交官，1940年起多次随丘吉尔和艾登出席盟国会议

德怀特·艾森豪威尔。1942年任欧洲战场美军司令、北非战场盟军司令，1944年任欧洲盟军最高司令，成功策划指挥了盟军开辟欧洲第二战场的诺曼底登陆战役，1945年任美军陆军参谋长

马克西姆·李维诺夫。1941—1943年任苏联驻美国大使,参加了1943年10月召开的苏美英莫斯科外长会议

夏尔·戴高乐。第二次世界大战期间创建并领导自由法国政府（法兰西民族委员会）抗击德国的侵略。二战之后，成立法兰西第五共和国并担任第一任共和国总统

1943年7月12日,苏联库尔斯克会战中的普罗霍罗夫卡战役中,在距离别尔哥罗德市30公里的地方,苏联军队T-34坦克向前推进

费奥多尔·古谢夫。1942年任苏联驻加拿大大使，1943—1946年任苏联驻英国大使

1943年7月底，英国皇家空军对德国汉堡实施大轰炸。图为轰炸后市区的建筑物残骸

1943年7月，意大利西西里岛，盟军登陆后在海滩上卸下装备物资

1943年8月，美国总统罗斯福、英国首相丘吉尔及两国高级军政官员在加拿大魁北克举行了第一次战略会议。图为罗斯福（中）、丘吉尔（右一）与加拿大总理麦肯齐·金（左一）合影

第八章

1943年
4月至7月

南辕北辙

4月中旬，德国披露了卡廷惨案，引发了三巨头之间一场新的危机，威胁到了三国联盟的团结，并从道德层面对国际关系问题提出了更深的质疑。1943年，强有力的间接证据表明，在斯摩棱斯克附近被发掘出尸骸的波兰人，是被苏联人处死的。苏联解体后，斯大林的直接责任在20世纪90年代得到确认。然而，从卡廷万人坑被发现的那一刻起，这位苏联领袖就开始了攻击，指责纳粹犯下了这个罪行，暗示在伦敦的波兰流亡政府受到德国的庇护，并以此为借口，断绝了与伦敦的波兰人的外交关系。这让斯大林可以在适当的时候，随心所欲地在莫斯科推出另一个波兰政府。这成为1944年至1945年的一个重要问题。

这是斯大林在外交宣传上一个惊世骇俗的聪明表现。斯大林以攻为守，成功地迫使丘吉尔和罗斯福处于守势，而不是他自己。他的两个盟友都认为，与波兰人的关系次于三大盟国的关系。尽管英国外交部板上钉钉地认定了卡廷惨案的罪魁祸首，但丘吉尔还是对伦敦的那些得理不让人的波兰反苏分子越来越不耐烦，对这些人，他们的总理瓦迪斯瓦夫·西科尔斯基将军似乎无法控制。斯大林是丘吉尔优先考虑的对象，5月2日，丘吉尔继续开始向斯大林通报英军轰炸德国城市和盟军在北非的进展情况，特别强调了5月13日在突尼斯的最后胜利。这样一来，西方盟国终于有了能与斯大林格勒保卫战比一比的资本。他特别高兴的是，斯大林在面向苏联人民和全世界人民的五一节演讲中，对英国和美国的战争贡献给予了热情的赞扬。

罗斯福也大肆宣传了北非战役，但像往常一样，他并没有在信中投入丘吉尔式的精力以强调细节。罗斯福的首选策略，仍然是派遣重要人物作为私人特使以增强互信，同时获取有关克里姆林宫幕后人士的情报，最重要的是，为一次私人会晤铺平道路，而在 5 月，随着戴维斯代表团前往莫斯科，这一策略达到了顶峰。约瑟夫·E.戴维斯是罗斯福的老朋友，他曾在 1936 年至 1938 年期间担任美国驻苏联大使。5 月 19 日，他抵达苏联首都，告诉所有人他带着一封罗斯福的密信，其中的内容只能透露给斯大林本人。对长期坐冷板凳的斯坦德利大使来说，这仿佛是压垮他的最后一根稻草。丘吉尔把英国的克拉克·克尔大使看作固定的可信赖的顾问。罗斯福的倡议也含有对丘吉尔的蓄意欺骗。自 1942 年 3 月以来，罗斯福一直坚持自己的想法，建议斯大林与他举行一次非正式的小型的"两人"会晤，不包括丘吉尔，而且他就此事对唐宁街 10 号隐瞒了一个半月之久。当丘吉尔最终发现了这个事情时，罗斯福竟然撒谎，说是斯大林想要与他进行一对一的会晤。罗斯福的提议和他的表里不一，都标志着在这场战争的中期三巨头之间的平衡关系正在发生变化。

罗斯福与斯大林会晤的想法未能实现，主要是由于莫斯科与西方的关系冻结了，因为在 6 月 2 日，斯大林被正式告知在 1944 年春天之前，不会在法国建立第二战场。丘吉尔、罗斯福和他们的参谋长们 5 月 12 日至 25 日已在华盛顿会面，希望确定 1943 年的行动计划。这仅仅在英国人和美国人之间就已经很难做到了，假如苏联出席，会使关于全球的优先事项和后勤保障的详细讨论更加复杂化，所以，他们没有向斯大林发出哪怕一份形式上的邀请。6 月 2 日，斯大林收到了令人不快的消息，他直接抱怨没有参与磋商。更糟糕的是，这一消息是由两位领导人通过"联名信"传达给他的。实际上，这一联名信由马歇尔将军执笔，他是以毫不掩饰的军事行动决策摘要的形式传达的。斯大林以两封带有辩论性的信函回复时，对他的盟友引用了他们过去的、自 1942 年夏天以来关于第二战场的预测和承诺。尽管他省略了一些他们作为借口加进来的关于天气、敌兵等方面的内容，但描述基本上是准确的，其效果仍然具有毁灭性。斯大林认为，丘吉尔和罗斯福两年来一直在战略问题上搪塞俄罗斯人。华盛顿和伦敦对他的来信反应一如往常，罗斯福回避长时间的争论，而丘吉尔则天生渴望解释，对于被指责不守信用，他想减轻责任，并啰里啰唆地为自己辩护，但这只能是火上浇油。与斯大林不同，丘吉尔不懂得沉默的力量。

☆ ☆ ☆ ☆ ☆

斯大林关于卡廷万人坑的电报，是对两个西方盟友指责最多的信函之一，对比最近与丘吉尔的友好交流，他的信函的语气更加惊人。作为一项治国才能，这封信之所以非同寻常，还因为斯大林秉持了"最好的防御就是进攻"这一格言。丘吉尔和罗斯福在与斯大林通信时，对事实往往避而不谈，争取保留灵活性，但他们两人都没有遇到过如此翻云覆雨欲盖弥彰的失实陈述。更重要的是，他们两人都明白斯大林在撒谎。然而，联盟面临的紧急情况要求他们保持缄默。对三巨头来说，1943年4月是他们"最艰难的时刻"之一。

1988年至1992年间，米哈伊尔·戈尔巴乔夫，特别是鲍里斯·叶利钦，终于公开了相关文献，随后由档案学家和历史学家组成的波兰—俄罗斯联合委员会发表结论：在内务部长拉夫连季·贝利亚的建议下，1940年3月5日由斯大林、莫洛托夫和政治局的一个核心集团正式批准射杀这些波兰军官、士兵和知识分子。1939年9月波兰被占领时，这些波兰人被苏联红军俘获，并且被克里姆林宫视为波兰复国的敌对核心。1940年4月和5月间，在白俄罗斯和乌克兰的不同地点，苏联处决了大约2.2万人。在此以前，斯大林对付"人民公敌"的一贯政策，是把他们大规模驱逐到偏远地区服苦役。但是苏联的刑罚系统，已经被1939年俘获的25万波兰战俘压垮了。斯大林对波兰人有一种发自内心的仇恨，并将波兰东部视为俄罗斯帝国的合法领土，而大多数囚犯都是强烈的反苏分子，内务人民委员部将他们归类为"反革命分子"。所有这些因素都有助于解释1940年的大屠杀，斯大林或许认为这场屠杀永远都不会被揭露。[1]

但人算不如天算，3年后，1943年4月13日，柏林宣布在斯摩棱斯克附近的卡廷森林，发现了4400多座坟墓，并将射杀事件归咎于1940年的苏联。莫斯科迅速回击，将其归罪于1941年入侵期间的德国人。4月16日，伦敦的波兰流亡政府发表声明说，当他们于1941年在俄罗斯用释放的战俘组建军队时，发现大约1.5万名军官和士兵下落不明。他们要求国际红十字会（IRC）对柏林的说法进行调查，任何此类调查都必须由控制斯摩棱斯克周围地区的德军进行安排。德国人抓住机会，支持国际红十字会的调查请求，苏联媒体随后发出谴责，认为这是波兰政府和德国政府勾结的证据。

斯大林与丘吉尔和罗斯福采取了同样的方法。就对待在苏联的波兰战俘和被放逐者的问题，以及对苏联1941年的边界主张问题，克里姆林宫已经和以西科尔斯基将军为首的伦敦的波兰人不和，所以很可能，斯大林一直在寻找机会中断外交关系。不管怎样，4月22日，莫洛托夫指示驻伦敦的各流亡政府的大使亚历山大·博戈莫洛夫，立即终止与西科尔斯基政府的关系，但"不得中止与波兰人的正式关系"。[2]这将使他能够确定，甚至制造出一群可以和他共事的波兰政客，比如在莫斯科的共产主义流亡者。斯大林希望事先通知他的盟友，发送了几乎相同的信函。[3]为了压制波兰人的势头，他猛烈抨击波兰人在德国对苏联的"诽谤运动"中相互"勾结"。他声称，他们的这种勾结，无异于"实际上"与苏联断绝了关系，而他只是在回击。这不仅仅是一种令人生畏的外交胆识。

斯大林致丘吉尔

1943年4月21日发，1943年4月21日收

苏联政府认为，波兰政府最近对苏维埃社会主义共和国联盟采取的态度

是完全不正常的，并且违背了两个盟国之间关系的所有规则和惯例。

这场对苏联怀有敌意的诽谤运动，是由德国法西斯分子发起，与他们自己在德国军队占领区斯摩棱斯克附近谋杀波兰军官有关系，诽谤运动立刻被西科尔斯基将军的政府利用，并且正在被波兰政府的媒体狂热地煽动。西科尔斯基将军的政府不仅没有对法西斯分子对苏维埃社会主义共和国联盟的恶意中伤给予应有的蔑视，而且还认为没有必要向苏联政府提出任何与此有关的问题，或要求任何解释。

希特勒当局在对波兰军官犯下滔天罪行后，使用一些由德国人精心挑选的波兰亲法西斯分子，正在上演一出"调查"闹剧。在被占领的波兰，一切都在希特勒的统治之下，任何诚实的波兰人都不敢开口。

希特勒政府和波兰政府都要求国际红十字会进行这项"调查"。在绞刑架和大规模屠杀和平人口的恐怖气氛中，国际红十字会被迫参加到希特勒导演的"调查"闹剧之中。显然，这种在苏联政府背后另外进行的"调查"，是任何诚实的人都不能相信的。

敌视苏维埃社会主义共和国联盟的运动在德国和波兰媒体同时发生，并且相向而行，这个事实不能不使人怀疑：盟国的敌人希特勒和西科尔斯基将军的政府心照不宣，联手搞出了这一敌对行动。

当苏联人民正在与希特勒德国浴血奋战，当他们尽最大的努力击败所有热爱自由的民主国家的共同敌人时，西科尔斯基将军的政府对苏联险恶地反戈一击。这有利于希特勒的暴政。

所有这些情况都迫使苏联政府声明，当前的波兰政府卑躬屈膝，已和希特勒政府［原文如此］沆瀣一气，对苏联持敌对的态度，事实上终止了与苏维埃社会主义共和国联盟的联盟关系。

鉴于上述情况，苏联政府得出结论：必须中断与这个政府的关系。

我认为我有义不容辞的责任，把上述情况告诉你们，我希望英国政府理解苏联政府被迫采取这一措施的必要性。

考虑到斯大林这封信的重要性，迈斯基决定在 4 月 23 日耶稣受难日，亲自把信交给丘吉尔，尽管丘吉尔正在他位于肯特郡的乡间别墅查特韦尔进行难得的战时休养。像往常一样，苏联大使的日记和他向莫斯科提交的报告表明，他完全掌控了这次谈话，但是丘吉尔的回忆录则描述，迈斯基到达时处于一种"不寻常的不安"状态，他的行事方式是"恳求与气势汹汹的态度相交替"。苏联大使肯定知道，苏联政府正在采取一种高风险的策略，尤其是英国因为对波兰人有条约的承诺，可能会对他们的举措作出极为消极的反应。然而事实上，丘吉尔是冷静达观的。他对迈斯基的态度和对西科尔斯基的态度完全一样，对于被屠杀的军官等人，说的都是"如果他们已死，就不可能复活了"。[4] 迈斯基记录下了英国首相的话："即使德国人的说法被证明是真实的，我对你们的态度也不会改变。你们是一个勇敢的民族，斯大林是一个伟大的战士，而在此刻，我首先是以一个士兵的身份来对待这一切。作为一个士兵，我感兴趣的是尽快打败共同的敌人。"[5]

这也是内阁的意见。4 月 19 日，内阁与丘吉尔和艾登达成一致，认为波兰人应与莫斯科保持外交关系，并将精力集中在实际问题上，例如让留在苏联的波兰人返回。[6] 克拉克·克尔和外交部都不相信苏联的说法，但都同意为了联盟的团结睁一只眼闭一只眼，只有英国驻波兰流亡政府的大使欧文·奥马利爵士，对有限的证据进行了更深入的研究，冷静地作出结论："事实上，我们不得不利用英国的好名声，就像谋杀者们利用针叶林来掩盖大屠杀一样。"但奥马利不情愿地认为，鉴于"维护联盟的团结极其重要"和"俄罗斯英勇的抵抗"，目前他没有其他选择。他只能勉强地建议，"我们政界良知的声音"应该"保持和谐一致"，从而"使我们自己更容易"在战后一个更合适的时机，说出真相。事实上，历届英国政府根据外交部的建议，都决定在整个冷战期间，保持这种"未经证实的"沉默，直到 1988 年被莫斯科的"新思维"搞得手足无措，尴尬被动。[7]

在哈维所称的"安抚性回信"中，丘吉尔试图阻止斯大林与伦敦的波兰人不可挽回的决裂。回信是基于 4 月 20 日的一份外交部草稿，丘吉尔随后对其进行了编辑，用他的话来说，是为了"更符合我"与斯大林的"谈话风格"。[8]

丘吉尔致斯大林

1943 年 4 月 24 日发，1943 年 4 月 25 日收[9]

迈斯基大使昨晚向我转交了您的信。我们肯定会强烈反对国际红十字会或其他机构在德国人管辖的任何领土上进行所谓的"调查"。这种调查将是一种欺骗，其结论只会是恐吓的结果。艾登今天要会见西科尔斯基，并将向他施加尽可能大的压力，要求他撤回对纳粹主持下的任何调查的支持。此外，我们绝不同意同德国人进行任何谈判或同他们进行任何形式的接触，我们将把这一点强调给我们的波兰盟友。

稍后我将电告您西科尔斯基对上述观点的反应。他的处境是很困难的。他并没有支持德国人或与他们结盟，反而有被波兰人推翻的危险，因为波兰人认为，他没有在反对苏联的问题上为自己的人民挺身而出。如果他走了，我们只能找到更差的人。因此，我希望您"中断"关系的决定，最好被解读为是一种警告，而不是真的中断，并且在所有其他计划都已被尝试之前，无论如何都不要公开这一决定。公开宣布中断关系会对美国造成最大的危害，因为在美国，波兰人数量众多，影响力很大。

我昨天已经给您起草了一份电报，请您考虑允许更多的波兰人和波兰家属进入伊朗。这将减轻在伊朗组建的波兰军队的日益高涨的不满情绪，并使我能够影响波兰政府，使其按照我们的共同利益采取行动，对抗我们的共同敌人。收到您的电报后，我推迟了给您发这封电报，希望形势能够变得明朗。

丘吉尔和艾登对伦敦的波兰人施加了相当大的压力，4月30日，伦敦的波兰人撤回了他们向国际红十字会提出的请求，理由是很难组织这样一项调查。但为时已晚。4月25日午夜，莫洛托夫召见了波兰大使塔德乌什·罗默，并交给他一份关于断绝关系的照会。[10] 克里姆林宫显然很匆忙：4月25日晚些时候，甚至在莫洛托夫与罗默会面之前，斯大林就向丘吉尔发送了一份中断关系的正式声明，苏联的照会第二天在《莫斯科晚报》上发表，而不是按照惯例在全国性报纸上发表。斯大林的思路是，苏联是受伤害的一方。斯大林用"我的同事"和"愤怒的"公众舆论压力，来解释自己之所以如此匆忙作决定。他的信与丘吉尔试图维持苏波关系的信相互错过，因此变得无关痛痒。丘吉尔的信坚称，西科尔斯基只是犯了一个向国际红十字会求助的"错误"，而不是犯了"勾结"德国人的罪，丘吉尔的信还承诺阻止波兰媒体"争论"。[11]

斯大林致丘吉尔

1943年4月25日发，1943年4月25日收[12]

我收到了您关于波兰事务的来信。非常感谢您对此事的关心。但是，我想指出，同波兰政府中断关系的决定已经作出，今天，**V.M.** 莫洛托夫为此目的递交了一份照会。这个举措是应我的同事们的要求采取的，因为波兰官方媒体正在不断地，甚至每天都在扩大对苏联的敌对运动。我还不得不考虑苏联的民意，人民对波兰政府的忘恩负义和背信弃义深感愤慨。

关于发表苏联中断与波兰政府关系的文件，我很遗憾地说，这样的发表是不可避免的。

丘吉尔就卡廷事件与罗斯福磋商，并阅读了美国总统的有关信件。美国总统直到24日去墨西哥旅行时，才收到斯大林4月21日的电报。在莱希上将的帮助下，罗斯福准备了一份回信草稿，并向国务卿赫尔征求意见，这成为他写信谈波兰问题的惯例。赫尔只删除了一个词，但却是很重要的一个词，就是在第二段"错误"之前，删除了"愚蠢的"一词。[13] 美国总统的信基本上重复了英国首相的观点，只是额外提到丘吉尔作为调解人，有潜在的作用。

斯大林给罗斯福的答复比他给英国首相的信更为详细。他采取了一种痛苦的、理性的语调来谈论西科尔斯基，表示愿意给予他的动机更高的评价，但指责他被人利用，成为希特勒的"反苏运动"的"工具"。苏联领袖还将他的伙伴国有关维护联盟团结的说辞转而针对他们自己，称他们有责任防止一个盟友以有利于敌人的方式，对另一个盟友采取"敌意"行动。然而在表面的强硬背后，斯大林也有柔软的一面：第一句中的动词"preryvat"，翻译成英语为关系的"断绝"，但也可以是"中断"的意思。[14]

罗斯福致斯大林

1943年4月26日发，1943年4月27日收[15]

您的电报是我在西部考察时收到的。我非常理解您的处境，但我确实希望，在目前的情况下，您能找到办法将你们的行动归类为中止同波兰流亡政府的对话，而不是完全断绝外交关系。

依我之见，西科尔斯基根本没有与希特勒集团合作，相反，他是在与国际红十字会处理这一特定问题时犯了一个错误。我倾向于认为，丘吉尔也会想方设法让伦敦的波兰政府在未来采取更合乎常理的行动。

如果我能在任何方面提供帮助，请告诉我，特别是关于照顾任何你可能想要送出苏联的波兰人。

顺便说一句，在美国，有几百万波兰人，其中很多人在海军和陆军服役。他们都强烈反对纳粹，如果他们知道您和西科尔斯基之间的外交关系完全中断，情况会比较棘手。

斯大林致罗斯福

1943年4月29日发，1943年4月29日收[16]

遗憾的是，我在4月27日才收到您的答复，而苏联政府不得不在4月25日就作出同波兰政府断绝关系的决定。

由于波兰政府在将近两周的时间里，不只是继续，而且还在其新闻媒体和广播里，扩大了敌视苏联的运动。这种行为只会对希特勒有利。苏联的公众对这种行为极其愤怒，使苏联政府推迟中断关系的决定成为不可能。

可以想象，西科尔斯基本人并没有与希特勒匪帮合作的意图。如果这个假设被证明是正确的，那我将非常高兴。然而，我确实认为西科尔斯基先生允许自己被潜藏在波兰政府内部或其周围的某些亲希特勒分子引导，因此，波兰政府很可能不由自主地成为你们所知道的纳粹反苏运动中的一个棋子。

我也相信，丘吉尔首相将会找到一个方法，使波兰政府醒悟过来，并帮助它在今后按照常识行事。我也许是错的，但我相信，作为盟友，我们的责任之一就在于防止任何一个盟友对其他盟友采取敌对行动，结果使我们共同的敌人感到安慰和满足。

关于在苏联的波兰人民及其今后的命运，我可以向你们保证，苏联政府一直把他们当作朋友和同志，今后也将继续这样做。因此，显然不存在，也不可能存在将他们从苏联驱逐出境的问题。假如他们自己希望离开苏联，苏联政府也从未在这方面设置障碍，并且今后也不打算这样做，而且还能给予他们一切可能的援助。

斯大林声称断绝关系已经发生，华盛顿和伦敦顿感失望。英国人尤其恼火，因为他们为了调和与波兰人的矛盾，已经作出了相当大的努力。4月29

日，艾登在与迈斯基会面时感到遗憾，他说："最近几周，一切原本都进展得很顺利"，"我们和你们的关系正在改善，我甚至可以说比以往任何时候都要好，但突然之间，却受到了这样的打击"。根据哈维的说法，坦率地说，这位外交大臣"感到茫然，不知道斯大林在做什么"，但他也觉察出了1938年9月捷克斯洛伐克危机的令人不安的历史重演："这太像希特勒和贝奈斯了，令人不愉快。"[17]

不管怎样，斯大林宣布与伦敦的波兰人决裂之前，甚至没有等待他的盟友的答复，这表明他不是在商议，而只是在告知。克拉克·克尔针对莫斯科发来的电报说："他们在处理这个问题上表现出的固执，表明他们所做的只是一个既定计划的一部分。"他认为："苏联下一步可能是成立一个波兰政府，他们将会与这个波兰政府建立外交关系，认识到这一点对我们来说是很明智的。"[18] 4月27日晚，内阁讨论了这种危险，同时还讨论了限制在伦敦的波兰媒体以及迈斯基每周出版的《苏联战争新闻》的必要性，这个报刊用一些敏感的措辞谴责波兰人，如"凶残的希特勒的同谋"[19]。信息部适当地依赖波兰人，而丘吉尔和卡多根则责备苏联大使。卡多根满意地记录道："我们在房间里粗暴地对待迈斯基，一切都很顺利。"不过，从迈斯基的日记和他给莫斯科的报告中，人们是不会知道这一点的，他的报告像往常一样，照例把英国人说成完全受他控制。[20]

丘吉尔给斯大林写完了这封信，但克拉克·克尔却采取了最不寻常的措施，推迟发送，因为他担心信函的内容和语气不妥。艾登和卡多根随后说服英国首相重新调整文字，根据卡多根的说法，信中的文字"对波兰人有点儿强硬，对俄罗斯人有点儿软弱"。特别是，他们在开头添加了一个段落，表达了丘吉尔对斯大林单方面行动的"失望"，打出了盟国团结这张牌回击苏联领袖。[21] 第四段是对莫斯科试图另立一个波兰政府发出警告。在给丘吉尔的回信中，斯大林否定了莫斯科在组建波兰政府，认为这是戈培尔无中生有的虚假宣传。[22]

丘吉尔致斯大林

1943年4月28日发，1943年4月30日收[23]

我禁不住要表达我的失望之情，您竟然认为有必要采取行动断绝与波兰人的关系，而不给我一点时间来告知您我斡旋西科尔斯基将军的结果，我4月24日已经在电报中告知您关于此事的结果。我曾希望，本着去年签署的"条约"的精神，我们应该始终就这些重要问题相互协商，尤其是当这些问题影响到同盟国的综合力量时。

艾登和我已经向波兰政府指出，如果他们对苏联政府提出的指控具有侮辱性，并因此产生支持残暴的纳粹宣传的效果，那么与苏维埃俄罗斯恢复友好或工作关系是不可能的。我们任何人都不可能容忍国际红十字会在纳粹的支持和恐吓下进行调查。我很高兴地告诉您，他们已经接受了我们的观点，并希望忠诚地与您合作。他们现在的要求是，您能允许派驻伊朗的波兰军人的家属和在苏联勇敢战斗的波兰人离开苏联，加入你们已经允许去伊朗的波兰军队。这无疑是一个可以耐心讨论的问题。我们认为这个要求是合理的，假如它是以正确的方式并且在正确的时间提出的，我非常肯定美国总统也这样认为。我们真诚地希望，彼此能牢记纳粹的野蛮侵略带给我们所有人的苦难，您会本着合作的精神考虑这件事情。

英国的内阁决定在英国对波兰新闻界实行适当的纪律约束，因为甚至是攻击西科尔斯基的卑劣者，也能说出德国广播电台向全世界反复灌输的对我们造成共同损害的话。这种情况必须被制止，也必将被制止。

到目前为止，戈培尔暂时胜利了。他现在正忙着表明苏联将在俄罗斯领土上建立一个波兰政府，并且只与这个波兰政府打交道。当然，我们不应该承认这样一个政府，我们应该继续与西科尔斯基保持关系，他是您或我们可以找到的、对我们的共同事业最有帮助的人。我希望这也是美国人的看法。

我个人的感觉是，他们受到了打击。在这件事情之后，间隔一段时间，1941年7月30日建立的关系应该能恢复。希特勒比任何人都更憎恨我们恢复关系，敌人反对的事我们去做，就是明智的。

在后方能够保持良好的状态，要归功于我们的军队目前投入的战斗以及以后投入更多的战斗。我和我的同事们坚定地期待着苏联、美国、不列颠联合王国之间更加密切的合作与理解，无论是在不断加剧的对敌斗争中，还是在战后。对于这个遭受重创的世界，除此之外，还有什么其他的愿望呢？

尽管丘吉尔的文字中暗含批评，但斯大林肯定清楚地知道，他已经安然地度过了这场风暴。事实上，在德国曝光卡廷惨案后的几周之内，可以公正地说，"苏联领导层已经成功地从一个潜在的巨大劣势中创造了一个优势地位"[24]。他巧妙地与伦敦的波兰人断绝了关系，让他得以在以后的某个时候，在莫斯科创建一个波兰政府，同时表示自己愿意帮助波兰军队及其家属离开苏联，看起来像一个慷慨的盟友。[25]

按照以往的惯例，罗斯福让丘吉尔挑起重担，负责与克里姆林宫的通信工作。事实上，关于卡廷的事，他再也没有写信给斯大林，但是美国总统对丘吉尔的立场表示赞同，这从一封最终没有发送给英国首相的长信中可以看出来。在这个草稿中，罗斯福说他同意从共同事业的角度来看，西科尔斯基是我们可以找到的对我们"最有帮助的"波兰领导人，必须"不惜一切代价避免"莫斯科创建另一个"敌对的波兰政府"，以及他们都应该远离波兰人和俄罗斯人之间的"潜在的领土争端"。罗斯福坚持认为，"赢得这场战争，是我们所有人的首要目标"，"为此，团结是至关重要的"。[26]

丘吉尔继续视卡廷惨案为近期与苏联改善关系的一个绊脚石。5月2日，丘吉尔给克拉克·克尔发了电报，同时附上他写给克里姆林宫的一封信。他说："我认为，如果我们与斯大林讨论波兰问题，会中断我每周或多或少向他发送的关于各种行动的友好的信函交流，这将是一件憾事。我相信这些信函会使他感到愉快，并保持我们之间必不可少的联系。"他告诉英国大使，为了努力把关系建立在友好的基础上，在给斯大林写信时，"如果你愿意，如果条件允许，可以说，从现在开始，我在突尼斯每俘虏一个德国人，他就给我一个战斗的波兰人，而我每俘虏一个意大利人，他就给我一个波兰人的家属，妇女或者儿童"。英国首相承认，像这样的笑话"格调不高，但在某些时刻和情况下，却是有用的"。[27]

克拉克·克尔在电报中写道："我非常赞同信函的交流不应该被打断。""我喜欢您的笑话，我很乐意把这个笑话讲给他听，因为我想，他也会喜欢。"[28] 几天后，英国大使有了机会。但要让斯大林看明白这封信并不容易。据克拉克·克尔报告说，斯大林看懂了这封信，"这个笑话让他哈哈大笑"。苏联领袖随后打趣说，丘吉尔"会抓到很多德国人，超过在苏联战斗的波兰人"，而且没有什么意大利人能"胜过一个波兰女人"，所以这个交易对他们两人都不公平。斯大林补充道，不管怎样，丘吉尔只能让他俘虏的意大利人来修公路，因为"意大利人除了修公路，什么都不会"。在巴甫洛夫的版本中，这场谈话没有那么精彩，但他确实记录下了斯大林的另一句俏皮话，他告诫丘吉尔，不要打错了算盘，"有时候一个波兰女人，远比一个意大利人要好"。这次谈话可能介于英国大使的插科打诨和苏联翻译的枯燥无味之间，但不管实质是什么，很明显，斯大林和克拉克·克尔喜欢互开一些种族主义和性别歧视的玩笑，以使英苏关系更加融洽。[29]

5月2日，丘吉尔又发了一份轰炸德国和突尼斯的最后阶段的详细报告，他希望通过这些报告，吸引作为自己盟友的斯大林的兴趣，同时也希望表明西方盟国正在猛烈地打击敌人。电报的开头是他对斯大林五一节演讲的赞赏，演讲表明丘吉尔的信终于有了效果。在演讲中，斯大林把苏联在东线来之不易的胜利与西方盟国的胜利联系在一起，盟国的军队在北非"已经彻底击败了德意军队"，而他们的空军"对德国和意大利的军事和工业中心进行了毁灭性的打击，预示第二战场在欧洲逐渐形成"。斯大林宣称，因此，"自这场战争开始以来，第一次，由红军自东方发起的对敌人的打击，与我们的盟国军队自西方发起的打击，合并为一个联合打击"。丘吉尔告诉斯大林，演讲是一篇巧妙的颂词，他带着"无比满意和钦佩"的心情读完了它。[30]

意识到已经挽回了卡廷事件的被动局势，斯大林继续掌握主动，没有让丘吉尔4月28日的信函成为定论。5月4日，他驳斥了丘吉尔关于盟军团结的言论，重申了自己的主张，即英国人本来应该约束波兰人。他激烈地反驳说，莫斯科要建立一个新的波兰傀儡政府，这是希特勒主义者的"谣言"。他的反驳，第一次与下面的想法联系在一起，即三大国应该自己承担责任，"改组"在伦敦的"目前的波兰政府"，以便"加强盟国抗击希特勒的统一战线"。克里姆林宫痛斥伦敦的波兰人勾结法西斯分子，与敌人同流合污。这一谴责的策略，再加上丘吉尔和罗斯福不愿质疑苏联对卡廷事件的解释，都给斯大林创造了机会，来质疑波兰流亡政府能否代表波兰说话。他后来充分利用了这个机会。[31]

斯大林致丘吉尔

1943年5月4日发，1943年5月6日收[32]

我在4月21日给您的关于中断与波兰政府关系的信，是出于以下考虑：波兰人在4月15日发动了一场臭名昭著的反苏新闻宣传运动；先是波兰国防部的声明，然后是波兰政府4月17日的声明，不断加剧这场运动。伦敦没有任何人反对这场运动，也没有任何人提醒苏联政府这场运动即将到来，很难想象英国政府对这场有计划的运动一无所知。在我看来，考虑到我们的"条约"精神，防止一个盟友对另一个盟友进行打击，这本来是很自然的，当这种打击给予我们共同的敌人直接帮助时，尤其如此。总之，这是我对盟国义务的理解。我认为我有责任向您转达苏联政府对苏波关系的看法。当波兰人继续煽动他们诽谤性的反苏运动时，不能指望苏联政府的耐心没有限度。

您写道，您会约束波兰媒体。对此我非常感谢。然而，我怀疑是否能轻易地让现任波兰政府就范，其周围都是亲希特勒分子以及不受约束的媒体。尽管您说波兰政府准备忠诚地与苏联政府合作，但我对其履行诺言的能力几乎没有信心。波兰政府充斥着亲希特勒的人，而西科尔斯基则如此无助，被这些人吓得不知所措！即使西科尔斯基真的想要与我们保持团结，也很难想象他能够做到这一点。

希特勒分子散布谣言称苏联要组建新的波兰政府，所有这些谣言都必须予以驳斥。我们的大使已经告诉您我们的观点了。然而，这并不排除英国、苏联和美国采取措施改组现任波兰政府的可能性。为了加强反希特勒联盟的统一战线，这样的行动是可取的。这件事做得越早越好。

艾登从美国回国后，向迈斯基暗示，在罗斯福总统的支持者中，有些人认为现任波兰政府的前景不确定，不知道他们将来能否回到波兰并夺取政权，尽管他们希望西科尔斯基个人能继续担任领导职务。在我看来，在估计现任波兰政府的前景方面，美国人的观点更接近事实。

目前在苏联的波兰人数量不是很大，包括转移到伊朗的波兰士兵的家属，应该说，苏联政府从未在他们离开苏联的问题上设置障碍。

我收到了您关于突尼斯城近况的来信。非常感谢您的来信。我为英美军队的胜利感到高兴，我祝愿他们取得更大的胜利。

☆ ☆ ☆ ☆ ☆

4月29日，丘吉尔向罗斯福提议，在突尼斯取得胜利后，他要到华盛顿来决定未来的战略。他特别热衷于确认进攻西西里岛的"哈士奇"行动。5月2日，美国总统同意了。作为会议（代号为"三叉戟"，"Trident"）的东道主，他通知了斯大林。由于并未邀请苏联人参加，罗斯福承诺随时向在美国的苏联采购委员会负责人亚历山大·别利亚耶夫将军通报讨论的情况。[33]

罗斯福致斯大林

1943年5月5日发，1943年5月7日收[34]

我想让您知道，丘吉尔先生下周将来到华盛顿，讨论我们目前要采取的下一步行动。讨论的情况，我们当然会及时通知别利亚耶夫将军。

在军事上，"两个人单独"会面是有意义的，因为英国和美国将要讨论地中海战略的棘手问题。罗斯福对不邀请斯大林的外交影响很敏感，同一天，他又给斯大林写了一封信，再次强调他已拟好他们两人进行非正式会晤时打算提出的建议。尽管罗斯福提出这个想法是为了应对德国突然崩溃而制订的应急计划，但他显然也在考虑战后问题，因为他明确排除了丘吉尔。这反映了美国总统的信念，即他和斯大林在考虑未来时，用不着像英国首相一样背着"帝国主义"的包袱。建议会面的地点在白令海峡附近，离英国越远越好。

罗斯福对这个提议相当谨慎，因此他再次求助于一位值得信赖的私人使者。这次是约瑟夫·E.戴维斯，他曾在1936年至1938年担任美国驻莫斯科大使，他的妻子曾对罗斯福的竞选活动慷慨捐助，作为回报，他得到了这一职位。[35]5月5日，罗斯福亲自通知李维诺夫关于"没有丘吉尔"的私人会面的想法。[36]不久以后，李维诺夫在一份美国政策的报告中评论说，罗斯福"相信对于某些战后问题，会很容易与我们达成协议，而不是与英国。我倾向于认为，这是他多次提议要见斯大林同志的原因"。[37]丘吉尔甚至在罗斯福5月5日的信函之前，就知道了戴维斯的任务，因为这个爱唠叨的密使已经把秘密泄露给了英国驻华盛顿大使馆的一名成员。4月24日，戴维斯告诉女王的兄弟戴维·鲍斯-莱昂，说他将会在5月去莫斯科，作为"总统的全权"特使，"如果顺利的话，将与苏联政府达成协议"。这条消息由戴维斯"绝对保密"地传出，立即被转告给了伦敦的艾登和丘吉尔。英国人不知道罗斯福的信函内容，但他们深知将有大事发生。[38]

罗斯福致斯大林

1943年5月5日发，1943年5月20日收[39]

我委托我的老朋友约瑟夫·E.戴维斯将这封私人信件转交给您。它只涉及一个问题，我认为通过一个共同的朋友，我们更容易讨论这个问题。李维诺夫先生是唯一一个我与之谈论过这件事的人。

我想摆脱大型参谋部会议的麻烦，或者外交对话的繁文缛节。因此，我能想到的最简单、最实用的方法，就是在您和我之间进行一次非正式的简单会晤，可能需要几天时间。

我非常赞赏您每天关注贵军的军事行动；我还发现我离开华盛顿较长时间也是不妥当的。这个问题有两个方面。

第一个与时间有关。俄罗斯人具有历史意义的防卫战已经转入反攻，有可能在明年冬天击败德国。在这种情况下，我们必须为接下来的许多步骤做好准备。我们当中没有任何人现在已经做好准备。因此，我认为您和我应该在今年夏天见面。

第二个问题是在哪里见面。夏天不可能在非洲举行会谈，而喀土穆是英国的领土。冰岛我不喜欢，因为对您和我来说，都涉及相当困难的飞行。此外，相当坦率地说，很难不同时邀请丘吉尔首相。

因此，我建议我们可以在白令海峡的此岸或彼岸见面。如果天气好的话，这个地点从华盛顿出发大约需要3天时间，我想，从莫斯科出发大约需要两天时间。这意味着如果有紧急情况，您总能在两天后回到莫斯科。

我认为我们两人谁也不愿意带参谋人员。我将由哈里·霍普金斯、一名翻译和一名速记员陪同，我认为您和我将进行非正式的交谈，并且"达成共识"。我认为任何正式的协议或声明都没有必要。

当然，您和我将讨论陆地和海上的军事形势，但我认为我们两人可以在参谋人员不在场的情况下进行这方面的讨论。

戴维斯先生不了解我们的军事事务，也不了解本国政府的战后计划，我派他去的唯一目的就是协调我们的会晤。

我非常希望我们的军队能在5月底完全控制突尼斯，下周，丘吉尔和我将开始致力于进攻的第二阶段。

我们对形势的估计是，德国将在今年夏天对你们发动全面进攻，我的参谋人员认为进攻将直接指向你们防线的中间地段。

您正在进行一项宏伟的事业，祝好运！

对于盟军在突尼斯取得的期待已久的胜利，斯大林向丘吉尔和罗斯福发出了同样的祝贺，这两份文件都发表在苏联媒体上。5月10日，教堂庄严的钟声再次响彻全英国，伴随着钟声，人们尽情地欢呼，庆祝继阿拉曼战役和"火炬"行动后的又一次胜利。5月12日至13日，德意最后的残余部队投降，盟军俘获了大约25万名俘虏。[40]

斯大林致罗斯福
1943年5月8日发，1943年5月7日*收[41]

我祝贺您以及英勇的美英军队取得的辉煌胜利，将比塞大和突尼斯城从希特勒的暴政中解放出来。我祝您取得更大成功。

在丘吉尔的意识里，斯大林对盟军军事计划有着根深蒂固的怀疑，于是丘吉尔决定用一些令人鼓舞的暗示来安抚他，即"三叉戟"会议的目的，是

---

* 7日应为9日。——译者注

"确定'哈士奇'行动之后如何进一步在欧洲开拓,同时也阻止对太平洋地区过度的偏重"。[42] 丘吉尔对斯大林 5 月 4 日关于波兰的信,也作出了积极的回应。不像艾登,他与迈斯基就此事进行了一次气氛紧张的会谈。艾登告诉克拉克·克尔,苏联大使表现出"几乎不愿意接受任何波兰人的观点",并一度批评英国政府对波兰人的感情"过于宽容"。艾登说:"我不得不提醒他,我们参战也是为了波兰。"[43] 不过丘吉尔却乐观得多,他在去美国的路上给艾登发电报说:"经过进一步的思考,我更加觉得波兰政府犯了愚蠢的错误,为了波兰的未来,有必要进行实质性的重组。我很高兴你已经开始从这个层面上与西科尔斯基交谈了。"[44]

丘吉尔准备了一份给斯大林的回复草稿,将大部分责任归咎于伦敦的波兰人和他们的仇俄分子。他请艾登"以你认为最合适的方式进行检查和修改"。英国外交大臣修改了信函,对莫斯科采取了更强硬的立场,并寻求战时内阁的支持。他的同事们一致认为,丘吉尔的草案,用艾登的话来说,"实际上是让我们促成波兰政府的变革",作为恢复苏波关系的先决条件。艾登删去了这一点,反而警告斯大林,很难指望西科尔斯基在"外国压力下"重组他的政府。他的同事们还对丘吉尔的信中令人生厌的语气提出了各种各样的修改意见。[45] 卡多根对英国政客几乎像对大多数外国人一样冷嘲热讽,他在日记中写道:"看到他不在的时候,'每一位'内阁成员都能同时提出全面的建议,我觉得很好笑。"他写道,如果丘吉尔在场,"所有成员都会像兔子一样蜷伏下来,变成哑巴默不作声"。尽管当时丘吉尔在华盛顿,曾要求"在发送信件之前,先想想最终结果",但似乎没人在乎这个。[46]

丘吉尔致斯大林

1943年5月12日发,1943年5月13日收[47]

我非常感谢您关于波兰事件的来信。

波兰人没有告诉我们他们要做什么，所以我们无法警告他们哪种做法是危险的。

今后，波兰媒体和所有其他外文出版物都将处于严格的监督之下。

我同意波兰政府是可以改良的，不过很难找到更好的替代人选。我像您一样认为，西科尔斯基和其他一些人无论如何都应该留下来。但我相信您也认同，一个"总理"在国际压力下重组他的政府几乎是不可能的。如果西科尔斯基这么做了，他或许就得离职了，我们将很难再找到一个像他这样合适的人来代替他。因此，他可能不会立即作出改变，但我会利用一切机会敦促他尽快朝这个方向努力。我将与罗斯福总统讨论这个问题。

我注意到了您的暗示，苏联政府不会在波兰人或波兰士兵家属离开苏联时设置障碍，我将通过大使就这个问题与您进一步沟通。

非常感谢您对占领突尼斯城和比塞大表示祝贺。现在的问题是我们能抓到多少俘虏。

希望从卡廷惨案的阴影中走出来，并且弥补北极护航船队被取消的损失，丘吉尔向斯大林示好，同意从巴士拉经过南线重新运送"飓风"战斗机。[48] 尽管丘吉尔一如既往尽其所能，努力为苏联提供更多援助，但两个西方盟国的贡献力度正在发生显著变化。1941年至1942年，英国比美国更有效地履行了《第一议定书》，但到1943年6月讨论《第三议定书》时，情况却完全相反。美国承诺得更多，而且会发运远超过承诺的东西，包括在红军发动进攻时供应更多机动性的军事装备，如吉普车、卡车和火车车厢。英国正面临着日益严重的人力短缺，英军正在地中海地区进行激烈的战斗，努力加强本国陆军和空军的装备。例如，航空部不愿意将现代化的"喷火式"战斗机和"蚊式"战斗轰炸机拿来援苏，而是继续提供修复过的"飓风"战斗机（在苏联被称为"飞行棺材"）。对这一做法，莫斯科极为不满。[49]

但是美国人也用他们自己的方式画蛇添足。5月18日，罗斯福向斯大林发送了一份清晰的评估报告："轴心国从 1940 年 12 月 8 日至 1943 年 5 月 12 日在北非伤亡 62.5 万人"，损毁了"至少 2100 辆坦克，625 艘商船"，等等。但他没有说完全，在这两年半的时间里，英国人和他们的盟友几乎承担了所有的战斗，直到最后的 6 个月。经过一番考虑，莫洛托夫的办公室"决定不予答复"。[50]

5 月 19 日，约瑟夫·戴维斯带着美国总统的密信和一部自我宣传的电影《莫斯科使命》，来到苏联首都。第二天晚上，斯坦德利陪同他前往克里姆林宫。美国大使呆板地宣布："我们的总统已经表示，他的信送到时，他不希望我在场。如果您允许，斯大林先生，我就离开。"斯坦德利一走，戴维斯就开始朗读信件，巴甫洛夫做翻译，斯大林则在一个纸片上随手乱涂乱画，然后问，为什么丘吉尔被排除在会面之外。戴维斯说，英国首相随时可以了解情况，但他对殖民主义和帝国主义有不同的看法。戴维斯认为，如果斯大林和罗斯福会面，他们肯定会达成共识。

斯大林回答说："我不确定。"

"嗯，根据我对你们两位所做的事情的了解，我敢肯定。"

斯大林严肃地说："但是，只有了解是不够的，彼此必须相互尊重。"

然后苏联领袖开始了对战后问题的阐述，不时流露出针对伦敦的波兰人的锋芒，他一边说，一边在纸上信手涂写。后来他突然抬起头，对戴维斯说："我认为你们的总统是对的。在我看来，他代表美国。他是个伟人。我信任他。你可以告诉你们的总统，我同意他的观点，正如他所建议的，我们有必要会面。"在研究了地图之后，斯大林建议在阿拉斯加某地——诺姆或费尔班克斯——举行会谈，这样对双方都合适。[51]

在等待斯大林正式的回信期间，戴维斯在莫斯科忙于放电影，着力宣传他自己，俄国人和英国大使馆把看电影作为私下里的娱乐。戴维斯刻意与斯坦德利保持距离，说他不知道罗斯福在信里写了什么，因为那是用俄语写的。他还说，尽管他和斯大林谈了两个半小时，但他们没有谈论此信的内容。斯大林最终作出了回应，建议罗斯福将会晤推迟到7月或8月，因为莫斯科已经掌握了准确的情报，德国即将在库尔斯克周边发动攻势。斯大林还举出开辟第二战场的日期也一直没有敲定，因此无法确定会晤日期并非个例，讽刺挖苦的意味又显现出来了。[52] 戴维斯把信带回华盛顿，再次避开斯坦德利。英国外交部所谓的"著名的秘密信件"，已经成为莫斯科英美人圈子里的热门八卦，美国记者的结论是，总统正在安排一个三巨头会议，但罗斯福究竟提了什么建议，斯大林又是如何回应的，目前不得而知。[53] 戴维斯的访问是对海军上将斯坦德利的公开羞辱，驻莫斯科记者昆廷·雷诺兹写道："我们的大使馆就在克里姆林宫的对面，斯坦德利大使从来不会因为太忙而没有时间拿着一封信走进克里姆林宫。"[54]

斯大林致罗斯福

1943年5月26日发，1943年6月3日收[55]

戴维斯先生已把您的信转交给我。

我同意您的看法，今年夏天，最早可能在6月，希特勒分子将在苏德战场发动新的大规模进攻。希特勒已经集结了大约200个德国师和其盟友的近30个师来对付我们。我们正准备迎接德国的新攻势并发起反攻，但我们面临着飞机和飞机燃料短缺的问题。当然，现在不可能预见我们将不得不采取的所有军事行动和其他措施，这要看前线的事态发展。这在很大程度上也取决于英美在欧洲的军事行动有多么迅速和积极主动。

我提到这些重要的情况，是为了解释为什么对您的建议我现在不能作出十分明确的答复。

我同意您的看法，这样的会晤是非常必要的，而且它不应被推迟。但我请您理解我所提出情况的重要性，因为这个夏季对苏联军队来说非常关键。由于不能确定6月份苏德战场的事态会如何发展，我无法在该月离开莫斯科。所以我建议我们的会面安排在 7 月或者 8 月。如果您能在收到我的信件后同意我建议的会面时间，我会按照约定的时间到达我们见面的地点。

关于会面地点，将由戴维斯先生亲自告知您。

我同意您关于限制双方顾问人数的建议。

我感谢您派戴维斯先生来莫斯科，他对苏联很了解，会作出客观的评价。

就在戴维斯访苏的时候，5 月 22 日，斯大林发出公告，解散了共产国际。共产国际的任务是指挥全世界共产主义组织的行动。尽管伦敦和华盛顿的外交官没有预料到莫斯科会停止支持外国共产党，但这很自然，因为共产国际的职能完全被苏共中央委员会国际部吸收了。这一决定在盟国的首都伦敦和华盛顿，被认为是苏联主动远离世界革命的公共目标，是加强反希特勒联盟力量的一个举动。丘吉尔最初的反应是，解散共产国际的消息"非常好，充满了对未来的希望"，他甚至想过给斯大林写一封表示支持的信，但一直没有去做，也许是看到了某种麻烦，也许是在华盛顿同罗斯福忙于事务。[56] 在 5 月 21 日的政治局会议上，斯大林解释说，共产国际的解散是对不断变化的国际环境作出的一种务实的回应。一些国家的共产党试图推翻他们的政府（例如，在德国和意大利），而英国、美国和其他盟国的共产党，"承担的任务则是最大限度地支持他们的政府立即消灭敌人"[57]。

5 月 26 日是苏英同盟条约签订一周年纪念日。伦敦和莫斯科相互致以热烈的问候，莫洛托夫举行了正式的早餐会来庆祝这一时刻。同盟国的关系似乎再度好转。沃纳在给克拉克·克尔的信中说："我想我们应该祝贺自己（并谢谢你），波兰的纠葛似乎与英苏的总体关系脱钩了，而且没有对它们产生任何不良影响。"[58]

然而，5 月 12 日至 25 日在华盛顿举行"三叉戟"会议之后，一场新的风暴即将袭来。而这场风暴是不容易控制的，事实上，它导致了三巨头之间迄今为止最为严重的关系危机。

☆ ☆ ☆ ☆ ☆

事实证明,"三叉戟"是英美之间一次气氛非常紧张的会议。双方在战略上存在根本的分歧,美国希望尽早对欧洲发起跨海峡进攻,而英国则希望首先控制地中海,继而迫使意大利退出战争,逐渐让德国崩溃。基于各自利益的矛盾冲突,争论进一步复杂化,美国海军仍然专注于太平洋,而两国空军,则把对德国的战略轰炸置于首要地位。这场斗争比卡萨布兰卡会议更加激烈,美国参谋长联席会议没有忘记上一次遭受的羞辱与痛苦,他们已经极大地改善了与会人员的结构,寻求支持者,尤其是这次会议在本土召开,占尽地利,他们要像英国人一样执着地捍卫自己的利益。争论非常激烈,以至于有好几次,参谋长联席会议差点儿把他们所有的副官都赶出会议室,好让他们在闭门会议上痛快淋漓地发泄不满,然后在不丢面子的情况下敲定妥协方案。[59]

北非延迟的胜利,加上大西洋局势持续的不稳定,到如今,在1943年实施跨海峡进攻的可能性已经被排除。至少英美人对风险的评估是这样的,但是这种结论,斯大林是不会接受的。在"三叉戟"会议上,双方最终确定在1944年5月1日进攻法国,但丘吉尔和布鲁克仍然希望获得一个肯定的承诺,即先占领西西里岛("哈士奇"行动),然后进攻意大利。然而,马歇尔担心这将重复前一年北非登陆的"真空"效应,当时,北非"吸收了越来越多的军队",无法在英国集结足够的兵力完成预定时间的跨海峡进攻。他强烈反对说,"延长在欧洲的战争,从而拖延最终击败日本的时间,对此,美国人民不会容忍"。与此相左,布鲁克则认为,进攻意大利会加速墨索里尼政权的垮台,并且迫使希特勒从东线调遣数个师增援他的南翼。他表明,在占领西西里岛后停止地中海的军事行动,以便横渡英吉利海峡的想法,实际上会"延长这场战争"。布鲁克对意大利战场的设想很乐观,在他的潜意识里,对法国战场的设想却很悲观。他认为,在最好的情况下,1944年盟军只能登陆有限的部队和装备以坚守滩头阵地(例如在布雷斯特半岛),并且"直到1945年或1946年,才可能有"重大突破的军事行动。他引用了1914年至1918年的经历,当时"在我方有大约80个法军师"用来对西线发起重大进攻,但仍然花了4年时间才击溃德军。[60]

双方的"策略"都过多地依赖推论和假设。这些争论不可能轻易被解决,盟军参谋长联席会议所能做的,只是尽力弥合这些裂痕。5月20日,他们商定了一个折中的方案:在西西里岛战役之后,盟军在地中海的总司令应该实施的行动是"经过精心策划的,旨在把意大利从战争中淘汰,同时最大限度地牵制住德国的兵力"。这一构想没有决定是进攻意大利(英国人的雄心),还是仅仅占领撒丁岛。这是更温和和自立的美国人的选择,以便在1943年利用原本闲置的军队。美国人还拟定了一个附加条款,即"每项具体行动"都必须得到盟军参谋长联席会议的批准,以防更多的任务偏离。布鲁克看到自己的意见差一点儿付诸东流,所以对这些折中的措辞感到满意。因此,5月24日,当丘吉尔在白宫的一次会议上极力要求对进攻意大利作出明确承诺、试图推翻双方勉强达成的方案时,布鲁克被激怒了。他在日记中情绪爆发,愤然写道:"结果,他给美国参谋长留下了一个印象,让他们怀疑我们一直在背地里搞小动作,对我们来说今后的事情将更加困难!!""有时候,他把我逼得走投无路!"[61]

在这场小冲突中,丘吉尔失败了,盟军参谋长联席会议的意大利妥协方案已经写在会议结论中,但丘吉尔不甘心失败,他要继续赢得这场斗争。离开华盛顿,他经阿尔及尔和突尼斯回到国内,决心对艾森豪威尔施压,让他制订"哈士奇"行动之后坚定而紧急的行动计划。他委婉地向罗斯福建议,为了避免给英国人留下任何"不良影响",他想带上马歇尔,罗斯福同意了。没有美国总统和他自己的参谋们的支持,马歇尔对付不了英国首相的权威、言辞和狡猾。6月3日与艾森豪威尔的会谈结束后，丘吉尔已经确保会议记录中包含了足够多毫无争议的结论，它们阐明了"占领罗马"的价值：假如西西里岛迅速沦陷，"占领罗马"可以为进一步行动打下坚实的基础。难怪丘吉尔在他的回忆录中写道："在阿尔及尔和突尼斯的8天经历，给我留下了这场战争中最愉快的回忆。"[62]

在离开华盛顿之前的最后一个晚上，丘吉尔和罗斯福花了很长时间想给斯大林写一封信，阐述"三叉戟"会议的结论（但未成功）。因此，在去阿尔及尔的飞机上，英国首相把这项任务交给了坚忍能干的马歇尔，马歇尔花了不到两个小时，交出了一份打印好的清样，丘吉尔看后很满意。他后来写道："我对这份文件的印象非常深刻，它准确地表达了我和美国总统想要表达的东西，不仅对军事问题，而且对所涉及的政治问题，都表达得非常清晰和全面。"[63]

今天看这封信，依然难以理解英国首相的热情。乔治·马歇尔不是一个善于言辞的人，他只是把会议结论的一些段落拼凑起来，所用的语言也是生硬的官僚主义套话，而且并未尝试着从同情苏联的角度来阐述这些令人不快的结论。这不是马歇尔的错，外交不是他的专长。令人惊讶的是这两位政治领袖竟以这样的方式通过了这一至关重要的信函。也许罗斯福已筋疲力尽了，丘吉尔也因他的阿尔及尔之行人困马乏。无论出于什么原因，英国首相和布鲁克在飞机上一字未改地批准了马歇尔的信函文本。罗斯福唯一的修改之处是将对苏联的支持纳入了盟国的"优先事项"中，而不是将其列为"下一个优先事项"，或五个优先事项中的第四个。[64]

这一象征性的对苏支持升级的表述，被后来的文件细节所掩盖。丘吉尔曾在3月11日的信函中，巧妙地阐述了全球战略和后勤物流方面的种种限制，但他并没有尝试着为过去的空洞"承诺"道歉，也没有对那些限制提供详细的解释。出于不明确的原因，在先前的信件草稿中，两国领导人甚至没有用心去写一个带有安抚性的开场白，以表现对斯大林应有的礼貌，并包括如此措辞:"下面列举的所有决策,完全是在衡量对贵国战争努力的援助标准之后制定的。"斯大林或许会认为这样的开场白毫无意义,而马歇尔对会议结论的刻板陈述缺少应有的粉饰,在语气上及内容上都会引发不必要的冒犯。[65]

罗斯福致斯大林

1943年6月2日发,1943年6月4日收[66]

我将通过斯坦德利大使向您提交我们的参谋长联席会议最近通过的决议。这些决议得到了丘吉尔先生和我本人的同意。鉴于它们极其机密的性质,我请斯坦德利大使亲自将它们提交给您。

罗斯福致斯大林

1943年6月2日发,1943年6月4日收[67]

总的来说,商定的总战略是以下列决策为基础:

1. 最优先考虑潜艇的威胁,即我们的海外交通线路的安全,并采取一切可行手段支持俄罗斯。
2. 为土耳其主动或被动地站在同盟国一边参战奠定基础。
3. 对日本持续地施压,不断削弱日本的军事力量。
4. 采取切实可行的措施,保持中国作为有效盟国的地位,以及对日作战基地。
5. 让在非洲的法国军队做好准备,积极参与对欧洲轴心国的进攻。

关于潜艇的第1点,最近部署的配有新装备的远程飞机以及海军舰艇的特种攻击群所取得的战果,给人以极大的鼓舞,比5月1日以来我们平均每天摧毁一艘敌人潜艇的战果还要好。如果能保持这样的摧毁速度,将极大地保护我们的舰船,从而增加可用的船只,并将对德国潜艇舰队的士气产生强大的影响。

关于对俄罗斯的支持,达成了以下协议:

1. 加强目前对欧洲轴心国的空中攻势。这是为了粉碎德国的工业,摧毁德国的战斗机,打击德国人的士气。过去3个星期以来,法国、德国和意大利、西西里岛和撒丁岛遭受了猛烈的空袭,美国在英格兰的重型轰炸机的数量,从3月的大约350架增加到现在的大约700架,按照计划,6月30日达到900架,9月30日达到1150架,明年4月1日达到2500架。在英国的轰炸机数量将会不断增加。这些都表明了空中攻势的快速发展。

2. 在地中海地区,已经决定,尽快将意大利从战争中淘汰。艾森豪威尔将军已经接受指示,准备在"哈士奇"行动(即进攻西西里)成功完成之后,立即发动攻势,目的是加速意大利的崩溃,从而为我们对德国东部和南部展开空袭创造条件,持续耗损德国战斗机,并对德国在巴尔干半岛的控制形成一个严重威胁。实施地中海地区的行动,艾森豪威尔将军可以使用在该地区可用的所有部队,除了3个英国师和4个美国师,他们将参加在英国的集结。集结的目的,下面将要提到。

3. 已经决定,由于非洲已牢牢掌握在我们的手中,因此现在可以重新进行地面部队的集结,在英国的美英联合参谋部正在不断地更新计划,以便在法国和挪威的德军突然处于劣势时立刻抓住战机,在不列颠群岛集结兵力和登陆装备的速度要跟得上战局发展,保证在1944年春天大规模空袭达到高峰时,能够发动对欧洲大陆的全面进攻。顺便说一句,一些大型登陆艇不可避免地被布置在地中海、西南太平洋的阿留申群岛,这是从英国发起跨海峡军事行动的最严重的限制因素。

我们认为，所列出的任务充分利用了我们的资源。我们相信，这些行动将会在空中沉重地打击敌人，迫使其分散地面部队，以应对实际的攻击和严重的攻击威胁。一旦轴心国的劣势迹象变得明显，实际的攻击和攻击威胁就会轻易转变为我们成功的行动。

6月4日晚上11时，（因为德国空军的袭击）斯坦德利在克里姆林宫地下大约80英尺深的防空掩蔽部里，向斯大林和莫洛托夫转交了这一信件。巴甫洛夫翻译的时候，斯大林"认真地听着这封信的内容，既没有显示出惊讶，也没有其他反应，只是说他明白了这封信的大意，经过两三天的仔细研究后，就会作出答复"[68]。

戴维斯从莫斯科返回后，向罗斯福汇报了他与斯大林的会面，并递交了斯大林对罗斯福密信的回复。罗斯福很高兴自己的倡议深受欢迎，并且确信他们的会面将在夏季晚些时候举行。他作了诚挚的回复，包括对莫洛托夫（"布朗先生"）的问候。拟写这封信所带有的热烈感情，与美国总统几乎未做修改的马歇尔关于战略信函的笨拙呆板，形成了鲜明对比。

罗斯福致斯大林

1943年6月4日发，1943年6月5日收[69]

我非常感谢您在热情接待戴维斯大使时，对我国政府和我本人所表达的敬意。他已经带着您的信平安返回。我很高兴您和我对您信中所包含的所有问题在原则上意见一致，根据您的来信和您与戴维斯先生的对话，我期待您的更多消息。

谨致我亲切的个人问候，同时也向布朗先生致以友好的问候。

斯大林仔细研究了他的伙伴6月2日的信函，在要点下面划了线。他并没有质疑盟军的计划。他发给罗斯福的信同时抄送给丘吉尔首相，斯大林指责他们公然违反先前的承诺，并悲观地警告说，他们的决定将给他的国家带来严重的后果。[70] 经过莫洛托夫的编辑，文稿变得更加有力、明确和简洁。斯大林特别提到了卡萨布兰卡会议之后的1月26日的联名信，以及丘吉尔2月9日跟进的详细信函。在这两种情况下，斯大林像他的两位伙伴一样，都在玩弄文字游戏。在第一封信中，丘吉尔和罗斯福曾说，他们计划的行动，"加上你们的强有力的攻势，很可能让德国在1943年屈服"，"很可能"这一短语是一种熟悉的丘吉尔式措辞，它谈论前景，同时又避免作出明确的承诺。在斯大林的信中，这个段落被表达为"迫使德国在1943年屈服"的"决定"。在概述2月9日的信（此信曾给出跨海峡攻击的预定日期是1943年8月或9月）时，斯大林省略了接下来的一个句子，这句话中丘吉尔明确地提出了限制条件（"当然，这次进攻的时间取决于彼时在英吉利海峡对面的德军防御状况"）。

但克里姆林宫的这些文字游戏并没有影响到更大的问题。斯大林有理由抱怨他的盟友们用种种暗示和限制条件，用花言巧语和祝福赞美等方式误导他。他在信中直接回顾了1942年莫洛托夫的穿梭外交，特别是丘吉尔6月10日的备忘录和两天后发表的苏美联合公报。他醒目的关于红军的表述很难让人反驳：他们"战斗了两年……不仅为自己的国家，也为他们的盟友……几乎是在单枪匹马地与强大而危险的敌人作战"。

斯大林致罗斯福

1943年6月11日发，1943年6月11日收[71]

我于6月4日收到您的来信，在信中您告知我关于您和丘吉尔先生就战略问题作出的某些决定。感谢您的来信。

从您的信中可以明显看出，这些决定与今年年初您和丘吉尔先生关于在西欧开辟第二战场的期限的决定相矛盾。

您当然记得，在今年 1 月 26 日的联名信中，您和丘吉尔先生告知了我当时作出的决定，即从俄罗斯前线转移大量的德国陆军和空军，并迫使德国在 1943 年屈服。

后来，丘吉尔先生以他个人的名义在 2 月 12 日向我通报了英美在突尼斯、地中海以及欧洲西海岸的军事行动的更准确信息。信中说在 1943 年 8 月强攻海峡行动的准备工作，正由英国和美国大力推进。假如天气或其他原因阻止了它，那么将在 1943 年 9 月实施这个行动，将会有更多的部队参与其中。

现在，1943 年 5 月，您和丘吉尔先生作出决定，将英美对欧洲西部的登陆计划推迟到 1944 年春天。那么在西欧开辟第二战场，已经从 1942 年推迟到 1943 年，现在又被推迟了，这次是直到 1944 年春天。

这个决定给苏联造成了极大的困难，苏联已战斗了两年，竭尽全力抵抗德国的主力部队。苏联军队不仅为自己的国家，也为他们的盟友尽其所能，几乎是在单枪匹马地与强大而危险的敌人作战。

第二战场的再次推迟让我们这支已经作出了重大牺牲的军队，没有了预期的英美军队的大力支持。有必要问，这将会给苏联人民和军队，留下怎样痛苦和负面的印象呢？

苏联政府不认同这项决定，除了因为我们没有参与其中，还在于我们没有尝试共同讨论这个最重要的问题，而且这个决定可能对战争的进程带来严重的后果。

斯大林的直率反应再正常不过。沃纳对克拉克·克尔说，"主要的问题"，是在"我们整体上不加区别的绥靖时期，对俄罗斯人作出了轻率的承诺，我们现在无法兑现这些承诺。这样做也许值得，但我表示怀疑"。沃纳只能希望"三叉戟"会议这个"重磅炸弹"（他这样称呼它）能像卡廷惨案一样很快平息,"而不会使英苏关系的基本面陷入长期和严重的混乱"。[72] 克拉克·克尔在对斯大林的信发表评论时,建议伦敦方面加快推进三位领导人的正式会晤:

> 除了会晤,任何方法似乎都不可能避免推迟开辟第二战场所引发的后果,这种推迟必然会使斯大林和他的人民更加坚定他们固有的信念,而他们刚刚开始摆脱这种信念,即我们和美国人做事时不是出于公心,而是故意让俄罗斯人流血牺牲。[73]

在华盛顿,作为对"三叉戟"会议的部分补偿,罗斯福想向苏联提供额外的物资。霍普金斯设法从战时生产委员会搞到了额外的铝,从陆军航空队搞到了额外的飞机。罗斯福尤其热衷于后者,他指示陆军航空队"从贯彻这场战争的战略概念的角度来看,我们应该在今年夏天尽一切可能援助俄罗斯",而飞机是"最快和最好的方法"[74]。

罗斯福试图用飞机作为礼物,使"三叉戟"会议的决定更容易被接受,而丘吉尔则希望用言语来达到目的。6月12日至13日,他准备了他所谓的"完全温和的"回复,并将其发送给美国总统征求意见。他听从了克拉克·克尔的建议,在草稿中强调了三巨头会面的重要性,并再次强调奥克尼群岛斯卡帕湾的英国海军基地是理想的会议地点。丘吉尔委婉地对罗斯福说:"这一切使我渴望知道,您愿意告诉我的由戴维斯先生送给他的您的信函的任何内容,以及已经收到的他的回复。"就像在莫斯科的美国记者团一样,丘吉尔似乎已经认定罗斯福提议的三方会晤将举行,事实当然不是这样的。就罗斯福而言,他本人决定不向斯大林发送简短而温和的信,这封信已于6月14日起草完毕供他签署,其中包括这样一句话:他们三人在那年夏天举行一次会晤"将会非常有益"。显然,不发此信是因为他仍然希望按照戴维斯的提议,举行一次"两人"会晤。最终,罗斯福在6月18日给伦敦发了一封信，说"我衷心地赞同您的答复"，并承诺哈里曼将会在几天内到达伦敦，带去"有关乔·戴维斯从莫斯科给我带来的信"的消息。[75]

丘吉尔给斯大林的信与他在卡萨布兰卡会议后 2 月 9 日的信件异曲同工，他希望为"三叉戟"会议的决定提供一个合理的解释，6 月 20 日，丘吉尔把这封信草率地传送给莫斯科。丘吉尔就地中海前线现在开始的新局面，以及整个盟军的军事行动所作出的贡献，提出了合理的观点，并敦促召开三巨头会议。从他的语气上看，他还不知道罗斯福的戴维斯策略。他的信中充满了惯常的圆滑的"丘吉尔式"语言，比如他说，战略轰炸攻势"很可能会产生决定性的影响"，并且到秋天，"应该会带来巨大的回报"。更严重的是，英国首相暗示到目前为止，德国没有任何的夏季攻势，可能是因为"在北非的轴心国军队出乎意料的快速失败，打乱了德国的战略"。他说此话的时候，距德军在库尔斯克周围展开"堡垒"行动仅隔两周！这让他的判断大失水准，变得不大可信。丘吉尔乐观地预测，一旦意大利被踢出战争，德国人就会"在阿尔卑斯山脉或波河河畔开辟一个新的战线"。这是丘吉尔对意大利战略致命误判的早期迹象。他认为，希特勒会放弃意大利的大部分地区，不会为夺取罗马而战斗。

丘吉尔对苏联人受够了。6 月 19 日，他告诉克拉克·克尔，虽然他选择给斯大林发一个"温和的回复"，但他认为，"我们不需要任何道歉"，他告诉英国大使说：

> 对俄罗斯人任何的进一步抱怨，都应采取强硬的态度。他们自己在 1939 年和 1940 年破坏了第二战场。我们受到攻击时，他们漠不关心，袖手旁观，我们的国家差点被彻底毁灭。我们没有责备他们。反过来，当他们受到攻击时，我们以德报怨，尽最大努力帮助他们。无论在何种情况下，我都不允许仅仅为了消除苏联人的怀疑，就让我们的军队去牺牲。在目前这个阶段，对我进行的建议和说服，都会使英国军队在英吉

利海峡水域上[原文如此，在艾登的档案中，丘吉尔曾在4月16日的原稿上把拼写错误"水域"（reaches）更正为"海滩"（beaches）——译者注]遭到无辜的大屠杀。我已经对苏联方面一再的斥责感到相当厌烦了，因为这些斥责除了出于冷血的私利和对我们的生命和财富完全蔑视，找不到任何的根由。在适当的时候，您或许可以给他一个友好的暗示，让他感到冒犯这两个西方大国是有危险的。随着时间的推移，两国发动战争的能力会逐月增强，这可能对俄罗斯的未来有益。对俄国人的无休止的指责，我的忍耐也是有限度的。[76]

如果不是担心盟国外交陷入紧张，这或许是丘吉尔想发给斯大林的态度强硬的信函。在发泄了自己的愤怒、放纵了自己夸夸其谈的嗜好之后，丘吉尔如期向克里姆林宫发出了"温和的回复"，罗斯福随后也发了一封简短的、带有些许不真诚的支持信件。

罗斯福致斯大林

1943年6月18日发，1943年6月20日收[77]

收到您的信函时，我不在办公室，所以晚了几天才回复。我完全赞同英国首相给您的电报内容。我向您保证，我们确实正在尽一切努力。

我相信您会理解我们的运力仍然紧张，尽管过去两个月来，打击德国潜艇的行动取得的进展使我们受到鼓舞，让我们可用的航运船只有所增加。

丘吉尔致斯大林

1943年6月20日发，1943年6月20日收[78]

我已收到您6月11日关于的[原文如此]发给美国总统的电报副本。我非常理解你们的失望，但我可以肯定，我们所做的不仅是正确的事情，而且是目前情况下唯一能做的事情。如果在一场灾难性的跨海峡进攻中我们损失10万人，那对俄罗斯是毫无帮助的。在我看来，假如我们在目前情况下进行尝试，获取成功可能会付出非常沉重的代价，但由于兵力太弱而无法扩大任何战果，所以这种损失10万人的灾难肯定会发生。我和我所有的专家级军事顾问都认为，即使我们登陆了，我们也会被击退，因为德军在法国的兵力优于我们今年能够部署到那里的兵力，而且德军能够利用跨越欧洲的铁路，以比我们快得多的速度增援，而我们的增援则是在大海的另一边，或通过我们可能夺取的任何被摧毁的港口。我看不出英国人的大败和被杀戮对苏联军队有什么帮助。并且，假如人们认为这种灾难是由于违背我们军事专家的建议，而且是在你们的压力下发生的，则可能引起国内民众极大的不满。您应该记得，我在给您的电报中一直明确表示，我决不会授权进行任何我认为只会导致无辜大屠杀的跨海峡攻击。

我们帮助你们的最好方式是赢得战斗，而不是遭受失败。我们在突尼斯就是这样做的，在那里，英国和美国海上力量的长臂已经伸过大西洋，绕过好望角延展了1万英里，帮助我们消灭了轴心国强大的陆军和空军。这立即对轴心国整个地中海防御体系造成威胁，已经迫使德国人以陆军和空军增援意大利、地中海岛屿、巴尔干半岛和法国南部。我真诚而理性地认为，我们能在今年把意大利从战争中赶出去，并且通过这样的方式，我们能从你们的前线吸引走更多的德国人，胜过其他能利用的手段。为期不远的大规模进攻，将使我们控制的从直布罗陀到塞得港的地中海港口的吞吐量达到饱和。在意大利被踢出战争之后，德国人将不得不占领里维埃拉，在阿尔卑斯山脉或波河河畔开辟一条新的战线，并首先替换目前在巴尔干半岛的32个意大利师。届时，邀请土耳其参与战争的时刻将要到来，无论其是主动还是被动。对罗马尼亚油田的轰炸可以大规模地进行。我们已经牵制了欧洲西部和南部的大部分德国空军力量，我们的优势还将继续增强。根据我们的情报，在一线作战的 4800 到 4900 架德军飞机，现在部署在俄罗斯前线的大约有 2000 架，而去年此时有 2500 架。我们也在摧毁德国的大部分城市和军火中心，这将对德国产生致命影响，削弱德军在所有战线上的抵抗。到今年秋天，这场大规模的空袭应该会带来巨大的回报。如果近几个月来反潜艇作战的良好势头继续下去，它将会加快和加强美国部队向欧洲的投送，这种投送目前已经达到现有运力的最大限度。对于苏联政府为了共同胜利所作的巨大贡献，比起其他人，我已表示了最大的敬意，我也感谢您最近对两个西方盟国所作努力的认可。我坚信，年底之前，我们将向您展示成果，这些成果将会使您感到极大的欣慰和满意。

我从未向您索取过俄罗斯军队的兵力和部署的详细情况，因为你们过去一直，而且现在仍然在陆地上承担重任。不过，我将很高兴听到您对苏联前线的形势和不远的前景的评价，以及您是否认为德国的进攻迫在眉睫。时间已经到了 6 月中旬，敌人还没有发动任何进攻。我们有理由相信，轴心国军队在北非出人意料的迅速失败，已经打乱了德国的战略，随之而来对欧洲南部的威胁已经成为希特勒犹豫不决，以及推迟今年夏天对俄罗斯大规模进攻的一个重要因素。毫无疑问，现在就对这一切下结论还为时过早，但我们将非常高兴地听到您对此事的看法。

在您的信的最后，您抱怨我们最近的决定未征求俄罗斯的意见。我们 1 月本来要去喀土穆会晤，我完全理解您无法去那里会见我和美国总统的原因，我相信您是正确的，即使是一个星期的时间，您也不能脱离对大规模制胜战局的指挥。然而，开会的必要性和好处是非常大的。我只能说，无论冒何种风险，我都会去您和美国总统约定的见面地点。我和我的顾问们认为，我们在苏格兰北部重要的海军港口斯卡帕湾是最方便、最安全的地点，如果需要保密的话，这里也是最保密的地方。我已经再次向美国总统建议了这个地点。如果您能在夏天的某个时候乘飞机到达那里，您就可以看到一切安排都能如您所愿，您将会受到您的英国和美国伙伴们最衷心的欢迎。

罗斯福利用"巴巴罗萨"行动两周年的纪念日，向英勇抵抗纳粹侵略的苏联人民和他们的最高指挥官致敬，想以此抵消"三叉戟"会议的负面影响。这封信由美国国务院起草，在美国和苏联媒体上以公开电报的形式发表。斯大林表达了他的谢意，但结尾也带着一丝讽刺，他说："我相信，我们同时从西方和东方对敌人实施联合打击越早，胜利的到来就会越早。"[79]

几天后，丘吉尔又给斯大林发了一封信，内容有关苏联承认自由法国的领导人夏尔·戴高乐为法国未来的统治者。罗斯福和丘吉尔与这位法国将军的关系一直不融洽，到那时已变得非常紧张。罗斯福对戴高乐的敌意近乎恶毒，两位领导人都认为戴高乐是一个我行我素难以控制的人，一个在法国缺乏强有力支持的雄心勃勃的野心家，一个对"盎格鲁－撒克逊人"充满敌意的人。他们更喜欢温和、容易被驾驭的人物，那就是法国驻北非军队总司令亨利·吉罗将军。事实上，他们在1月份的卡萨布兰卡会议上就花费了大量时间，试图在戴高乐和吉罗之间建立一种"强制的结合"。5月底，受白宫厌法气氛的影响，丘吉尔要求内阁"紧急考虑我们是否应该消除戴高乐的政治影响力，并就这些问题提交议会和法方"。然而，内阁拒绝支持首相。艾登在日记中干巴巴地写道："他不在的时候，大家都反对，都很勇敢。"[80]

6月初，法兰西民族解放委员会（FCNL）在阿尔及尔成立，由吉罗和戴高乐领导，但后者企图取代他的对手，然后以该委员会作为战后法国政府的雏形。6月17日，罗斯福再次向丘吉尔施压，他给丘吉尔发了一封极具指责性的电报，内容是迫切需要"把我们自己与戴高乐彻底分割"，因为他"被证明是不可信赖的，不愿合作的，对我们两国政府都不忠诚"，而且比起"参与战争"，他"对政治阴谋更感兴趣"。[81]

对丘吉尔来说，更糟糕的是，克里姆林宫对戴高乐的看法比白宫积极得多，因为戴高乐在法国受民众支持，他明确反对维希政府，尤其重要的是，他有不受美国控制的独立性。6月19日，莫洛托夫通知克拉克·克尔，苏联准备承认法兰西民族解放委员会。[82] 丘吉尔一听，心急如焚，匆忙写信给斯大林，悲观地警告说，戴高乐可能会危及进攻西西里岛的行动，并指出，如果苏联单方面承认戴高乐，将会迫使他和罗斯福公开表达异议，从而削弱联盟的团结。在答复中，斯大林明确表示，他不同意丘吉尔对戴高乐持有的立场，但同意让步，前提是他的盟友们在不咨询莫斯科的情况下，不得采取进一步行动。莫洛托夫对迈斯基说出自己的判断，英国人和美国人想让"戴高乐完全服从于吉罗"，甚至想"淘汰戴高乐"。[83]

丘吉尔致斯大林

1943年6月23日发，1943年6月23日收[84]

我从莫洛托夫先生那里听到，您正在考虑承认最近在阿尔及尔成立的法兰西民族解放委员会。对此，我很担心。在一段时间内，英国政府尤其是美国政府，不太可能承认这个委员会，除非他们有合理的证据证明这个委员会的性质和行动符合盟国事业的利益。

自从到达阿尔及尔，戴高乐将军一直寻求获得对法国军队的有效控制。指挥部不能确定，假如他掌握了权力，他会做什么，也不能确定他对我们的友好感情。罗斯福总统和我一致认为，戴高乐可能会将参与"哈士奇"行动的军队的基地和交通线置于危险境地。我们不能冒这样的风险，因为这关系到我们士兵的生命，并可能阻碍战争的进行。

法兰西民族解放委员会最初有7名成员，但这个数字现在已扩大到14名，我们无法确定它的行动。因此，艾森豪威尔将军已经以美国政府和英国政府的名义通知该委员会，吉罗将军必须继续担任法国军队总司令，并对该委员会的性质和组织拥有决策的权力。毫无疑问，这将引起英美两国议会的讨论，而美国总统和我将不得不给出理由，其中有许多原因，跟我们一直采取的方针有关。如果苏联政府已经承认该委员会，仅仅给出这些理由和解释，就会暴露苏联政府和西方盟国之间的观点分歧，这将是非常令人遗憾的。

我们非常渴望找到一个法国权威机构，所有法国人都能支持它，我们仍然希望当前在阿尔及尔进行的讨论能催生这样一个权威机构。在我们看来，目前苏联就此作出决定似乎为时尚早。

丘吉尔对第二战场的"温和回答"，克里姆林宫并不买账，苏联方面强硬回应，信函也被抄送给罗斯福。[85] 斯大林又一次仔细分析了丘吉尔近两年来的言论，作了有选择的提炼，正如他从丘吉尔1943年2月9日关于德国防御状态的限制条件的摘录中作了省略一样。醉翁之意不在酒，斯大林还有意无意地曲解丘吉尔6月20日信函开头提到的投入10万人作为跨海攻击总兵力的说法，是用10万人进攻，而不是无法忍受的10万人的伤亡水平。斯大林指责的主要矛头又一次方向明确，而且难以改变，他认为丘吉尔一直在煞费苦心、不遗余力地阐述进攻法国的困难，他1943年作出的承诺，肯定是已经充分考虑了这些限制因素。斯大林在结尾处，作了最有力的一击：对比英美军队的"适度的"损失和苏联军队的"巨大牺牲"，第二战场现在成为考验盟友之间"信任"的关键问题。

斯大林致丘吉尔

1943年6月24日发，1943年6月24日收[86]

我收到了您6月19日[原文如此]的来信。

我充分认识到组织英美军登陆西欧的复杂性，特别是将部队运过英吉利海峡。从您的信中可以明显看出这些复杂性。

事实上，我在阅读1942年和1943年期间您的来信时，我确信您和美国总统充分了解这种行动所涉及的困难。我还确信，您和总统在为进攻做准备时，考虑到了所有这些困难以及为克服这些困难所需要的一切努力。去年您告诉我，英美军队在欧洲的大规模登陆将于 1943 年进行。在您 1942 年 6 月 10 日交给 V.M. 莫洛托夫的备忘录中，您说："最后，也是最重要的一点，我们正在全力以赴组织和准备在 1943 年由英国和美国两国军队对欧洲大陆展开大规模登陆作战。我们没有为这场战役的范围和目标设定任何限制，战役首先将由 100 多万名英美士兵，以及适当军力的空军部队来实施。"

今年年初，您代表您本人和美国总统告诉我两次，你们关于英美军队登陆欧洲大陆的决定，目的是"将强大的德国陆军和空军从俄罗斯前线转移"。与此同时，您还想"让德国在 1943 年屈服"，并将进攻时间定在不迟于 9 月。

在 1 月 26 日的信中您说："我们已经和我们的军事顾问进行了磋商，并且确定了在 1943 年的前 9 个月英美军队将要采取的军事行动。我们希望立即告知您我们的意图。我们相信，这些行动，加上你们的强有力的攻势，很可能让德国在 1943 年屈服。"

在 2 月 12 日我收到的您的下一封信中，您更准确地说明了进攻的时间，并说："我们还将在资源允许的范围内为 8 月进行的跨海峡行动做准备，英美部队都将参与这场行动。在这方面，运力和突击登陆艇再次成为限制因素。如果此项军事行动因天气或其他原因而推迟，我们将会集结更多的兵力为 9 月做好准备。当然，这次进攻的时间取决于彼时在英吉利海峡对面的德军防御状况。"

今年 2 月，您在编制登陆欧洲的计划和时间表时，论及这场行动的困难比目前更大。从那时起，德国人遭受了多次失败：他们被击退，并且在我们的南方战场上损失惨重；由于英美联军的行动，他们被打击并被驱逐出北非；在对德国的潜艇战中，他们经历了比以往大得多的困难，而英美两国军队的优势大大增加。众所周知，现在英美空军主宰着欧洲的天空，并且英国和美国的海军和商船队目前比以前更加强大。

因此，1943 年在西欧开辟第二战场所必需的条件不但没有恶化，反而有了很大的改善。

在这种情况下,苏联政府认为英美两国政府不可能改变今年年初作出的关于在 1943 年登陆欧洲的决定。相反,苏联政府有充分的理由期待英美的决定会成为现实,必要的准备工作正在进行,而西欧的第二战场最终会在 1943 年开辟。

因此,当您现在写"如果在一场灾难性的跨海峡进攻中我们损失 10 万人,那对俄罗斯是毫无帮助的",我只需要提醒您以下几点:

首先,在您 1942 年 6 月的备忘录中,您提到进攻的准备涉及的不是 10 万人,而是 100 万人。

第二,您在 2 月份的信中提到,为今年 8 月至 9 月进攻西欧采取了重大的准备措施。似乎显而易见,这次行动的实施不是用 10 万人,而是用足够数量的部队。

当您现在说"我看不出英国人的大败和被杀戮对苏联军队有什么帮助",这种针对苏联的说法是毫无根据的,这难道还不清楚吗?它与上述关于积极准备 1943 年英美军登陆欧洲大陆的负责任的决定相矛盾,而整个行动的成功完全取决于这些决定,这难道也不清楚吗?我不想详细说明,您目前的决定违背了您之前关于进攻西欧的决定,这是您和美国总统作出的,没有苏联政府的参与,你们也没有试图邀请我方代表出席华盛顿会谈,尽管您不可能不知道,苏联在对德战争中所起的作用以及它在第二战场问题上的利益,都不是无足轻重的。

不言而喻,苏联政府不能容忍在与共同敌人的战争中,自己的根本利益受到忽视。

您写信说您完全理解我的失望。我必须说:这不仅仅是苏联政府失望的问题,而是事关其对盟友的信心,这种信心正面临着严峻的考验。我们不应该忘记,在西欧和俄罗斯被占领地区能否拯救数百万人的生命,能否减少苏联军队的巨大牺牲,都取决于联盟的决定。与苏联军队的牺牲相比,英美军队的损失可以被认为是适度的。

丘吉尔没有忍气吞声。他给克拉克·克尔写信说："我真不想给他回信，但我认为，我必须记录在案，我要立即驳斥他提出的有关失信的带有侮辱和冒犯的指责。"丘吉尔一收到斯大林愤怒的信，就开始带着怒气写回信。草稿经过了参谋长的调整，只是作了几点很小的澄清，但他们建议丘吉尔在发信之前，让自己先冷静一会儿，就像之前对待克里姆林宫发来的"吹毛求疵的电报"一样。但是丘吉尔急不可耐。[87]他信中的论点大家都很熟悉，说 1940 年至 1941 年，英国一直是孤军作战。然后，英国方面曾"动用我们有限的力量"帮助苏联。斯大林所称的"承诺"，是"随着战事发展而不断改变"的"观点"。他再一次运用了丘吉尔式的夸张语调，认定由于他自己的"地中海战略"，希特勒 1943 年夏季的战役可能会是苍白无力的，会弱于 1941 年和 1942 年的攻势。他哪里知道，就在此刻，克里姆林宫已经严阵以待，德军对库尔斯克的攻势随时都可能开始。

丘吉尔致斯大林

1943年6月26日发，1943年6月27日收[88]

您 24 日的来信收到，我深感遗憾。在每一个阶段，我给您的关于我们未来意向的信息，都是基于英国和美国参谋机构的记录在案的建议，我与您的关系始终都是真诚的。尽管直到 1941 年 6 月 22 日，我们英国人一直都在单枪匹马，独自面对纳粹德国对我们无所不用其极的进攻，但从苏联遭到希特勒袭击的那一刻起，我立即开始动用我们有限的力量，尽其所能地帮助苏联。我很满意我已经尽了一切力量来帮助你们。因此，您现在指责您的西方盟友，我很平静，问心无愧。横加指责除对我们的共同利益造成损害外，我在向英国议会和全体国民陈述我的观点的时候，不会有任何困难。

我在每一个阶段都与您分享我们参谋机构的观点,敌变我变,这些观点会随着战事发展而不断改变。首先,所有的船只都已经被占用,根据1942年6月提出的计划,将美国军队运送到英国已经是不可能的。当时人们希望到1943年4月,美军将会有27个师集结在英国,而实际上,到现在,1943年6月,只有1个师,到8月将只有5个师。原因包括对日战争的需要、船舶的短缺,而最重要的是北非战役的扩大,大批纳粹军队被投放到那里。此外,我们在今年1月提议为跨海峡计划提供的登陆艇,到目前为止还没有完全造好,现有的则全部投入即将在地中海进行的大规模行动中。我的专家顾问们认为,由于敌人确定不了打击的地点和打击的力度,希特勒推迟了对俄罗斯的第三次进攻,敌人似乎在6周前就已经做好了充分准备。甚至有可能贵国今年夏天不会受到猛烈的攻击。如果是这样的话,这将有力地证明您之前所说的我们地中海战略的"军事正确性"。然而,在这些问题上,我们必须等待事态逐渐明朗化。

因此,一方面,跨海峡进攻的困难对我们来说似乎在不断增大,并且资源也没有到位;另一方面,一项更有希望和更有成效的战略政策已经向我们敞开大门,我们有权利、有责任按照我们的信念行事,同时在每一个阶段,向您通报因战事的不断变化而导致的我们观点的改变。

丘吉尔热切地等待着莫斯科的答复,尤其是近来他与斯大林发生了争执,同时他与罗斯福的关系也处于敏感阶段。6月24日,哈里曼终于把罗斯福提议与斯大林一对一会面的事情告诉了他。英国首相立即给白宫发了一封愤怒的电报,以他最夸张的风格警告说,"这个问题非常严重",英联邦和大英帝国被排除在外的会晤,"将会被敌人宣传和利用","许多人会因此而感到困惑和恐慌"。罗斯福想用诡辩来缓解丘吉尔的愤怒,说他只是想探究"乔大叔"对战后的一些想法,"就像一年前艾登为您做的一样"。罗斯福的回信是一个赤裸裸的谎言,他说,"我没有建议'乔大叔'与我单独会面,是他告诉戴维斯，他认为一是我们将单独会面，二是他同意"在三巨头峰会之前"我们不要带参谋人员参加预备会议"。丘吉尔知道罗斯福明目张胆在说谎，这既是对他个人的冒犯，也暗示英美两国实力对比已发生显著变化。[89]

深思熟虑之后，丘吉尔把他受伤的情感从此刻三巨头微妙的关系中抽离出来，在6月28日的一封信件中，他向罗斯福表达了他的担忧。首先，他提到了斯大林关于第二战场的"非常不愉快的回复"，并将斯大林的信与自己的回复一起转发给美国总统。其次，是斯大林突然从华盛顿召回李维诺夫，从伦敦召回迈斯基和博戈莫洛夫，进行神秘的所谓"磋商"。第三，丘吉尔和罗斯福一样，也对德国没有发动夏季攻势感到困惑。他现在对此的理解，已经不仅仅是盟军在地中海取得胜利的影响了，他把这三个问题放在一起，显然开始怀疑斯大林是否在考虑与希特勒进行和平谈判。焦虑的种子已经发芽，尽管英国首相希望用他的信，坚定地把它们踩在脚下：

安东尼［·艾登］和他的外交部明确认为，俄罗斯的态度目前不会发生决定性的转变。就我本人而言，考虑到德国人民和俄罗斯人民之间所发生的事情，以及俄罗斯人在未来世界的利益，我看不出他们怎么能这样做。

虽然如此，正如丘吉尔最近所暗示的那样，他没有忘记斯大林在1939年至1941年曾是希特勒的朋友。6月29日，丘吉尔告诉罗斯福，在这种情况下，他将"不再反对"罗斯福和斯大林的会晤，如果可以安排的话，这确实是"很重要的"。[90]

丘吉尔越来越担心莫斯科的情绪，就在同一天，他给克拉克·克尔发电报说："我很想知道我针对斯大林攻击性言论的耐心回应效果如何，你（在莫斯科）能收集到什么反应信息。"丘吉尔问他应该如何解读"苏联政府不能容忍……"这样的说法，他说，这"在经验丰富的人心中引发出各种问题"，换句话说，就是中断外交关系的问题。"就个人而言，"他矜持地补充道，"我认为这或许是丘吉尔—斯大林通信往来的结束，通过通信，我由衷地希望我们两国之间有可能建立某种个人联系。使通信成为相互指责的工具，它就没有意义了。"首相对英国大使说："由于您是第一个建议我访问莫斯科的人，我非常愿意听到您的想法。"[91]

克拉克·克尔感到非常为难，他给出了一个有启发性的解释，说明俄罗斯人究竟因为什么心烦意乱，以及如何应对。他用了与前一年夏天相同的语气。当时，在丘吉尔与斯大林进行了艰难的第二次会晤后，他试图阻止丘吉尔离开莫斯科，既有对丘吉尔坦率的建议，也有对"粗暴"的俄罗斯人傲慢的调侃。如今他在回复中回顾了卡萨布兰卡会议之后的联名信，强调说："在莫斯科看来，我们的情况有一个弱点……我们的弱点不在于我们无法开辟第二战场，而在于我们已经向他保证打算这样做。"这的确是一个公正的评论。克拉克·克尔说，斯大林已经"注意到了这一弱点，并非常直率地表达了自己的观点"，随后他又补充说，"我认为他不是在有意冒犯"。英国大使把斯大林最近的信函比作两位领导人在莫斯科的"开诚布公的谈话"，并告诉丘吉尔："当这样的言论出自一个像斯大林这样粗鲁、幼稚、没有礼貌的人之口，如果还要误解，那就大错特错了。"克拉克·克尔承认："令人悲哀的是，无论我们是否愿意，我们必须与这个人合作，不仅在打击希特勒方面，而且在以后的岁月里。同时，这种合作关系到千百万人的生命，在很大程度上也关系到世界的未来。"这正是英国所面临的形势。"因此，我只能劝您对这只老北极熊拿出您久经考验的耐心，像对付熊一样对付他，给他蜂蜜和几口肉，只要您运用得当，还可以加上大棒。"在这番滑稽的贬低之后，克拉克·克尔劝英国首相收回悲观想法。"我决不同意您的观点，不能结束丘吉尔和斯大林之间的通信"，不过他建议"让事情再酝酿"一段时间，而不是匆忙发一封信函。至于单方讲和，克尔说："我认为他退出战争的可能性不大，或许'哈士奇'行动的早期成功和后续行动将大大有助于他重新与我们协调一致。"[92]

7月2日，丘吉尔向即将返回莫斯科的迈斯基重复了他对克拉克·克尔说的话。丘吉尔说他"已经厌倦了受责备，如果私人通信只是一种相互指责的工具，那保持这种通信就没有多大的意义了"。像克拉克·克尔一样，迈斯基也不赞成通信中断，他说斯大林"态度生硬"，并认为当信件"有令人愉快的、顺畅的内容时，通信的效果很好"，但是"或许双方在不伤感情的前提下直言不讳，可能效果会更好"。他反复劝慰丘吉尔，"不要太看重信函的语气"。当英国首相提到了那个令人烦恼的"苏联政府不能容忍……"的措辞，并问迈斯基是否"有任何恶意的暗示，还是仅仅在责备"时，迈斯基说是"责备"。丘吉尔重申了他与斯大林合作的愿望，并说如果斯大林同意的话，艾登愿意前往苏联进行会谈。当然，这就是两国领导人从1941年11月的对峙中走出来的方式，那次对峙导致英国外交大臣在随后的一个月出访。在为克拉克·克尔概述上述丘吉尔的谈话记录时，艾登小心翼翼地删除了丘吉尔对迈斯基狡黠的临别挖苦：

> 在他离开之前，我好像不满意地提到，阿奇博尔德·克拉克·克尔爵士在任何事情上都持俄罗斯人的观点……我认为大使们在很大程度上会站在被派驻国的立场上，采取被派驻国的观点，这是不可避免的。事实上，在一定限度内，他们这样做也是可取的。我确信他（M.迈斯基）总是不仅提出有利于俄罗斯的最好理由来说服英国，而且也提出有利于英国人的最好理由来说服俄罗斯，我确信这就是他到英国的使命如此令人难忘的原因。谈话结束后，他非常友好礼貌地告辞了。[93]

在迈斯基发往莫斯科的与丘吉尔的这次会面的描述中，他省略了关于通信的讨论，而是生动地描述了丘吉尔对斯大林信函的反应。苏联大使说，丘吉尔坚持认为，当他向斯大林承诺时，他"真诚地相信这些承诺有可能实现。并不存在任何有意识的欺骗"。但是，丘吉尔接着说："我们不是神，我们会犯错误。战争中充满了各种各样意料不到的事情……我们不得不随时改变计划。"苏联大使还说，在谈话期间，丘吉尔有几次提到了斯大林在信函末尾所说的对盟国的"信心"。迈斯基说，这句话"显然是丘吉尔的心病，让他非常纠结"。[94]

丘吉尔一直没有收到斯大林对他 6 月 26 日信函的回复。相反，斯大林让他的盟友们猜想着撤回苏联大使的含意。6 月 24 日，迈斯基接到莫洛托夫的电话，要求他返回莫斯科[95]，换句话说，6 月 24 日就是斯大林愤怒地反驳丘吉尔 6 月 20 日信函的那一天。这封信显然是压倒苏联领袖的最后一根稻草。表面上，迈斯基和李维诺夫是被召回国内进行磋商，但作为资深的外交官，他们知道自己已经不太可能重返岗位了。6 月 29 日，迈斯基给莫斯科发电报说，艾登听到这一宣布，感觉是"炸弹爆炸了"。从他的话中"可以猜想，他把我被召回莫斯科与斯大林同志 6 月 24 日的信联系在了一起，并认为这是苏联和英国关系恶化的一个明显迹象"。一个月后，英国外交大臣艾登在与苏联临时代办阿尔卡季·索博列夫讨论迈斯基的召回事件时，仍在试探俄国人的口风。[96]

丘吉尔对待波兰问题的典型方式是轻描淡写，在信中，他没有提及西科尔斯基将军 7 月 5 日去世的重大消息。这位波兰领导人是在前一天深夜遇难的，他乘坐的飞机从直布罗陀刚刚起飞，旋即坠海。两天后，一家英国法院调查后将其归咎于升降装置出现故障，但无法解释这是如何发生的，同时，它排除了蓄意破坏的可能性，并断言坠机是一场事故。考虑到这一官方说法中的矛盾之处，这位魅力非凡的波兰领导人的神秘死亡成了阴谋论者的沃土，德国人和苏联人都成为罪魁祸首，被频繁指责，但是也没有明确的证据表明这次事故不是意外。无论解释如何，伦敦的波兰人中的一个关键人物消失了，这个人能够在某种程度上控制住他那些难以驾驭的追随者，并且能够在与苏联的关系中保持一种务实的平衡。

与克里姆林宫的关系陷入冰点，丘吉尔想做第一个解冻者。他在 7 月 8 日和 10 日与之恢复了联系，宣布在西西里岛开始了"哈士奇"行动。库尔斯克会战终于在 7 月 5 日开始了，他在 8 日信函的最后一段中相当费劲地承认了这一点。

丘吉尔致斯大林

1943 年 7 月 8 日发，1943 年 7 月 9 日收[97]

"哈士奇"行动已经开始。为此要跨海运送 50 万人，其中使用了 1600 艘大型舰艇和 1200 艘特种登陆舰。敌人在"哈士奇地面"有 30 万人。结局在很大程度上取决于第一次冲击。一旦我掌握足够的信息，就会告知您战斗的进展。

与此同时，我们已在 70 天内击沉了 50 艘德国潜艇。

我希望你们的前线一切顺利。德国人的报道似乎混乱而不安。

丘吉尔致斯大林

1943 年 7 月 10 日发，1943 年 7 月 10 日收[98]

英国和美国军队都在顺利登陆。天气正在好转。

没有回复，整个 7 月都没有来自斯大林的任何信件。考虑到伦敦对克里姆林宫正在发生的事情的紧张情绪，这让人深感不安。艾登向索博列夫求证这个问题，索博列夫询问后，在 7 月 29 日回复说，莫斯科已经告知他，斯大林在前线，直到 8 月 8 日才会返回，到那时"肯定会给首相回复"。丘吉尔记录道，"很好"，然后又冷冷地补充道："我将等待这愉快的一天。"[99]

李维诺夫已经离开美国。7 月 12 日，美国国务卿科德尔·赫尔告诉苏联驻华盛顿的临时代办安德烈·葛罗米柯,一艘美国潜艇意外地在阿留申群岛区域击沉了一艘苏联拖网渔船,两名苏联水手丧生。赫尔表示他的政府深感遗憾。这一事件为罗斯福给斯大林写信提供了借口。信的要点出现在隐晦莫测的最后一段,美国总统再次提议和斯大林会晤(总统添加了"仍然"和"对您和我来说")。7月7日,罗斯福还向英国驻华盛顿大使哈利法克斯勋爵提到了会晤的想法。

哈利法克斯告诉丘吉尔,罗斯福说,"他对'乔大叔'同意会见抱有希望",但这取决于斯大林如何"判断自己的军事形势"。如果会面真的实现了,"他认为他也许能从斯大林那里了解到一些未来苏联加入对日战争的真实想法",换句话说,就是加入太平洋战争。[100]

罗斯福致斯大林

1943年7月15日发,1943年7月16日收[101]

我对不幸击沉一艘你方在北太平洋的船只深表歉意,并已指示今后要采取一切可能的预防措施。

虽然没有掌握详细的消息,但我还是想真诚地祝贺您,您的军队在库尔斯克抗击德军的进攻中表现出色。

我希望很快收到您关于另一件事的来信,我仍然认为这件事对您和我来说非常重要。

由于未得到答复,罗斯福与戴维斯讨论这种沉默意味着什么。7月22日,戴维斯自己给斯大林写了一封简短的信。霍普金斯请葛罗米柯转交这封信。[102]这位临时代办当天就向莫洛托夫发了一份急件转交此信,急件称:"罗斯福通过霍普金斯,让我向斯大林同志转达戴维斯的如下恳求:'致斯大林元帅。我有些担心,关于我和您上次的谈话,我们一直没有收到您的任何消息。请您在近期回复我们好吗？'"[103]

斯大林既不回复罗斯福，也不回复戴维斯。他在翻译稿中圈了两处，显然完全理解罗斯福的暗语[104]，但是在那个时候，任何与罗斯福会面的愿望在承受了"三叉戟"会议的决定后，都已经烟消云散。看来不仅有必要向盟国表明他的不满，而且会议本身也已经变得毫无意义，因为主要的战略决策是在没有苏联参与的情况下作出的。整个7月，斯大林让罗斯福像丘吉尔一样，在他们自己制造的焦虑中自作自受。

第九章

1943年
8月至9月

反击：
乌克兰和意大利

1943 年夏天，乌克兰和意大利两大战场传出捷报，改变了欧洲战争的面貌。

7 月 5 日，在苏联，希特勒发动了代号为"堡垒"（"Citadel"）的第三次夏季攻势，目的是让装甲部队从北方和南方同时进击，消灭库尔斯克的突出部。但是这一次与 1941 年和 1942 年不同，苏联最高统帅部正确地预测了德军的攻势。德军以 2.5 比 1 的优势兵力和装甲，牵制库尔斯克的突出部。朱可夫阻止了任何先发制人的进攻渴望，决心防御。早在 4 月 8 日的时候，他就直截了当地告诉斯大林："我们最好沿着我们的防线，把敌人拖垮，摧毁他们的坦克，然后再引入新的预备队，最终在一次总攻中歼灭主要的敌人。"[1] 就像布鲁克与丘吉尔一样，与斯大林共事两年之后，朱可夫也成功说服了他的老板不能急于求成。7 月初，在战斗最激烈的时候，双方各有 1200 辆坦克对决。在长达一周多的大规模坦克装甲战斗中，红军牵制了德国国防军，然后开始转为反攻，向突出部以北的奥廖尔进攻，向南部的别尔哥罗德和哈尔科夫进攻。

红军准备充分，7 月 12 日，苏联人发动猛攻，德军遭到了意想不到的打击，经过两周激烈的战斗，德军被迫撤退。击溃顽强抵抗的德军后，8 月 5 日，苏军解放了奥廖尔和别尔哥罗德。对莫斯科的进一步威胁被解除了，红军推进到了乌克兰，8 月 23 日，夺回了哈尔科夫，9 月逼近基辅。红军在这个过程中也遭受了重大损失。像往常一样，他们很难为远离根据地的部队提供维护和保障补给，也很难获得准确的情报。9 月 24 日至 25 日，尼古拉·瓦杜丁将军罕见地动用了空降部队，试图夺取基辅南部第聂伯河上的桥头堡，但这次行动的计划和执行都很糟糕，伞兵降落在一个德军装甲师的阵地之上，损失惨重。

尽管经历了后期的挫折，但红军的夏季胜利仍然极为壮观，这次胜利从几方面体现了红军的卓越能力。首先，人数上不占优势，伤亡水平接近中等；其次，苏联各个层面的作战方式经受住了考验，无论战略、情报还是战术、全军合作，都是如此。"到1943年中期，斯大林已经开始信赖他的指挥官和参谋们，认为他们是专业的指挥者，而他们也通过吸取机械化战争的惨痛教训，证明了这种信任是合理的。"[2] 即使丘吉尔在他的战争回忆录中有意对苏联的战事轻描淡写，他也不得不说，"两个月内发生在库尔斯克、奥廖尔和哈尔科夫的三大战役，标志着德国军队在东线的覆灭"[3]。尽管德国历史学家警告说，不要夸大库尔斯克的影响，德军只损失了252辆坦克和5.4万名士兵，而红军，尽管是防御，也至少损失了17.7万人，但他们不得不承认，在心理层面上，德国在苏联的夏季攻势第一次失败，"产生了不可估量的象征性的影响"[4]。

与此同时，7月10日，当"堡垒"行动胜负未决时，艾森豪威尔指挥的盟军攻击了西西里岛。他们只遇到意大利人微弱的抵抗，就迅速穿过了岛屿。希特勒立即下令停止"堡垒"攻势，从德国调拨一些后备力量来保护他的南翼。他曾担心的而斯大林迫切要求的欧洲大陆上的"两线"战争，正在成为现实。[5] 鉴于意大利人士气低落、当前德国势力薄弱，艾森豪威尔7月18日对盟军参谋长联席会议说，他和他的指挥官们认为，"意大利本土是最好利用的区域，可以实现我们迫使意大利退出战争和牵制德军最大力量的目标"。丘吉尔非常高兴，他对轴心国"软肋"的痴迷，似乎最终被证明是正确的，他谈到了1943年淘汰意大利，也许会在1944年结束战争。兴奋不已的罗斯福和艾森豪威尔也看到了胜利的希望，尤其是墨索里尼7月25日被推翻并遭逮捕之后。两天后在下议院，丘吉尔听到"这场痛苦惨烈战争的主要罪犯之一垮台"的消息，高兴地舔了舔嘴唇，并表示，英国和美国无意"破坏意大利的政体"，只要该国的新统治者同意无条件投降，然后愿意合作，反对"我们的首要敌人"纳粹德国。现在，他和罗斯福准备8月中旬在魁北克紧急召开盟军参谋长联席会议，计划未来战略，决定意大利的命运。[6]

1943年的7月对所有盟国来说，是一个充满戏剧性和欢欣鼓舞的月份。墨索里尼倒台后，布鲁克在日记中写道："这是一个值得纪念的时刻。"他回忆起1942年11月阿拉曼战役胜利后丘吉尔说的话，补充道："终于从'开始的结束'变成了'结束的开始'！"[7] 克里姆林宫的领导层也更加自信了。在与外国外交官的讨论中，苏联共产党国际部的官员开始谈到德国即将失败，莫洛托夫的一位外交事务副委员所罗门·洛佐夫斯基在8月10日与中国驻莫斯科大使交谈时，也是这样说的，这是中国大使第一次直接从苏联领导人那里听到这些话。第二天，整个外交使团乘坐有护卫的火车，从古比雪夫返回莫斯科。[8]

胜利在即，制订和平计划变得更加紧迫。伦敦、华盛顿和莫斯科都看到了持续合作的好处，从目前情况来看，这是不言自明的。然而，合作中有竞争，三个盟国的政府都开始为争取战后的地位施展策略。特别是在意大利发生的事件，迫使斯大林认真处理与盟国的外交关系，以免被边缘化。在库尔斯克战役的胜利被确定后，他终于在8月8日至9日，与他的两个伙伴恢复了通信联系。三巨头这一轮频繁通信，在不到两周的时间里（9月2日至12日），达到17封信的高峰，斯大林又一次抓住了主动权，就像他在4月卡廷事件曝光后所做的那样。苏联领袖礼貌地拒绝了罗斯福又一次提出的两人尽早会面的建议，照旧以"前线"需要为借口，同时又重申了他的看法，希望他们的最终会面也包括丘吉尔。为了在峰会之前给自己留出时间，并迫使盟友们摊牌，斯大林还提议召开一次"重要代表"的预备会议。这一想法很快发展成为外交部长会议，并最终于10月在莫斯科举行。尽管每一位领导人都希望在适合自己的地点安排会议和峰会，但斯大林却利用了伦敦和华盛顿如释重负的心情，即他打破了长达6周的不祥的沉默。正如丘吉尔所说，这只

"大熊"又在"发声了,不是咆哮,至少也是吼叫"⁹。利用他们的情绪,斯大林达成了目标,外交部长将于10月在莫斯科召开会议,三巨头将于11月底在德黑兰会晤,这是他在苏联以外最理想的会晤地点。斯大林最终决定认真开始首脑级外交,并在他自己选择的时间和地点这样做。令人奇怪的是,罗斯福从来没有以身体残疾为由,提出更方便的会议地点。

斯大林也希望插手意大利的事务,他意识到,如果让伦敦和华盛顿来决定希特勒的主要轴心国伙伴的命运,以后恐怕就会成为惯例。不过,他的盟友们认为自己在意大利进行了所有的战斗,也想在意大利投降后,最大限度地与其合作,对抗德国。对于意大利的未来,伦敦和华盛顿意见相左,美国人没有时间欣赏丘吉尔这个君主制倡导者复兴萨伏依王室的热情,他们一致认为艾克所说的"军事权宜之计"是首要任务,而不是外交礼节。1942年11月的《达尔朗协定》,尽管引起了宣传的尴尬,却是一个可遵循的先例。另一方面,他们也认识到,在某种程度上,让苏联参与对意大利的安排,可以让他们在红军(现在正迅速向西推进)进入卫星国和征服东欧轴心国时,扮演类似的角色。因此,他们接受了斯大林的建议,即由三大国主导为意大利建立一个军事政治委员会,斯大林希望该委员会也能与未来背叛轴心国的人协调好关系。但他们丝毫也不想让这个委员会妨碍艾森豪威尔的军事行动,也无意让它支持在后法西斯时代意大利共产党的地位,这一点,在秋天变得很明显。围绕该委员会的斗争,为1945年的波兰树立了一个先例。

1943年8月和9月,三巨头通信动态在西方这边发生了短暂但有趣的转变。丘吉尔在北美待了5周,大部分时间都是在罗斯福的陪同下度过的。算上来回的航程,从8月4日到9月19日,他离开伦敦共一个半月,这是他在战争期间离开英国最长的一次,而且也是引起威斯敏斯特和白厅最不满的一次。除了喜欢外出度假这个理由,丘吉尔相信,在这样的关键时刻去见罗斯福,他可以对美国的政策产生重大影响,也可以与罗斯福在斯大林问题上达成一致,协调安排共同的方针路线。然而在伦敦,他长期在美国逗留却遭到批评。奥利弗·哈维在外交部指出："尽管他在军事方面对美国总统的影响可能是积极的，但美国总统在政治方面对他的影响却是灾难性的。首相那一半美国血统显露得越来越多。"[10] 艾登也被激怒了。他在日记中写道："我最渴望与美国建立良好关系，但我不喜欢屈从于他们。"他认为丘吉尔，"过长地在华盛顿逗留，加强了这种屈从印象"。[11] 8月8日，英国外交部主要亲俄派杰弗里·威尔逊评论英国首相说："他前几天有关与美国人磋商并通知俄罗斯人的言论绝非口误。这是他深思熟虑的政策，它会使我们陷入极度的困境。"[12]

莫斯科这边，斯大林在国际舞台上日益增强的影响力，总是被他的多疑和专制本性所限制。当冰雪消融，夏季来临时，斯大林重新与盟友接触，他向伦敦和华盛顿派出了新的使者，后来者的风格与先前的大使截然不同。6月底，因为第二战场问题被召回的迈斯基和李维诺夫，分别由费奥多尔·古谢夫和安德烈·葛罗米柯接替。他们两个都是年轻的职业外交官，是莫洛托夫的门生，出生于20世纪，完全不同于他们的前任，他们的老前辈是见多识广的社会主义者（李维诺夫出生于1876年，迈斯基出生于1884年）。斯大林和莫洛托夫向伦敦明确表示，这些新人的工作是"签署协议"，而不是参与"交换意见"，不过这一告诫，英国外交部并没有充分重视。[13] 他们希望夏季的摩擦只是两国关系改善中的一个插曲，他们甚至游说，想让迈斯基再回来，但这一策略只会加深克里姆林宫的怀疑。8月底，迈斯基获准返回伦敦几天，以结束他的事务。在与艾登的谈话中，迈斯基显出一副悲哀的样子。相比之下，古谢夫和葛罗米柯有时简直就像是信使，而英国人对前者特别粗鲁和蔑视。克拉克·克尔告诉英国外交部："如果迈斯基像一只知更鸟或鹡鸰，古谢夫就像一只斑海豹，显然不善于表达。"10月的一天，在欢迎古谢夫的晚宴之后，布鲁克写道，那个"青蛙脸""肯定没有那个无赖迈斯基令人印象深刻"！[14]

由于根深蒂固的多疑，斯大林和莫洛托夫使自己丧失了两位经验丰富且洞察力敏锐的驻主要盟国的观察家。他们有独立的能力向他们的东道主解读克里姆林宫的思想，同时也能把西方的反应诠释给莫斯科，真可谓理想的双重口译员，7月2日，丘吉尔半开玩笑地当着迈斯基的面这样评价他。迈斯基和李维诺夫的这些优点，斯大林和莫洛托夫都享受不到了。从现在开始，斯大林的信和西方盟友的回信将仿佛在真空中传递，而这一时期三巨头之间的有效沟通比以往任何时候都更重要。

☆ ☆ ☆ ☆ ☆

罗斯福对奥廖尔战役的胜利表示祝贺[15]，但丘吉尔反其道而行之，他仍然对斯大林没有回应他进攻西西里耿耿于怀。他讽刺地对哈里曼说："难道总统不应该这样结束他的问候吗？就说：'你不会看不到，重大的军事行动已经在地中海开始，并且已经导致了墨索里尼倒台。'"[16] 根据苏联驻伦敦临时代办阿尔卡季·索博列夫的说法，7月26日，艾登说丘吉尔"感到担忧"，他仍然没有收到7月8日和10日写给斯大林的最后两封信的回复，接着又补充说："我一直安慰首相，指出斯大林那段时间正在前线，这也许是回复迟延的原因。不过，我认为我有责任把这件事告诉你。"[17] 这不大可能是斯大林保持沉默的原因，在这几个星期里，他只去过一次前线，而且时间也不长。理所当然，他全神贯注于7月决定性的军事行动，但或许也是想吊吊罗斯福和丘吉尔的胃口，促使他们采取进一步行动。

华盛顿和伦敦主要关心的，是如何告知斯大林罗斯福、丘吉尔和盟军参谋长联席会议计划于8月中旬在魁北克召开"四分仪"会议（"Quadrant"）。根据奥利弗·哈维的说法，丘吉尔希望他能"说服美国人同意以未来的跨海峡军事行动为代价，开放我们在意大利的军事行动"。然而，如果俄罗斯人在场，无论是斯大林、莫洛托夫还是哪一位苏联将军，"他们会坚定地支持美国人的观点"，那样，丘吉尔担心自己"很可能会不知所措"。然而，让斯大林蒙在鼓里，然后让他面对既成事实，同样是危险的，尤其是考虑到他6月对"三叉戟"会议结果的愤怒，然后在整个7月，他保持了令人不安的沉默。哈维在月末指出："我们对与斯大林的关系感到非常担忧。"[18]

这个问题是很微妙的，英国人的讨论也很有趣，揭示了私人通信在三巨头关系中的地位。克拉克·克尔强烈地感觉到斯大林仍为他被排除在"三叉戟"会议之外，以及继续推迟第二战场而感到痛苦。英国大使评论说，"随着时间的推移，我越来越感到，与这些人接触的唯一正确方式就是绝对的坦率"，不管结果如何。因此，他主张邀请斯大林或莫洛托夫参加会议，接受他们带军事顾问的可能性。如果邀请被拒绝（他说，这"并非不可能"），那么艾登提出访问莫斯科，并就已经达成的协议提供一份简报将是合适的。卡多根也同意这个想法，他说，"我们必须"邀请斯大林。但丘吉尔反对这种象征性的姿态，8月1日，他愤怒地告诉艾登，"邀请俄罗斯参加这个特殊的会议是不可能的"，因为会议只是英美两国就地中海战区问题的后续讨论，也会涉及对日战争，而苏联不是一个交战国，斯大林对被排除在外可能"毫无怨言"，因为他在夏天曾多次拒绝与他们会面。丘吉尔暴躁地继续说："与其邀请俄罗斯人，不如干脆把会议取消。我宁愿忍受斯大林的无礼，也不愿意在英美两国之间就我们自己的军队问题进行磋商，从而被剥夺了有效地进行这场战争的手段。"[19]

后来，按照丘吉尔的指示，英国人重新采纳了艾登早先提出的建议。8月7日，他们在最后一刻，也就是"四分仪"会议官宣的前一天，通知了斯大林。通知由卡多根起草，并经艾登和丘吉尔批准，再由英国外交部以电报的形式发送莫斯科大使馆。这是一种低调而不带个人感情的通信方式，大概是为了避免打破高层的沉默，而丘吉尔的观点则是被间接地传达。在回忆录中，艾登说这封信是"从战时内阁发出的"[20]。克拉克·克尔奉命将它转交"给斯大林或莫洛托夫"，8月8日，克尔把信交给了后者。

在信中，会议被描述为只与英国和美国的事情有关，包括地中海行动和跨海峡计划,加上对日本的战争,但是提及"加紧准备我们的'霸王'行动",至少可以说这不是真诚的,考虑了丘吉尔关于意大利的私人意图。为了使信函更容易被接受,信的最后一段重申,"首相仍希望三位政府首脑会议在不久的将来成为可能",并补充说,在首相看来,斯卡帕湾仍然是对"各方"最好的地点,并重复说"首相愿意去任何对元帅和总统都方便的约会地点"。[21]

这封精心设计的来自丘吉尔的(非个人)信函,促使斯大林打破了长期的沉默。8月8日,他终于对罗斯福作出了回复,收回了他早先通过戴维斯达成的他们两个人在夏季举行会晤的意向。斯大林非常讨厌乘飞机,对于个人安全的强迫症,以及对于苏联声望的敏感,使他不愿在苏联领土之外会见罗斯福和丘吉尔。虽然苏德战场的形势与1942年相比已经有了显著的改善,但苏联仍然是在自己的领土上作战。进一步的胜利将会使苏联在外交上处于更有利的地位,因此斯大林并不急于参加峰会。

莫洛托夫起草了电文,但最后四段是斯大林添加上去的。看来斯大林已经决定为了避免在"两人"会面的问题上最终食言,建议丘吉尔也可以参加。不过,他也相当含糊地提到,将召开"重要代表"的会议,作为三国政府首脑会晤之外的另一种选择。白宫收到了这个电文,由苏联大使馆翻译,水平不高。

斯大林致罗斯福

1943年8月8日发,1943年8月8日收[22]

我刚从前线回来,所以直到现在才能回复您7月16日的信。我毫不怀疑,您考虑到我们的军事状况,能理解为何拖延答复。

与我们的预料相反,德国人不是在6月而是在7月发动了攻势,现在战斗已经全面展开。众所周知,苏联军队击退了7月的进攻,重新夺回了奥廖尔和别尔哥罗德，现在正进一步向敌人施加压力。

很容易理解的是，在目前苏德战场的严峻形势下，苏军的最高统帅部需要对敌人的行动保持高度警惕和戒备状态。因此，我目前必须把其他问题和我的其他职责放在一边，只[为]首要的任务——在前线指挥行动。我必须经常去前线的不同地方，协调各方以服从前线的利益。

在这种情况下，我希望您能充分理解，目前我不能进行长途旅行，而且遗憾的是，也不能在夏季和秋季履行我通过戴维斯先生对您作出的承诺。

我非常遗憾，但正如您所知道的，形势比人强，实在身不由己。

我认为两国派重要代表开会肯定是有利的。在目前的军事形势下，会议可以安排在阿斯特拉罕或阿尔汉格尔斯克。如果这个建议对您个人来说不方便，在那种情况下，您可以把您的重要代表派到上述地点之一。如果您采纳这个建议，那么我们应预先确定需要讨论的问题以及需在会议上表决的提议草案。

正如我已经告诉戴维斯先生的，我不反对丘吉尔先生出席这次会晤，这样，两国代表的会晤就会变成三国代表的会晤。我仍然坚持这个观点，前提是您对此没有任何反对意见。

我借此机会祝贺您和英美军队在西西里取得的巨大成功，这使墨索里尼及其匪帮倒台。

感谢您在奥廖尔胜利之际向红军和苏联人民表示祝贺。

第二天，8月9日，斯大林和莫洛托夫在收到英国政府关于魁北克会议的信后，澄清了他们提到的"重要代表"会议。他们坚持认为在三巨头会晤之前应召开一次这样的会议，并将此消息以莫洛托夫手写的一封信传达给丘吉尔，"老板"稍加修改后，以电文的形式发给罗斯福。[23] 这一决定使斯大林得以推迟他尚未准备好的峰会，并再次强调他"在前线"的责任，同时在较低级别的官方层面为三巨头会晤做准备。因此，召开一次外交部长会议的想法，最终于 10 月实现。

斯大林致丘吉尔

1943 年 8 月 9 日发，1943 年 8 月 9 日收[24]

我刚从前线回来，已经读了英国政府 8 月 7 日的信函。

我认为，三国政府首脑会晤是绝对可取的。这样的会议必须一有机会就召开，应尽快与美国总统约定会议的地点和时间。

同时，我必须遗憾地说，在苏德战场目前的情况下，我没有机会离开前线，即使只离开一个星期。虽然我们最近在前线取得了几次胜利，但是，对于敌人可能采取的新的行动，苏联军队和苏联最高统帅部仍需要保持高度戒备。为此，我不得不比平时更频繁地深入部队，到前线各段进行视察。在目前的情况下，我无法访问斯卡帕湾或更远的地方与您和总统会面。

然而，为了不推迟对我们各国感兴趣问题的商议，安排一次由我们各国重要代表参加的会议将是有利的，而且我们可以在不久的将来就会议的地点和时间达成共识。

此外，有必要事先就需要讨论的问题和需要表决的提议草案达成一致。没有这些准备，会议几乎不会有任何实际的结果。

英美军队在西西里岛已实施了最成功的行动，借此机会，我祝贺英国政府和英美军队，这些行动已经使得墨索里尼倒台，他的团伙业已瓦解。

斯大林如此回信，伦敦和华盛顿喜出望外。艾登给在魁北克的丘吉尔发电报说："我当初不敢奢望结果会有这么好，令人大大松了一口气。""难道我们不应该马上就会议的原则、时间、地点、人员和议程等达成一致吗？"他最后叹了口气说："'乔'不负责任。"[25] 8 月 11 日，战时内阁召开会议，对斯大林信函的"语气和内容总体上是满意的"。内阁认为苏联缺席魁北克会议的事实将给舆论宣传带来负面影响，因此"有必要加快斯大林元帅提议的会议准备工作"[26]。

很难判断斯大林的举动在多大程度上是精心设计的，但是无论如何，他的"不可捉摸"的本性再次发挥了作用。考虑到他长时间的沉默给盟友带来日益加剧的焦虑，这样一个建设性提议以友好的语气表达，让人意想不到，得到了高度赞赏。在艾登和内阁的敦促下，丘吉尔迅速而热情地回复。丘吉尔不再暴躁了，他祝贺斯大林在奥廖尔和别尔哥罗德的胜利，并重新开始在他的信件中加入盟军轰炸德国的精彩片段。这次是从 7 月 25 日到 8 月 3 日对汉堡的猛烈空袭（"蛾摩拉"行动，"Gomorrah"），他承诺提供汉堡毁坏的照片证据。他告诉斯大林："这一点我们可以肯定，汉堡 80% 的房屋都倒塌了。"英国首相报告说，至于海战，5 月、6 月和 7 月，盟军"几乎以每天一艘的速度"摧毁德国 U 型潜艇。这几个月确实标志着大西洋战役的决定性胜利，最终使盟军能够在相对安全的情况下，运送人员和物资用于欧洲的行动。然而，丘吉尔在信中承诺的，要"在不影响'霸王'行动的前提下充分"利用在西西里的成功，与他私下里的含糊其词是不一致的。盟国之间最近紧张关系的缓和，并不意味着双方真正的开诚布公。[27]

罗斯福和丘吉尔在海德公园讨论了他们写给斯大林的下一封联名信。海德公园是美国总统在纽约北部哈德逊河畔的乡间庄园，他们在魁北克会议前，在那里待了好几天。他们提出了丘吉尔所称的"更新的最终提议"，即在他们自己的会议结束后，与斯大林会面，提议把阿拉斯加的费尔班克斯作为会面地点。英国首相告诉罗斯福说："如果他接受，这将是我们一个很大的优势，如果他不接受，我们就有了非常充分的理由。"[28] 他们还告知斯大林盟军在西西里岛的迅速胜利，该胜利以 8 月 17 日乔治·巴顿将军的美国第 7 集团军夺取墨西拿而告终，这支部队领先蒙哥马利的英军几个小时进入该城。在他们的信中，罗斯福和丘吉尔也同意召开外交部长级会议，并强调会议必须是纯粹"试探性的"，以保持三巨头的最终权威。这是让丘吉尔担心的一点，他指出了"危险"，即会议"只关注和界定重大的分歧，而没有权力通过全面协议来消除分歧"[29]。霍普金斯告诉艾登，正是因为这个原因，总统才想单独会见这位苏联领袖，因为总统"可以对斯大林说一些"他"不愿意别人替他说的话"。霍普金斯和艾登都看到了政府首脑讨论第二战场和苏联西部边界等敏感问题的必要性，尽管有这些保留意见，斯大林提议的召开低级别部长级会议，也已经势在必行了。[30]

罗斯福和丘吉尔致斯大林

1943年8月18日发，1943年8月20日收[31]

我们两人都已和我们的工作班子来到这里，可能会在这里开会10天左右。然而，我们希望再次强调我们三方之间举行一次会晤的重要性。再说一遍，我们不认为阿斯特拉罕或阿尔汉格尔斯克是合适的地点，但我们自己已经做好准备，在合适的人员陪同下，前往费尔班克斯，以便和你们一起勘察这一地点。现在是这场战争中的关键时刻，为我们的会面提供了绝无仅有的机会。我们真诚地希望您再次考虑此事。只要有必要，首相就会留在大西洋的这一边。

如果急需举行的三国政府首脑会晤无法如期举行，我们同意您的意见，即在近期举行外交部长级别的会晤。这次会议将是试探性的，因为最后的决定必须由我们各自的政府作出。

艾森豪威尔将军和亚历山大将军已经在38天内完成了对西西里岛的征服。守卫它的有31.5万意大利人和9万德国人，总共有40.5万士兵。这些敌军遭到了13个英国师和美国师的攻击，我们伤亡了1.8万人，德军伤亡2.3万人，而意军伤亡7000人，13万人被俘。

除了那些穿着便衣分散在农村的意大利人，可以认为在该岛的所有意大利部队都已被消灭。岛上到处散落着大量的枪炮和弹药。在机场已缴获敌机

1000 余架。正如您所知道的，我们很快就要大举进攻意大利本土。

随着盟军在西西里岛的胜利和墨索里尼的倒台，意大利的投降和后续处理问题被提上议事日程。由于这场争论给三巨头的关系投下了持久的阴影，因此需要一些背景知识，才能看得更加清楚。

伦敦和华盛顿在此问题上存在认识差异。罗斯福希望坚持"尽可能地促成无条件投降"，这意味着最大限度地控制意大利领土并遣散该国的武装部队。丘吉尔则表示，他将"与任何能够达到要求的非法西斯的意大利政府打交道"。[32] 作为一名狂热的保皇派，丘吉尔还希望恢复萨伏依王室，而罗斯福则将彻底投降视为创建一个更现代的、更民主的意大利的前奏。当墨索里尼突然被推翻时，两位领导人还没有制定出一份意见统一的投降书，以便艾森豪威尔可以据此与彼得罗·巴多利奥元帅的新政府打交道。英国外交部制定了一套方案，被称为"详细"条款，但这些条件是华盛顿无法接受的，因为它们并非无条件投降。为了打破僵局，艾森豪威尔从他的北非噩梦中吸取了教训，制定了所谓的"简要"条款，来处理重要的军事问题，并允许自己在意大利建立一个"军事政府"。

鉴于意大利是希特勒在欧洲的主要盟友，也是第一个退出战争的主要轴心国，这个问题对三巨头至关重要。尽管这个国家被英美军队牢牢地控制着，莫斯科还是决心参与意大利事务，不仅是出于原则和公平，而且因为有25万意大利军队参加了斯大林格勒战役。美国和英国的外交官明白，断然将苏联排除在意大利事务之外非常危险，他们主张，莫斯科至少应该得到意大利局势的最新消息。莫斯科方面曾警告斯坦德利，如果不这样，苏联领导层"就有恰当的理由相信（盟友之间）没有在充分合作"。[33] 此外，排他性的政策也可能适得其反。在与艾登谈话之后，美国驻英国的怀南特大使给华盛顿写信，有先见之明地说："当形势逆转，俄罗斯军队有能力推进时，我们很可能想影响他们在盟军和敌国领土上的投降条件和占领条件。"[34] 艾登向索博列夫承诺，在向意大利人提出投降条件之前，它们将被"通报给苏联政府，并根据苏英同盟条约就这些条件进行全面讨论"。[35] 莫洛托夫在代办急件中的这些话下面划了线。然而，索博列夫认为这些保证只是"表面文章"，而且英美两国政府之间存在着一个"共谋"。他怀疑，当投降条件最终确定并达成一致时，"到了最后一刻，才交给苏联政府考虑"，这个时候，生米已经煮成熟饭。[36]

虽然索博列夫疑心过重，但并非毫无根据。7月30日，英国政府向苏联通报了意大利投降的条件，莫斯科表示没有异议。[37] 8月3日，克拉克·克尔向莫洛托夫提交了军事方面的投降"简要"条款。在此之后，与莫斯科的磋商停止了，但围绕意大利投降的事件继续快速发展。达尔朗在北非的故事再次上演，在激烈的战斗时刻，英国人和美国人倾向于与任何权威人物打交道，只要他能够确保意大利不仅从战争中退出，而且还会与盟国进行某种"协同作战"。8月15日，巴多利奥政府的特使在马德里秘密会见了英国大使，从这一刻开始，这一点就成为可能。8月18日，丘吉尔写信给战时内阁和外交部，阐明："总统和我对劝说意大利改变立场的好处印象深刻，这将在与德国人的战斗中节省大量时间并减少流血。"他说，如果能迅速做到这一点，就能防止希特勒"占领罗马并建立一个卖国贼政府"，或者让"整个国家滑向无望的无政府状态"。丘吉尔欲言又止，最后补充说："在现阶段，没有必要通知俄罗斯人，因为整个设计或者会成为泡影，或者会产生重要的军事优势。"[38]

不过到了第二天，两位领导人又决定让斯大林参与其中，或许是因为这件事已经泄露出去了。他们向斯大林通报了巴多利奥提出的无条件投降以换取共同作战的条件，却回避了自己预期的反应，表面上拒绝任何"讨价还价"，同时却又说，意大利改变立场"可能会带来""好处"，包括阻止德国附庸国政府的建立，这多少有些自相矛盾。"讨价还价"这个词的使用是经过反复推敲、精心设计的，丘吉尔用它替代了直接交换条件，但建议，一旦意大利投降，意大利人挫败德国占领的"有效行动"，"会被战胜国视为一个有价值的功劳，并有可能进一步合作，反对共同的敌人"。[39] 罗斯福和丘吉尔还详细报告了与葡萄牙独裁者安东尼奥·萨拉查的谈判，内容是有关使用亚速尔群岛对德国潜艇进行海空作战的事宜，行动代号为"救生圈"（"Lifebelt"）。尽管亚速尔群岛的行动远不及意大利的未来那么重要，但他们信函的这一部分和第一部分一样冗长。两位领导人可能是不想让信件看上去太单一，好像仅仅是传达对巴多利奥提议的模棱两可的讨论，所以添加了一些丘吉尔式的花絮新闻。这份电报的大部分，很可能是丘吉尔写的。给艾森豪威尔的关于如何对付巴多利奥派来的使者的指示，说明了"不讨价还价"是如何设想的，这些指示作为一份单独的电报，也发送给了斯大林。[40]

即使考虑到克里姆林宫有理由对盟军在意大利问题上的专断表达愤怒（例如，在给艾森豪威尔的纯粹的英美方指示中使用了"联合国家"一词），苏联对这一联名信的激烈反应仍令人惊讶。也许这源于莫洛托夫，他写的这封信，看不出有斯大林的参与，他告诉克拉克·克尔，苏联领袖当时并不在莫斯科，这令人难以置信。[41] 外交人民委员莫洛托夫抓住了电报文本中一些令人遗憾的疏漏，得理不饶人，竭尽嘲弄之能事。同盟国曾经说过，要保证让莫斯科"充分了解"意大利的情况，但现在这种不应有的疏漏让对方心存芥蒂。克拉克·克尔纠正这些疏漏是在 22 日，是苏联发出回应的那一天，尽管莫洛托夫用了近乎侮辱的语气，但这封信确实包含了一项在意大利建立盟国军政委员会的重要建议，该建议肯定得到过斯大林的同意。

一个多星期以来，克拉克·克尔和英国外交部一直非常困惑，克里姆林宫的脾气为什么会这么大，他们是否对重复使用"我们"这个词感到生气？这个我们，似乎不包括苏联？他们无法理解为什么这个措辞是指丘吉尔和罗斯福，而不是"三巨头"？这封信是对推迟第二战场不满的另一种表达，还是因苏联被排除在盟国"亲密关系"之外而发泄愤怒的一种"扭曲的方式"？总体来说，英国外交官或者对莫斯科将信将疑，或者认为这封信证实了俄罗斯人最严重的怀疑。外交部北方司强硬派的负责人克里斯托弗·沃纳傲慢地表示："我听说俄罗斯人有时会以这种幼稚粗鲁的方式行事。"[42]8月31日，艾登对信函"尖锐的争论语气"表示"困惑"，他向迈斯基抱怨说，斯大林似乎"准备把机要员的一个纯粹的技术错误，变成具有政治意义的不友好行为"。[43]

斯大林致罗斯福和丘吉尔

1943年8月22日发，1943年8月25日收[44]

我已收到你们有关与意大利人谈判和新的意大利停战条件的信。谢谢你们提供的信息。

艾登先生告诉索博列夫先生，已经完全告知莫斯科与意大利的谈判情况。但是，我不得不说，艾登先生的陈述与现实不符，因为我收到的你们的信，信中省略了一些很长的段落，也没有结尾部分。鉴于此，有必要说明，苏联政府没有被告知英国和美国与意大利人的谈判情况。克尔先生保证，他将在短时间内发送一个完整的文本，尽管已经过去了三天，但我还是没有收到克尔大使提到的完整文本。我无法理解在发送如此重要的信息时，为何会出现拖延的情况。

我认为，时机已经成熟，可以组织由苏联、英国和美国三国代表组成的军事—政治委员会，其目的是审议同与德国分离的各国政府谈判的问题。到目前为止，情况是这样的：英国和美国达成了协议，但苏联仅仅作为一个被动的第三方观察员，接收双方协商后的信息。我必须告诉你们，这是苏方不能容忍的局面。我建议成立这个委员会，并从一开始就指定西西里岛作为它的所在地。

我正在等待你们关于与意大利谈判的信函完整文本。

8月25日，丘吉尔和罗斯福在魁北克收到了这封信，出人意料的尖锐语调使他们大吃一惊。罗斯福在晚餐时说："我们两人都非常气愤。"看了电报后，哈里曼有不同的理解。"尽管这封信有点儿含混不清，翻译和释义都很糟糕，但我并不认为它是一封令人恼火的信。"他还认为，丘吉尔和罗斯福的态度前后矛盾，几个星期前，他们还曾担心俄罗斯人自行其是，他说："我们不能因为斯大林的冷漠，就对他感到恼火，然后又因为他粗鲁地批评盟国而对他失望。"伊斯梅和艾登也同意哈里曼的观点，但丘吉尔还是耿耿于怀。他（有些言不由衷地）想让斯大林了解大致情况，这又引发了另一次措辞尖锐的谴责。丘吉尔阴沉地说："斯大林是个反复无常的人。将会有严重的麻烦。"哈里曼记述说，丘吉尔甚至预言了"血腥的后果"，而且他使用的这两个词汇，是"按照字面意思"表述的。艾登说事情并没有那么糟糕，丘吉尔咆哮道："你没必要以外交的方式来掩饰它。"[45]

丘吉尔可能心情不好。他的医生告诉艾登，丘吉尔似乎"因为一些并非迫在眉睫的问题而过度抑郁，而且无法摆脱它们"。[46]在8月25日发给战时内阁的电报中，丘吉尔对斯大林的信大发抱怨。虽然他对魁北克会议本身非常乐观，但他还是补充说："目前的焦点是苏联越来越粗暴。"他还说，斯大林"完全没有理由抱怨"，因为西方盟国没有向他隐瞒意大利的投降条件，而他"故意无视我们的提议，迟迟不愿开展三方会晤，只因路途遥远且有些冒险"。丘吉尔表示罗斯福也"对这封信的语气感到非常不快"。不过他接着说："我不认为他的坏脾气和不礼貌的表现，预示着苏联准备与德国单独讲和，因为这两个种族之间的仇恨，已经在他们之间形成一个屏障。"[47]

丘吉尔疲惫不堪，他承认自己需要休息几天。他对一份拙劣的电报大发雷霆，不同于他以往的做法。而罗斯福却和他想得不一样，虽然罗斯福最初也对克里姆林宫的态度生气，但现在，他更倾向于把这一切都看淡，看成是丘吉尔的小题大做，他要去追求更大的目标。

第九章 反击：乌克兰和意大利 389

葛罗米柯致电莫洛托夫：

  今天，8月25日，上午9时30分，沃森将军要我到白宫去见他。他说他已收到美国总统（仍在加拿大）的指示，让我向斯大林同志报告，他，即罗斯福，和丘吉尔非常愿意在未来几天内收到斯大林同志对他们提议在费尔班克斯举行会议的回复。丘吉尔仍留在美国等待回复。明天，他将到达罗斯福在纽约附近的"海德公园"庄园。罗斯福将于下周初从加拿大回国，但无论如何都不会在下星期一之前回来。沃森给我看了上述罗斯福和丘吉尔于8月18日发给斯大林同志的信。[48]

  第二天，8月26日，华盛顿收到了斯大林的另一封语气较为缓和的信函，作为对8月18日联名信的回应。这封信的日期为8月24日，它重申，由于前线的形势，斯大林不能参加在阿拉斯加举行的三巨头会议。像往常一样，斯大林把责任推给了"我的同事"。信中对给艾森豪威尔的指示没有异议，但指出迄今为止，没有收到关于意大利的详细信息，进一步证明他所提议的组建三方军事—政治委员会的必要性。"重要代表"会议的举办不应该仅仅是"试探性的"，而是要为他们三国政府的"明确的决策"铺平道路。同样，这份草稿是莫洛托夫手写的，没有任何斯大林编辑过的痕迹。

斯大林致丘吉尔和罗斯福

  1943年8月24日发，1943年8月26日收[49]

  我已经收到你们8月19日（原文如此）的联名信。

  我完全同意你们的意见，以及罗斯福先生关于我们三人会面重要性的观点。在这一点上，我最诚挚地请求你们理解我此刻的处境。现在，我们的军队正在竭尽全力与希特勒的主力部队进行斗争，而希特勒不仅没有从我们的前线撤走一个师，正相反，德国已经成功地调遣并且继续调遣新的师到苏德战场。在这样的时刻，所有我的同事都认为，我无法离开前线去费尔班克斯这样一个遥远的地方而不影响我们的军事行动。如果我方前线是另一种情况，费尔班克斯无疑会是非常方便的会晤地点，以前我说过这一点。

关于我们各国代表，特别是负责外交事务的代表之间举行会晤，我同意你们关于在不久的将来举行这样一次会议的看法。但是，这次会议不应仅仅是试探性的，而应具有切实可行和筹备的性质，以便在这次会议举行之后，我们各国政府能够作出明确的决策，从而可以避免拖延就紧急问题作出的决定。因此，我认为有必要重新考虑我的提议，即需要事先明确三大国代表讨论问题的范围，并起草他们应该讨论并提交给三国政府作最终决定的提案。

昨天我收到了克尔先生的对您和罗斯福先生信函的补充和更正文本，你们在信函中告知我你们向艾森豪威尔将军发出的指示，涉及有关你们所制定的意大利在与卡斯泰拉诺将军谈判时的投降条件。我和我的同事们认为，给艾森豪威尔将军的指示完全符合意大利无条件投降的目的，因此我们不可能有任何反对意见。

但是，我认为，目前所收到的信息相当不足，无法判断在与意大利谈判期间盟国方面需要采取什么措施。这种情况证实，在谈判过程中，必须有一位苏联代表参与，并一同作出决定。因此，我认为现在时机已经完全成熟，可以建立一个由三个国家代表组成的军事—政治委员会，对此我在8月22日的信函中已经向你们提到。

甚至在这封电报到达伦敦之前，战时内阁就建议丘吉尔接受苏联的建议，针对意大利问题成立三方军政委员会。8月25日，内阁对它进行审议，克拉克·克尔发来一份电报作为指导意见。克尔告诉艾登，尽管苏联代表（多疑，或许不善于表达，需要由莫斯科提示）的出席将会是一件麻烦事，但是这项提议应该被"无异议"地接受，因为"苏联立即、完全地参与讨论意大利问题大有裨益，不仅可以平息抱怨，而且更重要的是，可以真正为合作解决欧洲问题奠定基础"。英国大使把眼光放得更长远,指出了一个更长期的优势,他说:"接纳苏联政府加入我们目前的委员会,将会在决定芬兰和东欧的未来时,为我们自己和美国打开方便之门。"[50] 经过几天的休息和垂钓,丘吉尔精神焕发,当战时内阁的建议送达丘吉尔时,他和罗斯福也看到了斯大林8月24日的信函。两人都对其新的基调和语气表示欢迎。罗斯福发送了一条简短的信函,原则上同意"外交部长级的会议"和"三方委员会",美国总统没有修改草稿,直接使用了丘吉尔提供的一份信函。[51]

与此同时,两位领导人向斯大林发出了另一封关于"四分仪"会议结果的联名信。这份由布鲁克和莱希草拟、罗斯福和丘吉尔未加修改的英美战略简评,把所有莫斯科关切的问题一带而过。[52] 没有说明跨海峡攻击的日期,也没有显示它最初的规模(事实上在这个阶段,只准备了微不足道的3个师)。也没有解释在地中海战役(被"大力施压")和登陆法国作战中兵力该如何分配,这是英美争议的关键问题,英国希望暂不作出决定,保留自己灵活的决策权,以便利用意大利局势的变化。一贯地,丘吉尔试图在魁北克正面解决这个问题,他反复强调"霸王"行动应该有明确的条件,比如德国师的数量和法国北部的德国空军力量。布鲁克更是诡计多端,在文件的附属细则里寻求回旋余地,他的日记充满了愤怒的情绪,不仅针对愚笨的美国人(他们似乎把战略视为一套严格的"法律合同"),也针对他的老板丘吉尔,其"妄自尊大"的古怪行为令人生厌,说丘吉尔"像电影明星一样喜怒无常,像被宠坏的孩子一样脾气暴躁","从来不能一下子看到整体的战略问题",并且痴迷于"某个孤立的行动"。布鲁克一向认为只有他自己才知道该做什么,但丘吉尔认为从外交上讲,有必要把这份美差交给一个美国人,因此他把布鲁克排除在"霸王"行动的指挥之外,布鲁克非常气愤,更加坚定了自己的想法。[53]

考虑到所有的分歧,给斯大林的电报如此笼统也许就不足为奇了。但从莫斯科可能接受它的程度来看,它就像"三叉戟"会议后5月份马歇尔的信一样，是欠考虑的。不过这一次，斯大林没有耗费精力来回答，也许他心里明白，在1943年开辟第二战场已经没有可能了，争辩没有任何意义。

同样值得注意的是，罗斯福和丘吉尔对他们共同制造原子弹的事情只字不提。这个著名的"曼哈顿"计划是8月19日在魁北克达成的，在这个计划中，美国是该项目的主要执行者。他们关于"合金管"（原子弹的代号）的备忘录涉及了许多问题，包括战后原子能的商业应用。备忘录最重要的外交条款是，英国和美国在未经"对方同意"的情况下，不会对"第三方"使用核武器。除非双方都同意，任何一方不得"将任何有关'合金管'的信息传递给第三方"。在总体外交政策上，罗斯福仍然坚持1942年5月他向莫洛托夫概述的"四个警察"的概念，即美、苏、英、中四国的大联盟。事实也是如此，1943年，他的外交行动，特别是戴维斯的使命和会见斯大林的请求，都凸显了他对建立这一联盟的关注。但他那种想与苏联合作的热情，并没有延伸到核问题上。用历史学家马丁·舍温的话说："可能仍然有四个警察，但其中只有两个将拥有原子弹。"[54]

尽管他的西方盟友对此严格保密，斯大林还是获得了情报。美英签署核协议的军事情报报告，于9月初通过格勒乌（GRU，苏军总参谋部情报总局）的情报系统到达了莫斯科。[55]

罗斯福和丘吉尔致斯大林

1943年8月25日发，1943年8月26日收[56]

在我们刚刚结束的魁北克会议上，我们就将在1943年和1944年实施的军事行动作出了下列决定。

针对德国的突袭规模将会迅速扩大，更多的轰炸机会从英国和意大利的基地起飞。这次空袭的目标是摧毁德国的空军，打乱德国的军事、工业和经济体系，并为跨海峡的反攻行动做好准备。

美军在英国的大规模集结正在进行。集结后的英、美两国部队将成为跨英吉利海峡作战的首发突击力量。一旦占领了欧洲大陆的桥头堡，其他的美军将以每月 3 个到 5 个师的速度不断增援。这场行动的目的是打击轴心国的主要地面和空中力量。

地中海的战争必须大力推进。我们在该地区的目标是把意大利从轴心国联盟中淘汰，占领意大利本土以及撒丁岛和科西嘉岛，作为打击德国的行动基地。

我们在巴尔干半岛的行动，将限于通过空中和海上运输，向巴尔干游击队提供物资支援，由突击队进行小规模突袭，以及轰炸战略目标。

我们要加快在太平洋和东南亚打击日本的行动。我们的目的是耗尽日本的空军、海军和航运资源，切断日本的交通，夺取基地，从那里轰炸日本本土。

认同斯大林关于建立意大利军政事务委员会的想法后，他的盟友们开始考虑其可行性。由于罗斯福对戴高乐极度反感，把法国人包括进来的问题也就特别敏感。在艾登的一再催促下，丘吉尔终于说服美国人"承认"法兰西民族解放委员会，当时在很大程度上，戴高乐对该委员会掌握着控制权。美国总统以一种不同寻常的诡辩方式，主张用"接受"一词，他认为"承认"这个词，容易"被曲解，意味着我们一踏上法国领土，就承认该委员会代表法国政府"。最终，在 8 月 27 日，英国和美国政府以各自喜欢的表达方式和附带条件，承认法兰西民族解放委员会的地位。在先前的 6 月 26 日，斯大林曾经不情愿地同意了丘吉尔的延期请求，现在他立即宣布，苏联无条件承认法兰西民族解放委员会，"作为法兰西共和国国家利益的代表和所有法国爱国者的领导机构"[57]。接下来的问题是，是否让法国在意大利委员会占有一席之地。丘吉尔知道美国人不会热心此事，而艾登和艾德礼则担心苏联可能会把法国的加入资格视为在投票上超过苏联，用多数票否决苏联的一种手段。考虑到克里姆林宫对法兰西民族解放委员会的同情，丘吉尔首先寻求斯大林的支持，希望以此抗衡罗斯福。当苏联领袖立即同意时，丘吉尔欣喜若狂。[58]

☆ ☆ ☆ ☆ ☆

在 9 月的前两周，由于进攻意大利的战事迅速变化，三巨头通信增多，如阵雪骤降，丘吉尔和罗斯福为了避免给人以抱团对付斯大林的印象，采取联名信和个人信件来回交替的方式。这一操作使得通信更加频繁。

9 月 3 日，蒙哥马利的第 8 集团军（英加联军）越过墨西拿海峡，在意大利的趾端登陆（"湾城"行动，"Baytown"）。同日，巴多利奥的使者秘密签署了"简要"条款，意大利和盟军之间达成了停战协议。停战协议在当时是保密的，巴多利奥知道德国一定会报复，他现在越来越担心盟军对不可避免的报复支持不足，想要反悔。9 月 8 日，艾森豪威尔直接宣布意大利已投降，逼着巴多利奥摊牌站队。第二天，在马克·克拉克将军的带领下，美国第 5 集团军在英军数个师的支援下，利用"湾城"行动后匆忙回收的稀缺登陆艇，实施了"雪崩"行动（"Avalanche"），在意大利西海岸的萨莱诺登陆，旨在占领附近的那不勒斯，这是在物流上至关重要的一个港口。这个计划不周、资源不足的行动是失败的，在一个多星期的时间里，战事一直胶着，胜负难决。对盟军来说，更糟糕的是，停战协议一宣布，德国军队就介入了，在 4 天内接管了所有未被占领的意大利领土，并野蛮地解除了意大利军队的武装，并让至少 50 万人成为奴工，以支援德国的战时经济。[59] 对盟军来说，最大的收获是大部分意大利舰队投降了。

9 月 2 日，罗斯福和丘吉尔发送给斯大林一份意大利战况的简报，和往常一样，英国首相起草了大部分内容。[60] 克拉克·克尔已经向莫洛托夫提交了意大利投降的"详细"条款，5 天后，苏联外交人民委员授权艾森豪威尔代表苏联签署。[61] 鉴于意大利瞬息万变的局势，这两位西方领导人现在告诉斯大林，他们认为他会尽快批准"简要"条款，希望最大化地支持意大利对抗希特勒。但是在信函中，罗斯福补充了一句话，明确指出，"我们当然希望意大利无条件地向苏联以及英国和美国投降"[62]。

罗斯福9月4日给斯大林的信，涉及意大利军政委员会和所提议的三大国家"代表"的会议。此信的草拟实际上有丘吉尔的密切协作，那个时候，他正在白宫逗留，两位领导人商量好，给斯大林的信各写各的，用英国首相的话说，"与俄罗斯人各自单独通信，原则上相似但表达上不同"，"我们认为英美两国给他们的信件不应该完全相同，这样做有好处"。第二天，丘吉尔就意大利军政委员会一事发出了自己的信，竭力强调委员会不能"凌驾"于三国政府的权威之上，也不能"干涉"艾森豪威尔处理军事事务。[63]

尽管两位领导人的侧重点不同，但分别写信的意图相当明显，毫无疑问斯大林会看穿这一点。万一斯大林没有看穿，丘吉尔也有补救的方法。9月6日，丘吉尔在哈佛大学的演讲中，明确表达了他致力于英美合作的理想，这种合作根植于"血缘和历史的纽带"，"法律、语言、文学"的关系以及"最重要的，个人对自由的热爱"。丘吉尔甚至特别举例艾森豪威尔驻意大利总部体现了这种合作，他说，在那里，两个国家"完全融合"。[64]

至于后来的外交部长会议，罗斯福告诉斯大林，他渴望派他的心腹、副国务卿萨姆纳·韦尔斯去，而不是后者的上司科德尔·赫尔。美国总统还表示，韦尔斯将由另一位值得信赖的顾问埃夫里尔·哈里曼陪同，哈里曼曾在1941年和1942年访问过莫斯科，罗斯福正在安排他接替斯坦德利大使。

罗斯福致斯大林

1943年9月4日发，1943年9月6日收[65]

英国首相和我都赞同您提议的举行国务院层级的会晤，以讨论政治和军事问题。

我认为这个会议应该尽快举行。您认为 9 月 25 日左右怎么样？

至于地点，英国首相建议在伦敦或英国的某个地方，我愿意让我的代表去其中任何一个地方，如果您也认可那里的话。然而，我倾向于考虑一个更偏远的地点，在那里，与会人员能避开记者的包围。我倾向于卡萨布兰卡或突尼斯城。我并不反对去西西里岛，只是来往那里的交通比较困难。

当然，政治代表将向其各自的政府报告，因为我认为我们不能给予他们完全的权力。可以给他们委派一两名军事顾问向他们提供军事动态方面的建议，不过我不希望在目前阶段把会议发展成全面的联合参谋会议。

如果莫洛托夫先生和艾登先生参会，我希望派赫尔先生去，但我认为赫尔先生走这么远的路会有困难，因此，我将派副国务卿韦尔斯先生去。哈里曼先生之所以会和韦尔斯先生一起去，是因为韦尔斯非常精通航运和商务事宜。至于美国军事顾问，我将设法从我的盟军参谋长联席会议派一个完全了解参谋长联席会议工作的人去。

你们的军队坚韧不拔，斗志昂扬，我再次祝贺你们。

虽然这次会议是一件很好的事情，但我仍然希望您、丘吉尔先生和我能尽快见面。就我个人而言，11 月 15 日到 12 月 15 日之间比较合适，我可以去较远的地方参加会晤，比如北非。我知道您会理解，我离开华盛顿不能超过 20 天，因为根据我们的宪法，我不在的时候任何人都不能代我签名。

现在来谈谈位于西西里岛的委员会，该委员会正在研究关于意大利的下一步解决方案。为什么您不派一名军官到艾森豪威尔的总部呢？在那里他可以和英国人、美国人一起解决这个问题。

我不反对在这个委员会中增加一名法国成员，因为我们现在正在为他们在北非的 10 个或 11 个师提供装备。然而，我认为让法国人参加有关军事占领意大利的讨论是非常不明智的。如果意大利人履行已经签署的投降条款，我希望他们将能够全心全意地协助占领部队。总的来说，意大利人非常不喜欢法国人，而如果我们在这个时候让法国人参加占领的讨论，意大利的民众和军方人员都会非常反感。

我们可以过后再讨论希腊和南斯拉夫的问题。

9月5日，丘吉尔就外交部长会议发表了自己的看法。和罗斯福一样，他希望尽量减少对军事问题的讨论，如果斯大林想详细了解第二战场拖延的原因，他可以单独开一次"技术"专家会议。至于会议地点，他主张在英国，他说，英国是华盛顿和莫斯科之间的"中间点"。罗斯福虽然不完全反对在英国，但更倾向于在北非的某个地方。私下里，他们也没有排除在苏联首都的选项，假如斯大林坚持的话。但是艾登不希望在苏联举行会晤，他对丘吉尔说："对美国政府和我们来说，表现出对莫斯科的过分渴望，无论在心理上还是政治上，都将是一个错误。"[66]

丘吉尔致斯大林

1943年9月5日发，1943年9月6日收[67]

关于外交部长会议。

我很高兴收到您8月25日的来信，在信中您同意尽早召开苏联、美国、英国外交事务代表会议。如果莫洛托夫先生参会，我们就派艾登先生去。

当然，即使这种级别的会议，也不能代表所有相关政府的权力。我们非常想知道您对未来的设想，也想告诉您我们的看法。在那之后，各国政府将不得不作出决定，而我希望我们能够在某个地方面对面会晤。如有必要，我将去莫斯科。

政治代表可能需要军事顾问的协助。我将派去一名将军，黑斯廷斯·伊斯梅爵士，他是我在参谋长委员会的个人代表，主持国防部秘书处的工作。他能就有关的军事问题提供论点、事实和数据。我相信美国也会派出一名精通业务的军官。我认为，在目前阶段，这对外交部长会议足够了。

然而，如果您希望了解技术细节问题，问为什么我们还没有跨过海峡进攻法国，为什么我们不能比现在提议的更早或以更强大的兵力做这件事，我将欢迎您派多军种上将组成的技术代表团，来伦敦或华盛顿，或者两个地方都来，届时我们可以把想法、资源和意图尽可能详细地展现在他们面前，并交由其充分讨论。事实上，您能得到您完全有权得到的解释，我将非常高兴。

我们倾向于认为，英国作为中间点，将是会议最方便的地点，尽管在伦敦以外举行会议可能是更好的选择。我已经向美国总统提出了这个建议，但是他还没有告诉我最后的决定。如果您愿意来英国，我将很高兴您支持这个建议。

我希望我们能在10月初召开这次会议。

9月7日和8日，斯大林回复了丘吉尔和罗斯福发来的一连串信函。首先，他向他们两人确认，苏联同意艾森豪威尔签署意大利"简要"投降条款。[68] 然后他分别回复了两位盟友关于意大利委员会、外交部长会议和三巨头峰会的个人信函，他使用了几乎相同的内容和措辞。似乎是莫洛托夫拟写了两封信的草稿，然后根据斯大林对写给罗斯福信函的评论，编辑了给丘吉尔的电报。[69] 斯大林重申了创建意大利军事—政治委员会的迫切性，没有理会将一位苏联代表派驻艾森豪威尔总部的象征性邀请。[70] 至于外交部长会议，斯大林再次强调他希望做好充分的准备，并首次提议莫斯科作为会议举办地：这是斯大林本人在给罗斯福的信函草稿中插入的。最后，在领导人峰会的问题上，他证明自己提议的峰会地址是合理的，理由是苏德战场上的战事极端重要，在那里，"双方有500多个师参与交战"，这是对西方盟国的一个毫不掩饰的提醒，他的战争远比他们的战争规模宏大且重要。然而，作为表面上的让步，斯大林提议在苏联以外的地方举行峰会，不过要靠近苏联边境，在一个三国都有大使馆的国家，他说，例如伊朗。因此，有关德黑兰的想法出现在三巨头的通信中。对盟军在意大利取得的胜利表示祝贺的最后一行，斯大林还添加了"辉煌的"这一形容词。

斯大林致罗斯福
1943年9月8日发，1943年9月9日收[71]

我在9月6日收到了您的信，在信中您提到了几个重要问题。

第一，同以前一样，我仍然认为，建立由三个国家的代表组成的军事—政治委员会是最紧迫的问题，该委员会一开始设立在西西里岛或阿尔及尔。派遣一名苏联军官到艾森豪威尔将军的总部，绝不可能取代军事—政治委员会，这个委员会对现场指导与意大利（以及与脱离德国的其他国家）的谈判是必要的。时间过去了很久，但是什么事情也没有做。

关于法国代表参加该委员会的问题，我已经就这一问题表达了我的意见。但是，如果您有任何疑问，这个问题可以在委员会成立后讨论。

第二，我认为，正如英国首相所建议的那样，10月初将是我们三国代表会晤的方便时间，我建议其地点为莫斯科。到那时，三国政府已经能够就必须讨论的问题以及关于这些问题的提议达成协议，没有这个（协议），会议将不会提出我们各国政府感兴趣的必要问题。

第三，关于包括丘吉尔先生在内的我们的私人会晤，我也很有兴趣让此事得到尽快安排。您关于会晤时间的建议，我认为是可以接受的。我认为，选择有三个国家大使馆的国家，例如伊朗，作为会议地点是有利的。然而，我不得不说，会议的确切日期有待以后确定，考虑到苏德战场的形势，在那里双方有500多个师参与交战，苏联最高统帅部的指挥每天都不能放松。

第四，我感谢您在苏联军队取得胜利之时给予的祝贺。在意大利取得新的辉煌的胜利之际，我借此机会向您和英美军队表示祝贺。

9月9日，罗斯福与葛罗米柯举行了一次简短的会晤。葛罗米柯告诉莫斯科说，罗斯福"请我把斯大林同志9月8日信函的英文译本给他"，因为"出于安全原因，他不想把斯大林同志的信函发给国务院翻译"。这成了后来的一贯性做法，一份英文文本，由苏联大使馆及时准备好，然后送交白宫。[72] 文本通常由葛罗米柯本人翻译。罗斯福宁愿忍受苏联人翻译中偶尔出现的缺陷，也不愿冒美国外交官泄露信息的风险，总统对美国外交官的评价一直很低。

同样在9日，罗斯福会同丘吉尔告知斯大林意大利正式投降的消息，以及"湾城"行动和"雪崩"行动的最新情况。

罗斯福和丘吉尔致斯大林

1943年9月9日发，1943年9月10日收[73]

我们高兴地告诉您，艾森豪威尔将军已接受了意大利的无条件投降，投降条件是由美国、苏联和英国批准的。

盟军已在那不勒斯附近登陆，目前正在与德国军队战斗。

盟军在意大利半岛南端也取得了良好进展。

9月8日，在领会了斯大林给他们的信后，罗斯福和丘吉尔在回复时各自协调了思路。一如往常，丘吉尔倾向于更详细地阐述事情。对于意大利军政委员会，丘吉尔任命保守党议员哈罗德·麦克米伦作为他在艾森豪威尔总部的代表。罗斯福选择了美国外交官罗伯特·墨菲担任代表，墨菲在与法国人就"火炬"行动进行艰难的谈判时，显示出了丰富的经验，他在卡萨布兰卡会议期间，与麦克米伦有过密切合作。罗斯福和丘吉尔重申，意大利军政委员会没有执行权力，只协商，不决断。

关于外交部长会议的地点，罗斯福和丘吉尔听从了斯大林的意见，同意在莫斯科举行会议，但在峰会地点上，都提出了反对意见。罗斯福表示，对他来说，埃及比德黑兰更方便，而丘吉尔则表示自己更倾向于塞浦路斯或喀土穆，这两个国家都在英国的管辖范围内。这两封信都表明了他们对峰会的强烈愿望。罗斯福在电报结尾处说，"我确实认为我们三人正在取得真正的进展"，而丘吉尔则重申，他愿意"在任何时候，去任何地方，冒任何风险，去参加这样一个会议"，并且盛气凌人地断言，"这次会晤不仅是结束这场战争最好的和最快的方法，而且对于英美苏三国维护战后世界和平、为人类作出持久贡献意义重大"。[74] 读到这些句子，斯大林一定会意识到，他能够坚持自己的立场，而且他也做到了。

萨莱诺登陆和意大利的投降，迫使德国人向意大利调遣预备队。9月10日，斯大林在发送简短的祝贺时说，这些进展将"大大促进苏联军队在苏德战场的行动"。这是他首次承认盟军行动直接帮助了苏联红军，非常难得。[75]

苏联军队在黑海城市新罗西斯克也取得了重大的胜利。新罗西斯克是德国国防军在高加索地区仅剩的几个据点之一，斯大林提到了即将攻占这座城市。西方世界通常认为，苏联的战争完全是一场陆地战争，但是在新罗西斯克战役中，苏联海军也参加了行动，海军实施轰炸并横跨海湾完成两栖登陆，夺取了城市，解救了那些不让德国人完全控制港口的英勇的俄罗斯水兵。新罗西斯克的解放显然让斯大林很高兴。海军部长尼古拉·库兹涅佐夫上将回忆说，9月16日，斯大林"高兴地"听着播音员尤里·列维坦熟悉的声音，那是"莫斯科广播电台"在宣读作为最高指挥官的斯大林的庆祝命令，"然后我们都看了焰火。最高统帅面带微笑。'干得好'，他摸了摸胡子说"[76]。

在同一天，即9月11日，斯大林收到了丘吉尔和罗斯福的外交信函。由于他们的立场和涉及的范围相同，斯大林只写了一封回信。他利用同盟国在意大利成立委员会的协议，急忙以书面形式宣布这个问题现在已经得到解决。他选择安德烈·维辛斯基作为苏联代表，证明了莫斯科对该委员会的重视。正如他在信函中表示的那样，他打算让委员会不仅处理意大利事务，而且在适当的时候也处理其他轴心国的事务。斯大林继续迫切地要求英美明确在莫斯科会议上要讨论的提议，而对丘吉尔让他表明他心中的"要点"的邀请置之不理。莫斯科会议是第一次高级别三方会议，将为第一次峰会做好重要的准备工作，所以，一向谨慎的斯大林自然想要知道他盟友的意图，并计划会议进程。关于三巨头会晤地点，斯大林坚持德黑兰，不过他巧妙地提出这一会议地点，表示赞同丘吉尔所说的话。

斯大林致丘吉尔和罗斯福

1943年9月12日发，1943年9月12日收[77]

我已经收到你们9月10日的信。

我们可以认为建立军事—政治委员会的问题总的来说得到解决。外交人民委员会第一副外交人民委员A.Y.维辛斯基先生，被苏联政府任命为全权代表，你们很了解他。苏联驻伦敦的各流亡政府大使A.E.博戈莫洛夫先生被任命为全权副代表。他们将带去负责可靠的军事和政治专家小组以及少数技术人员。

我认为，军事—政治委员会可以在9月25日至30日开始工作。我不反对阿尔及尔作为委员会最开始的工作地点，因为我认为委员会本身能够决定以后是迁往西西里还是意大利其他地方。

考虑到委员会处于草创阶段，我认为英国首相关于委员会的各项职能的设想是合理的。但我认为，一段时间后，积累了一定经验，我们可以调整委员会的对外职能，对意大利如此，对其他国家亦如此。

关于我们的代表会议的问题，我建议按照商定的意见，考虑将会议地点设在莫斯科，并按照美国总统的建议，将10月4日定为会议日期。

我仍然认为，正如我之前给你们写信所谈的，为了使这次会议成功，有必要提前了解英国和美国政府准备提交三国代表审议的议题。但是，我对会议的议程不提出任何限制。

关于三国政府首脑会晤，我不反对把德黑兰作为会议地点，它比埃及更合适，因为苏联没有驻埃及的代表机构。[78]

丘吉尔对他私下称之为斯大林的"民用电报"非常满意。但9月13日，他与罗斯福在海德公园的最后一次谈话中，他们拒绝了苏联的要求，认为事先通报是"不可取的"，苏联不仅要求提供一个完整而详尽的外交部长会议议程，而且要求"事先表明我们对每一点的看法"。他们还希望改变斯大林对峰会地点的想法。丘吉尔给艾登发电报说："如果所有其他措施和地点变更都失败了，美国总统将去德黑兰，这确实很艰难，应该尽可能加以抵制。"[79]那天晚些时候，丘吉尔准备穿越大西洋返回英国，在驶往新斯科舍省哈利法克斯的火车上，他给斯大林起草了一份回复，表示他总体上满意，但也重新谈起德黑兰。他强调了罗斯福"真正的体质上的困难"，再次建议会晤地点设在埃及或者贝鲁特。他甚至建议举行海上会议，在"埃及或黎凡特或塞浦路斯的一个港口"，并表示英国"可以提供一艘装备优良的船完全供您使用，您可以提前派先遣队、密码人员等进驻，以便完全不依赖我们，随时保持与贵军前线的联系"。丘吉尔将草稿发送给罗斯福，以取得"最终批准"。但罗斯福直到10月4日才回复，他说："我认为您用提供船只来吸引'乔大叔'去地中海的想法很好，但我不确定我是否告诉过您这个。"丘吉尔已在9月25日发出了另一封信，他在10月5日告诉罗斯福："没收到您的消息，我没有坚持用船只吸引他的想法，我认为，'乔大叔'无论如何也不会接受。"丘吉尔肯定是对的，斯大林会以身份和安全为理由，拒绝使用一艘英国船只，他会认为这艘船上装有窃听器。[80]

☆ ☆ ☆ ☆ ☆

9月14日至19日，丘吉尔在公海上航行，三巨头通信的节奏趋缓。与此同时，意大利的事态继续迅速发展。9月12日，德国伞兵执行了一项大胆的滑翔任务，将被囚禁在山顶旅馆的墨索里尼营救出来，送到安全地带。希特勒不会按照停战协议将这位前领导人移交给盟军，而是将他安置在意大利北部，塑造成一个傀儡政权的领袖。这个傀儡政权被称为萨罗共和国。

与此同时，巴多利奥虽然作为不大，却赢得了相当多的民众支持，并越来越多地与盟国合作。9月18日，艾森豪威尔要求，"根据军事需要"，应该允许他将巴多利奥政府视为"事实上的"共同作战国，并且"不时地松绑军事停战的规定"，以便推动意大利人向德国人宣战。罗斯福和丘吉尔表示同意。同样是根据艾克的建议，美国总统还提议，驻意大利的盟军军事政府以及先前为停战控制委员会设想的职能，现在都将合并为盟军委员会，由艾森豪威尔担任盟军总司令。这将确保苏联不能在控制和重塑意大利方面发挥真正的作用。9月21日，丘吉尔同意了，但他仍然希望巴多利奥接受详细条款，这样盟军就可以享有更充分的行动自由。巴多利奥不再拖延了，4天后，他迅速签署了文件，罗斯福也表示同意。[81]

下一轮丘吉尔和斯大林的书信就是在这样的背景下完成的。9月21日，丘吉尔提出了加强对巴多利奥政府的支持措施，利用墨索里尼的"戏剧性政变"和德国对意大利半岛大部分地区的占领，在政策上继续向意大利倾斜。

丘吉尔致斯大林

1943年9月21日发，1943年9月21日收[82]

既然墨索里尼已经被德国人任命为所谓共和党法西斯政府的首脑，至关重要的是，我们必须尽可能加强国王和巴多利奥的权威来应对这一行动，巴多利奥与我们签署了停战协议，并且从那以后，他们就竭尽所能地忠实地执行该协议，并交出了大部分舰队。此外，出于军事上的原因，我们必须动员和集中意大利境内所有渴望与德国人作战或至少阻止德国人的部队。这些已经起到了积极的作用。

因此我建议国王通过无线电，呼吁意大利人民团结在巴多利奥政府周围，并宣布巴多利奥打算建立一个有广泛基础的反法西斯联合政府，它被理解为不应该以任何方式，阻止意大利人确定战争结束后他们将要拥有的民主政府的形式。

还应该声明，意大利政府的军队和人民对抗敌人的有益活动，将在停战协定的调整和落实中得到承认；但是，尽管意大利政府可以自由地对德国宣战，但这不会使意大利成为一个盟友，而只是一个共同作战国。

与此同时，我坚持要签署仍然未落实的全面停战的条款，尽管其中一些条款目前还无法生效。针对上述情况，巴多利奥将被告知，盟军政府打算将具有历史意义的意大利本土、西西里岛和撒丁岛移交给盟国管制委员会管辖下的意大利政府，因为它已经脱离了敌人的控制，从敌人手中解放出来。

我将这些建议提交给了罗斯福总统，我希望能得到您的赞成。正如您很容易理解的那样，由于军事原因，这件事非常紧急。例如，意大利人已经把德国人赶出了撒丁岛，但德国人还控制着很多岛屿和关键阵地，而这些地方是我们可以加以利用的。

9月22日，斯大林对丘吉尔的建议作出了积极的回应，但希望丘吉尔能明确说明对莫斯科非常重要的两个问题。首先，巴多利奥必须公开承诺，意大利将作为三大盟国的共同作战国，加入对抗德国的战争。第二，斯大林想确认丘吉尔说的一些停战条款"目前还无法生效"时，他仅仅是指德国对意大利大部分地区的控制，而不是（实际上就是如此）想要放宽无条件投降的条件。[83]

斯大林对意大利事务给予了特别关注,他意识到,三巨头之间的影响力之争正在升温。9月22日,美国驻莫斯科临时代办马克斯韦尔·汉密尔顿将罗斯福的指示转交给艾森豪威尔,其中包括让他领导一个驻意大利的盟国委员会的条文。按照条文,盟国委员会将削弱三方军政委员会的职权。不出所料,莫洛托夫提出反对意见,他的答复是:苏联虽然不反对意大利和三个盟友并肩作战对抗德国,但是反对放宽任何投降条件,反对盟国委员会这一想法,同时坚持军政委员会应该指导意大利所有的军事、政治和行政问题,除了具体的军事行动本身。[84]但在这一点上,伦敦和华盛顿是不会让步的。正如历史学家沃伦·金博尔所评论的,他们"本想避免树立一个为斯大林所用还治其身的先例,但让俄罗斯人进入意大利的危险似乎太大了,尤其是在意大利共产党势力如此强大的情况下"。[85] 1943年同盟国在意大利争夺影响力的斗争,为1945年东欧地区更令人担忧的争论投下了阴影。

斯大林的档案中有一份特别吸引人的文件。这是9月25日他给两位盟友的一份信函草稿,它建议在莫斯科会议上讨论缔结三大国的军事—政治联盟。以1942年的苏英条约为蓝本,该协议将确保"在对抗希特勒德国的战斗中进一步加强我们的军事同盟,以及在战后时期为了和平与国际安全利益,进一步发展我们的合作"。文稿强调说,这"不应该仅仅是一项宣言,而应该是一项协议,它明确了缔约国无论在战争期间还是在战后时期的长期政治关系"。[86]不管斯大林为什么搁置了这份草稿,但克里姆林宫接受这样一个想法的事实,突显了苏联在1943年末希望与美国和英国建立长期关系的愿望。

9月25日,在苏联红军绵长的战线的中心,传来了重大胜利的消息,斯摩棱斯克被解放了。1943年8月初,斯大林唯一的一次前线之旅可能与这次行动的准备工作直接相关。苏联为这次行动,积累了压倒性的优势。胜利是以巨大的代价换来的,伤亡超过45万人,相比之下,德国第4军的伤亡为5万人[87],但这场胜利具有巨大的象征意义。1941年,斯摩棱斯克的沦陷,打开了德国军队通往莫斯科的道路。1943年,夺取位于第聂伯河和西德维纳河之间的"斯摩棱斯克大门",将使红军能够开进波罗的海诸国和白俄罗斯。[88] 这极大地鼓舞了士气。丘吉尔发来了他本人和艾登的"个人祝贺",对此,斯大林也及时致谢。[89]

关于外交部长会议,罗斯福原计划派韦尔斯去莫斯科,而不是赫尔,但经验丰富且资历深厚的国务卿赫尔阻挠了罗斯福的计划。赫尔与副国务卿韦尔斯长期以来个人和工作上的冲突,在那年夏天达到顶峰。赫尔对自己的地位始终非常敏感,他宣称,无论会议在哪里举行,"从这里到重庆之间的任何地方","我都会出席"。尽管他患有严重的幽闭恐惧症,以前也从未坐过飞机,但他心意已决。[90] 罗斯福的国际主义外交政策特别需要美国参议院的支持,作为前参议员的赫尔在参议院享有很高的威望,因此罗斯福只能让步。正在此时,韦尔斯的同性恋丑闻被泄露给媒体,罗斯福强力维护朋友的声誉,但无功而返,9月25日,罗斯福宣布韦尔斯被撤职。同样令人尴尬的是,仅仅两周前,罗斯福还"高兴地"接受了莫斯科作为外交部长会议的地点,此时,罗斯福要求斯大林将会议地点移到伦敦,这样,已经70多岁、身体状况不佳的赫尔更方便参加会议。罗斯福对草稿进行了实质性修改,表明了这一问题的重要性,他亲自起草了第一段和第三段。然后,他向莫斯科大使馆施压,要求苏联迅速作出反应。[91]

罗斯福致斯大林

1943年9月25日发,1943年9月28日收[92]

很遗憾,我认为有必要重新讨论外交部长会议的问题。经过进一步考虑,我强烈希望国务卿赫尔出席与莫洛托夫先生和艾登先生的会议。

赫尔认为,由于身体原因,前往莫斯科的长途飞行极其困难。因此,请问会议有可能在英国举行吗?我相信,如果赫尔先生能出席这次会议,对我们所有人都有极大的好处。

我确信英国人愿意接受这一改变。会议开幕日期可以定在 10 月 15 日吗?

丘吉尔在 9 月 25 日的信中声明,他"考虑"到了德黑兰的安全保卫问题,这不仅反映了他的警惕思想和对冒险活动的热爱,也反映了他在(即使不稳定)努力,以使斯大林感受到被平等地对待。最后两句话可能是想恭维一下。丘吉尔的关切在他此时给英国官员的信件中显而易见。例如,斯大林要求(9 月 22 日)意大利必须宣布它是站在三个盟友一边作战,但丘吉尔却被告知说,斯大林的要求到达得太迟了,已经来不及写进国王的投降书中,丘吉尔当即严厉地斥责:"这是一个严重的疏忽,可能会冒犯到斯大林元帅。俄罗斯人对我们的政策的支持是最有价值的。"[93]

丘吉尔致斯大林

1943 年 9 月 25 日发,1943 年 9 月 27 日收[94]

我一直在考虑我们在德黑兰举行的政府首脑会议。在这个管制松散的地区,必须做好安全保卫工作。因此,我建议您考虑一下这个方案:由我方在开罗就住宿、安保等问题进行一系列准备,尽管这些工作是暗中悄悄推进的,但仍会引起注意。那么,也许就在我们开会的前两三天,我们派出一个英国旅和一个俄罗斯旅控制德黑兰的一个合适的区域,包括机场,并保持绝对的戒严,直到我们结束会谈。在这一刻到来之前,我们不会告诉伊朗政府,也不会为我们的住宿作任何安排。我们当然应该绝对控制所有的外发消息。这样,我们就有了有效的遮眼法,来避开各国新闻界,避开任何令人不愉快的人,这些人里可能就有不友好的人。

我还建议在今后关于这个问题的所有通信中,我们使用"开罗三"的说法,而不是应该被隐藏的德黑兰。我还建议这次行动的代号为"尤里卡"

(Eureka），我相信这是古希腊语。如果您有其他想法，请告诉我，然后我们可以把它们提交给美国总统。关于这方面，我还没有与他沟通。

9月27日，罗斯福将外交部长会议地点改变为伦敦的提议提交给克里姆林宫。但斯大林礼貌地拒绝了。

斯大林致罗斯福

1943年9月28日发，1943年9月28日收[95]

今天，我收到了您9月27日的信。

关于国务卿赫尔先生出席即将召开的三国政府代表的会议一事，我同意您的意见。

与此同时，我必须告诉您，如果改变以前商定的将莫斯科作为会议地点的决定，可能会出现很大的困难。

事实是，如果会议不在莫斯科，而是如您提议的在英国举行，V.M. 莫洛托夫先生就不能在约定的时间参加会议，我认为他出席会议是必要的。V.M. 莫洛托夫先生离开苏联，至少在不久的将来，是绝对不可能的，因为正如你们所知道的，第一副外交人民委员 A.Y. 维辛斯基先生很快就要去阿尔及尔了。

此外，众所周知，美国和英国的新闻界已经广泛报道说，即将召开的会议不在其他地方而在莫斯科举行，因此，选择一个新的会议地点有可能引起不必要的猜疑。

我对10月15日作为会议的日期没有异议。

预计到那时，三方会议的议程将会在三国政府之间达成一致。

斯大林的理由不能说服那些支持罗斯福最初提议的人，但选择莫斯科作为会议地点对这位苏联领袖来说具有重要的政治意义。他不打算让步。

克里姆林宫的信件

斯大林与丘吉尔、罗斯福的战时通信

THE KREMLIN LETTERS 1941-1945 Ⅱ

〔英〕戴维·雷诺兹
〔俄〕弗拉基米尔·佩恰特诺夫 编著
云晓丽 译

天地出版社 | TIANDI PRESS

盟军横扫西欧（1944—1945年）

目 录
CONTENTS

第 一 章　风云际会　　　　　　　　　　　　001
　　　　　（1941年6月至9月）

第 二 章　"两场相对无关的战争"　　　　　　039
　　　　　（1941年9月至12月）

第 三 章　"我能应对斯大林"　　　　　　　　091
　　　　　（1941年12月至1942年4月）

第 四 章　中间人莫洛托夫　　　　　　　　　123
　　　　　（1942年4月至7月）

第 五 章　丘吉尔的"冰块"　　　　　　　　　165
　　　　　（1942年8月至10月）

第 六 章　卡萨布兰卡：一桌只有两人　　　　219
　　　　　（1942年11月至1943年1月）

第 七 章　第二战场何时开辟？　　　　　　　261
　　　　　（1943年2月至4月）

第 八 章	南辕北辙	319
	（1943年4月至7月）	

第 九 章	反击：乌克兰和意大利	371
	（1943年8月至9月）	

第 十 章	面对面：莫斯科与德黑兰	411
	（1943年10月至12月）	

第十一章	德黑兰精神消逝	461
	（1944年1月至3月）	

第十二章	"力量与事实"	503
	（1944年3月至6月）	

第十三章	东西合击	557
	（1944年6月至9月）	

第十四章	"只有我们三人"	621
	（1944年10月至12月）	

第十五章	雅尔塔会议及其后	701
	（1945年1月至4月）	

后　　记		767
尾　　注		787
致　　谢		855

第十章

1943年
10月至12月

面对面：
莫斯科与德黑兰

随着冬季的来临，苏联人急切地盼望盟军恢复北极护航船队。先前，由于夏季漫长的白昼，以及西西里岛和意大利战役的航运需求，北极护航船队在 5 月份就停航了。10 月 1 日，丘吉尔拿出慷慨大方的劲头，提出恢复船队的建议，但同时，他又画蛇添足地附加了一些条件，特别是关于英国海员的待遇问题。这些条件一下子惹恼了苏联领袖，斯大林认为这是英国应尽的"义务"，而不是恩赐苏联的礼物，所以他的回应非常刻薄。[1] 丘吉尔收到这样的回信后，当然也很恼火，甚至想要停止护航船队。这一问题后来由艾登和莫洛托夫两位外交部门的负责人出面协调，最终得到了解决，护航船队如期复航。此时，德国海军在北部水域的存在减弱，特别是节礼日那天"沙恩霍斯特"号战列舰被击沉之后，和先前相比，护航船队损失较少，情况大为改观。两位领导人之间的又一次短暂争吵，让我们通过他们的通信看出他们在性情和处世方面的差异。斯大林一向多疑，总是把协议强调成有约束力的"契约"，而丘吉尔，既能像鳗鱼一样圆滑，又能像斗牛犬一般强硬，他更倾向于将契约模糊成意向或声明。

关于船队的争吵，也暴露出了翻译方面的问题。10 月 4 日，在华盛顿，安德烈·葛罗米柯正式递交了他作为新任苏联大使的国书。罗斯福对国务院有着根深蒂固的怀疑，葛罗米柯翻译了斯大林的大部分信件，虽然他的工作说不上完美，但目前来看，他已经树立起了很好的声望。然而在伦敦，情况截然不同。丘吉尔没有时间会见古谢夫，直到 1944 年 3 月 3 日，丘吉尔才再次接待了他，并把一些关于护航船队的争论归咎于苏联大使馆"非常粗糙"的翻译，责备使馆"在翻译过程中遗漏"内容。[2] 同时，英国外交部也缺乏有能力的俄文翻译。因此，在三巨头的书信往来中，翻译上的缺憾一直是一个令人头疼的问题。[3]

意大利的局势仍然不稳定。10月初，希特勒戏剧性地转变了政策，决定守住罗马，并尽可能向南进行防御战。丘吉尔想在意大利迅速取得壮观胜利的希望破灭了，他与美国人陷入了一场漫长而徒劳的争论，争论的焦点是继续"支持"由英国人领导的意大利战役，还是开展1944年由美国主导的对法国北部和南部的进攻。10月13日，巴多利奥政府终于向纳粹德国宣战，宣布从今以后，意大利部队将与英美军队并肩作战，解放自己的国家。与此同时，丘吉尔和罗斯福继续削弱新的地中海委员会的职能。尽管苏联人不高兴，但斯大林并没有试图抗争。他现在有更重要的问题需要考虑。在莫斯科举行的外长会议（10月19日至30日），和在德黑兰举行的三巨头第一次峰会（11月28日至12月1日），才是他考虑的重点。

莫斯科会议的成果令人惊讶。艾登、赫尔和莫洛托夫同意成立一个由高级官员组成的"欧洲咨询委员会"，总部设在伦敦，以便开始认真研究战后计划。他们还签署了一项宣言，承诺他们三个国家在战争胜利后继续战时的合作，"以所有爱好和平国家的主权平等原则为基础，在可行的最早时间，建立一个全面的国际组织"。美国人争取确保民族主义的中国国民党也能签署后来成为"四国宣言"的文件，苏联和英国则持保留意见，这两个国家都不相信饱受战争蹂躏的中国能成为世界强国，只有罗斯福信心满满。私下里，斯大林向赫尔保证，一旦德国被打败，苏联就会加入对日战争。除了这些积极的成就，莫斯科的气氛也令英国和美国代表团深受鼓舞。艾登给丘吉尔发电报说，"据我判断，这些不可估量的人意气风发"，"他们现在在所有的事情上都能和我们一起前行，只要能让他们感受到，他们在所有的事情上都和我们是平等的，平起平坐，而我们也襟怀坦荡，没有隐瞒"。他补充说，他以前没有充分认识到，"这些人遭受的排斥感程度有多深，而他们越是节节胜利，这种排斥感越强"。从这个角度来看，三巨头会议是水到渠成自然而然的下一步。[4]

为了会议举办地点，白宫和克里姆林宫之间展开了外交博弈。从 10 月中旬开始，两国之间的大部分通信都被这场博弈占用了。9 月，斯大林迫使各方同意将莫斯科作为外交部长会议地点，他最终也成功地确保了峰会在德黑兰举行，这是在他与莫斯科保持安全联系的同时，能够走出苏联的最远距离。罗斯福尝试各种办法以避免前往 6000 英里外的伊朗首都，甚至祭出美国宪法为托词，还说他有来自内阁的压力。斯大林只是以子之矛攻子之盾，以这些论点反驳美国总统，他说，我们苏联人也有宪法，我的同事也同样坚持。他还打出了他的王牌：我指挥的战争比你们的更宏大，更重要。11 月 8 日，罗斯福最终让步了，他高调宣布自己已经解决了迄今为止无法克服的宪法难题。在他们的交流中，最引人注目的是轮椅总统从不提及自己的身体残疾。

关于船队问题，在旷日持久的争论中，斯大林就像先前对丘吉尔所做的一样，连续几周没有作出回应，从而加剧对方的压力。正如在 7 月份一样，他和莫洛托夫准备撒些小谎，说最高指挥官因为去了前线而无法处理信函。和船队问题一样，德黑兰问题上的博弈也是以实力为基础，斯大林和莫洛托夫下定决心，苏联必须被两个西方伙伴平等对待。1943 年 10 月和 11 月，他们如愿以偿。英国人和美国人放下架子，正向他们走来。

事实上峰会期间，罗斯福住在苏联大使馆。按照惯例，这样的安排被认为是出于安全考虑，因为在这个城市，有传言说纳粹敢死队仍在伺机行动。但本书要披露的是苏联档案中有证据显示，罗斯福本人秘密地谋求这一邀请，经过了 18 个月的努力，他终于安排了这次会面。罗斯福渴望有尽可能多的时间，和这位与世隔绝的苏联领袖待在一起。为此，他不仅与丘吉尔保持了距离，而且斯大林在晚餐上刺激丘吉尔的时候，他还站在斯大林一边。三巨头会晤的文字记录，显示了斯大林对这些问题的细致把握和他高超的外交手段。他经常保持沉默，但在关键时刻，他又有简要有力且恰当的发言，仿佛忽然间云开雾散。苏联人不论在莫斯科还是在德黑兰，都有一个最重要的目标，也是自"巴巴罗萨"行动以来斯大林信件的最重要的主题，即"缩短战争的措施"，特别是开辟第二战场。在 11 月 29 日的会谈中斯大林占了上风，他为这次会议确定了三个基本目标：确认法国对意大利的战略优先，为"霸王"行动设定一个确定的日期，任命最高指挥官。这三个目标在峰会期间和之后都实现了，这让斯大林和罗斯福都很满意。

尽管丘吉尔在这次三角外交中表现最差，但峰会期间和之后的气氛却非常和谐。罗斯福讨好斯大林的前提，是认为自己与丘吉尔有牢固而持久的关系，斯大林对丘吉尔的嘲弄，有时被他们两人之间的幽默搞成温暖的时刻，讽刺的意味被微妙地抵消掉了。罗斯福和丘吉尔都坚信三巨头的会谈至关重要，罗斯福宣称："未来世界的希望寄托在他们身上。"而丘吉尔在年底对斯大林说："我只希望我们能每星期见一次面。"他们两人都认为，德黑兰是他们与那个私下里被称为"乔大叔"（"Uncle Joe"）或"UJ"的个人关系的一个里程碑。俄罗斯人称为"转折点"的那一年，三位领导人最终会面，相互感觉良好，彼此印象深刻。问题是，随着战争接近高潮，和平与新的挑战几乎同时到来，这种美好的情绪还能在纸面上维持下去吗？

☆ ☆ ☆ ☆ ☆

为了应对那年秋天意大利局势的快速变化，西方盟国继续放宽意大利"无条件"投降的条件。9 月 29 日，巴多利奥元帅不情愿地签署了停战协定的"详细条款"，但他恳求艾森豪威尔在公布前让他作一些修改，以防止法西斯关于"不光彩投降"的宣传，破坏了意大利军队对新政府的忠诚。艾森豪威尔再次以军事上的权宜之计为由，向美国和英国政府强烈主张这些观点。具体地说，他要求将标题改为"停战"而不是"投降"，并删除第一段提到的意大利武装部队"无条件投降"的内容。作为补偿，可以声明，这些条件已被巴多利奥政府"无条件"接受了。艾森豪威尔说,同意这些"修改",盟国不会有任何损失,因为已经签署的停战协定的简要和详细条款,"给予了我们完全的控制权,相当于意大利完全投降"。10月1日,罗斯福向斯大林提出了艾森豪威尔的请求。[5]

艾森豪威尔还敦促罗斯福和丘吉尔发表公开声明,肯定意大利作为与盟国"共同作战国"的新地位。美国总统同意了,马歇尔将军起草了一份联合声明,发送给了丘吉尔。英国首相认为这是一个"很好的机会,最好让'乔大叔'也参与进来",并认为延迟几天,"与让俄罗斯参与的价值相比,相对不重要"。

他的修改稿被罗斯福接受,并于10月1日发送斯大林。该声明称,盟国接受"意大利民族和武装力量,成为联合对德作战的一方",并确认战后"任何力量都不能削弱意大利人民绝对的不受限制的权利,即通过宪法手段决定他们最终将拥有的民主政府的形式"。[6] 斯大林同意对"简要条款"和联合声明的修改。[7]

到了10月,北极护航船队再次成为莫斯科与伦敦争论的话题。春季,丘吉尔宣布暂停船队时,曾说过,"假如'哈士奇'行动顺利进行,我们应该能在9月初恢复船队"。像往常一样,丘吉尔附加了各种条件,比如德国海军的部署情况以及是否有可用的护卫舰。但是,到了9月21日,由于没有船队恢复的迹象,莫洛托夫递交给克拉克·克尔一份备忘录,声明进一步推迟船队是"相当不合理的",考虑到苏联军队在前线的沉重负担,他强调苏联"非常重视"这个问题。[8] 这封直率的信在伦敦引起了轰动,丘吉尔认为有必要向斯大林解释一下情况。丘吉尔告诉参谋长们,"我们的职责是在人力允许的情况下重新开启这些船队"。当军方提出各种可能的困难时,他告诉他们,"我当然不会与斯大林元帅签订正式的协议,我们必须保护自己免受不可预见的突发事件的影响",但他不同意军方的观点,军方认为英国的海军局势还像1942年至1943年那样"紧张"。[9]

10月1日，丘吉尔在给斯大林的信中，详细说明了英国海军在全球各战区战斗的情况，并提出愿意安排4支护航船队，主要是出于善意，而不是"合同"或"交易"。随后，丘吉尔利用这一明显的善举，开出自己的条件，他希望斯大林允许增加阿尔汉格尔斯克和摩尔曼斯克的英国军人数量，改善他们的工作条件。这些问题看似琐碎，却是两国政府长期纠缠的焦点。这场争吵也反映了苏联的控制模式和西方自由之间的文化冲突，任何英国人在苏联领土上出现，都会被克里姆林宫以怀疑的眼光看待。因此，莫洛托夫暴躁的备忘录，为打破这种僵局提供了一条出路。9月25日，丘吉尔对他的大臣们说："既然俄罗斯人已经要求重新派出这些船队，我们就有权向他们提出一个非常明确的要求，要求改善俄罗斯北部我方人员的待遇。"[10]艾登的工作人员列出了一长串的不满意问题清单，这成为英国首相的信函第二部分的基础。

丘吉尔致斯大林

1943年10月1日发，1943年10月1日收[11]

我已经收到您要求恢复向俄罗斯北部派出船队的请求。我和我的同事都非常渴望尽我们所能帮助您和您率领的英勇的军队。因此，我不对莫洛托夫先生信函中提出的各种有争议的观点作出回复。自1941年6月22日以来，尽管我们自己负担沉重，但我们一直在尽最大努力帮助你们保卫家园，免受希特勒团伙的残酷入侵，我们从未停止承认和宣告你们取得的辉煌胜利，以及你们给予德国军队的致命打击给我们带来的巨大优势。

在过去4天里，我一直在与海军部合作，为向俄罗斯北部派遣一系列新的护航船队制订计划。重启航运面临着很大的困难。首先，大西洋之战又开始了。德国潜艇采用了一种新的声呐鱼雷攻击我们，这种鱼雷被证明对付我方追踪德国潜艇的护航舰非常有效。其次，我们正在地中海全力以赴，到11

月底,将在意大利集结一支约60万人的军队,希望充分利用意大利在爱琴海群岛和巴尔干半岛的撤退机会。第三,我们必须在对日战争中贡献我们的力量,美国对这场战争情绪高涨,如果我们不热情,就会让美国人民失望。

尽管如此,我还是非常高兴地告诉您,我们计划在11月、12月、明年1月和2月,向俄罗斯北部派出一个系列共4支护航船队,每支船队由大约35艘英国和美国商船组成。为了满足作战需要,船队可以分批航行。第一支船队将于11月12日左右离开英国,10天后抵达俄罗斯北部,随后的船队大约每隔28天抵达一次。我们打算在10月底尽可能多地撤回目前在俄罗斯北部的商船,其余的商船由返回的护航舰队护送。

然而,我必须声明,这不是合同或交易,而是我们庄重而严肃的决定。在此基础上,我已下令采取必要的措施,以便派出每支由35艘船只组成的这4支护航船队。

同时,外交部和海军部要求我向您陈述我方人员在俄罗斯北部所经历的困难,以供您个人参考,真希望您能亲自过问此事。

如果我们要恢复护航船队,就需要增加派驻俄罗斯北部的人员,这些人员自去年3月以来已经大量减少。目前海军人员的数量远低于我们目前所需要的数量,因为人员被派回国内后,没有后续的人来替补。你们的民事当局拒绝了我方人员的签证,即使是去替换那些严重逾期应被换班的人。莫洛托夫已向国王陛下政府施压,要求其同意在俄罗斯北部的英国军人数量,不得超过苏联在英国的军人和贸易代表团的数量。我们一直无法接受这一建议,因为他们的工作性质根本不同,战争行动所需的人数不能以如此不切实际的方式确定。其次,正如我们已经告知苏联政府的那样,我们应该自己判断该行动所需的人员数量,毕竟这个行动由我方负责。艾登先生已经作出保证,将尽最大努力将人数严格限制在最低限度。

因此,我必须请您同意,立即向现在需要的额外人员发放签证,并请您保证,今后涉及我方在俄罗斯北部向你们提供援助的行动,我方人员申请签证时不会被拒发。我要强调的是，目前在北部的大约170名海军人员中，有150多名本应在几个月前换班，但他们的苏联签证已被扣留。这些人因为不习惯气候和其他条件而健康状况不佳，有必要不容迟疑地替换他们。

我们还希望派遣一个小型医疗队赴阿尔汉格尔斯克，这是你们当局同意的，但相关人员的签证尚未颁发。请记住，这样可能会有重大的人员伤亡。

我还必须请您帮助改善我方军人和海员在俄罗斯北部的现有条件。这些人当然是为了我们的共同利益参与对抗敌人的行动，主要是为贵国运送盟军的物资。我相信您会承认，他们的处境与前往俄罗斯领土的普通民众完全不同。然而，他们受到了贵国政府的下列限制，在我看来，这些限制对由盟国派来实施对苏联利益有利的行动的人来说是不妥当的：

（1）任何人都不得从英国皇家海军军舰或英国商船上登陆，除非乘坐苏联船只，并由在场的苏联官员审查文件后方可以。

（2）未事先通知苏联当局的情况下，英国军舰上的任何人不得转乘英国商船。此规定也适用于负责的英国海军上将。

（3）英国官兵必须获得特别通行证，才能从船上到达岸上，或在岸上的英国机构之间通行。这些通行证常常被延迟发放，以致影响工作进度。

（4）除非有苏联官员在场，否则参与行动的人员的任何物资、行李或邮件都不得上岸，并且所有物资和邮件的运输都需要办理完备的手续。

（5）个人书信往来要受到审查，尽管对于参与行动的人员来说，我们认为，这种审查应该由英国军方负责。

这些限制的实施，给官兵留下了不利于英苏关系的印象，如果议会知道了这件事，将是非常有害的。这些烦琐的手续极大地妨碍了士兵们有效地履行职责，而且不止一次地妨碍了紧急和重要的军事行动。在英国的苏联人员则没有受到这样的限制。

我们已经向莫洛托夫先生提议，如果军事人员和护航船队的海员违反苏联法律，应该把他们移交给英国军方处理。已有几个此类案例，毫无疑问，至少部分是由于在北部服役的严酷的条件造成的。

我相信，斯大林先生，您会发现以友好的态度解决这些困难是有可能的，这样我们就可以互相帮助，尽我们最大的努力来完成共同的事业。

如果三巨头会议在德黑兰举行，丘吉尔并不是唯一担心安全问题的人。在8月，一个苏联安全专家小组访问了伊朗首都，进行了一次彻底的侦察。10月15日，苏联内务部边防军第131摩托化步兵团抵达德黑兰，军事人员开始在街道上巡逻，守卫苏联大使馆、国王的宫殿、邮局和其他重要设施，包括最终举行德黑兰会议的建筑。据估计，苏联安保人员的总数在500人到3000人之间。[12]

显然，斯大林不喜欢丘吉尔9月25日提出的建议，让英国和苏联军队在德黑兰某区域设置警戒线，他更喜欢低调的露面，而且是在苏联安保人员控制下的场面露面。他虚假地表示每位领导人自带"一个充足的警卫队"，就能提供足够的安全保障。

斯大林致丘吉尔

1943年10月3日发，1943年10月3日收[13]

我收到了您9月27日关于即将举行的三国政府首脑会议的来信。我不反对您打算在开罗进行的转移注意力的准备工作。关于您提出的在会面的前几天，在"开罗三"的一个合适地区部署英国旅和俄罗斯旅的建议，我认为这一措施不可取，因为它会引起不必要的轰动，并会暴露筹备工作。我建议我们每个人都配备一个充足的警卫队，在我看来这样就足以保证我们的安全。

我不反对您关于即将举行的会议的其他建议，我同意您提议的在涉及本次会议的信函中使用那些传统名称。

罗斯福和丘吉尔并没有期望在莫斯科举行的外交部长会议会有很大的成果。他们两人都决定把那些严肃的问题留到三巨头峰会上讨论。10月4日，罗斯福给斯大林写信，信是由霍普金斯草拟的，罗斯福作了几处微调。罗斯福重申了莫斯科会议纯粹是"预备"性质的，但也给了斯大林一个明确的暗示，他欢迎就跨海峡进攻问题，联合起来对英国施加压力。

罗斯福致斯大林
1943年10月4日发，1943年10月5日收[14]

我收到了您的电报，我国代表团将于10月15日抵达莫斯科。

虽然我认为这次会议将不会规划或制定军事战略，但我不反对，而且确实欢迎就您关于向法国派出远征军的建议进行最充分的交流。

迪恩将军是我们代表团的成员，他将被详细告知我们的计划和意图。

我同意这是一个三大国会议，对我们提案的讨论应仅限于这些大国未来的意图和计划。

这绝不妨碍今后在我们三国政府都能接受的情况下，有更广泛的成员参与。

我相信，我们将会对重要决策达成一致意见，这些决策必须最终由我们作出。

这次预备会议讨论时要充分，如果我们的外交部长会议上出现分歧点*困难*，我仍然有充足的信心，当我们三人您和丘吉尔还有我会面时，它们可以得到解决。

*看来似乎美国和英国军队*我们再过几周就能到达罗马了。

罗斯福最后一句关于盟军进入罗马的乐观估计，后来被证明是完全错误的。然而，他的预测是基于对德国恩尼格码机密码信息的一系列截获，这些截获信息使得英国和美国情报人员相信，德国人不会认真争夺意大利南部，而是会向北撤退，或许撤退到从比萨到里米尼的一条防线上。但是，希特勒后来意识到盟军前进的步伐趋缓，并得到报告说登陆艇正从地中海移到英国，于是便作出了戏剧性的大转变。这让人想起他在1942年11月为夺取突尼斯而发动的进攻。大量增援部队被派往陆军元帅阿尔贝特·凯塞林在意大利的指挥部，并且新的命令不断发出，要求德国人必须为罗马而战。他们的确战斗了，盟军直到1944年6月4日，刚好在诺曼底登陆之前，才进入意大利首都。如何应对意大利的困境，将成为英美1943年至1944年争论的主要焦点。[15]

☆ ☆ ☆ ☆ ☆

斯大林10月6日的信，只会加剧罗斯福对即将召开的外交部长会议的担忧。在莫斯科，斯大林显然想讨论第二战场问题，而罗斯福则希望为三巨头会议保留宏伟的战略。至于美国的主要议题，即关于和平、安全和裁军的联合声明，克里姆林宫试图排除民族主义中国参与，而罗斯福（不像他的两位伙伴）认为，中国是战后世界必不可少的"四个警察"之一。斯大林和莫洛托夫在这一点上是模棱两可的。因为已经达成协议，会议将只关注三大国的问题，显然，这次会议排除了任何涉及四个大国的声明。

斯大林致罗斯福

1943年10月6日发，1943年10月6日收[16]

我收到了您10月4日的来信。

关于军事问题，即英美缩短战争时间的措施，您已经从我之前的信中了解了苏联政府的观点。然而，我希望，在这方面，三个国家的预备会议能为我们今后的重要决定做好准备，产生有益的结果。

如果我对您的信理解正确的话，莫斯科会议将只讨论我们这三个国家的问题，因此，可以认为按照约定，四国宣言问题不列入会议的议程。

我们的代表必须尽一切可能，克服工作中可能出现的困难。据了解，决议只能由我们各国政府作出，在我与您和丘吉尔先生的私人会晤中作出。

祝愿美英军队顺利完成任务并进入罗马，这将给予墨索里尼和希特勒新的打击。

斯大林隔了将近两周的时间，才回复丘吉尔10月1日关于恢复护航船队和改善在苏联北部港口的英国人员待遇的信函。当回信在10月13日到达时，丘吉尔一点儿也不喜欢这个回复。斯大林没有表达感激之情，而是坚称恢复护航船队是英国人的合同义务，他提醒丘吉尔，按照《第三议定书》的规定，英国交货不足。他说，丘吉尔试图把恢复航运作为友好的象征，但丘吉尔没有意识到这些货物已经被纳入苏联的计划。斯大林声称，丘吉尔拒绝承认这是他自己的"义务"，象征着对苏联的"一种威胁"。斯大林也没有在北方港口的英国军事人员待遇一事上让步，他重申了外交部门的观点，即应该根据在英国的苏联人员"互惠和平等"的原则，对待北方港口的英国军事人员。

克拉克·克尔评论道，丘吉尔的信"似乎让斯大林感到很不愉快，但我觉得，回信更可能是出自莫洛托夫的手笔，而不是斯大林的亲力亲为"。丘吉尔根据自己"两个斯大林"的论断，也对此信作者的身份感到疑惑，他告诉罗斯福：

> 我认为，或者至少我希望这个信息来自机构而不是来自斯大林，因为单是准备写信就花费了12天的时间。苏联领导核心以为它通过强硬就能得到一切，我相信，证明情况未必如此是很重要的。[17]

在这件事上,他们两人都错了。斯大林是用莫洛托夫的一份草稿作为基础,他说丘吉尔提出复航是一种善举,用这样侮辱性的言辞代替了对恢复航运不温不火的赞赏之意,并指责英国人试图招募俄罗斯人为间谍,通过这些改动,他使信函的表达变得强硬。后来,在莫斯科会议期间,斯大林对艾登说,丘吉尔信中最令人不愉快的部分,是他把恢复航运描述为送给苏联的"礼物"。[18]

斯大林致丘吉尔

1943年10月13日发,1943年10月13日收[19]

我收到了您10月1日的信。您告知我,你们打算在11月、12月、明年1月和2月派遣4支护航船队沿北方航线前往苏联。然而,您的说法抹杀了这封信应有的价值。因为您说,向苏联派遣北方护航船队的想法既不是一项义务,也不是一项协议,而只是一项英方随时可以宣布放弃的声明,无论它对前线的苏联军队可能产生什么样的影响。我必须说,我不能同意这种提法。英国政府对苏联提供武器和其他军用物资,只能被视为一种义务,根据我们两国之间的特别协定,英国政府对苏联承担这种义务,苏联肩负着与盟国的共同敌人——希特勒德国斗争的重任,已经第三年了。

我们也不可能忽视这样一个事实,即北方航线是最短的路线,盟国可以通过它在最短时间内将武器运送到苏德战场,如果不充分利用这种方式,就不可能实现向苏联供应计划内的物资。正如我早些时候给你的信中提到的,而且经验也表明,通过波斯湾港口向苏联运送武器和军用物资,无论如何都不能弥补停掉北方航线造成的损失,尤其是装备和材料方面。很容易理解的是,在规划苏联军队的补给时,就考虑到了各条线路的情况。顺便说一句,与去年收到的物资相比,今年北方航线运送的军用物资的交货数量大幅减少,这使得既定的军需计划无法实现,并与《英苏协定》中有关条款相违背。因此，在目前这个阶段，当苏联的军队为了成功地战胜我们共同敌人的主力部队，竭尽全力保障前线的需求时，我们不能容忍苏联军队的物资供应取决于英方的武断判断。英国政府拒绝履行其承担的义务，应该被视为对苏联的一种威胁，除此之外，不可能有其他的解释。

关于您提到的据称是莫洛托夫先生发言中的有争议观点，我必须说，我找不到这种说法的任何根据。我认为，苏方提出的以互惠和平等原则处理军事代表团人员的签证问题，是正确的，也是公正的。提到英国和苏联军事代表团的职能不同而不能使用这一原则，以及说英国军事代表团的人员数目必须仅由英国政府决定，我认为这个理由不能令人信服。外交人民委员会早前关于这个问题的备忘录，已经详细阐明了这一点。

我认为没有必要增加在苏联北部的英国军人的人数，因为已经在那里的绝大多数英国军人没有充足的工作可干，许多个月来必然无所事事，正如苏联方面已经多次指出的那样。例如，由于长期闲置，我方多次提出撤掉位于阿尔汉格尔斯克的英国第126港口基地，而直到现在英方才同意对它进行清理。还有一些令人遗憾的事实，个别英国军人的行为是不可接受的，他们在某些情况下试图通过贿赂，招募某些苏联公民来获取情报。此类事件冒犯了苏联公民，自然会引发一些事件，导致不良的纠纷。

关于您提到的北方港口存在的手续方面的一些限制，有必要考虑到这些手续和限制措施在前线及其附近地区是不可避免的，不要忘记苏联正处于战争状态。我可以补充说，这不仅适用于英国人和其他外国人，也适用于苏联公民。事实上，苏联当局在这方面给予了英国军人和海员许多特权，有关这些特权，英国大使馆早在去年3月就被告知了。因此，您提到的许多手续和限制是基于不准确的信息。

关于信件检查和起诉英国军人的问题，我不反对在对等的条件下，北方港口的英国人员的私人邮件由英国当局自己检查，也不反对英国军人犯下的不够判刑的轻微违法行为交由适当的军事当局审议。

丘吉尔收到斯大林的信函，第一反应是"我要停止船队"。他起草了一封信，让正在苏联的艾登交给斯大林。丘吉尔坚称，自己不能对护航船队作出任何"保证"，并表示，一旦"确定苏联政府不希望在英国政府认为必要的、适度合理的条件下接受船队"，英国政府将"非常高兴"地将人员从俄罗斯北部撤离。但经过深思熟虑后，丘吉尔改变初衷，决定三管齐下，在回应中将和解、协商和自我主张结合起来。第一支船队已经在装货了，他告诉内阁，"为了战争时期的努力"，为了大局，他决定让船队继续进行。但他要求艾登向斯大林提出军人待遇问题，并向斯大林说明他将英国首相10月1日信函的某些内容视为一种"威胁"，这完完全全是一种误读。最后，英国首相决定采取最不寻常的步骤，正式退回斯大林的"无礼的"信函。10月18日，新任苏联大使古谢夫来到唐宁街10号，进行他的首次正式访问，丘吉尔理所当然地那样做了。[20]

丘吉尔对自己的举措非常满意，以至于他用口述的方式记录了所发生的事情，并在后来将此事写进他的战争回忆录里。根据他的叙述，在与古谢夫寒暄之后，丘吉尔开门见山地说道：

> 简而言之，我认为这一信函无助于局势，它给我造成了很大的痛苦，我担心我发出的任何回复只会使事情变得更糟，英国外交大臣正在莫斯科，我让他当场解决问题。因此我不希望收到这封信。我把信装在信封里，交还给古谢夫。

苏联大使规劝说，我得到的指示是递交这封信。丘吉尔说，"我不准备接受它"，并友好而坚决地将苏联大使送到门口。丘吉尔总结说，这样，斯大林的信，现在可以被视为"不存在"了。[21]

古谢夫非常尴尬，他首次正式亮相就铩羽而归，而且向"老板"解释这件事实在是很困难的。尽管如此，这位年轻的苏联大使仍然保持着冷静。他在给莫斯科的急件中是这样描述这次谈话的：

> 在唐宁街，丘吉尔在他的办公室接见了我。初看上去，丘吉尔的眼睛水汪汪的，给我的印象是他喝醉了，在谈话过程中，这一点得到了证实，因为他身上有一股酒味，他真的喝醉了。会见时，在熟人之间惯常的问候之后，丘吉尔让我在桌子旁边坐下，他抽着雪茄，说了一些大意如下的话……

古谢夫随后重现了他与丘吉尔的对话，更加详细地描述了自己试图将信留下，而英国首相坚决退还的细节。古谢夫说："在门口，丘吉尔握了握我的手，毫不夸张地说，简直就是硬把信袋塞到我的手里，然后转身走回桌旁。"古谢夫告诉莫斯科，在这种情况下，"我认为没有必要再和丘吉尔谈，也没有必要通过他的大臣们把信件还给他"。他补充说，信上没有标记，但是第一页的右上角被剪掉了，也许是卡多根给它加了注解。古谢夫以娴熟的套话最后说："我请求您的指示。"[22]

英国首相真的喝醉了，还是苏联大使为了自我辩解而夸大其词？有着35年工作经验的职业外交官卡多根对丘吉尔的行为没有任何抱怨，他在日记中写道："退回信函是一种强硬举措，这毕竟不是一份公函，只是一封私人信件。对这样非常无礼的信"，把它退还给斯大林很对，表明态度，他不能"侮辱我们"。[23]

10月21日，艾登在克里姆林宫向斯大林和莫洛托夫提出了这个问题，根据他的说法，两小时的会面开始时"很不愉快"。斯大林宣称："首相被激怒了，不会接受我的答复。""我知道丘吉尔先生不想与我进一步通信。好吧，随他去吧。"艾登否认了这一说法，他说，丘吉尔只是对某些明显的恶意指摘感到不满，并表示，丘吉尔指示他在莫斯科与斯大林讨论整个问题。这好像缓和了紧张气氛。随后他们进行了一场务实的公对公的讨论。在讨论中，斯大林说了一句很有意义的话，正如英国外交大臣所说的那样："如果我们能平等地对待他的人民，我们想要多少人员就能拥有多少人员。"艾登在日记中写道：

> "乔"个人对我很友好，甚至非常愉快。但他仍有那种紧张的习惯，说话或握手时不看对方。他在笑的时候整个脸都皱了起来，小眼睛都睁开了。若不是因为他很愿意大笑，和他见面从各方面来说都令人感到怪异，甚至有不祥的感觉。他越来越像熊了。[24]

这次会谈化解了紧张情绪。在莫斯科会议带来的友好气氛中，莫洛托夫同意在签证和医院设施方面提供便利，并允许英方在没有苏联额外许可的情况下，将北部港口的383名英国人员增加10%。那些犯有轻罪的人，今后可以移交给英国当局，两名因醉酒殴打一名喋喋不休的苏联官员而被监禁的海员也被释放了。[25]

尽管争吵已经平息，但双方的交锋发人深省。丘吉尔退回斯大林信函的戏剧性策略显然对莫斯科产生了效果，尤其是把与艾登的和解会面和准备恢复船队联系起来的时候。英国这一次采用大棒加胡萝卜的方式取得了外交上的成功。另一方面，斯大林提到西方盟友要"平等对待"俄罗斯人，比如他坚持认为护航船队是盟国之间的承诺，而不是丘吉尔式的慷慨行为，这凸显了克拉克·克尔几个月来一直试图向伦敦传达的俄罗斯人对尊严高度敏感的特性。斯大林固执地要在莫斯科召开外长会议，并执意在德黑兰召开三巨头峰会，就是这种态度的重要表现。

这两封信除了引起极大的愤怒，同时也引发了更大的翻译问题。根据10月18日内阁会议纪要所记载的，丘吉尔

> 说如果俄国人给我们的是俄语信函，而让我们对这些信件进行翻

译，那将会有很大的好处。他确信，他们翻译的内容往往很粗糙，在翻译的过程中往往改变了原文的语气。

第二天，丘吉尔告诉艾登，或者由外交部将信函翻译成英文，或者由苏联大使馆将信函的英译本和俄文原文文本一并传送过来。[26]10月22日，负责对苏关系的英国外交部北方司负责人克里斯托弗·沃纳向古谢夫提出了这件事，建议苏联大使馆在翻译较复杂的内容时征求外交部门官员的意见。新任苏联大使自然感到愤愤不平，当他询问苏联使馆翻译失真的具体事例时，沃纳没有提供任何例子。在向莫斯科的汇报中，古谢夫挖苦地说：

> 沃纳关于翻译的准确性的谈话清楚地表明，在丘吉尔粗俗且滑稽地退回斯大林同志的信函后，他们试图为这种行为找到正当的理由，并且通过谈论风格上的细微差别，想方设法抚平和消除不好的印象。[27]

因此，苏联大使不仅替大使馆的工作人员掩饰缺点和错误，而且还暗示英国人试图把责任推到俄罗斯人身上。沃纳也说了大话，正如他向艾登承认的，北方司没有足够多精通俄语的官员，他们自己也经常向苏联大使馆工作人员寻求解释和说明。[28]

丘吉尔在下一封信里建议三个大国就纳粹在被占领土地上的暴行发表宣言。最直接的原因是德国人在希腊佐泽卡尼索斯群岛的科斯岛上，冷血地射杀了100名意大利军官，这使丘吉尔深感不安。10月8日，丘吉尔向战时内阁提出了这一建议，希望发出警告——施暴者将被遣送回相关国家"接受审判"，从而阻止德国进一步的"恐怖"行为。内阁同意了，宣言草案发送给斯大林和罗斯福。[29]

一段时间以来，苏联一直在提纳粹德国罪行的责任问题。尽管斯大林没有直接回应丘吉尔，但10月25日，维辛斯基向盟军的大使们递交了一份备忘录。备忘录说，苏联接受了英国的草案，并提出了一些小的修改，以强调纳粹在苏联领土上犯下的"滔天罪行"。受罗斯福指示，国务院要求美国驻莫斯科大使就丘吉尔的草案与苏联人达成协议，并在莫斯科会议结束时发表宣言，以便"让世界知道，在三方会议上，这些不幸的人们的命运，没有被忘记"。[30]《莫斯科宣言》的全文是以罗斯福、斯大林和丘吉尔的名义发表的。[31]

关于在哪里举行峰会的拉锯战仍在继续。罗斯福曾在10月14日告诉斯大林，他为此感到"非常不安"。[32] 为了定在他喜欢的地点，罗斯福尽其所能地宣讲美国宪法，阐述总统职责，根据规定（第一条第七款），总统要在10天内把他签署的国会议案退回国会。他的解释非常严格：该条款明确规定，从议案送交给总统之日算起，10天后自动成为法律，即使罗斯福没有签署。但符合宪法并不是根本问题。和斯大林一样，对罗斯福来说，重要的不仅是舒适（考虑到罗斯福的身体状况），而且关乎声望，就像历史上的许多峰会一样，旅程的长度是衡量地位尊卑的标准，走得越远，地位越低。罗斯福一路到德黑兰去，显然是在向斯大林示好。罗斯福建议了多个备选地点，同时也强调了他对三国领导人亲自会晤的重视。

罗斯福致斯大林

1943年10月14日发，1943年10月15日收[33]

我去您建议的那个地方面临严重的问题，我觉得我应该坦率地告诉您，出于宪法方面的原因，我不能冒这个险。国会即将召开会议，新的法案和决议必须由我签署，并且，我必须在收到后10天之内亲自将结果反馈给国会。这一切不能通过无线电或电话来完成。您提到的地方太远了，不能确保文件被及时送回美国。翻越崇山峻岭，先向东再向西，出现延误的可能性是一定的。根据经验我们知道，朝这两个方向飞行的飞机，通常都会延误三四天。

对于会晤地点来说，各国在当地有大使馆并非必要条件，因为我们每个人都有足够的服务和技术人员。因此，我冒昧地提出一些建议，希望您能考虑这些建议，或提出其他可以确保我履行宪法义务的建议。

开罗在很多方面都很吸引人，我知道在金字塔附近有一家旅馆和一些别墅，可以完全与外界隔离。

据说，前意大利殖民地厄立特里亚的首都阿斯马拉有很好的建筑和一个飞机场，无论何时都是理想的会晤地点。

还可以在东地中海的某个港口见面，我们每个人都能在军舰上起居。如果这个想法吸引您，我们可以很轻松地安排一艘完全由您和您的团队支配的好船，这样您就可以有完全独立的环境，同时始终与贵军前线保持联系。

另一个建议是在巴格达附近，在那里我们有3个舒适的营地，可以安置足够多的俄罗斯、英国和美国的警卫。最后这个想法似乎值得考虑。

无论如何，我认为媒体应该被完全驱逐，整个地方应该被警戒线包围，这样我们就不会受到任何干扰。您认为11月20日或11月25日作为会议的日期怎么样？

我非常重视您和丘吉尔以及我将要进行的私人会晤和亲密的谈话，因为未来世界的希望就寄托在这次谈话上。

您沿着整个战线的持续的进攻，鼓舞了我们所有人。

然而，斯大林在会议地点上的立场是坚定不移的。莫洛托夫在10月12日告诉葛罗米柯说："苏联政府不打算改变与罗斯福原定的会面地点。开罗或某种巡洋舰不能被接受用于这些目的。"[34] 斯大林知道罗斯福期待这次会议，已经望眼欲穿了，而且正如葛罗米柯10月4日证实的那样，罗斯福愿意接受德黑兰作为最后的选项。所以，在这场"勇敢者游戏"的心理博弈中，斯大林享有巨大的战术优势。他对莫洛托夫的草稿进行编辑（增补处用斜体表示），更有助于加强他最令人信服的论点，即他在最关键的战争前线担任着总司令。葛罗米柯在给白宫的英文翻译中遗漏了下面划线的那个句子，这显然是由于疏忽。在他提交给白宫的俄文文本中，确实出现了这句话。

斯大林致罗斯福

1943年10月19日发，1943年10月19日收[35]

关于即将举行的三国政府首脑会议地点问题，我想告诉您：

遗憾的是，我不能接受您建议的德黑兰以外的任何会晤地点。<u>这不是安全问题，因为安全问题并不使我担心。</u>

从苏军今年夏秋两季的作战情况来看，很明显，我军可以继续对德军发动进攻，而且夏季战役有可能持续发展，成为冬季战役。

我所有的同事都认为，这些行动需要最高统帅部每天的指导，需要我亲自与最高统帅部保持联系。在德黑兰条件比较好，因为有电报和电话可以与莫斯科通信，而在其他地方则不能这样说。这就是我的同事们坚持把德黑兰作为会面地点的原因。

我同意新闻界的代表不得出席会议。我也接受您的建议，把11月20日或25日确定为可能的会议日期。

赫尔先生已经安全抵达莫斯科，我希望他直接参加莫斯科三国会议，这将大有裨益。

但是，罗斯福仍然没有放弃。他立即向他的秘书格雷斯·塔利口述了一份回复，这种做法在他与斯大林的通信中很罕见，然后他把回复给霍普金斯看。霍普金斯做了一些小的文字修改（包括在第五段中插入"明确地"），建议删除一个完整的句子（划掉）。通过这样的改动，等于心照不宣地承认，在一场史诗般的军事胜利即将来临之际，强调一个国家元首的宪法职责，与最高统帅的角色等同起来是不可信的。罗斯福殚精竭虑，四处寻找其他地点和额外的论据，进一步拓展他对美国宪法的刻意、选择性解释。他还夸大了不见面的后果。然而再一次，他对自己的残疾这一无疑是最令人不安的问题，没有发出"内心的呼喊"。

罗斯福的信函用电报发给在莫斯科的赫尔。罗斯福在附信中说："作为对我几封信的回应，元帅好像并没有意识到我（作为美国总统）的义务。"他要求国务卿赫尔送交这封信，并"向他口头解释明确的原因，这些原因不是出于个人的愿望，而是由我们的宪法所规定的。这不是一个理论问题，而是一个现实问题。"[36] 鉴于这封信的重要性，美国驻莫斯科大使馆自行把它翻译成俄语。10月25日，两份文本都由赫尔交给了斯大林。

罗斯福致斯大林

1943年10月21日发，1943年10月25日收[37]

我对今天收到的您关于我们会晤的信函深感失望。

请相信，我完全领会和理解您给出的理由，即前线需要最高统帅部每天的指导，以及赢得如此出色成果的您亲自与最高统帅部联系的必要性。

我希望您会认识到，在美国这个立宪制国家，还有一些重要的事情是我必须承担的，我无法改变确定的责任。我们的宪法要求总统在立法通过后10天内就为签署该法案而采取行动。这意味着总统必须在此期间接收并向国会退还带有总统的书面批准或者否决的实物文件。正如我以前告诉过您的，我不能通过电报或无线电完成签署。

德黑兰的麻烦是简单的事实：越过山脉接近那个城市常常需要好几天，不是一次飞行就能完成的。这包含双重风险：第一，飞机从华盛顿运送文件的风险；第二，飞机将这些文件归还国会的风险。我很遗憾地说，作为国家元首，我不可能去一个我无法履行宪法责任的地方。在您和我赢得战争的过程中，这些责任与您在战场上的责任同样重要。

我可以承担以飞机运送文件的风险，通过飞行接力的方法让文件到达远至波斯湾甚至是低地国家，但我不能承担航班双向飞行、越过山区进入德黑兰的盆地所带来的延误。因此，非常遗憾，我必须明确地告诉您，我不能去德黑兰，在这一点上，我的内阁成员和"立法机关的要员们"完全同意我的意见。

因此，我可以提出最后一个实用的建议，即我们3人都应该前往巴士拉。在那里，我们将在3个营地得到完美的保护，这些营地将由我们各自国家的部队建立和守卫。如您所知，您可以很容易地在巴士拉至德黑兰之间架设一个专用的电话，在您自己的控制之下，这样您就可以把自己的线路接入到俄罗斯。这样的通信服务应该能满足您所有的需求，而且乘飞机的话，从俄罗斯到那里比到德黑兰的距离只稍远一点点。

我并不在意这样一个事实：从美国领土出发，我必须走6000英里，而从俄罗斯领土出发，您只需走600英里。

假如不是因为我必须维护拥有150多年历史的美国宪法，我很乐意多走10倍的距离去与您会面。

您对您的人民负有重大的责任，要继续战胜我们共同的敌人，但我请求您记住，我对美国政府也负有重大的责任，要保持美国在全面战争时期的努力。

正如我以前对您说过的那样，我认为我们3人的会晤不仅对于今天我们三国人民，而且对保持全世界未来几代人的和平都有重要的意义。

如果您和我以及丘吉尔先生的会面，在今天仅仅因为几百英里的距离而最终放弃了，那将会被后人认为是一场悲剧。

我重申，假如不是因为一些我无法克服的限制阻止我去德黑兰，我将很乐意去。

因为您的通信问题，我建议去巴士拉。

如果您不喜欢那里，我真诚地希望您重新考虑巴格达或阿斯马拉，甚至土耳其的安卡拉。后一个地方是中立领土，但我认为值得考虑，而且土耳其人可能会很乐意当东道主。当然，我没有向他们或任何其他人提及这一点。

在此危难时刻，请不要让我失望。

罗斯福将这封信的副本寄给丘吉尔，并补充道："我希望您能想办法让艾登支持这件事。"丘吉尔说他会的，但他注意到安卡拉似乎不可行，因为安全和飞越托罗斯山脉（海拔 1 万或 1.2 万英尺）的问题。事实上，丘吉尔不太关心何时与斯大林会面以及会面多久，他更关心的是设法再安排一次英美两国参谋长联席会议，以根据地中海的新形势重新审视战略。罗斯福极力反对该提议，直到三巨头峰会之后都是这样的。他认为，"在我看来，目前考虑我们与俄罗斯的关系是最重要的"[38]。

10 月 21 日，斯大林与艾登会谈，进一步表明他坚持德黑兰作为会晤地点。斯大林解释说，德黑兰是最好的地方，"不是出于安全考虑，而是出于通信考虑"。艾登这样描述：

> 元帅说，他对给美国总统带来不便深表遗憾，他非常愿意走得更远些，但是现在战争机会难得，半个世纪才会出现一次。他说这话时的样子十分诚恳。我认为他是真心希望会晤，但我不认为他准备去一个没有大使馆的地方，因为通过大使馆，他可以随时与莫斯科保持秘密联系。他一度说，如果会晤不得不推迟到明年春天举行，他会感到非常遗憾，但这样或许更好。我说，我认为这样的推迟会让世界大失所望。元帅对此没有异议。[39]

斯大林用他的方式巧妙地玩三角游戏，现在，他利用艾登向英国首相发出信号，暗示如果罗斯福不接受德黑兰，峰会可能会被大大推迟。10 月 25 日，斯大林向赫尔详细阐述了安全通信的问题，莫洛托夫也对美国的新任大使哈里曼做了同样的强调。他告诉哈里曼，苏联占领伊朗北部多年，俄罗斯人"有直接通往德黑兰的电报和电话，这些设施完全在他们的控制之下，由苏联军队监管"[40]。

斯大林并不急于回复罗斯福的信，因为他知道华盛顿的时钟一直在滴答作响，因为从海上和空中到中东的任何地方都需要时间。10月25日，罗斯福对丘吉尔抱怨道："'乔大叔'还是没有消息。"[41] 除了拖延，斯大林还进一步施压，他告诉艾登和赫尔，如果罗斯福和丘吉尔不愿来德黑兰，他将派莫洛托夫去巴士拉与他们会面。这是一个很难吸引人的安慰奖。艾登认为，利用莫斯科会议营造的新合作气氛至关重要，因此他敦促丘吉尔向罗斯福施压，让他接受伊朗（作为会晤地点）。赫尔则告诉罗斯福，斯大林在这个问题上是"不可动摇的"[42]。

斯大林把罗斯福10月21日的信件搁置了两周，终于在11月5日回复了。即使葛罗米柯的翻译再单调乏味，也难掩斯大林语气中的戏谑与讽刺。由于美国总统表示他的内阁和国会领导人（虚构的）反对他远行德黑兰，斯大林则提出他的同事们（同样是虚构的）也反对他们的最高统帅走得太远。最后，作为一个聪明的想法和有益的建议，斯大林半开玩笑地再次提议，派莫洛托夫去巴士拉。既然罗斯福非常重视美国宪法的要求，斯大林也煞费苦心地提到苏联也有一部宪法，他说，这部宪法允许莫洛托夫代行政府首脑的所有权力。斯大林揭穿了盟友的谎言，心情非常愉快。

斯大林致罗斯福

1943年11月5日发，1943年11月5日收[43]

赫尔先生已于10月25日向我转交了您的最新信函，我有机会与他就此事进行了交谈。我的回复延误了，因为我确信赫尔先生已向您转达了我们最后谈话的内容，以及我对与您和丘吉尔先生会面的看法。

我不得不考虑您所提出的阻碍您前往德黑兰的理由。当然，您是[否]能前往德黑兰，完全取决于您自己。

就我而言，我不得不说，在我看来，没有比上述城市更适合开会的地方了。

我被任命为苏联军队的最高指挥官，这使我有义务每天对我们前线的军事行动进行指挥。这在目前尤为重要，因为持续4个月的夏季战役，正在过渡发展成为冬季战役，多项军事行动几乎在绵延2600公里的战线上持续推进。

在这种情况下，我作为最高指挥官，不可能走得比德黑兰更远。我的政府同事们认为，总的来说，由于前线局势极为复杂，我目前不可能离开苏联。

这就是为什么我想到了一个主意，我已经和赫尔先生谈过了。我在政府的第一副手V.M.莫洛托夫先生，完全可以代替我参加这次会议，根据我们的宪法，他在谈判中将享有苏联政府首脑的一切权力。在这种情况下，选择会议地点的困难就会消失。我希望这个建议，在目前对我们来说可以接受。

斯大林决不妥协，罗斯福最终折服了，让步了。为了挽回面子，他声称，有关国会法案签署问题，他突然找到了一个解决办法：如果有必要的话，他可以飞到突尼斯签署文件，然后再飞回来。根据霍普金斯的建议，罗斯福删除了草稿中他已经邀请中国领导人蒋介石来开罗"待几天"的任何内容，他也许是不想过早地用这个消息惊动斯大林。在这封信中，他还邀请苏联人参加美英军事人员在开罗举行的预备会议（代号为"六分仪"，"Sextant"）。最初，罗斯福认为，如果无法与斯大林举行峰会，这个想法可以作为一种退路。正如他在10月26日告诉丘吉尔的那样，莫斯科外长会议似乎标志着三个盟国之间合作的"真正开端"，他希望"进一步加强这种合作，特别是增加斯大林对我们诚意的信心"。即使丘吉尔强烈反对开放英美之间的讨论，罗斯福仍然坚持这个想法，因为美国参谋长联席会议向他建议：向苏联表明"他们不能怀疑我们的诚意"是至关重要的。[44]

艾登支持罗斯福，他认为加强盟友之间的平等意识很重要。但丘吉尔在暗地里还在玩他的深奥游戏。他提出的反对苏联人出席开罗会议的理由是一堆乱七八糟的诡辩：

> 我不知道俄罗斯军队中有哪个高级军官真会说英语。除非得到批准，否则这样的代表无权发言。苏联人只会争取更早的第二战场，并阻止所有其他讨论……这或许意味着他们希望在今后所有会议上，都有自己的观察员，而我们之间的所有讨论都将陷入僵局。

咆哮的背后是丘吉尔在10月和11月试图将来之不易的盟军战略协议从"霸王"行动上引到另一边，因为他所称的"闪烁的机会"，突然在意大利和地中海出现了。他坦率地对罗斯福讲了他对在诺曼底登陆的担忧，他并不怀疑盟军"抢滩登陆"的能力，但怀疑他们是否能守住滩头阵地，抵抗住德国人的反击。10月17日至27日，他三次告诉罗斯福，他对"霸王"行动更加"担忧"了，这种担忧超过了1941年、1942年或1943年的任何一次战役，大大地超过了"我参与的任何其他战役"[45]。在丘吉尔看来，开罗会议上他要让美国人更清楚地看到，在地中海将会有赢得"奖品"的机会，他不想让俄罗斯人妨碍他。或者，正如奥利弗·哈维所说，首相似乎相信"我们仍在与俄罗斯人打一场不同的战争"[46]。

罗斯福决定不理睬丘吉尔将苏联排除在开罗会议之外的请求，这是他在三巨头相互制衡的关系中日益起主导作用的一个迹象，尽管他在给斯大林的信中要求派遣一名会说英语的将军，这也许是为了迎合丘吉尔的某个论点。

罗斯福致斯大林

1943年11月8日发，1943年11月9日收[47]

感谢您11月5日的来信，葛罗米柯先生很好地转达了您的信。

我希望几天后离开这里，11月22日到达开罗。

您知道会高兴，我已经想出了一个办法，如果我得到消息说，一项需要我行使否决权的议案已被国会通过并转交给我，我将飞往突尼斯城去完成它，然后返回参会。

因此，我已决定去德黑兰，这让我特别高兴。

正如我告诉过您的，我认为您、丘吉尔先生与我的会面是至关重要的。即使我们的会面只持续两天，现在这种良好感觉的心理状态有利于会晤。因此，我认为工作班子应于11月22日在开罗开始他们的工作，而且我希望莫洛托夫先生和您的军事代表届时能来，我希望前来的军事代表会说英语。

然后我们26日都去德黑兰，27日、28日、29日或30日在那里和您会面，直到您认为可以离开为止。然后，丘吉尔和我以及幕僚们可以返回开罗完成细节。

全世界都在关注我们三个人的这次会面。即使我们不像最近在莫斯科举行的非常成功的会议那样会后发布重要的声明，您和丘吉尔以及我相互认识和了解的事实，将对我们三国的友好关系产生深远的影响，并将进一步瓦解纳粹的士气。

我热切地期待与您进行愉快的会谈。

斯大林给罗斯福发了一封简短的感谢信，感谢他同意来德黑兰。他接受了罗斯福关于他们会面的建议，也接受了请莫洛托夫和一位苏联军事代表参加开罗会议的邀请。[48]

罗斯福与斯大林在两个关键问题上的共识——罗斯福去德黑兰，苏联代表参加"六分仪"会议——都是绕过丘吉尔达成的。意识到丘吉尔拒绝邀请苏联人去开罗，罗斯福显然是想把生米做成熟饭，给他一个既成事实，所以罗斯福没有给丘吉尔发送11月8日对德黑兰问题一百八十度大转弯的那封信的副本。丘吉尔知道这个结果，是克拉克·克尔告诉他的，而克尔又是由哈里曼通知的。[49] 丘吉尔对罗斯福的不坦诚感到不满。罗斯福也试图为这种不坦诚辩护，理由是他刚刚听说斯大林明确会去德黑兰。至于苏联人参加"六分仪"会议，罗斯福说，"假如'乔大叔'认为我们在军事行动上联手对付他，那将是一个可怕的错误"。当然，丘吉尔认为，开罗会议是改变美国战略的一次高风险尝试，这是罗斯福极力反对的，而苏联人的出席将是对罗斯福立场的一个有力支持。罗斯福和丘吉尔显然在政策上有分歧，罗斯福对丘吉尔的两面派态度非常不满，就像在5月份戴维斯的信中一样，再次表明了他在三巨头关系的不断变化中优先考虑自己。罗斯福在信的最后说："我要走了。祝我们俩顺利着陆。"[50] 听上去似乎挺愉快，但这个时候，正是罗斯福最恼火的时候。

丘吉尔对于希望得到的东西，不会轻易放弃。11月12日，他给斯大林发了一封电报，表示欢迎苏联人到开罗来出席军事会议并参加讨论。其实丘吉尔根本不想让苏联人来开罗，但是他现在没有办法，只是希望在最初几天里能尽量避开苏联人，以便让盟军参谋长联席会议在没有苏联人的影响下，谈论他梦寐以求的欧战以及对日战争。他说："关于后一个问题，希望蒋介石本人和一个中国军事代表团能够出席。"10日晚，丘吉尔给罗斯福发了这份电报的草稿，所以罗斯福在离开华盛顿之前肯定知道这件事。但是丘吉尔随后未经罗斯福的批准，就向斯大林发送了这封信，他随后对美国总统说，"我确信上述内容符合您的观点和愿望"。丘吉尔给斯大林的第二封电报明确表示，他认为罗斯福的支持是没有问题的，但事实上，罗斯福一直没有表态。[51]

表面上看，丘吉尔对双方都很公平。然而，他从来没有像罗斯福那样希望蒋介石来开罗，或许他担心一旦披露中国领导人将出席，可能会引起苏联的强烈反应。他的考虑确实有道理。虽然斯大林曾在 11 月 10 日告诉罗斯福，莫洛托夫将于 22 日抵达开罗，但两天后，他通知罗斯福和丘吉尔，由于"严重的""情况"，莫洛托夫根本无法来。11 月 16 日，外交人民委员亲自告诉哈里曼，中国出席开罗会议是"我们事先不知道的新情况"。外交人民委员补充说，"斯大林元帅的心情很恶劣"，用哈里曼的话说，那样，"莫洛托夫不得不举行招待会，这要增加他的工作量"。[52]

然而，克拉克·克尔识破了这个猜字游戏，他告诉艾登，蒋介石来开罗可能"吓跑了莫洛托夫"[53]。尽管斯大林曾在莫斯科会议期间秘密通知赫尔，他打算在德国战败后加入太平洋战争，但他不希望在公开场合暗示这一点，以免给东京任何借口，他不想在红军全神贯注抗击德国的时候，违反苏日中立条约。斯大林在给两位领导人的下一封信中明确提醒，德黑兰会议必须是三巨头，其他大国要"绝对被排除在外"，这很可能是因为他担心美国人试图让蒋介石参加峰会。历史学家沃伦·金博尔评论说："无论是否有计划，就这样，丘吉尔得到了他渴望已久的英美私人会谈。"[54]

11 月 12 日上午，罗斯福在弗吉尼亚州汉普顿港登上了"爱荷华"号战列舰。那天下午，丘吉尔乘坐英国皇家海军战列巡洋舰"声望"号离开普利茅斯。两位领导人，尤其是罗斯福，面临着漫长而艰苦的旅程，奖赏他们的是与斯大林的第一次三巨头峰会。

☆ ☆ ☆ ☆ ☆

一周前，11 月 6 日，红军将德国人赶出了乌克兰首都基辅。红军在基辅跨越约 700 米宽的第聂伯河，这是一项了不起的壮举，西方盟国也适时地注意到了这一成就。现在很清楚，德国人守不住这条河，他们不得不且战且退，撤向波兰。然而，苏联的军事胜利在某些方面引起了焦虑。南非领导人扬·史末资是丘吉尔的密友，他和丘吉尔一样，不喜欢把"霸王"行动当作"一个固定不变的严格准则"。11月14日，他告诉丘吉尔说：

> 莫斯科几乎每天都在为伟大的胜利而礼炮齐鸣，比起我们的进展，人们会认为，只有俄罗斯正在赢得这场战争。这对战争进程的影响可能相当严重，对战后的世界来说更是如此，在战后的世界中，俄罗斯将作为伟大的胜利者脱颖而出。[55]

11月20日，"爱荷华"号战列舰抵达奥兰，罗斯福在那里收到了邮件。斯大林说苏联人最终不会去开罗的信，罗斯福迟迟没有回复，他巧妙地将莫洛托夫的"严重的情况"视为医学上而不是外交上的问题，并表示希望莫洛托夫"完全恢复健康"。罗斯福还问斯大林预计什么时候抵达德黑兰。[56]

收到这份电报后，莫洛托夫告诉美国大使馆，"目前斯大林元帅正在前线，但他告诉我，他将不迟于11月28日至29日到达指定地点"；外交人民委员要求将这个信息转达给罗斯福。[57]事实上，斯大林当时就在莫斯科，在克里姆林宫或者"附近的别墅"，正在从流感中恢复过来，他有条不紊地为即将到来的会议做准备。不过，在外人眼里，这位无处不在的、总是到处视察的总司令为了盟国的利益，在德黑兰会议前夕仍在前线忙碌着。

11月22日，专列驶离莫斯科，开往巴库。[58]尽管做了精心的准备，但事情的进展并不顺利。根据2007年解密的苏联安全部门的文件，在旅程中，斯大林与莫斯科没有任何联系（电线被结冰压断了），三名歹徒在潜入煤水车厢前被逮捕。[59]由于轨道状况不佳，火车无法高速行驶，专列直到11月26日上午9时才到达巴库。前往德黑兰的时间已经相当紧迫，所以贵宾们没有停留，迅速赶到机场。[60]元帅克利缅特·伏罗希洛夫说，他们11点半离开，"15时抵达德黑兰的英国机场，然后从那里，乘车前往我们的大使馆"。

运送苏联领导层的两架飞机受到严密的空中保护,"3 组战斗机共 9 架执行护航任务,两侧各一组,还有一组在前方及上方"。参加会议的技术人员不是飞到德黑兰的,他们只能从苏联的阿塞拜疆共和国边境城镇阿斯塔拉,乘汽车进行艰难的旅程。[61]

现在的罗斯福,急于确定德黑兰会议的细节,尤其是确保与斯大林单独相处的时间。他正在考虑美国人应该住在哪里。美国驻德黑兰大使馆位于城市郊区,距离英国和苏联代表团约 4 英里,苏英两个代表团的驻地都有围墙围着,仅由一条狭窄的街道隔开。罗斯福总统还在开罗的时候,他的特勤局安保队长迈克·雷利就飞到德黑兰,仔细勘察了这 3 座建筑,并评估这座繁华城市的安全问题。在访问期间,他从苏联内务人民委员部获悉,一支德国伞兵分队已被空投在该城市附近,其中一些人仍伺机作案,这令他非常烦恼。[62]

罗斯福致斯大林

1943 年 11 月 22 日发,1943 年 11 月 24 日收[63]

我今天上午已经抵达开罗,开始与英国首相进行讨论。本周末将与蒋介石委员长举行会谈,随后他将返回中国。此后,英国首相和我以及我们的高级幕僚,就会前往德黑兰与您、莫洛托夫先生和您的参谋们会面。如果您方便的话,我可以在 11 月 29 日下午到达。我准备在这里停留 2 至 4 天,这取决于您可以离开履职岗位的时间。如果您能电告我您希望将会晤安排在哪一天,以及您能停留多久,我将不胜感激。我知道在每年的这个时候,恶劣的天气有时会造成从莫斯科到德黑兰的旅行延误,因此,我将非常感谢您随时告知我您的计划。

我了解到,德黑兰的贵国大使馆和英国使馆相距很近,而离我国使馆则有一段距离。我得到的建议是,如果我们三人相互住得这么远,开车往返于会场就会冒不必要的风险。

您认为我们应该住在哪里？

我怀着热切的期待盼望着我们的会谈。

罗斯福倒数第二句话可以被解读为一个中性的问题，但它听起来像暗示他很乐意接受苏联人的邀请。这符合他长期以来的愿望，他非常企盼自己和斯大林之间建立真正的信任，同时避免出现任何与丘吉尔串通的迹象。此外，他想了解这位苏联独裁者的个性，不想错过这个建立个人关系的绝佳机会。为了这次会面，罗斯福已经跨越了半个地球，他在信中使用的措辞是"怀着热切的期待"，这只是他故意而为的一种轻描淡写的低调说法。赫尔在总统长途旅行前夕注意到罗斯福"带着孩子一样的热情"，期待着与斯大林的会面。[64]

另一方面，罗斯福没有向丘吉尔隐瞒这封信。为了先发制人，英国首相抢在斯大林回答之前，就回答了美国总统的"您认为我们应该住在哪里？"的问题。

丘吉尔致斯大林

1943年11月23日发，1943年11月23日收[65]

美国总统给我看了他给您的关于我们会面的电报。我知道您想把总部设在苏联大使馆。这样一来，美国总统最好住在隔壁的英国大使馆。然后，用警戒线将两国代表团警戒起来。对首脑来说，在德黑兰的街道上反复往返是非常不可取的。最好选定一个合适的地方，待在里面。

外交大臣和英国大使将陪同我。此外，美国总统和我都要带上我们的参谋长。我希望我们能和您在一起，越久越好，这样我们才有真正的机会聚在一起，也能有机会在首脑和高级幕僚之间，就战争的各个方面充分交流意见。

有趣的是，斯大林在给罗斯福的回信中，没有回答罗斯福应该住在哪里的问题，只是说他自己会在德黑兰，11月28日晚上有时间。他也给丘吉尔发了一份相同的电报。[66]

斯大林致罗斯福

1943年11月25日发，1943年11月26日收[67]

您从开罗发来的信收悉。我将于11月28日晚在德黑兰恭候您。

当罗斯福读到斯大林的这封短信时，他已经收到了请他在苏联大使馆官邸下榻的邀请，这或许是维辛斯基在11月23日交给他的。维辛斯基途经开罗前往阿尔及利亚，他将在那里参加盟国对意大利管制委员会会议。罗斯福对这一邀请很感兴趣，但他希望弄清这是否是斯大林本人的意思。罗斯福派美国驻德黑兰部长小路易斯·德雷福斯不动声色地去探查。11月25日，德雷福斯与苏联驻伊朗临时代办米哈伊尔·马克西莫夫进行了会谈。根据后者的记录，德雷福斯说，"在一封给斯大林元帅的电报中，罗斯福表达了他对即将到来的会晤很满意，暗示他想要和斯大林元帅住在同一个地方"。马克西莫夫还补充说，"德雷福斯让我发一封电报，委婉地暗示美国总统的愿望，但不能给人以罗斯福在谋求邀请的印象"。[68] 在要求外交部门确认的电报中，马克西莫夫强调了这个请求的敏感性，他说："德雷福斯补充说，如果出于某种原因不能这样做，这次谈话必须保持最高级别机密。"[69]

11月26日，莫洛托夫在前往德黑兰的途中，指示马克西莫夫告诉德雷福斯，"苏联政府愿意接受美国总统在德黑兰的苏联大使馆住宿的提议"[70]。这一倡议完全归功于罗斯福。德雷福斯、总统的特别代表帕特里克·赫尔利将军以及美国特勤局人员检查了拟居住的生活区。这是一幢独立建筑，位于使馆院内，共有6个房间。赫尔利给罗斯福发电报说："从方便舒适的角度来看，从会议交通和安全的角度来看，这个生活区远比您自己的使馆更令人满意。"尽管如此，他告诉马克西莫夫，罗斯福仍有可能按照官方计划住在美国大使馆。[71]

从开罗出发，经过6个小时的飞行后，罗斯福和美国代表团于11月27日下午抵达德黑兰。马克西莫夫立即会见了陪同罗斯福的哈里曼，并记录了他们的谈话。"哈里曼说，总统非常感动并感谢让他住在苏联大使馆，但遗憾的是，他今天早上才收到电报"，太晚了，无法回复或改变安排。[72] 那天晚上，当罗斯福和他的随行人员在美国大使馆安顿下来时，莫洛托夫紧急约见哈里曼，强调"亲德分子"对三位领导人有发起"敌对行动"的威胁，因此，建议他们应该"接受罗斯福总统住在苏联大使馆的最初建议"。[73]

苏联外交人民委员并没有给出具体的证据来支持他的警告，一直到今天，历史学家们仍在争论代号为"跳远"（"Long Jump"）的暗杀计划，争论德国暗杀盟国三位领导人的秘密行动准备得有多充分。[74] 哈里曼听了莫洛托夫的警告，半信半疑，但是他答应把莫洛托夫的建议转达给罗斯福。[75] 第二天早上，11月28日，经过斯大林本人的一再邀请，哈里曼向罗斯福强调，考虑到目前的安全问题，如果不得不接送罗斯福往返于美苏大使馆，对斯大林来说，这是一个潜在的危险。罗斯福适时地接受了斯大林的提议，并在那天下午搬进了苏联大使馆的官邸。哈里曼后来回忆道：

> 当咨询丘吉尔时，他松了一口气。他和他的同事们解释说，他们本来很乐意让总统住在英国大使馆，但假如总统过来了，他就只能有一间卧室和一间客厅，不能像他希望的那样拥有与来访者相处的私密空间。[76]

罗斯福刚到达几分钟，斯大林便来拜访。罗斯福热情地说："我很高兴见到您，为了实现这一会晤，我已经努力了很长时间。"通过翻译，两人交谈了45分钟，谈论了前线的形势，表达了他们都尤其不喜欢戴高乐，以及对法国人总体上的反感。双方都同意，不应该允许法国收复印度支那殖民地，都赞成在中国的监护下，对该地区实行二三十年的国际托管，目的是"为人民的独立做准备"。罗斯福还建议斯大林，不要向丘吉尔提及印度的未来，因为丘吉尔"对这个问题没有解决办法"，并补充说，他个人认为，"最好的解决办法是从根本上进行改革，有点儿像苏联的做法"。斯大林非常明智，他回应说，印度问题是一个复杂的问题，因为文化水平不同，世袭的社会等级之间缺乏联系，他还干巴巴地补充说，"从底层改革，就意味着革命"。就在他们开始第一次全体会议之前，罗斯福还说，他"很高兴住在这个住所"的另一个原因，是它提供了"更频繁地"在"完全非正式的"情况下，与斯大林会面的机会。

这些评论强调了上述以前不为人知的苏联信件提供的证据，这些证据表明：与普遍的看法相反，与其说是斯大林"引诱"罗斯福去苏联大使馆，不如说是罗斯福"设计"与这位苏联领导人待在一起。罗斯福甚至对亲密的同事也隐瞒了他密谋的计划，对他们声称，邀请是来自俄罗斯人，而且他接受邀请是为了表示"我对他们的信任，我对他们充满信心。毫无疑问，这确实让他们很高兴"。苏联人高兴的另一个原因是他们可以在房间里装窃听器。斯大林指派内务人民委员部负责人的儿子塞尔戈·贝利亚誊写录音，而斯大林在会议期间异乎寻常地早起，就是为了仔细研读录音文本，并就具体问题提出疑问，甚至是关于罗斯福的语气和重点。美国人怀疑房间里可能装有窃听器，但罗斯福似乎并不在乎，不同于 1942 年 8 月在莫斯科的丘吉尔——当被警告房间里可能装有窃听器时，他对俄罗斯人进行了种族主义咒骂。贝利亚得到的"印象是，罗斯福只是说了一些他不能正式对斯大林说的话。美国总统利用窃听装置，向元帅传达了很多在国家层面上无法传达的信息"[77]。

11 月 29 日在德黑兰，罗斯福与斯大林进行了第二次私人会晤，其间，罗斯福递交了三份关于对德和对日联合作战的军事计划文件。这一倡议来自盟军参谋长联席会议，在 11 月 26 日的开罗会议上，他们提议改变政策，从简单地"解释和捍卫"他们的立场,就像在莫斯科会议上一样,改为"向苏联人提出具体要求"。[78] 除了寻求在对德作战上更密切的合作,美国人在了解到斯大林对赫尔说的那句话后,还特别热衷于为苏联最终对日作战做好准备。这是罗斯福感兴趣的问题。在前往开罗的途中,罗斯福会见了他的参谋长联席会议成员,他说,"如果要击溃德国,我们必须研究在符拉迪沃斯托克附近可以使用多少轰炸机"。布拉德利将军1942年的大纲计划,建议从阿拉斯加提供100架飞机。[79]

罗斯福29日交给斯大林的三份文件,第一份涉及在苏联领土上建造美国燃料补给基地,用于对东欧的德国军事目标进行往返轰炸,这将使美国陆军航空队能够大幅增加其作战范围。在莫斯科会议上,双方已就这一问题在原则上达成了一致意见,参谋长联席会议现在要制订出具体的计划。在苏联方面,问题很复杂,几个月之后准备工作才在乌克兰开始。往返轰炸始于1944年夏天,但美国轰炸机的起降基地位于意大利,而不是罗斯福最初提议的英国。另外两份文件涉及亚洲战争。第一份是寻求斯大林的许可,允许美国军事代表团对苏联滨海省可能的空军基地进行详细调查,美国可以从那里对日本进行轰炸。第二份要求就"最终对日作战"交换情报和计划,达成正式协议。美国人又一次急于在细节上牵制苏联,而克里姆林宫不愿仓促制订联合计划,更不用说在西伯利亚部署一支庞大的美国部队了。斯大林答应先研究这个提议,然后和哈里曼讨论。两国之间关于这些问题的认真谈判直到1944年至1945年才真正开始。但是,罗斯福在德黑兰表达的建议表明,三巨头之间的合作意愿更进了一步,他们和他们的顾问终于在峰会上会面了。[80]

然而,德黑兰会议的主要议题仍是在欧洲的战争。三巨头第一次面对面谈判,他们之间的关系也发生了改变。美国人对丘吉尔在战略上的欺骗感到愤怒,决心迫使他对"霸王"行动作出明确表态,而斯大林对罗斯福的支持成为关键砝码,天平向罗斯福一边倾斜。在11月28日的第一次全体会议上,斯大林应邀就战略问题发表意见,他坚定地表示,法国是"进入德国心脏地带"的最佳途径。他不仅支持美国人优先进行跨海峡攻击，而且不顾丘吉尔关于继续在意大利作战的呼吁，坚持认为在罗马被夺取后，多余的军队应该被派往法国南部，以支持从"霸王"行动中获得突破。[81]

斯大林的战略发言取得了成功，他受到了鼓舞，变得更加大胆。在第二天，11月29日的全体会议上，他更加直言不讳。他根据事先准备好的讲稿提出了三点意见。首先，应该为"霸王"行动设定一个明确的日期，这样苏联就可以计划一个从东方配合的攻势。其次，西方盟国在"霸王"行动之前或同时，在法国南部实施"支援"行动（与丘吉尔所说的在罗马北部或巴尔干半岛的"牵制"行动形成对照）。第三，罗斯福和丘吉尔尽快任命"霸王"行动总司令，因为"除非让一个人不仅负责准备工作，而且负责实施行动，否则这项行动不会有任何结果"。自莫斯科外长会议以来，斯大林一直坚持苏联的立场：他们在外交上的优先事项是采取"缩短战争的措施"。当丘吉尔继续吹嘘"地中海的巨大可能性"时，斯大林不断重复说，所有这些行动都是在"分散注意力"。当丘吉尔坚持认为"霸王"行动只能在特定的"条件"下开展，包括在前线至多只能迎击12个德国机动师，斯大林讽刺地插话说："假如有13个师，而不是12个师时，那将会怎样呢？"最后，斯大林说，他希望"问丘吉尔先生一个鲁莽的问题，即英国人真的要实施'霸王'行动，还是只是这样说一说，只为让俄罗斯人放宽心"。布鲁克对整个会议都不满意，他认为"温斯顿不在状态，罗斯福更糟。斯大林则一丝不苟"，但他承认苏联领袖"拥有最高级别的军事头脑。在他的言论中，他从未犯过一次战略性的错误，他也始终都能以敏锐而准确的眼光去理解形势的影响"[82]。

那天晚上吃饭时，斯大林继续刺激丘吉尔。罗斯福的翻译"奇普"·波伦注意到，他"不失时机地挖苦丘吉尔先生，他对首相说的几乎每一句话都针锋相对，尽管元帅的态度是友好的"。波伦认为，这是对下午丘吉尔阻挠"霸王"行动的报复。斯大林坚持认为，如果没有"真正有效的措施"来控制德国，在 15 年到 20 年后，还会爆发另一场战争。他暗示说，丘吉尔对德国人有"神秘的好感"。斯大林一度表示，德国军官团至少应该有 5 万人被"清洗"。当丘吉尔对不经审判就"冷血处决"士兵的想法大为不满时，罗斯福为了调节气氛，开玩笑说：处决 4.9 万人。焦头烂额的丘吉尔勃然大怒，猛然跑进隔壁房间。斯大林和莫洛托夫赶紧追上他，说这一切都是开玩笑。丘吉尔在回忆录中写道："斯大林非常有魅力，有时他会将这种风度展现出来，而这一回他在展现风度方面效果空前。"丘吉尔平息了怒火，回到了餐桌旁边，但他并不完全相信"这一切都是在开玩笑"。根据克拉克·克尔的说法，"谈话以愉快和友好的拥抱结束，首相和斯大林站在一起，手搭在对方的肩膀上，注视着对方的眼睛"。[83]

11 月 29 日发生的事情意义重大，但不应该被夸大。到目前为止，俄罗斯人和美国人都已经对丘吉尔在"霸王"行动上无休无止的拖延感到愤怒，最近几周，这种愤怒因为丘吉尔明目张胆的欺骗而加剧。两个代表团都决心让丘吉尔承诺盟军将于 1944 年 5 月登陆法国，在这一点上，他们成功了。罗斯福渴望与斯大林建立信任，他特意不站在丘吉尔一边，也不和他待在一起。但这并不意味着罗斯福已经放弃了与丘吉尔的关系，只不过在德黑兰会议期间他有优先考虑的事项，他认为在这样的背景下如此处理他与丘吉尔的关系是合理的。哈里·霍普金斯一如既往地在罗斯福和丘吉尔之间扮演着中间人和调停者的角色，他告诉丘吉尔，当罗斯福发现斯大林是"可接近的"时，他松了一口气。[84]尽管罗斯福在德黑兰与斯大林举行了三次双边会谈，相比之下与丘吉尔的会谈只有一次，但丘吉尔和斯大林在 1942 年 8 月已经举行了三次会谈和一次漫长的克里姆林宫晚宴。

11 月 30 日，在丘吉尔 69 岁生日的特别晚宴上，弥漫着美酒的味道和友好的气氛，与会者频频举杯祝酒。丘吉尔向罗斯福致以热烈的敬意，并向"斯大林大帝"敬酒，说他与"俄罗斯历史上的伟大人物"并驾齐驱。斯大林对丘吉尔的调侃并没有减弱，当丘吉尔承认英国的政治局面正在变化，如果不是红色激进的话，至少是"一点儿粉红色，比较激进"，斯大林立即回应："这是健康的标志。"罗斯福声称，斯大林的最后一句话巧妙地突显了政治"局面"的主题。罗斯福承认，他们三国有"不同的风俗、哲学和生活方式"。他继续说，但是，"我们已经在这里证明，我们各国的不同理想可以融为一个和谐整体，为我们自己和世界的共同利益而联合行动。因此，当这个历史性的聚会结束时，我们将第一次在天空中看到希望的传统象征——彩虹"[85]。

罗斯福离开后，斯大林与丘吉尔进行了非常友好的交谈。

"我想称您为我的朋友，丘吉尔先生。"

"叫我温斯顿，"丘吉尔回答道，"我在背后叫您乔。"

"不，我想叫您我的朋友，请允许我称您为我的好朋友。"

他们达成了一致，丘吉尔宣称："我为无产阶级大众干杯。"

"我为保守党干杯。"斯大林回答道。于是他们在午夜时分，摇摇晃晃地回到床上。

（克拉克·克尔轻声说道："伟人有时说的真是废话啊。"）[86]

毫无疑问，丘吉尔对德黑兰会议的满意度不如他的两个伙伴，他们很高兴最终就"霸王"行动达成了一致意见。美国人也很高兴斯大林现在就开始谈论加入亚洲战争，罗斯福也有机会在他们的一次私下讨论中，发表他对四个"警察"和战后维和的一些看法。丘吉尔无法让斯大林说出自己的领土目标，他得到的只是模糊的回答："目前没有必要谈论苏联的任何愿望，但在时机成熟时，我们会说的。"[87]丘吉尔在会议结束前就已经开始焦虑不安，他开始对未来怀有一丝暗淡悲观的担忧，他后来说："我在德黑兰第一次意识到，我们是一个多么小的国家啊。我坐在那里，一边是伸出利爪的巨大的俄国熊，另一边是巨大的美国野牛，而在两者中间，坐着可怜的英国小毛驴。"他补充道，但正是这头小毛驴，"是三者中唯一的一个能找到正确的回家的路"。[88]

事实上，这头"小毛驴"很快又开始小跑了。英国人在第二次开罗会议上，说服美国人放弃了在孟加拉湾安达曼群岛的两栖作战计划（"海盗"行动，"Buccaneer"），从而重新获得了一些战略上的行动自由，这本来是罗斯福安抚蒋介石的一次尝试。行动的取消将会腾出登陆艇，丘吉尔希望利用这些登陆艇在地中海创造机会。而且丘吉尔的观点进一步得到巩固和加强，12月6日，在埃及的罗斯福最终决定，由艾森豪威尔而不是马歇尔来指挥"霸王"行动。他给出的理由是，如果陆军参谋长不在华盛顿，不在他身边，他会"睡不安稳"。丘吉尔也很满意。美国人一直在为整个欧洲战区争取一名"超级最高指挥官"，以此来控制英国"转向"地中海，这本来是一项适合马歇尔身份的工作。一旦美国明确英国不愿接受这个"超级"的想法，艾森豪威尔就是"霸王"行动的合理选择。艾森豪威尔在北非和意大利南部，表现出他作为指挥官的丰富经验。而英国得到的鼓励奖，是在整个地中海战区由英军中壮硕的亨利·梅特兰–威尔逊将军（昵称"珍宝"）担任盟军指挥官，他非常合丘吉尔的心意。[89]

斯大林从罗斯福那里听到这个消息，也很高兴。他一直提议要为"霸王"行动任命一名指挥官，他视艾森豪威尔为一位久经考验且值得信赖的军事领袖，与战略家和策划者马歇尔有所不同。令哈里曼"如释重负"的是斯大林的同意，斯大林甚至还在莫洛托夫起草的原本相当公式化的告知函上，加上了"我乐于接受任命艾森豪威尔将军"这句明确的话。[90]

☆ ☆ ☆ ☆ ☆

各盟国首都都在庆祝德黑兰会议的召开。同盟国团结的形象引人注目，许多主要报纸都刊登了《三国宣言》："我们带着希望和决心来到这里。我们离开这里时，在精神上和目标上，成为实际上的朋友。"《真理报》称，它是一次"具有里程碑意义的会议",是"英苏美三国战斗联盟实力不断增强、三大强国之间合作不断深化的明确标志"[91]。伦敦《泰晤士报》说,它表明盟国有一个"共同的愿望,即让战争迅速果断地结束,让欧洲恢复安全和自由"[92]。《纽约时报》称,德黑兰会议是"胜利的大会"。只有少数几家以前奉行孤立主义的共和党报纸,如《芝加哥论坛报》,对"红色"力量的发展发出警告。1943年底,51%的美国人对战后与苏联的合作表示有信心,而在莫斯科会议和德黑兰会议之前,这一比例仅为36%。[93]

斯大林希望苏联对德黑兰会议及其成就表达更积极的看法,他亲自把苏联塔斯社关于会议报道的标题,从"苏联、美国和英国政府首脑会议"修改为更积极的"三大盟国领导人会议"。[94]他还修改了莫洛托夫给苏联大使们的有关这个会议的通知,以消除盟国之间的某些分歧,并加强对基本问题的共识。[95]以下罗斯福的两封信,日期都是12月3日,反映了他本人对这次会议的积极印象,在第二封信中,他更是称之为"巨大的成功"。第一封信是装在密封信封里的手写信件,哈里曼直到12月18日才把它交给斯大林,可能是因为斯大林患了流感,身体不适。

罗斯福致斯大林

1943年12月3日发,1943年12月18日收[96]

我们离开德黑兰的那天,天气条件非常适合飞越群山,所以我们轻松舒适地飞往开罗。我谨向您表达我个人的谢意,感谢您在你们的驻德黑兰大使馆为我提供房间,感谢你们体贴入微且热情的款待。我在那里不仅非常舒服,而且我非常清楚,由于我们在会晤期间住得近,因此能在短时间内完成那么多工作。

我极为满意地认为,我们会晤的那些重要日子是人类历史进程中的一个重要里程碑。我感谢您和您的工作人员以及家庭成员对我和我的工作人员提供的帮助。

我正在启程回国，并将在途中视察驻意大利的美军。

罗斯福致斯大林

1943年12月3日发，1943年12月4日收[97]

我们一行人已经安全抵达目的地，我们真诚地希望此时你们也已经安全抵达。我认为这次会议是一次巨大的成功，我确信这是一个具有历史意义的事件，不仅保证我们能够共同作战，而且也保证我们能够努力实现和平。我非常喜欢我们在一起的私人谈话，尤其是有机会与您面对面交谈。我期待着有机会再次见到您。在此之前，我祝愿您和您的军队取得最大的成功。

斯大林对罗斯福的回信没有通常的"老板"认可的标记，也没有任何他编辑过的痕迹。该信文本是莫洛托夫起草的，然后在打字稿上进行了修改（增加的内容用斜体表示）。[98] 有可能在电话中，他就与斯大林对措辞和改动达成了一致意见。如果是这样的话，斯大林显然是要以更友好的后德黑兰气氛，让他与罗斯福的通信语气更加活跃。

斯大林致罗斯福

1943年12月6日发，1943年12月6日收[99]

谢谢您的电报。

我同意您的看法，德黑兰会议非常成功，并且我们的个人会晤在许多方面极其重要。我希望我们两国人民的共同敌人——希特勒德国很快会感受到这一点。现在人们有信心，并且在目前和这场战争结束后，我们两国人民将会协调一致地行动。我祝愿您和您的军队在即将到来的*重要*行动中取得最大的成功。

我也希望我们在德黑兰的会议，不应被视为最后一次会议，我们还会见面。

斯大林终于收到罗斯福 12 月 3 日的热情洋溢的私人信函，他表示同意罗斯福的看法，即他们在德黑兰的密切联系已经产生了积极的效果。在谈到"命运"时，斯大林可能想到了那个有人企图暗杀三大国领导人的情报，这是罗斯福搬到苏联大使馆的一个契机。

斯大林致罗斯福

1943 年 12 月 20 日发，1943 年 12 月 20 日收[100]

感谢您的来信，您的大使已于 12 月 18 日向我转交了这封信。

我很高兴命运给了我一个在德黑兰为您提供服务的机会。我也非常重视我们的会晤和在那里进行的会谈，这些会谈涉及一些重大问题，包括加速我们的共同胜利和维护两国人民之间未来的持久和平。

几周的艰苦旅行和紧张的会议让丘吉尔疲惫不堪，他离开伦敦的时候就已经得了重感冒，在德黑兰会议之后，炎症扩散到了他的肺部，并于 12 月 14 日伴有心房纤维性颤动。他告诉罗斯福："我被困在迦太基的废墟中，发烧已经发展成肺炎。"几天来，他似乎有生命危险，他的妻子飞过去陪他，丘吉尔的病情如此严重，以至于她向女儿玛丽报告，他"同意不吸烟，只喝淡威士忌和苏打水"[101]。

然而，外交礼仪并没有被忘记。就像罗斯福给斯大林的信传递了对德黑兰的深刻印象一样，丘吉尔习惯性地给斯大林发送了一封慷慨的生日贺信，信中新奇地称呼斯大林为"我的朋友"，或许是对他们在 11 月 30 日宴会后交流的回应。

丘吉尔致斯大林

1943年12月20日发，1943年12月20日收[102]

在您生日之际，向您致以诚挚的问候，我的朋友。愿在未来的一年里看到我们对抗共同敌人的斗争达到高潮。

斯大林热情回应，丘吉尔也作出了回复。

斯大林致丘吉尔

1943年12月22日发[103]

请接受我真诚的感谢，谢谢您在我生日之际发来友好问候。我衷心祝愿您早日康复，彻底恢复健康，这对给敌人决定性的打击至关重要。

丘吉尔致斯大林

1943年12月25日发，1943年12月26日收[104]

非常感谢您的来信。我恢复得很好，并且已经开始全力工作，处理我们双方共同关心的事情。我向您和您英勇的军队致以最美好的祝愿，希望在1944年取得更大的胜利。

北方护航船队恢复的消息（12月20日JW-55B护航船队从英国起航）之后，其他好消息接踵而至：德国战舰"沙恩霍斯特"号被击沉，它曾对挪威海岸外的护航船队构成严重威胁。12月22日，德国飞机发现了JW-55B船队，"沙恩霍斯特"号在圣诞节那天离开港口去追击。但英国情报部门通过截获德国恩尼格码机的情报知道了这一信息，如获至宝。英国本土舰队总司令、海军上将布鲁斯·弗雷泽爵士派出了一组巡洋舰，先摧毁了这艘德国战舰的雷达控制系统，然后，他乘坐的皇家海军"约克公爵"号旗舰（这艘航母曾于1941年12月载着丘吉尔参加第一次华盛顿会议）参加了战斗。"约克公爵"号的炮弹击中了"沙恩霍斯特"号的锅炉，后者失去了动力和速度，很快就成了英国巡洋舰鱼雷攻击的靶标。"沙恩霍斯特"号作为最后一艘在挪威近海作战的德国主力舰就这样被摧毁了。前一年9月，"蒂尔皮茨"号被英国小型潜艇严重损坏。1942年2月，"沙恩霍斯特"号从布雷斯特到威廉港所向披靡，曾经使丘吉尔和皇家海军蒙羞，现在，著名的"北角海战"之仇已报，丘吉尔兴致勃勃地把这个消息告诉了斯大林。

丘吉尔致斯大林

1943年12月27日发，1943年12月27日收[105]

前往俄罗斯的北极护航船队给我们带来了好运。昨天，敌人企图用战列巡洋舰"沙恩霍斯特"号进行拦截，总司令弗雷泽海军上将用"约克公爵"号（3.5万吨的战列舰）切断了"沙恩霍斯特"号的退路，并在一次行动后击沉了它。

我身体好多了，准备去南方疗养。

斯大林对这封信的答复的初稿简洁而枯燥："祝贺您和英勇的英国海军击沉德国战列巡洋舰'沙恩霍斯特'号。"在最后版本中，斯大林使这封信更加热情和友好，肯定了这一成功对丘吉尔个人和北方护航船队的未来的重要性。[106]

斯大林致丘吉尔

1943年12月27日发，1943年12月29日收[107]

谢谢您关于"沙恩霍斯特"号的信。我向您个人，也向海军上将布鲁斯·弗雷泽爵士和"约克公爵"号勇敢的水手们表示祝贺，祝贺你们以卓越的攻势击沉德国战舰"沙恩霍斯特"号。我很高兴您正在康复。

我紧紧地握您的手。

斯大林对英国皇家海军的祝贺给丘吉尔留下了深刻印象。12月29日，丘吉尔投桃报李，指出经过艰苦的斗争，苏联重新夺回了乌克兰北部的科罗斯坚。丘吉尔还提到了新的苏联国歌，关于这件事，莫斯科大使馆已经通知了他。《国际歌》在1941年被丘吉尔禁止在英国广播公司播出，到现在，这仍然是一个敏感的话题，因为它的革命性的歌词（"起来，饥寒交迫的奴隶，起来……这是最后的斗争"，等等）富有煽动性。不过，正如克拉克·克尔对斯大林承认的那样，即使是英国保守党，也经常用口哨吹它优美动听的曲调。斯大林向英国大使建议，他们应该学习新的国歌："它的曲调稍微有一点儿复杂。"[108]

1944年1月1日，苏联广播电台第一次播放了新国歌《光荣属于我们自由的祖国！》。尽管歌词中有"伟大的列宁"和"我们的领袖斯大林"的赞美词，但这首歌首先是对"伟大的俄罗斯"以及对战胜"野蛮入侵者"的最终"胜利"的赞美，词曲中充满的不是意识形态，而是爱国主义。它的措辞改变，是战时的苏联似乎正在发生变化的另一个迹象，它在新年伊始推出，突显了一种日益强烈的感觉，即胜利的曙光终于在望。

丘吉尔致斯大林

1943年12月29日发，1944年1月1日收[109]

非常感谢您。我会向弗雷泽海军上将和他的官兵转达您的祝贺。他们将会欢迎来自一个勇敢而可敬的盟友的致敬。我很高兴您重新夺回了科罗斯坚，它的损失您在德黑兰告诉过我们。我只希望我们能每星期见一次面。请代我向莫洛托夫问好。如果您愿意寄给我新的苏联国歌的乐谱，我可以安排英国广播公司在报道俄罗斯取得重大胜利时播放。

☆ ☆ ☆ ☆ ☆

1943年底，三位领导人之间的信函流露出诚挚的情感，显示出他们的关系向好，这是面对面会晤的结果。罗斯福一直倾向于与斯大林和睦相处，即使丘吉尔也一样，尽管英国政策在德黑兰遭遇挫折，也受到了影响。12月29日，丘吉尔给斯大林的短信说，"我只希望我们能每星期见一次面"，这句话并非只说了一次，一个月后，他又对斯大林发表了类似的评论，这反映出他对"两个斯大林"的看法日益加深：斯大林是可以与之做生意的人，也是在工作中突然莫名其妙地抛出扳手，可以从中搅局的人。

然而，德黑兰让他们三个人都付出了健康的代价，不仅仅是丘吉尔。斯大林带着高烧和严重的流感回到莫斯科，10天后才康复。[110] 德黑兰会议之后，12月11日，第一位到他办公室的正式访客只待了15分钟，斯大林直到15日才恢复了正常作息。[111] 罗斯福是所有人中情况最糟糕的，在三巨头中，他的行程最远，也是最不健壮的成员。他也在德黑兰患了流感，很长时间没有痊愈。斯大林的健康状况不佳一直是一个秘密，但罗斯福的身体不适却被公之于众。1944年1月11日，他不得不取消在国会山发表年度国情咨文演讲，取消了传统的露面，而是改在白宫，作为炉边谈话节目，通过广播宣读。3天后，他给他的堂兄波利·德拉诺写信说："这种'流感'是地狱。我的流感还没好。"[112] 几周后，罗斯福仍然抱怨持续的头痛和疲惫，经常在阅读文件时打瞌睡。事实上，在接下来的一个月里，他的健康状况持续恶化。对富兰克林·D.罗斯福个人来说，德黑兰标志着终结的开始。

第十一章

1944年
1月至3月

德黑兰精神消逝

德黑兰的精神显而易见。例如，从丘吉尔 1944 年 1 月 9 日对斯大林 1943 年 12 月 27 日信中的"握手"的回应中，以及 1 月 24 日丘吉尔的评论中，可以看出这一点，他说："我确信，如果我们当初齐心协力共同面对的话，这些困难就不会发生。"1944 年 1 月 16 日，丘吉尔给艾登写了一封信。在信中，丘吉尔谈到了他对苏联态度的转变。他说："俄罗斯军队的巨大胜利，俄罗斯国家和政府的深层变革，我们对斯大林的新的信心，这些都产生了影响。"[1] 丘吉尔意识到，俄罗斯的这些胜利，意味着苏联将不可阻挡地成为东欧的一支重要力量，因此，伦敦和华盛顿需要与莫斯科建立工作关系。1944 年开始的几个月，丘吉尔明显关注两个问题，即意大利海军的命运和波兰的未来。他在这些问题上投入了大量的时间和精力，像往常一样，代表英国和美国出面，起草了他和罗斯福的大部分联名信。

苏联对意大利海军和商船队的份额要求可以追溯到前一年秋天，那时，意大利投降了，出于几个原因，这一要求发展成为一场令人恼火的外交争论。在德黑兰，丘吉尔和罗斯福虽富有同情心，但处理得比较随意，而斯大林则一如既往地关注细节，在新年时，也不忘记一再坚持主张。克里姆林宫不断施加的压力，在一定程度上反映了它希望在外交上被平等对待，克拉克·克尔大使从莫斯科发来的一些信函，也反复提到这一点。这是苏联对自己遭受损失和破坏要求赔偿的早期标志，这将成为苏联战争目标的一个重要部分。英美国家对此的反应非常复杂，英国和美国军方担心，任何向苏联移交意大利船只的企图，都可能导致巴多利奥政府的垮台和意大利武装部队的兵变，而此时，意大利的"共同作战"仍对盟军的战略部署至关重要。在经历了去年秋天的戏剧性事件后,意大利的战役陷入了僵局。从 1944 年 1 月中旬开始,盟军对希特勒的古斯塔夫防线的中枢和制高点——卡西诺山和山顶古老的本笃会修道院接连发起猛攻,但一直没有成功。在安齐奥的两栖登陆,也未能向罗马发起冲击,陷入了困境。面对斯大林对船只的坚持,丘吉尔和罗斯福为避免意大利局势进一步动荡,决定用他们自己的军舰和商船来安抚斯大林,这些军舰和商船大多因"霸王"行动而被遗弃。最终,美国只支援了少量船只,其余大部分船只来自英国。

当英国人和美国人在意大利缓慢向北移动的时候,苏联红军向西快速推进,这得益于异常温暖的冬天和乌克兰较为温和的气候。斯大林现在对自己的军事地位越来越有信心。根据朱可夫元帅的回忆录,斯大林从德黑兰回来后说:"罗斯福承诺 1944 年在法国实施大规模的战役。我想他会遵守诺言的。如果他不这样做,我们也有足够的力量独自消灭希特勒的德国。"[2] 红军的前进并非没有挫折,像通常一样,胜利是以巨大的伤亡代价取得的。到了 1944 年初,列宁格勒终于解放了,苏联人已经来到了波罗的海诸国的边缘,接近了波兰的边界。1942 年春,英苏条约正在谈判中,东欧国家的命运曾是三个盟国激烈外交辩论的主题,现在,它们的命运即将通过武力解决。

丘吉尔知道盟军对波罗的海诸国无能为力,但波兰是另一回事,因为英国在 1939 年曾承诺支持波兰独立,波兰流亡政府还在伦敦,该政府(自从西科尔斯基将军于 1943 年 7 月神秘死亡后)由人民党领袖斯坦尼斯瓦夫·米科瓦伊奇克领导。1944 年 1 月中旬,丘吉尔在北非疗养后回到国内,竭尽全力投入斡旋波兰—苏联协议中,与伦敦的波兰人举行长时间的会议,并给斯大林写了错综复杂的信件。从 1 月 28 日开始,其中一封写给斯大林的信中称呼斯大林为"我的朋友和同志",希望他们能够共同解决这个问题。丘吉尔的目的是说服波兰流亡者接受苏联的要求,将一般意义上来说的寇松线作为波兰新的东部边界,然后希望他们能与斯大林非常友好地合作,建立一个既自由又对苏联友好的战后政府。从斯大林嘲弄的评论中,从许多伦敦的波兰人不顾一切军事现实，仍然对1939年的波兰边界执意坚持中，可以明显看出双方根深蒂固的敌意，鉴于此，丘吉尔的希望只是乌托邦式的空想。他坚持了这么久，不仅证明了他典型的"斗牛犬"特性，也证明了自德黑兰会议后其对斯大林的"新信心"。然而到了3月初，斯大林声称，波兰政府显然不想与苏联建立"正常关系"，因此，解决问题的时机还不成熟。丘吉尔陷入了对未来的悲观情绪之中。尽管德黑兰精神是真实的，但面对国际现实，这种德黑兰精神渐渐独木难支。

丘吉尔与斯大林的通信，占据了盟国对苏通信的主导地位，这一点在1944年初比以往更加明显。三巨头在1月和2月往来的43封信件中，只有7封来自罗斯福，而且大部分由美国国务院拟订草稿，罗斯福只是稍加修改。正如我们所见，罗斯福从来没有像丘吉尔那样，表现出对书信往来的极大兴趣，他超然物外的心情，因德黑兰会议之后的长时间健康不佳而更加突出，他无法摆脱流感和支气管炎发作，经常感到无精打采和疲惫不堪。不管怎样说，在波兰问题上，罗斯福刻意地扮演一个配角，他只是不时地支持丘吉尔提出的解决方案。与斯大林保持良好的关系，一直是他的首要任务，他不希望在解决波兰问题的任何方案上涂有自己的色彩，唯恐在1944年大选之前引起波兰裔美国选民的反感。即便如此，有些信函也反映了美国总统更深层次的担忧。例如，2月25日的一封关于将苏联纳入战后经济规划进程的信就是如此。在他1月11日的国情咨文中，美国总统以最激进的方式呼吁国会将就业、基本住房、医疗保健和教育等新政原则纳入《第二权利法案》。他宣称："美国在世界上应有的地位，在很大程度上取决于这些权利和类似的权利对我们所有的公民充分实施的程度。""因为除非国内安全，否则世界上就不可能有持久的和平。"[3]

2月22日，丘吉尔在下议院讨论与苏联的关系时，再次赞扬了峰会的好处。他宣称："如果三个大国的首席代表能够每月会晤一次，他们之间就不会有什么分歧。通过这种会议，正式的和非正式的，所有的困难都可以自由地和坦率地提出，最微妙的问题也可以得到解决，而没有争吵或误解的风险，这些风险在书面交流是唯一渠道时经常出现。"然而，丘吉尔继续说道，"地理给我们带来了很多令人沮丧的障碍"，这就意味着大多时候通信是不可避免的。但丘吉尔试图通过可信的中间人，特别是与斯大林建立了真正融洽关系的克拉克·克尔大使，通过个人接触来强化这些信函。这一点在德黑兰表现得很明显，当时，斯大林正吸着一支香烟，克拉克·克尔批评道："吸香烟太女人样了。"丘吉尔坐在那里，对可能的回应感到紧张，但斯大林几乎是羞怯地掐灭了香烟，摸索着找自己的烟斗。[4]1944年2月，丘吉尔希望克拉克·克尔通过一次私人面谈来强化他的重要信函，但事实证明这很难安排，因为斯大林又一次变得离群索居了（就像1943年7月那样，官方称他"在前线"）。结果，关于意大利船只的一封关键信函未能在两周内送达，不必要地加剧了在这个问题上的摩擦。

然而，职业外交官对峰会和日益增多的私人通信的效果表示怀疑。典型的例子是这封由英国外交部俄罗斯事务主管克里斯托弗·沃纳写给在莫斯科一位同事的信：

> 我们认为，非常重要的是，要让这里的大人物摆脱他们对俄罗斯"极端化"的做法。他们必须从容应对，否则，俄罗斯政府总是会嘲弄他们。此外，当莫洛托夫和乔为了首相和国务大臣的利益而开始显示出他们的友好和积极态度时，就把帽子高高地扔向空中，而每当苏联媒体有点儿调皮、不守规矩的时候，就惶恐不安，这种心态无疑最不利于方针政策的正确实施。

沃纳说，他反对"假如俄罗斯方面到了只索取不给予"时也一味强调合作的政策。他认为："我们必须弄清楚俄罗斯人是否真正希望合作，当然，我们也必须努力向他们展示，真正的合作意味着什么。我认为，德黑兰和莫斯科会议在这方面恐怕犯了危险的错误，我们现在正为此付出代价。"[5]

随着战争接近尾声，这场有关对苏关系的辩论，如应该发展个人联系还是走正常的外交程序，应该对苏慷慨大方还是锱铢必较、讨价还价，将会在伦敦和华盛顿变得越来越突出。

☆ ☆ ☆ ☆ ☆

斯大林致丘吉尔

1944年1月2日发，1944年1月3日收[6]

我将在下一封邮件中向您发送新的苏联国歌的乐谱。莫洛托夫先生对您的问候表示感谢，并向您致以最良好的祝愿。我完全同意您希望我们应该经常见面的想法。

1月10日，古谢夫将一份国歌乐谱交给了英国人。当克拉克·克尔在月底回到莫斯科时，他告诉斯大林，丘吉尔"喜欢这首新曲子"，并且认为它"生动而鼓舞人心"。[7]

斯大林致罗斯福的"恢复健康"的信，一如往常由葛罗米柯翻译得很呆板，但它是德黑兰温暖余晖的进一步证明。

斯大林致罗斯福

1944年1月4日发，1944年1月4日收[8]

我从报纸发布的信息中得知您感觉好多了，我很高兴。我向您致以最良好的祝愿，主要是祝您早日康复。

丘吉尔对他称之为斯大林1月2日的"进一步友好的信"感到满意，以闲聊的方式回复，保持着信函的往来节奏。他祝贺红军最近的"辉煌"进展，并向斯大林保证"霸王"行动"各方面都在全力展开"。伯纳德·蒙哥马利将军是1942年11月阿拉曼战役的英国英雄，他现在被任命为诺曼底登陆作战指挥官，担任艾森豪威尔的副手。[9]

爱德华·贝奈斯（丘吉尔在背后称他为"豆子"）是捷克斯洛伐克流亡政府的总理，他曾于1943年12月访问过莫斯科，并发现斯大林对盟国之间的新关系非常热情，正如1月4日他与丘吉尔在马拉喀什会面时告诉丘吉尔的那样。英国首相给艾登发电报："他说斯大林指示他代表斯大林本人向我致以最友好的问候。豆子说，继莫斯科会议之后，我们所有人真的都聚集在德黑兰，气氛非常友好，和以前完全不同。"[10] 这位捷克斯洛伐克领导人确信，苏联人已准备好与波兰关系正常化，并保证波兰的独立，条件是波兰人承认寇松线为东部边界，并替换掉伦敦政府中最反苏的人物。仔细研究了地图后，斯大林在贝奈斯带来的一份文件中划定了波兰的新边界。正如丘吉尔写给罗斯福的：

> 这（个方案）给了波兰人一个300多平方英里的好地方，包括波罗的海沿岸250英里的海岸线。一回国内，我将全力以赴与波兰政府解决这件事以及与之相关的事情……如果我能在2月初把这件事处理好，他们来找您就可以解决问题了。[11]

然而，1月5日，在没有与英国人或美国人协商的情况下，米科瓦伊奇克政府发表了一份声明，声明没有表达任何承认新边界的意图，并敦促波兰地下组织，只有在恢复苏联—波兰关系的情况下才能与前进的苏联军队合作。斯大林在给丘吉尔的回信中提到的正是这一举措。电报是在莫洛托夫的办公室起草的。"老板"加了一句非常辛辣的关于波兰人的话（斜体）。[12]

斯大林致丘吉尔

1944年1月7日发，1944年1月8日收[13]

我已经收到您1月5日的信函。我很高兴得到您的信息，知悉"霸王"行动的准备工作正在全力展开，以及您准备本月要采取的其他措施。

我认为有必要说，既然您接触过这个问题，如果要通过波兰流亡政府的最后的声明以及波兰代表的其他表述来判断，那么显然，我们没有任何理由指望这个圈子里的人有保持理性的可能性。*他们是不可救药的。*

请向比弗布鲁克勋爵转达我的感谢和良好祝愿。

我们的进攻目前仍在继续，并取得了一定的成功，特别是在南部，尽管德国人在任何可能的地方都进行了顽强的抵抗。

在丘吉尔的回信中，他提及了在乌克兰的持续战斗，并含糊地提到了在罗马西南，在意大利西海岸安齐奥的登陆计划。艾登对仅仅依靠贝奈斯复述斯大林的观点和丘吉尔重申的"让波兰人保持理性"的承诺感到不满，[14]但英国首相现在自行其是。他用另一种方式唤起德黑兰精神，改变了他一贯的关于轰炸的说辞。他在信的最后一句提到"握手"，热情地回应了斯大林1943年12月27日那封信函。

丘吉尔致斯大林

1944年1月9日发，1944年1月12日收[15]

我们几乎每时每刻都在注视着苏联军队的惊人挺进。在我这个外行看来，日梅林卡似乎非常重要。我的身体很好，很快就可以回国了，并按照您和贝奈斯所说的，尽最大努力让波兰人保持理性。假如我们又回到了德黑兰，我现在就会隔着桌子对您说："请提前告诉我，我们什么时候停止轰炸柏林，以便给苏联军队留下足够的房子宿营。"

我们对意大利战役的所有计划都在这里圆满地完成了。我真诚地回报您的握手。

另一个重要问题涉及南斯拉夫。尽管丘吉尔本人不喜欢约瑟普·布罗兹·铁托的共产党游击队，但到1943年底，丘吉尔开始意识到他们才是抵抗德国人的主要力量，他们比德拉扎·米哈伊洛维奇将军领导下的亲保皇派的切特尼克（南斯拉夫祖国军）更有效地抗击德国人。英国人已经有了一名与铁托联络的官员，他就是F.W."比尔"·迪金，20世纪30年代，他是丘吉尔的研究助理。1944年1月，相关人员在英国前外交官菲茨罗伊·麦克莱恩带领下，乘飞机执行一项支持铁托的新任务，丘吉尔的儿子伦道夫也紧随其后。然而，丘吉尔不希望放弃南斯拉夫国王彼得二世卡拉乔尔杰维奇，他试图说服铁托承认国王。德黑兰会议达成了向铁托派遣一个苏联代表团的协议。在英国的帮助下，这个代表团于1月中旬抵达塞浦路斯，几周后抵达南斯拉夫。1月8日，丘吉尔在给铁托的并抄送斯大林的信中，表示希望苏联的军事代表团能与麦克莱恩领导下的大使馆人员友好地合作。通过与苏联领袖分享这封信，丘吉尔或许希望加强个人关系和政治共识。然而，就我们所能判断的而言，结果恰恰相反。苏联军方已经知道伦道夫·丘吉尔突访南斯拉夫。当消息传到斯大林那里时，他说："别搞错了，首相的儿子不会无缘无故地空降到别人的总部，并在那里露面。"[16]

丘吉尔煞费苦心地通知斯大林，新的苏联国歌将于1月16日在英国广播公司的电台首播。这不是一次绝唱。丘吉尔告诉新闻大臣布伦丹·布拉肯，英国广播公司应该说明，这首乐曲"是斯大林元帅应我的请求送给我个人的"，他还指示说，它应该"在收到俄罗斯获胜的消息时，在所有场合播放"。[17]

丘吉尔致斯大林

1944年1月13日发，1944年1月15日收[18]

您在1月2日的信中承诺的乐谱现在已经收到，并将在星期日晚上9时的新闻之前，由英国广播公司的大型交响乐团演奏。

1941年至1942年的冬天，是俄罗斯近一个半世纪以来最冷的一个冬天，1943年至1944年的冬天则正相反，在人们的记忆中，那是最短、最温暖的一个冬天。突然的解冻让大地泥泞不堪，但在乌克兰的南部，相对温和的气候使得红军能够不间断地继续作战。[19]1944年1月和2月，红军进攻的重点是第聂伯河右岸，从基辅向西和向西南推进。战斗此起彼伏。斯大林的下一封信提到了德国人在文尼察市附近的反击，文尼察市靠近"狼穴"的所在地，"狼穴"是希特勒1942年至1943年的前沿总部。斯大林谈到柏林，仍保持着对丘吉尔的戏谑语气，仿佛继续他们在德黑兰的聊天。有趣的是，斯大林已经说了他们即将"共同抵达"柏林。不过斯大林仍然念念不忘对"霸王"行动施加压力，他提醒英国首相说，"我们还有很长的路要走"。[20]

斯大林的担心不无道理。1月7日，丘吉尔已经得知"霸王"行动可能的日期是在1944年6月初，而不是5月，这是考虑登陆时月亮和潮汐要同时发生。但在1月14日，罗斯福告诫丘吉尔不要与斯大林分享此事，他说："我认为，鉴于我们三人在德黑兰就这项声明达成一致仅一个多月，此时提出此事，（斯大林）在心理上会难以接受。"[21]

丘吉尔在"霸王"行动实施之前，继续使用护航船队来安抚斯大林，并在进攻之前增加了一个护航船队，他承诺这是他的"第一要务"。斯大林说，这将"对我们的前线有相当大的价值"。[22]

英美联军在安齐奥的登陆（代号"鹅卵石"，"Shingle"）于1月21日至

22 日的夜间开始。丘吉尔对这次行动非常痴迷,认为这是一个绝佳机会,可以夺取罗马,打破意大利僵局,并证明重新集中精力于地中海的合理性。登陆本身完全做到了出其不意,但谨慎有余的美国指挥官约翰·卢卡斯将军没有向前推进,而是巩固阵地,挖壕固守,准备抵抗德国人可能的反击。在回忆录中,丘吉尔把安齐奥描述为"一个最佳机遇和希望破灭的故事",其结果不是"把一只野猫扔到岸上",而只是"搁浅的鲸鱼"。卢卡斯将军拖延了 4 个月,才从滩头阵地突围出来,这一拖延为丘吉尔提供了他所说的"对'霸王'行动非常不利的依据"。然而,向斯大林传达安齐奥的最初消息时,丘吉尔的情绪仍然是乐观并充满期待的,他说:"我希望不久就能给您带来好消息。"[23]

1 月 23 日,丘吉尔和罗斯福给斯大林写了一封联名信,主要内容是如何将意大利的船只移交给苏联,此事最早在 1941 年 9 月 18 日丘吉尔给斯大林的信中提了一笔。莫洛托夫在莫斯科会议上,正式向艾登和赫尔提出了这一想法,他抓住丘吉尔一份声明的说法,即 100 多艘军舰和 15 万吨位的商船已经落入英美人手中。莫洛托夫委婉地说,由于三国领导人"在某种程度上不仅是政治家,也是商人",他提议将 1 艘战舰、1 艘巡洋舰、8 艘驱逐舰、4 艘潜艇和 4 万吨位的商船,从意大利移交给苏联,作为苏联人民两年多来遭受战争灾难的部分补偿。艾登极力主张作出积极的回应,希望能转移对建立第二战场的持续压力,而克拉克·克尔认为,西方的同意会对苏联人产生"巨大的心理影响",并表示这一要求"主要是基于威信的原因"。[24]

换句话说,负责英国外交事务的人把这一提议视为苏联希望得到平等对待的另一个方面。1943 年 10 月 27 日,内阁原则上同意把意大利舰队分给苏联一部分,但在实际执行的时候发现有许多实际困难,因此,正式的答复推迟至三巨头在德黑兰会晤时由首脑定夺。[25]12 月 1 日,斯大林和莫洛托夫向丘吉尔施压,丘吉尔要求给他一些时间,以便与意大利人斡旋,解决问题。丘吉尔问:"在两个月内,1 艘战舰和 1 艘巡洋舰,行吗?"斯大林像以往一样精确地追问:"1月底怎么样?"[26] 罗斯福也同情苏联的要求以及背后的动机。固执的莫洛托夫不断给哈里曼施加压力,在圣诞节前,罗斯福单方面决定,在战争期间苏联应该得到三分之一的意大利舰队的使用权。这一象征性的公平方案实际上反映了莫洛托夫想法的精明,他提出的军舰清单是由苏联海军的最高指挥部计算出来的,大致相当于意大利舰队战力的三分之一。[27] 但是盟军参谋长联席会议强烈反对美国总统的这种"慷慨"大方。他们认为,这会使意大利人的自尊心受到打击,在"霸王"行动和"铁砧"行动("Anvil")的准备阶段,可能会损害意大利人在战争中的合作力度,譬如供应、舰队设施维修等,这些船只本身可能会对这些行动有用。不管怎样,意大利船只需要几个月的时间来改装,以适应北方水域,而英国海军部坚称其船坞已经满了。[28]

在马拉喀什休养期间,丘吉尔驳斥了这些观点,认为他们或者是错误的,或者是夸大其词。他告诉艾登:"最重要的是让斯大林相信,当我们说一件事时,我们是认真的,而不是像意大利人那样矫揉造作,热心于服装是褶边的还是荷叶边装饰。"他还有一个隐秘的动机,即"我特别渴望向俄罗斯人兑现有关意大利船舶的承诺,因为正如你知道的'霸王'行动的日期可能延缓,而且我们还希望在波兰事务上,俄罗斯人能充分考虑我们的诉求"[29]。但英国军方仍然固执己见,因此,1月10日,丘吉尔提出了另一个方案,"借给'乔大叔'至少1艘我们因缺乏人力而暂停使用的战舰"。他说,通过这种方式信守承诺,"肯定会显示出我们最大的善意,他们的辉煌胜利确实值得我们这样做"。[30]

尽管艾登认为斯大林的真正目的是"通过接收意大利军舰来提高威望",[31] 但丘吉尔的想法为接下来的两周与罗斯福商讨而达成的协议提供了基础,即提供1艘英国战列舰和1艘美国巡洋舰,让苏联立刻就能使用。在海军上将莱希草拟的一封信中,美国总统敦促丘吉尔按照莫洛托夫最初的要求,增加8艘驱逐舰和4艘潜艇,这些船只或者来自意大利,或者来自英国皇家海军。但丘吉尔反对任何向意大利施压的方法，也不愿意耗尽英国的海军资源。最后还是罗斯福让步了，这封信的最终版本于 1 月 23 日从伦敦发往莫斯科。[32]

丘吉尔和罗斯福致斯大林

1944 年 1 月 23 日发，1944 年 1 月 23 日收[33]

关于苏联政府在莫斯科会议上要求的，并经我们两方在德黑兰与您达成一致的向苏联移交意大利船只的问题，我们收到了盟军参谋长联席会议的一份备忘录，有关内容见我们随后的电报。[34] 由于该备忘录所陈述的原因，我们认为，在意大利方面的合作不再具有作战行动的意义之前，进行任何移交或对意大利人说任何有关此事的话，对我们三国的利益都是有害的。

然而，如果经过充分考虑，您仍然希望我们这样做，我们将秘密接触巴多利奥，以期达成不为意大利海军所知的必要协议。如果能以这种方式达成协议，与意大利海军当局的必要安排可以留给他来做。这些安排必须符合这样的原则，即选定的意大利船只应驶往合适的盟军港口，在那里由俄罗斯船员接收，然后驶往唯一开放的俄罗斯北部港口，在那里进行必要的改装。

然而，出于我们已经告知您的原因，我们非常清楚上述航线的危险性，因此我们决定提出以下备选方案，从军事角度来看，该方案有许多优点。

英国战列舰"君主"号最近已在美国完成改装。它配备了可用于各种武器的雷达。美国将在大约同一时间提供一艘轻型巡洋舰。

国王陛下政府和美国政府同意苏联船员在英国港口接管这些船只，并驶往俄罗斯北部港口。然后您可以根据北极的情况，做出必要的改装。

这些船只将被暂时租借给苏联，并且悬挂苏联国旗，直到在不影响军事行动的情况下，意大利船只可以被使用为止。

国王陛下政府和美国政府将分别尽可能地尽快提供 2 万吨位的商船，直到在不影响主要作战计划"霸王"行动和"铁砧"行动的情况下,能够移交意大利商船为止。

这种方案的好处是,比起对意大利船只全部进行改装以适合北方水域,苏联政府可以更早地有船可用。因此,如果我们对土耳其的努力有了转机,海峡开放了,这些船只就可以做好准备在黑海作战了。我们希望您会认真考虑这个备选方案,我们认为它在各方面都优于第一个方案。

1944年1月17日,《真理报》发表了一篇来自开罗的报道,称根据"可靠消息来源",英国方面曾与希特勒的外交部长约阿希姆·里宾特洛甫在西班牙或葡萄牙就可能的单方讲和进行了秘密会谈。这一报道立刻在盟国的各首都引起轩然大波,外交官和记者们不知所措,试图猜测这个谣言的产生背景。这是苏联对同盟国不满,在向同盟国示威吗?还是德国的宣传机构在莫斯科散布虚假信息,企图离间苏联与西方伙伴?

在华盛顿,英国大使哈利法克斯勋爵公开驳斥了这一谣言,在莫斯科,英国代办"乔克"·鲍尔弗甚至在外交部门的一次谈话中,建议《真理报》撤回这份报道。罗斯福克制着,没有在这些问题上对斯大林发表意见,但国务卿赫尔通过哈里曼大使发出了一封担忧的信,强调这一事件削弱了后德黑兰时代的信任气氛,他说,这件事"正中我国怀疑论者的下怀,他们一再重申'我们无法与俄罗斯打交道'"。[35]

罗斯福和丘吉尔的特工部门已经破译了日本的外交密码,这项行动被称为"魔术"行动("Magic"),他们认为《真理报》的消息来源,可能是苏联截获的日本驻马德里大使发给东京的电报。[36]虽然没有关于这个问题的确切资料,但毫无疑问,莫斯科自己的特工有能力获知日本外国使团电报的内容。[37]丘吉尔决定直接向斯大林抗议,尤其是得知《真理报》在开罗没有特约记者,以及苏联政府已下令广泛宣传该报道之后。他还对《战争与工人阶级》上发表的谴责英国的文章表达不满,这是在斯大林和莫洛托夫的密切监督下于 1943 年 6 月创刊的双周刊。[38] 丘吉尔极其愤怒地提到了 1940 年，那时英国正独自与希特勒作战，也没有与这个侵略者达成单独的协议，他还对斯大林公开这些抱怨深表遗憾。他再一次说了那句话："我确信，如果我们当初齐心协力共同面对的话，这些困难就不会发生。"

丘吉尔的这封信，可以被视为"德黑兰精神"消失的转折点。

丘吉尔致斯大林

1944 年 1 月 24 日发，1944 年 1 月 25 日收[39]

我们将立即派克拉克·克尔大使回到您的身边，以便他能够解释一系列的困难，尽管这些困难在一开始看起来微不足道，但可能会发展成为我们双方最大的障碍。

我对《真理报》的报道所产生的异常恶劣的影响印象深刻，也感到惊讶，苏联政府竟然对此进行了如此多的官方宣传，甚至英国的最亲俄的朋友也感到困惑。它之所以如此有害，是因为我们无法理解它。我相信您知道，我永远也不会和德国人单独谈判，我们把德国人的每一个提议从一开始就告诉您，就像您告诉我们那样。我们从未想过单独讲和，即使是在我们孤军奋战的那一年，而且我们本可以很容易地单独讲和，这样做并不会给大英帝国带来严重损失，却在很大程度上会使你方损失巨大。现在，当我们有三倍机会走向胜利的时候，我们为什么还会考虑这个问题呢？如果发生了什么事，或者英国报纸上刊登了什么文章令您恼火，您为什么不能给我发个电报，或者让您的大使来找我们说呢？这样一来，可以避免所有导致的伤害和怀疑。

我每天都收到《战争与工人阶级》的长篇摘录，其中似乎有左翼分子不断攻击我们在意大利支持的政府和我们的希腊政策。考虑到您在意大利委员会中有一名代表，我们希望这些意见能够在委员会中公开，我们应该听取这些意见，并解释双方政府各自的观点。由于这些攻击是在苏联报纸上公开发表的，在外交事务方面，无论怎样解读，人们都会认为，这些报纸都是按苏联的政策行事，因此，我们两国政府之间的分歧，就会成为一个议会的严重议题。我推迟了对下议院的发言，直到意大利战争有了结果，这场战争并不会太糟糕，但在一星期或 10 天内，我将不得不向下议院发言，处理我在这份电报中提到的问题，因为我不能对这些指控和批评置之不理。

从德黑兰带回的我们关系良好的感觉，以及您通过贝奈斯给我发来的信，让我非常振奋，我日夜努力，让事情按照您希望的方式和我们三方利益所要求的方式发展。我确信，如果我们当初齐心协力共同面对的话，这些困难就不会发生。我现在正不断努力开辟第二战场，而且规模更大，而我提到的那种烦恼使我的工作变得更加困难。当然，您说几句话，就能让整个事情尘埃落定。我们一直愿意坦率地将想法写下来告知对方，所以我现在这样做了，但我希望当克拉克·克尔抵达时，您能会见他，并让他更详细地解释盟国之间的立场，那就是我们不仅在战争中融为一体，而且"二十年协定"也把我们联系在一起。

我还未能电告与波兰人的会谈，因为在如此意义深远的问题上，我必须了解美国的立场。不过，我希望过几天能给您发一封信。

准将麦克莱恩和我的儿子伦道夫已经安全地空降，抵达铁托的总部。

☆☆☆☆☆

1944 年 1 月中旬，红军到达了波兰 1939 年的边界。恢复了健康的丘吉尔下定决心，要让伦敦的波兰人在他们国家的命运被战场决定之前，与莫斯科达成一项协议。1 月 20 日，他与米科瓦伊奇克及其同事举行了一次会议，一周后，他向斯大林作了详细报告。丘吉尔说，他已经向波兰人施压，让他们接受寇松线作为未来的波兰东部边界，并在西部从德国那里获得适当的补偿，但他拒绝了斯大林任何干涉未来波兰政府组成的企图。他还表达了伦敦的波兰人可以理解的疑虑：红军和波兰地下抵抗运动之间将会是什么关系？红军会在战后撤军，允许波兰人建立一个"自由和独立"的国家吗？对任何了解俄罗斯—波兰关系史，尤其是1920年惨烈战争的人们来说，双方达成友好协议的想法太过乌托邦。但激励丘吉尔的不仅仅是他对波兰的责任感——源于英国1939年的空洞承诺，还在于德黑兰会议后他认为自己是对斯大林有影响力的"我的朋友和同志"。在他发出这封信的前一天晚上，他对一名记者说，关于俄罗斯—波兰关系，"如果斯大林和我每周能见一次面，就不会有各种隔阂。我们一见如故，相处得很融洽"。[40] 没有什么人像他那样信心满满想要去影响斯大林。米科瓦伊奇克和他的同事对英国首相的整个想法表示怀疑，大多数外交部的人员也是如此。按照丘吉尔的命令，卡多根写好了一份草稿。正如卡多根在日记中写的那样，"那个愚蠢的老人口授了他自己的一份草稿"。对这份草稿，卡多根和艾登只被允许做一些小的"修补"[41]。

丘吉尔致斯大林

1944年1月28日发，1944年2月1日收[42]

上星期四，在外交大臣的陪同下，战时内阁授权我会见伦敦的波兰政府代表。我告诉他们，俄罗斯紧靠德国的边境安全问题对国王陛下政府意义重大，我们当然应该支持苏联为此采取的我们认为必要的一切措施。我说，俄罗斯经历了两次可怕的入侵，在德国的攻击下，俄罗斯百业俱废，生灵涂炭。波兰在第一次世界大战后已经恢复了国家独立，在这场战争之后再次恢复波兰，是伟大的盟国的政策。我说，虽然我们是为了波兰而参战，但我们不是为了任何特定的边界线而参战，而是为了一个斯大林元帅宣称自己支持的、强大、自由、独立的波兰而参战。此外，尽管英国本来无论如何都会战斗数年，直到德国发生什么事情，但把波兰从德国的控制下解放出来，靠的是俄罗斯军队的巨大牺牲。因此，同盟国有权要求波兰对于它将拥有的领土边界，在很大程度上尊重苏联的意见。

我接着说，根据在德黑兰所通过的协议，基于民族分布情况，我相信苏联政府愿意同意波兰东部边界以寇松线为准，我建议他们以接受寇松线作为讨论的基础。我谈到了波兰的领土损失将会在北部和西部得到补偿。在北部会有东普鲁士，但是在这里我没有提到柯尼斯堡的问题。在西部，他们可以有把握地得到援助，以占领德国直到奥得河防线。我告诉他们，由于盟军解放了他们，他们有责任接受这项任务，保卫他们的边境，防止德国人从东部入侵。我说，在这项任务中，他们需要一个友好的俄罗斯作为他们的后盾，而且我认为，他们将在三个大国的保证下，继续抵御德国的进一步进攻。如果波兰与英国的盟友苏联和谐共处的话，英国将愿意提供这样的保证。我无法预测美国将采取什么行动，但三个大国很可能联合起来，抗击一切扰乱和平的人，至少联合到战争结束以后的很长一段时间。我明确承认，除非安排合适，即我提到的在北部和西部给予他们很好的补偿，否则波兰政府不会同意把寇松线作为磋商的基础。

最后，我说，如果俄罗斯的政策是在我所描述的意义上展现的，我将敦促波兰政府在此基础上解决问题，国王陛下政府主张在希特勒主义被摧毁之后，由和平会议或解决欧洲问题的会议确认这种解决方案，并且将不支持波兰提出的超出此范围的领土要求。如果波兰的部长们能够在此基础上达成协议，那么他们的责任将是在适当的时候不仅仅默认这一点，而且要勇敢地将协议内容告知他们的人民，尽管会有极端分子提出抗议。

波兰的部长们没有拒绝我的提议，但他们要求多给一些时间，好与其他同事一起考虑此事。他们也提出了一些问题，但在我看来，这些问题与我提出的总体纲领不冲突。他们特别希望得到保证，波兰在复国后将是自由和独立的，几个大国能确保有效地防止德国的报复，这些大国也将协助波兰，从分配给他们的新领土上驱逐德国人，以及在将要并入苏联的地区，那些愿意离开的波兰人能得到帮助，前往他们的新住所。他们还想知道，寇松线以西的波兰的大部分地区如果很快被前进的苏联军队占领，他们的处境将会怎样。是否允许他们回去，按照人民的意愿，组成一个基础更加广泛的政府，并允许他们在解放区像其他被占领区的政府那样行使行政职能？他们当然特别关心波兰地下抵抗运动和前进的苏联军队之间的关系，可以理解的是，他们的主要愿望是协助驱逐德国人。这个地下抵抗运动对我们共同的军事行动提出了具有意义的问题。

我们也非常重视在我们希望解放的不同地区实施协调一致的行动。您知道我们在意大利遵循的政策，在那里，我们将你们完全纳入我们的理事会，我们希望对法国，以及我们准备解放的其他国家也这样做。我们认为，无论现在还是将来，这种行动的一致性对同盟国事业非常重要。

原则上尽早就波兰新的国家边界达成协议是非常可取的，以便就这两个非常重要的问题达成令人满意的结果。

然而，尽管每个人都认可，苏联有权承认或拒绝承认任何外国政府，但是难道您不认为主张在外国政府内部进行改革，近乎干涉国家主权吗？您和我都曾表示反对这种干涉。我可以提一下，国王陛下的政府强烈支持这一观点。

我现在把这次谈话，报告给我的朋友和同志斯大林元帅，这次谈话表达了国王陛下政府目前对这一困难问题的政策。我真诚地希望这些计划能有所帮助。我一直希望把有关边界问题的讨论推迟到战争结束，到那时，战胜国将一起围坐在谈判桌旁。迫使国王陛下政府背离这一原则会造成重大的危急的后果。如果正如我们所希望的那样，苏联军队继续成功推进，波兰大部分地区摆脱了德国的压迫，那么代表波兰的任何势力都应与苏联保持良好的关系，这是绝对必要的。在华沙建立不同于我们迄今所承认的另一个波兰政府，加上波兰的动乱，将在英国和美国引发一连串问题，不利于三个大国之间的紧密合作，对世界的未来也将产生影响。

我愿明确指出，这封信无意干涉苏联和波兰政府之间的关系。这是英国国王陛下政府对他们深感关切的一个问题的立场的概括性声明。

我本人想从您那里知道，您准备采取什么措施来帮助我们大家解决这个严重的问题。您当然可以信赖我们的斡旋，不管它们有多大用处。

我将此信的副本发送给了美国总统，并要求绝对保密。

正如艾登所预言的那样，对斯大林来说，盟国在意大利船只移交问题上表现出的"善意"是不够的。罗斯福和丘吉尔对 6 个月前还是他们敌人的意大利给予了更多的尊重，而对一个在与希特勒的陆地战争中冲锋在前、抗击敌人两年半的苏联盟友，却一再隐瞒，这一定会让斯大林感到屈辱。然而，地位并不是唯一的问题，从莫斯科会议之前英国海军部的一份备忘录中可以清楚地看出，苏联人针对轴心国带给自己的巨大损失寻求直接的立即的"部分赔偿"。[43] 但是，鉴于持续的外交僵局，1 月 29 日，斯大林暂时妥协，接受了用英国和美国船只替代他想要的意大利船只的建议。但他抓住了另一个瑕疵，即 1 月 23 日的联名信中没有提到驱逐舰和潜艇（这是在英国人的坚持下故意遗漏的），并要求他的盟友们也将其包括在内。他让整个问题变成了盟友是否信守承诺的问题，他告诉罗斯福和丘吉尔："你们在德黑兰共同作出肯定答复之后，我认为这件事已经解决，我从未想过要重新考虑这个决定。"[44]

丘吉尔向罗斯福抱怨道："除了咆哮，你还能期待一只熊做什么呢？"[45] 斯大林和莫洛托夫也回击了丘吉尔对《真理报》的批评。他们声称，英国媒体对苏联的大量报道也应得到官方的否认。斯大林回信的俄文文本小心地提到了《真理报》在开罗的"代理人"，而不是使用"通讯记者"一词，他们的通讯记者在开罗并不存在，所以不得不设法规避，但是后一个词出现在外交部的翻译中。这封信还直接质疑丘吉尔对 1940 年的解释，引用了丘吉尔当时的一些言论用来回敬丘吉尔，同时明智地回避了 1940 年至 1941 年斯大林与希特勒之间的关系。

斯大林致丘吉尔

1944年1月29日发，1944年1月29日收[46]

我收到了您1月24日的来信。

我的答复有所延迟，因为前线事务，我脱不开身。

关于《真理报》的报道，不应过分重视，没有理由质疑一家报纸从值得信赖的渠道得到传闻进行报道的权利。我们自己，至少从来没有要求对英国新闻界的事务进行那样的干涉，尽管我们曾经有过，而且现在仍然有比这更严重的理由要求这样做。我们的塔斯社，只否认了一小部分英国报纸上刊登的不实报道。

如果我们必须谈问题的实质，我不同意您的观点，即英国一度可以在很大程度上以苏联为代价，同时又不给大英帝国造成严重损失的情况下，轻易地与德国达成单独的和平协议。在我看来这句话似乎是一时冲动说出的，[47]我还记得您所说过的一些话，完全是另一种性质的。例如，我记得在苏联参战前英国的困难时期，您承认英国政府可能被迫迁往加拿大，从大洋对岸继续与德国作战。另一方面，您又承认，正是苏联与希特勒展开斗争，消除了德国对英国的实实在在的威胁。尽管如此，如果我们承认英国没有苏联也能成功，那么我们当然也可以说苏联同样如此。我不喜欢谈论这一切，但我不得不说出我的看法，并提醒您这些事实。

关于《战争与工人阶级》杂志，我只能说，它是一份工会刊物，政府对刊登在上面的文章不负责任。此外，该期刊和我们的其他期刊一样，忠实于一项基本原则，那就是加强与盟国的友谊。但这并不排除善意的批评，这些批评是以善意为先决条件的。

与您一样，我们在德黑兰的会晤和共同努力，给我留下了愉快的印象。

我当然会在克尔先生到达时与他见面。

面对斯大林坚定的回答，丘吉尔决定避免就 1940 年至 1941 年的事情争论下去。不过他还是起草了一份简短的致谢信："感谢您的电报。我喜欢倒数第二句话，那是最好的一句话。我赞同我们最好把过去的事留给历史去评说，但请记住，如果我活得足够长久，我可能会成为一名历史学家。"这是他给计划中的战争回忆录发布了一个预告。随后，丘吉尔征求艾登的意见。外交大臣回答说："我喜欢这句话，但我不知道它在俄语中会怎样表达，也不知道那只奇怪的动物（斯大林）会如何理解它，他在使用书面语的时候，似乎缺乏幽默感。"[48]

最终，丘吉尔没有回复斯大林，但他在 2 月 2 日向国王的私人秘书发泄了情绪。"假如现在我把衬衫脱掉，"他叫道，"你就会看到，因为对那个人卑躬屈膝，我的肚子都被气得痉挛了。我这样忍耐，是为了国家的利益，没有任何其他原因。"[49] 他还给已经回到莫斯科的克拉克·克尔发电报说："斯大林关于《真理报》和意大利船只的电报语气，让我深感沮丧。"他还说："我在这个问题上已经尽力了，现在就我而言，我已经仁至义尽。"这种时候最能看出丘吉尔的反复无常，兴奋的时候，他花几个小时写信，谈论《真理报》、意大利船只和波兰问题，然后斯大林回信了，他又感到非常沮丧。这正是克里斯托弗·沃纳和英国外交部北方司的人在与俄罗斯人打交道的时候感到为难的地方，他们强烈反感这种摇摆不定的情绪波动。在信的最后，丘吉尔告诉克拉克·克尔，他正在等待斯大林对他谈及的波兰问题的反应，他说："如果这个回信和其他两封信的精神是一样的，那么我确信未来是黑暗的。"[50]

2 月 2 日，克拉克·克尔访问克里姆林宫，转达丘吉尔的信件，他那时已经预感到了某种不祥。英国大使发现斯大林和莫洛托夫对于赶走伦敦的波兰政府中的"顽固不化者"态度坚决，但如果该政府"采取新的形式"，他们愿意恢复两国关系。丘吉尔抓住了第二点，他告诉罗斯福："我比以前更抱有希望。"而英国外交部认为，丘吉尔的态度"过于乐观"了。[51] 2 月 5 日，斯大林的正式答复送达，他明确表示，波兰人必须公开接受寇松线，并公开否定1921年《里加条约》强加给俄罗斯的边界线。他还表示，他希望从德国那里获得柯尼斯堡，作为波罗的海的一个不冻港。他曾在德黑兰简要地提出过这个问题，艾登认为，这个企图不可接受。[52] 此外，斯大林还对波兰政府中对苏不友好的人士进行了抨击，他特别提到了狂热的反苏民族主义者、波兰武装部队总司令卡齐米日·索森科夫斯基将军。在信中，斯大林公然引用了"卡廷事件"，作为伦敦的波兰人"亲法西斯"活动的一个例子。1月26日，《真理报》和《消息报》都在头版刊登了苏联政府调查卡廷事件"特别委员会"的报道，它确定了"真相"，即1941年的枪杀事件是德国人干的，伦敦的波兰人的行动"与希特勒一致"，无耻地将罪行嫁祸于苏联。[53] 在信的最后，对伦敦的波兰人的疑虑，斯大林用了一个轻松愉快的句子保证："我认为达成协议不会有困难。"

斯大林致丘吉尔

1944年2月4日发，1944年2月5日收[54]

我从克拉克·克尔爵士那里收到了您关于波兰问题的来信，他前几天抵达莫斯科，我已经同他进行了有益的交谈。

我看出您很重视苏联—波兰关系问题。我们高度评价这些努力。

在我看来，第一个需要彻底澄清的问题是苏联和波兰边界的问题。当然，您说得非常正确，波兰在这个问题上应该听从盟国的指导。苏联政府已经公开而明确地提出了其对边界问题的意见。我们已经宣布，我们不认为1939年的边界是不可改变的，并已经就寇松线达成协议，从而对波兰人作出了很大的让步。但与此同时，波兰政府回避我们关于寇松线的建议，并继续在其正式声明中宣称《里加条约》强加给我们的边界线是不可改变的。我们可以从您的信中推断出，波兰政府准备承认寇松线，但众所周知，波兰人还没有就此发表声明。

我的观点是，波兰政府应当正式宣布《里加条约》确定的边界线允许变更，并且寇松线构成了苏联和波兰之间的新的边界线。它应该正式宣布这一点，就像苏联政府那样，正式宣布1939年的边界线允许变化，并且寇松线应该是苏联和波兰之间的边界线。

关于您对波兰人所说的，波兰是可以将其边界大大移向西部和北部的，如您所知，我们同意这一点，但有一项修正案。关于这个修正案，我在德黑兰与您和美国总统谈过。我们主张东普鲁士的东北部分，包括作为不冻港的柯尼斯堡港，应该归苏联，那将是我们拥有的唯一一处德国领土。如果苏联的最低要求得不到满足，苏联政府承认寇松线所表示的让步就失去了所有的意义，正如我在德黑兰已经告诉你们的那样。

最后，关于波兰政府的组成问题。您知道我们不能和现任波兰政府重修旧好，并且也确实理解与一个政府恢复关系的意义，而现在这个政府，我们不确定明天是否会因为法西斯主义的新的挑衅，从他们的角度认识问题，比如"卡廷事件"，这样的话苏波之间不得不再次断绝关系。在最近的一段时间里，由索森科夫斯基掌控的波兰政府，并没有停止发表对苏联政府的敌对言论。波兰驻墨西哥和加拿大大使的声明，以及近东地区的安德斯将军的声明，对苏联政府抱有极端的敌意。在德国占领的领土上，波兰的地下报纸对苏联的敌意超越了所有限制，在波兰政府指示下，与德国占领军作战的波兰地下军的毁灭，以及波兰政府的许多其他亲法西斯的行为，是众所周知的。在这种情况下，如果不从根本上改组波兰政府，就不可能期望（苏波关系）有任何改善。我们希望，排除亲法西斯主义分子，并吸纳有民主倾向的人士加入波兰政府是必要的条件，这样才能恢复良好的苏波关系，解决苏波边界问题，并且总体上，使波兰重新成为一个强大的、自由的和独立的国家。波兰人首先应该关心的是改组波兰政府，以及波兰各阶层人民的命运。顺便说一下，我记得去年5月您写信告诉我说，波兰政府的组成有待改善，您将会为此而努力。当时您并不认为这是对波兰国家主权的干涉。

您信中第 4 点提到的波兰部长们提出的问题，我认为达成协议不会有困难。

☆☆☆☆☆

2月6日，丘吉尔和艾登在契克斯庄园吃午饭，两人花了很长时间，把斯大林的观点灌输给米科瓦伊奇克和他的高层同事们。丘吉尔告诉他们，他们有"两个选择：一个是安全与和平的美好国度，另一个是英苏签订排除波兰政府在外的协议，结果是任由事情陷入混乱"。然而，米科瓦伊奇克固执己见，宣称斯大林对寇松线以及改组政府的要求一旦被接受，就会"损害波兰政府的道义权利并失去人民的支持"[55]。奥利弗·哈维严肃地指出："波兰人决心要做的事情，无异于自杀。"[56]

罗斯福完全满意丘吉尔经过西西弗斯式的努力，带头打破波兰和苏联之间的僵局。1943年12月1日，在德黑兰，罗斯福私下告诉斯大林，尽管他支持将波兰西移的想法，但他正在考虑1944年的大选，届时他"可能不得不"再次参选，美国总统还是在意六七百万波兰裔美国人的选票的。美国总统说，由于这个原因，他不能公开表态。然而，哈里曼大使对罗斯福政府所持的观望态度感到不满。2月2日，他向斯大林提出了波兰问题，并多次向华盛顿施压，要求其支持丘吉尔的观点，即在红军用武力解决波兰问题之前就寻求到解决方案。[57] 在这种压力下，最后，罗斯福补充了意见，他按照惯常的做法，表示希望能够说服伦敦的波兰人在没有太多外国人的"命令"下，重建他们的政府，他还强调关于此事的争议不应危及几个大国之间实现"国际合作"的"长远的目标"。该信由美国国务院起草，罗斯福阅后批准，只增加了最后一段。[58]

罗斯福致斯大林

1944年2月7日发，1944年2月11日收[59]

我一直密切关注着贵国与波兰关系的最新发展。我认为我完全了解您对这个问题的看法，我借此机会，以我们在德黑兰的谈话为基础与您交流。首先，请允许我明确说明，我既不希望也不打算试图暗示，更不用说以任何方式向您建议俄罗斯在这个问题上的利益所在，因为我充分认识到，你们国家未来的安全是您理所当然的首要关切。我下面提出的意见，完全是由于更大的问题，这些问题影响我们双方正在为之努力的共同目标。

如您所知，我国绝大多数人民和国会，热情欢迎在莫斯科和德黑兰会议上通过的基本原则，我知道您同意我的看法，即最重要的是对已达成的协议有信心，不应该有任何动摇。我相信可以找到一个解决方案，它将充分保护俄罗斯的利益，并使波兰成为一个友好、独立的国家，正如您希望看到的那样，同时不会对世人瞩目的莫斯科和德黑兰会议确定的合作产生不利影响。我认为至关重要的是，我们应该牢记，在国际关系中不可避免地会出现各种分歧，这些分歧不应被允许危及国家间合作与协作的所有重要的问题。这种合作与协作，是维护公正和持久和平的唯一可靠的基础。

1月18日，莫洛托夫先生向哈里曼先生阐述了贵国政府的观点，即从苏联的角度来看，不可能与目前的波兰流亡政府有任何往来。我仔细考虑了贵国政府的意见以及莫洛托夫先生的建议，波兰政府重组时，应该吸纳目前在美国、英国和苏联的波兰人。我完全理解您的愿望，即与一个您可以信任并可以指望的、与苏联建立永久友好关系的波兰政府打交道，但我真诚地希望，尽管这个问题仍未解决，但不应采取任何行动，使此特殊问题对未来国际合作这个更大的问题产生不利的影响。虽然支持国际合作原则的公众舆论正在形成，但我们尤其有责任避免采取任何可能阻碍实现我们长远目标的行动。我认为，假如我没有提请您注意这些事实，将有损我们的共同利益。

丘吉尔首相告诉我，他正在努力说服波兰总理，明确接受贵国政府提出的领土变更要求，以此作为谈判的基础。在这个基础上，难道不可以对波兰政府的组成问题作出某种回答，让波兰总理在没有外国施加压力或发号施令的情况下，对其政府作出必要的改变吗？

就时机而言，在我看来，此时的首要考虑应该是波兰地下军应该与您的前进部队合作，而不是反对他们。这是目前十分重要的问题，作为第一步，针对波兰方面的一些保证将是非常有利的。

在意大利军舰的持续纷扰中，英国的参谋长们勉强同意满足斯大林对驱逐舰和潜艇的要求，只要这些舰艇是用于训练的"超龄"舰艇，就可以在不直接影响"霸王"行动盟军力量的情况下提供这些舰艇。[60]与华盛顿讨价还价之后，在美国海军拒绝移交任何美国船只的情况下，丘吉尔接受了参谋长们的提议。2月7日，两位领导人联名写信，向斯大林转达了这个消息。具有讽刺意味的是，这些"超龄"的英国驱逐舰，其实是参与过第一次世界大战的"超龄"的美国驱逐舰，由罗斯福根据所谓"基地驱逐舰"的交易协议转让给英国的。这些驱逐舰曾在1940年黑暗的夏天鼓舞了英国人，如果再次使用，它们将在西方与苏联关系中起到类似的外交效果。丘吉尔告诉克拉克·克尔，向斯大林转交信函时，"你应该坦率地说，这些驱逐舰虽然老了，但我不想为此受到责备，它们仍然可以服役，仍可以高速前进和战斗"[61]。

罗斯福和丘吉尔致斯大林

1944年2月7日发，1944年2月24日收[62]

您的关于将意大利船只移交给苏联的信收悉。

我们打算在不危及"铁砧"行动和"霸王"行动成功实施的情况下，在尽可能早的时间里，履行在德黑兰达成的移交协议。我们一致同意，为了尽快击败德国，在我们所有的共同努力中，这两项行动应该被优先考虑。

我们没有想过不履行在德黑兰商定的移交协议。英国战列舰和美国巡洋舰可以立即投入使用，我们将立即从英国海军调遣8艘驱逐舰。英国还将临时提供4艘潜艇。

我们相信，此时让意大利海军不满，就如您恰当地称之为无谓地浪费精力，它将对我们在法国的成功前景产生不利影响。

与此同时，红军继续向前挺进，1944年1月27日，全世界都在广播列宁格勒已经完全解放的消息，自1941年9月8日起近900天的围困结束了。残酷而野蛮的围困夺走的俄罗斯人的生命，数字超过了英国和美国在战争中死难者的总和。

丘吉尔在2月8日给斯大林的信中，提到了这一点。相比之下，他无奈地承认意大利战役并没有达到他的期望，但是他尽可能地宣扬他将派遣另一支北极护航船队的消息。10日，他又告诉斯大林，新的苏联国歌是一首"激动人心的乐曲"，已经由英国广播公司播放过"好几次，并将继续播放，以庆祝俄罗斯的胜利"。次日，斯大林发来了一封热情友好且轻松的回信，还有他"最美好的祝愿"。紧张的关系似乎正在缓和。[63]

丘吉尔致斯大林

1944年2月8日发，1944年2月9日收[64]

非常感谢您关于波兰事务的详尽电报。艾登和我在星期日，和波兰人一起度过了漫长的一天。我们正在努力做波兰人的工作，两三天以后，我再向您报告。

我的军事顾问们对你方前线最近的事态发展印象深刻。我表示衷心的祝贺。

在意大利的战斗,并没有像我希望或计划中的那样进行。虽然这次登陆是一次辉煌的壮举,并且做到了出其不意,但到现在,优势已经丧失,战事进展艰难。并且,敌人又增加了 5 个师到罗马南部,我们现在正积极地与 17 个师交战。我们很有希望取得令人满意的结果,不管怎样,从现在起,在前线,我们的战斗一定会继续下去,保持旺盛不衰。

我现在已经与英国海军部和美国战时航运管理局商定,3 月份再增加一支护航船队,前往俄罗斯北部。我希望实际的船只数量是 18 或 20 艘,几乎所有的船只都是美国的。虽然这并没有增加议定书规定的供应数量,但它能更快地把货物运送到您那里,并且沿着北方航线运送,我知道您更喜欢北方路线而不是波斯路线。北极护航船队一直顺利通过,上一次,德国潜艇被我们的护航舰队重创。

向您致以良好的祝愿。

2 月 16 日,斯大林回复了罗斯福关于波兰的信,与他 4 日向丘吉尔提出的论点类似。他为延误的回复道歉,理由是"前线紧迫的任务"[65]。这个为了给丘吉尔和罗斯福回信延误或无法会见他们大使而虚构的借口,使用得越来越频繁了。

像丘吉尔一样,罗斯福也发了许多令人愉快的电报。17 日,他为红军节发出正式贺信,他说:"最近,列宁格勒的英勇防御,让敌人在它的城门前惨败,英勇的斗争得到了荣耀的回报。"当天,罗斯福还发了另一份电报,提供了几艘美国商船和一艘巡洋舰的细节,这些船只将被移交给苏联海军"暂时使用",直到有"足够的意大利吨位"可以替换。两天后,罗斯福又发送了一封简短的信,对"你们的军队最近在乌克兰和西北地区取得的胜利","深感满意",而丘吉尔表示,"艾登先生和我对你们清理南部地区感到高兴",并保证说,"'霸王'行动的各项准备工作进展顺利"。[66]

这一连串缓和的电报，可能反映了罗斯福和丘吉尔对在波兰问题上达成临时解决方案感到的焦虑。丘吉尔最近一次与波兰人（以米科瓦伊奇克和外交部长塔德乌什·罗默为代表）"角力"，是2月16日在唐宁街10号进行的。这位波兰领导人愿意私下承认，1921年《里加条约》的边界不再无懈可击，并接受在寇松线和里加边界线之间某个地方建立临时"分界线"的想法，以便在不影响最终和平会议决定的情况下，处理解放区的管理问题。但他坚持认为，由于这条线不可避免地会在某种程度上影响最终的解决方案，所以它必须至少延伸到维尔诺（维尔纽斯）和利沃夫东面。在他看来，这两个城市在历史上是属于波兰的，可以追溯到中世纪晚期大波兰的全盛时期。[67]

因此，米科瓦伊奇克的立场是微妙的，但他不敢在公开场合透露这一点，因为他政府内大部分人、家乡军领导层和在盟军服役的波兰人，坚决反对将1939年之前属于波兰的任何一块领土移交给"布尔什维克"。无论如何，鉴于俄波关系血淋淋的历史，划定这条分界线的前提是红军将继续向西挺进德国，同时让一个独立的政府控制其交通线，至少可以说，这是不可信的。尽管如此，丘吉尔还是对斯大林提出了战时临时划界的想法。丘吉尔在电报中，提到了"这场反对德国侵略的战争"是"从1914年开始的30年战争的一部分"，他在后来的回忆录中也使用了这个比喻。

克拉克·克尔奉丘吉尔之命，亲自将信转交给斯大林，以便他能亲自对信函中的观点加以阐述。然而，斯大林正身处"前线"，因此会见被推迟到了2月28日。不过，克尔大使实际上在前一天向莫洛托夫发送了这封信和一份俄文译本，以便克里姆林宫能提前了解到其内容。

丘吉尔致斯大林

1944年2月20日发，1944年2月27日收[68]

波兰总理和外交部长看过我给您的下列电报，这是与他们密切协商后撰写的，并经他们同意后发出的。我真诚希望这可以成为波兰和苏联在战争期间达成工作安排的有效途径，并希望它可以成为两国之间持久和平与友谊的基础，成为欧洲总体解决方案的一部分。

我将发送一份副本给美国总统。

艾登先生和我向您致以最良好的祝愿。

丘吉尔致斯大林

1944年2月20日发，1944年2月27日收[69]

外交大臣和我同波兰总理和外交部长进行了多次长时间的讨论，我不打算重复他们的所有论点，只是提出我认为的波兰政府最终的立场。

作为总体解决方案的一部分，波兰政府准备宣布里加边界线不再符合现实，并准备在我们的参与下，与苏联政府讨论波苏之间的新边界，以及波兰北部和西部的未来边界。然而，由于波兰将在北部和西部获得的补偿目前还不能公开或准确地宣布，所以，波兰政府显然不能立即公开宣布他们愿意放弃如上所述之领土，因为公布这种安排看起来像是一种单方面的妥协，其后果是，他们会立即遭到身居国外的很大一部分波兰人以及他们经常接触的波兰地下抵抗运动组织的反对。因此，波兰—苏联的领土解决方案，必须是欧洲领土总体解决方案的一个组成部分，这显然只能由战胜国在停战或和平后，聚集在谈判桌前正式商定和批准。

由于上述原因，波兰政府在返回波兰领土并与波兰人民协商之前，显然不能正式放弃其迄今为止在波兰任何地方所享有的权利，但是，如果苏联政府愿意帮助波兰政府尽早返回已经解放的波兰领土，并且随着俄罗斯军队的推进，苏联政府和英美盟友协商，及时与波兰政府作出安排，在特定的地区建立波兰政府的民政管理机构，这样，该机构与苏联军队合作对德国开展的有力斗争将推动战事发展，早日赢得胜利。这一程序将与其他国家解放后所遵循的程序大体一致。波兰政府自然非常希望该机构管理下的地区，应包括诸如维尔纽斯和利沃夫等波兰人集中的地方，在分界线以东的领土应由苏联军事当局在同盟国代表的协助下管理。他们指出，这样一来，他们就会最大可能地征召所有身体健康的波兰人参战。我已经告知他们，他们也清楚地知道，您不会同意将维尔纽斯和利沃夫置于波兰政府的管理之下。另一方面，我希望能够向他们保证，将要置于该机构管理之下的地区，至少包括寇松线以西的整个波兰。

在上述第二段中设想的边界谈判中，波兰政府考虑到波兰东部人口混居的特点，将会赞成划定一条边界，以确保相邻居民最大同一性原则，同时尽可能减少居民迁移和由此产生的难题。我本人毫不怀疑，特别是鉴于上述第三段所述波兰政府设想的当前实际安排，这些谈判将不可避免地得出您所希望的关于波苏边界问题的结论，但在我看来，在现阶段公开强调这一点，是不必要和不可取的。

至于对德战争，他们希望尽最大努力。波兰政府意识到，俄罗斯军队正在向波兰领土挺进，这些军队正在从波兰领土上赶走德国侵略者，有必要与苏联政府达成一项可行的协议。他们坚决向我保证，他们从未向地下抵抗运动组织下达过攻击"游击队"的指令。相反，他们与地下抵抗运动领导人协商一致，已经向所有武装起来的或即将反抗希特勒暴政的波兰人发布了如下命令：即使在波苏关系没有恢复的情况下，当俄罗斯军队进入波兰的任何地区时，地下抵抗运动组织都要公开自己的身份，并满足苏联指挥官的要求。当地的波兰军事指挥官在当地平民地下权力机构代表的陪同下，将要会见即将到来的苏联军队的指挥官，并向他宣布，遵照他们仍然效忠的波兰政府的指示，他们已做好准备，与苏联军队协调行动，打击共同的敌人。这些已经在执行的命令在我看来是最重要的，我相信在您看来也是如此。

2月6日，我第一次告诉波兰政府，苏联政府希望在确定东普鲁士的边界时，将柯尼斯堡划给苏联。对这一消息，波兰政府感到震惊，波兰政府认为这个决定使将要并入波兰作为补偿的德国领土面积大幅度缩小，经济意义大大降低。但我声明，国王陛下政府认为，这是俄罗斯方面的合法要求。我认为这场反对德国侵略的战争是一个整体，是从1914年开始的30年战争的一部分。我提醒米科瓦伊奇克先生，东普鲁士这一地区的土地是俄罗斯人用鲜血染红的，他们为了共同的事业不惜流血牺牲。1914年8月，俄罗斯军队在这里挺进，赢得了贡宾嫩战役和其他战斗，他们向前猛冲，尽管战争动员受到了很大的影响，但他们迫使德国人召回进攻巴黎的两个军，这对马恩河战役的胜利起到了重要作用。坦嫩贝格的俄罗斯军队的灾难，铸就了这一伟大的成果。因此，在我看来，俄国人对这片德国领土的诉求具有历史依据且理由充足。

关于波兰政府的组成，波兰政府不能允许任何外国干涉。但是，他们可以向俄罗斯政府保证，在他们同苏联政府建立外交关系时，他们只吸纳决心同苏联合作的人。我的意见是，这样的变化最好是自然发生的，并且是波兰进一步考虑其整体利益的结果。在我看来，以正式方式恢复这些关系的时机，很可能要等到华沙解放后，波兰政府的重组可以随着这一辉煌事件顺水推舟自然而然地完成。

根据我从您那里得到的保证，在一项涵盖上述各点的协议中，苏联政府应与女王陛下政府一道，共同对波兰作出承诺。首先，承认并尊重重组后的波兰国家主权，尊重其独立和领土完整，以及不受干涉地处理其内政的权利；其次，尽最大努力确保在适当的时候，波兰得以合并柯尼斯堡延伸线以西和以南的但泽自由市、奥波莱、西里西亚、东普鲁士，以及波兰政府认为可以接受的直至奥得河的领土；第三，从波兰，包括将并入波兰的德国领土上迁走德国人口；第四，商议波兰和苏联之间的居民迁移程序，以及有关国家的国民返回祖国的程序。我认为，波兰、苏联和英国之间的所有承诺都应该以这样一种形式拟定，即它们可以体现在单一文书中或互换函件的往来中。

我告知了波兰的部长们，如果我们之间往来的电报中概述的解决方案成为事实，并且所有当事方都依此行事，国王陛下政府将在打败希特勒后的会议上支持这一解决方案，并且，我们将尽最大努力在以后的年代中，保证这一方案得到实施。

罗斯福应丘吉尔的要求，自己写了一封信，支持这一信函的观点。最初的草案提到了波兰裔美国人的数量，但随后，罗斯福删除了这个要求迅速达成协议的相当牵强的理由，代之以最后一段，重申了波兰地下抵抗组织和苏联红军之间密切合作共同抗击敌人的价值。经罗斯福的许可，哈里曼将此信的传送时间延迟到2月28日。像克拉克·克尔一样，哈里曼等待斯大林的"归来"，以便同时发送两份电报。[70]

罗斯福致斯大林

1944年2月21日发，1944年2月28日收[71]

我已获悉丘吉尔先生2月20日给您的信，内容是关于苏联和波兰政府通过协议暂时解决波兰战后边界的问题。

英国首相的这一建议如果被接受，对于我们早日打败德国将非常有益，我很高兴地建议您考虑给予它赞同和支持。

正如我之前说过的，我认为目前最现实的问题是，确保贵军进入波兰时，能得到波兰人的协助。

斯大林仍然对意大利船只的移交问题感到不安。同一天，他向罗斯福和丘吉尔发出了关于驱逐舰和潜艇的提醒，他试图激怒这两个人。

斯大林致罗斯福

1944年2月21日发,1944年2月21日收[72]

我已经收到您2月18日的信。[73] 谢谢您提供的信息。

然而,它并未详尽地论述问题,因为它对替代意大利舰船(8艘驱逐舰,4艘潜艇)的英美驱逐舰和潜艇只字未提,而移交意大利舰船一事在德黑兰会议期间有明确约定。关于这些问题,我希望尽快得到答复,我在1月29日的信中提到了这些问题。

斯大林致丘吉尔

1944年2月21日发,1944年2月21日收[74]

我已经收到您2月19日的信。谢谢您的沟通。

同时,我必须提醒您,到目前为止,我还没有得到关于8艘英美驱逐舰和其他船只的答复。根据您本人、美国总统和我本人在德黑兰共同达成的协议,这些船只应由苏联临时支配,替代本应移交苏联的意大利舰船和商船。我无法理解,为什么会耽搁这么久。

我等待着对我1月29日信函的答复。

早在收到斯大林的这封直言不讳的电报之前,英国首相就已经过问了此事。2月19日,他问克拉克·克尔,为什么斯大林没有回复他和罗斯福2月7日关于船只问题的联名信,"更不用说感谢的话了"。克拉克·克尔回答说,斯大林还没有从前线回来,并说自己正在等待一次私人会晤,以便送达这封信。克尔补充说:"莫洛托夫知道关于这些船我有话要说,而且是好消息,但我不能满足于仅仅和他谈论这件事,因为我认为这件事斯大林本人很重视，我应该和他进行有益的交谈。"英国大使请求"再等几天，希望斯大林很快就能回来"，丘吉尔同意了。[75]

因此，21日，当丘吉尔收到的不是斯大林的感谢，而是提醒中包含责备时，他自然怒气冲天。丘吉尔给克拉克·克尔发电报说："我很难过，我本来希望这件事会带来积极影响，而且它让我们付出了太多，没想到竟然白忙活了。现在你的责任是把事情处理好。"[76] 然后，英国首相又给斯大林发了以下电报。

丘吉尔致斯大林
1944年2月22日发，1944年2月24日收[77]

意大利船只：

2月7日，我给您发了一封由美国总统和我本人签名的信，并且也给克拉克·克尔大使发了一封私人信件，信件将由他亲自呈交给您。要点是，英国方面为您提供8艘驱逐舰和4艘潜艇，以及1艘战列舰和2万吨位的商船。美国将提供1艘巡洋舰和2万吨位的商船。我一直在想，为什么我没有收到您确认收到上述信函的消息，因为我希望您对我所作的努力感到满意。我猜想，是克拉克·克尔大使想亲自向您呈交这封信，而您当时正在前线。我已发电报给他，让他把事情办好。在准备船只方面，我们没有浪费时间。[78]

同一天，丘吉尔在英国下议院作了关于战争的演讲，他公开评论了当前英国与苏联之间的关系。他提到了苏联《真理报》关于英国和德国可能达成妥协的争议。他说，有关方面人士问，在最近几次会议上建立的"良好关系"是不是已经"冷却"了。丘吉尔向下议院保证说："在莫斯科和德黑兰形成的良好氛围丝毫没被破坏。三大盟国在反对共同敌人的行动中，绝对地团结一致……世界的未来正是取决于这样一种持久的、亲密的和声誉卓著的联盟。"[79]

2月23日，克拉克·克尔及时将丘吉尔的电报交给了莫洛托夫，连同两位领导人时运不济的联名信，到现在，这封信已经拖延了两个多星期。在给英国外交大臣的一封异常冗长的说明信中，克尔解释了原因，因为斯大林在前线，因而交信迟延了：

> 我承认，我当时没有预料到他会离开那么久。我一直希望他会回来，并接见我。现在，我要为耽搁这么长时间负责，我恳请您向斯大林元帅转达我的遗憾和歉意。[80]

在等待斯大林对波兰问题的答复时，美英领导人对苏方都保持着友好的态度。像罗斯福一样，丘吉尔也在苏联红军节发了贺电，英国参谋部也表示祝贺。[81]

美国总统还发出了一封信。这一次，罗斯福没有按斯大林的议程，而是提出了一个他自己非常关心的问题：战后秩序。1943年11月9日，包括苏联在内的44个国家的代表在华盛顿签署了一项协定，设立联合国善后救济总署，其目的是帮助饱受战争蹂躏的国家重建经济，缓解粮食危机。这一倡议来自美国，美国代表在莫斯科外长会议上首次提出这个问题。1944年初，美国和英国一起，开始为一个新的国际货币体系构建基础，这个体系后来于7月在新罕布什尔州的布雷顿森林会议上达成一致。美国总统热衷于让斯大林参与这些事务，参与其他国际组织，他正努力将苏联带入国际"大家庭"。因此，美国国务院起草了这封信。斯大林在咨询了他的外交官和经济学家后，一直到3月10日才作出回应。

罗斯福致斯大林

1944年2月23日发，1944年2月25日收[82]

最近几个月来，同盟国各国政府采取了一些重要措施，以便为战后国际经济各个领域的合作奠定基础。您应该记得，1943年5月举行的同盟国粮食和农业会议，产生了一个临时委员会，该委员会目前正在起草向各国政府提交的建议，内容是建立一个在这一领域常设的组织。最近，已经设立了联合国善后救济总署，现在正在运行中。近一年来，许多同盟国之间就国际货币稳定机制进行了专家级的非正式技术讨论；这些讨论是为可能召开的"联合国货币金融会议"做准备。关于建立促进国际发展投资机制的可能性，也进行了类似的讨论，尽管规模较为有限。在某种程度上，一些同盟国之间就商业政策、商品政策和企业联合等问题进行了非正式讨论，拟讨论诸如商业航空、石油和其他问题。国际劳工组织会议将于4月举行，部分目的是审议其今后的活动。

（美国）国务卿在莫斯科外长会议上提交了一份题为"国际经济合作计划的原则"的文件，其中强调了需要就各种经济问题进行非正式讨论或举行正式会议。人们建议，"现在成立一个委员会的时机已经成熟，这个委员会由主要同盟国的代表，或许还有某些其他同盟国的代表组成，共同规划在这些事项中应遵循的程序"。

我很清楚，这显然需要同盟国设立机构来共同规划程序，应该根据这些程序来考虑国际经济合作的各个领域、应该讨论的主题、讨论的顺序以及协调现有的和未来的安排和活动的方式。我并不想在此时提出以维护和平与安全为目的的国际组织的更广泛问题。根据莫斯科供应议定书的条款，我们三国政府目前正计划就这一问题进行初步讨论。我在这里提出的是以促进战后经济合作为目的而创建联合国机构的下一步举措，这是美国国务卿在莫斯科会议上提出的，并由您、丘吉尔首相和我本人在德黑兰进行了讨论。

如果您能就美国国务卿在莫斯科提出的建议，向我提出您的看法，并就在这一极其重要的问题上应遵循的最佳程序提出任何其他想法，我将不胜感激。

2月26日，斯大林对2月7日丘吉尔和罗斯福的联名信发表了评论。他对驱逐舰不是很满意，他提到了丘吉尔在2月5日坚持让克拉克·克尔强调的那一点，即那些舰船已经老旧。斯大林对使用这种驱逐舰不抱太大希望，他告诉海军上将库兹涅佐夫："我们不能指望得到更加现代化的舰艇。"[83]

斯大林致罗斯福和丘吉尔

1944年2月26日发，1944年2月26日收[84]

我通过哈里曼大使，收到了你们2月24日和25日关于意大利船只的两封信。我还收到了英国大使克尔2月24日转交给我的您与首相先生2月7日的联名信。感谢您和首相先生就如下事情进行沟通，即你们决定由英国移交8艘驱逐舰和4艘潜艇，以及1艘战列舰和2万吨位的商船，并由美国移交1艘巡洋舰和2万吨位的商船，供苏联临时使用。由于克尔先生特别警告说，所有的驱逐舰都是老旧的，我对这些旧驱逐舰的战斗性能有一定的担心。与此同时，在我看来，对于英美舰队来说，移交的8艘驱逐舰至少应有一半是现代的，而不是老旧的，这应该并非难事。我仍然希望您和首相先生能协调一下，在移交的驱逐舰中，确保至少有4艘现代化驱逐舰。德国和意大利的军事行动使我们损失了相当一部分驱逐舰。因此，哪怕部分弥补这些损失，对我们来说也非常重要。

3月3日，丘吉尔会见了古谢夫大使，这是1943年10月18日斯大林关于北极护航船队的信件被退后的首次见面。在唐宁街 10 号吃早餐时，古谢夫问英国首相对斯大林最近一封信的反应。丘吉尔厉声说道："我们无法提供其他驱逐舰来代替那些已经分配的驱逐舰，我们正在为大规模的行动做准备，你们在北方，不会有大规模行动。"[85]

2 月 28 日，斯大林向克拉克·克尔转达了他对丘吉尔谈及波兰的信的最初反应。斯大林的态度完全是消极的，他说，流亡的波兰政府，"不希望与俄罗斯达成协议。它想挑拨苏联和英国之间的关系"。尤其令斯大林恼火的是，波兰提议由同盟国管理乌克兰西部的解放区和波罗的海诸国，包括有许多波兰人居住的维尔纽斯和利沃夫。他愤怒地说："我们肯定不能忍受这样的侮辱，难道我们不是自己国家的主人吗？为什么要侮辱我们！这是我们应该得到的吗？"[86] 克拉克·克尔在给丘吉尔的报告中说："这种沉闷而令人恼怒的谈话持续了一个多小时。任何争论都没有用。"克尔说，对丘吉尔提出的问题，斯大林"不时地哼一声"，当克尔要求他提一些"建设性的建议"时，斯大林只是重申了他对寇松线和重组波兰政府的要求。[87]

3 月 3 日，哈里曼在询问斯大林对罗斯福最新信函的反应时，也得到了类似的回应。斯大林高声说道："又是波兰人，这是最重要的问题吗？"俄方的谈话记录里写道："斯大林同志说，他光忙着处理波兰事务了：写信、问讯、查证。他甚至完全停止了军事事务。"正如斯大林与克拉克·克尔面谈中说的那样，他严厉地谴责了伦敦的波兰人。哈里曼并非完全倾向于波兰人，他随口回答说："他们中间也有好人。"对此，斯大林不以为然，他哼一声说："好人无处不在，甚至在布须曼人中也有。"他又补充道："丘吉尔对波兰人无能为力。波兰人欺骗了丘吉尔。"[88]

在对丘吉尔和罗斯福信件的正式回复中，斯大林只作了简明扼要的反驳。[89]

斯大林致丘吉尔

1944年3月3日发，1944年3月3日收[90]

2月27日，我收到了由A.克拉克·克尔爵士转交的您2月20日关于波兰问题的两封信。

我研究了您与波兰流亡政府成员谈话的详细内容，并得出这样的结论：这些人不能与苏联建立正常关系。只要指出这样一个事实就足够了：他们不仅不愿意承认寇松线，而且声称对利沃夫和维尔纽斯拥有主权。关于将某些苏联领土置于外国控制之下的计划，我们不屑于讨论，我们甚至认为提出这样一个问题，都是对苏联的侮辱。

我已经写信告诉美国总统，解决苏波关系问题的时机还不成熟。

有必要再次证实这个结论的正确性。

在阅读了斯大林的信后，罗斯福指示说，"无需回复"。丘吉尔则称之为"非常令人沮丧"。[91] 如果像斯大林声称的那样，用外交手段解决波兰问题的时机还不成熟，那么解决方案可能会是通过武力来实现的，因为红军正在向西行进。而英国首相已经厌倦了与苏联领袖就这一问题展开激烈的交锋。当艾登建议就英国海军人员的待遇再给斯大林写一封信时，丘吉尔让他通过议会质询来引起公众对此事的关注。丘吉尔告诉艾登："我不能发这样的电报，这会让我和这只'熊'在小问题上纠缠不清，而现在，那么多更大的问题正在逼近。他只会给你一个侮辱性的、吹毛求疵的回复。"[92]

3月4日，星期六的晚上，当丘吉尔在契克斯庄园放松时，他的心情十分沉重。"斯大林拒绝对波兰人采取温和态度，"丘吉尔的私人秘书乔克·科尔维尔写道，"他说，他想告诉俄罗斯人，'就我个人而言，我反对暴政，不管它穿着什么样的制服，喊着什么样的口号'。"丘吉尔吸着土耳其香烟，听着吉尔伯特与沙利文的唱片，心情变得越来越忧郁，他说："我们生活在一个充满狼和熊的世界。"[93]

丘吉尔的忧郁是暂时的，转瞬即逝。他仍在努力促成与波兰的和解。但是到了1944年的春天，德黑兰精神似乎正走向终结，成了一段美好的但逐渐消逝的记忆。

第十二章

1944年
3月至6月

『力量与事实』

1944 年的春天，红军继续稳步前进，而英军和美军却在意大利陷入困境，他们无法从安齐奥的滩头阵地突破出来，也迟迟不能攻克高耸于卡西诺山顶的本笃会修道院，这令人气馁。不过从 5 月中旬开始，西部的进攻节奏急剧加快，因为盟军终于能够向北挺进了，目标是在 6 月 5 日攻下罗马。值得大书特书的是期待已久的第二战场，终于于第二天早晨在诺曼底海滩上展开。与此同时，轴心国之间却完全缺乏合作。斯大林将 1944 年在白俄罗斯打击德国人的主要攻势（"巴格拉季昂"，"Bagration"）安排在诺曼底登陆之后的几周。苏联参与的辅助行动，如"保镖"行动（"Bodyguard"，将德国人的注意力从诺曼底转移开的战略欺骗行动）和"狂人"行动（"Frantic"，盟军在苏联领土上使用燃料补给基地，往返轰炸被占领的东欧），也证明了同盟国之间的合作达到了一个新的高度。

在三大巨头的通信中，熟悉的模式在延续。很大程度上，罗斯福扮演着第三方角色，在 1944 年 3 月 3 日至 6 月 5 日的 3 个月里，往来的 45 封信中，只有 10 封信是他发送的，其中许多信件是由他的工作人员写的。德黑兰旅行后，美国总统一直疲惫不堪，无法摆脱支气管炎，而且精神不振，最终在女儿安娜的说服下，美国总统答应做一次正规的体检。3 月 28 日在贝塞斯达海军医院体检的结果表明，总统患有高血压和早期心力衰竭，情况十分不妙。4 月，罗斯福去了南卡罗来纳州，在他的老朋友伯纳德·巴鲁克的庄园休假。他是在 4 月 9 日复活节那天抵达的，直到 5 月 7 日，他才返回白宫。这是他在总统任期内度过的最完整的假期。尽管要处理来自白宫的信件，但罗斯福还是把工作减少到最低限度，大部分的时间他都是用来钓鱼，或在庄园里开车，每晚睡 10 至 12 个小时。[1] 从他 3 月 3 日笨拙地处理关于意大利船只的新闻发布会，以及他提议在诺曼底登陆日向德国人民发出匪夷所思的呼吁，人们可能会看出总统健康状况不佳的一些迹象，他的这一呼吁很快被他的两位合作伙伴否决了。然而，境况不佳的总统还是持续关注对他来说重要的问题，例如，他给斯大林发送了几封信，希望将苏联纳入塑造战后世界的机构中，如国际劳工组织，并主张促进美国人民和俄罗斯人民之间的团结，正如之前就列宁格勒和斯大林格勒战役写的书信那样。他也在寻找一些机会，来掩饰联盟在波兰问题上的裂痕，兰格和奥尔莱曼斯基访问苏联就是一例。

像以前一样，丘吉尔起草了他们给斯大林的大部分联名信，并处理与克里姆林宫的重大争议。这一时期，英国首相解决了关于意大利船只的争论、针对波兰边界问题出现的僵局、关于向英国媒体泄露斯大林—丘吉尔信函的小争吵，每一封信都显示了其个人魅力。在丘吉尔的极力劝说下，斯大林勉强接受了老旧的英国驱逐舰，而不是投降的意大利海军的舰艇，终于给一场相对较小的争论画上了句号。这件事难度很大，因为斯大林已经把这场争端上升到原则问题，即苏联在联盟中的平等地位。在这个问题上，斯大林一旦亲自参与，就表明了真正的不妥协态度。丘吉尔对泄密问题的处理，也体现了他的个人风格。英国人最初（错误地）将此事归咎于苏联大使馆，并拒绝改变意见，表现得有些自命不凡。他们最大的争议是关于战后的波兰边界问题，争议的结果是丘吉尔自 1 月份以来，为促成一项让斯大林和伦敦的波兰人都满意的协议而付出的巨大努力，结果归于失败。丘吉尔提出在事实上而非法律上接受寇松线作为波兰新的东部边界。3 月 7 日，丘吉尔以他特有的雄辩强力呼吁，"通过武力可以得到很多，但得到全世界真心支持的武力可以得到更多"。丘吉尔早年当过记者，他还保持着这个特色，他试图在书信辩论中使用自己的修辞技巧。斯大林的反应同样具有典型的辩论风格，他将丘吉尔提及的"武力"一词，曲解成对苏联行为不公正的指责，并暗示英国试图在法律层面违反《德黑兰总协定》中有关波兰问题的部分条文。就像1943年4月卡廷惨案被披露一样，当斯大林被逼到一个角落的时候，他的反应是站出来，朝着另一个方向勇敢地战斗。

在这样的情况下，这两个人写信都是为了让对方折服，一旦对某个重要问题争辩得难解难分时，两人都不会优雅地让步。相比之下，罗斯福则更加超然，部分原因是他的健康状况不佳，更主要的原因则在于他更狡猾，他很少做需要摊牌的事。他之前坚持不将德黑兰作为三巨头峰会的会址，倒是一个引人注目的例外。

事实上，在丘吉尔和斯大林身上，有许多我们可以称为"大男子主义"的东西，或者用当时外交部的话来说，是"不受约束的人"。因此，英国外交部很想将这些棘手的问题重新纳入外交渠道来解决，这也是华盛顿的惯例。5月中旬，英国外交部北方司的杰弗里·威尔逊向克拉克·克尔大使提出了他对问题的评估：

> 我认为，事情的真相是，首相认为他与斯大林的私人通信可以在坦诚的基础上进行，就像他与美国总统的私人通信一样。主要是因为斯大林没有作出回应，所以首相的意图没有成功，这不仅可以解读为方法和手段的不同，而且还可以被视作故意无礼，或者更糟糕地解释为俄罗斯人居心险恶。我们的期望调子定得太高了。假如你的利益不与另一个家伙的利益冲突，即使你不常见到他，也不称呼他教名，也能和他相处得很好。[2]

威尔逊对丘吉尔的批评可能有一定道理，但即使发挥最大的想象力，假定斯大林和丘吉尔一样曾是英国哈罗公学的学生，在1944年，地域和距离的差异也会成为有效沟通的巨大障碍。在德黑兰坦率交谈之后，书写复杂的信函并用无线电波传送给对方，常常被证明是令人沮丧的。3月5日，丘吉尔向古谢夫大使抱怨说，他与斯大林缺乏直接接触，重复了他2月22日向下议院表达的观点。丘吉尔说，私人会面"能提供更好的了解彼此的机会，突破信件的条条框框。我与斯大林的会面是真诚的，没有这些'稿纸'的腔调"。[3]

葛罗米柯和古谢夫不是李维诺夫和迈斯基那样精明的中间人，所以于事无补。当然任用他们也是斯大林和莫洛托夫的决定。英国人对古谢夫（"青蛙脸"）特别厌恶，这对解决"泄密"事件并没有任何帮助。人们对他的英语水平和匮乏的洞察力有着更多实质性的担忧。3月28日，艾登写道："人们非常想念迈斯基，因为总是可以和他交心的。"[4] 在莫斯科，哈里曼是一个实干家，因为他的个性，也因为他与罗斯福的亲密关系。罗斯福一直喜欢派遣要员到莫斯科，期望与斯大林建立一种间接性的亲密关系；现在，也许罗斯福认为已经有了一位重要人物代表自己长久地在现场。但是距离近并不能保证可以深入人心。克拉克·克尔同样是一位卓有成效的特使，但他发现在自己的领导人和克里姆林宫的那个人之间，联系起来越来越费力。丘吉尔此时已发出明确指示，内容是通过与斯大林的私人对话，加强首脑级信函的分量。但是，斯大林已经变得非常善于对付他不想见的人，避而不见，敬而远之。3月19日，莫洛托夫终于向坚持不懈地寻求会见机会的克拉克·克尔承认，"在前线"只是一个非常熟悉的借口，并不意味着"老板"真的不在莫斯科，只不过他一心想着的是战争，而不是外交。[5]

到5月份，丘吉尔已经彻底改变了态度，他指责英国大使"在莫斯科学会的""方式"很不妥，即"他亲自把每封电报交给莫洛托夫和斯大林，当这些领导人不在或者不愿意接见时，他有时候要等好几天。当然，有些电报他必须亲自送达，但由其他信使送一般的电报，不是更谨慎和明智吗？"。丘吉尔认为，这个办法要"好得多，例如，当我们发送一封措辞非常严厉的信时，如果我们的人不愿意等着被推土机碾过，然后被迫作出只会削弱信中论点的情有可原的解释"。[6]

与丘吉尔一起工作，意味着要忍受大人物矛盾的性格，丘吉尔的情绪在1944年春天特别不稳定。4月，对波兰问题的谈判崩溃，丘吉尔感到特别苦恼，他对斯大林和俄罗斯人采取了他所谓的"忧郁的沉默"。他断言，"他们只认武力与事实"。结果，在整个4月份，三巨头之间仅仅往来了4封信。5月初，在一周左右的时间里，丘吉尔对未来感到极其悲观。他告诉艾登，俄罗斯人"陶醉于胜利"，为了达到目的，"没有什么是他们干不出来的，他们无所顾忌"（所有这一切，都与他1月份关于"我们心中对斯大林的新信心"的讲话，形成了鲜明的对比）。[7] 5月5日，艾登试图通过与古谢夫达成的一项宽松的协议来平息丘吉尔的愤怒，该协议规定苏联人应该"带头"敦促罗马尼亚退出战争，而英国人在希腊也采取了同样的做法。这为丘吉尔在后来的10月与斯大林达成具有实质性的"百分比协议"奠定了基础，这是苏英两国就瓜分巴尔干半岛势力范围问题达成的秘密协议。

　　三位领导人都意识到，夏季的攻势将决定这场战争的命运，因此，在那年春天，他们都感到疲惫而紧张。想象一下，斯大林会利用他"在前线"的间歇时间来充电，思考他与希特勒的决战，这与几年前看上去是如此不同，这样的想象并不牵强。丘吉尔的焦虑和脾气反映了他还在担忧"霸王"行动的代价，他现在即使"态度强硬"地阻止，行动也照样会实施，正如他在3月片刻的坦率中告诫罗斯福的那样，反对没有用。[8] 事实上，罗斯福曾谈到要来英国商谈登陆问题，尽管其中的一些表达可能是罗斯福惯用的恭维话，不过就在登陆日前夕，两个人确实互致热情友好的信。罗斯福给丘吉尔写了一封热情的私人信件，感谢丘吉尔为他拍的照片，这张照片现在就挂在总统卧室的墙上。丘吉尔回应说："在这场日益复杂的残酷战争中，我们的友谊是我最大的支持。"[9] 这种书信往来提醒我们，丘吉尔和罗斯福的关系虽然不再像1940年至1941年那样亲密和活跃，但对他们双方来说，友谊的价值是不言而喻的，尽管他们努力与克里姆林宫建立新的关系，但斯大林不会忘记外交博弈靠的是什么。

☆☆☆☆☆

在3月3日的信函中，斯大林直言不讳地表示，解决波兰问题的时机还不成熟，丘吉尔对此竭力应对。3月6日，当战时内阁讨论这个问题的时候，只有比弗布鲁克一个人建议丘吉尔不要回复斯大林，因为对方的通信越来越"尖酸刻薄"。尽管认识到波兰问题的结果将会由事态的发展决定，但大多数内阁成员都同意，英国政府既然已经"承担了义务"，就应确保其态度是"有案可查的"，避免产生任何"我们已经不再管这件事了"的印象。说得更明白一些，用卡多根的话来说，伦敦担心会被指责签了"另一个慕尼黑协定"。[10] 丘吉尔及时修改了他给斯大林的信件草稿，并于3月7日发出，同时抄送了一份给罗斯福。对这封信，罗斯福称之为"一份非常明确和简明的关于英国在波兰争议中的态度声明"。[11] 丘吉尔明确表示，事实上，英国将来在和平会议上会支持斯大林提出的寇松线边界，但他同样坚定地表示，内阁不会抛弃在伦敦的波兰政府。在信的最后，丘吉尔重申，他对世界的所有希望，都寄托在三巨头的"友谊与合作"上。

丘吉尔致斯大林

1944年3月7日发，1944年3月12日收[12]

感谢您3月3日关于波兰问题的来信。

我向波兰人明确表示，他们不会得到利沃夫或维尔纽斯，正如我在信中所示，提及这些地方，只是表明波兰人认为他们可以在这些地区为我们的共同事业提供帮助。当然，无论波兰人还是我，都无意为了侮辱贵国而提及这些地方。然而，既然您发现它们是一个障碍，请认为它们已从信中收回并删除。

我向您提交的建议，使俄罗斯占领寇松线成为"事实上的"现实，按照与波兰人达成的协议,从你们的军队到达寇松线的那一刻起,您即拥有这条边界。而且我已经告诉过您,如果您和我们在会谈和通信中概述的解决办法得以实现,大不列颠国王陛下政府将在停战会议或和平会议上对它予以支持。我毫不怀疑它也将得到美国的支持。因此,一旦你们到了那里,您将会在波兰人的同意下,并且在您的西方盟友的祝福下,拥有事实上的寇松线。

通过武力可以得到很多,但得到全世界真心支持的武力可以得到更多。我真诚地希望,您不会完全关闭同波兰人缔结工作协议的大门,它将有助于战争期间的共同事业,并给您带来和平时期您所需要的一切。如果不能够协商,您也不与波兰政府恢复关系,这个政府我们也会继续承认的,因为它是我们共同向希特勒宣战的盟友。如果那样,我真的会感到非常遗憾。战时内阁要我声明,他们也会感到遗憾。我们唯一的安慰,是我们已经尽了最大努力。

您对克拉克·克尔大使说过,波兰问题有使您和我之间产生裂痕的危险。我将竭力防止这种情况发生。我认为未来和平的所有希望,都建立在西方民主国家和苏联的友谊与合作上。

丘吉尔还向克拉克·克尔发出了细致的指示,不少于七个要点,详细到如何送达并口头强化信件的观点。他总结说:"你不能不强调分歧对未来可能产生的重要影响,但你也应该避免任何可能被误解为政策改变或看法改变的说法,更不用说威胁之类的事情了。"丘吉尔严肃地补充道:"不过,很可能,俄罗斯对波兰的态度将被证明是一块试金石,会让各种重要得多的事情变得更加困难。"[13]

3月8日,克拉克·克尔决定对丘吉尔的信提出一些修改意见,这证明到目前为止,他处理丘吉尔和斯大林之间关系的方法是很有效的。特别是他建议要弱化第四段关于使用武力的表述,否则可能会给斯大林留下这样一种印象,即英国认为,"对他来说,没有公正可言"。弱化这段还可以避免任何关于"给即将到来的行动蒙上阴影"的言论。这种言论有可能"让多疑的斯大林认为,我们不会履行在德黑兰所作出的承诺"。英国大使为自己的鲁莽向丘吉尔道歉,他说:"如果让我选择,我宁愿选择和斯大林较量,也不愿和您较量。"但他又表示,这件事非常重要,"我认为我必须告诉您我预见到的危险"。[14] 在英国外交部,奥利弗·哈维与克拉克·克尔有着同样的担忧。他在日记中写道,丘吉尔和艾登,"两人都有非常强烈的反苏情绪,我认为这相当危险"。然而,丘吉尔并没有被克拉克·克尔的道歉所感动。他对英国大使说:"你有权告诉斯大林元帅,我希望能够在议会中说,大门仍然敞开着,但我能否这样做将取决于他的回复。"他不同意修改信件,宣称"这样已经足够客气了"。[15]

克拉克·克尔等着亲自把英国首相关于波兰的信交给斯大林,这样他就可以强调信件的要点。受到莫洛托夫的鼓励,克拉克·克尔认为会见即将来临,3月12日,他向外交部长递交了这封信的译文。这是他在克里姆林宫与领导人会见之前的标准做法,但这一次英国大使错了,他很快就对自己的所作所为感到后悔。

与此同时,意大利舰船移交问题持续发酵。罗斯福并没有帮助解决问题,反倒引起了很大麻烦,3月3日,在一次新闻发布会上,他使自己在这件事情上陷入了被动。他发言说,"已经在某种程度上决定",俄罗斯将获得意大利船只"或同等的船只","占比多少呢,大概是三分之一,因为这涉及三个大国的参与"。意识到自己把事情搞得一团糟,罗斯福立即向斯大林和丘吉尔发送了淡化矛盾的含糊其词的解释。[16] 斯大林给他发了一封简短的感谢信,但丘吉尔非常愤怒,他用一系列的信件向罗斯福连续发问,指出这个表达与之前的协议"完全背离",并提醒罗斯福说,英国海军"在地中海遭受的损失,至少是你们舰队的20倍"。罗斯福并没有否认他的"三分之一"的说法,但想敷衍过去。他告诉丘吉尔,"我不认为有任何实质性的冲突",并同意丘吉尔提议的给斯大林的联名信。丘吉尔写的联名信中,有些地方是画蛇添足的，例如，新加坡正遭受日本的威胁等。但丘吉尔和海军部关于英国需要驱逐舰的这一解释，基本上是准确的。[17]

罗斯福和丘吉尔致斯大林

1944年3月9日发，1944年3月9日收[18]

虽然首相指示克拉克·克尔大使告诉您，我们借给您的驱逐舰是旧的，但这只是出于绝对的坦率。事实上，它们是好的、可服役的船只，能有效执行护航任务。整个意大利海军舰队，只有7艘现代驱逐舰，其余的都是老式驱逐舰和鱼雷快艇。此外，即使我们收编了这些意大利驱逐舰，假如不经过长时间的改装，它们也完全不适合在北方水域工作。因此，我们认为英国政府提供8艘驱逐舰，对你们来说更及时、更方便。首相很遗憾，他目前没有多余的新驱逐舰；他在上上周损失了两艘，一艘是在护航俄罗斯船队过程中损失的。并且仅仅为配合"霸王"行动登陆，他就要部署不少于42艘驱逐舰来对付岸基炮台，其中大部分可能会被击沉。为了共同的事业，英国拥有的这种级别的每一艘船，都在承受最大的压力。日本舰队正在向新加坡移动，我们双方在印度洋面临一个新的局面。安齐奥桥头堡和整个地中海的战斗正处于高潮。庞大的盟军护航船队正和美国士兵一起横渡大西洋。俄罗斯护航船队拟运行到"霸王"行动之前的最后一刻，由超重型的驱逐舰护航。最后就是"霸王"行动本身。总统的处境同样艰难，其主要原因在于太平洋战场的形势变化，为适应变化，不得不及时调整行动计划。我们在莫斯科和德黑兰商定的向您交付意大利船只的想法没有变，我们将在意大利政府进一步完善和新的部长们履职时，正式向意大利政府提出这一立场。毫无疑问，虽然我们有处置意大利海军的权利，但应在尽可能不损害我们共同利益的情况下行使这一权利。同时，我们指定的所有船只都准备好了，可以按照已经约定的租借方式交付给你方。

现在轮到克里姆林宫发愁了，他们一直犯难，不知该如何应付罗斯福 2 月 23 日关于战后重建合作的信，最终拖到 3 月 10 日才回信。斯大林在信中提到的科德尔·赫尔的备忘录，是在 1943 年莫斯科会议期间交给莫洛托夫的，并得到了对外贸易委员阿纳斯塔斯·米高扬的热情支持。1943 年 10 月 14 日，米高扬给莫洛托夫写了一封信，说他不仅支持苏联加入国际稳定基金，而且敦促苏联参与其管理：

> 为了保证苏联在基金组织理事机构中的地位，应该建议同盟国的核心成员美国、英国、苏联和中国，无论其配额大小，每个国家应拥有不少于总数 10% 的表决权，并同意苏联的一名代表成为基金组织执行委员会的成员。[19]

当然，所有这些对于苏联来说都是未知领域，迄今为止，苏联在很大程度上与全球经济隔绝，这个建议在莫斯科的规划者中引发了相当大的争论。这样做有明显的物质利益，例如经济援助的前景，以"迅速恢复苏联解放区饱受战争蹂躏的经济，进一步推进国家整体社会主义经济发展，提高人民的生活水平"。[20] 正如米高扬提到同盟国四大国时所表明的那样，这个问题不仅关系到国内经济复苏，还关系到苏联在世界上的地位平等。至少在 1945 年初，苏联政府还保持着与其盟国开展战后经济合作的积极态度。因此斯大林在回复罗斯福的提议时尽管用词含糊不清，但态度和反应是热烈的。

斯大林致罗斯福

1944 年 3 月 10 日发，1944 年 3 月 10 日收[21]

我收到了您关于战后经济合作问题的来信。毫无疑问，赫尔先生备忘录中提到的关于经济领域国际合作的问题非常重要，值得予以关注。我认为，目前建立一个联合国机构来解决这些问题,并根据莫斯科会议和德黑兰会议的决定,建立和审议国际经济合作问题的各种条件和程序,是十分适宜的。

斯大林并没有急于对丘吉尔3月7日关于波兰的信作出详细的答复。莫洛托夫确实准备了一份回复草稿,但"老板"对这封信进行了简短的评价,并增加了一些对英国媒体披露他与丘吉尔的通信表示愤怒的话。令斯大林大为恼火的是,他3月3日对丘吉尔关于波兰问题的回复,成为左翼的《每日先驱报》一篇深入报道的主题,《泰晤士报》上发表的一篇文章也涉及信件的内容,该文作者是外交记者艾夫拉克·麦克唐纳。向来多疑的斯大林认为这种情况的发生至少说明英国政府的疏忽,甚至不排除他们蓄意泄密。他的愤怒在当时可能被夸大了,按照惯例,在压力之下,他经常会在另一个方向上发起攻击。

斯大林致丘吉尔

1944年3月16日发,1944年3月18日收[22]

我在3月12日收到了克拉克·克尔爵士转交的您3月7日关于波兰问题的信。

感谢您在信中所作的解释。

尽管我们的通信被认为是机密的和私人的,但我给您的信的内容,已经在英国媒体上出现一段时间了,且常有歪曲,我没有机会进行反驳。

我认为这违反了保密规定。这个事实让我如鲠在喉。我希望您对此予以理解。

丘吉尔和他的同僚显然把斯大林对英国媒体的抱怨视为一种战术策略。乔克·科尔维尔写道:"很明显,这只'熊'不打算在波兰问题上达成任何协议，也不接受任何妥协，并为此编造了各种借口。"丘吉尔决定不予答复，将泄密归咎于苏联大使馆。但根据科尔维尔的说法，丘吉尔说"现在很明显，我们促使苏联和波兰达成协议的努力已经失败，我不得不很快在议会就此作出客观冷静的陈述"[23]。

与此同时，在意大利军舰问题上，斯大林最终在这场旷日持久的争论中认输了，他写信说勉强接受老旧的英国驱逐舰。同时，他重申了苏联作为盟友的权利平等原则。这种情怀一直是他的驱动力。

斯大林致丘吉尔和罗斯福

1944年3月17日发，1944年3月17日收[24]

我已经收到你们关于英国政府向苏联转交8艘驱逐舰的信。我情愿承认这些驱逐舰适合护航任务，不过你们都知道，苏联也需要适合其他战争行动的驱逐舰。当然，盟国有权处置意大利海军，这是毫无争议的。在意大利船只可能会被移交给苏联的特定情况下，意大利政府应该有知情权。

在由罗斯福的官僚主义作风引发的另一封信中，罗斯福劝说斯大林授权苏联参加国际劳工组织（ILO）的一个会议，该组织是国际联盟的一个分支。苏联早先是国际劳工组织的成员，但在1939年底被开除了。美国现在正计划重振国际劳工组织，并要求苏联加入。但苏联外交部门对该提议最初的反应是拒绝。1944年3月7日，莫洛托夫在致哈里曼的信中指出，苏联已经不再"与国际联盟有关系"，而且不管怎样，国际劳工组织"缺乏有效的权力，在目前情况下，国际劳工组织需要在这一领域建立更民主的国际合作组织形式"。[25]罗斯福以个人名义向斯大林发出呼吁，希望苏联改变政策，他担心苏联的缺席会对国际劳工组织的声望产生"不良影响"，"无论是在这里还是在被占领地区的劳工中"。[26]这一信件是由白宫助理、劳工统计专家伊萨多·卢宾起草的,并与劳工部和国务院进行了协调。

罗斯福致斯大林

1944年3月20日发,1944年3月23日收[27]

我刚刚得到哈里曼的通知,苏联不打算参加4月2日在费城召开的国际劳工组织会议。

我充分考虑过国际劳工组织在不断提高世界劳工地位和完善社会准则方面应发挥的作用。我很想让您知道我对这件事的想法。

我认为,国际劳工组织的职能首先是制定国际政策解决劳工福利问题,其次是促进该领域的国际合作。我希望它能成为同盟国讨论与劳工有关的经济和社会问题的一个重要机构,以及审议直接着眼于提高生活水平的国际经济政策的一个重要机构。如果我们两国政府没有利用费城会议来帮助我们达成共同目标,那将是非常遗憾的。因此,我们应该使现有的国际劳工组织适应世界面临的任务,而不损失宝贵的时间。

我指示出席费城会议的美国政府代表提出扩大国际劳工组织的活动和职能的措施,并提出该组织同其他国际组织今后关系的问题。鉴于您对这些问题的关心,以及我们两国政府共同关心的一系列社会和经济问题,我非常希望贵国政府参加这次会议。

现在,丘吉尔决定对斯大林影射英国政府泄露了他关于波兰问题的信作出回应。由内阁授权的对斯大林—丘吉尔信件泄露事件进行的调查显示,泄露源最有可能是苏联驻伦敦大使馆,包括苏联大使本人,因为他在3月7日接受过《泰晤士报》记者的采访。在21日的信中,丘吉尔向斯大林表明了这一点,克拉克·克尔向莫洛托夫提供了更详细的情况。[28] 至于波兰事务,因为一直没有收到斯大林对其3月7日重要信件的回复,丘吉尔认为此事迫在眉睫，决定敦促苏联方面尽快作出决定。因此，他在电报结尾直言不讳地警告斯大林，他将很快告诉议会，苏联—波兰谈判已经破裂。丘吉尔虽然公开赞扬了莫斯科对芬兰和平条款相对温和的态度，但他并没有避免来自莫斯科的紧随其后的重拳打击。

这封信是由丘吉尔、艾登和卡多根在愤怒的情绪中反复斟酌写就的，卡多根在日记中潦草地写道，"每个人都筋疲力尽了"。哈维记载，英国外交部曾希望，通过把讨论从"首相—斯大林这种危险的高级别，降低到莫洛托夫—克拉克·克尔的低级别"，来缓和与莫斯科的冲突。哈维说："如果我们能让那些自以为是的老家伙们远离舞台，相信我们会取得进展。"[29] 但这是不切实际的痴心妄想！

丘吉尔致斯大林

1944年3月21日发，1944年3月22日收[30]

回复您 3 月 16 日的电报。

首先，我再次祝贺贵军取得的所有伟大胜利，也赞扬您以温和的态度对待芬兰人。我想芬兰人是担心在芬兰扣押 9 个德军师，结果自己反被那 9 个德军师控制。我们非常感谢您将贵军在这个战区的所有行动告知我们。

关于波兰人，我不应该为泄露您的秘密信件而受到任何责备。这一信息是苏联驻伦敦大使馆向《美国先驱论坛报》记者和《泰晤士报》记者提供的，很可能是由古谢夫大使亲自提供的。

我将很快就波兰的立场向下议院作出陈述。这将涉及我的说法，即协调苏联和波兰政府达成协议的尝试已经失败。我们会继续承认波兰政府，自 1939 年波兰被入侵以来，我们与波兰政府一直保持着关系。我们现在认为，领土变更的所有问题应在战胜国的停战会议或和平会议上解决。与此同时，我们不能承认任何强行转让领土的行为。

我正在向美国总统抄送这封电报。为了所有人，我真心希望我有更好的消息给他。

最后，我真诚地希望，我们之间就波兰问题发生的分歧，不会对我们在其他领域的合作产生任何影响，在这些领域，保持我们行动的一致是最重要的。

丘吉尔3月7日关于波兰那封信的命运，揭示了斯大林在整体上处理信件的方式。这封信没有得到答复，因为它还没有正式送达。早先，莫洛托夫告诉克拉克·克尔，苏联领袖能够会见他，他一直等待着，但会见始终没有实现。在进一步的追问下，3月17日，莫洛托夫用一封信通知英国大使，"斯大林最近经常在前线"，"回莫斯科短暂逗留之后，他已经返回了他的工作岗位"。克拉克·克尔根本不相信这回事。他对丘吉尔说，斯大林有时间在克里姆林宫宴请在苏联的波兰人民军最高指挥官，肯定是不愿意见我，所以"我只能认为，他是在故意避免再次谈论波兰问题"[31]。

对于莫洛托夫一再暗示很快会安排自己与斯大林会面，克尔感到气恼。他告诉丘吉尔，正是因为如此，他们"诱使我把您信件的译文发给他"。考虑到耽搁了丘吉尔关于意大利船只的信会产生的令人遗憾的结果，克拉克·克尔为稳妥起见，与外交人民委员进行了一次会面，以便遵照丘吉尔指示的要点，如果不向"老板"通报，就向莫洛托夫通报。在3月19日的整个会面中，克拉克·克尔试图强调局势的严重性，同时避免"任何具有威胁性质的事情"。苏联外交人民委员漫不经心地听着，无动于衷，用英国大使的话说，"没有任何打断和旁白。如果是斯大林，他就会用这些方式使会面生动起来"，他承诺会把这些意见全部转达给斯大林。莫洛托夫说，斯大林"已经无暇顾及外交事务"，并且"现在正在集中全部精力，专心致志投入战斗中"，让他这个外交人民委员承担起"应对世界的责任"。这些话语最终阐明了那个熟悉但模糊的措辞——"在前线"，这显然表明了斯大林是精神上而非身体上的不在场。克拉克·克尔疲惫地给丘吉尔发电报说:"现在似乎没有任何办法了,只能等待斯大林的反应。"[32]

期盼的回复终于在3月25日到来,但比预期的还要糟糕。[33]双方现在都明白,克里姆林宫和伦敦的波兰政府几乎不可能达成协议,斯大林像丘吉尔一样,正在为自己的行动做准备。如同卡廷事件和第二战场一样,斯大林和莫洛托夫都是辩论大师,他们利用丘吉尔信中易受攻击的言辞来反驳对方。英国首相所说的"通过武力可以得到很多,但得到全世界真心支持的武力可以得到更多",被解读为丘吉尔违反《德黑兰总协定》的佐证,说明丘吉尔质疑苏联向西进攻是解放战争性质的。克拉克·克尔3月19日对莫洛托夫的独白,很可能被外交人民委员曲解为英国使用"威胁的方法"的例证,并将此观点汇报给斯大林。威胁盟友的方法不仅在盟友之间是"不正确的",而且肯定是"有害的"。斯大林在信的结尾将苏联描绘为坚持合作原则的国家,而丘吉尔可悲地对苏联加以中伤和威胁。

斯大林致丘吉尔

1944年3月23日发,1944年3月25日收[34]

我最近收到您关于波兰问题的两封信,并研究了A.克拉克·克尔爵士就同一问题按照您的指示向V.M.莫洛托夫所作的陈述。我当时无法回答,因为前线的事情经常令我无暇顾及非军事事务。

我现在就答复这些问题。

显然,您的信函,特别是A.克拉克·克尔爵士的说法,充满了对苏联的威胁。我想提请您注意这个事实,因为威胁的方法不仅在盟友的相互关系中是不正确的,而且也是有害的,并可能导致相反的结果。

在您其中的一封信中,您把苏联在维护和实现寇松线问题上的努力说成是武力政策。这意味着您现在试图将寇松线定性为非法的,为它而进行的斗争被看成是不公正的。我绝对不同意这样的态度。我不得不提醒您，在德黑兰，您、美国总统和我就寇松线的正义性达成了一致。您当时认为苏联政府在这个问题上的态度是完全公正的，您说波兰流亡政府的代表拒绝接受寇松线将会是极不明智的。而现在，您主张和坚持的是相反的东西。

这难道不意味着您不再承认我们在德黑兰达成的协议，而根据这一事实，您违反了《德黑兰总协定》吗？我毫不怀疑，如果您一如既往地坚持您在德黑兰采取的态度，与波兰流亡政府的争端可能已经得到解决。至于我本人和苏联政府，我们将继续坚持我们在德黑兰采取的态度，并且不打算改变这种态度。因为我们认为，以寇松线为界不是武力政策的体现，而是恢复苏联对那些领土的合法权利的政策体现。这些领土，寇松（英国政治家）和苏维埃国家最高委员会早在 1919 年就认定不属于波兰。

您在 3 月 7 日的信中说，苏联—波兰边境问题将不得不推迟到召开停战会议时再讨论。我想，我们之间在这一点上有一些误会。苏联现在没有对波兰发动战争，而且也无意对波兰发动战争。苏联与波兰人民没有争端，并认为自己是波兰和波兰人民的盟友。正是由于这个原因，苏联为了把波兰从德国的压迫下解放出来，正在流血牺牲。因此，说到苏联和波兰之间的停战协定是很奇怪的。但苏联与流亡的波兰政府存在争议，这个波兰政府既不代表波兰人民的利益，也不表达他们的愿望。将从波兰脱离的伦敦的波兰流亡政府等同于波兰，或认为其与波兰有关联，很是奇怪。我发现，甚至很难指出波兰的流亡政府和类似的南斯拉夫流亡政府之间的区别，就像很难指出波兰流亡政府的某些将军和塞尔维亚的米哈伊洛维奇将军之间的区别。

您在 3 月 21 日的信中说，您打算在下议院发表讲话，大意是所有领土问题必须等到战胜国召开和平会议来解决，而且在此之前，您不能承认任何武力造就的领土转让。我理解这意味着您把苏联描绘为一个敌视波兰的大国，意味着本质上您否认苏联抗击德国侵略的战争是解放性质的。这相当于试图把子虚乌有的东西栽赃给苏联，从而使其名誉扫地。我毫不怀疑，您的这种说法将被苏联人民和世界舆论视为对苏联的肆意侮辱。

当然，在下议院，您可以发表任何您想发表的言论，那是您自己的事。但如果您确实发表那样的言论，我将认为您对苏联作出了不公正和不友好的行为。

您在信中表示，希望在波兰问题上发生的龃龉不会影响我们在其他领域的合作。至于我自己，我过去支持，并且将继续支持合作。但我担心，这种威胁和抹黑的方式，如果今后继续下去，将无益于我们的合作。

卡多根写道："'乔'的回信太激烈了。"艾登发现，丘吉尔对这个"非常糟糕的信"感到"非常不安"，他在日记中写道："我和首相一样焦虑，真的不知道该提什么建议，用什么方法才能对我们的事务造成最小的损害。"[35] 4月1日，丘吉尔告诉罗斯福，内阁认为，由于斯大林"决心在每一点上找碴儿寻衅"，丘吉尔写更多的信没有意义，但丘吉尔个人有"一种感觉，他们是雷声大雨点小，他们根本不想脱离他们的英美盟友"。为了表明英国的立场，战时内阁给莫洛托夫发出了一封信，以供记录在案，强调英国政府没有放弃在寇松线上一直采取的立场，但在目前情况下，它只能"退出调解人的角色"，并宣布其努力"失败"。罗斯福在贝塞斯达接受了体检，体检结果让人大惊失色，现在他即将前往疗养地，他同意英国的姿态，认为它"目的正确，考虑周到，超出了合理的预期"。[36]

4月1日，丘吉尔指示艾登说，他们现在应该采取"一种低调的沉默态度对待斯大林"，只与莫洛托夫打交道，然后用"最文雅和最超然的方式"，避免介入任何争论，也不试图"向他们奉承或卑躬屈膝"。他说，很明显，"我们的，尤其是我的非常礼貌甚至过分热情的个人表达方式，已经产生了不良影响"。丘吉尔阴沉地说："虽然我用尽一切办法同情这些共产党领导人，但我对他们没有丝毫的信任和信心。他们只认武力和事实。"[37]

艾登同意"我们应该让您和斯大林之间的私人通信暂停一下"的说法。

但是，艾登又劝说丘吉尔，无论俄罗斯人最近的行为多么"令人恼火"，丘吉尔也"不要草率地下结论，说苏联人已经不再回到合作政策上来"。艾登强调说，"波兰事务本身属于一个类别"。像丘吉尔一样，艾登拒绝了赫尔要求"直言不讳"的呼吁，认为这只会导致更多的争吵，他"倾向于考虑与斯大林摊牌之前，先听之任之，让事情冷却一段时间"。这也是英国外交部高级官员的观点，他们希望冷处理，把英苏关系暂时搁置一旁，而不是让其成为两位领导人极度自负的信件的主旋律。在4月，哈维被鼓励去了解苏联指挥官和波兰地下组织之间，以及伦敦和莫斯科的波兰人之间的秘密联系，但莫洛托夫否认存在什么秘密联系。哈维在日记中写道："我很高兴地说，我们只是袖手旁观，不参与。"[38]

现在，苏联正就波兰问题制订自己的计划。1943年底，在博莱斯瓦夫·贝鲁特的领导下，"全国人民代表会议"秘密成立了，将波兰共产党人领导的左翼政党聚集在一起，准备替代在伦敦的波兰流亡政府。全国人民代表会议向波兰人民发出呼吁，要"支持苏联政府对苏联—波兰关系的政策"。[39] 克里姆林宫还想招募生活在美国和英国的亲苏联的波兰人，希望为替代政府塑造国际形象。苏联驻华盛顿大使馆搜寻莫斯科可以接受的波兰领导人，最后看中了两名波兰裔美国人，一位是社会党党员奥斯卡·兰格，他在20世纪30年代从波兰移民到美国，现在是芝加哥大学的经济学教授，另一位是来自马萨诸塞州斯普林菲尔德的鲜为人知的天主教神父斯坦尼斯劳斯·奥尔莱曼斯基。两人都有亲苏情结，都敌视伦敦的波兰流亡政府。克里姆林宫决定，邀请兰格和奥尔莱曼斯基来莫斯科会见苏联的领导人。1944年2月21日，在莫斯科的指示下，葛罗米柯亲自请求罗斯福为他们的访问提供便利。罗斯福表示，他将与赫尔商量一下，再给答复。尽管后来有苏联的提醒，但此事没有进一步回应。[40]

不回应的原因，是这项要求让罗斯福政府进退两难。3月8日，赫尔的副手爱德华·斯特蒂纽斯向罗斯福汇报说："这两个人在波苏问题上持一种特定的带有严重偏见的观点,而这种观点,并未得到波兰裔美国人和美国公众舆论的普遍认同。"如果他们在美国官方的帮助下前往苏联,他们的访问将会"在很大程度上,被解读为本国政府放弃波兰流亡政府的第一步"。斯特蒂纽斯又提醒说,但是另一方面,直接禁止两名美国公民接受苏联政府的邀请,"即使不是不可能的,也是不可取的"。为了摆脱这种困境,美国国务院建议将这次访问完全归为私人事务,并在给斯大林的一封信中强调了这一点,这封信的草稿附在斯特蒂纽斯的备忘录中。罗斯福在作出最后决定前拖延了一段时间。他非常了解波兰裔美国人的情绪,并对他们普遍的反苏情绪感到沮丧。然而,他不得不认真对待他们的感受,尤其是在11月的总统大选之前。几周后,罗斯福批准向兰格和奥尔莱曼斯基签发护照,并签署了给斯大林的信件草稿,只作了一些小小的改动。他拒绝这两个人乘坐美国的交通工具,努力让他们的旅行看起来与美国政府无关。斯大林接受了罗斯福的条件。4月,这两名波兰裔美国人乘坐苏联飞机,经阿拉斯加和西伯利亚飞往莫斯科,为了掩人耳目,他们在不同的时间抵达,想方设法减少外界的关注。[41]

罗斯福致斯大林

1944年3月24日发,1944年3月25日收[42]

根据您的建议,兰格博士和奥尔莱曼斯基神父将获得护照,以便接受您的邀请前往苏联。然而,由于军事行动,我们的交通工具目前非常紧张,因此,从美国到苏联的交通工具必须由苏联提供。我知道,您会意识到兰格博士和奥尔莱曼斯基神父是以普通公民的个人身份前往贵国,本国政府对他们的活动或观点不承担任何责任,如果他们的旅行成为公众评论的话题,本国政府可能有必要澄清这一点。

斯大林礼貌但明确地拒绝了罗斯福关于苏联派代表参加国际劳工组织在费城举行的会议的请求，重申了莫洛托夫早先信中列举的论点，并使用了（虚构的）苏联工会的反对意见。其中真正的原因是斯大林对国际联盟及其所属组织的反感，早在20世纪30年代，他就私下将其称为"国家联盟垃圾"。尽管在3月31日，罗斯福发出了后续的信，表示希望国际劳工组织尽快与国际联盟决裂，并与同盟国结盟，但直到战后，这个决裂才完成。斯大林去世后，到了1954年，苏联才加入国际劳工组织。[43]

斯大林致罗斯福

1944年3月25日发，1944年3月25日收[44]

我和您一道，在研究和改善世界范围内的劳动条件等相关经济和社会问题方面，努力促成两国政府的合作。然而，由于给哈里曼先生的信中所述的动机，苏联无法派代表参加在费城举行的国际劳工组织会议，因为苏联工会组织反对参会，苏联政府应当考虑苏联工会组织的意见。

不言而喻，苏联不能与国际联盟有任何联系，如果国际劳工组织在现实中成为同盟国的一个机构，而不是国际联盟的一个机构，那么苏联代表参加其工作将是可能的。我希望这将成为可能，并希望在不久的将来就会采取适当的措施。

与此同时，针对英国媒体泄露斯大林和丘吉尔通信一事，双方继续相互指责。丘吉尔在信中指控古谢夫和苏联大使馆泄密，克里姆林宫于是指示这位大使进行自查。古谢夫再次陷入困境，非常被动，因为他确实在《纽约时报》发出有争议报道的前夕，会见过作者麦克唐纳，所以他在给莫洛托夫的报告中，指责这位英国记者恶意歪曲事实。但在古谢夫的辩护中，最主要、最具说服力的论点是，他并不了解丘吉尔给斯大林信件的内容，而这些内容竟然在那些文章中出现了。苏联大使强烈谴责对他的指控，认为是"准备不足的挑衅"，并狡黠地总结道："丘吉尔和艾登希望换一个人担任苏联驻伦敦大使，为了实现这个目标，他们策划了整件事。"[45] 古谢夫在伦敦确实不受欢迎，但现在，他把这个劣势变成了自己的优势，因为在英国政府眼中不受欢迎，在克里姆林宫眼中就是合格的，因为他是独立自主的。最有可能泄密的是波兰人，英国人让他们了解了丘吉尔和斯大林书信的相关部分，艾登的随从私下里也承认这种可能性。[46]

古谢夫的叙述显然令斯大林满意，他在收到苏联大使急件的第二天，就给丘吉尔写了一封措辞严厉的信。

斯大林致丘吉尔

1944年3月25日发，1944年3月25日收[47]

我已经对您的陈述进行了彻底的调查，您说我们之间信件的泄露是由于苏联驻伦敦大使馆和F.T. 古谢夫大使本人的过错而造成的。

调查表明，无论大使馆还是F.T. 古谢夫本人，在这件事上都没有任何过错，他们甚至都没有掌握在英文报纸上刊登的这些文件的内容。因此，泄露的根源不在苏方，而是在英国方面。

古谢夫愿意接受对此事的任何调查，以证明他和他的工作人员与我们的通信内容泄露一事没有任何牵连。在我看来，您好像在古谢夫和苏联大使馆的问题上误入歧途。

考虑到避免与克里姆林宫进一步争论的总体政策，战时内阁认为，"纠缠必然会引起争论，不会有任何收获"，但斯大林的指责触及了丘吉尔的痛处，英国首相下令进行另一次调查。他告诉内阁秘书说："我不能对说谎者的指责置之不理。"[48]

调查的结果令人尴尬，最终，1944年7月，真相浮出水面，丘吉尔在3月21日信中对古谢夫的指责被证明是错误的。丘吉尔的退路是，如果不得不向莫斯科正式道歉，就让英国外交部去背黑锅，[49]他和艾登都想掩盖真相，但引发这场争议的《泰晤士报》坚持认为，其报道是基于《纽约先驱论坛报》的一篇文章，并威胁说要向苏联大使馆澄清这一点。因此，7月底，克拉克·克尔奉命向莫洛托夫发送了一份特别声明，简要说明了这一背景。克拉克·克尔大使想用一些"道歉或遗憾"的暗示来降低姿态，因为不这样，俄罗斯人可能会重新讨论整个问题。但英国外交部立场坚定，奥姆·萨金特发电报给克拉克·克尔称，"我们在这件事上遇到了最大的困难"，一方面是因为《泰晤士报》强烈暗示，它将直接与俄罗斯方面讨论此事，另一方面是因为丘吉尔"不愿做任何可能被解读为免除苏联大使馆责任的事情"。英国大使被告知，"要明确表明我们自己不承担任何责任"，同时"暗示我们并不完全免除苏联大使馆的责任"。[50]8月8日，当克拉克·克尔及时地以这种方式写信给莫洛托夫时，苏联外交人民委员答复说，克拉克·克尔的信证实了克里姆林宫自始至终的坚持是对的，英国对古谢夫和苏联大使馆泄密的指控是"毫无根据的"。同时他还指出，由于英国大使的信中"不清楚"谁应该对此事负责，"如果能就此问题提供更多信息，我将不胜感激"。伦敦经过进一步考虑，于9月4日告知克拉克·克尔，伦敦"不打算发送任何回复"。[51]

最初，斯大林和丘吉尔关于泄密的信函往来发生在3月中旬，最终，整个事件纠缠了近6个月。尽管苏联和波兰大使馆明显都在给英国媒体造谣，但具体到古谢夫身上，丘吉尔在3月21日的指责已被证明是毫无根据的。尽管如此，丘吉尔还是自欺欺人，不想认错，恐怕颜面尽失。这与斯大林在意大利海军问题上的表现多么相似。因此，英国外交部强烈希望外交政策不能被"不受约束的人"所左右。

第十二章 "力量与事实" 527

☆ ☆ ☆ ☆ ☆

几个星期以来，丘吉尔确实采取了他所谓的"低调的沉默"。但到了 4 月中旬，他积极寻找一个契机来重新启动两国关系。14 日，他发电报给罗斯福说："您和我就'霸王'行动的日期给'乔大叔'发个通知，不是很好吗？"他还以惯常的做法，发送了一份草稿供罗斯福参考，措辞非常热情亲切，并煞费苦心地赞扬苏联军队在冬季几个月里，为"共同的事业"赢得了"一系列不可预见的辉煌胜利"。人们曾预计，在冰封大地的这几个月里，寒冷会冻结一切，不会有什么像样的军事行动。但在 3 月和 4 月，红军解放了乌克兰南部的大部分地区，并推进到了克里米亚。[52]

马歇尔将军草拟了一封回信，抱病休养的罗斯福未加修改，原样发给伦敦。这封信通知丘吉尔，盟军参谋长联席会议最近指示驻莫斯科的美国和英国军事代表团，以绝密情报的传递原则将"霸王"行动的预定日期（5 月 31 日）通知苏联总参谋部，并寻求确认斯大林在德黑兰承诺的苏联的辅助进攻，但这封信并没有要求苏方提供配合进攻的行动细节。这封电报是 4 月 10 日发出的。[53] 尽管丘吉尔可能对克里姆林宫已经提前知情，并且他的通信草稿没有按照惯例得到罗斯福的批准而感到恼火，但他还是想证明，他与罗斯福最好再发出一封信函，"这会引起斯大林本人的关注，这比参谋部的通报更重要，是更值得我们全心全意地去做的大事"。丘吉尔满怀希望地补充道："接下来，甚至可能会有友好的回应。"[54]

丘吉尔发出了实际上经罗斯福（换句话说，是马歇尔）修改和缩减的信。

罗斯福和丘吉尔致斯大林

1944年4月19日发，1944年4月21日收[55]

根据我们在德黑兰的会谈，全面的跨海行动将在准备就绪的 R 日前后进行，迪恩将军和伯罗斯将军最近已经接到指示，将日期告知苏联总参谋部。我们将全力以赴。

我们大约在 5 月中旬，向意大利本土发起最大规模的进攻。

自德黑兰会议以来，你们的军队已经为共同的事业赢得了一系列不可预见的辉煌胜利。即使在人们认为贵军不会积极行动的几个月里，他们也取得了辉煌战果。我们向您致以最良好的祝愿，并相信你们的军队和我们的军队将根据德黑兰总协定一致行动，歼灭希特勒分子。

4 月 22 日，在克里姆林宫收到这份电报的第二天，副总参谋长阿列克谢·安东诺夫将军正式回复了盟军参谋长联席会议的信："根据《德黑兰总协定》，红军总参谋部对你方关于'霸王'行动开始日期的友好来信感到满意。支持英美盟军的苏联新攻势，将在同一时间展开。"在那一天，斯大林也用类似的措辞回复了罗斯福和丘吉尔，使用了莫洛托夫的草稿。[56]

关于"霸王"行动开始于"R 日"的绝密信息，显然对苏联最高统帅部军事行动计划产生了直接影响。4 月 12 日，在收到英美首次确切通报的两天后，苏联政治局、国防委员会（GKO）和最高统帅部召开了一次联席会议，在会上，策划了围绕苏德战场全方位开展一系列"连续的战略进攻行动"。[57] 4 月 22 日，在斯大林作出答复那天，苏联最高统帅部又召开了一次高级指挥官会议。斯大林抽着烟斗，要求他们就 1944 年战役中可能遇到的问题作出汇报。朱可夫适时开讲，但很快被最高指挥官打断。"这些不会是唯一的问题。6 月，盟军打算最终在法国进行一次大规模登陆行动。我们的盟友很着急,"斯大林笑着说,"他们害怕我们会在没有他们的情况下打败纳粹德国。"接着,他收敛了笑容,严肃地继续说道:"当然,看到德国最终开始在两条战线上作战,符合我们的利益。对他们来说,这将更加困难。"[58]

几天后,斯大林确定了夏季战役的计划,这将是对白俄罗斯地区的一次大规模进攻,打击希特勒的中央集团军群。自"巴巴罗萨"行动以来,德国中央集团军群就是俄罗斯最大的眼中钉肉中刺。夏季战役的时间安排将尽可能与"霸王"行动同时展开。斯大林随后对4月18日的联名信作出了丘吉尔所希望的"友好回应"。

斯大林致罗斯福和丘吉尔

1944年4月22日发,1944年4月22日收[59]

我收到了您4月18日(原文如此)的来信。苏联政府对你们陈述的内容感到满意。你们说根据《德黑兰总协定》,跨海作战将在计划的日期进行,关于这一点,迪恩将军和伯罗斯将军已经通知了我们的总参谋部,你们将全力以赴。我相信此行动定会成功。

我也希望你们在意大利实施的行动取得成功。

根据在德黑兰达成的协定,红军将同时发动新的攻势,以便最大限度地支持英美的军事行动。

我请求你们接受我的谢意,感谢你们对红军的胜利所表达的祝愿。我同意你们的声明,你们的军队和我们的军队互相支持,将消灭希特勒分子,完成我们的历史使命。

斯大林的这封信,尽管语气生硬,但意义重大。它表明,尽管有时候他的信函言辞激烈,但斯大林和他的两个西方伙伴从根本上讲是作为盟友作战的,各自努力的同时又相互协调,对抗共同的敌人。相比之下,轴心国的纳粹德国和日本帝国在协同方面差很多。

然而，罗斯福和丘吉尔都没有回复斯大林。白宫将邮件袋中的文本发送给还在南卡罗来纳州的罗斯福，但罗斯福几乎不看他的邮件，两周后，在地图室的日志表上有一张纸条，上面写着："海军上将莱希认为，无需回复或确认收悉。"[60] 至于丘吉尔，他在发给莫洛托夫的一封关于其他事情的信函末尾，附上了一封感谢信，从而在形式上保持了他的"低调的沉默"（这是一个可以自由自在地直陈观点的方法，疲惫不堪的艾登正在休假，由丘吉尔对外交部督导两个星期）。丘吉尔在信中对外交人民委员说："请转告斯大林元帅，我感谢他对罗斯福总统和我的信所作的答复。这个答复的确是可以恰当地称之为'一个历史性使命'的事件。"莫洛托夫也和丘吉尔玩起了同样的游戏，在一封关于南斯拉夫和希腊问题的信函后面，他附上了评论："斯大林元帅满意地收到了您的信息。"[61] 因此，"不受约束的人"设法通过间接的方式缓和了关系，丝毫没有丢面子。

1944 年 4 月 28 日，美国海军部长弗兰克·诺克斯因心脏病发作去世，享年 70 岁。此时罗斯福的身体也非常不好，因此他没有返回华盛顿参加葬礼。苏联大使馆表示哀悼，斯大林决定亲自致电悼念，这是他与罗斯福和丘吉尔通信中首次涉及这种事情，再一次就是 1945 年 4 月罗斯福去世。实际上，诺克斯和大多数美国军方高层一样，在莫斯科的声誉并不好，因为他们在反对苏联时不加掩饰。也许，斯大林认为有必要缓和一下自 1944 年春季以来通信中的负面语言和紧张气氛。对于斯大林的举动，罗斯福发出了正式的感谢。[62]

5 月 3 日，丘吉尔恢复了与斯大林的直接通信，通过回顾过去 6 个月的北极护航船队，他采取了一种非常积极的态度，他的信读起来就像是学生给校长的一份报告，显示了英国人一直是好孩子。6 个船队总共 180 艘船的高交货率和相对较小的损失，凸显了自 1942 年以来海上的战争已向有利于盟军的方向转变。斯大林发来了一封热情的感谢信，并附上了他的"最美好的祝愿"。[63]

在斯大林看来，兰格和奥尔莱曼斯基对苏联的访问，无疑是一个巨大的成功，尽管大多数波兰裔美国记者们谴责这个访问，认为他们是对波兰事业的"背叛"，并称他们两人是"莫斯科特工"。他们不仅会见了"莫斯科"的波兰人——波兰爱国者联盟（UPP）的代表，而且受到了斯大林和莫洛托夫的接见，两人与苏联领导人就波兰与苏联的关系进行了长时间的讨论。或许是因为这个原因，斯大林给罗斯福的下一封信中，有了一句不同寻常的热情问候——"亲爱的朋友"。

斯大林对奥尔莱曼斯基神父的重视，可能是因为神父对返回家园的天真的评论。他谈论斯大林对波兰人的仁慈，以及希望与梵蒂冈罗马教廷对话，这些在美国都成为新闻头条。这位神父因为违反教皇不得与共产主义者交往的禁令，受到长老们的谴责。葛罗米柯不断向克里姆林宫通报奥尔莱曼斯基的艰难处境[64]，斯大林也没有忘记这件事。差不多两年后，他问美国斯拉夫协会主席："奥尔莱曼斯基怎么样了？他吃了很多苦。"莫洛托夫插话说："奥尔莱曼斯基返回美国后，受到严重粗暴的对待，被整得很惨。"[65]

苏联领导人与兰格教授举行了更多有意义的会谈。兰格教授是一位谨慎而敏锐的访客，他在二战后放弃了美国国籍，成为新一届波兰政府的首任驻美国大使。斯大林和克拉克·克尔都敦促兰格访问伦敦，并敦促米科瓦伊奇克与他政府中的反动分子决裂，与波兰爱国者联盟合作。[66]尽管兰格持有亲苏联的观点，但他给哈里曼留下的印象则是"深思熟虑、聪明、温和的人"。[67]回到美国后，这位经济学家向美国总统和国务院呈交了一份他在莫斯科谈话的详细报告。报告的总体基调非常乐观，他认为苏联领导人愿意与西方盟友合作，寻求波兰问题的建设性解决方案，如果伦敦的波兰人停止他们的反苏宣传并与波兰爱国者联盟合作，这将是可能的。[68]华盛顿的八卦专栏作家德鲁·皮尔森通过代理人骗到了兰格的报告副本，将其大肆渲染，认为这是"战争中最棘手的问题之一，即波兰与俄罗斯的关系，正处于和解前夕"的证据。[69]

罗斯福对兰格一丝不苟的报告作何反应，档案中没有记载，但罗斯福对奥尔莱曼斯基给国务院所作汇报的一份文字记录反应热切。该记录的结尾是："一定要告诉华盛顿的大人物，斯大林想解决问题；只是他非常多疑，几乎对所有人都持怀疑态度。不过他喜欢罗斯福。"这些话与罗斯福对自己的看法以及对他与斯大林的关系的看法完美地契合——这可以追溯到他1942年3月给丘吉尔的信，以至于他称这份报告"非常有趣"，他甚至问赫尔，他是否应该"私下里"见一见奥尔莱曼斯基。不过这个会面没有变为现实，显然，美国国务院设法冷却了这位大人物的热情。尽管兰格和奥尔莱曼斯基的影响力不太大，但却揭示了至少到1944年中期，华盛顿仍然希望波兰问题得到巧妙的解决。[70]

斯大林致罗斯福

1944年5月6日发，1944年5月6日收[71]

我亲爱的朋友：

非常感谢您的帮助，让虔诚的斯坦尼斯拉夫·奥尔莱曼斯基来到莫斯科。

祝您身体健康和事业成功。

以热情友好的语气恢复与斯大林的接触，并没有使丘吉尔从5月初就压倒他的对苏联的极度悲观的情绪中摆脱出来。这种意志消沉不仅源于他较差的健康状况，也源于他对折磨人的"霸王"行动的焦虑，而艾登不在期间由他督导外交部，直接阅读大量外交电报加重了他的焦虑。特别让丘吉尔感到不安的，是俄罗斯人对巴尔干地区，尤其是对希腊和罗马尼亚的兴趣与日俱增。像丘吉尔平时的争吵一样，自尊并不永远都在合适的位置，这次让丘吉尔动怒的是莫洛托夫的一份电报，说英国特别行动委员会的两名人员于1943年底进入罗马尼亚，外交人民委员莫洛托夫将其描述为在苏联背后工作的"半官方的英国代表团"。深夜，丘吉尔在怒火中烧的状态下起草了一份愤怒的答复，用了一些特别的措辞，如"假如您认为我们与罗马尼亚有任何阴谋，您绝对是发疯了"，以及"当然，如果您不相信我们说的任何一句话……"。5月4日，丘吉尔给艾登发了几份言辞尖刻的信件草稿，丘吉尔问道："我们打算要默许巴尔干半岛的状况，或许还默许意大利的公有化吗？"并询问，"我们从莫斯科召回大使进行磋商是否明智"，因为"显然，我们即将向俄罗斯人摊牌"，他们在这些国家"阴谋扶持共产主义者"。[72]

他还对路过伦敦的埃夫里尔·哈里曼大为恼火，抱怨哈里曼在过去几个月里没有为解决波兰问题作出努力，因为在这些问题上，他丘吉尔所得到的，只是不断"来自斯大林这个野蛮人的侮辱"。他继续抱怨说，"斯大林不相信他的好意，他有多么痛心"。到5月8日，丘吉尔的语气像是预言灾难。他说："我担心非常大的邪恶可能会降临到这个世界上。无论如何，这一次我们和美国人将全副武装来应对。俄罗斯人正陶醉于胜利，没有什么是他们干不出来的，他们无所顾忌。"[73]

5月5日，艾登与古谢夫开诚布公地谈了一次，希望通过对话来避免"摊牌"。为了摆脱罗马尼亚的意外事件造成的窘境，艾登建议，由于该国显然处于苏联的战区，苏联"应该起带头作用，在我们共同的努力下，让罗马尼亚退出战争"。但随后，英国外交大臣又表示，他"认真地关切"苏联媒体对希腊的煽动，认为苏联人应让英国在那里发挥主导作用，因为希腊处于英国指挥的战区内。在这个阶段，艾登似乎只是考虑了短期的战时情况，但随后英国方面对于希腊的安排逐渐强硬起来，坚持按自以为正确的方式进行。5月18日，古谢夫问艾登是否已经通知美国。苏联大使显然是按照指示行事的，尽管目前还不清楚克里姆林宫当初仅仅是出于谨慎，还是看到了一项更持久协议的雏形。不管怎样，5月19日，丘吉尔在一封长信中"顺便"告诉罗斯福，苏联人刚刚"告诉我们，他们接受了在罗马尼亚事务中起带头作用的广泛原则，并让我们在希腊起主导作用"。美国国务院在5月底风闻此事时，就看到了一丝领土交易的苗头。在丘吉尔和罗斯福（实际上是国务院）进行了一番激烈的争论后，两位领导人于6月11日同意，这种相互"带头"的安排将只简单地试行3个月。罗斯福预言性地警告丘吉尔："我必须谨慎地表明，我们不会在战后建立任何势力范围。"[74]

伦敦和华盛顿之间的另一个摩擦，是关于计划中的对法国南部的进攻，行动代号为"铁砧"。美国战略家认为，打通马赛和土伦的主要港口，以改善在法国的盟军的补给线，对"霸王"行动有重要意义，这需要从意大利抽调英国兵力。而丘吉尔认为，"铁砧"行动将会分散英国领导的在意大利的作战力量——这确实是美国的一个次要动机。这些争论从德黑兰开始就一直持续着，到了来年春天还没有解决。但是到了5月，很明显，即使该行动确实继续进行，也不可能与诺曼底登陆同时实施。由于担心斯大林会把这一拖延视为盟国意志的失败，罗斯福认为有必要向苏联人解释其背后的原因。丘吉尔与参谋长们协商后，对莱希的草稿进行了修改（斜体表示插入内容），用联名信的方式从伦敦发出。[75]斯大林的反应很平静，他在德黑兰已经明确表示，在"霸王"行动优先的情况下，"铁砧"行动的时间在诺曼底登陆之前或之后，应该取决于英国和美国的能力。[76]

罗斯福和丘吉尔致斯大林

1944年5月13日发，1944年5月14日收[77]

为了给法国北部的跨海进攻行动提供最大的兵力，我们已将部分登陆艇从地中海转移到了英国。同时，我们在地中海的地面部队目前已投入意大利战役中，这样一来，"霸王"行动开始进攻时，无法协同同时实施对法国地中海沿岸的进攻。我们期待计划稍后再进行这样的攻击，为此，美国正在向地中海增派登陆艇。为了使最大数量的德国军队远离法国北部和东部前线，我们马上要向意大利的德军发起最大规模的进攻，同时也保持对法国地中海沿岸的威胁。

斯大林致罗斯福和丘吉尔

1944年5月15日发，1944年5月15日收[78]

我收到了你们的联名信。你们一定很清楚该如何安排以及用什么样的战斗序列部署你们的部队。重点在于如何确保"霸王"行动的全面成功。我相信你们在意大利发起的对德国人的进攻一定会成功。

5月，盟军两个战场的节奏都加快了。乌克兰沿海地区的解放需要红军和黑海舰队在联合行动中密切合作，例如在尼古拉耶夫港附近的联合行动，该港最终于3月28日获得解放。这一胜利帮助苏联军队渡过南部的布格河，并为克里米亚的行动创造了机会。希特勒非常重视克里米亚的防御，一些德国将领请求从该半岛撤军，但希特勒置之不理。4月10日，红军解放了敖德萨，该半岛的德军陷入了孤立无援状态。5月5日，克里米亚行动开始，4天后，塞瓦斯托波尔陷落。尽管德军设法撤出了剩余的26万人中约一半兵力，但在随后的逃生中，仍有大约4.2万人葬身海底。这是一个巨大的失败，德军从此失去了东线南翼的关键战略位置。

与此同时，意大利的僵局终于打破了。5月18日，在第四次大规模的攻势后，盟军占领了卡西诺山的高地。这是保护罗马的古斯塔夫防线的关键，这条防线的西北分支是阿道夫·希特勒防线，19日，丘吉尔在给斯大林的胜利电报中提到了阿道夫·希特勒防线。然而到那时，苏联已经取得势不可当的广泛的胜利，卡西诺的战斗几乎成为盟军无能的象征。整个战役期间英美指挥官之间摩擦和对抗不断。另一方面，这个胜利是真正的国际成就，丘吉尔特别提到"自由法国"军队中的摩洛哥山地部队，他们穿越了被认为不可逾越的地域，在战斗中异常勇猛，丘吉尔还多次提及安德斯将军部队中的波兰士兵。丘吉尔的政治潜台词很清楚，他是想悄悄地提醒斯大林，被苏联嘲笑为卖国贼的"伦敦的波兰人"表现英勇，他们正牺牲自己的生命来抗击共同的敌人。[79]

在给斯大林的电报中，丘吉尔还夸大了意大利战役对"霸王"行动的支持作用，说这些战役转移了原本可能会被部署在诺曼底的德国军队。尽管意大利的成功姗姗来迟，还是为英国在中欧和巴尔干半岛创造了更多机会。1944年6月中旬，亚历山大将军提出了一项代号为"腋窝"的行动，目标是维也纳。[80]丘吉尔也把目光投向了这里，想要得到南斯拉夫，在那里，英国与铁托的共产党游击队之间迅速发展的关系，因为丘吉尔之子伦道夫的出现而得到巩固。在5月22日的回信中，斯大林重复了丘吉尔的希望，即英国和苏联派往铁托那里的代表团之间达成一项良好的协议。[81]

罗斯福想把呼吁德国人民起来反抗纳粹作为"霸王"行动的开场白，希望削弱他们继续战斗的意志。他也许还想到了华盛顿，尤其是伦敦日益增长的担忧，即他在1943年1月声明的，这次与1918年不同，德国必须"无条件投降"，英国人担心这个声明可能会强化德国人的抵抗意志。罗斯福最初设想的是代表三个盟国政府发表联合声明，但在5月18日给丘吉尔的电报中，罗斯福又提议单独发表意见。丘吉尔对此采取谨慎支持的态度，但他表示会将此事提交内阁。[82]

罗斯福致斯大林

1944年5月23日发，1944年5月24日收[83]

您认为不由苏联、英国和美国政府发表三方联合声明，而是由我在诺曼底登陆后根据下面的思路发表声明怎么样？

"人们建议三个盟国政府向德国人民及其同情者发表联合声明,强调最近在欧洲大陆实施的登陆。我不同意这一点,因为它可能会过分强调这次登陆的重要性。我想让德国人民和他们的同情者清楚,他们的失败是必然的。我想向他们强调的是,就他们而言,从现在开始继续战斗是不明智的。他们必须从内心深处知道,在目前的情况下,他们将不可避免地被彻底打败。

"从现在起,每一个德国人失去的生命都是不必要的损失。从理性的角度来看,盟军确实也会遭受损失,但盟国在人口和资源上远远超过德国。因此相对而言,德国人,细化到每个家庭,受到的打击都要比盟国严重得多。从长远来看,负隅顽抗帮不了德国。盟军已经非常清楚地表明,他们并不是要毁灭德国人民,他们想要彻底摧毁的是那些宣告他们可以征服世界的德国人的哲学。

"盟国正在寻求人类自由的长期目标,寻求更加名副其实的真正的自由,寻求政治的、智识的和宗教的自由;以及更广泛的正义,经济的和社会的正义。

"我们的时代在教导我们,没有任何一群人能强大到足以统治整个世界。美国政府和人民,其人口几乎是德国的两倍,向德国人民呼吁,现在是抛弃邪恶的教义的时候了。

"到目前为止,世界上近20亿人口中的大部分都有同样的感受,只有德国和日本在与全人类对抗。

"每个德国人心里都明白这一点。德国和日本犯了一个灾难性错误。德国和日本必须为其肆意破坏生命和财产的行为赎罪;他们必须放弃一种强力哲学,这种哲学的谬误,到目前为止对他们来说肯定已经非常清楚了。

"战争和杀戮结束得越快,我们就能越早在全世界建立一个更加体面和良好的文明。

"我们希望,美国人、英国人、俄罗斯军队及其同盟正在欧洲战场上开展的军事行动,将会继续取得成功。德国人民应该明白,它们只是一系列进攻的一部分，而攻击的数量和规模将会继续增加，直至取得最后的胜利。"

丘吉尔已经同意按照这样的思路跟进发表类似的声明。

在今天看来，最引人注目的是这一呼吁的粗糙愚钝。目前尚不清楚是罗斯福自己撰写的这些文字，还是根据他发出的一个综合指示，包括拟议的电报的第一段和最后一段，将构思告诉莱希然后形成的呼吁书文本。无论哪种方式，罗斯福的行为似乎都表明他不断增强的控制欲已脱离理性约束。呼吁书的语言是扭曲的，笨重而呆板，而且经常重复，有时陷入说教，就像在祈祷"抛弃邪恶的教义"。当然，它缺乏罗斯福的演讲和炉边谈话所具有的优雅和雄辩，尤其是几周后他那令人难忘的诺曼底登陆的"祈祷"。难怪他的两个盟友看到这个呼吁书后，都对他的想法不屑一顾。

与此同时，受到意大利战役的胜利和诺曼底登陆在即的鼓舞，丘吉尔向斯大林发出了一封乐观的信。当盟军最终全力进攻罗马时，他向他的盟友提供了关于意大利军事形势的详细信息。他还谈到恢复的北极护航船队，但他补充说，"我必须先看看我们在'霸王'行动的海战中损失了多少驱逐舰和巡洋舰"，这再次暴露了他对诺曼底登陆将会造成盟军重大损失的担忧。但丘吉尔也为舰队的规模感到自豪，并对苏联在克里米亚的胜利表示祝贺。[84]

斯大林编辑了莫洛托夫的草稿，发来了热情友好的回复，增加（斜体）和删除了一些词句，加大了对意大利战役胜利的赞美。[85]

斯大林致丘吉尔

1944年5月26日发，1944年5月26日收[86]

我非常感谢您在上一封信中传达给我的关于意大利战役的信息。我们都非常关注事态的发展钦佩地注视着你们的胜利。

你们针对"霸王"行动已经全面展开准备工作的消息给了我们很大的鼓

舞。尤其重要的是，英国和美国军队充满了这样的坚定决心。

您的我欢迎您愿意在一段时间内考虑拟订一个北极护航船队的新的计划受到我们的高度评价。

谢谢您的祝贺。我们正劲头十足地加紧准备下一场大规模行动。

与此同时，罗斯福和往常一样，再次把注意力集中在建立联盟更广泛的公共关系方面。授予斯大林格勒和列宁格勒荣誉证书就是他的主意。年初，他指示战争部为这些苏联英雄城市以及中国国民党的陪都重庆制作荣誉证书。但是五角大楼拖拖拉拉，一直到5月才把证书准备好。罗斯福常常无精打采昏昏欲睡，无暇审视军方的设计和荣誉证书上的文字。斯大林格勒证书称，伏尔加河上的胜利"阻止了入侵的浪潮，成为同盟国抗击侵略势力的战争转折点"。1944年6月26日，哈里曼大使将荣誉证书交给斯大林，苏联和美国媒体争相报道，一时之间传为美谈。[87]

罗斯福向德国人民发表讲话的提议，克里姆林宫没有支持。此信的俄文翻译中，点缀着斯大林和莫洛托夫困惑与不解的标注，他们认为即将到来的盟军对希特勒帝国的总攻中，讲话稿体现了美方对苏联的作用缺乏应有的认识，他们为此感到不满。斯大林在莫洛托夫草拟的回复中加入了斜体字，指出讲话稿在时间问题上有不妥表述。[88]

斯大林致罗斯福

1944年5月26日发，1944年5月26日收[89]

我已经收到了您关于向德国人民呼吁的信。

考虑到与德国人的战争的全部经历和德国人的性格，我认为您的呼吁不可能带来积极的效果，因为呼吁被安排在登陆开始的那一刻，*而不是由于英美军队登陆以及苏联军队即将发动进攻而出现重大胜利的标志的时刻*。

当这种呼吁的有利条件到来时，我们可以再回到呼吁本身的性质这个问题上来。

无独有偶，伦敦也拒绝了罗斯福向德国人民发表宣言的想法。5月25日，丘吉尔写信告诉罗斯福，内阁没有批准他的倡议：

> 我不知道"乔大叔"会怎样谈论您的声明，但我们在这里真诚地希望您不要以它目前的形式来发表，最重要的是，不要在目前这个时候提出它。此外，一份如此严肃地写给敌方的文件，应该由三个主要盟国发出。我可以补充一点，这份文件的任何内容都不会及时到达德国人的碉堡和前线，从而影响其作战部队。

内阁的讨论非常尖锐，全体一致地表示反对，但丘吉尔在信函中以礼貌的方式表达了反对意见。接下来，反对之声迭起。南非总理史末资对罗斯福的提议，用"最随意的、几乎是交谈的语气"表示遗憾，丘吉尔本人则认为，宣言的措辞读起来，"好像是一种和平提议"，并认为任何此类信件都应该被推迟到"我们取得最终胜利"。[90] 罗斯福自己也感觉到了不妥，5月27日，在收到斯大林的负面反馈之前，罗斯福就给双方发了电报，说他将撤回他的提议。[91]

☆ ☆ ☆ ☆ ☆

6月4日，盟军终于解放了罗马，比丘吉尔和罗斯福在1943年秋天信心满满预测的晚了好几个月，而且英美两军相互指责，闹得沸沸扬扬。虽然盟军在意大利的总指挥官亚历山大将军很清楚罗马的象征意义，但他的计划主要集中在摧毁敌军上，尤其是包围从卡西诺附近撤退的德军第10集团军。

5月28日，丘吉尔向斯大林明确表示，包围将由已经夺取卡西诺的部队实施正面进攻，美国第5集团军协助，他们已从安齐奥的滩头阵地冲杀出来，准备切断德军退路。然而，第5集团军司令马克·克拉克将军好大喜功，单方面指挥他的军队前往罗马。克拉克对英国人没有什么好感，也不尊重他们，他认为英军也想攻占意大利的首都。但是，从根本上说，他还是想自己夺取罗马。[92] 结果军令不一，盟军包围德军第10集团军的希望落空了。

尽管斯大林在给他的两位盟友的信中，将罗马的解放礼貌地描述为"一场伟大的胜利"，但莫斯科并不指望意大利战场的节奏会有任何显著的变化，无论具体的作战行动成功与否。6月30日的一份苏联情报综述预测："在意大利，敌人将继续缓慢地撤退到波河，他们的主要目标是削弱盟军并迟滞敌方的行动。之后，敌人将会撤退到阿尔卑斯山。"[93]

马克·克拉克在罗马的胜利是短暂的，6月5日，它还是头条新闻，但是第二天，就因来自法国北部的消息而黯然失色。希特勒的敌人一直渴望着英吉利海峡的好天气，但天公不作美。那时，大多数军队已经登船入海了，但盟军最高指挥官艾森豪威尔面对暴风骤雨，只能被迫将诺曼底登陆推迟24小时。幸运的是，现今的德国空军只有一个曾经辉煌的"影子"，已经构不成威胁，盟军的舰队没有受到攻击，甚至没有被发现。盟军的欺骗计划（"保镖"行动）成功地使柏林上当，德军把注意力集中到了英吉利海峡最狭窄的地方——加来海峡。

近3年来，斯大林一直要求建立第二战场，而他的两个盟友却经常以各种理由来搪塞，现在，最重要的是让斯大林了解原定于5月的行动为什么又推迟了一个月。5月30日，克拉克·克尔大使通知克里姆林宫，"霸王"行动开始的确切日期将于6月1日告知莫斯科。但直到6月5日晚丘吉尔发出信函，斯大林才收到消息，"诺曼底登陆"将在第二天早上开始，而丘吉尔此信的大部分内容都在为意大利战役的迟滞缓慢找理由。

丘吉尔致斯大林

1944年6月5日发，1944年6月6日收[94]

您会很高兴得知盟军进入罗马。我们一直认为更重要的是尽可能多地分割敌军的师。亚历山大将军现在命令强大的装甲部队向北进攻特尔尼，这将在很大程度上切断希特勒派往罗马南部作战的所有的师。虽然在安齐奥和内图诺的两栖登陆没有像计划的那样立即见效，但这是一个正确的战略举措，并最终带来了回报。首先，它从以下地方吸引过来10个师：来自法国的1个师，来自匈牙利的1个师，来自南斯拉夫和伊斯特里亚的4个师，来自丹麦的1个师，来自意大利北部的3个师。第二，它引发了一场防御战，其中我们损失了大约2.5万人，但德国人被击退了，他们损失了大约3万人，大部分德军师的战斗力被削弱了。最后，安齐奥登陆使它最初计划的那种军事行动成为可能，而且规模要大得多。亚历山大将军现在正集中全力攻打罗马以南的德军数个师。有几个师已经撤退到山里，留下了大量的重型武器，我们希望能很好地围捕俘虏和收缴物资。这一切结束后，我们就将决定如何最好地利用我们在意大利的军队来支持重大的军事行动。波军、英军、自由法国军队和美军在正面进攻中击溃了对面的德国军队，很快就会有各种重要的选择需要我们来做。

我在艾森豪威尔的总部待了两天刚返回，我注视着部队登上舰船。我们很难碰到合适的天气，特别是当我们必须考虑潮汐、海浪、云雾等自然条件以最大限度地利用空军、海军和地面部队。艾森豪威尔将军非常遗憾地被迫将进攻推迟了一个晚上，不过天气预报显示非常有利的变化正在发生，今夜我们就开始行动。我们使用5000艘舰船，并有1.1万架飞机完全进入战备状态。

第二战场的开辟得到了苏联红军的支持,他们对希特勒中央集团军群发动了夏季攻势,使盟国的军事合作达到了一个新的高峰。"巴格拉季昂"行动的最后准备阶段,发生在"霸王"行动原定的开始日期5月31日前后,这并不是巧合。在与军方进行了一系列会谈后,斯大林于5月底批准了最终计划。根据华西列夫斯基的说法,"它很简单,同时又大胆而宏伟"[95]。在6月下旬开始的一系列协同打击中,苏联军队将消除明斯克以东的一个巨大的突出部,即所谓的"白俄罗斯阳台",并包围正在撤退的敌军。"霸王"行动和"巴格拉季昂"行动从东西两面夹击第三帝国,向其发起毁灭性进攻。

还有其他迹象也表明盟国之间加强的军事合作。6月初,英国驻莫斯科武官"布朗科"·伯罗斯将军建议成立一个特别战情室,从这个地方向苏联总参谋部提供有关"霸王"行动进展情况的秘密情报。英国的参谋长们同意了,前提是以美英联合倡议的形式提出。[96]6月2日,从英国起飞的美国重型轰炸机对轴心国领土进行了第一次"穿梭"轰炸,在最近解放的乌克兰波尔塔瓦市内和周边的三个专门准备的机场加油。这一倡议是由罗斯福在德黑兰提出的,斯大林1944年2月与哈里曼谈话时正式同意。[97]"狂人"行动允许美国人从苏联领土起飞,攻击在德国东部、匈牙利和罗马尼亚的目标,这些目标距离英国太远,超出了轰炸机的作战半径。当然,双方都是醉翁之意不在酒,美国陆军航空队希望利用波尔塔瓦作为在苏联的西伯利亚建立基地的前奏,从那里轰炸日本,而斯大林可能希望了解更多美国的先进技术。6月21日,德国空军对波尔塔瓦进行了一次毁灭性的突袭,摧毁了47架B-17飞机,整个行动因此遭到破坏。然而,"狂人"行动还在继续,尽管存在一些缺陷,仍是盟国之间更紧密合作的一个标志。

苏联人也在为西方盟国提供有价值的情报,虽然伦敦和华盛顿经常因苏联人不愿分享情报而指责他们。在筹备"霸王"行动期间,英美联军司令部得到了德国第302师的一些秘密文件,这些文件是在解放乌克兰的过程中缴获的。德国第302师在1942年曾参与击退了一次在迪耶普的尝试性登陆。移交的文件资料包括德国人对盟军迪耶普行动的评论，这些评论为诺曼底登陆的策划者提供了有益的借鉴。[98] 此时，斯大林还准备向盟国展示新型的苏联装甲车辆，包括自行火炮，这也烘托了合作的气氛。[99] 总的来说，在即将到来的总攻之前，三巨头合作的愿望非常明确。正如莫洛托夫在1944年4月告诉南斯拉夫特使的那样，"目前，对德战争前线的局势是这样的，盟军将更加积极主动，在这个阶段，我们与他们保持良好的关系是非常重要的"。[100]

"这个阶段"会持续多久，有待于观察。但是在诺曼底登陆的前夕，人们的心情是积极的、充满期待的，因为"大联盟"已经达到了它的顶峰。

1943年9月，意大利代表在西西里岛附近的盟军司令部签署停战协议

为加强反法西斯同盟国之间的联系，并为召开首脑会议做准备，1943年10月，英美苏在莫斯科召开三国外长会议。苏联外交人民委员莫洛托夫、美国国务卿赫尔、英国外交大臣艾登及三国高级军事参谋人员参加了会议

关于 1943 年 10 月莫斯科三国外长会议的报道

1943年11月，罗斯福总统和艾森豪威尔将军乘坐总统专机前往德黑兰参加会议

1943年11月底,苏、美、英三国首脑在伊朗首都德黑兰举行会议,主要议题是讨论美英开辟西欧第二战场、东西方配合对德作战问题

1943年12月,伊朗德黑兰的苏联大使馆外,斯大林与美方人员会晤(右一为伏罗希洛夫元帅,右二为莫洛托夫,右五为哈里曼,左二为乔治·马歇尔)

约瑟夫·铁托。1941年开始领导南斯拉夫各族人民进行反法西斯战争,后被授予南斯拉夫元帅称号。1945年建立南斯拉夫联邦人民共和国,任部长会议主席

1944年1月,苏军突破德军封锁圈,解除列宁格勒之围,升起红旗

1944年5月，塞瓦斯托波尔解放

1944年5月，苏军欢呼解放克里米亚

1944年5月,盟军攻占意大利卡西诺市。图为城市的废墟

第十三章

1944年
6月至9月

东西合击

6月6日，在法国签署停战协定近4年后，一条西部战线在欧洲大陆重新建立。那天早上，美国、英国和加拿大军队成功夺取了沿诺曼底海岸的5个登陆场。虽然突破花费了近两个月的时间，但此后盟军进展迅速，于8月25日解放了巴黎，并于9月3日解放了布鲁塞尔。在东线，进展更加引人注目。6月22日夜间至23日，也就是"巴巴罗萨"行动3周年纪念日，苏联红军发起了重大的夏季攻势——"巴格拉季昂"行动。在接下来的5个星期里，当盟军还被困在诺曼底时，苏联军队前进了大约400英里，将德国人赶出了白俄罗斯和波兰东部，到达了华沙郊区，彻底摧毁了希特勒的中央集团军群。就这样，20多个师从德军的战斗序列中消失了。

"霸王"行动最终满足了斯大林自1941年以来与丘吉尔和罗斯福交往中的首要要求，即在法国建立第二战场。6月11日，斯大林特意赞扬了诺曼底登陆。他告诉丘吉尔，"历史将把这一壮举作为最高境界的成就载入史册"，这种壮举，拿破仑和希特勒都觊觎过，但从未实现过。在东方，"巴格拉季昂"行动的时间被刻意安排成协助诺曼底的登陆，正如斯大林在德黑兰所承诺的那样。丘吉尔特别感谢他信守了这一承诺（6月7日），哈里曼后来评论说，"巴格拉季昂"的攻势，"使我们的许多军事指挥官，尤其是艾森豪威尔，相信斯大林是信守诺言的"。[1]8月中旬，盟军在法国南部登陆（"铁砧"行动），随后沿罗讷河谷快速推进，在西欧建立了一个坚实的前线。从东西两个方向，一个对德国的包围圈正在闭合，而德国保守派军官刺杀希特勒以寻求妥协的行动，即所谓的"施陶芬贝格阴谋"，也在7月20日实施，这绝非偶然。

三巨头之间新的亲密关系，可以从那年夏天的信件中看出来，尤其是丘吉尔和斯大林之间关于军事行动的信件，语气特别亲切。这一点体现得非常明显的是在7月的通信中，他们渲染在促进北极护航船队方面英方和美方起了主导作用，也表现在所谓的"登比察事件"中。在这个鲜为人知的事件中，丘吉尔提醒斯大林注意波兰东南部的一个V–2导弹发射场，苏联和英国专家后来对此进行了研究。斯大林当然渴望获得德国的火箭技术，而英国人认为收集伦敦面临新威胁的情报更重要，为此与苏联分享情报也是值得的。

　　和往常一样，罗斯福较少在通信中讨论作战细节，但当和平的形式出现争议时，他就努力参与进来。考虑到两次世界大战之间的岁月，美国总统想要一个包括美国和苏联在内的新的世界组织。1944年8月21日，来自三大国的代表团集中在华盛顿特区乔治敦区的一处宅院，即敦巴顿橡树园召开会议，准备制定这个新国际组织的架构。尽管这个新机构在很大程度上是以"国际联盟"及其"盟约"为模板，但它反映了美国总统和国务院策划者的决心，考虑到国内长期的孤立主义，最好让它以一个美国人愿意接受的面貌出现。美国代表团坚持使用罗斯福提议的名称"United Nations"，即"联合国"，而不是"World Union"，即"世界联盟"（苏联提议的名称之一）。美国还坚持不将其创始文件称为"盟约"（和联盟一样），而是"宪章"，主要是要与1941年的"大西洋宪章"相呼应。[2] 在6周内，会议取得了相当大的进展，但在两个问题上，苏联代表团坚持自己的立场，即否决权的使用和分配给苏联的席位数量。这些是罗斯福和斯大林9月通信的主题。

　　设计战后的世界并不容易，然而更具挑战性的是补充领土细节，尤其是东欧和巴尔干地区。在那里，自第一次世界大战结束后，边界问题一直处于争议之中，而红军的快速前进重新打开了这个潘多拉盒子。最棘手的问题是波兰，在那里，"巴格拉季昂"行动的成功引发了8月1日波兰家乡军（AK）的起义。这成为三巨头通信的主要话题，争论使他们的关系趋于紧张。红军的消极态度，特别是斯大林又拒绝让盟军飞机使用苏联机场降落和加油，在伦敦和华盛顿引起了越来越多的批评和愤慨。虽然罗斯福不想强行解决这个问题，像往常一样，他认为波兰是他与苏联合作的重中之重，但丘吉尔和艾登则没有那么克制。从6月下旬开始，随着"巴格拉季昂"行动的开始，斯大林大力支持在卢布林成立的波兰民族解放委员会（PCNL）。尽管在罗斯福和丘吉尔通信与其沟通后，斯大林同意7月底在莫斯科会见米科瓦伊奇克，但他和波兰民族解放委员会现在所提供的，只是表面上给伦敦的波兰人在联合政府中留几个席位。华沙起义是在没有得到伦敦明确支持的情况下进行的，而且斯大林在8月22日谴责它是"一群罪犯"的行为，他有充分的理由认为，华沙起义是波兰家乡军试图先发制人，抢先一步夺取波兰的领导权。

到10月3日，波兰家乡军向纳粹投降，这场起义牺牲了大约25万波兰人的生命，其中大部分是平民。苏联红军现在控制了罗马尼亚和保加利亚，斯大林像往常一样拒绝了再次召开三巨头会议的请求，丘吉尔决定自己处理问题，开启他的第二次莫斯科之旅。

☆ ☆ ☆ ☆ ☆

丘吉尔致斯大林

1944年6月6日发，1944年6月6日收[3]

进攻开始后一切都很顺利。地雷、障碍物和地面炮台已基本被摧毁。空降非常成功，而且规模很大。步兵登陆正在迅速进行，许多坦克和自行火炮已经上岸。天气趋于良好。

这个期待已久的公告甚至打动了冷漠的莫洛托夫，超出了他通常简短的收悉确认。他告诉克拉克·克尔："你方来信提供的消息确实很受欢迎，现在已经引起了大家的注意。"[4] 斯大林也迅速回复了丘吉尔，并抄送罗斯福[5]，表达了他对这一好消息的赞赏,并确认苏联的承诺,在自己的战线上发动广泛的进攻来援助"霸王"行动。

斯大林致丘吉尔

1944年6月6日发,1944年6月6日收[6]

我已经收到您关于"霸王"行动起始阶段取得成功的来信。我们所有人都为之欢欣鼓舞,并希望取得进一步的战果。

根据德黑兰会议达成的协定,苏联军队组织的夏季攻势将于6月中旬在前线最重要的一个地区开始。行动将通过军队依次进入攻势而分阶段展开。在6月底和7月间,进攻行动将汇成苏军的总攻。

我一定会在适当的时候,及时把进攻行动的进展情况告知您。

丘吉尔对斯大林的回信很满意。他告诉罗斯福:"它看起来不错。"[7]作为回应,他用很长的篇幅叙述了开辟第二战场的情况,而他早期所有的努力都是在夸大北非和意大利战场的作用。他的信中充满了关于坦克交战、人造港的使用和未来战略计划的细节,意在激起斯大林的兴趣。丘吉尔最后"真诚地"感谢斯大林告知有关红军夏季攻势的信息。为了强调信任的气氛,他补充说:"我希望您会注意到,我们从未问过您一个问题,因为我们对您、您的国家和您的军队有充分的信心。"[8]

罗斯福也亲自拟稿,给斯大林写了回信。[9]

罗斯福致斯大林

1944年6月7日发,1944年6月8日收[10]

非常感谢您对盟军攻陷罗马发来贺电,也感谢您把发给丘吉尔先生的信抄送给我。

这一切都让我很开心。

来自法国北部的消息是，一切都在按计划进行。

我向您致以热烈的问候。

丘吉尔继续让斯大林随时了解最新的军事动态。他对意大利从现在开始的快速进展非常乐观，对隆美尔在法国的战术嗤之以鼻。丘吉尔一贯如此，在战斗中倾向于强调积极因素。然而，对法意这两个战场，他都没有先见之明。意大利仍然在进行恶战，尽管隆美尔坚信对付后勤强大的盟军，只能通过在海滩附近发动猛烈的反击才能击退，而希特勒则决心保留主要的装甲部队以应对可能在法国加来的进攻，这使隆美尔的信念备受挫折。但德国人的顽强抵抗和蒙哥马利的谨慎，使英军在一个多月的时间里无法占领卡昂市（登陆行动的计划者原本希望在登陆的当天，就将该城攻陷）。丘吉尔提及"德黑兰的构思"，是强调联盟的一致性和承诺的另一项努力。

丘吉尔致斯大林

1944年6月10日发，1944年6月11日收[11]

我很高兴收到您的来信，我已把它传达给了艾森豪威尔将军。全世界都能看到德黑兰的构思出现在我们对共同敌人的联合进攻中。愿一切好运与苏联军队同在。

到今晚，10日，我们应该已经有将近40万人登陆了，同时登陆的有大量先进的坦克和迅速增加的大炮和卡车。我们发现了3个小渔港，能够接纳突然增多的船只。此外，两个大型人工港的建设也进展顺利。据报道，前线的战斗是令人满意的。我们认为隆美尔在战术反击中浪费了一些战略预备队。这些预备队都已经被牵制了。我们预计敌人可能在不久的将来作出战略反应。

亚历山大将军正在追击迅速向北撤退的凯塞林残余部队。他们可能会在比萨—里米尼阵地上停下来,那里已经构筑了一些防御工事。亚历山大报告说,德国20个师的战斗力大大降低。有六七个师在后卫部队和爆破的掩护下向北撤退。他在追踪他们,同时肃清其他敌人。

4月16日,由巴多利奥领导的意大利新政府成立了,该政府继续与不受欢迎的国王维克托·伊曼纽尔三世合作。罗斯福希望国王退位,但国王只同意把王位让给他的儿子、王储翁贝托。后来罗马解放后,意大利人在没有通知盟国的情况下,组建了一个由经验丰富的社会党党员伊瓦诺埃·博诺米领导的新联合政府,从基督教民主党人阿尔奇德·德·加斯佩里到共产党领导人帕尔米罗·陶里亚蒂,一众政党领袖构成了该政府的核心。此时,陶里亚蒂已经结束在莫斯科的战时流放生活,返回了意大利。博诺米和他的同僚们表示,他们将坚持早些时候作出的承诺,即履行投降条件,直到最终胜利后,再决定是否保留君主制。然而,丘吉尔对罢免巴多利奥感到愤怒,这让伦敦失去了它熟悉的合作伙伴,英国首相勉强接受了这一点,但试图对博诺米政府附加一些条件。罗斯福和国务院很高兴,因为他们最喜欢的人卡洛·斯福尔扎伯爵被列入了组阁名单,而丘吉尔却极度鄙视他。对许多美国观察家来说,套用一位记者的话,"我们在意大利排名第三",排在英国和俄罗斯之后。[12]这件事成为伦敦和华盛顿之间日益激烈的争论焦点。

6月11日,丘吉尔在信中问起斯大林对巴多利奥被罢免的反应时,斯大林承认说,这有些"出乎意料"。但斯大林对这件事采取了令人惊讶的放任态度。1943年,令同盟国懊恼的是,苏联突然与巴多利奥政府建立了关系。现在这种合作的走向还不明朗。然而,与1943年秋的小题大做形成鲜明对比的是,到1944年中期,克里姆林宫已经使自己适应了西方在意大利的主导地位,并开始将其作为苏联主导东欧和巴尔干地区某些国家的先例。这就是为什么在对丘吉尔的回复中，斯大林实际上给了盟国在意大利进一步改革的全权。从1944年3月与陶里亚蒂的早期谈话中可以明显看出，与一些外交部门官员不同的是，斯大林对战后意大利革命的前景持谨慎态度。他认为，就目前而言，限制英国在意大利影响力的最佳方式是"国家统一"的政策，如果意大利分化为保守派和反法西斯主义者"两大阵营"，只会加强伦敦的地位。[13]

斯大林在6月11日给丘吉尔的信中，有一段是对"霸王"行动的盛赞。这个最富表现力的段落，草稿没有任何人编辑的迹象，但几天后，《真理报》对这位领导人进行了采访，这段话几乎一字不差地重现。斯大林说："就设计的广度、规模的巨大和实施的高超技巧而言，在战争史上，没有其他类似的战例能够与之相比。"6月10日，斯大林在对哈里曼讲话时，也使用了类似的措辞。因此，这段话很可能就出自对历史颇有研究的斯大林本人之口。他的评价与丘吉尔在诺曼底登陆日当天提交给下议院的评价相差无几，丘吉尔说："这次大规模的行动，无疑是有史以来最复杂、最困难的行动。"[14]

斯大林致丘吉尔

1944年6月11日发，1944年6月11日收[15]

我已经收到您关于巴多利奥辞职的信。对我来说，巴多利奥的离开也是出乎意料的。在我看来，如果没有盟军、英国人和美国人的同意，巴多利奥的免职和博诺米的任命是不可能发生的。然而，从您的信来看，很明显，这是不顾盟军意愿而发生的。我们必须假定，意大利某些圈子里的人企图改变"停战"条件，使之对他们有利。不管怎样，如果对您和美国人来说，情况表明有必要在意大利建立另一个政府，而不是博诺米政府，那么您可以相信，苏联方面不会对此表示反对。

我也收到了您6月10日的来信。谢谢您提供的信息。显然，这一宏伟的登陆计划已经取得了完全的成功。我和我的同事们认为，就设计的广度、规模的巨大和实施的高超技巧而言，在战争史上，没有其他类似的战例能够与之相比。众所周知，拿破仑当年强渡英吉利海峡的计划，不光彩地失败了。歇斯底里的希特勒，吹嘘了两年他要强渡英吉利海峡，但他无法下定决心，连采取这一威胁行动的暗示都拿不定主意。只有我们的盟军成功地带着荣耀实现了强渡英吉利海峡这一了不起的计划。历史将把这一壮举作为最高境界的成就载入史册。

丘吉尔在他的战争回忆录中，引用了斯大林这封信的第二段，他评论道："'了不起的'这个词，是从给我的俄文原稿翻译过来的。我认为，'宏伟的'或许是斯大林的意思。无论如何，联合行动完美至极。"[16]

丘吉尔在诺曼底时，给斯大林写了下一封信。他一直想不顾一切地随着第一批登陆部队到达那里，但国王禁止他冒这样的风险。然而，6月12日，丘吉尔兴致勃勃地视察了桥头堡，参观了蒙哥马利的指挥部。丘吉尔对斯大林热情地描述了军事形势，扮演了他最喜欢的指挥官和评论员的角色，他生动逼真的描写使细节生动起来，比如沿着海岸绵延近50英里的"这座船之城"，仿佛有了新生命。丘吉尔结束了横跨英吉利海峡的一日游回到伦敦，"晒得黝黑，心满意足"。[17]

6月12日夜间至13日，德国一种新型武器 V-1 飞航式导弹首次发动袭击，驱散了伦敦欢欣鼓舞的情绪。当晚发射了大约 27 枚 V-1 型导弹，6月15日至16日，又发射了 150 枚，不过大多数导弹落在了首都以南。导弹袭来时，丘吉尔从防空洞中出来，想亲眼看看到底发生了什么，正如他的私人秘书所说，这体现了"首相充沛的精力和他对个人安危的漠视（真是令人毛骨悚然！）"[18]。

克里姆林宫非常重视这种新型的秘密武器。苏联驻伦敦大使馆奉命向莫斯科通报其战斗性能。6月16日，古谢夫报告说："关于德国人使用的无人驾驶飞机的结构，目前还没有可靠的数据，但大多数观察家一致认为，这肯定是一架由无线电控制的喷气式飞机。人们认为它们是从英吉利海峡的法国海岸加来—布洛涅地区的特殊平台上发射的。"[19] 随后，伦敦向苏联军事代表团展示了新型德国武器的模型。[20]

"霸王"行动开始后，海军对舰船的需求已经减少，在北极护航船队通常的夏季休航期间，伦敦正在为恢复它们做准备。6月17日，丘吉尔告诉斯大林，他和罗斯福希望在8月中旬派遣大约30艘商船到苏联。这是盟国继续合作的另一个例子。JW–59护航船队于8月15日起航，由36艘船组成。对于V–1导弹的袭击，英国首相很乐观。他对斯大林说："希特勒已经开始对伦敦使用他的秘密武器了。我们度过了一个喧闹的夜晚。我相信我们已经控制住了局面。在这个轰轰烈烈的时代，祝您万事顺利。"[21]

6月初，罗斯福最终同意米科瓦伊奇克可以访问美国。这位波兰总理长期以来一直寻求与罗斯福会面，用美国国务院的话说，以便"非常坦率地"表达"他的担忧，即苏联政府打算使波兰公有化"，或者至少建立一个"在苏联完全控制下"的政府。[22] 据赫尔说，罗斯福把这次访问推迟到诺曼底登陆日之后，因为"我们决不能在波兰问题上变得偏袒一方，以至于在那个关键时刻疏远俄罗斯"[23]。但是，即使罗斯福总统允许了这次访问，同样的外交优先事项仍然占了上风。罗斯福要求哈里曼向克里姆林宫表明，自德黑兰以来，他在波兰问题上的立场没有改变，他希望在竞选期间弱化波兰问题（"现在不是让狗叫的时候"）。在华盛顿，赫尔还让葛罗米柯确信，这次访问"纯粹是形式的"，主要是出于选举考虑，换句话说，是为了安抚波兰选民。赫尔说，米科瓦伊奇克不会发表任何公开讲话，也不会与罗斯福发表联合公报。[24]

6月7日至14日，罗斯福与米科瓦伊奇克举行了四次会面。他试图说服这位波兰领导人，斯大林不是"帝国主义者"，且愿意与伦敦的波兰政府打交道，前提是他们要剔除莫斯科方面认为不可接受的四名成员。米科瓦伊奇克明确表示，他不打算这样做。他认为罗斯福对斯大林的"信任"是一种"悲剧性的错误"。至于波兰的新边界，罗斯福支持向西移动，但希望波兰能保留利沃夫并得到柯尼斯堡，并表示他已准备好与斯大林达成一项协议。但波兰总理拒绝接受这一切。"俄罗斯无权占有我们一半的国家，就像它无权占有从大西洋到密西西比河的那部分美国领土一样。"尽管如此，罗斯福还是说服米科瓦伊奇克去莫斯科与斯大林进行私人会谈。罗斯福说，"你们波兰人必须与俄罗斯达成谅解"，并补充说，"靠你们自己，你们将没有机会"，而且"英美没有对抗俄罗斯的意图"。[25] 得知米科瓦伊奇克希望在他与斯大林的谈判失败的情况下能够返回华盛顿时，罗斯福和蔼地说，他的大门当然"是永远敞开的"。[26] 他向米科瓦伊奇克表示，他将提供2000万美元，以支持波兰人在美洲的任务，并帮助波兰的地下抵抗组织。后来，罗斯福将这笔资金削减到1000万美元，并规定"以波兰地下武装力量的活动与苏联军队的军事行动密切协调为前提条件"[27]。

这封给斯大林的信由美国国务院精心起草，介绍了波兰总理来访的情况。罗斯福对访问结果给予了乐观的描述，保持了他不参与苏波关系的友好姿态。[28]

罗斯福致斯大林

1944年6月17日发，1944年6月19日收[29]

正如您所知道的，波兰总理米科瓦伊奇克先生刚刚结束对华盛顿的短暂访问。基于哈里曼大使已经向您解释过的原因，我认为他当时的访问是必要的和可取的。

因此，您知道，他的访问与我希望深入了解波兰流亡政府和苏联政府之间存在的是非曲直没有任何关系。虽然我们就影响波兰的各种各样的话题坦率而有益地交换过意见，但我可以向您保证，我没有制订任何影响波兰—苏联关系的具体计划或提议。不过，我相信您会对我个人对米科瓦伊奇克先生的印象以及他对他的国家所面临的问题的态度感兴趣。

在我看来，米科瓦伊奇克总理是一个非常真诚和通情达理的人，他唯一的愿望就是做对他的国家最有益的事情。他充分认识到，波兰的未来取决于与苏联建立真正良好的关系，并且，我认为他将尽一切努力实现这一目标。

他最关心的，是苏联红军和波兰地下军队在抗击我们的敌人的共同斗争中建立最充分的合作的极端必要性。他相信贵军和有组织的波兰地下抵抗运动之间的协调，不仅对你们部署在东方的军队，而且对我们合力消灭巢穴里的那个纳粹野兽这一主要任务，都是至关重要的。

我的印象是，总理只为波兰和波兰人民着想，他不会允许在努力与你方解决问题的同时出现其他阻碍。事实上，我相信他会毫不犹豫地去莫斯科，如果他认为您欢迎他采取这样的步骤，以便亲自与您坦率地讨论影响你们两国的问题，特别是讨论军事合作这个紧迫的问题。我知道您会理解，我发表这一评论绝不是想在一个您和您的国家特别关心的问题上向您强加我个人的观点。然而，我觉得您有权了解我与波兰总理谈话时得到的印象。

斯大林给丘吉尔的下一封信，是苏联外交人民委员会拟的草稿，由莫洛托夫呈交给"老板"，并附言说："也许需要添加一些有关我们攻势的内容。"[30] 莫洛托夫总是对纯粹的军事问题持谨慎态度，因为军事问题属于最高统帅的权力范围。最后一段是莫洛托夫后来加的，大概是他和斯大林谈过之后加上去的，当天发给罗斯福的一份简要的信息阐述中也用了他的这段话。[31]

"我们的进攻"，是在白俄罗斯发动的苏联红军夏季主要攻势，其代号为"巴格拉季昂"行动，它是以1812年战争的一位英雄命名的。由于后勤方面的困难，斯大林不得不将行动开始日期从"6月中旬"（他在6月6日告诉丘吉尔的时间）推迟。6月14日，斯大林决定"巴格拉季昂"行动将于6月23日开始，出于安全原因，他告诉他的盟友，战役将"在不到一个星期的时间内"展开。[32]

斯大林的措辞很低调，但很能说明问题。斯大林不经意间提到了动用"130个师"，这是在丘吉尔谈到盟军有20个师正在诺曼底作战的4天之后。即使考虑到1944年苏联师的规模（1.2万人）小于美国师或英国师（分别是1.4万人和1.8万人），这两个行动的规模相差也是巨大的。对于一个通常在事后而不是在预期中（丘吉尔的习惯）谈论胜利的领导人来说，斯大林对他的两个盟友的"相当大的"或"重大的"胜利的预测，还是相当惊人的。

斯大林致丘吉尔

1944年6月21日发，1944年6月21日收[33]

关于您和美国总统打算在8月10日左右恢复对苏联的北方护航船队通报，在此深表谢意。这对我们会有很大的帮助。

至于意大利事务，您当然已经知道协商委员会关于意大利新政府的决议。苏联政府对这项决议没有反对意见。

我们都对英美军队在诺曼底实施的行动得以成功推进感到非常高兴，这些行动已经证明其规模之大、其力量之强。我衷心祝愿你们的军队取得进一步的胜利。

在不到一个星期的时间内，苏军的第二轮夏季攻势就要开始了，将有130个师参加这次进攻，其中包括装甲坦克师。我和我的同事们都期望大获全胜。我希望我们的进攻能够为盟军在法国和意大利的行动提供必要的支持。

丘吉尔将斯大林的信转发给罗斯福，称之为"重要而且有益"。最后一段也由克里姆林宫单独发给罗斯福。在莱希拟写的一份直截了当的答复中，美国总统告诉斯大林："你们的有力行动，加上我们在西线的努力，应该很快会将纳粹置于非常困难的境地。"[34]

莫斯科密切注视着米科瓦伊奇克对美国的访问，这次访问与"巴格拉季昂"战役联系在一起，被证明是苏联政策的一个转折点。在此之前，驻伦敦流亡联合政府的苏联大使维克托·列别杰夫，和那里的波兰内阁的几名成员，包括斯坦尼斯瓦夫·格拉布斯基与米科瓦伊奇克本人，一直在进行秘密沟通。列别杰夫接到指示："你们的主要任务是加速伦敦波兰政府内部的分裂，促进波兰反对派更快地形成，波兰反对派将会主张与苏联建立友好关系。因此，你们不应该提出卡廷惨案的问题，因为它和这些毫无关系。"列别杰夫还奉命告知伦敦的波兰人断绝与卡齐米日·索森科夫斯基将军和莫斯科"反对名单"上的其他三名内阁成员的关系，他说："这肯定有助于在苏波关系的问题上达成协议。"[35] 但是，伦敦的波兰人政府中的成员构成问题和边界问题，是米科瓦伊奇克的底线。反过来，克里姆林宫对他的美国之行感到恼火，并向哈里曼抱怨说，他无视罗斯福的禁令（哈里曼说，只有正式演讲被禁止），向新闻界发表了一份声明。[36]

现在看来，似乎克里姆林宫已经决定成立"波兰民族解放委员会"。6月22日，列别杰夫收到莫洛托夫关于他与伦敦的波兰人下次会晤的指示，这表明了苏联强硬的立场。莫洛托夫重申了莫斯科在寇松线和去除"四人团伙"问题上的立场，他说："有必要向米科瓦伊奇克阐明，这不是要更换波兰政府中的几名部长，而是重组波兰政府，在这个政府里，米科瓦伊奇克仍将担任总理。"新政府不仅包括来自英、美、苏的波兰人，也应该包括来自波兰本土的政治团体，如博莱斯瓦夫·贝鲁特领导的亲苏联的全国人民代表会议。此外，莫斯科现在对卡廷事件采取了更加强硬的立场，认为："重组后的波兰政府应该为了正义，确认卡廷惨案与苏联政府毫无关系，确认过去的认识存在着严重谬误，正是这些谬误，使苏联政府和波兰政府分道扬镳。"莫洛托夫告诉列别杰夫，如果这些条件得到满足，苏联政府"不会反对恢复外交关系以及与波兰政府达成协议"。[37]

第二天，6月23日，列别杰夫按照新的指示行事，对波兰边界和重组政府问题采取了强硬的方针，要求纳入亲苏联代表，其中包括在莫斯科的波兰爱国者联盟成员。伦敦的波兰人和英国政府都对这个新方针感到惊讶。艾登在汇报"波苏谈判的一个挫折"时告诉丘吉尔，列别杰夫"此前一直是最友好和最抱合作态度的"，现在突然"改变了调子"，坚持新的"绝对的条件"。伦敦的波兰人声称自己很"茫然"，无法解释列别杰夫的新立场和他的"冷淡而粗鲁"的态度，但艾登认为，"他们可能忽略了向俄罗斯人作出和解姿态的机会"。他向米科瓦伊奇克强调了波兰地下抵抗组织与正在推进的苏联军队之间密切合作的必要性，以及有必要约束索森科夫斯基，他的权力过于集中，无论是作为"替代总统"，还是作为在宪法上"半独立"的波兰军队总司令。上述这些在英国人看来，都是"不民主的和过时的"东西（艾登有意避开了"法西斯"一词）。然而，除了这些私下里对波兰人的说服，艾登还告诉丘吉尔："我非常肯定，我们以任何方式干预莫斯科（的事务），都将是一个错误。"[38]

因此，斯大林在6月24日给罗斯福的回信中没有就米科瓦伊奇克访问莫斯科一事作出明确回答就不足为奇了，他还再次提出重组一个更宽泛的波兰政府的问题。

斯大林致罗斯福

1944年6月24日发，1944年6月24日收[39]

感谢您告知您与米科瓦伊奇克先生会面的信息。

如果苏联红军和抵抗希特勒入侵的波兰地下抵抗力量建立军事合作，这对最终击溃我们共同的敌人无疑具有重要意义。

在这方面，苏联—波兰关系问题的正确解决当然具有重大意义。您熟悉苏联政府的观点及其努力，它努力使波兰成为强大、独立和民主的国家，使苏联和波兰的关系在持久友谊基础上实现睦邻友好。苏联政府认为这一切最重要的前提，在于重组波兰流亡政府，重组将使在英国的波兰政治家、在美国和苏联的波兰政治家，特别是在波兰本土的波兰民主政治家都能够参与到这个政府中，重要的前提还在于波兰政府承认寇松线是苏联和波兰之间的新边界。

然而，有必要指出，从米科瓦伊奇克先生在华盛顿的发言来看，他在这个问题上没有取得任何进展。这就是为什么目前我很难对米科瓦伊奇克先生的莫斯科之行发表任何意见。

我们大家都高度重视您对苏联—波兰关系问题的看法和您在这一问题上所作的努力。

☆ ☆ ☆ ☆ ☆

"巴格拉季昂"行动是在 6 月 22 日夜间至 23 日开始的，这一天，是"巴巴罗萨"行动 3 周年纪念日，这是一个巧合，纯属偶然。红军的 4 个"方面军"（集团军）取得了出乎意料的战绩。德军预料红军的主攻方向会在乌克兰，就像几周前他们以为盟军会在加来而非诺曼底登陆，这一次他们又错了。到 6 月 26 日，德军防线被攻破，维捷布斯克市陷落，苏军越过第聂伯河和德维纳河。在行动的前 6 天里，13 个德国师被包围和消灭。[40] 到 7 月 4 日，明斯克市解放，10 万德军被包围。"巴格拉季昂"行动的速度和力量让人想起"巴巴罗萨"行动，装甲部队的快速推进结合致命的钳形作战令人窒息。在 3 年前登上新闻头条的地方，在熟悉的山川和城市，历史仿佛重现了，只不过这一次登场的主角是苏联红军。巧合的是，在"巴巴罗萨"行动残酷无情的先锋队中，最野蛮凶残的是希特勒的中央集团军群，现在，在"巴格拉季昂"行动的大旋涡中，中央集团军群从德军的战斗序列中彻底地被消灭了。6 月 22 日至 7 月 10 日期间，德军"28 个师被粉碎或削弱，无法继续作战"，比 18 个月前在斯大林格勒的损失更大。中央集团军群的毁灭，被称为"二战中德国国防军的最大一次失败",甚至是"德国军事史上最惨重的失败"。[41]

苏联红军胜利的代价十分沉重,斯大林一如既往地驱动着红军前进,毫不顾忌损失惨重,而在诺曼底,盟军则并非如此。罗斯福,尤其是丘吉尔,更担心他们自己人员的"阵亡统计"。仅在战斗的前8天中,苏联4个"方面军"就有1.96万人丧生,7.46万人受伤和失踪。7月17日,为纪念红军的胜利,在白俄罗斯被俘虏的大约5.7万名敌军士兵和军官,缓缓穿过莫斯科市中心,游街示众。[42]克拉克·克尔大使有些惊讶地说,观看俘虏队伍游街的莫斯科人,"表现出令人钦佩的自我克制",许多人"事实上,被眼前的景象所感动,流露出怜悯之情"。[43]

丘吉尔不停地向斯大林发送冗长的非正式新闻简报。6月25日,他对"巴格拉季昂"行动最初的消息大加赞赏,并承诺西方将给予一切可能的支持。他强调了攻陷瑟堡后后勤方面将受益,也提到了最近的夏季狂风对代号"桑树"人工港的破坏而造成的短期困难。关于意大利,他又一次过于盲目乐观。事实上,佛罗伦萨并没有像他预期的那样"在6月"获得解放,而是一直拖延到8月4日,而比萨—里米尼("哥特")防线,丘吉尔预计盟军在7月对其发起冲击,而直到次年(1945年)春天之前,防线一直完好无损。造成拖延的部分原因是美国人像往常一样,不同意英国首相对意大利"各种战略可能性"的估计,更倾向于将军队集中在法国南部。

丘吉尔还告诉斯大林,他可以

> 放心地不理会德国人的废话,他们吹嘘飞航式导弹威力无比。其实它对伦敦的生产和生活没有明显的影响。在它最开始被使用的7天内,伦敦伤亡人数在1万至1.1万之间。下班后或休息日,街道上和公园里仍然挤满了享受阳光的人。议会辩论在警报期间继续进行。[44]

丘吉尔轻松的话语在很大程度上是有道理的,并且也很谨慎,但苏联驻伦敦大使馆对此持非常负面的看法。使馆位于肯辛顿宫花园，就在海德公园的西边，在导弹袭击的目标区域内。6月中旬，古谢夫向莫斯科发送了一些报告，里面透露着令人不安的信息。当时大使馆正在疏散妇女和儿童：

> 英国人还没有切实有效的手段来对付无人的飞航式导弹……所有贵族和大人物都已被疏散。随着轰炸的加剧，撤离的人数也在增加……伦敦的每一次爆炸，都会导致三四千人无家可归。[45]

事实上，在6月5日至7月31日期间，有5735枚导弹袭来，摧毁了约1.7万所房屋，造成4735人死亡。[46]

就斯大林而言，他对V-1导弹的评价是站在丘吉尔一边，而不赞同古谢夫的说法。他说，V-1导弹"不论是对诺曼底的作战还是对伦敦人民来说，都没有什么重要意义，他们的勇敢是众所周知的"。6月27日，斯大林还向他的两个盟友发送了电文，"热烈祝贺"解放瑟堡的"辉煌胜利"。[47]他们也反过来分别祝贺红军攻克维捷布斯克（罗斯福）和明斯克（丘吉尔），苏联领袖对他们的祝贺表示了更为热诚的谢意。[48]作为这场友好的乒乓球式外交游戏的一个变奏，斯大林给他的两位伙伴各送上了一张装在银色相框里的诺曼底登陆的特别图片。他给两位领导人的题词是这样写的："纪念美国和英国[或英国和美国]解放联军攻入法国北部。他的朋友约瑟夫·V. 斯大林。"[49]

然而，在愉快的书信往来背后，也萌发出了阴暗的一面。到1944年6月，苏联红军深入推进、节节胜利给苏联外交带来巨大优势，丘吉尔在7月11日给斯大林的长信中探讨了这一点。5月5日，艾登和古谢夫之间达成了宽松的谅解协议，在为期3个月的试验期内，苏联人将主导处理罗马尼亚问题，英国将主导处理希腊问题。现在，这个协议遇到了问题。其中一些问题，是由（美国）国务院对任何带有"势力范围"色彩的东西非常敏感引起的，而英国外交部和华盛顿大使馆之间对这个问题的混乱处理，加剧了这种情况。斯大林似乎很乐意在这项谅解协议上拖延，以便看看他军队的推进是否可以让他挣脱外交上的束缚，放开自己的手脚。因此现在，丘吉尔想嗅出斯大林的立场。[50]

苏联沿黑海海岸的攻势，加上诺曼底登陆的成功，也对土耳其产生了影响，精明的土耳其持中立立场，其实此前是倾向于柏林的。6月15日，该国亲德国的外交部长努曼·梅内曼吉奥卢被迫下台，促使英国转变了当前的强硬立场。伦敦的新政策是敦促土耳其与德国断交，而就英国外交部而言，如果事实证明有必要的话，最好把土耳其建设成一个友好的缓冲地带，以"遏制俄罗斯在巴尔干半岛的影响力"。丘吉尔隐藏着这种想法，试探斯大林对土耳其的态度。7月10日，苏联在一份备忘录中重申，自德黑兰会晤以来，苏联的立场是，土耳其与苏联建立友好关系的唯一途径是对德国宣战。因此，丘吉尔听从艾登的建议，大肆渲染如果土耳其正式加入大联盟，将会对盟军的军事后勤和行动造成负面影响。[51]

在围绕巴尔干半岛和土耳其问题上，丘吉尔以不同寻常的不自信表达了他的观点，也许他意识到，红军的快速推进使斯大林处于外交上的强势地位。在电报的其余部分，他对迄今未能冲出诺曼底装出若无其事的样子，还强调了V-1导弹袭击的影响。

在7月11日的信中，丘吉尔像往常一样，也谈了意大利的前景。在此之前的7月7日，内阁就对此事进行了长时间的讨论，当时盟军的意大利总司令亚历山大将军乐观地认为，一旦比萨—里米尼防线被突破，他们就能从博洛尼亚和波河峡谷向东北推进，"穿过卢布尔雅那隘口，向多瑙河流域推进"。他说：

> 这会威胁到敌人在巴尔干半岛的全部阵地，而且我们应该会接近正在推进的俄罗斯人，几乎可以肯定，他们很快会向伦贝格[利沃夫]进发，可能会穿过或绕过喀尔巴阡山脉。一旦我们到达多瑙河流域，敌人

将不得不放弃他们在巴尔干的阵地,这将导致他们在那个战区的卫星国退出战争。这也为进军维也纳创造了条件。

丘吉尔热烈支持亚历山大的提议。[52]

应当指出的是,这里并没有说要于俄罗斯人行动之前,先发制人地阻止他们,而是说要用战略上的胜利来结束迟缓的意大利战役。即便如此,整个想法还是太牵强了。所谓的"卢布尔雅那隘口",实际上是一个约2000英尺高、30英里宽的山坳,扼守盟军必须穿越的山坡。通往维也纳的道路要穿过狭窄的山口,敌人很容易守住。更重要的是,奥地利首都距离罗马600英里,而亚历山大的军队到现在还没有从罗马出发。这大约是从那不勒斯到罗马距离的3倍,盟军花了6个月的时间才到达罗马。难怪美国人认为,这个想法太疯狂了,布鲁克的看法也是如此。他认为丘吉尔和亚历山大关于进军维也纳的言论是"未来主义者的梦想",予以驳斥。[53]

丘吉尔致斯大林

1944年7月11日发,1944年7月12日收[54]

几个星期前,艾登向贵国大使建议,苏联政府应该在罗马尼亚起主导作用,英国也应该在希腊起主导作用。这只是一种可行性安排,以尽量避免三方收发电报而使行动瘫痪的可怕事情发生。然后,莫洛托夫适时地建议我应该告诉美国政府,我也这样做了,并且一直打算这样做,经过一番讨论,美国总统同意试行3个月。斯大林元帅,7月、8月和9月,这可能是3个非常重要的月份。然而,我现在发现您已意识到其中的困难。我冒然问一下,您是否认为3个月能完成这个计划?没有人能说它将影响欧洲的未来,或把欧洲划分成不同的势力范围。我们可以在每个战区都制定一个明确的政策,并且我们将向其他战区汇报我们正在做的事情。不过,如果您告诉我此乃徒劳之举，我也不会介意。

　　还有一件事我想向您提出。土耳其愿意立即与轴心国断绝关系。我同意您的看法，它应该宣战，但我担心，如果我们告诉土耳其这样做，它一定会要求派飞机保护它的城镇，而我们目前没有多余的飞机派遣到那里；它还会要求在保加利亚和爱琴海开展联合军事行动，而我们目前没有能力这样做。除此之外，土耳其还会再次提出武器装备要求，我们也没有多余的可以提供，因为今年初我们为其准备的存货已经挪作他用了。因此，在我看来，明智的做法是将它与德国关系的破裂作为第一步，然后我们可以推进一些事情来帮助它对抗来自空中的打击报复，出于这一原因，当我们携手并肩共同对敌的时候，它可能会参战。上一次战争中与土耳其结盟就对德国人非常重要，土耳其与德国断绝关系的事实，在德国人心里如同丧钟响起。现在似乎是敲响这一丧钟的好时机。

　　我只是把我对这些事情的个人想法告诉您，这些想法也正由艾登传达给莫洛托夫。

　　我们在诺曼底有大约105万人，拥有大量的装备，并且每天增加2.5万人。战斗非常激烈，在最近的战斗伤亡情况还未统计出来之前，英军和美军已经损失了6.4万人。不过，各种证据都表明，敌人至少也损失了同样多的人，而且我们还有在押的5.1万名俘虏。考虑到我们一直在进攻，而且要设法从海上登陆，我认为敌人受到了重创。战线将继续扩大，战斗将不断地进行。

　　亚历山大在意大利也很努力。他希望强行进入比萨—里米尼防线，攻入波河流域。这或者会吸引更多的德国师向他靠拢，或者会迫使德军放弃宝贵的战略位置。

　　伦敦人正在勇敢地面对轰炸，到目前为止，轰炸已经造成2.2万人伤亡，似乎轰炸将长期持续下去。

　　再次祝贺你们胜利地推进到了维尔纽斯。

在 V-1 飞航式导弹的背后，隐约闪现着 V-2 远程弹道导弹的幽灵。1943年8月，英国皇家空军对正在开发这种导弹的佩内明德进行了大规模突袭，迫使德国人将 V-2 火箭试验场（在波兰登比察）迁至波兰东南部的布利兹纳地区。在这里，1944年5月，波兰家乡军的士兵发现了德国人发射的一枚 V-2 火箭，并设法将其隐藏起来，未被前来收集残骸的党卫军部队发现。[55]1944年7月25日晚，这枚导弹由一架专门派来的飞机空运到英国。登比察的样本与另一枚落在瑞典但未爆炸的 V-2 导弹一起，成为伦敦确认德国研发新型武器的主要信息来源。丘吉尔对此十分重视，于7月13日写信给斯大林，一方面透露重要的机密信息，另一方面，希望能从苏联那里获得更多的信息。

丘吉尔致斯大林

1944年7月13日发，1944年7月13日收[56]

有确凿的证据表明，德国人在波兰登比察的一个试验场进行飞航式导弹试验，已经有相当长的时间了。根据我们的情报，这种导弹的装药量约为1.2万磅，我们的应对措施的有效性，很大程度上取决于在它向本国发射之前，我们能查到多少有关这种武器的信息。登比察在贵军胜利前进的道路上，很可能在接下来的几周内，您会占领这个地方。

尽管德国人肯定会尽其所能地销毁或转移登比察的设备，但当该地区落入俄罗斯人手中时，还是有可能获取大量的情报。我们特别希望了解导弹是如何发射的，因为这将使我们能够确定发射的位置。

因此，斯大林元帅，如果您能给予适当的指示，在登比察地区被占领后，贵军能够保护该地区的这些设备和装置，并且在那之后，您能提供机会使我方专家对该试验场的设施进行考察，我将不胜感激。

丘吉尔致斯大林

1944年7月13日发，1944年7月14日收[57]

非常感谢您的贺信。我已经向蒙哥马利将军转述了贺信内容，并告诉他可以传达到他的部队。

斯大林谨慎地回应了丘吉尔关于罗马尼亚和土耳其的问题。就前者而言，他不反对拟议的协议，但希望华盛顿能够同意，以确保盟国之间的和谐。至于土耳其参战，克里姆林宫现在已经明确了自己的立场，即由于苏联的推进和第二战场的开辟，土耳其参战对盟国不再有多大的用处。在斯大林看来，按照莫斯科会议的规定，土耳其人应该在1943年底参战，不参战的后果"土耳其人只能自行承担"[58]。他在信中明显暗示，这些后果将包括在和平会议上失去应有的席位，这将使他在解决苏联—土耳其传统争端问题上处于优势地位，这些问题包括通过海峡的权利和安纳托利亚边界的划定。土耳其人意识到了自己地位正在削弱的后果，于8月与柏林断绝了外交关系，但直到1945年2月才宣战。

斯大林致丘吉尔

1944年7月15日发，1944年7月15日收[59]

我收到了您7月12日的来信。

关于罗马尼亚和希腊的问题，这里没有必要重复我们的驻伦敦大使和艾登先生之间的通信中已经告诉您的内容。有一件事我很清楚：美国政府对这个问题有一些疑问，我们最好在收到美国对我们的询问的答复时，再来讨论这个问题。一旦知道了美国政府的意见，我会就这个问题再写信给您。

土耳其问题应该根据英国、苏联和美国政府自去年年底与土耳其政府谈判以来所熟知的事实来考虑。您当然记得，早在1943年的11月和12月，我们三国政府曾多么坚决地劝说土耳其，让它站在同盟国一边，参加反对希特勒德国的战争，但是没有任何结果。如您所知，今年5月至6月在土耳其政府的倡议下，我们再次与土耳其政府进行谈判，并两次向他们提出了三个盟国政府去年年底建议他们做的事。这也没有任何结果。至于土耳其方面的辩解之词或其他的折中政策，目前我看不出它们对盟国有什么好处。鉴于土耳其政府对德国采取的回避和暧昧的态度，最好使其自主决断，让土耳其保持和平，不要对土耳其施加新的压力。这当然意味着逃避与德国开战的土耳其，丧失了对战后事务提出主张的权利。

如果登比察试验场落入我们手中，我们愿意满足您在7月13日的信中提出的关于考察该试验场的要求。请详细指明是哪一个登比察，我得知在波兰有好几个地方用这个名称。

我感谢您提供的关于诺曼底和意大利局势的信息，也感谢您在我们推进到维尔纽斯地区之际发来的祝贺。

战场上快速发展的事态促使罗斯福更渴望见面而不是写信，他寻求另一次三巨头会议来讨论结束战争和战后的解决方案。这变得更加紧迫，因为丘吉尔坚持要求与罗斯福再次会晤，以研究解决各种问题，特别是地中海战略。在7月中旬，他们两人想法一致，用丘吉尔的话说，"最好'乔大叔'也来"。罗斯福适时地向斯大林发出了邀请，他告诉丘吉尔说，这"纯粹是试探"。罗斯福补充道："如果他认为他不能来，您和我无论如何也应该见个面。"[60] 正如罗斯福7月27日所暗示的那样，一次首脑会议所产生的影响也会给国内选举加分。

原本罗斯福的信里还有一句话，被哈里曼成功否决了。美国大使认为，这意味着斯大林"要飞过敌占区上空"，鉴于这些危险，这可能会引起"斯大林主要顾问们的不满",从而"危及会晤本身的可能性"。[61] 这种臆断苏联决策程序的想法相当离谱,令人想起丘吉尔的"两个斯大林"理论,尤其引人注目的是它居然来自一个与克里姆林宫有良好互动的人。

罗斯福致斯大林

1944年7月17日发,1944年7月19日收[62]

事情进展得如此之快,如此成功,我认为您、丘吉尔先生和我应该在不久的将来会面。英国首相衷心赞同这一想法。我现在正在远西地区*旅行,回来后必须在华盛顿待几个星期。因此,对我而言,会晤最好安排在9月10日到15日之间。对您和我来说,苏格兰北部介于您和我之间最中心的位置。我可以坐船去,您可以坐船或坐飞机来。~~您的军队表现得如此出色,以至于到苏格兰的路程将会比两年前莫洛托夫的旅程要短得多。~~希望您能告诉我您的想法。无论是在船上还是在岸上,都可以保证会晤的安全性和私密性。

针对斯大林关于V-2的要求,丘吉尔澄清了德国在波兰的导弹发射站的位置,并再次强调了这个问题对英国人的重要性。

丘吉尔致斯大林

1944年7月19日发,1944年7月20日收[63]

兹回复您7月15日关于登比察的试验场的电报。以下是英国官方通报该试验场的位置:

我们关注的大型导弹试验发射区位于登比察(Debice或Debica)的东北

---

* 指美国西岸地区。

部，克拉科夫和利沃夫之间的铁路干线经过这个地方。北纬 50 度 05 分，东经 21 度 25 分。实际面积约为 10×3.5 英里，位于以下几点之间：

1. 北纬 50 度 07 分，东经 21 度 27 分。
2. 北纬 50 度 12 分，东经 21 度 36 分。
3. 北纬 50 度 11 分，东经 21 度 39 分。
4. 北纬 50 度 04 分，东经 21 度 32 分。（结束）

他们可能有 1000 枚这样的东西，每枚弹重约 5 吨。如果这是真的，伦敦将面临严峻的考验。我们现在死伤 3 万人左右，但是大家都能坦然接受。议会要求我自证已经采取一切可能的措施。因此，如果您能找到任何可用的证据并且告知我们，以便我们派一些人去查看证据，那将是一个有益的帮助。我们已经从落在瑞典但没有引爆的导弹中获得了很多线索，但德国人在波兰试验的痕迹将给予宝贵的补充。落在瑞典的导弹，其无线电部件中有一个特殊的零件，我们尤其想找到，尽管它看起来不起眼。如果您能让贵军军官与伯罗斯将军和迪恩将军联系，并责令他们给予帮助，这件事就不会再给您添麻烦了。

毫无疑问，您会很高兴知道，我们已经以七八百辆坦克、大量机械化旅和强大的炮兵力量突破到了诺曼底平原，我们已经到了敌人的后方，经过许多天的战斗，他们的防线已经被压缩到了最后的极限。因此，我很乐观，希望我们可以打乱敌人的整个战线。然而，在这场战争中，每个人都曾悲观失望，所以我想说的是，我希望在不久能向您报告好消息。我打算明天亲自去那里，并待上几天。

最后一段文字，显示着被期盼已久的艾森豪威尔的军队终于从诺曼底滩头突破出来了。虽然英国和美国的指挥官总是在相互指责，但他们的部队还是完成了"法莱斯口袋"计划，包围了希特勒的第7集团军。8月，到这场战斗结束时，已经有6万名德国士兵死亡或被俘。经过近两个月的诺曼底苦战，盟军脱困而出，战场情况发生极大的改观，随着艾森豪威尔的军队向巴黎和德国边境全速行进，西线开始以"巴格拉季昂"行动早期那样的速度前进。

德意志帝国的局势日益恶化，7月20日，持不同政见的德国军官试图在东普鲁士的希特勒总部里暗杀元首。有趣的是，在三巨头的通信中，并没有讨论这个问题，只有罗斯福在21日向斯大林偶然提到过，他说德国最近的"困难"，"不失为一件好事"。[64] 然而在幕后，人们对"施陶芬贝格阴谋"的看法有分歧。在伦敦，暗杀的失败让人们松了一口气，假如它成功了，新掌权的保守派和官员们就会试图进行和平谈判，从而对盟军要求纳粹无条件投降的官方政策提出挑战。在莫斯科，根据苏联的一个记述，斯大林认为：

只要希特勒活着，他就不会与西方单独达成协议。希特勒掌权时，美国和英国也不可能和他达成协议。但如果希特勒消失了，那就是另一回事了。戈林或巴本有可能掌权，西方列强可能会与他们达成协议。

这并非空穴来风，克里姆林宫仍然不时地收到英美与德国秘密接触以及寻求单独和解的情报。[65] 在一份呈交给美国总统的报告中，美国战略情报局伯尔尼情报站（德国情报的主要来源）的负责人艾伦·杜勒斯表示，尽管暗杀失败了，但"这一反抗的企图，有助于削弱德国军队继续战斗的意志"。但杜勒斯也警告说，有可能"下一次从内部推翻希特勒政权的企图，将会由面向东方的一群人来进行"。换句话说，"施陶芬贝格阴谋"的失败，可能会"进一步加强俄罗斯在德国的影响力"。[66]

斯大林回避了罗斯福再次召开三巨头会议的提议。他延续了自己专注于"前线事务"的惯常借口，除此之外，他还援引了他的"同事"的意愿。他先发制人，用礼貌的"不"拒绝了罗斯福想在因弗戈登举行苏格兰峰会的请求。罗斯福敦促苏联领导人召集峰会的理由是"就像在德黑兰一样，举行三方会议将使我们所有的共同事务得到极大的好处和简化"。[67]

斯大林致罗斯福

1944年7月22日发，1944年7月22日收[68]

我同意您的想法，认为您、丘吉尔先生和我之间的会晤是可取的。

但是我必须说，现在，当苏联军队在如此广阔的战线上作战时，我不可能离开这个国家，在一段时间内脱离对前线事务的指挥。我所有的同事都认为这是绝对不可能的。

斯大林深知 V-2 导弹的重要性，他对丘吉尔提出的考察登比察试验场的要求积极回应。他保证将把这个案子置于他的"个人控制"之下，而不仅仅是停留在口头上。斯大林对这个问题表现出极大的兴趣，并且在收到丘吉尔的信后，下令进行彻底的调查。

斯大林致丘吉尔

1944年7月22日发，1944年7月22日收[69]

关于您的上一封信提到的登比察试验场一事，我已经下达必要的指示。总参谋部的代表斯拉温将军将会就此事与伯罗斯将军和迪恩将军进行必要的联络。我完全理解英国政府对这一问题极为关切，为此，我向您保证，我将亲自处理此事，以便按照您的要求采取一切可能的措施。

从您的信中我非常满意地得知，贵军已从诺曼底进入德国人的后方。祝您取得更大的成功。

到斯大林给丘吉尔发送以下回信时[70]，波兰政府的局势已经发生了显著的变化，正如列别杰夫 6 月 22 日至 23 日在伦敦态度完全改变所预示的那样。7 月 21 日，在苏联军队占领的波兰海乌姆地区，波兰民族解放委员会正式成立，随后迅速得到了苏联的承认。在忠于莫斯科的共产主义者博莱斯瓦夫·贝鲁特的领导下，波兰民族解放委员会成了伦敦的波兰政府的真正替代者。斯大林对此事的重视，表现在苏联战略的同步变化上。7 月 8 日，朱可夫提出快速解放东普鲁士的最初计划，但斯大林将其搁置一旁，向波兰的维斯瓦河突破成为优先事项。7 月 21 日，斯大林还命令他的部队快速夺取卢布林。他强调说："这是政治形势和独立民主的波兰利益的紧迫要求。"[71] 很快，卢布林成为波兰民族解放委员会的政府所在地。

斯大林为什么承认波兰民族解放委员会？他向丘吉尔解释时，措辞巧妙。他说，有必要建立当地管理机构，并监管解放后的波兰领土，他还声明一个原则，即不通过强加一个苏联的机构来干涉波兰的内政。但他并不否认，他设想这个波兰民族解放委员会就是未来波兰政府的雏形。斯大林第一次同意米科瓦伊奇克访问莫斯科，但明确表示，这位伦敦的波兰政府的领导人必须与亲苏联的波兰新当局打交道。考虑到这个问题的重要性，斯大林给罗斯福抄送了此信，罗斯福也从丘吉尔那里得知了这件事。

斯大林致丘吉尔

1944 年 7 月 23 日发，1944 年 7 月 23 日收[72]

我收到了您 7 月 20 日的来信。我这次给您写信，只谈波兰问题。

我们前线的事态正以极快的速度发展着。卢布林，波兰的大城市之一，今天被我们的军队占领，他们正在继续推进。

在这种情况下，波兰领土上的管理机构问题，已经以一种实际的形式出现在我们面前。我们不希望也不会在波兰领土上建立我们的管理机构，因为我们不希望干涉波兰的内政。波兰人必须自己做这件事。因此，我们认为有必要与波兰民族解放委员会建立联系。该委员会是由波兰全国人民代表会议最近成立的，该代表会议本身，是去年年底在华沙由民主党派和团体的代表组成的。这些情况，您在莫斯科的大使肯定已经告知您了。波兰民族解放委员会打算在波兰领土上建立行政机构，我希望这能成为现实。在波兰，我们未发现任何其他力量可以组建一个波兰政府。由伦敦的波兰政府领导的所谓地下抵抗运动组织被证明是短命的，犹如昙花一现，而且缺乏影响力。我不能将波兰民族解放委员会直接视为波兰政府，但它有可能在适当的时候，成为由民主力量组成的波兰临时政府的核心。

至于米科瓦伊奇克，我当然不会拒绝接见他。不过，如果他能向波兰民族解放委员会表明自己的态度，那就更好了。波兰民族解放委员会对米科瓦伊奇克的态度将会是友好的。

第二天，7月24日，内阁会议讨论了斯大林的信。他们共同的感觉是（现在想要左右波兰局势）太晚了，英国人开始意识到"巴格拉季昂"行动的外交意义。丘吉尔说，当务之急，是米科瓦伊奇克立即去莫斯科：

> 按照这场战役的进展速度，俄国人可能很快就会到达华沙。因此，每一天的延迟都在加强当地波兰人的地位，并且，假如不能与苏联建立联系，伦敦的波兰政府将处于更大的劣势。如果现在不进行接触的话，当达成和平解决方案后，另一个政府在俄罗斯的支持下肯定会掌权，并貌似合法地声称自己才代表波兰。

内阁同意丘吉尔的看法，指示艾登与米科瓦伊奇克紧急通话，说服他去莫斯科。在丘吉尔的建议下，内阁决定不把斯大林的信展示给波兰总理，相反，波兰总理应该仅仅被告知，斯大林现在可以见他了，但前提是他必须直接与波兰民族解放委员会打交道。[73]

艾登确实说服了米科瓦伊奇克,他预料这个艰难的任务不会有任何结果。伦敦的波兰政府内阁已经谴责了波兰民族解放委员会,但这种空炮无助于扭转局势。丘吉尔立即通知斯大林,米科瓦伊奇克即将启程。他发电报给罗斯福说:"他们很可能会受到友好的招待,但他们昨晚关于'篡位者'等问题发表的过激言论,可能会使局势恶化。然而,我们仍有希望,并致力于某种形式的联合。"[74]

丘吉尔致斯大林

1944年7月25日发,1944年7月26日收[75]

作为对您7月23日信函最后一段建议的回应,米科瓦伊奇克先生将于明晚出发。罗默先生和格拉布斯基先生将与他同行。国王陛下政府正在根据需要进行安排,将他送往德黑兰或莫斯科。他希望与您进行一次全面而友好的个人谈话。他得到了伦敦的波兰政府中所有同事的全力支持,这一政府我们当然继续承认。

我们衷心希望所有的波兰人团结一致,把德国人赶出他们的国家,与俄罗斯友好合作,建立自由、强大和独立的波兰。您已经宣告这是您的目标。

我已经把您给我的电报内容通报给美国总统,此电文也将抄送给他。他无疑会和您沟通。

在艾登的督促下,丘吉尔发出了后续的信,敦促斯大林为了维护联盟的统一而迁就波兰人。也是在艾登的请求下,丘吉尔让罗斯福也参与进来。[76]就罗斯福而言,他继续施加压力,要求尽快召开另一次三巨头会议。

丘吉尔致斯大林

1944年7月27日发，1944年7月27日收[77]

米科瓦伊奇克和他的同事已经出发。我相信米科瓦伊奇克非常渴望帮助所有波兰人，让波兰人按照我认为您、我以及美国总统都同意的构思实现全面融合。我认为，对俄罗斯友好的波兰人应该与对英国和美国友好的波兰人联合起来，以便建立一个强大、自由、独立的波兰，成为俄罗斯的好邻居。对贵国来说，它也是防止未来德国侵略的重要屏障。我们三人都要小心谨慎，因为还有其他的障碍。

如果西方民主国家发现他们自己承认一个波兰人的机构，而您承认另一个，那将是一个极大的遗憾，甚至是一场灾难。这将导致持续的摩擦，甚至可能阻碍我们在全世界开展的伟大事业。因此，请您体会这几句话所传达的精神，这就是真诚的、友谊的精神和我们的"20年联盟"的精神。

罗斯福致斯大林

1944年7月27日发，1944年7月28日收[78]

我收到了您关于波兰局势的电报，我从英国首相那里听说米科瓦伊奇克正要出发去拜访您。不用说，我非常希望您可以和他一起解决整个问题，这对我们的共同事业大有好处。

罗斯福致斯大林

1944年7月27日发，1944年7月28日收[79]

鉴于目前正在取得的快速的军事进展，我完全理解您、英国首相和我一起参加会议的困难，但我希望您能牢记召开这样一次会议的必要性，并希望我们能尽早会晤。这样的一次会晤将有助于我在国内的工作，我们正在接近作出进一步战略决策的时刻。

现在，莫斯科在波兰问题上采取了果断的行动。7月25日，波兰民族解放委员会发表宣言，宣布卢布林为波兰的临时首都。次日，苏联政府签署了一项协议，将被解放的波兰领土的行政控制权移交给波兰民族解放委员会。27日，双方签署了另一项协议，确认了沿寇松线的共同边界，在某些细节处波兰获益更多。克里姆林宫还承诺支持波兰沿奥得—尼斯河线建立西部边界的要求，不过这一点暂时对盟国隐瞒了。苏联在波兰的军事机构奉命只与波兰民族解放委员会合作，将"冒充和自居为波兰流亡政府代表"的人视为"冒名顶替者"。[80]

然而，在给丘吉尔的信中，斯大林声称他愿意在波兰敌对派别之间进行调解。丘吉尔总是在棘手的波兰问题上寻找新的希望迹象，他把斯大林的信转发给罗斯福，并令人难以置信地补充道，"在我看来，这是从'乔大叔'方面收到过的最好的信"[81]。

斯大林致丘吉尔

1944年7月28日发，1944年7月28日收[82]

我收到了您7月25日和27日关于米科瓦伊奇克启程的信函。米科瓦伊奇克一行抵达莫斯科后，将会得到必要的帮助。

您知道我们对波兰问题的看法，波兰是我们的邻国，与波兰的关系对苏联特别重要。我们欢迎在波兰领土上由民主力量建立的波兰民族解放委员会。我认为这个委员会的建立，为联合对英国、苏联和美国持友好态度的波兰人，以及战胜那些不能与民主力量统一的波兰人，奠定了一个良好的开端。

我理解波兰问题对盟国共同事业的重要性，正因为这个原因，我准备向所有波兰人提供援助，并促成他们之间达成协议。苏联军队已经并正在尽一切可能加速将波兰从德国侵略者手中解放出来，并帮助波兰人民恢复他们的自由和他们国家的福祉。

到1944年7月底，红军一个月前发动的攻势已经重新绘制了东欧的地图。在北部，苏联军队于7月21日到达芬兰边境。白俄罗斯第3方面军接到命令，不迟于8月1日至2日占领立陶宛南部的考纳斯城（他们如期完成了这项任务），然后推进到东普鲁士边境（到8月10日），为今后进攻德国本土做准备。[83]再往南，在白俄罗斯，"巴格拉季昂"行动的第二阶段即将展开。7月27日，苏联最高统帅部给康斯坦丁·罗科索夫斯基将军的白俄罗斯第1方面军的指示是，一旦布列斯特周围地区被夺取，"前线的右翼将向华沙的大致方向前进"，并应在8月5日至8日占领该市东岸的普拉加郊区（1793年俄罗斯军队和波兰军队在该地展开激战，战役引发了波兰的第二次被瓜分）。与此同时，罗科索夫斯基的左翼应该在华沙以南的维斯瓦河西岸的登布林、兹沃伦和索莱茨地区建立桥头堡。[84]这将使他们能够形成钳形攻势攻击波兰首都。

7月29日，丘吉尔告诉斯大林，"你们的推进一天比一天宏伟壮观"[85]，但是白厅现在正积极忙于战后规划，他们在加紧思考这些推进预示着什么。大家一致认为，在胜利之后，英国必须建立一个强大的西欧集团来进行自我防卫。但是参谋长们认为，外交部的规划者们对维持与苏联20年的联盟抱有太大的希望，而外交部大多数人则认为，英国军方都是反布尔什维克的顽固分子。毫无疑问，他们争论的要点都被渗透进英国高层的苏联特工传回莫斯科。布鲁克在日记中毫不掩饰地阐述了军方的观点：

德国不再是欧洲的主导力量，俄罗斯才是。遗憾的是，俄罗斯并不完全是欧洲国家。然而，它拥有海量的资源，并且从现在起15年内，一定会成为主要的威胁。所以要扶植德国，逐步加强它的实力，使其成为西欧联邦的一员。遗憾的是[直到希特勒被打败之前]，这必须在英国、俄罗斯和美国之间的神圣同盟的外衣下秘密进行。

布鲁克补充道，"推行这一政策并不容易"，他显然是在暗讽艾登，"而且实现这个政策，需要一位超级外交大臣"[86]！

斯大林致罗斯福

1944年8月2日发，1944年8月2日收[87]

我收到了您7月28日的来信。

我同意您关于我们的会面具有重要意义的看法，但是，鉴于我在之前的信中谈到的我方前线的军事行动的情况，我遗憾地认为，近期无法指望有这样一次会晤的机会。

关于波兰问题，首先，这个问题取决于波兰人自己，取决于波兰流亡政府的某些人能否与已经在波兰运作的波兰民族解放委员会展开合作，越来越多的波兰民主力量正围绕该委员会团结起来。就我而言，我准备在这方面向所有波兰人提供任何可能的帮助。

从德黑兰前往波兰的布利兹纳考察登比察V-2导弹发射场的英国专家，没有及时得到签证。艾登相当幼稚地评论说，是"由于斯大林元帅的指示似乎还没有传达到处理签证发放的苏联机构"，因此，他要求丘吉尔向斯大林发出"关于这个问题的个人信函"。8月4日，丘吉尔这样做了，并在同一天收到答复，称苏联驻德黑兰大使已经"得到指示，立即向英国人发放签证"[88]。不像波兰问题，在两位领导人看法一致的问题上，高层的直接接触扫清了底层的繁文缛节。

8月4日，苏联国防委员会下令，派遣由第一科学研究所（NII-1，前身为火箭研究所）所长彼得·费奥多罗夫将军率领的一个专门的代表团前往登比察试验场。[89] 他们早早就抵达了，并在试验场找到了大量物品，包括燃烧室、燃料箱碎片和导弹弹体的部件。一周后，英国专家组成的盟军代表团由托马斯·桑德斯上校率领到达该地。所有的发现物都被带到了第一科学研究所。[90] 尽管如此，盟军代表团仍有不小的收获。苏联代表团的成员鲍里斯·切尔托克说："我们的小组已经在波兰工作了大约一周，英国专家才抵达，其中包括一名英国情报机构的代表，他有一份该地区的详细地图"，勘察"从未让他们失望"。切尔托克总结说："丘吉尔对斯大林的呼吁对我们的进一步研究确实至关重要。如果不是因为他的信，我们的军队早已经耀武扬威地穿越波兰的沼泽和森林，而不会探究德国人做了什么。"[91] 导弹的一些部件被运送到伦敦，显然英国驻莫斯科的军事代表团促成了此事。克拉克·克尔和哈里曼告诉斯大林，"英国和美国的专家已经设法获得了非常有价值的成果"。[92] 10月16日，针对登比察之行的研究成果，丘吉尔还给斯大林写了一封热情洋溢的感谢信。

☆ ☆ ☆ ☆ ☆

到7月底，白俄罗斯第1方面军已经到达华沙以南15至18公里的维斯瓦河左岸。波兰地下抵抗组织家乡军的领导层决定，要组织人民起义，尽量赶在苏联军队之前，由自己单方面解放首都。7月25日，米科瓦伊奇克的内阁批准了"暴风雨"行动（"Tempest"），但具体的开始时间由家乡军司令塔德乌什·布尔-科莫罗夫斯基决定。尽管成功的可能性很小，但在8月1日，布尔还是下达了起义的命令。刚刚抵达莫斯科的米科瓦伊奇克是在起义以后才得知布尔的决定的,但在 7 月 31 日与莫洛托夫的一次会晤中,他确实提到了"波兰政府正考虑在华沙举行大规模起义,并想请求苏联政府轰炸华沙附近的机场"[93]。从一开始,怀疑论者的担忧就得到了证实,劣势的起义军队与优势的德军正面冲突,结果可想而知。家乡军指挥部和伦敦的波兰政府呼吁盟军给予援助,包括提供弹药以及红军配合攻击。[94] 换句话说,起义军先是准备抢在苏联人之前解放首都,现在反过来要求苏联人提供帮助。在波兰飞行员的参与下,英国皇家空军准备了一份计划,向远离意大利盟军机场的华沙地区运送装备和弹药。丘吉尔向斯大林报告了这一情况,希望得到红军的帮助。

丘吉尔致斯大林

1944 年 8 月 4 日发,1944 年 8 月 4 日收[95]

应波兰地下军的紧急请求,我们将视天气情况,向华沙西南地区空投大约 60 吨装备和弹药,据说在那里波兰人反抗德国人的斗争十分激烈。他们请求俄罗斯军队给予援助,他们似乎已经接近华沙。他们正遭到一个半德国师的攻击。这个信息可能对你们的行动有所帮助。

斯大林密切关注着华沙的事态发展。正如文件显示的,在华沙起义开始之前,莫斯科时间 8 月 1 日 4 时 10 分,第 2 坦克集团军指挥官下达命令,暂停正在向普拉加郊区推进的进攻。7 天之后,朱可夫和白俄罗斯第 1 方面军指挥官罗科索夫斯基告诉斯大林,"考虑到必要的准备时间",攻占华沙的行动可以在 1944 年 8 月 25 日开始。[96] 一位波兰学者指出:"现在仍然不清楚斯大林对这些提议作何反应。很清楚的是,当时并未下达相关命令,苏联军队解放华沙的行动实际上也没有进行。"[97]

这背后的原因是军事上的还是政治上的——是红军延伸过度,还是苏联人想让德国人消灭波兰家乡军？当时，西方的决策者感到非常困惑，一直到今天，这个问题仍然困扰着历史学家。[98] 可以说，我们需要密切关注这一事件的另一个要素——德国国防军。苏联8月1日取消了对华沙进攻的命令，与德国装甲师突然发起的毁灭性反击有关，这场反击是由德国中央集团军群的强硬派指挥官瓦尔特·莫德尔将军在华沙起义刚刚开始的那天早上，出人意料地冒着极大的风险发动的。这个反攻不仅阻止了苏联红军对华沙的进攻，还实际上摧毁了第2坦克集团军，甚至挽救了德军的战线，使其免于彻底崩溃。如果防线崩溃了，红军就会继续向波罗的海前进。基于上述情况，第二次世界大战时期德国军队的官方记录对克里姆林宫的想法提供了一个更加微妙的推测："起初，苏联人想要占领华沙，但无法成功"，因为德军发动了强力反击，后来，在起义开始后，"他们本可以占领华沙，但不想这样做了"。[99]

在回复丘吉尔关于华沙问题的信件中，斯大林质疑了英国首相的信息，并贬低波兰地下抵抗组织。他对莫洛托夫草稿的补充（用斜体表示），使这一评价更加盛气凌人。

斯大林致丘吉尔

1944年8月5日发，1944年8月5日收[100]

我收到了您关于华沙的信。

我认为波兰人传达给您的信息言过其实，不能激发人们的信心。我们甚至可以从如下事实中得出这一结论，波兰人自己宣称，他们以本土的几支流散的部队，差点儿就占领了维尔纽斯，甚至还在广播里宣布这一消息。这当然与事实完全不符。波兰人的本土军队由几个支队组成，他们夸张地称之为师。他们既没有大炮，也没有飞机，更没有坦克。我无法想象这样的队伍如何能占领华沙。为了保卫华沙，德国人组建了4个坦克师，其中包括"赫尔曼·戈林师"。

8月3日，斯大林和莫洛托夫与米科瓦伊奇克及其同事举行了第一次会议。他们努力游说伦敦的波兰人与波兰民族解放委员会就建立新政府达成协议，并暗示如果不这样，苏联人就只会与"卢布林"集团打交道。边界问题也再次被提出，米科瓦伊奇克说，失去利沃夫和维尔纽斯，将是"波兰人民的耻辱"，他敦促斯大林"作出慷慨的姿态"，以获得"波兰人民的感激"，并让他们把他视为"盟友"。[101] 斯大林不为所动。尽管如此，伦敦的波兰人还是同意与波兰民族解放委员会的代表商谈，但双方未能就组建以波兰民族解放委员会为基础的新政府达成协议。在新政府中，伦敦的波兰人将拥有18个部长职位中的4个，包括米科瓦伊奇克的总理职位。8月9日，在与伦敦的波兰人的最后一次会议上，斯大林呼吁斯拉夫人团结起来面对未来的德国复仇主义，他淡化了自己的意识形态野心，作了一个令人难忘的形象比喻，他说，"共产主义之于德国，就像马鞍之于牛一样"[102]。他还承诺为华沙起义提供武器和弹药。米科瓦伊奇克告诉克拉克·克尔，这次会议的气氛比以前的会议"友好得多"。克拉克·克尔随后在一份转发给罗斯福的电报中告诉丘吉尔，"这次谈话给波兰人曾经阴郁的内心带来了愉快"[103]。

斯大林致丘吉尔

1944年8月8日发，1944年8月8日收[104]

我想告知您我与米科瓦伊奇克、格拉布斯基和罗默会面的情况。我与米科瓦伊奇克的谈话使我确信，他对波兰局势的看法不令人满意。与此同时，米科瓦伊奇克给我留下的印象是，他并不反对寻求使波兰人联合起来的方法。

由于我认为不可能把任何决定强加给波兰人，我向米科瓦伊奇克建议，他和他的同事们应该开会，亲自同波兰民族解放委员会的代表讨论他们的问题，最重要的是，在被解放的波兰领土上，所有的民主力量都应当尽快联合。这些会议已经举行。双方都已经告知了我关于会议的情况。民族解放委员会代表团提议应该将1921年的波兰《宪法》作为波兰流亡政府活动的基础，并在达成一致的情况下，向米科瓦伊奇克团体提供4个部长职位，其中包括米科瓦伊奇克的总理职位。然而，米科瓦伊奇克无法说服自己（字面意思：没有下定决心）接受这一提议。遗憾的是，这些会议并未产生预期的效果，但它们还是有积极意义的，因为米科瓦伊奇克以及刚刚从华沙来的莫罗夫斯基和贝鲁特在会议上广泛地交流他们的观点，特别是波兰民族解放委员会和米科瓦伊奇克都表示希望合作，携手共进，并为此寻求切实可行的方法。我们可以认为，这是波兰民族解放委员会与米科瓦伊奇克及其同事之间建立联系的第一阶段。我们希望事情会越来越好。

斯大林给丘吉尔的会谈报告也传送给了罗斯福，同时还加上了一段关于社会主义经济学教授奥斯卡·兰格的内容，这表明斯大林仍然希望产生一个听命于自己但在外表上也为西方所接受的波兰政府。在斯大林的推动下，8月8日，波兰民族解放委员会请求罗斯福帮助兰格返回波兰，这样，他就可以成为外事部门的负责人，"该部门将发展成为未来波兰政府的外交部"。斯大林在自己写给美国总统的信中也强调了委员会的要求。[105]

伦敦和华盛顿对莫斯科进行的磋商感到满意。英国首相告诉美国总统说："现在的气氛比我们以前见过的更愉快，我认为我们应该坚持下去。"罗斯福也同样对"苏联和波兰对话的令人愉快的消息"表示欢迎。[106] 因此，丘吉尔向莫斯科发出了乐观的信，敦促斯大林向华沙提供援助，但主要是对即将包围在"法莱斯口袋"里的德国军队大书特书，英国首相得意扬扬地说，"一流的胜利并不出乎我们的意料"。他告诉斯大林，在法国，现在有100万名美国兵和75万名英国、加拿大和其他国家的联军士兵。[107]

8月9日，德国第9集团军指挥官告诉中央集团军群："华沙的抵抗加强了。最初是一场临时的起义，现在发展成系统化的军事行动。目前我们可支配的兵力不足以镇压起义。"[108] 因此，德国人调集大批部队到这座城市，并开始摧毁建筑物，屠杀居民。在英国和美国，由此产生的抗议活动愈演愈烈，媒体也报道说，华沙被同盟国抛弃了，这类批评在议会和国会也很普遍。不巧的是，英国皇家空军向华沙运送物资时，又遭受了严重损失[109]，很大一部分物资最终落入德国人手中。此外，大部分机组人员是波兰志愿军，他们没有足够的燃料返回在意大利的基地，经常被迫跳伞或迫降，而苏联的机场离华沙更近。现在，丘吉尔越来越激动，他请求斯大林运送武器和弹药，并在他的通信中加入了波兰家乡军指挥官给伦敦的波兰政府的一封"令人沮丧的信"，表达了波兰起义军的孤立和绝望：

> 士兵们和首都的居民绝望地望着天空，期待着盟军的帮助。在硝烟中，他们只能看到德国飞机……你们在莫斯科讨论过帮助华沙吗？我要重复强调的是，如果不空投武器和弹药，不出动飞机轰炸敌人控制的目标，再说一次，不立即提供空投支援，我们的战斗将会在几天内失败。

8月13日，克拉克·克尔向莫洛托夫递交了丘吉尔的信，但该文件并没有保存在斯大林的档案中。[110]

8月14日，在发出这封信两天后仍没有任何答复时，丘吉尔从意大利给艾登发了电报：

> 当然非常奇怪，在地下军已经发动起义的时刻，俄罗斯军队竟然停止了对华沙的进攻，并且撤退了一段距离。他们只需要飞行100英里，就能将英勇战斗的波兰人所需要的机枪和弹药空投给他们。

但是，为了避免自己与斯大林通信把事情搞僵，丘吉尔要求艾登在给莫洛托夫的信中强调上述一段话，因为这段话"更客观，没有个人色彩"[111]。

最初，罗斯福想积极回应克里姆林宫的请求，帮助奥斯卡·兰格返回波兰，以便入职新的波兰政府。他在8月11日写道："我认为，我们不能对兰格教授的去留提出异议，因为他是真正的自由人，我们曾经让他离开过一次。"但副国务卿爱德华·斯特蒂纽斯提醒说，这次的风险要大得多，"我看不出本政府为何要给一个美国公民提供支持或便利——即使他放弃美国公民身份——去接受一个委员会的官方职位，而这个委员会与我们正式承认的政府存在公开的竞争关系"。斯特蒂纽斯认为支持兰格的愿望，"显然是一个策略的表达，目的是承认波兰民族解放委员会为波兰的合法政府"。罗斯福接受了副国务卿的意见，使用了他给斯大林的回信草稿，但罗斯福增加了一些内容（斜体），也删除了一些话，缓和了语气。[112]

罗斯福致斯大林

1944年8月12日发，1944年8月12日收[113]

我非常感谢您8月9日的电报，您给了我一份米科瓦伊奇克总理在莫斯科与您和波兰民族解放委员会谈话的概要，您这样做真是太好了。

正如您所知道的，我真诚地希望，这些对话将会产生一些令有关各方都满意的解决办法，有可能推动成立一个临时的、合法的和真正具有代表性的波兰政府。

关于兰格，我相信您能理解美国政府眼下无法为其提供官方帮助。当然，根据我们的法律，他作为一个普通公民，完全有权做他认为合适的事情，包括放弃他的美国公民身份。我相信您会理解，在目前形势下，*特别是在米科瓦伊奇克总理与波兰民族解放委员会之间的对话取得结果之前，我们仍然正式承认米科瓦伊奇克的政府*。美国政府不愿不能以任何方式参与有关波兰民族解放委员会请求兰格教授加入该委员会担任外事部门负责人的事情，也不想对此发表任何意见。

对于三巨头而言，虽然波兰是东欧的主要话题，但南斯拉夫也是一个敏感的问题。1944年夏天，莫斯科还与铁托保持着一定的距离。铁托请求与斯大林进行私人会晤，但一直没有得到回复，尽管苏联继续给南斯拉夫运送武器和其他援助物资。鉴于丘吉尔个人对南斯拉夫的兴趣以及英国继续承认彼得二世国王为该国的合法统治者，克里姆林宫对此保持着谨慎的态度。英国对铁托及其游击队的支持是为了赢得这场战争，而不是为和平奠定基础。7月5日，铁托给斯大林写信说："我知道您理解我们的困境，因为各方都试图干涉我们的内部事务，我们必须十分小心，不与盟国的关系恶化，同时保持我们在政治上和军事上的独立性。"[114]

在意大利期间，8月12日至13日，丘吉尔在那不勒斯第一次会见了铁托。在那里，丘吉尔试图作为中间人，力促铁托和流亡政府首相伊万·舒巴希奇达成协议。铁托向丘吉尔保证，他无意将共产主义强加于南斯拉夫。但这只是一个战术策略，他已经在4月份阐明了自己的立场："虽然我们各个民族的人都希望如此，但目前强调这一点似乎不合适，因为一些盟国对此持谨慎态度，并可能认为这是在苏联的影响下完成的。"[115] 然而，在丘吉尔的压力下，他接受了与流亡政府的公开合作。8月16日，在亚得里亚海的维斯岛，双方签署了《铁托—舒巴希奇协议》，勾画了民主选举前的临时联盟框架。对英国人来说，南斯拉夫似乎比波兰更容易控制，至少目前是这样的。

丘吉尔致斯大林

1944年8月14日发，1944年8月15日收[116]

在过去的两天里，我同铁托元帅和南斯拉夫首相举行了会谈。我告诉两位南斯拉夫领导人，我们之前没有想到，但他们还是应该整合他们的资源，使南斯拉夫人民团结一致，共同抗击德国人。我们的目标是促进建立一个稳定和独立的南斯拉夫，而建立一个统一的南斯拉夫政府是朝着这个目标迈出的重要一步。

两位领导人就许多实际问题达成了令人满意的协议。他们同意南斯拉夫所有海军部队要在共同的旗帜下团结起来进行战斗。南斯拉夫首相和铁托元帅之间的这项协议，使我们有信心扩大对南斯拉夫部队的军事物资供应。

他们一致同意在几天内同时发表声明，我希望这个声明能减少内部冲突，巩固和加强南斯拉夫的军事力量。他们今天一起去维斯岛继续他们的讨论。

我将会向罗斯福总统通报这些会议的结果。

由于英国皇家空军无法满足波兰起义者的额外援助要求，罗斯福批准了美国陆军航空队向华沙运送物资并在战斗机护航下使用重型轰炸机攻击德国阵地的计划。这些飞机原本打算从法国起飞，完成任务后降落在波尔塔瓦的苏联机场，那里被用作美国穿梭往返轰炸机的基地。哈里曼重申了这一要求，他不断提醒克里姆林宫，斯大林曾于8月9日向米科瓦伊奇克承诺提供物资援助。但在8月15日，维辛斯基告诉两位盟国大使，华沙起义是"一个纯粹的冒险行动，苏联政府不能伸出援手"。会面后，忧心的哈里曼发电报给美国总统："自从来到莫斯科后，我第一次对苏联政府的态度感到忧虑。"从维辛斯基的观点来看，克里姆林宫拒绝向那些与德国人作战的人提供援助，是"基于无情的政治考虑。"[117] 哈里曼大使敦促美国总统向斯大林发出一封直率的信，警告说如果坚持这样的政策，美国公众对战后合作的希望将会"大大动摇"。但是罗斯福并不想让这个问题升级，在赫尔的建议下，他告诉哈里曼通过外交渠道保持压力。8月15日，克拉克·克尔转交了一封来自艾登的信，信中表示希望美国的提议会被接受。莫洛托夫指示说："我们应该以维辛斯基对哈里曼那样的态度作出回应。"[118]

斯大林对丘吉尔也采取了同样的路线。此时的克里姆林宫对起义的评价明显更为负面，这可能因为贝鲁特最近反馈的信息令苏方不满，他强调了起义的反苏性质。[119]

斯大林致丘吉尔

1944年8月16日发，1944年8月16日收[120]

在与M.米科瓦伊奇克先生谈话后，我下达了命令：红军指挥部应该在华沙地区集中空投武器。同时空降了一名伞兵联络官，根据指挥部的报告，他没有抵达他的目标地点，因为他被德国人杀害了。

此外，在更彻底地了解了华沙事件后，我深信华沙行动是一次鲁莽而可怕的冒险，它正在使人民付出巨大的牺牲。如果当初苏联最高统帅部在华沙行动开始之前就被告知的话，并且波兰人与他们保持联系的话，这种情况就不会发生。

根据业已形成的态势，苏联最高统帅部决定与华沙的冒险活动划清界限，因为它无法对华沙的行动承担直接责任或间接责任。

我已收到您关于与铁托元帅和舒巴希奇首相会晤的来函。谢谢您的通报。

我很高兴盟军在法国南部成功登陆。我衷心祝愿你们成功。

克里姆林宫不仅拒绝援助波兰家乡军，而且拒绝让盟军使用苏联领土上的基地来执行空投物资的任务。莫洛托夫告诉克拉克·克尔，苏联"坚决反对美国或英国飞机在华沙市中心投放武器后降落在苏联领土上，因为苏联政府不愿直接或间接地把自己与华沙的冒险活动联系在一起"[121]。8月16日和18日，战时内阁详细讨论了来自斯大林和莫洛托夫的这些信件，由于丘吉尔当时在意大利，会议由艾登牵头讨论。艾登特别担心斯大林突然"违背他的诺言"，而对英美舆论产生影响，斯大林曾对米科瓦伊奇克承诺提供援助。他还提请人们注意苏联的广播，一直到7月底，苏联都在敦促华沙的爱国者起来反抗德国人。与此同时，丘吉尔向罗斯福施压，要求他解决这一"影响深远的严重事件"，并用极端悲观的词语含糊其词地警告说，苏联军队仅在"几十英里之外"，就发生了"起义遭到血腥镇压"，那么"无法估量将会出现的后果"。他敦促美国总统向斯大林提出联合抗议。[122]

然而，罗斯福从全球的背景看待华沙问题。8月初，迪恩将军在莫斯科与苏联总参谋部的代表就远东问题举行了磋商。苏联人仍然担心过早地激怒日本，会谈没有进展。因此，14日，在哈里曼的支持下，迪恩要求美国参谋长联席会议安排总统给斯大林写一封合适的信，以"加快我们的谈判"。罗斯福当时正在夏威夷商讨太平洋战略，他批准了莱希的信函草稿，没有进行重大修改，于8月19日发出了这一信函。[123]

8月17日，莫洛托夫接见了哈里曼和克拉克·克尔，两位大使奉命联合抗议苏联禁止使用他们的机场援助华沙起义。外交人民委员坚持已经确立的立场，即他的政府"认为华沙的冒险是一个不计后果的行动"，并且"不愿为此计划，包括派飞机去帮助华沙而承担责任"。哈里曼和克尔提出斯大林曾对米科瓦伊奇克作出援助的承诺，以及苏联的不作为对盟国公众舆论具有破坏性影响。对此莫洛托夫均予以驳斥，而且说苏联政府打算将机场收回，归还给苏联武装部队，因为有报告说，美国对它们的利用非常有限。[124]

这个意想不到的消息听起来像是一个威胁，它将波兰问题与穿梭轰炸联系在了一起，并引起了美国陆军航空队的警觉，他们怀疑对华沙的空中援助的有效性，并担心其穿梭轰炸行动可能会中断。这样一来，哈里曼就对苏联的动机非常怀疑，他敦促美国总统向斯大林发一封"坚定的信"，强调"我们不能同意苏联的立场，因为他们眼看着华沙的波兰人被屠杀，他们自己不出力帮忙，还阻止我们提供帮助"。然而，美国国务院告诉他，在华沙问题上要缓和一下，因为穿梭轰炸的顺利进行，"无论如何都不应该因这个问题而受影响"。赫尔向哈里曼发出了总统的指示：继续向苏联方面提出口头抗议，同时推迟总统对斯大林的任何直接呼吁。[125]然而在大选之年，罗斯福不能忽视公众的舆论，特别是波兰裔美国人的态度，因此，他接受了丘吉尔的提议，向斯大林发一份联名电报，请他重新考虑协助美国陆军航空队的行动。莱希起草的这封信没有太多的表现力，也许他是有意为之，但丘吉尔在意大利还有其他问题需要考虑，分神之际，他完全认可了这封信的文稿，他给罗斯福发电报说："我们的想法是一致的。"[126]哈里曼和克拉克·克尔得到指示，共同向克里姆林宫递交这一信函。两人意见一致，进行了一项小而重要的修改（斜体），旨在更严格地约束克里姆林宫。之后，大使们适时地递交了这封信函。[127]

罗斯福和丘吉尔致斯大林

1944年8月20日发，1944年8月20日收[128]

如果华沙的反纳粹主义者事实上被抛弃了，世界舆论将作何反应，我们正在考虑。我们相信，我们三方都应该尽最大努力拯救尽可能多的身处波兰的爱国者。我们希望您立即向华沙的波兰爱国者空投物资和弹药，~~或者很快同意我们的飞机空投~~或者很快同意对我们的空投行动提供帮助。我们希望您能同意。时间因素极其重要。

这种无力的呼吁对斯大林没有任何影响力。他只是用一个军事性质的论点来补充他关于波兰"罪犯"的主要论点，他认为起义导致德军增援华沙，从而使红军的任务更加困难。斯大林对莫洛托夫草稿的编辑，再次显示了他对波兰事务以及两位盟友越来越大的愤怒情绪的密切关注，他将起义领导人视为"一群罪犯"。

斯大林致丘吉尔和罗斯福

1944年8月22日发，1944年8月22日收[129]

我收到了您和丘吉尔先生的来信。我想表达我的观点。

为了夺取政权而踏上华沙冒险之旅的一群罪犯的真面目，迟早会被所有人知晓。这些人利用华沙居民的善意，让许多几乎手无寸铁的人对抗德国人的枪炮、坦克和飞机。已经出现了这样一种情况，即每一天，不是波兰人在为解放华沙而斗争，而是惨无人道的希特勒主义者在享受屠杀的盛宴。

从军事的角度来看，目前的形势使德国人越来越多地把注意力投向华沙，这样对红军和波兰人都是无益的。与此同时，最近遭遇到德军多次规模较大反攻的苏联军队，正在尽一切可能粉碎这些反击，并在华沙地区实施新一轮的大规模攻击。毫无疑问，红军正在不遗余力地击溃华沙周围的德军，为波兰人解放华沙创造条件。这对反纳粹的波兰人来说，是最好的最有效的帮助。

收到这封信后丘吉尔非常愤怒，他敦促罗斯福说，我们应该对斯大林直言，"除非您直接禁止"，否则我们将继续使用苏联领土上（乌克兰）已经提供给美军的基地，为向华沙提供物资的美国飞机加油。但是，美国总统从更高的层面看待波兰问题。他告诉英国首相说："我认为我和您一起给'乔大叔'发这样的信，对战争的远景不利。"罗斯福也没有回应斯大林8月22日的信，他告诉莱希说："我认为此信不需要回复。"[130] 不谋而合，8月28日，英国战时内阁讨论了斯大林的电报后，也得出了同样的结论，内阁的意见是："根据这封电报，很难看出与斯大林元帅进一步接触能获得什么。"[131]

最终，在9月9日，主要的起义军队刚刚被击败（尽管华沙的战斗仍在继续），莫斯科方面才同意盟军的飞机在乌克兰机场降落。面对新局面，战时内阁已经得出结论，英国皇家空军轰炸机司令部从意大利起飞实施的空投行动已经造成了15%的损失，这在"军事上是不合理的"[132]。轰炸机司令部开始改在夜间向起义者密集空投武器、弹药、食物和药品。到了9月中旬，罗科索夫斯基的白俄罗斯第1方面军已经得到重新部署，开始对华沙发动进攻。在9月14日至10月1日的半个月间，罗科索夫斯基的空军在华沙上空飞行了2243次，空投的物资远远超过了英国皇家空军在8月和9月远程空投的物资。例如，苏军空投了156门迫击炮（英军空投了13门），4.2万枚手榴弹（英军1.4万枚），113吨食品（英军45吨）。[133] 苏联人还声称，英国人从高空投放的大部分援助物资都落入了德国人手中。罗科索夫斯基向斯大林报告说："英国和美国飞机空投货物，实际上并没有帮到起义者，而是为德国人提供了物资。"[134]

在回复罗斯福关于远东的问题时，斯大林仅限于一般性的保证，只在最后一句话中有一个含蓄的暗示，即美国人最明智的做法，是不要再对华沙问题大惊小怪了。

斯大林致罗斯福

1944年8月22日发，1944年8月22日收[135]

我收到了您关于太平洋问题的来信。

我理解您对这些问题的重视。

我们也非常重视您在那里的胜利。与此同时，我相信您很清楚，为了确保欧洲正在展开的攻势取得成功，我们的军队已经紧张到了何种程度。所有这一切让我们满怀希望：不需要等待太久，我们就能找到相应的策略，解决紧迫任务，并能处理其他问题。我希望任何事情都不会妨碍迪恩将军与我军总参谋部的成功合作。[136]

根据英国将军舰租借给苏联以代替所承诺的意大利军舰的协议，5月，一支由苏联水兵组成的特遣队抵达英国接收这些船只。5月30日，在苏格兰的罗赛斯海军基地，第一批1艘战列舰和4艘潜艇，正式移交给苏联海军。老旧的英国驱逐舰在改装上花了很长时间，直到8月份，它们才编入下一个北极护航船队（JW-59），准备起航。8月17日，该船队在"阿尔汉格尔斯克"号战列舰，即前皇家"君主"号的率领下，驶离了斯卡帕湾。苏联海军部长尼古拉·库兹涅佐夫上将回忆说："苏联最高统帅部每天都询问航行的情况，我必须报告所有的细节。"[137] 尽管有德国潜艇骚扰，8月24日，该船队在科拉湾停泊，斯大林立即把这一消息发电报告诉丘吉尔，并以适当的方式表达感激之情。"请允许我和苏联政府对您和英国政府向苏联军队提供的重要援助表示诚挚的感谢。"丘吉尔称这是一封"令人愉悦的电报"——毫无疑问，他觉得这让克里姆林宫最近的信件的语气缓和了。[138]

与此同时，8月15日，以美国和法国军队为主的盟军沿着法国南部的蓝色海岸登陆。这个行动（当时的代号为"铁砧"）原本计划与诺曼底登陆同时进行，但一直推迟到现在，原因是缺乏装备，也因为丘吉尔固执地坚持"扶植"意大利的战役。在意大利，由英国人统领全局的部队甚至推进到了斯洛文尼亚。在法国北部，盟军几乎没有掌控主要的港口，所以美国军方想方设法要夺取土伦和马赛，从而扩展盟军的补给线。不论美国军方如何抵制，丘吉尔一直在这场战争中最激烈的战略争论上毫不退让。但这一次，罗斯福支持了自己的军事顾问，不像1942年在北非问题上，他常常支持英国首相的观点。在罗斯福的支持下，登陆行动更名为"龙骑兵"（"Dragoon"），最终得以实施。丘吉尔直言不讳的预言落空了，"龙骑兵"行动取得了彻底的胜利，他们迅速将虚弱的德国守军赶到了罗讷河谷，并在9月中旬与艾森豪威尔的部队会合。

☆☆☆☆☆

战后的世界怎样管理也成为一个问题。9月，罗斯福向斯大林提出敦巴顿橡树园会议关于新的国际组织的讨论。苏联代表团团长葛罗米柯要求16个苏联加盟共和国，每一个都在联合国大会中占有一个席位，会议为之轰动。美国代表团团长斯特蒂纽斯将它称为"重磅炸弹"[139]。葛罗米柯是在严格遵循苏共政治局的指示。[140]克里姆林宫还记得弱国无外交，记得自己在国际联盟时代是如何人微言轻，是如何被孤立和边缘化的，现在自己有了实力，一定要最大限度地扩大自己在这个新组织中的影响力。1944年2月苏联宪法改革赋予各个加盟共和国制定对外政策的权利，从而为这一请求提供了法律依据。但罗斯福称这一想法是"荒谬的"，他告诉斯特蒂纽斯，如果那样，"美国就会要求48个成员国身份，每个州一个，这也是符合逻辑的"。由于担心对美国舆论的影响，罗斯福坚持认为对此事"应尽可能地保持沉默"。在美国代表团内部，这件事被称为"X事件"[141]。在伦敦，艾德礼的停战与战后委员会认为，苏联的提议"非常不可取"，同时也认识到，无论1944年的苏联宪法改革实际上有多么空洞，但在法理上，克里姆林宫的论点很有说服力，"因此，从理论上讲，苏联各共和国在外交政策上，与印度相比，拥有更大的自主权"。英国人这样说，是不愿意在这个问题上与莫斯科对抗，他们很高兴顺水推舟，把责任踢给美国人。[142]

罗斯福给斯大林的信是根据斯特蒂纽斯的草稿写的，罗斯福增加了最后一段。[143]作为回复，斯大林强调了他对这一问题的重视，坚持他的最高原则，尽管在提到乌克兰和白俄罗斯时，他暗示了苏联在随后的外交谈判中有调整立场的可能性。

罗斯福致斯大林

1944年8月31日发，1944年9月1日收[144]

对于贵国代表团在敦巴顿橡树园会议中提到，苏联政府希望让16个加盟共和国成为新的国际组织的个体成员一事，我非常关切。虽然贵国代表团明确表示，在目前的对话阶段不会再次提出这个问题，但我认为我必须告诉您，在国际组织最终建立并开始运作之前，在任何阶段提出这个问题都会危及整个计划，当然，就美国而言是这样的，毫无疑问，对其他重要国家也是如此。我希望您能在这一点上让我放心，消除疑虑。

这不会影响该组织成立后对该问题的讨论。大会届时将完全有权力采取行动。

斯大林致罗斯福

1944年9月7日发，1944年9月7日收[145]

我收到了您关于苏联参加国际安全组织问题的来信。

我特别重视苏联代表团关于这个问题所作的发言。在今年年初，我国进行了众所周知的宪法改革，在这之后，各加盟共和国政府极为关注友好的美国将对苏联宪法所通过的扩大它们在国际关系领域中的权利采取何种态度。您当然知道，例如乌克兰、白俄罗斯，它们是苏联的组成部分，就其人口数量和政治重要性而言，正在超越某些国家，而对于这些国家，我们所有人都赞同它们属于这个国际组织的发起国之列。因此，我希望有机会向您解释苏联代表团在敦巴顿橡树园会议上的提议具有重要的政治意义。

敦巴顿橡树园会议的另一个问题，是大国之间，即未来安全理事会的常任理事国之间的一致性原则。苏联代表团得到了严格的指示，必须尽可能广泛地解释这一原则，包括每个常任理事国的全盘否决权，即使其自身卷入一场争端也享有这一权利。美国人和英国人持不同意见。9月8日，罗斯福与葛罗米柯在一次谈话中，揭示了对这个问题的不同看法。葛罗米柯大使向莫斯科报告说："他半开玩笑地举了一个例子，即根据美国法律以及其他国家法律的回避制度，'陪审团不得包括指证妻子的丈夫，反之亦然'。罗斯福想强调的是，卷入争端的一方不应参与争端的解决。"[146] 罗斯福也向斯大林提出了这个问题，他再次使用了美国国务院的草稿，只增加了一句话，见下面斜体部分。

罗斯福致斯大林

1944年9月8日发，1944年9月9日收[147]

我刚刚与贵国大使就敦巴顿橡树园会谈的进展进行了愉快而有趣的谈话。显然，只有一个重要的问题我们尚未达成一致，那就是安理会的表决问题。英国人和我们都强烈认为，争端各方不应在安理会的决定中投票，即使其中一方是安理会常任理事国。而我从贵国大使那里了解到，贵国政府持有相反的观点。

传统上，自美国成立以来，争端各方从未对自己的案例进行过投票，我知道美国舆论既不会理解也不会支持违反这一原则的国际组织。此外，我知道世界上许多国家都持有同样的观点，我完全相信较小的国家会难以接受这样一个国际组织，在其中，大国坚持哪怕自身也卷入某个争端，在安理会仍享有针对该事件的投票权。他们肯定会从中看出，大国试图把自己凌驾于法律之上。那么最终，我将会在参议院遇到大麻烦。出于这些原因，我希望您能够指示贵国代表团同意我们关于表决权的建议。如果能做到这一点，敦巴顿橡树园的会谈就能取得圆满而且突出的成就，并且迅速结束会议。

9月14日，斯大林断然拒绝了罗斯福的提议（他在信函的原件上作了下划线）。莫洛托夫提醒葛罗米柯，为什么苏联坚持大国一致原则和大国否决权的原则：

> 我们不希望1939年底国际联盟针对芬兰问题发生的事件重演。那时，如你所知，控制国际联盟的国家组成了一个敌视苏联的集团，并将苏联驱逐出国联。在未来的这个国际组织中，我们不允许有任何反苏势力的活动空间。英美两国在这个问题上必须让步。[148]

斯大林致罗斯福

1944年9月14日发，1944年9月14日收[149]

我已经收到您关于敦巴顿橡树园讨论的信。

我也希望这些重要的讨论能够圆满结束。这对进一步加强我们各国的合作以及未来和平与安全的整个事业具有重要意义。

我必须说，为了国际安全组织的顺利运行，安理会的表决权规则具有重大的意义，因为安理会必须在四个大国协调一致原则的基础上开展工作，这些工作涉及所有的问题，包括那些与其中一个国家直接相关的问题。在我看来，美国最初的建议是正确的，即在有一个或几个具有常任理事国地位的安理会成员直接参与的争端解决机制中，建立一种专门的表决程序。否则，我们在德黑兰会议上达成的协议将化为乌有，该协议是从规定的原则出发的，首先就是四个大国一致同意原则，这个原则是今后反对侵略斗争所必需的条件。

当然，这种一致意见表明，在这些大国之间，没有相互猜疑的余地。苏联也不能忽视某些荒谬偏见的存在，这些偏见往往干扰了外界对苏联的客观评价。所有其他国家，也应该权衡主要大国意见不一致可能带来的后果。

我希望您能理解我在这里表达的所考虑事项的严重性，也希望我们能就这个问题找到各方都满意的解决办法。

斯大林 7 月 26 日的信中再次建议推迟下一次三巨头会议后，罗斯福同意丘吉尔的提议，就下一步的军事和战略问题举行英美会议。丘吉尔建议，如果斯大林不参加，就邀请莫洛托夫来代替，但美国总统没有回复。[150] 这次代号为"八边形"（"Octagon"）的会议于 1944 年 9 月 11 日至 16 日在魁北克举行，广泛讨论了欧洲和太平洋的战争以及战后问题。盟军参谋长联席会议编写了会议决议的摘要。鉴于这份文件的重要性，罗斯福和丘吉尔签署了这份文件，并指示他们在莫斯科的大使把它交给斯大林。[151] 考虑到主要由军方撰写的会议报告容易引起反感，令人感到非常惊讶的是，他们二人，尤其是丘吉尔，并没有在信函的编写和语气上花费更多心思。[152]

传达给斯大林的信息只代表了魁北克会议所作决定的一小部分。[153] 没有提到重要的政策问题，如对德国鲁尔区和萨尔区的国际监督或使德国非工业化的"摩根索计划"。关于广泛讨论的针对日本的军事行动提及的相对较少，可能是考虑到苏联尚未与日本开战。有关意大利的部分，报告故意掩饰了英美之间的分歧：丘吉尔希望继续意大利的战役，甚至扩展到巴尔干半岛，而美国希望将盟军集中在法国而不是意大利。魁北克会议之后，两位西方领导人在纽约海德公园罗斯福的家中私下会晤时，作出了另一项关键决策，但对外秘而不宣。这是双方于 9 月 18 日签署的一份备忘录，内容是战后英美继续合作，开发用于军事和商业目的的原子能（"合金管"计划），该项目对世界其他国家保密。为了避免该项目泄密，"尤其是对俄罗斯人"的泄密，罗斯福和丘吉尔同意对丹麦著名核物理学家尼尔斯·玻尔进行监视。玻尔曾呼吁他们对这种新武器建立国际监督机制。[154]

罗斯福和丘吉尔致斯大林

1944年9月19日发,1944年9月23日收[155]

在刚刚结束的魁北克会议上,我们就军事行动作出了以下决定。

在西北欧的军事行动

我们的军事行动的意图是全速推进,以摧毁德国武装部队,并深入到德国的心脏地带。击败西部敌人的最佳方式在于打击鲁尔区和萨尔区,因为在那里,敌人将会集中其剩余的可用兵力来保卫这些重要地区。北方航线明显比南部航线更具有优势,在恶劣天气到来之前,我们必须打通西北港口,尤其是鹿特丹和安特卫普。因此,我们的主要努力将在左翼。

在意大利的军事行动

我们目前在意大利的军事行动有两种可能:

(1) 凯塞林的军队将被击溃,在这种情况下,应该有可能迅速重新集结,并向卢布尔雅那隘口进发;

(2) 凯塞林的军队成功地实现有序撤退,在这种情况下,我们可能必须于今年肃清伦巴第平原。

我们未来的军事行动取决于战斗的进展。在伊斯特里亚半岛进行两栖作战的计划正在准备之中,如果形势需要就会实施。

巴尔干地区的军事行动

我们空军的军事行动和突击队类型的军事行动将会继续。

对日本的军事行动

我们同意采取进一步军事行动，在所有战区加强对日本人的进攻，最终目标是进攻日本本土。

有关在德国崩溃后迅速将兵力移至太平洋战区的计划，已经达成一致。

9月23日，哈里曼和克拉克·克尔与斯大林在克里姆林宫进行了一次不同寻常的友好会面。这次会面持续了较长时间，两人在会面中呈交了这一信件。克拉克·克尔向伦敦报告说：

> 斯大林说，在法国的军事行动（诺曼底登陆），在东方没有类似的事例。这次行动进展得非常迅速并且大获全胜。这不是赞美，这是事实。对布列塔尼的孤立和对巴黎的攻占是宏伟的军事行动，冒险而大胆。

英国大使补充道："此时此刻，他的诚意是毫无疑问的。"丘吉尔非常感谢这种赞扬，他在下一封信中表明了这一点。斯大林对盟军的对日作战计划表现出相当大的兴趣，并询问他们是否仍然希望苏联参与。大使们确认情况确实如此，但表示在斯大林批准适当的军事对话之前，不可能采取任何具体行动。斯大林立即说，这些应该在几天后就会开始。哈里曼还提出了罗斯福提议的在地中海举行三巨头峰会的问题，斯大林虽然承认这是"非常可取的"，但以年龄、日益变差的健康状况和医生禁止他乘飞机旅行为由谢绝了。他说他没有丘吉尔那样的活力，"那是个拼命的家伙"。大使们半开玩笑地建议他或许可以找位新医生，斯大林又说了一些常用的借口，说他还没有从上次的前线之行中恢复过来，他说可以派莫洛托夫去。莫洛托夫说，哦，不，没有人能代替斯大林元帅，诸如此类的话。[156]

由于下一次三巨头峰会不可能举行，丘吉尔认为他必须亲自去莫斯科，他确信棘手的问题只能由他亲自出马解决。他在 9 月 27 日的信中谨慎地提出了这个想法。丘吉尔首先感谢斯大林对盟军胜利的赞扬，然后向红军致以更大的敬意。他接着对斯大林的健康表示关切，明确表示他希望他们三人为了全世界的共同利益而会面，然后又提及罗斯福经常说的希望访问英国以及总统选举的闲话。之后，也许是考虑到斯大林向大使们提出的问题，丘吉尔强调说，苏联加入对日战争确实是伦敦和华盛顿"热切"希望的。他表示想要短暂访问莫斯科，这个提议是在那段话末尾出现的，看似很随意，这似乎在暗示亚洲战争可能会成为讨论的主要话题。

丘吉尔致斯大林

1944 年 9 月 27 日发，1944 年 9 月 27 日收[157]

我非常高兴从克拉克·克尔大使那里听到您对英国和美国在法国行动的赞扬。我们非常珍视英勇的俄罗斯军队领导人的这番评价。明天，我将抓住机会，在下议院重申我以前说过的话，正是红军摧毁了德国军事机器的主要力量，并且现在，红军仍在自己的前线牵制大部分的敌人。

我与美国总统进行了长时间的会谈后刚返回，我可以向您保证，我们坚信，全世界的希望都建立在我们——英国、美利坚合众国和苏联——团结一致的基础上。我很遗憾地得知您最近身体有恙，您的医生不愿意您乘坐飞机长途旅行。美国总统的想法是，海牙是我们会面的好地方。我们现在还没有占领它，但是战争的进程或许在圣诞节之前，就会改变波罗的海沿岸的状况，以至于你的旅程不会劳累或困难。然而，在制订任何这样的计划之前，我们还面临许多艰苦的战斗。

最私密的消息：美国总统打算在大选结束后，无论输赢，立即访问英国，并且在那之后访问法国和低地国家。我掌握的信息使我相信他会赢。

我热切地希望，而且我知道美国总统也希望如此，一旦德国军队被击败和摧毁后，苏联就会按照您在德黑兰所做的承诺，参与对日战争。俄罗斯对日本展开攻势将迫使他们损耗和流血，尤其是在空战中，这种方式将大大加速他们失败的进程。从我所了解到的日本的内部状况来看，绝望的感觉令人民愤怒，我相信一旦纳粹被粉碎，很可能我们三个大国呼吁日本投降，会起到决定性的作用。当然，我们必须一起制订所有这些计划。如果能抽出空来，我很高兴 10 月份能去莫斯科。如果不能如愿，艾登很乐意代我前往。同时，我向您和莫洛托夫致以最诚挚的祝福。

亚洲战争确实是丘吉尔希望在莫斯科提出的两个主要议题之一，9 月 29 日，他向罗斯福解释说："我们的两个伟大目标是：第一，确保他参加与日本的对抗；第二，努力与波兰达成友好的解决方案。我们还将讨论关于希腊和南斯拉夫的问题。"然而丘吉尔给斯大林的信中没有提到东欧和巴尔干半岛，甚至连一些暗示都没有，也许是因为过去几周红军节节胜利，让英国的谈判实力突然变得极其虚弱。[158]

8 月 23 日，罗马尼亚发生政变，使它站到了同盟国一边，并与红军合作。正如丘吉尔 9 月 8 日对参谋长所说的：

> 罗马尼亚的陷落给了俄罗斯人很大的优势，他们很可能会在西方盟国成功突破齐格菲防线之前，就进入贝尔格莱德和布达佩斯，或许还有维也纳。无论俄罗斯的这种推进在军事上多么令人向往，它对中欧和南欧的政治影响都可能是极为可怕的。[159]

此时，苏联已经对保加利亚宣战（9 月 5 日），4 天后，引发了首都索非亚的政变，政变使保加利亚人也加入了同盟国。莫洛托夫在实际宣战仅仅几小时之前，才通知克拉克·克尔和哈里曼。两位大使表面上都表示满意，但难掩自己内心的焦虑。哈里曼问："苏联军队会进入保加利亚吗？"莫洛托夫淡淡地回答说:"这取决于军事形势。"[160]

苏联军队相继抵达罗马尼亚和保加利亚,打乱了白厅对巴尔干半岛的既定计划。人们一度还认为,在那里,三个盟国将集体谈判停战协议。英国的纠结在于希腊。8月下旬,丘吉尔曾指示参谋长们做好准备,为英国在9月11日前登陆希腊创造条件,以确保德军有秩序地向亲英国的游击队投降。[161]但是在索菲亚发生的起义推翻了法西斯政权后,英国外交部开始担心红军及其新的保加利亚盟友可能会进入希腊,因为保加利亚对希腊有领土要求。9月9日,英国外交部对参谋长们说,"至关重要的是,我们应该让苏联政府确信我们对希腊的重视",并建议他们应该通知莫斯科,"我们打算派遣一支英国军队"去那里。[162]但是派遣一支庞大的英国军队(4.6万人)仅仅是一种纸面计划,正如英国外交部所说,以确保"将保加利亚占领的南斯拉夫和希腊的领土重新移交,同时也表明英国对保加利亚的兴趣",但是计划跟不上变化。现在,就像艾德礼以他一贯的直率口吻说的那样:"俄罗斯人肯定会在保加利亚扮演主要角色。"[163]苏联的情报部门监测到英国人越来越焦虑,于11月7日通知莫斯科,"在英国军队中东最高司令部的总部,人们对苏联政府的行为感到非常恼火和不满,因为它打乱了英国在巴尔干半岛的计划"。[164]

匈牙利是英国感兴趣的另一个地区。8月,英国外交部政务次官理查德·劳对艾德礼的委员会表示,即使苏联占领了这个国家,"派遣一支1200人的象征性部队来表明我们的兴趣并展示国旗,也或许是可取的"。[165]同样,哈维在9月19日告诉参谋长们,在匈牙利,"我们应该争取在控制机制中占有比罗马尼亚更大的份额。我们希望控制委员会由三方组成,对各国政府负责,而不是只对苏联最高统帅部负责,我们甚至可能建议主席应该轮流担任"。[166]仅半个月后,到了10月,这种说法听起来像是一个乌托邦故事。

最终让英国人无法忍受的,是铁托于9月21日至27日突然访问了莫斯科,这似乎使人们对他8月份与舒巴希奇达成的协议产生了怀疑。克里姆林宫同意了这次访问,好让这位老谋深算的南斯拉夫领导人相信苏联将给予支

持。俄罗斯联邦对外政策档案馆中有一份由"阿列克谢耶夫"(莫洛托夫的化名)写给铁托的富有感染力的未注明日期的电报:

> 在南斯拉夫问题上,我们对盟国没有任何承诺。我们不受任何约束,可以采取行动,但遗憾的是,我们没有足够的军队。我们可以用武器来增援你们,我们会这样做的……如果您想飞往克拉约瓦,我方人员可以提供帮助。[167]

铁托就是这样做的。9月19日,他乘坐一架苏联飞机从维斯岛飞往克拉约瓦(罗马尼亚南部)的红军阵地,然后从那里飞往苏联首都。铁托与斯大林的会晤引起了伦敦的不安。莫洛托夫9月26日给克拉克·克尔和哈里曼的信函内容是关于在南斯拉夫临时部署苏联军队,"旨在展开对在匈牙利的德国军队和匈牙利军队的行动"[168]。从这封信所传达的信息可以得出结论,苏联在巴尔干半岛的影响力正在加强。丘吉尔告诉艾登,铁托或许有"完全依附俄罗斯人"的可能性:

> 由于在罗马尼亚和保加利亚发生的令人惊讶的变化,这个问题现在变得不仅是可能的,而且是很有可能的。这个问题只能按照你的建议,即按莫斯科的谈话来处理。我们必须坦率地问俄罗斯人,他们的方针政策到底是什么。[169]

作为对盟国领导人关于魁北克会议的联名信的回应,斯大林向两位领导人发出了相同的信,概述了苏联在进攻德国之前清除其暴露的侧翼威胁的计划。[170]

斯大林致罗斯福

1944年9月29日发，1944年9月29日收[171]

我收到了您和丘吉尔先生关于魁北克会议的来信，其中有关于你们进一步的军事计划的信息。从您的信中可以清楚地看出，有多少重要的任务等着美国和英国军队去解决。请允许我祝您和您的部队一切顺利。

目前，苏联军队正忙于歼灭威胁我们右翼的、波罗的海沿岸的德军集团。不清除这个集团，我们就不可能进入东德。此外，我们的部队有两个紧迫的任务：使匈牙利退出战争，并通过我们部队的猛攻来突破德军在东线的防御，并在有利的情况下粉碎他们。

斯大林对丘吉尔要来莫斯科作出了热情的回应。在苏联对日本的问题上，斯大林只是确认了他在德黑兰的立场，即一旦德国战败，就进入亚洲战场。他删除了莫洛托夫草稿的最后一句话，[172] 对于苏联在远东的权利诉求，他不想过早摊牌。

斯大林致丘吉尔

1944年9月30日发，1944年9月30日收[173]

我收到了您9月27日的来信。

我和您一样深信，三个主要大国之间的团结一致，构成了未来和平的真正保证，这也符合所有热爱和平的人民的最大希望。在我看来，我们各国政府在战后时期能够延续我们在这场大战期间采用的策略，将会产生决定性的影响。

当然，我非常希望与您和美国总统会面。从我们共同事业的利益出发，我对此非常重视。当然,就我而言,我必须预订一个(三方会谈的)座位。但是我的医生们建议我不要作长途旅行。在一定的时期内,我必须考虑到这一点。

您期望 10 月份来莫斯科,我表示热烈欢迎。我们可以讨论军事和其他方面非常重要的问题,如果有什么事阻止您来莫斯科,我们当然也愿意接待艾登先生。

我对您关于美国总统计划欧洲之行的信息很感兴趣。我也相信他会在大选中获胜。

关于日本,我们的立场与在德黑兰时的立场一样。~~然而,现在是比去年更详细地考虑这个问题的时候了。~~

我和莫洛托夫向您致以最美好的祝愿。

艾登在日记中写道:"这是令人鼓舞的,但我们将在波兰的事务上展开一场艰苦的战斗。和 W[温斯顿] 通了两次电话。他非常兴奋。"[174] 克拉克·克尔从莫斯科发来电报说:"我和俄罗斯人很高兴您决定来这里,而且安东尼将和您一起前来。要趁热打铁。"[175]

第十四章

1944年
10月至12月

「只有我们三人」

丘吉尔第二次访问莫斯科，是盟国关系的一个重要里程碑。访问时间从 1944 年 10 月 9 日持续到 19 日，代号为"托尔斯泰"（"Tolstoy"）。会谈一直在友好的气氛中进行，没有出现 1942 年 8 月他们第一次会谈时斯大林突然情绪变化那样的事。双方还就未来的军事计划进行了坦率而富有成效的会谈。在会谈中，丘吉尔指点东南欧洲，语惊四座。他拿出一个从未示人的"百分比"提议，试图保持英国在希腊的主导地位，以及南斯拉夫的联合政策的协议继续有效。作为交换，他承认苏联在罗马尼亚和保加利亚的主导地位。这种玩世不恭的协议惊世骇俗，意味着英苏两国将欧洲划分为各自的势力范围。就斯大林而言，他坚定了自己的承诺，即在德国战败后参加对日战争。他同时也暗示，苏联会对远东地区提出领土要求。所有这些，加上斯大林夸张的热情和礼貌好客，都给丘吉尔留下了深刻的印象。他再次确认了自己的信念，即面对面地与"乔大叔"打交道多么重要。

斯大林一边附和着丘吉尔诡秘的语气，一边强调着他们谈话的私密性，他一直对罗斯福的反应保持高度警惕。在哈里·霍普金斯的建议下，罗斯福让哈里曼大使作为观察员出席一些会议，并保留了美国对未来的完全的决策自由。也就是说，美国想知道任何事情，但不承担任何责任。10 月 4 日，罗斯福向斯大林表达了他的观点，即"我们三人，而且只有我们三人"，才能够解决战争与和平的重大问题，这一信念激励他筹划他们的下一次峰会。正如 1943 年的德黑兰一样，1945 年的雅尔塔也不是罗斯福总统心中的首选地点，他原来想的是在地中海某个更容易到达的地方开会，但霍普金斯在努力争取尽早举行峰会时，为了迎合斯大林，已经提出在黑海沿岸举行会议，这让罗斯福有些被动，而斯大林则紧紧抓住了这个机会。在 10 月和 11 月一系列不屈不挠的通信中，他再次主导了会谈地点问题，往来的信函交锋不禁令人想起一年前德黑兰会议的地点之争。

对盟军来说，入秋的军事形势不如夏末那样令人振奋。在东部，尽管红军在匈牙利取得了稳步的进展，但代价高昂，在西部，局势更加困难。在全速进入比利时后，盟军在阿纳姆进行了一次大胆的行动（9 月 17 日至 25 日），盟军意欲以装甲部队强攻，再配以空降伞兵突袭，用联合行动夺取莱茵河的桥梁，但行动以失败告终，德国国防军得以重新集结。11 月 25 日，丘吉尔无奈地向斯大林承认，由于德国人顽强的抵抗和严酷的冬季天气，他们不太可能在 1944 年渡过莱茵河。德军在圣诞节前的突然反攻（突出部战役）使盟军的攻势进一步受挫，艾森豪威尔的前线出现了短暂的危机，直到乌云消散，盟军再次夺得了决定性的空中优势。

恐慌期间，斯大林答应了罗斯福和丘吉尔的请求，让艾森豪威尔的副手、空军上将阿瑟·特德爵士访问莫斯科，紧急共享军事计划。下面可见斯大林对盟国之间的合作一丝不苟的另一个例子，在合作不会影响苏联的主要利益的情况下，斯大林愿意分享军事情报。继夏天在波兰（登比察）的 V-2 导弹发射场的合作之后，12 月，丘吉尔要求提供有关在波罗的海沉没的一艘 U 型潜艇上发射的德国 T-5 声呐制导鱼雷的信息，斯大林也采取了支持的态度。丘吉尔在这些问题上与斯大林本人直接打交道，反映了这样一个事实，即美国，尤其是英国在莫斯科的军事代表团与苏联同行联络时态度生硬，且经常发生摩擦，许多西方高级军官甚至公开反对布尔什维克，这些强化了俄罗斯人固有的猜疑。

罗斯福最长的信件再次涉及战后的联合国计划，在他看来，联合国是吸引苏联政府和美国人民永久加入国际社会的重要平台。1944 年年底，有关苏联在未来的安理会中坚持大国一致原则的信函往来频繁。苏联在国际联盟时期遭受的外交屈辱历历在目，所以非常担心自己的利益被侵犯，"威望"

也是一个考虑因素，莫斯科在这个问题上一直很努力，不愿因为妥协而丢面子。在某一时刻，也许斯大林想到了他那场旷日持久的争论，以及最终在1943年至1944年就意大利海军舰艇问题做出的屈辱退让。

1944年末，法国，尤其是夏尔·戴高乐将军的名字第一次在三巨头通信中大量出现。如何与这位敏感易怒、难于对付的法国领导人打交道，在很大程度上仍然是令丘吉尔和罗斯福头疼的问题。尤其是现在，事情变化了，随着戴高乐的法国民族解放委员会10月份正式成为法国政府，罗斯福终于无奈地接受了既成事实，尽管他对戴高乐有着根深蒂固的反感。在1940年的耻辱之后，戴高乐将军着手恢复法国的强国地位。1944年11月，首先，丘吉尔首相深情而激动地前往解放后的巴黎，戴高乐款待了丘吉尔；然后戴高乐于12月访问莫斯科，与斯大林签署了一项互助协定，又让人大吃一惊。这次访问引发了三个大国领导人之间的大量通信，斯大林急于向他的有些焦虑的盟友表明，他并没有在法国问题上耍两面派。尽管该协定意义有限，但由于法国作为一个大国正处于弱势，它成为三巨头关系中的一个新因素，英国有意将法国重建为西欧的强国。虽然这种对英国外交部比对丘吉尔更具有吸引力的"西方集团"的想法，在很大程度上仍然是白厅的猜测，但它在丘吉尔和斯大林的信件中已经出现了。更重要的是，由于白厅里潜伏的苏联特工，克里姆林宫对英国军方在这一概念上的反苏立场了如指掌。

在西欧，戴高乐正成为三巨头面临的主要挑战的典型例子，这个挑战就是：从纳粹手中解放出来的国家内部的权力争夺。这个问题在东欧尤为棘手，一方面是因为红军的出现和苏联免遭第三次侵略战争的决心，另一方面是因为英国虽然日渐衰落，但仍然强烈地希望保持其作为一个大国对东欧的影响力，并确保殖民地不会过分蔑视其战时关于自由和民主的言论。11月10日，丘吉尔告诉艾登："此时，每一个因我们的胜利而获得解放或转变的国家，都充斥着共产主义。"他说："所有这些都是联系在一起的，我们必须对俄罗斯施加影响，才能阻止他们积极推动这场运动。在我看来，这场运动对和平和人类自由都是致命的。"[1] 在对这些地区几乎没有或根本没有权力影响的情况下，丘吉尔不得不寻找一些似乎可信的流亡政治家，最好是君主主义者，以其作为未来政府的基础，同时，他也希望这些人物能让斯大林满意。因此，他采取了铤而走险的"百分比协定"的策略，协议圈定了希腊和南斯拉夫，代价是默认斯大林在其他地方拥有自由支配的权力。

在希腊，丘吉尔利用他的战略优势地位，试图按照自己的主张解决保皇党和共产主义者的冲突。12月，他动用了英国军队镇压共产主义者的抗议。在华盛顿，他的行为引起了公众的强烈批评，但克里姆林宫却保持沉默，斯大林尊重他们在莫斯科达成的协议。在南斯拉夫，多亏了铁托—舒巴希奇关于联合政府的协议，以及斯大林在其信件中持续承诺对这个国家实行联合政策，百分比协议最初似乎起了作用。但丘吉尔变得越来越怀疑铁托，在12月3日的一封长信中，英国首相谴责了铁托的不合作，并将此信抄送给苏联领袖。

和以前一样，大的分歧还是在波兰问题上。丘吉尔曾要求伦敦的波兰人到莫斯科来，这样他就可以帮助他们与卢布林人达成对等协议，参加波兰新政府的组建，这是他所希望的。他软硬兼施，但却毫无结果，米科瓦伊奇克无法让他的同事们接受寇松线作为波兰—苏联边界。而斯大林坚持认为，这一让步是与未来政府达成任何协议的先决条件。11月24日，米科瓦伊奇克辞职，由更强硬的领导层取代。丘吉尔表示希望"米克"（米科瓦伊奇克的昵称）很快重新掌权，并找到一个令人满意的解决方案。现在，他的心思肯定让斯大林看到了在波兰问题上英国无力的一面。在红军的支持下，卢布林人已控制大局，斯大林刻薄地告诉丘吉尔，米科瓦伊奇克现在已经无关紧要了，他实际上只是一个傀儡，代表反苏的"犯罪"分子，斯大林推动承认卢布林委员会（波兰民族解放委员会）为新的波兰政府。罗斯福在年底曾两次在信函里谈及波兰问题，长篇大论地尝试阐明自己的观点，连任后，他认为可以更自由地就波兰问题发表言论了。

尽管罗斯福的健康状况仍然不稳定，但是在 7 月，他还是接受了民主党党内提名。竞选期间，罗斯福在尽可能地保持自己的精力的同时，还能在重要的时刻发表一些有说服力的演讲。11 月 7 日，他又获得了一次巨大的胜利，以 432 张选举人票（总票数为 531 张）赢得了 48 个州中的 36 个。在这之后，他有了更多的时间和精力与斯大林通信，涉及内容更广泛，不限于波兰问题，这一点从他 12 月的一系列信件中可以明显看出来。假如没有意外发生的话，他的第四个任期应该持续到 1949 年 1 月。

☆ ☆ ☆ ☆ ☆

丘吉尔的第二次莫斯科之旅比第一次容易得多，因为他不必绕道西班牙，穿过北非到德黑兰，然后再飞越高加索地区。随着西欧的解放，他可以直接飞越法国到达那不勒斯，然后经开罗，最后到达莫斯科。即使如此，这次旅行对丘吉尔的健康和耐力也是一种考验。他在 10 月 4 日致电斯大林："我期待着重返莫斯科，自 1942 年 8 月以来，这是条件最好的一次行程。"[2]

9 月 29 日，丘吉尔第一次告知罗斯福，他和艾登打算去莫斯科，并补充说"我们当然欢迎埃夫里尔（·哈里曼）的帮助"。罗斯福当时似乎并没有特别的担心，他第二天告诉丘吉尔："我会指示哈里曼给您任何您想要的帮助。"在丘吉尔就可能的议程发来另一封信后，莱希起草了一份简短的回复，这封信得到了罗斯福的批准，回复的开头是："祝您访问'乔大叔'一切顺利。"但美国国务院苏联问题专家"奇普"·波伦和长期养病最近回到罗斯福身边的哈里·霍普金斯两人都担心，罗斯福总统这样做，似乎是给予了丘吉尔全权处理与斯大林关系的权力。霍普金斯主动制止了莱希的电报，然后向罗斯福提出了这个问题。罗斯福把事情来回想了一想，开始变得焦虑不安了。结果是，波伦和霍普金斯准备了更长的信，得到了罗斯福的批准后，分别发给了丘吉尔和斯大林。这些信郑重地声明了美国对"这场全球战争"的一切都感兴趣，并要求哈里曼以"观察员"的身份列席会议。他们还保留了美国总统在下一次三巨头会议之前的完全的行动自由。罗斯福特别告诉丘吉尔，在他们三人会晤之前，不要讨论每个国家在联合国应该拥有多少票数这一有争议的问题。丘吉尔同意了，但也指出，哈里曼的角色不应妨碍他与斯大林或莫洛托夫进行"私下的面对面交谈"。[3]

值得注意的是，罗斯福给斯大林的信件，并没有抄送给丘吉尔。

罗斯福致斯大林

1944年10月4日发，1944年10月5日收[4]

虽然我原本希望下次会晤时您、丘吉尔和我都在场，但我很理解英国首相希望早日与您会晤的愿望。

您当然明白，在这场全球战争中，毫无疑问，无论政治上的还是军事上的，没有任何问题是美国不感兴趣的。我坚信，我们三人，而且只有我们三人，能够找到方案解决那些悬而未决的问题。在这个意义上，尽管我理解英国首相希望早日与您会晤的愿望，但我更愿意把你们即将举行的会谈，看作我们三人会晤的初步准备。就我而言，我们的会晤可以在美国大选之后的任何时间举行。

在这种情况下，我建议，如果您和丘吉尔先生同意，我们驻莫斯科的大使可以作为我的观察员出席你们即将召开的会议。理所当然，在您和首相将要讨论的重要问题上，哈里曼先生并不代表本政府承担责任。

此时，您应该已经从迪恩将军那里收到了我们的盟军参谋长联席会议关于抗日战争的立场声明，我愿向您重申，我完全接受您在这一点上给我们的保证。我们三个国家正在对德国打一场成功的战争，我们一定能够团结一致，成功地粉碎这个既是俄罗斯的敌人也是我们的敌人的国家。

罗斯福的信在克里姆林宫引起了一些混乱。伦敦和华盛顿之间明显缺乏协调，不符合苏联对英国—美国轴心的刻板印象。斯大林在回信中煞费苦心地解释了自己的观点，消除了任何英国—苏联勾结的印象。

斯大林致罗斯福

1944年10月8日发，1944年10月8日收[5]

您10月5日的来信使我有些困惑。我以为丘吉尔先生来莫斯科一事，是与您在魁北克约定好的。然而，我的这种假设似乎与现实不符。

我不知道丘吉尔先生和艾登先生要带着哪些问题来莫斯科。到目前为止，我还没有得到两人中任何一方的告知。丘吉尔先生在给我的信中表示，如果我不反对的话，他希望来莫斯科。当然，我同意了。有关丘吉尔先生莫斯科之行的情况目前就是这些。

在和丘吉尔先生会面以后，我会随时向您通报这件事。

10月9日，丘吉尔和艾登抵达莫斯科，晚上10时，斯大林和莫洛托夫在克里姆林宫会见了到访的客人，举行被称为"托尔斯泰"会议的第一次会议。按照克拉克·克尔早先的提醒，丘吉尔决心"趁热打铁"。[6]英方和俄方都详细记录了对话过程，这些记录使我们得以窥见三巨头三角关系的这一边。[7]

丘吉尔表达了自德黑兰会议以来的坚定信念，他以评论开始，"通过面对面交谈，他和斯大林可以避免花时间发送大量的电报和信件"，从而有希望"澄清许多问题"，对这些问题，他们已经写信谈论了"很长一段时间"。几分钟之内（在几个波兰"笑话"之后），两位领导人一致认为，应该让伦敦的波兰人飞往莫斯科，尝试与卢布林委员会"强制联姻"。为此，丘吉尔准备了一架飞机在英国待命。

然后，丘吉尔的话题转向了巴尔干半岛。考虑到英国即将派遣军队到希腊，他强调，这是一个英国对其有着"特殊兴趣"的国家，因为"英国必须成为地中海的主要强国和主导力量"。相比之下，他说自己"并不太担心罗马尼亚。这在很大程度上是俄罗斯的事"。斯大林同意"英国应该对希腊问题拥有第一发言权"。丘吉尔说，"最好是用外交措辞来表达这些事情，而不是用'划分范围'这个说法，因为美国人可能会感到震惊。不过只要他和斯大林元帅能够相互理解，他可以向美国总统把事情解释清楚"。

这时斯大林急于掩饰自己，他打断了丘吉尔的话，传达了罗斯福信函的要点，即哈里曼应该作为观察员，以及在莫斯科达成的任何决定都应该是"初步性质的"。丘吉尔说，这并不妨碍他们两人之间进行一些"亲密交谈"，但他承诺会随时向罗斯福通报情况。然后，显然是在讨好丘吉尔，斯大林补充说，"总的来说"，他对罗斯福的"来信不喜欢"，因为它"似乎在为美国要求太多的权利，留给苏联和英国的太少，毕竟，苏联和英国有一个共同援助的条约"——不像美国和苏联。

当谈话转移到巴尔干半岛时，根据英国翻译阿瑟·伯斯少校的原始记录，丘吉尔"随之拿出了一份他称之为'戏谑的文件'，上面列明几个大国划分巴尔干半岛国家势力范围的比例"。显然是恶作剧地故意为之，丘吉尔补充说，"如果美国人看到他说得这么粗鲁，他们会感到震惊的"。接着，他开玩笑地说，"斯大林元帅是一个现实主义者。他自己也不是一个多愁善感的人，而艾登先生是个坏人。他没有就此事咨询内阁或议会"[8]。

丘吉尔的"戏谑的"名单反映的两国政府之间的讨论，可以追溯到1944年5月的艾登—古谢夫协议。在罗马尼亚，丘吉尔分配给俄罗斯90%，"其他国家"占10%；在希腊，英国占90%，"其他国家"占10%；在保加利亚，俄罗斯占75%，"其他国家"占25%。而在南斯拉夫和匈牙利，他建议50：50平分。据丘吉尔说，斯大林在文件上打了一个对钩，然后把它推到桌子对面的丘吉尔面前。他们谈到土耳其和意大利的未来，随后，斯大林又回到了保加利亚问题上，暗示英国在保加利亚的利益，"实际上并不像首相主张的那么大"。对此，艾登直言不讳地说："英国在保加利亚想要的，比在罗马尼亚的要多。"一番讨价还价后毫无结果，他们同意艾登和莫洛托夫第二天"详细讨论"。[9]

百分比的问题完全出乎人们的意料。丘吉尔甚至没有向艾登通过气，所以艾登也是一头雾水，这一点在10日两位外交部门负责人试图弄清楚百分比究竟代表什么时，可以看得很清楚。莫洛托夫问艾登，百分比是否具有领土意义，例如在南斯拉夫，是指沿海相对于内陆的比例，还是指每个盟国对这些国家的控制权，抑或是在管理委员会中所占的席位比例？艾登恼火地说，他"并不太在意这些数字"，但他现在背负着这些数字问题的压力。他们剩下的讨论都是关于百分比的，尽管两个人都不知道它们到底意味着什么。[10]

好像连丘吉尔自己，对百分比的具体含义也没有明确的界定。有一个持怀疑态度的内阁成员询问他时，他说，"百分比制度"是为了"表达英国和苏联两国政府处理这些国家问题的利益和情绪"，所以50∶50就意味着平分，意味着"联合行动和一致性的政策"，而90∶10意味着一个大国将"发挥主导作用"。在此之前，丘吉尔从未使用过百分比的概念，以后也没有这样使用过。也许丘吉尔认为，与"优势"或"影响力"等模糊的术语不同，数字可以让他的提议更加精确。他可能认为量化的表述会吸引马克思主义者，因为他们遇事深思熟虑而不会感情用事。或者他就是把它看作一场表演，纯粹为了吸引斯大林的注意，一种只有亲自上阵才能奏效的策略。[11]

然而，内阁办公室认为这出戏的品位极差。伊恩·雅各布是丘吉尔的军事大臣，他后来改写了一些段落，这些段落似乎"最不适合作为如此重要的记录"，而且"将会给历史学家一种印象：这些非常重要的讨论，是以一种极不恰当的方式进行的"。尽管雅各布试图对历史进行"净化"，但我们之所以知道这份"戏谑的文件"，还要感谢单独保存的译员摘要和丘吉尔在回忆录中对当晚的描述。[12]

第二天早上，也就是 10 月 10 日，丘吉尔在午餐时，给斯大林看了一份给罗斯福的关于磋商进展的电报草稿，其中有一句话涉及对巴尔干国家达成的一致政策，即"考虑到我们对它们的不同责任"。斯大林感觉这句话是在暗指势力范围，表达得过于露骨，当时哈里曼大使也在场，他说也有同感。美国大使提醒斯大林说，罗斯福希望把所有重要的问题留给三巨头会议来考虑。哈里曼后来告诉罗斯福："斯大林说他很高兴听到这个，然后，他把手伸过首相背后，握了握我的手。"[13] 尽管如此，这句话仍然保留在这封信中，但斯大林增加了对波兰问题的重要澄清（用斜体表示）。这封信是三巨头通信史上丘吉尔和斯大林唯一的联名信。它在英国大使馆被处理成规范的英语文本，并通过在华盛顿的葛罗米柯发送给罗斯福。

丘吉尔和斯大林致罗斯福

1944 年 10 月 10 日发，1944 年 10 月 11 日收[14]

在一次非正式讨论中，我们对影响我们的局势有了初步的看法，也对我们的会议、社会活动和其他事项的进程作了规划。我们已邀请米科瓦伊奇克先生、罗默先生和格拉布斯基先生立即前来，同我们以及波兰民族解放委员会进行进一步的对话。我们已经商定在讨论中不提及敦巴顿橡树园会议的问题，这些问题将在我们三个人会面时讨论。我们必须考虑对包括匈牙利和土耳其在内的巴尔干国家达成一致政策的最佳方式，考虑到我们对它们的不同责任。我们已安排哈里曼先生以观察员的身份出席所有涉及重要事务的会议，迪恩将军也将出席任何涉及军事问题的会议。我们已经安排我们的高级军官和迪恩将军在军事方面进行技术上的接触，以后可能有我们和两位外交部长与哈里曼先生一起出席的会议也已安排。我们将随时向您通报会议的进展情况。

借此机会，我们向您致以最衷心的祝愿，并对美国军队的英勇和艾森豪威尔将军在西线指挥的战役表示祝贺。

10月11日，丘吉尔口授了一封很长的信给斯大林，希望进一步阐明和限定百分比的含义，这是在暗示自己的行事是一时冲动。现在他意识到，自己把局面搞复杂了。艾登和哈里曼说服了丘吉尔，不要把信寄出去。后来，丘吉尔把这封信放在了回忆录中，作为他当时想法的"真实的记录"。在这封信的结尾，英国首相对苏联—英国最终的趋同发表了惊人的评论：

> 我们有一种感觉，从长远和宏大的角度来看，我们两种制度之间的差异会越来越小，使广大人民的生活更加富裕和幸福是我们的共识，且这种共识与日俱增。或许，假如有50年的和平，现在可能给世界造成严重麻烦的分歧将会成为学术讨论的问题。[15]

尚不清楚应该如何理解这一明显非丘吉尔式的愤怒表达，但丘吉尔显然受到当时情绪的很大影响。

会议将包括对双方军事计划的全面讨论。这将弥补早些时候传达给莫斯科的简短、几乎是唐突的魁北克会议的描述，并将考虑在阿纳姆战役失败后，盟军在西方战场的计划重新调整，以及红军通过完成对波罗的海诸国的征服和对布达佩斯的旷日持久的围攻来巩固夏季取得的成果。10月14日晚上的会议持续了三个半小时，布鲁克概述了自诺曼底登陆以来西线的战况，解释了最近英美联军进展缓慢的原因，即后勤方面的问题，特别是为了打通安特卫普港而进行的持续战斗。迪恩把介绍的重点放在太平洋地区的事态发展上，几次询问苏联对日本战争行动的开始日期和苏联军事集结的速度。安东诺夫汇报了红军在里加和梅梅尔之间的一场新攻势。第二天晚上，讨论继续进行，可惜丘吉尔胃病犯了，没有露面。因只涉及太平洋战区的行动，讨论主要在苏联人和美国人之间进行。[16]

布鲁克平时脾气暴躁，时常抱怨，这次甚至连他也感到满意，可见会议效果之好。10月14日，他在日记中写道："我们就整个德国的东线进行了一次非常愉快的谈话，包括未来的行动。整个讨论是在非常开放和自由的基础上进行的。"就像在1942年一样，斯大林对战略细节的把握再次给他留下深刻印象，布鲁克一度试着询问西伯利亚大铁路的运力问题，安东诺夫支支吾吾，非常窘迫，"老板"开始了精确而详细的回答，细到火车的数量、类型和规格等。布鲁克指出，关于对日战争，"毫无疑问，俄国人正在尽快介入，他们准备现在就讨论计划"。但他补充说，斯大林确实提到了"这个问题的政治方面也必须得到解决。如果苏联鼎力相助，能得到什么呢"？[17]这显然要三巨头从战略层面上考虑，但丘吉尔已经感到"向俄罗斯提供在远东的实质性的战争目标，是绝对必要的"[18]。

布鲁克根据在莫斯科的11天经历，写了一些有趣的总体评论。尽管对官方讨论中新的开放态度感到满意，但他也发现令人"非常沮丧"的问题。他从英国军事代表团那里得知，"与当地人建立任何社会关系是不可能的。他们从不以私人名义聚餐，也永远不会要求我们的任何代表出来做任何沟通，我们与他们之间存在着一个显然无法弥合的巨大鸿沟"。至于俄罗斯的宴会，豪饮和过度的祝酒让严肃的布鲁克大为恼火。克里姆林宫的一场午餐，从下午2时30分开始，一直持续到下午6时15分才结束。他在日记中愤怒地写道："听着半醉的政客们和外交官们互相倾诉自己的忠诚和友情，表达与真实情况相距甚远的情感，真是让人不快。国际友谊是建立在醉酒狂欢的浅薄产物之上吗？如果真是这样的话，我们的未来还得靠上帝的护佑。"[19]

表面上，在由莱希撰写的对联名信的简短回应中，罗斯福对丘吉尔与斯大林的坦诚交流表示欢迎。实际上，他怀疑克里姆林宫会议也在讨论其他的事情，哈里曼很快就证实了这一点，丘吉尔也逐渐告知了美国总统有关百分比的情况。10月13日，霍普金斯向葛罗米柯吐露了自己的心事。"霍普金斯说，这次斯大林同志和丘吉尔举行会晤，他觉得不妥"，苏联大使告诉莫斯科,"罗斯福认为,美国不应该置身于事件之外,无论这些事件在全球的哪个角落展开,无论其重要还是不重要",而且"霍普金斯说,如果在没有罗斯福参与的情况下就巴尔干问题达成协议,那将是非常遗憾的。总统不想看到先斩后奏"[20]。幸亏霍普金斯的努力,美国总统在所有重大问题上都保留了美国的立场,直到下一次三巨头会议。"托尔斯泰"会议在华盛顿的主要影响是增强了罗斯福安排另一次峰会的决心。

罗斯福致丘吉尔和斯大林

1944年10月11日发,1944年10月12日收[21]

感谢你们10月10日第794号联名信。

我很高兴得知,你们两人正在就我们大家都感兴趣的国际政策达成一致意见,阻止现在和将来的国际战争是我们最关心的问题,也是共同努力的目标。

在丘吉尔的巨大压力下,10月12日晚,米科瓦伊奇克和两名同事抵达莫斯科。在接下来的几天里,与丘吉尔和斯大林一起,与丘吉尔个人,还有与苏联支持的卢布林的波兰民族解放委员会,他们进行了一系列令人担忧的讨论。丘吉尔的雄心是就波兰政府的问题达成利弊平衡的协议,由米科瓦伊奇克担任总理。在多次对话中,斯大林和莫洛托夫都表明,在政府问题上达成某种协议是很有可能的,但前提是,在伦敦的波兰人必须正式接受寇松线作为波兰新的东部边界。这仍然是根本的症结所在。丘吉尔在斯大林和米科瓦伊奇克之间来回穿梭斡旋,尝试了各种措辞,包括"分界线"和"边界的基础";但似乎没有什么能弥补这一鸿沟。一段时间内,丘吉尔对伦敦的波兰人和他们的顽固态度感到非常愤怒,他们坚持认为苏联不能"剥夺"波兰的任何领土,即使争议土地上的居民主要是乌克兰人,而且该地已经被红军控制。"波兰人之间在不断地争吵，我们不会因为他们的争吵而损害欧洲的和平。"10月14日，丘吉尔情绪爆发了："除非你接受这个边界，否则你将永远无法继续原来的事业。俄罗斯人会横扫你的国家，你的人民会被杀戮。你正处在毁灭的边缘。"到后来，他对米科瓦伊奇克也相当恼火，他说："我感觉我好像是在一个疯人院里，你完全不能面对事实。"艾登的私人秘书奥利弗·哈维目睹了这一场面。"什么也打动不了米克（米科瓦伊奇克的昵称），他冷漠地坐在那里，而首相在发怒，"他在日记中写道，"首相在屋里踱来踱去，一边威胁，一边咒骂。"[22]

其中有一些夸张做戏的成分，但丘吉尔真的非常生气，同时也对波兰人的冥顽不化感到难以置信，他们对已经失去的边界如此强硬不退让，宁可丧失在波兰政府中扮演任何角色的机会。即便如此，丘吉尔还是有些同情米科瓦伊奇克的处境，他被自己的武装激进分子和以贝鲁特为代表的卢布林人左右包夹，进退两难。"我们从伦敦来的那些人是一群体面而软弱的傻瓜，"丘吉尔告诉国王，"但从卢布林来的代表更是能想象到的最大的恶棍，他们把自己的台词背诵得非常准确。"[23]艾登则把卢布林来的三人组称为"臭鼬、老鼠和蛇"[24]。

在丘吉尔的请求下，10月18日，斯大林单独会见了米科瓦伊奇克。与8月的说辞一样，他向这位波兰领导人保证，莫斯科没有将波兰苏维埃化的计划，并承诺波兰将从德国那里获得西部的新土地。然后斯大林要求承认寇松线，米科瓦伊奇克拒绝了，因此，没有达成协议。但根据苏联外交部门发给苏联驻外大使的报告，"在谈判结束时，米科瓦伊奇克说，他个人同意承认寇松线作为苏联—波兰边界，但是他必须与他在伦敦的同事们讨论此事……他打算很快就返回"[25]。

10月19日，丘吉尔及其一行离开了莫斯科。在出发前，丘吉尔收到了斯大林的礼物，连同下面这封信。

斯大林致丘吉尔

1944年10月19日发，1944年10月19日收[26]

亲爱的丘吉尔先生：

在您离开莫斯科的时候，我请求您接受这些朴素的礼物，以纪念您在苏联首都度过的这段时光。给丘吉尔夫人的是一个花瓶，图案为"船上的舵手"，给您本人的也是花瓶，图案为"用弓箭射熊的猎人"。

再次祝您身体健康，精神愉快。

斯大林有敏锐的外交直觉，也有恶作剧的幽默感。究竟该如何解读他送给丘吉尔的礼物中的潜台词呢，尤其是考虑到英国首相倾向于称俄罗斯为"熊"，而这一点尽人皆知？克莱门蒂娜一直努力让英国首相稳步前进，那现在给她的礼物又暗含什么意思呢？

无论如何，丘吉尔只看到了礼物的表面价值，并立即对于这些礼物和他在莫斯科度过的那段时光表示了由衷的感谢。

丘吉尔致斯大林

1944年10月19日发，1944年10月19日收[27]

亲爱的斯大林元帅：

我刚刚收到了您送给我和我夫人的两个漂亮的花瓶，作为这次难忘的莫斯科之行的纪念。我们将把它们当作最珍贵的物品来珍藏。

这一次在莫斯科，我不得不非常努力地工作，而且每天都收到一份航空快递，处理国内事务。因此，我未能好好参观莫斯科市这座历史名城。尽管如此，这次访问自始至终都令我特别愉快，因为我们受到了热烈的欢迎，尤其是你我在一起进行了非常愉快的交谈。

我对两国人民未来联盟的希望从未像今天这么强烈。我希望您能健康长寿，修复战争的创伤，带领全俄罗斯走出暴风雨的岁月，迎接灿烂的阳光。

您的朋友和战时的同志

出于对盟友的尊重，斯大林不仅第一次参加了在英国大使馆举行的招待会，而且还亲自到机场为丘吉尔送行。"他能亲自来，真是莫大的荣幸。"布鲁克说。"'乔'穿上了他的新制服，上面有红色的装饰和包着红边的衣领，还有金色饰边，"丘吉尔的私人秘书伊丽莎白·莱顿写道，"他看上去的确令人印象深刻。他比你想象的要矮得多，但他有一种特别的威严。"当飞机在跑道上滑行时，斯大林拿出一块手帕挥动着。[28] 斯大林展示他幽默感的另一个例子是在会议期间，当有人把三巨头称为"神圣的三位一体"时，斯大林打趣道："如果是这样的话，丘吉尔一定是那位圣灵。他经常飞来飞去。"[29]

丘吉尔当然对谈话的语气感到满意，也喜欢互开玩笑。有一次，在斯大林的公寓里，两人醉醺醺地一直聊到凌晨四点半，两位领导人以一种开玩笑的方式谈论了1919年丘吉尔对俄罗斯的"私人战争"。丘吉尔说："我现在很高兴当初没有杀死你。"斯大林欣然同意："我希望您庆幸您当初没有杀死我。"他引用了一句俄罗斯谚语："如果一个人只能看到过去，他的眼睛就没用了，不如瞎子。"总而言之，丘吉尔的第二次莫斯科之行增强了他对斯大林的信心。正如他的医生莫兰勋爵所说的："他在制订计划时仍然相信斯大林能言出必行。"[30] 但是丘吉尔也感觉到"来自党内和军方的强大压力"，同时，他也无法摆脱之前的"两个斯大林"的想法。他给战时内阁发电报说，"毫无疑问"，

在小范围内，我们进行了两国之间前所未有的轻松自在且彬彬有礼的交谈。斯大林曾多次表达他个人的敬意，我相信这些敬意是真诚的。

但我重申我的信念,他绝不是一个人。"在骑士的后面,站着令人讨厌的监护。"[31]

就斯大林而言,他对莫斯科会议同样感到满意。尽管他承认英国在希腊的主导作用,但那个国家从来都不是他的主要关注点,而针对罗马尼亚问题,丘吉尔实际上承认了苏联的地位。无论如何,正如斯大林在1942年春天得出的结论,战后欧洲的势力平衡将在战场上决定,而不是在会议桌上。或者更确切地说,他希望与战时盟友保持良好关系,至于战利品,将由外交协议认可。在波兰问题上,斯大林已经与丘吉尔一起努力过了,并达成共识,但他知道,由于苏联红军正控制着这个国家,他自然就成了掌舵人,处于有利的位置。而现在,斯大林清楚地意识到丘吉尔和罗斯福强烈要求苏联加入对日战争,不过他已经表示过,这是要付出代价的。

当给罗斯福写信谈及会谈情况时,斯大林并没有详细说明,他知道罗斯福已经从丘吉尔和哈里曼那里得到了充分的信息。相反,他强调三国政府进行灵活谈判的能力,并强调莫斯科会谈是只有三巨头才能作出"明确的决定"的前奏。他现在已经准备好具体谈谈他们下一次会面的情况,这不仅仅因为霍普金斯把他放在了一个非常有利的位置。

斯大林致罗斯福

1944年10月19日发,1944年10月19日收[32]

丘吉尔先生和艾登先生在莫斯科逗留期间,我们就一些共同关心的问题交换了意见。当然,哈里曼大使已经把所有重要的莫斯科会谈的情况都告知您了。我想英国首相也会把他对莫斯科会谈的评估发给您。就我而言,可以说,我们的会谈对相互确定诸如对德国未来的态度、波兰问题、有关巴尔干国家的政策以及进一步的军事行动等重要问题的看法极为有用。在会谈期间已经明确，我们可以毫不费力地调整我们的政策，而且，如果我们迄今还不能就这一项或那一项任务立即作出必要的决定，例如波兰问题，但前景是好的。我希望，莫斯科的这些会谈从以下观点来看大有裨益，即在我们三人今后的会议上，我们能够就我们共同关心的所有紧迫问题作出明确的决定。

葛罗米柯大使已经告诉我他最近与霍普金斯先生谈话的内容，霍普金斯先生在谈话中表达了一个想法，您可以在11月底抵达黑海，在苏联黑海沿岸与我会晤。我非常欢迎这个想法能成为现实。从与英国首相的谈话中，我确信他也会同意这个意见。这样，我们三人的会晤可以在11月底举行，以便审议自德黑兰会议以来积累的问题。能收到您关于这件事的回函，我将会非常高兴。

斯大林指的是10月13日葛罗米柯的谈话，当时霍普金斯试图表达美国对丘吉尔莫斯科之行的不满，并要求召开一次正式的三巨头会议。霍普金斯建议可以安排在11月下旬，罗斯福总统忙完美国大选之后。实际上他还提到了克里米亚。他曾告诉美国总统，鉴于东线的局势，"让斯大林此时离开俄罗斯不大可能"。因此，与其"用许多冗长又烦人的电报来回探讨"（就像在德黑兰会议之前一样），霍普金斯说："我们不妨先下定决心，至少去俄罗斯某个方便的港口，最好是在克里米亚。"在10月13日的会议上，当霍普金斯提出这个想法时，葛罗米柯说斯大林已经准备好与两位领导人会面，但随后给出了一贯的借口，说鉴于最近的攻势等，"老板"将无法离开苏联。据霍普金斯说，于是，"我问葛罗米柯，克里米亚是否有适合召开会议的地方，他说肯定有，但没有进一步置评"。[33]

霍普金斯关于克里米亚的言论被莫斯科抓住了，在葛罗米柯的急件中，相关段落以下划线突出表示。[34] 斯大林当然赞成这个想法，因为霍普金斯提出了一个适合斯大林的场所，而没有像德黑兰会议之前那样讨价还价。丘吉尔在莫斯科时，斯大林和他讨论了这个问题。"我很高兴从'乔大叔'那里听到您建议 11 月底在黑海的一个港口举行三方会议。"10 月 21 日，丘吉尔给罗斯福发电报说："我认为这是一个非常好的想法，希望您能及时告诉我关于此事的相关情况。只要你们两人愿意，我可以去任何地方。"[35]

在回国途中，丘吉尔又从开罗给斯大林发了一封感谢信，再次称赞他们会晤的建设性氛围。

丘吉尔致斯大林
1944 年 10 月 20 日发，1944 年 10 月 21 日收[36]

艾登和我离开苏联时，由于与您，斯大林元帅，以及您的同事进行的讨论，我们感到精神焕发，勇气倍增。在莫斯科举行的这次令人难忘的会议表明，只要我们在一起进行坦率和亲密的交流，任何问题都能迎刃而解。俄罗斯人的热情好客是出了名的，在我们访问期间，这一点展现得淋漓尽致。无论在莫斯科还是在克里米亚，我们都度过了愉快的时光，在那里，我本人和我们的代表团体验了最舒适最周到的服务。我非常感谢您和所有给予我们关照的人。愿我们很快再次会晤。

☆ ☆ ☆ ☆ ☆

罗斯福一直反对承认戴高乐的法兰西民族解放委员会为法国临时政府。当法国大部分地区从纳粹统治下解放出来后，这个问题变得更加紧迫了。英国外交部和美国国务院都希望推动事态的发展。还在莫斯科时，艾登就向莫洛托夫递交了一份备忘录，意在承认戴高乐的政府，外交人民委员莫洛托夫对此作出了积极回应，而丘吉尔也极力敦促罗斯福改变立场。[37] 同样，艾森豪威尔急于从解放区的民政管理事务中脱身，他准备在 10 月 23 日宣布包括巴黎在内的后方地带，由法兰西民族解放委员会控制。这迫使罗斯福采取行动。他在一份由美国国务院拟定的电报中告诉斯大林，这样做是为了让整个事情听起来很顺利并且经过了精心的准备。[38]

罗斯福也在考虑即将到来的三巨头会议。在写给斯大林的信中，他再次强调了莫斯科会谈达成的意向是初步的，同时也想表明从霍普金斯单方面提出的克里米亚作为会议地点，自己并不完全赞同。罗斯福在与丘吉尔讨论了备选方案后，又向斯大林征求是否可以考虑塞浦路斯或马耳他作为会议地点，但语气是协商的（在10月和11月，他大概考虑了至少10个可能的地点）。[39]

罗斯福致斯大林

1944年10月24日发，1944年10月25日收[40]

我非常高兴从您10月19日的来信和哈里曼大使的报告中获悉，您和丘吉尔先生成功地就一些问题达成了协议，这些问题是我们大家都非常关心的，因为我们都希望保障和维护令人满意的持久和平。我相信，你们在莫斯科会谈期间所取得的进展将会促进和加快我们在下次会议上的工作，届时我们三人应就我们未来的行动、政策和共同利益达成全面协议。

我们有必要探讨11月会晤举办地应具备哪些条件，如从交通、居住、安全等方面考虑，我会非常感谢您的建议。

假如我坐船进入黑海是不可行的或太困难，是否可以考虑马耳他、雅典或塞浦路斯这几个地方？我更喜欢在船上旅行和生活。

众所周知，马耳他和塞浦路斯的安全和住宿条件是令人满意的。

我非常期待再次见到您。请把您的建议和意见告诉我。

作为回应，斯大林希望迅速地把事情确定下来，他拐弯抹角地指出是美国人首先提议克里米亚的，并再次援引医生的建议，打出"健康"这张牌。

斯大林致罗斯福

1944 年 10 月 29 日发，1944 年 10 月 29 日收[41]

我收到了您 10 月 25 日的信。

如果早些时候提出的关于我们在苏联黑海沿岸会面对您来说可以接受，我认为实现这个计划是非常可取的。那里条件很好，适合举办会议。我希望届时为您的船只进入黑海提供一个安全的入口。由于医生不建议我目前进行任何长途的旅行，我不得不考虑这一点。

一旦您认为有可能进行这次旅行，我将很高兴见到您。

与此同时，丘吉尔正在享受他的莫斯科之行的成果。在伦敦，装满苏联传统礼物的盒子被拆封，伏特加酒、白兰地和鱼子酱应有尽有。

丘吉尔致斯大林

1944 年 10 月 29 日发，10 月 30 日收[42]

直到我抵达伦敦后，我才意识到您向我本人和我的代表团成员赠予的俄罗斯特产是多么丰富。我们所有人都是带着感激之情接受这些象征俄罗斯热情好客的礼物的。

11 月 5 日，丘吉尔向斯大林发出一封信通报有关情况，其中提到期待已久的通往安特卫普的斯海尔德河已开通，这缓解了艾森豪威尔的后勤补给瓶颈，以及意大利战役的停滞不前，这场战役让高级军官们想起了 1914 至 1918 年的佛兰德之战。在波兰问题上，丘吉尔故意含糊其词，试图向斯大林隐瞒在伦敦的波兰政府已经拒绝接受"托尔斯泰"会议期间作出的决定，并指责米科瓦伊奇克推迟返回莫斯科,此时美国大选尚未结束,他难以与罗斯福协商。事实上,波兰总理从未回到莫斯科,他没能说服他的内阁接受寇松线,11月24日,米科瓦伊奇克宣布辞职。

丘吉尔的失望从南斯拉夫那里得到了安慰,在莫斯科达成的五五对半的方案似乎正在发挥作用。艾登说服莫洛托夫于10月13日向铁托和舒巴希奇发出联名电报,敦促他们尽快会晤,讨论组建政府的问题。[43] 总的来说,那年秋天,苏联对南斯拉夫的政策是灵活的。莫斯科外交部门在"托尔斯泰"会议之后的一份通报中说:"英国人担心苏联在南斯拉夫日益增长的影响力。"

> 我们试图消除这些担忧,阐明我们不追求南斯拉夫的苏维埃化,同时强调准确评估铁托元帅领导南斯拉夫民族力量进行人民解放战争的重要性,以及南斯拉夫民主民族力量联合的重要性。[44]

具有重要意义的是,斯大林此时也与舒巴希奇通信,并且建议铁托采取非常措施,赦免"切特尼克"游击队,这个游击队曾与他们发生过激烈战斗。[45] 舒巴希奇对莫斯科的访问符合这一外交战略,斯大林于11月9日将这一情况通报给丘吉尔。[46]

丘吉尔致斯大林

1944年11月5日发,1944年11月6日收[47]

祝贺您的军队前进到布达佩斯。

我们现在已经有效地控制了通往安特卫普的航道,我希望沿海船只能在大约10天内通过,远洋船舶能在3到4周内通过。这就解决了从北翼向德国挺进的问题。比利时和荷兰发生了激烈的战斗,并且自从英国第21集团军群占领布鲁塞尔以来,英军在作战和控制区已经损失了4万多人。当德军仍在抵抗的各个小块地区和港口被收复，我们会有远远超过英军损失数量的俘虏。

在英美前线的平静时期，一场重大进攻的所有准备工作已经就绪。

暴雨破坏了我们在意大利前线的大量桥梁，目前一切行动都处于停顿状态。

关于南斯拉夫，我正在等待舒巴希奇博士返回以及他向彼得国王报告的结果。我很高兴地得知，彼得国王对迄今为止传到他那里的消息有良好的印象。准将麦克莱恩现在和我在一起，他告诉我，当人们知道苏联和英国正在合作时，游击队总部的气氛轻松了许多。

虽然我没有对您说任何关于波兰人的事情，但您可以相信我一直关注此事。目前他们还在和美国政府谈判，我不知道我能得到什么样的答案。然而，我借此机会向您保证，我仍然坚持我们在莫斯科分手时我所持的立场，并且国王陛下政府将在任何休战或和平会议上支持苏联对我们商定的边界线的主张。当美国大选结束时，这将是一大幸事。

致以美好的祝福。

这个时代的另一个标志，是丘吉尔对这个他曾试图扼杀在摇篮里的国家的诞生日表示祝贺，斯大林以同样礼貌的方式给以适当的答谢。[48]

丘吉尔致斯大林

1944年11月7日发，1944年11月7日收[49]

我很高兴在苏联建国纪念日之际向您表示祝贺。我祝愿您的国家和您本人无论在战争中还是在和平时都取得成功，并祈祷英苏联盟成为对我们两国、对同盟国、对全世界都大有裨益的事业。

11月8日，葛罗米柯急切地问道："罗斯福再次当选，斯大林同志认为在这个时候向他问候合适吗？"[50] 斯大林几乎不需要任何提示，就发出了正式的祝贺。美国总统用莱希拟订的感谢信作了回复。

斯大林致罗斯福

1944年11月9日发，1944年11月9日收[51]

值此您再次当选之际，我谨向您表示祝贺。我相信，在您的可靠领导下，美国人民将与苏联、英国和其他民主国家的人民一起，完成反对共同敌人的斗争事业，确保把人类从纳粹暴政中解放出来。

罗斯福致斯大林

1944年11月10日发，1944年11月11日收[52]

我很高兴收到您的贺信，也很高兴您和我可以继续与我们的盟友一起摧毁纳粹暴君并建立长期的和平。从此，所有摆脱战争负担的、热爱和平的人民都可以按照自己的意愿达到更高层次的发展和文明。

英国长期搜寻德国战列舰"蒂尔皮茨"号，现在终于有了结果。11月12日，英国皇家空军的"兰开斯特"轰炸机在挪威的特罗姆瑟附近，对这艘战列舰展开了攻击。"蒂尔皮茨"号严重受损，几乎无法运行，最后被击沉。这艘著名的战舰曾在1942年威胁过北极护航船队，听到这个消息，群情振奋。丘吉尔告诉罗斯福："能把这个恶魔送到它早该去的地方，对我们来说真是极大的安慰。"[53] 他赶紧把这一消息告诉了斯大林。

丘吉尔致斯大林

1944年11月12日发，1944年11月13日收[54]

皇家空军的轰炸机击沉了"蒂尔皮茨"号。让我们一起欢庆吧。这里一切都很顺利，我上次电报中提到的那些大规模行动正在迅速展开。我今晚先去法军司令部，然后去美军司令部。致以美好的祝愿。

斯大林一直认为，英国在对付"蒂尔皮茨"号时本可以更加果断。像通常那样，他怀疑英国人是别有用心。1943年10月，他甚至向艾登暗示："英国人想要完好无损地捕获'蒂尔皮茨'号，因此不愿意破坏它。"[55] 尽管如此，丘吉尔的信还是受到了欢迎。

斯大林致丘吉尔

1944年11月13日发，1944年11月13日收[56]

英国飞机击沉"蒂尔皮茨"号的消息，使我们非常高兴。英国空军完全可以以此为傲。

祝愿您所说的大规模行动取得成功。

我向您致以最美好的祝愿。

11月10日至12日，丘吉尔和艾登在巴黎解放后第一次访问了巴黎。这是一个激动人心的时刻，丘吉尔和戴高乐一起参加纪念停战日活动，并沿着香榭丽舍大街行走，两旁皆是欢呼的人群。戴高乐常因被罗斯福和丘吉尔边缘化而感到愤怒，这次访问缓和了一度紧张的关系。访问也使得英国能够帮助法国重建其在欧洲的地位，从而实现欧洲的均势。丘吉尔就此次访问向斯大林进行了概括性的通报，斯大林也通过情报渠道收到了详细的报告。[57]丘吉尔敦促法国参与盟军占领德国的行动，他强调说，他没有作出任何承诺，因为"所有这一切都必须在盟国之间的谈判桌上解决"，但他补充说，这"增强了我们三国和法国人在不久的将来举行会谈的愿望。在这种情况下，法国人会在一些问题上参与进来，而在另一些问题上不参与"[58]。斯大林不反对丘吉尔让戴高乐参加三巨头会议的一些讨论会，但罗斯福在11月18日坚定地告诉丘吉尔，他不同意。他挖苦地说"这样一个辩论社团会混淆我们的基本问题"[59]。

除了游说丘吉尔，戴高乐还秘密地要求访问莫斯科。尽管他对苏联的政策不抱幻想，但他仍将俄罗斯——1914年前法国重要的传统盟友——视为未来重要的合作伙伴，可以帮助他追求更加独立的政策。11月初，通过外交渠道，他开始与莫斯科接触。正当克里姆林宫收到报告称，英国希望建立一个以法国为中心但包括一些较小的欧洲国家在内的战后"西方集团"时，戴高乐的触角伸了出来。根据媒体报道和与英国和法国外交官的对话，古谢夫告诉莫斯科，战后，"只有一个大国将留在欧洲大陆上，那就是苏联，它将在欧洲政治中发挥主导作用"。这种前景与英国外交政策的目标相悖，英国从未真正放弃"欧洲均势"的政策。然而，古谢夫指出，"法国也想恢复与俄罗斯结盟"，并提供他的观点："西欧的地区性协议不会对苏联正在沿着其边境与斯拉夫国家一道建设的地区安全体系构成挑战，相反，它将完成对德国的包围，能够把下一次侵略行动消灭在萌芽状态。"[60]

在这之前，斯大林并不急于邀请戴高乐，现在却急切地回应了他的提议。一项法国—苏联协议提供了将法国排除在任何西方集团之外的可能性，作为交换条件，斯大林可能会获得法国对波兰民族解放委员会的承认。11月13日，戴高乐收到了访问苏联的正式邀请，他立即接受了邀请。斯大林小心翼翼地通知了刚从巴黎回国的丘吉尔，并承诺将会谈的情况随时告知英国首相。然而此时，莫斯科仍然对这次会谈的议程知之甚少。[61]

11月18日罗斯福给斯大林的那封长信是由罗斯福亲自写的，这很罕见，表明了他与斯大林会面的强烈愿望，以及他对会面地点日益增加的焦虑感。他更明确地表达了不希望在克里米亚会面，还要求将会面推迟到1945年1月底，在他发表国情咨文和第四次就职演说之后。11月23日斯大林回信，接受了这个新日期，但在地点问题上没有丝毫让步。

罗斯福致斯大林

1944年11月18日发，1944年11月19日收[62]

我们三人一致认为，应该尽快会晤，但是由于地理上的因素，目前还不容易确定下来。在已知的困难条件下，我可以现在安排去一个地方，以便在圣诞节前返回，但坦率地说，如果能把会晤推迟到明年1月20日总统就职典礼之后，那就方便多了。

美海军人员强烈反对黑海方案。他们不想让主力舰冒险穿越爱琴海或达达尼尔海峡，因为这需要强大的护航舰队，而在其他地方也需要护航。丘吉尔建议去耶路撒冷或亚历山大，也可以是雅典，不过现在还不确定。

此外，在这个时候我对离开这里犹豫不决，因为本届国会任期正处于最后阶段，有可能直到12月15日才休会。而且根据宪法，我必须在这里向下届国会提交年度报告，下届国会将于明年1月初在这里召开。

我想建议的是，会议时间定在明年1月28日或30日，我希望到那时您可以乘坐火车到亚得里亚海的某个港口，我们可以在那里和您见面，或者您可以坐我们的船在几个小时后到达巴里，然后乘车去罗马，或者您可以乘船再走得远一些，我们在西西里岛东部陶尔米纳等地见面，此地在那时气候相当宜人。

地中海周边的任何地方对我来说都是方便的，这样我就可以很容易乘飞机回到华盛顿，以便履行立法方面的义务，这是一个您很熟悉的话题。我必须能从这里发送议案或决议,并在10天内返回。

我希望贵军明年1月份的军事行动不会妨碍您的出行,我认为我们不应该把会议推迟到明年1月底或2月初以后。

当然,如果在此期间,纳粹军队或集团很快土崩瓦解,我们就必须更早见面,尽管我希望在明年1月底见面。

另一个可以考虑的地点是里维埃拉,但这需要等到德国军队从意大利西北部撤军。我希望您能告诉我您对此问题的想法。

我希望和您讨论很多事情。我们了解彼此的关切,并且如您所知,我希望有些讨论是非正式的,我认为不必安排正式的议程。

美国驻中国大使赫尔利将军正在尽力解决蒋介石总司令和中国北方军队之间的问题。他已取得一些进展,但还没有签署任何协议。

我向您致以最诚挚的问候。

斯大林致罗斯福

1944年11月23日发,1944年11月24日收[63]

非常遗憾,您的海军机构怀疑您最初的设想是否适宜,即选择苏联黑海沿岸作为我们三人的会面地点。您建议会议日期定在明年1月底或2月初,我没有异议,但我认为应该选择苏联的一个港口城市作为会议地点。我仍然要遵从医嘱,避免长途旅行。

然而,我仍然希望,如果不是现在,那么在稍晚些时候,我们能最终商定一个大家都可以接受的会议地点。

我向您致以最良好的祝愿。

在动荡的欧洲东南部,南斯拉夫是苏英合作的地区,合作是建立在莫斯科五五协议的基础之上的。铁托—舒巴希奇会谈成果显著,双方于11月1

日签署了协议,这个协议为联合政府的组建铺平了道路。一个核心条款是,国王彼得二世不得返回国内,"直到人民对此事作出决定",他不在的时候,摄政委员会行使他的王权,但新政府不再宣誓效忠。[64]3个星期后,舒巴希奇和几个同事飞往莫斯科。11月22日在克里姆林宫,斯大林敦促他们加快与保加利亚建立联邦的进程,并与英国人就所有与南斯拉夫有关的问题进行谈判。斯大林还支持铁托—舒巴希奇协议,并警告国王不要过早返回南斯拉夫。他赞许地提到了希腊乔治二世的立场,乔治二世曾同意在对君主制进行全民公投之前不返回雅典。[65] 然而,丘吉尔对该协议的评价却有所不同,他认为舒巴希奇已经"以相当廉价的条件卖给了铁托"。到这个时候,英国首相已经开始对铁托失去信心。[66]

斯大林致丘吉尔

1944年11月24日发,1944年11月24日收[67]

舒巴希奇博士在莫斯科短暂停留后,于今天离开。我同他进行了交谈,也与南斯拉夫民族解放委员会副主席卡德尔和南斯拉夫大使西米克进行了交谈。在谈话中,很明显,铁托元帅和舒巴希奇所达成的关于南斯拉夫联合政府的协议对南斯拉夫可能是有用的,拖延这项协议的实施是不可取的。当然,您已经得知了这份协议,我希望您会同意,尤其是和舒巴希奇谈话之后,他马上就要返回伦敦了。现在,当贝尔格莱德已经摆脱了德国人,而南斯拉夫人——塞尔维亚人、克罗地亚人、斯洛文尼亚人和其他所有人——准备团结一致共同努力时,我们几国政府对南斯拉夫各族人民的这种联合给予支持,将是对希特勒分子的一个新的打击,也将对同盟国的共同事业有所帮助。

丘吉尔在给斯大林的下一封信中提到了"西方集团"。意识到这句话已经流传开来,丘吉尔试图打消克里姆林宫的疑虑,把它放在一边置之不理,重申他对三大国联盟的绝对信任。私下里,他贬损说,有关西方集团的说法是空洞而轻率的。丘吉尔在 11 月 25 日告诉艾登,"重建一支真正强大的法国军队,很可能需要 5 年甚至 10 年的时间","在它重建之前,这些国家除了无望的软弱,别无其他"。英国外交大臣承认,建立西方集团,除非与一个强大的法国联合起来,并且承诺是"作为在'国际组织'的支持下遏制德国的总体计划的一部分",否则,在欧洲大陆作出这样的承诺,将会既"荒谬又非常危险"。但是,他又认为,如果法国和西欧较小的国家"有一种印象,认为我们在未来不会承担欧洲大陆上的任何责任",他们可能会得出这样的结论:"他们唯一的希望"在于"不是与我们,而是与俄罗斯作出防御部署"。[68] 艾登设想的西方集团,主要是作为壁垒抵御德国再次发动战争,但参谋长们也把它视为长期对抗苏联的可能的保障。英国外交部对"这种猜测的困难和徒劳"表示遗憾,并谴责"吹捧德国的说法,认为这一想法在目前是不可想象的"。英国外交部转而重申"英苏同盟的重要性"。外交部是在担心,有关西方集团的想法中包含一些反苏言论,如果高层将这些言论泄露出去,可能会损害与莫斯科的关系。[69]

这绝不是杞人忧天。事实上,1944 年底,苏联内务人民委员部的一份报告引用了丘吉尔和艾登在 11 月底的对话,概括艾登的论点如下:"如果我们不作出承诺保护较小的西方国家,它们将落入苏联的手中。参谋长们一致认为我们必须有防御纵深。"[70]

丘吉尔致斯大林

1944年11月25日发,1944年11月26日收[71]

您 11 月 20 日的来函收悉。我很高兴戴高乐要去见你们,希望你们能一起探讨整个战局。媒体上有一些关于西方集团的言论,我还没有考虑过这一点。我首先相信我们的联盟条约和与美国的密切合作能成为"国际组织"的中流砥柱，从而确保并迫使这个饱受折磨的世界实现和平。只有成立并遵从这样的国际组织，欧洲才能着手为更好的伙伴关系作出安排，而在这些事情上，我们对您没有任何秘密可言，我们确信您会告知我们您的感受和需要。

西线的战斗是严酷的，道路非常泥泞。主要的战斗发生在亚琛—科隆一线。这些战斗目前我们并不占优，尽管艾森豪威尔仍有大量的预备队可以投入。在西北方向，蒙哥马利的军队面朝北方阻挡荷兰马斯河防线的德军。这条河使我们在这个战场上节约了大量兵力。在东部，我们正在缓慢而稳定地前进，使敌人处于持续不断的战斗中。我们必须盛赞美军的一次胜利，他们夺取了梅斯并把敌军赶回莱茵河方向。在南部，法国人取得了辉煌的胜利，特别是在莱茵河的广大区域，并夺取了斯特拉斯堡，这些18到21岁的年轻法国士兵显示出他们有能力担当解放法国领土的光荣责任。我对德·拉特·德·塔西尼将军评价很高。戴高乐和我去了那里，以便从一个更好的视角观看这场战役的开始。可是，夜里下了一英尺的雪，行动推迟了3天。

一周或10天之内，就可以确定德国军队是否会在莱茵河以西被彻底击败。如果是，不管天气如何我们都将继续战斗。否则，在严冬期间可能会有一些间歇，在那之后，一次更大规模的猛烈攻击应该会打破德军在西线有组织的抵抗。

您认为今年将是一个严冬吗？严冬适合您的战略吗？我们都非常喜欢您上次的演讲。如果有任何麻烦发生，请一定要私下告诉我，让我们一起克服困难，并保持对纳粹帝国的合围之势。

丘吉尔提到的演讲是斯大林在十月革命27周年纪念日的演讲，这确实在同盟国首都引起了积极反响。葛罗米柯报告称，在华盛顿，人们特别注意到斯大林首次称日本为侵略者，他还赞扬了盟军的军事胜利。"直到最近，这里的人（显然还有英国人），"苏联大使说，"一直认为，盟军的战争努力没有得到苏联的充分承认。"[72] 根据古谢夫的说法，在英国媒体上引起最多关注的是斯大林的这句话:"并非一些偶然的和暂时的动机,而是至关重要和持久的利益,构成了苏联、英国以及美国联盟的核心。"[73]

11月30日,丘吉尔70岁了。在许多问候中,有一封来自罗斯福的"亲切问候"的电报,它回忆了"一年前在德黑兰与您和'乔大叔'的聚会",并补充说"我们必须有更多更好的聚会"。[74]斯大林也表示了祝贺。

斯大林致丘吉尔

1944年11月29日发,1944年11月29日收[75]

衷心祝贺您的生日。我谨送上我友好的祝福,祝您健康长寿,为我们共同的事业欢呼喝彩。

丘吉尔热情地回应,他也回顾了德黑兰会议,并说:"我特别欢迎您在信中表达的愿望,即我们的同志情谊和个人关系将继续下去,不限于战争期间,在解决和平问题时也将持续。"[76]

尽管丘吉尔有着令人敬畏的毅力,但4年多的战争和数千英里的穿梭外交所带来的压力也开始在他身上显现。他的私人秘书乔克·科尔维尔在日记中写道:

首相的办公区乱七八糟的,有许多紧急文件要求批复。在过去的一周里,他一点点消磨着自己的时间,似乎无法或不愿意或太劳累而不能把注意力集中在复杂的事情上。他只是大致读了文件的第一段,然后就交给别人处理,却没有看到文件需要他做什么。结果是一片混乱。[77]

然而,丘吉尔确实在他生日那天抽出时间给斯大林写信,讲述他所谓的"一件虽小但很重要的事情"——他对小机械的迷恋一如既往。T-5声导鱼雷自从 1943 年夏天就开始在德国 U 型潜艇上使用。它的声呐设备可以探测到 1000 米外的船只螺旋桨发出的噪声。[78] 俄罗斯人在德国 U-250 潜艇上发现了两枚完好无损的 T-5 声导鱼雷，这艘 U-250 潜艇在塔林附近的浅水区被他们击沉，然后被打捞到水面。苏联海军部及时通知了在莫斯科的英国军事代表团。尽管英国皇家海军已经研发出了对付 T-5 的反制措施，但他们渴望看到这种武器的样本，海军部要求丘吉尔通过直接询问斯大林来加快事情的进展。

丘吉尔致斯大林

1944 年 11 月 30 日发，1944 年 12 月 1 日收[79]

海军部让我请您帮忙，解决一件虽小但很重要的事情。苏联海军已通知英国海军部，在塔林缴获的一艘 U 型潜艇上，发现了两枚德国 T-5 声导鱼雷。这是目前已知的唯一一种由声学原理制导的鱼雷，它不仅对商船，而且对护卫舰有非常大的威胁。虽然还没有大规模使用，但它已经击沉或损坏了 24 艘英国护航舰，其中 5 艘是前往俄罗斯北部的护航舰船。

我们的专家已经发明了一种特殊的装置，可以免受这种鱼雷的袭击，并且安装于现在由苏联海军操作的英国驱逐舰上。然而，对 T-5 鱼雷的实际样本的研究，将对开发对策具有最大的价值。海军上将阿彻已请求苏联海军当局立即提供两枚鱼雷中的一枚，以便在英国进行检验和测试。我知道苏联海军当局不排斥这种可能性，但这个问题仍在考虑之中。

敌人在过去的几个月里，一直准备使用特别快速的新型潜艇发动新的大规模潜艇战役，我确信，当我告知您这一信息时，您就会意识到苏联海军立即运送一枚鱼雷到英国，会为皇家海军提供多么巨大的帮助。由于敌人的上述动向，美国的部队和物资横渡海洋运送到两个战区的困难也会随之增加。我们认为获得一枚 T-5 鱼雷是非常紧急的事情，为此我们准备派遣一架英国飞机，到贵方指定的任何地点去取得鱼雷。

因此，我请求您着重关注此事，德国人有可能将鱼雷设计图纸交给日本海军，这更增加了此事的重要性。海军部愿意向苏联海军提供关于该鱼雷的所有研究和实验的结果，以及分享随后设计的任何新的防护设备。

丘吉尔苦等了两个星期，答复才姗姗来迟，但当这个答复出现时，它显示了高层通信在消除低层程序障碍方面的价值。丘吉尔在12月1日给斯大林的另一封信也是如此。这与3周前在南斯拉夫发生的一起事件有关，当时，美国的P-38"闪电"战斗机误击了红军的运兵车队，几名苏联士兵丧生，20辆汽车被毁。美军军机是因导航误差而采取了错误的行动，丘吉尔在表示遗憾的同时，不失时机地利用这一事件要求盟友提供更清晰的轰炸线，因为他们两国的军队已经会合在敌方的同一区域，丘吉尔要求两国军队的参谋人员建立更有效的联络。第二天，他又发了一封类似的信。就像关于声导鱼雷的电报一样，丘吉尔主要是在转达他的指挥官们的意见。但是丘吉尔亲自签署了有关这些问题的信件，这类信件如果不是太频繁的话，会产生特别的效力。斯大林同意划出一条明确的分界线，并指示他的总参谋部与莫斯科的盟军军事代表团加快落实。[80]

至于西方集团，斯大林给出了温和的答复，不过这并不意味着他低估了这个问题。

斯大林致丘吉尔

1944年12月1日发，1944年12月1日收[81]

至于西方集团，到目前为止，我对这个问题所知甚少，新闻报道也相互矛盾。我很感激您答应告诉我这个问题的进展情况，我自己也准备这样做。

我饶有兴趣地看了您关于西线军事行动的通报。确实，现在的天气正严重地阻碍着行动的进展。

我一定会听从您的忠告，如果有特别重要的事情发生，我会告知您。

☆ ☆ ☆ ☆ ☆

12月2日，戴高乐一行抵达莫斯科。在第一次正式对话之前，斯大林向他的两位伙伴各发送了一份关于议程的信，那时候，苏联和法国的外交官们已经讨论过这个议程。斯大林这样做，是为了显示自己模范地履行盟友的义务。在与戴高乐会谈之前，他也希望了解罗斯福和丘吉尔的总体观点。他知道罗斯福对戴高乐将军很厌恶，也知道丘吉尔和艾登希望重塑战后法国的地位。[82] 总的来说，克里姆林宫希望加强与法国的友好关系，前提是不损害与英美的合作，它也知道法国可能在莱茵地区对德国提出领土要求。

斯大林致罗斯福

1944年12月2日发，1944年12月2日收[83]

根据现有的资料，戴高乐将军和他的朋友们抵达苏联后，会提出两个问题。

1. 关于缔结与苏联—英国条约相同的苏联—法国条约。

对此我们很难提出反对意见。但是我想知道您对这个问题的看法。请给予您的建议。

2. 戴高乐将军可能会提出一个问题，即随着法国势力向莱茵河左岸的扩张，法国会寻求新的东部边界线。我们也知道，有一个在国际管控下建立莱茵—威斯特伐利亚地区的项目。

这种控制可能法国也想参与进来。因此，法国人关于将边界线转移到莱茵河的建议，将与在国际管控下建立莱茵河地区的项目相互影响。

在这个问题上，我也征求您的意见。

我也给丘吉尔先生发送了同样的信。

米科瓦伊奇克辞职以后，一个对苏联态度更加强硬的新的波兰流亡政府正在组建。丘吉尔其心不甘，仍然盼望"米克"重新掌权，在丘吉尔眼中，"米克"是特殊的政治人物，只有他有能力与莫斯科达成他们认为至关重要的协议。克拉克·克尔提醒说，不断绝与波兰流亡新政府的关系，会有与莫斯科发生"正面冲突"的风险。但丘吉尔根本不听，他告诉艾登说，如果真有这种危险，斯大林"很可能会吹响警哨，因为到目前，我们的关系非常友好"。[84] 在给斯大林的信中，丘吉尔再次试图以最积极的态度来调解波兰的纠纷。

丘吉尔致斯大林

1944年12月3日发，1944年12月3日收[85]

我已见过米科瓦伊奇克先生，他向我解释了他辞职的原因。简单地说，他认为其内阁的重要部门根本不支持他的政策。因此，在目前阶段，他无法以我们最近在莫斯科会议上讨论的要点来缔结协议。

目前，有人正在试图组建另一个波兰政府，但米科瓦伊奇克先生、罗默先生以及大使拉琴钦斯基都拒绝参加这个政府。更换总理并不影响国家之间的正式关系。国王陛下政府对重建一个与俄罗斯友好的强大而独立的波兰的愿望仍然是坚定不移的。我们要与这个波兰政府处理一些实际的问题，特别是我们控制着数量可观的波兰武装部队，8万多名优秀的战斗人员在我们的作战指挥下。现在，这些部队正在意大利、荷兰和其他地方为盟国军事努力作出很大的贡献。因此，我们对任何新的波兰政府的态度必须是得体的，尽管可能不热情。当然，我们与这样的政府，不能像与米科瓦伊奇克先生或他的前任、已故的西科尔斯基将军那样，关系密切且充满信任，而且我们必须尽我们所能，确保其活动不会损害同盟国之间的团结。

人们认为，这样的政府即使组建起来，也不会长久。事实上，在我与米科瓦伊奇克先生交谈之后，我认为，如果他不久就以更高的威望重掌权力并执行我们在莫斯科讨论的方案，我并不会感到惊讶。这一结果将更加有利，因为通过辞职，他以最令人信服的方式宣布他自己和他的朋友们，是波兰与俄罗斯友好关系的拥护者。

因此，我相信您会赞同，我们各自的影响力应该作用于这里的波兰人和卢布林的波兰人，以防止任何一方采取任何可能增加他们之间紧张关系的行动，从而使米科瓦伊奇克先生的任务更加困难，而我希望他在不远的将来再次承担这项任务。他自己的心情很好，仍然像往常一样渴望一个满意的结果。我认为没有任何理由不让他从这场危机中走出来，成为比以前更必要的重建波兰的关键人物。

鉴于苏联在南斯拉夫的地位不断加强，丘吉尔决心确保双方遵守莫斯科会议商定的联合政策。他相信这不仅能遏制苏联的影响力和扩张，还能通过斯大林的压力遏制铁托的野心。为了实现这一外交目的，亚历山大的总部制订了在南斯拉夫海岸的登陆计划（"炸药"行动，"Gelignite"），主要目的是绕着亚得里亚海的顶端到的里雅斯特和里耶卡，以一记右勾拳切断德军，为盟军打破意大利僵局。这项计划还有一个政治上的好处，即把英国的力量投射到巴尔干地区。

丘吉尔直接向铁托表达了他日益增长的不满。12月3日，他发了一封抱怨的长信，提到在与英国代表打交道时"你方的官员缺乏合作精神的几个例子"，并提醒铁托，他和斯大林已经"尽可能地采取对南斯拉夫的联合政策"，以确保苏联和英国影响力之间的"对等"，而"您似乎正在用一种越来越令人反感的方式对待我们"。他告诉铁托，他要把这份电报抄送给斯大林。但12月14日，斯大林委婉地回复说，在详细回答之前，他想"了解元帅本人对这些问题的意见"[86]。

当时，希腊的局势动荡促使英国首相对巴尔干半岛密切关注。10月中旬，德国人撤退了，丘吉尔利用他在莫斯科获得的全权，促成乔治·帕潘德里欧领导下的势力与民族解放阵线（EAM）的共产党人联合，建立了一个新政府，并且得到了英国军队的支持。但当帕潘德里欧命令希腊人民解放军（ELAS）的共产党游击队放下武器时，民族解放阵线的领导层于12月1日辞去了在政府中的所有职务，随后，雅典的左翼抗议活动遭到暴力镇压。丘吉尔授权使用英国军队来维持秩序，控制不断升级的内战。现在，希腊的形势发展很大程度上取决于斯大林的反应，因此，丘吉尔非常关心维护他们的百分比协议。

在与戴高乐首次会谈后，斯大林立即将相关情况告知罗斯福和丘吉尔，在目前这个比较微妙的时期，他保持着既审慎又开放的姿态。在这两项主要议题上，即苏法条约和法国争取莱茵河边界问题，他再次征求他的伙伴们的意见。[87]

斯大林致丘吉尔

1944年12月3日发，1944年12月3日收[88]

与戴高乐将军的会晤提供了一个机会，我们就苏联—法国关系问题友好地交换了意见。在会谈过程中，正如我所预料的那样，戴高乐将军坚持提出两个主要问题：法国在莱茵地区的边界问题，以及缔结像《苏英条约》那样的互助性质的《苏法条约》。

关于法国在莱茵地区的边界问题，我的意思是，如果没有我们主要盟国的知情和同意，这个问题不会有定论，盟军的部队正在法国境内对敌作战以解放法国领土。我强调了这个问题解决方案的复杂性。

关于提议的互助性质的《苏法条约》，我指出，有必要从各方面研究这个问题，也有必要澄清这个条约司法方面的问题，尤其是澄清在目前的情况下，谁代表法国批准这样一项条约的问题。

因此，法国人还需要作出一些解释，我们至今还没有从他们那里得到这些解释。

我把这些信息发送给您，如您能给予答复并对这些问题提出意见，我将不胜感激。

我也向美国总统发送了同样的信。

谨致以最美好的祝愿。

12月4日，战时内阁讨论了斯大林的信函。丘吉尔"对诚恳的语气表示满意"，并赞赏斯大林"向我们征求意见"。他建议用同样的"诚恳的措辞"来回复。艾登接着解释说，外交部倾向于签订一个包括英国在内的三方条约。他解释说，这主要是因为，如果法国人和苏联签署了双边互助条约，而"法国和英国没有签订条约的事实，可能会造成误解"。换句话说，看上去似乎巴黎和莫斯科的关系比和伦敦更近。[89]内阁批准了一份包含这些要点的答复。在信中，丘吉尔表达了希望，即在适当的时候，或许可以改变罗斯福反对任何法国人出席三巨头峰会的立场。

丘吉尔致斯大林

1944年12月5日发，1944年12月5日收[90]

承蒙来电告知戴高乐访问情况以及他提出的两个问题。对于任何像《苏英条约》那样的苏法互助条约，我们都没有异议。相反，国王陛下政府认为它是可取的，是多边关系的一个补充。实际上，我们认为，最好的办法是我们三国之间缔结一个三方条约，它将是对我们现有的《苏英条约》的改进和完善。这样，我们每一方的义务就会是相同的，并且是联系在一起的。如果这个想法像我希望的那样对您有吸引力，请告诉我。当然我们会通知美国方面。

把法国东部边界变更到莱茵河左岸的问题，或者组建一个在国际管控下的莱茵—威斯特伐利亚省，连同其他备选方案，都应该等到和平大会召开以后确定。然而，在三位政府首脑会晤时，对所有这一切，我们应该比我们迄今所做的更接近于得出结论。正如您所看到的，美国总统并不期待戴高乐将军参加三巨头的会议。我希望，以后在讨论对法国有特殊影响的决策时，可以做些变通，让他参加进来。

与此同时，让位于伦敦的欧洲咨询委员会（法国是其中一员）代我们探讨这个问题，而不涉及政府首脑以任何形式作出承诺，这不是一件好事吗？

我会随时向美国总统通报。

罗斯福对三方条约并不热衷。他告诉丘吉尔，它"可能会被这里的公众舆论解读为与即将成立的国际组织相竞争，而法苏之间达成类似于《苏英条约》那样的协议，会更容易被理解"。因此，在由美国国务院起草的给斯大林的信中，美国总统只局限于支持苏法条约。[91]

关于计划中的联合国：针对敦巴顿橡树园会议以来苏联对新的安全理事会的表决程序的抵制，11月14日，美国国务院在备忘录中提出了一个折中方案[92]，安理会常任理事国将有权否决针对常任理事国的执行行动，但不能限制安理会讨论某一特定争端的权利。在这种情况下，有人提议，作为冲突当事方的常任理事国不得投票。这种措辞并不影响大国否决于己不利的安全决议，而且美国希望莫斯科能够接受这一措辞。罗斯福决定等待哈里曼回到莫斯科，这样，他就可以将这封信亲自交给斯大林。这封信的文稿是由斯特蒂纽斯起草的，4天前，他接替身体不适的赫尔出任国务卿。他给罗斯福发了一份给哈里曼的电报草稿，其中包括信件的内容和一些关于美国大使如何向斯大林陈述此事的指示，所有这些都得到了罗斯福的批准。斯特蒂纽斯写道，"我们相信您有能力让斯大林元帅认可我们的观点是合理的"，并补充说：

> 即使您当时没能成功地说服元帅采纳总统信函中所表达的观点，您也必须让这个问题保持开放性，并避免苏联政府在这个至关重要的问题上形成任何消极态度。[93]

这封信也发送给丘吉尔参阅。然而直到12月14日，哈里曼才见到了斯大林。

罗斯福致斯大林

1944年12月5日发，1944年12月14日收[94]

鉴于我们之间早日会晤的前景仍不明朗，我坚信，并且我认为您也同意这一点，即我们必须尽快采取行动，召开一次关于国际组织议题的同盟国大会。我请哈里曼大使向您转交这一信件，并代表我与您讨论安全理事会表决程序这一重要议题。当然，在大会正式召开之前，这一问题和其他问题必须由我们双方商定。我也在和丘吉尔先生讨论这件事。

在对整个问题作了进一步考虑之后，我现在认为，下列条款草案的实质内容应使有关各方都非常满意：

关于安全理事会规章
第三节的提案

第三节　<u>表决</u>

1. 安全理事会的每个理事国都有一票表决权。

2. 安全理事会关于程序事项的决议，应由7个理事国的赞成票作出。

3. 安全理事会对所有其他一切事项的决议，应由包括常任理事国在内的7个理事国的赞成票通过；前提是，在根据第八章第一节和第八章第三节第一段作出的决议中，争端当事国不得投票。

您会注意到，这要求安全理事会的所有决议都得到常任理事国的一致同意，这些决议涉及判定对和平的威胁，以及消除这种威胁的行动，或对侵略或其他破坏和平的行为的抑制。我认为，作为一个实际问题，假如这样的设计能起作用，就是必要的。因此在这方面，我准备接受贵国政府在敦巴顿橡树园会议上提出的关于国际安全组织的政府备忘录中提出的观点。当然，这意味着，在这种性质的决议中，每个常任理事国都将永远拥有表决权。

与此同时，敦巴顿橡树园会议的提案，也在第八章第一节中规定了安全理事会在促进自愿和平解决争端时可采用的具有推荐性质的司法或其他程序。在这方面，我感到满意的是，安全理事会的建议如果得到常任理事国的同意，将具有更大的影响力。同时我也相信，只有当大国通过表现其对正义原则的忠诚来行使道义上的领导，并因此接受关于这种程序的规定，即争端的所有当事国不得投票，这些程序才会起作用。我坚信，常任理事国不要求自己在这方面享有特殊地位的意愿，将大大提高它们的道德威望，并将加强它们作为未来和平的主要捍卫者的地位，同时不会以任何方式损害它们的切身利益或削弱安理会的基本原则，这个原则就是在所有影响这些利益的决议中，大国必须一致行动。它肯定会使整个计划更容易被所有国家所接受，而这个计划必须赋予大国在实施和平方面的特殊作用。

苏联和美国在敦巴顿橡树园提交的备忘录，均未载有关于这类问题的表决程序和具体规定。所以，我们在那里的代表无法就这个问题达成明确的协议。您和我现在必须找到一个解决方案，之前他们代表我们已经取得了很大的进展。

如果您认为我现在建议安理会表决问题的某些方法是有益的，您是否愿意尽快举行一次由您、我和丘吉尔先生指定代表参加的会议，以便就这一问题制订完整方案，并讨论迅速召开一次同盟国大会的准备工作？

斯大林对丘吉尔徒劳无益地谈论米科瓦伊奇克的回归反应迅速，他抨击这位前波兰领导人只是波兰反苏"犯罪"分子的傀儡。克里姆林宫确实有关于波兰家乡军对苏联军队采取敌对行动的情报证据[95]，但这封信在很大程度上是夸大其词的，让承认波兰民族解放委员为波兰临时政府显得合理。在为丘吉尔准备的翻译稿中，俄语单词"emigranty"在某些地方被翻译成"移民"而不是"流亡者"。斯大林蛮横地将米科瓦伊奇克和伦敦的波兰人斥为与当地实际情况毫不相干的过气人物，突显了丘吉尔的波兰政策空洞无力。英国首相只能无力地回复说："我们必须确保我们永久而忠诚的关系，不会被次要的事件和不合适的动向所干扰。"[96]

斯大林致丘吉尔

1944年12月8日发，1944年12月8日收[97]

我已经收到您关于米科瓦伊奇克的信。

自我上次在莫斯科会见米科瓦伊奇克先生以来，他显然无力解决波兰事务。相反，他的负面作用已经变得很明显。现在显而易见，他与波兰民族解放委员会的谈话是那些人的权宜之计，那些人背着他，针对驻波苏联官员以及所有苏联人民实施恐怖主义犯罪活动。我们不能容忍这种局面。我们不能接受如下事实：受到波兰流亡者鼓励的恐怖分子在波兰杀害我们的人民，并侵犯正在解放波兰的苏联军队。在这些人中，我们看到了我们共同敌人的盟友，我们在波兰领土上逮捕了波兰流亡政府的特工。所截获的他们与米科瓦伊奇克联络的电报不仅暴露了他们的阴险计划，而且说明米科瓦伊奇克本人及其同伙并非清白的。

波兰流亡政府内阁的变动，现在并没有引起人们的特别关注。这是那些脱离祖国的土地、与波兰人民失去联系的人在原地踏步。与此同时，波兰民族解放委员会加强了在波兰国土上的民族、民主组织，为农民的利益切实进行了土地改革，扩充了军队。他们取得了引人注目的成就，在波兰人民中有较高威望。

我认为，我们现在的任务是支持在卢布林的波兰民族解放委员会以及那些有意愿、有能力与他们合作的人。这对盟国来说尤其重要，因为盟国肩负着加速摧毁德国人的任务。

12月10日，莫斯科与戴高乐的会谈结束，签订了一项类似1942年《苏英条约》的联盟互助条约。戴高乐完全否定了英国提出的三方条约。他的莫斯科之行完全是为了重建法国，让这个仍被1940年的屈辱刺痛着的法国，恢复成他心目中的"最伟大的国家之一"。将军对丘吉尔的提议感到愤怒，他在后来的回忆录中写道："为什么在一件既涉及伦敦、莫斯科，又涉及法国的事情上，他仅仅把注意力转向斯大林？"[98]

12月8日在会谈期间，斯大林确实提出了赞成三方条约的论点。他说，"《苏法条约》是一件好事"，但是"一个有英国参与的三方条约，是一个更好的选择。法国和俄罗斯在前方抗击敌人，但若没有英国的参与，便很难赢得这场战争"。斯大林还辩称，他已经同意了丘吉尔的提议，因此，如果他的提议被拒绝，丘吉尔将会感到"被冒犯"。然而，这里似乎有一个不可告人的动机，即通过最终接受双边条约作为对戴高乐的重大让步，斯大林迫使戴高乐在对苏联人至关重要的事情上也作出相应的让步，建立起法国政府和波兰民族解放委员会之间的关系。"让法国人帮我们一个忙，我们也会帮他们一个忙，"他宣称，"丘吉尔会生气的，但又能怎么办呢？"[99]

戴高乐意识到，完全承认卢布林，将会使自己与"盎格鲁－撒克逊人"

的步调格格不入，并且会背叛法国在两次世界大战期间对波兰的承诺，所以他坚决反对这一提议。最终，他们达成了一项妥协方案，苏联外交人民委员会的一份内部备忘录称："就此问题反复交换意见后，戴高乐已经同意接受波兰民族解放委员会派一名代表常驻巴黎，并派法国临时政府的一名代表前往卢布林。"[100] 对于莫斯科来说，这是其帮助波兰盟友首次突破外交孤立，虽然突破得有限。不过，斯大林从给罗斯福和丘吉尔的信中删除了一段内容，涉及戴高乐会见波兰民族解放委员会成员以及他们之间关于交换代表的协议。伦敦和华盛顿通过克拉克·克尔和哈里曼与法国代表团的乔治·比多的接触，了解到了这些情况，但斯大林显然不想破坏信函的积极调子，因为他知道他的盟友们对卢布林人比较反感。

戴高乐通过主动联系莫斯科获得了一些地位，但在这一过程中，他高估了法国的优势。斯大林在法国对战后领土和地位的要求上，没有作出任何让步，明确表示这将由三巨头讨论。正如戴高乐的传记作者让·拉库蒂尔所评论的："他从莫斯科带回来的，只是一个保全体面的协议，以及他的《战争回忆录》中几页精彩内容的素材。"[101] 相比之下，斯大林现在与法国结了盟，而英国却没有，尽管白厅一直在谈论一个西方集团。斯大林取得了很大成果，但他在通知他的两位盟友时却表现得谨小慎微。

斯大林致丘吉尔

1944年12月10日发，1944年12月10日收[102]

我已向戴高乐将军转达了您认为《英法苏互助条约》更可取的意见，并表示赞成您的建议。但是，戴高乐将军坚持要缔结一项法国—苏联条约，他说三方条约应该在下一阶段缔结，因为这个问题需要准备。同时，美国总统发来一封信，告诉我他不反对苏法条约。结果，我们就缔结条约达成了一致意见，并于今天签署了条约。该条约将在戴高乐将军抵达巴黎后公布。

我认为，戴高乐将军的访问已经取得了积极的成果，它不仅有助于加强苏法关系，而且也将对同盟国的共同事业作出贡献。

斯大林致罗斯福

1944年12月10日发，1944年12月10日收[103]

谢谢您对法国问题的回复。我们同戴高乐将军作出了一项决定，即苏法互助条约的缔结将有利于苏法关系的发展以及整个欧洲的安全。今天，《苏法条约》签署了。

至于法国战后的边界问题，正如我已经写信告知您的，这个问题以后再行讨论。

斯大林也满足了丘吉尔的要求，即将缴获的德国T-5鱼雷数据提供给英国。英国海军部整理了一些材料用作回应，斯大林又作了一些重要的补充（用斜体显示）。显然，他比下属的反应更积极。与登比察的V-2导弹试验场一样，斯大林在满足盟友要求了解德国最新武器信息方面有着特殊的考虑。在这次事例中，他更有合作精神，远超给丘吉尔的文稿所表明的那样，因为第一个供选择的方案被翻译错了：斯大林实际上提出，经过苏联检验和试验后，"鱼雷本身可以交由英国海军部处置"。

然而，丘吉尔在12月23日的答复中，接受了确保英国最快得到信息的选择，即派遣一名自己的专家前往苏联，在现场检验这枚鱼雷。[104]

斯大林致丘吉尔

1944年12月14日发，1944年12月14日收[105]

我已经收到您关于德国T-5鱼雷的信。事实上，两枚德国声导鱼雷被苏联水兵缴获，现在正由我们的专家进行研究。遗憾的是，我们无法立即将其中一枚鱼雷发送到英国，因为这两枚鱼雷都已被爆炸损坏。为了检查和试验的目的，有必要用另一枚鱼雷的部件替换这一枚鱼雷的损坏部件，否则检查和试验将是不可能的。

因此，有两种选择方案：或者在检查鱼雷的过程中制作图纸和说明，立即提交给英国军事代表团，并在检查和试验完成后，将鱼雷交由英国海军部处置；或者英国专家立即来苏联，现场对鱼雷进行详细检查并绘制图纸。我们准备为任何一种选择方案提供便利。

☆ ☆ ☆ ☆ ☆

由于意识到波兰民族解放委员会宣告成立新政府是头等大事，伦敦和华盛顿都试图阻止或至少推迟苏联对它的正式承认。12月15日，丘吉尔在下议院的一场关于波兰问题的特别辩论中，以严肃的语气发表讲话，他强调准备接受寇松线，但拒绝承认卢布林人。令华盛顿感到不悦的是丘吉尔的言论，他说："我发现讨论这些问题非常困难，因为美国的态度一直不明确，而国王陛下政府认为，使用确切的表述方式才是明智的。"[106] 这促使美国国务院和罗斯福发表意见。在大选之后，罗斯福认为他现在可以畅所欲言，更自由地谈论波兰问题了，他给丘吉尔发了一份电报，称他正在考虑要求斯大林推迟承认波兰民族解放委员会，直到他们三人面对面讨论这个问题之后。在内阁的支持下，丘吉尔热烈欢迎罗斯福这个"最有价值"的提议，并敦促他迅速采取行动。罗斯福的信是由美国国务院仓促准备的，并如内阁所希望的那样，其中包括了美国政策的四点声明。丘吉尔对罗斯福说："它只会带来好处。"然而，直到12月20日哈里曼与斯大林会面之后，这一信件才得以送交。[107]

罗斯福致斯大林

1944年12月16日发，1944年12月20日收[108]

鉴于丘吉尔首相昨天在下议院的发言在本国引起了人们的兴趣，强大的舆论压力迫使我们申明对波兰问题的立场，我认为本政府可能有必要在未来几天就这个问题发表一些声明。这一声明如果发表，将会按照下面的思路概括我们的态度：

1. 美国政府明确地支持一个强大、自由、独立和民主的波兰。

2. 关于波兰未来边界的问题，美国虽然认为领土问题最好等待战后的总体解决方案，但承认在此之前解决问题有利于共同的战争努力。因此，波兰局势中涉及的领土问题，包括提议德国赔偿，应由直接有关的各方通过相互协商解决，美国不会有异议。

3. 美国政府认识到，在某些情况下转移少数民族是切实可行的，而且这将有助于有关地区的总体安全与安宁。因此，如果波兰的政府和人民希望转移国民并且参与评估这种转移，美国政府不会有异议。

4. 根据宣布的目标，本国政府准备在得到立法授权的情况下，在切实可行的范围内，帮助受到纳粹侵略破坏的国家进行经济重建。这一政策既适用于波兰，也适用于同盟国其他遭受破坏的国家。

正如您看到的，我可以肯定，拟议的声明不会包含任何不为您所知的本国政府立场，而且我相信，就其本身来说，它与您今年秋天在莫斯科与丘吉尔首相讨论的结果大体一致。所以，我确信您会欢迎它。

我认为最重要的是，在我们三个人能够聚在一起彻底讨论这个棘手的问题之前，任何一方都不应该采取使我们的讨论更加困难的行动。我已经看到，卢布林委员会可能打算授予自己波兰临时政府的地位。从您的观点来看，在您的军队进入波兰腹地之前希望明确波兰政权所属，对于这一点，我完全理解。然而，由于这一步骤将产生重大的政治影响，在我们举行会晤之前，我非常希望您暂不承认卢布林委员会为波兰政府，我希望会晤将在我明年1月20日就职典礼后立即举行。在该日期之前，您是否能够和卢布林委员会保持现有形式的交往？我知道丘吉尔首相在这一点上与我的观点相同。

在11月1日与铁托签署了建立联盟的协议后，舒巴希奇接受了他正式领导的国王彼得二世的政府以及外交部的询问，回答了与铁托达成的协议的相关问题。舒巴希奇坚持说，他已经尽了最大努力，鉴于南斯拉夫的实际情况，除了同意这项协议别无选择，因为在南斯拉夫，"人民解放军"是唯一的权力机构。他对国王说："不要抱有幻想。"这支军队的总司令是铁托，他也是南斯拉夫境内各方势力的代表。事实将会证明，如今要破坏他在这个国家的权威是不可能的。[109] 12月19日，丘吉尔积极地向斯大林报告了南斯拉夫的事态发展，重申了他们"联合政策"的重要性，并强调南斯拉夫举行自由选举的必要性。[110]

在向克里姆林宫发送了一些重要的信函后，丘吉尔专门写信讨论斯大林送给他的电影《库图佐夫将军》（1943年出品），影片刻画了1812年战胜拿破仑的俄罗斯英雄。丘吉尔的赞美之词有一种抒情的特质，他还在最后一段挖苦了戴高乐。丘吉尔喜欢的另一部电影是《汉密尔顿夫人》，影片由费雯·丽和劳伦斯·奥利弗主演，讲述了艾玛·汉密尔顿与海军上将纳尔逊勋爵的浪漫故事。丘吉尔将这部影片与《库图佐夫将军》联系起来，希望提醒斯大林，英国和俄罗斯在过去和现在都经历了类似法国的困难。他还强调，两国曾在19世纪和丘吉尔所称的1914年以来对德国的"30年"战争中，与欧洲大陆的独裁者进行过斗争。丘吉尔特意以轻松的语调写了这封信。[111]

丘吉尔致斯大林

1944年12月19日发，1944年12月20日收[112]

昨天晚上，我又看了一遍您送给我的那部电影《库图佐夫将军》。第一次看的时候，我就非常欣赏这部电影，但由于全是俄语，我无法理解每个情景的确切含义。昨晚我看的是带英文字幕的，整个情节一目了然。我必须告诉您，在我看来，这是我所看过的最出色的电影之一，两种意志力的冲突从来没有像现在这样清楚地展示出来。还没有哪部电影能如此有效地向人们灌输，忠诚对于指挥官和士兵有多么重要。俄罗斯士兵和俄罗斯民族从来没有以这种艺术形式光荣地呈现给英国人民。我从来没有见过如此之高的拍摄艺术。

如果您认为合适，请私下里对那些努力创作出这部艺术作品并表现出高昂士气的人们，表达我的钦佩和感谢之情，如果那样，我将非常感激。同时，我也祝贺您。

我认为，我们在那场殊死搏斗中团结奋战，就如同在这场30年的战争中一样。我想您没有把这部电影给戴高乐看，就像我不会在他过来签署条约——类似于您与他签订的那种，也类似于我们之间签订的那种条约——的时候，给他看《汉密尔顿夫人》一样。此致敬礼。

12月下旬，轮到丘吉尔送上生日祝福了。他是按照斯大林正式问候的形式表达祝贺的，但丘吉尔关于斯大林的长寿对于"大联盟"的"价值"的评论并非套话。根据他的"两个斯大林"理论，他真心认为在克里姆林宫，没有其他人可以如此与自己共事。后来在雅尔塔，丘吉尔同样举杯盛赞斯大林生命的"宝贵"。[113]

丘吉尔致斯大林

1944年12月18日发，1944年12月20日收[114]

在您生日之际，我向您致以最诚挚的祝贺。我相信，您的生命对于世界的未来，对于我们两国团结纽带的不断加强，是非常宝贵的。因此，我祝您"寿比南山"，这绝非客套话。

随着新的首脑会议的临近，罗斯福第一次向斯大林送上生日祝福。

罗斯福致斯大林

1944年12月21日发，1944年12月22日收[115]

我很高兴在阁下的生日之际，向您致以诚挚的祝贺和最美好的祝愿。

此时，西线的战争发生了戏剧性的变化。12月16日，希特勒在圣维特附近，沿着德国—比利时边界，在阿登地区发动了一次突然反攻。艾森豪威尔指挥的军队遭到了突然袭击。德军的两支装甲部队利用恶劣天气，向一些薄弱的美国师进攻，盟军绝对的空中优势被暴风雪和乌云抑制，飞机不能起飞。艾克被弄得措手不及，但他还是迅速向巴斯托涅前线增援，包括精锐的美国第82和101空降师。意识到德军的几个师最近从东线撤走，艾克要求盟军和红军之间进行更密切的战略协作。12月21日，他电告盟军参谋长联席会议："如果俄罗斯人打算在本月或下个月发动大规模进攻，知晓这个事实对我来说是至关重要的，我会相应地调整我的计划。"他补充说："我知道，这种性质的要求，将不可避免地需要我向俄罗斯人提供对等信息，我已经完全做好了准备。"[116]

丘吉尔和英国参谋长认为,试图通过军事代表团或书面形式获得这种信息是"没有希望的"。丘吉尔给罗斯福发了电报,提议给"乔大叔"发一封联名电报,建议他允许"我们派一名由艾森豪威尔将军提名的高级军官"到俄罗斯,以共享信息。丘吉尔给美国总统发了一份草稿,但罗斯福决定派人亲手把这封信送给斯大林。莱希以丘吉尔的电报为基础草拟了信函,罗斯福增加了一句话(用斜体表示),试图淡化盟军在比利时的恐慌感。丘吉尔在另一份电报中表示支持这一要求,斯大林欣然同意。[117]

在阿登,眼前的危机是短暂的。12月23日,天气一放晴,盟军的空中力量就粉碎了希特勒的纵队,德军的燃料已经耗尽了。但斯大林对艾森豪威尔要求的迅速而积极的回应是值得注意的。后来,即使是那些批评斯大林的人,也肯定了他的姿态。赫鲁晓夫说:"这是向陷入困境的盟友展示友谊、提供帮助。斯大林表现得很有尊严。"[118]

罗斯福致斯大林

1944年12月23日发,1944年12月24日收[119]

我希望艾森豪威尔将军派一名完全有资格的参谋官去莫斯科,与您讨论艾森豪威尔在西线的情况以及它与东线的关系,以便我们所有人都能得到协同工作所必需的信息。我们将会完全保密。

我希望您能会见这位艾森豪威尔参谋部的军官,并与他交换于双方都有益的情报。*比利时的情况还不错,但现在是讨论下一阶段行动的时候了。*

鉴于目前的紧急情况,请早日答复这一建议。

艾森豪威尔决定派遣他信任的英国副手、空军上将阿瑟·特德爵士前往莫斯科。在这个时候,丘吉尔突然访问雅典,他仍痴迷于巴尔干半岛的局势。他还想派自己最喜欢的陆军元帅哈罗德·亚历山大爵士也一同前往莫斯科。亚历山大于 1944 年 12 月刚接任地中海战区的盟军最高司令一职。丘吉尔希望"亚历克斯"（亚历山大的昵称）能利用这个机会同苏军统帅部讨论同时进攻维也纳的问题，他甚至为此准备了一封给斯大林的信。但当丘吉尔回国时，参谋长们否决了丘吉尔的想法。总参谋长布鲁克发现丘吉尔疲惫不堪而且"糊涂"，他"由于错误地阅读文件而产生误解，又根据这些误解"口述了一连串的会议记录，并提出了"最疯狂的策略"，旨在"确保英国军队成为焦点，必要时以牺牲美国人的利益为代价，完全不考虑任何战略要求"[120]。

在苏联，12 月 25 日并不是节日，斯大林似乎花了一些时间来补写他的感谢信。就像他的西方同行一样，他意识到有些时候外交车轮需要润滑剂。

斯大林致丘吉尔

1944年12月25日发，1944年12月27日收[121]

谢谢您对我生日的祝贺和美好祝愿。我一直非常珍视您的友好情谊。

斯大林致丘吉尔

1944年12月25日发，1944年12月27日收[122]

我当然欢迎缔结一项英法条约。

我非常珍视您对《库图佐夫将军》这部电影的赞扬，我一定会向参与影片制作的人员转达您的赞赏。

我向您致以最美好的祝愿。

斯大林致罗斯福

1944年12月26日发[123]

您在我生日之际发来祝贺和美好祝愿,我谨表示感谢。

斯大林在答复罗斯福12月5日关于在联合国安全理事会表决的信函时,坚持在所有问题上绝对的大国一致原则。在这里,葛罗米柯的建议得到重视。12月22日,苏联大使发电报说,虽然美国人的提议表达了"他们放弃原来的立场",并且排除了"对苏联进行国际制裁的可能性",但他认为还是应该拒绝提议:

> 接受这一提议,意味着在可以直接参与解决争端的所有问题上,苏联还是会与安理会和国际组织产生对抗。在政治上,当安理会就和平解决争端问题通过对我们不利的决定时,我们仍有可能陷入令人不安的被动境地。

葛罗米柯还提出了一些策略要点。他强调说,"从维护我们的威望角度来看,经过长时间的谈判之后,在如此严重的问题上作出让步是不可取的"(克里姆林宫重点强调了这句话)。他还说,如果苏联坚持下去,"美国和英国将被迫在表决问题上采纳我们的提议",尤其是因为时间的压力,"如果一个国际组织的创建延迟,我们没有任何损失。至少在这方面,万一出现这样的延误,媒体和公众会指责美国政府。这可能最终迫使罗斯福就范"。[124]

斯大林致罗斯福

1944年12月26日发，1944年12月26日收[125]

12月14日，我收到了哈里曼先生转交的您的来信。我完全同意您的意见，即在召开联合国大会以建立一个国际组织之前，我们应该就敦巴顿橡树园会谈过程中没有商定的主要问题达成一致，首先是就安全理事会的表决程序问题达成一致。我需要提醒您，美国的初始草案中特别指出，有必要制定有关表决程序的特别规则，以防直接涉及安理会一个或几个常任理事国的争端的情况。英国的草案中还指出，如果出现这种争端，大国之间解决争端的一般规程可能会被证明是不合适的。

在这方面，您的建议的第一点和第二点我没有异议，可以接受，因为考虑到第二点涉及的第六章第四节中提到的程序问题。

关于您提议中的第三点，我很遗憾地告知您，鉴于您提出修改的措辞，我不可能同意。正如您自己承认的那样，常任理事国一致同意的原则，在安理会关于确定对和平的威胁以及消除这种威胁的措施，或制止侵略以及其他破坏和平的行为的所有决议中，都是必要的。毋庸置疑，就这种性质的问题作出决议时，必须得到负有维护和平与安全主要责任的安理会常任理事国的完全同意。

不言而喻，试图在某个阶段阻止安理会一个或几个常任理事国参加对所述问题的表决是完全不可取的，并且从理论上讲，也可以假设这样一种情况，大多数常任理事国发现自己被阻止参加对一个问题的决策，可能对维护国际安全的事业产生致命的后果。这种情况，与四个主要大国对决议赞成并且一致同意的原则相矛盾，并可能导致某些大国被置于其他大国的对立面，这可能破坏世界安全的事业。小国对防止出现这种情况的兴趣不亚于大国，因为大国联合起来为所有爱好和平的国家执行维护和平与安全的任务，他们之间的分裂会给所有国家带来最危险的后果。

因此，我必须坚持我们在安全理事会表决问题上的立场。在我看来，这一立场将会使新的国际组织获得四个大国的一致同意，有助于避免将某些大国置于其他大国对立面的企图。一致同意的原则对四个大国今后共同抗击侵略是必要的。当然，这种局势将会在维护大国的安全事业中确保小国的利益，并将符合世界和平的利益。

我希望您会评估上述支持四个主要大国对决议一致同意原则的观点的重要性，并且希望我们针对此问题以及其他一些仍未解决的问题作出意见一致的决定。在这种意见一致的决定的基础上，我们的代表可以就这个问题拟订一份完整的草案，并讨论尽快召开联合国大会的必要措施。

斯大林的反对，引起了华盛顿方面的进一步反思。1945 年 1 月初，罗斯福向英国大使哈利法克斯勋爵承认，"站在斯大林的立场上"重新考虑之后，他对苏联的立场感到"非常同情"。罗斯福以同样的口吻对战争部长亨利·史汀生说，如果墨西哥和危地马拉之间爆发冲突，美国可能会卷入其中，我们会有什么感觉？如果美国在这件事上没有发言权，美国人民很难满意。[126] 从这里可以看出，葛罗米柯对美国人采取强硬的态度，被证明是正确而精明的。

斯大林无视同盟国建议推迟承认波兰民族解放委员会的要求。1944 年 12 月 27 日，最高苏维埃主席团宣布，波兰临时政府正式成立后，立即予以承认。[127] 同一天，莫洛托夫和斯大林准备了一份关于苏联立场的长篇声明，特别重要的是最后一段讲述了苏联对波兰的特殊利益。斯大林在随后的通信中和在雅尔塔期间多次重申了这一点。托马什·阿奇谢夫斯基继米科瓦伊奇克之后担任伦敦的波兰政府总理，他是一位强硬派。

斯大林致罗斯福

1944年12月27日发，1944年12月27日收[128]

12月20日，我收到了您关于波兰问题的信。

关于斯特蒂纽斯先生12月18日的发言，我更愿意在我们的私人会面时表达我的看法。不管怎样，在上述发言后，波兰的事态已经有了很大的进展。

从米科瓦伊奇克最后一次访问莫斯科到现在，这段时间里发生了一些情况，特别是我们从波兰逮捕了恐怖分子，他们是波兰流亡政府的地下特工，从那里截获的他们与米科瓦伊奇克政府的无线电通信已经清楚表明，米科瓦伊奇克先生与波兰民族解放委员会的谈判，为那些隐藏在米科瓦伊奇克背后、对波兰领土上的苏联军官和士兵进行恐怖主义犯罪活动的人提供了掩护。波兰流亡者唆使恐怖分子在波兰杀害红军士兵和军官，策划了一场对解放波兰的苏联军队的犯罪活动，直接援助了我们的敌人，他们实际上是这些敌人的盟友，我们无法容忍这种情况。阿尔齐谢夫斯基[原文如此]取代米科瓦伊奇克，以及波兰流亡政府部长的更迭，使情况变得更糟，在波兰本土和流亡政府之间制造了巨大鸿沟。

与此同时，波兰民族解放委员会取得了重大的成就。它加强了波兰国家政权和波兰领土上的政府权力机构，发展和壮大了波兰军队，实施了一些重要的措施，并首先实行了有利于农民的土地改革。这一切都使波兰的民主权利得到巩固，使民族解放委员会在波兰广大人民群众和海外各界社会群体中的权威得到有力的加强。

在我看来，现在，我们应该对支持波兰民族解放委员会，对所有希望并能够与它合作的人多加关注，这对盟国、对完成我们的共同任务——加速击败希特勒德国，尤为重要。对苏联来说，它承担着把波兰从德国占领者手中解放出来的重任,在目前情况下,与波兰的关系问题实质上就是与一个政权保持日常的密切友好关系。这个政权,是波兰人民在自己的土地上建立起来的,它已经变得强大,有自己的军队,他们正在和苏联红军一起同德国人作战。

我必须坦率地说,如果波兰民族解放委员会要将自己转变为临时政府,那么,鉴于上述情况,苏联政府没有任何理由推迟承认它。必须牢记,对支持一个亲盟国和民主的波兰,苏联比任何其他国家都更感兴趣,不仅因为苏联在解放波兰的战斗中冲在前方,而且也因为波兰是一个与苏联接壤的国家,波兰问题与苏联的安全问题密不可分。除此之外,我们还必须补充说,苏联红军在波兰抗击德国人赢得胜利,在很大程度上,取决于波兰有和平的和值得信赖的后方,波兰民族解放委员会充分考虑到这一情况,而流亡政府及其地下特工通过其恐怖主义行动,正在红军后方制造威胁,企图挑起内战,并阻碍红军夺取胜利。另一方面,在波兰目前的条件下,没有任何理由继续支持这个流亡政府,这个流亡政府已经失去了波兰人民的所有信任,而且还在红军后方制造了内战的威胁,从而侵犯了我们成功抗击德国人的共同利益。我认为,如果几个盟国的政府首先同意立即与波兰民族解放委员会交换代表,以便在一段时间后,在民族解放委员会转变为波兰临时政府后,承认它为波兰的合法政府,这将是自然的、公正的、有益于我们共同事业的。否则,我担心波兰人民对同盟国的信心可能会减弱。我认为,我们不能让波兰人民说,我们正在牺牲波兰的利益,转而支持伦敦的一小撮波兰流亡者的利益。

罗斯福请丘吉尔对斯大林的信作出评论。丘吉尔咨询了艾登和内阁的看法后,在12月30日回复说,他们对卢布林委员会的不承认政策不作任何改变,但补充说:"这个问题应该留待即将召开的会议讨论。"[129] 罗斯福考虑到自己一直试图淡化这个问题在国内的敏感性,决定当下就向斯大林发出一封警告信。这封信是由国务院东欧部的负责人"奇普"·波伦起草的,就像罗斯福1944年至1945年关于波兰问题的大部分信函一样,罗斯福最后一次试图说服斯大林推迟承认波兰民族解放委员会。所有可能的政治和军事论点都被引用作为理由,就像之前丘吉尔的说辞一样,罗斯福敦促斯大林不要放弃米科瓦伊奇克,说西方盟友仍然认为他是未来波兰政府的关键人物。信函的最后一句话由罗斯福亲自口述给波伦。他把信函抄送给丘吉尔,并附言:"您会看到,我们步调一致。"[130]

罗斯福致斯大林

1944年12月30日发,1944年12月31日收[131]

我对您12月27日关于波兰的信深感不安,极其失望。您在信中告诉我,在我们举行会谈彻底讨论整个问题之前,您不可能暂时搁置承认卢布林委员会为波兰临时政府。我本以为,如果您能在我们见面前的短短一个月里,把这个纯粹法律上的承认行为推迟一下,不会给您的政府或军队造成严重的不便。

我并非建议您削弱与卢布林委员会的实际关系,也没有试图让您与目前伦敦的波兰政府打交道或接受它。我敦促您推迟,是因为我认为您会意识到,如果您的政府正式承认波兰的一个政府,而包括美国和英国在内的大多数其他同盟国仍然承认在伦敦的波兰流亡政府并与之保持外交关系,那么在战争的这个阶段,对国际舆论和敌人士气会产生于我不利甚至严重的影响。

我必须坦率地告诉您,我认为本政府不可能效仿苏联的做法,并把对伦敦的波兰政府的承认转移到目前形式的卢布林委员会。这绝不意味着我们与伦敦的波兰政府有任何特殊关系或情感。事实是,无论是美国政府还是美国人民,至今仍未看到任何证据,无论其成立的方式或随后的事态发展,能证明目前的卢布林委员会可以代表波兰人民这一结论。我不能忽视这样一个事实，即到目前为止，在寇松线以西的波兰本土，只有一小部分从德国的暴政中获得解放。因此，波兰人民还没有机会表达自己对于卢布林委员会的意见。这是一个不容置疑的事实。

如果在波兰解放后的某一天，一个得到大众拥护的波兰临时政府成立了，那么本政府当然会尊重波兰人民的决定。

我完全同意您的观点，即米科瓦伊奇克先生离开伦敦的波兰政府，使局势更加恶化。我深信米科瓦伊奇克先生真诚地希望解决苏联与波兰之间所有的争议问题。我一直认为，目前看来，他是有可能真正解决困难而危险的波兰问题的唯一波兰领导人。从我个人对米科瓦伊奇克先生的了解、他在华盛顿时我与他的谈话，以及他后来在莫斯科访问期间所作的努力和政策来看，我很难相信他与任何恐怖分子的指令有瓜葛。

我给您发这封信，是为了让您了解本政府在目前不承认卢布林委员会为临时政府的立场。我比以往任何时候都更加相信，当我们三人相聚在一起时，我们就能找到解决波兰问题的办法。因此，我仍然希望您能暂时搁置正式承认卢布林委员会为波兰政府，直到我们三人会晤。从军事的角度来看，我看不出推迟一个月有充分的反对理由。

然而，斯大林却不能容忍任何拖延。
当三巨头最终见面时，这场争论达到了顶点。

1944年6月6日，登上诺曼底滩头的第一批攻击部队

1944年6月6日，法国奥马哈海滩，盟军士兵涉水上岸

1944年6月，苏联发起"巴格拉季昂"行动，德国遭受有史以来最严重的失败，大量士兵被俘

诺曼底登陆成功后，罗斯福和丘吉尔在加拿大魁北克省会面，就战后对待德国的政策达成一致

1944年9月，第二次魁北克会议，美、英政治和军事领导人在城堡的露台上合影

1944年8月21日至10月7日，中、苏、美、英四国代表在美国华盛顿郊区乔治城的敦巴顿橡树园大厦举行会议，讨论与拟订新的国际组织章程。图为参会的英国代表团成员

敦巴顿橡树园大厦外景

1944年10月，丘吉尔再次访问莫斯科，斯大林与莫洛托夫陪同丘吉尔检阅部队

1944年10月，丘吉尔访苏期间与斯大林会晤

阿兰·布鲁克。1941年12月任英国军队总参谋长,参与了随后大多数有关战争的重大决策。1944年晋升为陆军元帅

1945年2月雅尔塔会议，美苏英三方会谈场景

1945年2月雅尔塔会议期间,三巨头合影。身后分别为(从右至左):苏联外交人民委员莫洛托夫,美国国务卿斯特蒂纽斯,英国外交大臣艾登

1945年2月由罗斯福、丘吉尔和斯大林签署的《雅尔塔协定》，左边为英文本，右边为俄文本

1945年5月，苏联军队攻占德国柏林。图为苏军在柏林勃兰登堡门前

1945年5月7日，法国兰斯，德国参谋长阿尔弗雷德·约德尔（中）在无条件投降书上签字。其右边是德国海军上将汉斯·格奥尔格·冯·弗雷德堡

1945年4月至6月在美国举行的旧金山会议，是一次关于《联合国宪章》的制宪会议

1945年7月，英国首相温斯顿·丘吉尔、美国总统哈里·杜鲁门和苏联领导人约瑟夫·斯大林在波茨坦会议上握手合影

1945年7—8月，美、英、苏三国首脑在柏林近郊的波茨坦举行会晤。由于丘吉尔在英国大选中失败下台，1945年7月28日以后的会议，他被新任首相艾德礼代替

第十五章

1945年
1月至4月

雅尔塔会议及其后

回眼望去，突出部战役似乎只是西线战场上的昙花一现，但在当时，它重挫了盟军的自信心。丘吉尔疑虑重重，担心德国可能很快就会发动下一次进攻，1945年1月6日，他直接询问斯大林，苏联何时发动新的攻势。艾森豪威尔也忧心于此，他派自己的特使前往莫斯科，协商战略和行动计划。这样做不仅让艾森豪威尔与克里姆林宫建立了一个直接的（即使是非正式的）渠道，形成战略配合，而且也对斯大林的决定产生了一定的影响，苏联将维斯瓦河的攻势提前了8天，于1月12日发起。斯大林认为提前行动，进一步表明他与盟友是团结一致的。

罗斯福和丘吉尔全神贯注于雅尔塔的三巨头会议。为这一会议做准备，是整个1月份通信的焦点。罗斯福的健康状况明显下降，他去雅尔塔开会，需要先乘船到马耳他，然后乘飞机到克里米亚西部的萨基，最后还要艰难地乘车穿越雪山，到达黑海的南部海岸，这样的长途旅行对罗斯福的健康不会有任何好处。2月4日至11日举行的雅尔塔会议，在后来一些西方评论圈子里逐渐变得声名狼藉。在美国右翼看来，这是把东欧出卖给了莫斯科，按照法国戴高乐主义者的说法，这是一次见利忘义的超级大国对欧洲肆无忌惮的瓜分。实际上，雅尔塔会议形成了一系列妥协，三巨头中的每一位都从妥协中得到了相应的利益。罗斯福获得了苏联加入亚洲战争并加入新的联合国组织的承诺；丘吉尔阻止了俄罗斯对德国的巨额赔款要求，并确保了法国在盟军占领期间的平等地位；而斯大林则得到了远东的大片领土，也得到了一份关于波兰未来政府的措辞含混的协议，这个协议给了他很大的回旋余地。总的来说，正如美国国务卿爱德华·R.斯特蒂纽斯1949年对雅尔塔会议记述的那样，罗斯福"在雅尔塔会议上，没有'交出'他有权把守的任何重要的东西"[1]。在波兰问题上向斯大林让步，并不是英美1945年的外交失误，而是英美1942年至1943年战略决策的后果，他们推迟在法国登陆，意味着苏联红军有可能独自打败德军，它将会结束战争，让苏联控制东欧。

然而在当时，丘吉尔和罗斯福却不这样看。两位领导人都非常满意在雅尔塔取得的成就，特别是对积极的建设性气氛感到满意。回国后，在下议院和国会联席会议上，他们都发表了重要的讲话，自拉自唱地谈论这次会议对未来关系和战后和平的重要意义。即使这样，他们也都面临着白宫和伦敦方面对含糊不清的波兰解决方案的质疑，尤其是丘吉尔，受到了自己的政党成员实际上还有政府成员的强烈批评。由于丘吉尔确信，对同盟国来说，波兰正在成为一个"压力测试的案例"，他变得越来越焦虑不安，因为苏联加强了对波兰的控制，西方的影响已经无能为力，甚至连访问都被限制了。英国首相已经在谈论东欧的"面纱"或"帷幕"即将落下，他请求罗斯福向斯大林发出联名信，让这位苏联领袖遵守他们已经在雅尔塔达成的协议。但罗斯福为了整体的利益，急于避免高层的冲突，特别是在旧金山召开联合国成立大会（4月下旬）之前，希望在大使级别解决问题，因此联名信直到3月31日才发出。

在一定程度上，为了准备那封联名信，丘吉尔减少了与斯大林的通信，只在3月份发了3封，4月份的第一周发了2封信。相比之下，在此期间，罗斯福发送了8份电报，比丘吉尔更多产，这实属罕见。罗斯福的大多数信函都相当长，而且都涉及非常重要的问题，不仅谈论波兰的未来，还谈论美国战俘在波兰受到的待遇，苏联突然拒绝派遣莫洛托夫去旧金山参加联合国大会开幕式，斯大林也暗示美国人正试图背着他与德国人媾和，在意大利举行和平谈判。在这几周，白宫与莫斯科的关系陡然紧张起来，而从唐宁街10号发出的信函，充其量只是支持性的。但在一些关键问题上，丘吉尔和罗斯福也存在分歧，罗斯福在战俘和意大利的谈判问题上，采取了比丘吉尔更强硬的路线，而英国首相则在推动波兰问题发生变化，并且希望集中力量进军柏林。在所有问题上，丘吉尔都尊重罗斯福，这反映了随着战争进入尾声，三巨头在西方世界的权重已发生了变化。1944年12月，丘吉尔告诉斯马茨，"我们的军队规模大约是美国军队的一半，很快就是其三分之一了"，"对我来说，把事情做好，不像以前那么容易了"。[2] 他知道，罗斯福现在只是一个高级合伙人。

更令人吃惊的是，这段时间白宫发出的信函（大约3400个单词）中，几乎没有一个词是总统写的或者是口述的，他被雅尔塔会议耗尽了精力，濒于垂危，他的信件由他人代笔，依赖于马歇尔将军、海军上将莱希、罗斯福的参谋长以及国务院的"奇普"·波伦。然而最后的8封信，无疑表达了罗斯福的真实愿望。这段时间三巨头书信往来处于顶峰，几乎一言不发的罗斯福仍然坚信，正如他在1942年对丘吉尔说的那样："我能应对斯大林。"

☆ ☆ ☆ ☆ ☆

与他的盟友在1945年1月的希望相反，斯大林没有把承认波兰民族解放委员会为波兰临时政府这件事情推迟到三巨头会晤之后。正如1943年卡廷事件中与伦敦的波兰政府断绝外交关系一样，斯大林给了罗斯福和丘吉尔一个既成事实，再次用难以置信的理由来为自己的行为辩护。这一次，他声称最近最高苏维埃的认可投票迫使他采取了行动。丘吉尔挖苦地对罗斯福说："有趣的是，'苏联最高苏维埃主席团'现在已经被强求一致了。"罗斯福没有回复斯大林的信，丘吉尔也只是在1月5日的电报中简短地作了回应。在波兰问题上，两人都在为峰会做好一切准备。[3]

峰会的地点是个大问题。在1944年12月的大部分时间里，罗斯福都敦促哈里曼推行地中海方案，但事实证明，要把罗斯福从霍普金斯在10月为他挖的克里米亚的坑里拉出来，是不可能的。12月26日，美国大使与莫洛托夫进行了最后一搏的讨论，但后者得到了严格的指示，不要在声望和便利的问题上让步。莫洛托夫引用罗斯福的最初提议（哈里曼说霍普金斯只是自己试探地提出这个想法），并以斯大林医生的严格要求为借口（罗斯福糟糕得多的健康状况，从未在信件中提及）。莫洛托夫补充说，如果克里米亚不可接受，那么斯大林已经委托他本人在罗斯福和丘吉尔希望的任何地方会见他们，换言之，就是斯大林不去参加会议了。第二天，美国人接受了雅尔塔作为会晤地点。克里姆林宫经过了德黑兰考验，软勒索的方法再次奏效。[4]

由于学生时代起就对代号很喜爱，丘吉尔给这次峰会起了一个名字叫"阿尔戈航海者"，典故出自希腊神话中的伊阿宋和阿尔戈英雄们，他们沿着黑海海岸旅行，去寻找金羊毛。在给斯大林的答复中，丘吉尔也提到了西线的局势。现在，美国人已经扭转了巴斯托涅的局势，但蒙哥马利和美国将军们争吵不休，大概需要3个星期才能消灭德国人的突出部。英国首相还提到了1月1日在阿尔萨斯开始的"北风"行动（"Nordwind"）。事实证明，这次突击是德国军队在西方战场短暂的最后一击，但在那个暗淡的新年里，西方盟国对这一点还远远看不清楚。

丘吉尔致斯大林

1945年1月5日发，1945年1月6日收[5]

兹回复您1月3日的私人机密信件：

谢谢您将给美国总统的关于波兰问题的两封信转发给我。当然，我和我的战时内阁的同僚们对事态的发展感到不安。我很清楚，我们三个人最好一起开会商讨所有这些问题，不应只把它们看作孤立的问题，而应看作与战争转入到和平的整个世界局势有关的问题。同时，如您所知，我们的态度没有改变。

我非常期待这次重要的会晤，而且我很高兴美国总统愿意进行这次长途旅行。我们已经意见一致，只要您同意，代号将是"阿尔戈航海者"

（"Argonaut"），参谋人员将协商安排相关事宜，我希望贵方参与筹备的人员在交换信息时使用这个代号。

我刚从艾森豪威尔将军和陆军元帅蒙哥马利各自的司令部回来。比利时的战斗非常激烈，但人们一般认为，主动权掌握在我们的手中。德国人正在向阿尔萨斯发起分散进攻，这给法国人造成了困难，也牵制了美国军队。但我仍然认为，盟军的影响力和武器，包括空军，会让冯·龙德施泰特后悔他的莽撞，他精心地组织进攻，企图撕开我们的战线，如果可能的话，他还想夺取眼下至关重要的安特卫普港口。

在此，我也向您致以新年的诚挚祝福。愿新的一年缩减我们所服务的伟大国家的痛苦，并在我们的共同保证下实现持久的和平。

阿登危机使盟军在人力动员方面的精心筹划受到质疑，英国人的预备队使用已经达到了极限，而美国人则匆忙"梳理"补给部队，挤出兵员来补充前线部队，甚至在战斗中不得不使用黑人军队，这在二战期间美国陆军中是前所未有的，因为南方白人有"种族礼仪"。艾克担心在更多的西方战场上，"德国人的狂怒"攻势会接踵而至。意识到希特勒已经从东线调遣了主力部队向阿登进攻，并且缺乏红军新年计划的确凿情报，艾克告诉盟军参谋长联席会议说，我们目前的处境很困难，"如果俄国人发动大规模进攻的话，那将会好得多"，因为德国的所有预备队，"届时将不得不在东西方两个战场之间分配"。[6] 由于艾克的私人特使、空军上将特德在开罗被耽搁了，丘吉尔决定由自己挑起重任，亲自向斯大林询问苏联的计划。

丘吉尔致斯大林

1945年1月6日发，1945年1月7日收[7]

西线的战斗非常激烈，随时都可能需要最高统帅部作出重大决定。您从您自己的经验中可以知道，当暂时失去主动权之后，还需要防守一条非常广阔的战线时，处境是多么令人焦虑。概括地了解贵军的行动计划，是艾森豪威尔将军的强烈愿望和需求，因为显然，这会左右他和我们所有的重大决定。据报告，我们的特使、空军上将特德昨晚在开罗因恶劣天气受阻。他的旅程已被耽搁很久，这不是您的过错。在他还未抵达您那里时，如果您能告诉我，我们是否可以指望俄罗斯人于1月期间，在维斯瓦河前线或其他地方发动一次大规模的攻势，以及您愿意提及的其他问题，我将不胜感激。除了布鲁克陆军元帅和艾森豪威尔将军，我不会把这个最机密的信息传递给任何人，而且传递信息给他们，也只在极其保密的情况下进行。我认为这件事非常紧急。

1944年11月以来，苏联最高统帅部一直在准备一场大规模的新年攻势，但尚未向西方盟国透露任何细节。进攻以白俄罗斯第1方面军和乌克兰第1方面军实施的维斯瓦河—奥得河行动（"Vistula-Oder"）为主，行动的最终目标是占领华沙，穿过波兰的其他地区，到达德国边境，越过奥得河，夺取西里西亚的工业区。行动日期待定。在回忆录中，乌克兰第1方面军的指挥官科涅夫元帅声称，"行动将于（1945年）1月20日开始"，但1月9日，代理总参谋长安东诺夫联系了他。

> 他说，鉴于盟军在西线的阿登地区处境艰难，他们向我们提出请求，如果可能的话，请我们早日开始进攻。最高统帅部的总指挥部修改了这次进攻行动的时间，以满足他们的请求。乌克兰第1方面军进攻的开始时间，不是在（1945年）1月20日，而是在1月12日。[8]

然而在1944年的圣诞节前夜，东线的德国情报人员已经预测到苏联的进攻将会在1945年1月12日左右开始。由于进攻的时间表已经预留了一定的调整空间，斯大林有充分的理由更早地发起进攻，而不是推后，尤其是要在雅尔塔会晤之前，以及冻结的地面非常适合坦克行进时，尽可能多地控制波兰领土。据预测，到了2月份，冰雪会融化，冻土会变成泥浆，不利于进攻。丘吉尔的电报无疑让斯大林决心提前行动时间，以表明与同盟国团结一致的态度。[9]

斯大林致丘吉尔

1945年1月7日发，1945年1月8日收[10]

我于1945年1月7日晚，收到了您1945年1月6日的来信。

遗憾的是，空军上将特德还未抵达莫斯科。

最重要的是，我们应该充分利用我们在火炮和空中方面对德国人的优势。这就要求天气晴朗、没有低云，以减少炮火瞄准的妨碍。我们正在准备进攻，但目前的天气不利。然而，考虑到盟军在西线的处境，最高统帅部的总指挥部已经决定加快我们的准备工作，并且不管天气如何，最迟在1月中下旬，沿整个中央战线开始大规模的进攻行动。请放心，我们将尽一切可能为我们盟友的光荣军队提供援助。

丘吉尔感谢斯大林"令人兴奋"的回应，并立即转发给艾森豪威尔，用诡秘的口吻请他阅读，然后"烧掉"它。艾克这样做了。在红军进攻开始后，他给安东诺夫发了一封热情洋溢的电报，对"伟大的红军在一场新的大战役中向前推进的重大消息"表示感谢，并宣称："在我们东西两线的夹击下，敌人将流血而死，他们日益减少的资源将被摧毁，直到纳粹德国被完全粉碎。"艾森豪威尔给俄罗斯人的信中，带有热烈的丘吉尔式的语气，他的导师马歇尔将军为此严厉批评了他。马歇尔将军用艾克的成长地堪萨斯作比喻提醒他："我建议你今后用简单的阿比林大街的风格来与他们交流。他们对我们外交辞令式的赞美颇为冷嘲热讽，他们似乎更欣赏直截了当的粗话，这是我对他们的全面评价。"[11]

南斯拉夫的流亡君主彼得二世，继续阻挠英国执行铁托—舒巴希奇协议的愿望。艾登试图让他明白，不管该协议有什么缺陷，"鉴于铁托元帅在南斯拉夫取得的统治地位"，它为国王提供了"维护君主制和他自己地位的最佳机会"。[12]但是在1月11日，在未与英国人协商的情况下，彼得二世发表了一份公报，拒绝"目前形式的"协议。在一次仓促召开的会议上，战时内阁同意将丘吉尔所称的国王的"最欠考虑和令人遗憾的"行为视为违宪，因此是"无效的"，并批准了一封向斯大林保证英国将继续执行该协议的信。艾登敦促说，"我们希望在这件事上，让美国和我们站在一起"，因此丘吉尔加上了最后一段话，表明了这个意思。[13]斯大林敦促丘吉尔立即执行铁托—舒巴希奇协议，而不是与华盛顿进一步磋商。但丘吉尔现在察觉到了国王对拟议中的摄政委员会有所动作的一些迹象，尽管斯大林抗议，他还是用拖延的手法争取时间，正如随后的信函交流中所显示的那样。[14]丘吉尔设法把事情拖延到雅尔塔会议期间讨论，与波兰问题一样，他认为最好是在整个盟国关系的大背景下，面对面地讨论南斯拉夫问题。

1月15日，斯大林和特德的会晤举行，以克里姆林宫的标准来看，会议气氛异常轻松，而且极具建设性。这是苏联最高指挥官和盟军最高司令部的权威代表第一次面对面的对话，务实的特德避免了华丽的辞藻和过分的恭维，这一点吸引了斯大林，尤其是苏联人非常尊重皇家空军（对英国陆军则有些看不起）。斯大林也喜欢特德的幽默。英国空军元帅递过去一个凌乱的纸质包裹，面无表情地说，里面没有炸弹。斯大林打开了这盒艾克送的雪茄，并不介意对方的玩笑话。双方通报了各自战线的形势，斯大林向他的客人保证苏联将继续进攻。他的手边有一张地图，他以不同寻常的活力和愉快的心情，详细地描述了红军向奥得河进攻的行动计划。英国翻译伯斯少校认为："从过去处理此类问题的方式来看，苏联领袖对我们作了很大的让步。"

他得出结论说，这是"与斯大林元帅的一次最成功、最鼓舞人心的会晤"[15]。

斯大林对于会谈的满意度在他发给两位西方领导人的相同信函中，以及在特德带给艾森豪威尔的信中，都表现得非常明显。[16]

斯大林致罗斯福

1945年1月15日发，1945年1月15日收[17]

今天，1月15日，我与最高指挥官特德和陪同他的将军们进行了交谈。在我看来，相互交流的信息是足够完整的。双方对所讨论的问题都作了详尽的答复。我要说，特德元帅给人留下了最令人赞许的印象。

在苏德前线进行了4天的攻势之后，现在我可以告诉您，尽管天气不好，苏军的进攻仍然令人满意。从喀尔巴阡山脉到波罗的海的整条中央战线正在向西移动。尽管德国人拼命抵抗，但是他们还是被迫撤退。我毫不怀疑，德国人将不得不把他们的预备队分散到两个战场上，结果是他们将不得不放弃西线的攻势。我很高兴，这些情况将缓解盟军在西线的压力，并将加速艾森豪威尔将军所计划的进攻准备。

至于苏联军队，您可以放心，尽管存在困难，他们仍然会尽其所能给予德国人最有力的打击。

红军1月12日发起的攻势进展迅速，得益于希特勒的任性——他对来自东部的任何严重威胁都非常漠视，以及大部分德军机械化部队和燃料供应向阿登地区的转移。朱可夫和科涅夫的坦克师摧毁了德国第9集团军和第4装甲集团军，向西猛攻，到1月31日，他们的前沿部队已经到达奥得河，距离起点400公里，距柏林仅60公里。但是，就像前一年夏天"巴格拉季昂"战役的后期一样，先锋部队超越了补给线，变得极易受到侧翼的攻击。2月2日，苏联最高统帅部正式推迟了向柏林的挺进。[18]

正如丘吉尔所承认的那样，西线战场让人大大松了一口气，宽慰的心情显而易见，他说，"我从心底里"感谢斯大林。[19] 像丘吉尔一样，罗斯福也对特德的使命和苏联新的攻势表示感谢。在他的海军助手威尔逊·布朗海军上将准备的这封信中，罗斯福还提到了美国对日本的进攻规模，这很可能是要向斯大林表明美军正在尽他们的一切力量对敌作战，或许也是为了向斯大林施加压力，让他在加入战斗之前不要拖延得太久。

罗斯福致斯大林

1945年1月17日发，1945年1月18日收[20]

您1月15日关于与特德空军上将的会谈以及贵军在苏德前线攻势的信收悉，此信使人备受鼓舞，在此表示感谢。

你们英勇的士兵过去的表现和他们在这次进攻中已经展示出的效率，使我们有理由相信，我们双方军队在两条战线上取得胜利已指日可待。

通过巧妙协调和共同努力，我们迫使残暴的敌人投降所需的时间将会大幅减少。

正如您所知道的，美国正在7000英里以外的太平洋上付出巨大的努力，我希望德国的早日崩溃能够保证向太平洋地区调动足够的部队，以迅速摧毁日本对我们所有同盟国的威胁。

到了1月下旬，关于三巨头即将召开会议的传闻开始在西方媒体上出现，但会议地点一直保密。由于担心会谈泄密，丘吉尔提议禁止记者进入雅尔塔，罗斯福和斯大林表示同意。但这三人都明白，为了宣传的目的（实际上也是为了子孙后代），抓住这次历史性会议是多么重要，所以他们也赞同丘吉尔另外的意见，带上几名值得信赖的摄影师和摄像师。他们中间有哈里·霍普金斯的儿子罗伯特，他是一名陆军上尉，还有苏联政府的官方摄影师鲍里斯·科萨列夫。[21]

在12月收到罗斯福的生日祝福后，斯大林没有忘记呈上对罗斯福的生日祝福。

斯大林致罗斯福

1945年1月30日发[22]

总统先生，在您生日之际，请接受我诚挚的祝贺和最美好的祝愿。

2月1日，斯大林乘火车到达雅尔塔，远远早于他的盟友们。他下榻在科列伊兹的尤苏波夫宫，这是苏联代表团的住所，位于斯大林两个盟友住所的中间。沿着海岸向西大约6英里是沃龙佐夫宫，一个奇特的摩尔—哥特式建筑，丘吉尔和英国代表团在这里居住。东边是利瓦季亚宫，它是为末代沙皇尼古拉二世建造的，现在是罗斯福和美国代表团的住所，也是大会全体会议的会场。

1月29日，由丘吉尔率领的英国代表团飞往马耳他。他们在那里等待2月2日早晨到达的美国舰队。那一天，两组军事人员举行了各种各样的会议，但丘吉尔与罗斯福讨峰会的所有努力都被证明是徒劳的。罗斯福称，2月2日是"糟糕的一天"，他因为这次旅行已经疲惫不堪，他的健康状况每况愈下。[23] 此外，就像德黑兰会议之前的准备一样，他不希望在峰会前，就加深斯大林对英美建立共同阵线的怀疑。那天深夜，美国代表团飞往克里米亚的萨基，英国代表团紧随其后，两国代表团都经历了一系列的转机。这次飞行大约花费了7个小时。

盟国领导人在萨基受到了莫洛托夫和维辛斯基的迎接。在他们前面，还有一段翻山越岭路况恶劣的汽车旅行，这对罗斯福和丘吉尔来说都是非常费力的。幸运的是天气晴朗，没有像前一天那样刮风下雪。[24] 沿着整条路线，每隔两百米就有岗哨，其中许多是年轻的女兵，她们兴高采烈地向过往的车队敬礼。休息站让旅途变得愉快起来，其间提供了鱼子酱、香槟和其他美味佳肴。2月3日深夜，盟国领导人抵达了目的地，在各自的住所安顿下来。

克里米亚直到最近才从德国人手中解放出来，德国人有计划地洗劫了这个地区。苏联人不得不全力以赴，及时将宫殿布置好。这里集中了一批莫斯科大酒店的员工，他们准备了室内陈设、家具和餐具。即便如此，设施还是相当简陋的，英国人，尤其是美国人，经常抱怨臭虫泛滥、卫生设施匮乏。丘吉尔对霍普金斯开玩笑说："就算我们花10年的时间研究，也不可能在世界上找到比这儿更糟糕的地方。"[25] 去那里的旅程令人疲惫不堪，尤其是对这位轮椅总统来说。在英国人看来，罗斯福自德黑兰会议以来，老了很多。

会期总共8个工作日，从2月4日（星期日）到11日（星期日）。每天下午4时左右，在利瓦季亚宫举行一次全体会议，经常持续4个小时。此外，外交部长会议和军事代表团的会议通常在午餐时间举行，有3个地点。对罗斯福和美国人来说，有两个问题是最重要的：一是解决关于同盟国组织的遗留问题，以便尽快召开联合国成立大会；二是明确苏联加入太平洋战争的计划。丘吉尔和英国人更关注欧洲，他们在1939年的承诺让他们感到有特殊义务确保一个独立和民主的波兰，同时，他们也希望通过对德国的惩罚性和平与巨额索赔，来避免他们认为的上一次战争后犯下的错误。在这两个问题上，英国的立场可能与斯大林有分歧，因为俄罗斯人在经历了两次世界大战的苦难之后，斯大林决心控制波兰并削弱德国。还有一些问题也相继浮出水面。苏联人正在从美国那里获取战后的大规模信贷。英国外交部渴望将法国重建为欧洲强国和潜在的盟友，以防止美国在战争结束后再次回归孤立主义。这三个大国，都急于把被德国人俘虏的或不管被哪一个盟国解放的士兵遣送回国。议程很复杂，每个国家的利益都不同，与自己的利害越相关，其采取的态度就越强硬。在最初的几天里，他们把牌摊开，然后开始做交易。

在对日战争的问题上，美国军方继续要求制订详细的计划。他们知道，如果没有斯大林本人的授权，他们的苏联同行就不会采取任何行动，于是他们说服罗斯福，给斯大林写一封正式信函。

罗斯福致斯大林
1945年2月5日发，1945年2月5日收[26]

以下，是美国参谋长们希望在这次会议上早日得到答复的两个基本的军事问题：

（1）一旦俄日战争爆发，您认为是否有必要开通一条横跨太平洋通往东西伯利亚的补给线？

（2）您能否向我们保证美国空军将获准在共青城—尼古拉耶夫斯克或其他更合适的地区建立基地，只要事态的发展表明这些空军部队可以在不危及俄罗斯军事行动的情况下行动和获得补给？

斯大林没有书面回应。但远东局势是他2月8日与罗斯福一对一会谈的主要议题。罗斯福首先说，他只在"绝对必要的情况下"，才会进攻日本本土，并说"他希望通过密集轰炸摧毁日本及其军队，从而挽救美国人的生命"（这可能反映出他了解原子弹项目的进展，更有可能的是，这只是证明他长期以来坚信：制空权对战役有决定性的作用）。不管怎样，斯大林欣然同意了参谋长联席会议提出的在阿穆尔河沿岸建立美国空军基地的要求。他还注意到罗斯福的提醒：一旦苏联与日本交战，现有的从阿拉斯加到西伯利亚的空中和海上通道可能很难防御和维持。"所有这些都很好，"斯大林话锋一转，接着说道，"但苏联加入对日战争，相应的政治条件又是怎样的呢？" 1944年12月15日，哈里曼在一次谈话中已经知晓了斯大林的愿望。于是罗斯福说，"他认为，在战争结束时，库页岛南部和千岛群岛划归给俄罗斯没有任何困难"。然而，在不冻港的问题上，如辽东半岛的大连港，以及斯大林要求使用满洲铁路的问题上，罗斯福多次表示，这些问题，他还得与蒋介石讨论。接下来，斯大林坚决地维护自己的立场，他板起脸来，固执己见地说，如果不满足这些涉及"国家利益"的政治条件，他就很难向苏联人民和最高苏维埃解释，为什么俄罗斯要加入对日战争。随后，罗斯福的态度开始缓和起来，他补充说，"他认为现在还没有必要与中国人谈"，最好是让会议留下"三大国达成一致的以书面形式列明的这些条件"。罗斯福说，他"认为这是可以做到的"[27]。

这一点确实做到了。2月11日，三巨头签署了一项协议，声明在德国投降后的两三个月内，苏联将加入对日战争，条件是外蒙古处于苏联的有效控制之下。苏联认为，自1921年以来，苏蒙关系一直是这样的，现在苏联要求继续"保持现状"，并"恢复1904年日本背信弃义的攻击所侵犯的俄罗斯原有的权利"，以及将千岛群岛"移交给苏联"。虽然丘吉尔对罗斯福和斯大林说了些什么不知情，但他还是不顾艾登和英国外交部的劝告，欣然签署了这份文件。艾登和外交部认为，没有必要"贿赂"苏联参战。美国国务院也不高兴，因为俄罗斯和日本的领土主张存在争议，专家们赞成将库页岛和千岛群岛的问题国际化。俄罗斯的大部分领土要求，都被包装成对1904年至1905年被日本羞辱地打败的补偿，专家们也质疑这种宽松的方式。此外，正如协议所述，这些问题中的大部分仍然需要与中国讨论。这就是为什么这份文件没有与会议公报一起发表。[28]

2月6日，在第三次全体会议上，三个大国认真地讨论波兰问题，重复了他们在前几个月的许多信函中提出的论点。罗斯福和丘吉尔游说波兰需要成立新的临时政府，强调卢布林的政府不具有代表性。在离开伦敦之前，丘吉尔曾告诉他的内阁同事，承认波兰问题是"我们手中唯一的筹码"，"我们不应该放弃它，除非为了换取一些值得拥有的东西"。就罗斯福而言，他在1月11日告诉资深参议员说："俄罗斯人在东欧拥有强大的势力，与他们决裂是不可能的,因此,唯一可行的办法就是利用我们所拥有的影响力来改善局势。"[29]

面对他们2月6日的声明,斯大林长篇大论,阐述了苏联的立场,他强调了波兰对苏联安全的战略意义,对与伦敦的波兰人达成任何协议都表示怀疑,并谴责波兰家乡军的反苏活动,说这些活动威胁到红军后方的"秩序和稳定"。他以不同寻常的热情阐述这些论点,显然,那天晚上继续讨论下去已经没有任何意义,晚餐时间到了。[30]

那天晚上,罗斯福要求波伦为他准备一封给斯大林的信。经过与哈里曼、丘吉尔和艾登磋商后,他对信件作了修改,第二天早上交给了莫洛托夫。信中承认斯大林的一些论点很有说服力,尤其是红军后方安全的重要性,信件仍然坚持不承认卢布林政府,但提出了一项妥协建议,即邀请在波兰的卢布林代表和一些非共产主义者代表来雅尔塔,看看是否可以在自由选举之前组建一个临时政府。[31]

罗斯福致斯大林

1945年2月6日发,1945年2月7日收[32]

我一直在考虑我们今天下午的会议,我想坦率地告诉您我的想法。

就波兰政府而言,我深感不安的是,三个大国对波兰的政治体制没有达成一致意见。在我看来,你们承认一个政府,而我们和英国人却承认在伦敦的另一个政府,这让我们所有人在全世界都处于不利地位。我认为,这种情况不应继续下去,如果继续下去,它只会使我们的人民认为我们之间有裂痕,而事实并非如此。我决心使我们和苏联之间不会有任何隔阂。肯定有一种办法能调和我们的分歧。

您今天说的一些话给我留下了深刻的印象,尤其是您决心要在您的军队进入柏林时,保护好您的后方。你们不能,我们也绝不能容忍任何会给贵军带来这种麻烦的临时政府。我想让您知道，我完全明白这一点。

请您相信，我们国内的人民会以批判的眼光来看待我们在战争的这个关键阶段出现的分歧。他们实际上是说，当我们的军队正集结起来合击共同的敌人时，尚且不能达成一致意见，又何谈在未来更重要的事情上达成共识呢？

我曾不得不向您表明，我们不能承认卢布林政府现在的组织架构。如果我们在这个问题上的分歧彻底公开化，世人将认为我们的合作已结束，其结果令人惋惜。

您今天说，您准备支持任何能解决这一问题的建议，只要这些提议有足够大的成功机会，您还提到让卢布林政府的一些成员来这里的可能性。

意识到我们都渴望解决这个问题，我想对您的建议稍加改进，并建议我们应该立即邀请卢布林政府的贝鲁特先生和奥索布卡·莫拉夫斯基先生到雅尔塔来，同时也邀请以下名单上的两三人来。根据我们的信息，在建立一个我们三人都能承认和支持的新的临时政府中，作为波兰人民的其他团体的代表，这个名单是可取的：克拉科夫的萨皮耶哈主教，文森特·维托斯，祖洛夫斯基先生，布亚克教授，库泽巴教授。如果这些波兰活动家前来出席，我们能够与他们共同商定在波兰建立一个临时政府，这个政府无疑应该包括一些来自国外的波兰领导人，如米科瓦伊奇克先生、格拉布斯基先生和罗默先生，那么美国政府，我相信英国政府也一样，将准备与您一起审查他们脱离伦敦的波兰政府并转而承认新的临时政府的条件。

我希望我不需要向你们保证，美国决不会以任何方式向任何会损害你们利益的波兰临时政府提供支持。

不用说，我们在这里与波兰人举行会议后，可能组成的任何临时政府都有责任尽早在波兰举行自由选举。我知道，这完全符合您的愿望，即看到一个新的、自由和民主的波兰从这场战争的混乱中重生。

2月7日下午，斯大林在全体会议上，相当巧妙地对这封信作出答复。他说，他曾试图通过电话联系卢布林的波兰人，但被告知他们在克拉科夫和罗兹。"至于其他人，他不确定是否能及时找到他们，让他们来克里米亚。"斯大林补充说，莫洛托夫已经"就波兰问题提出了一些建议，似乎很接近总统的提议，但这些文本还没有打印出来"。因此，他建议会议审议外交部长当天关于在联合国问题上持续僵局的讨论结果。[33]

这让莫洛托夫有机会表明，美国对敦巴顿橡树园提议的阐明，苏联感到满意，这些提议在去年秋天曾让克里姆林宫感到非常不安。现在，苏联不再坚持在联合国大会上拥有16个席位，不再要求每个共和国都有一个席位，而是满足于仅仅"接纳3个或至少两个苏维埃共和国，作为联合国的创始会员国"。罗斯福称，这是"向前迈出的一大步"，丘吉尔也表示同意，并向斯大林和莫洛托夫表达了"衷心的感谢"。也许美国国务院对这个有些模糊的提议的解释让俄罗斯人真正放心了，更有可能的是，他们从来没有期望过获得16个席位，而是打算在一个适当的战术时刻撤回这一主张，以确保英国和美国在一个真正重要的方面作出让步。[34]

在接下来的3天里所发生的有关波兰的事情印证了这一点。首先，两位西方领导人在组建一个真正新的临时政府的问题上退让了，反而接受了现有政权将会"在更广泛的民主的基础上重组"的方案。到2月9日，罗斯福已经认定，重要的是"自由投票"的原则：这些投票将在几个月内举行，并且必须被英国和美国大使确认是"自由的和不受约束的"。罗斯福一直坚持的东西后来放弃了，丘吉尔所能做到的最好的事情是在2月10日与斯大林私人会晤时，确定在会议公报中加入一句话：一旦伦敦和华盛顿的大使被派往华沙的政府，伦敦和华盛顿将会通过他们"随时了解波兰的局势"（当然，只有在伦敦和华盛顿认可了这个政府之后，委派才能进行）。为了弥补自己在政治问题上的无能为力，丘吉尔在当天举行的最后一次全体会议上，重新讨论了领土问题，并在公报中声明，作为对东部稍作修改的寇松线让步的回报,"波兰必须在北部和西部获得大量的领土"。而美国人则试图通过说服其他国家签署《关于被解放的欧洲宣言》来进行补偿。该宣言指出,所有脱离轴心国统治的国家,都应该奉行"主权和自治"的原则。但是,在会议结束时,丘吉尔和罗斯福都在寻找遮羞布,向国内持怀疑态度的人展示,他们所同意的波兰"解决方案"的框架是松散的,是可以用多种方式解释的,其实施将取决于相互的信任。[35]

雅尔塔的军事对话比德黑兰的更具有建设性。和以前一样,苏联人把大部分决策都交给"老板"处理。在2月6日的军事会议上,马歇尔向安东诺夫提出了一个想法,即通过在布达佩斯——最终于2月13日被红军攻占——附近建造两个重型轰炸机和战斗机基地,将美国的空中力量投射到更靠近德意志帝国心脏的地方。安东诺夫似乎对此表示赞同,但他表明,这个问题应该由罗斯福提交给斯大林本人。[36]

罗斯福致斯大林

1945年2月7日发,1945年2月8日收[37]

目前驻扎在意大利东南部的美国空军的全部潜力并没有得到充分发挥,因为从唯一可用的基地到敌人领土上的目标过于遥远,而且在阿尔卑斯山脉和亚得里亚海北部经常遇到恶劣的天气。在布达佩斯地区集结战斗机或建立战斗机基地,对于提供重型战斗机护航方面特别重要。目前在深入渗透时非常需要重型战斗机护航,而且随着最近使用喷气推进式飞机的德国阻击能力的恢复,这可能越来越有必要。此外,在布达佩斯地区集结重型轰炸机,将大大增加美国空军的活动半径和投放的炸弹吨位,有助于打击阿尔卑斯山以北地区。

因此,请您同意在布达佩斯地区提供两个机场,供美国空军部队使用。如果您同意,我们的军事人员可以立即制订这个项目的方案。

盟友们也热衷于分析他们轰炸行动的有效性。1944年11月，在史汀生的建议下，罗斯福成立了"美国战略轰炸调查团"。考虑到德国的石油供应一直是一个优先目标，调查团对位于普洛耶什蒂的罗马尼亚炼油厂特别感兴趣也就不足为奇了，炼油厂现在由红军控制。这件事不得不再次提交给斯大林。

罗斯福致斯大林

1945年2月7日发，1945年2月8日收[38]

目前迫切需要尽早对美国战略轰炸目标受损情况进行调查，就像对普罗耶什蒂的调查一样。为确保进展顺利，调查必须在有形证据被销毁之前以及轰炸期间在场的人员撤离该地区之前进行。

调查要求的细节正在提交给胡佳科夫元帅。

我请求您同意进行这些调查。

2月8日双边会谈时，罗斯福把这两项要求都提交给了斯大林。苏联领袖未经讨论就同意了，并说他将会下达必要的命令。斯大林利用罗斯福的感激之情，提出了斯特蒂纽斯向莫洛托夫提出的建议，即战后美国可以将多余的船舶卖给苏联。罗斯福说，他希望通过某种形式延长信贷，就像《租借法》一样，在没有现金支付的情况下解决这个问题。斯大林大喜过望，甚至发表了一个简短的演讲，盛赞"《租借法》对赢得战争胜利具有非凡贡献"。[39]

假如当初罗斯福愿意，这就会成为一个机会，可以发挥美国拥有的为数不多的、明确的影响力。苏联人久旱盼甘霖，极度渴望获得财政援助，重建自己惨遭破坏的国家。1月份，应莫洛托夫的要求，美国财政部提议提供高达100亿美元的战后信贷，用于购买美国工业设备，作为促成在雅尔塔合作的诱饵。哈里曼倾向于一种交换条件的方式，将援助与苏联的让步更紧密地联系起来。但双方都认为援助问题会在雅尔塔会议上提出，而1月19日，罗斯福告诉斯特蒂纽斯，他"认为与俄罗斯就战后融资问题进行沟通是一个错误，希望等到亲自见到斯大林并能与他讨论这个问题时再谈"。2月5日，在外交部长开幕会议上，莫洛托夫适当地强调了经济援助问题以及德国的赔偿是关键问题。他说："既然战争即将结束，最重要的是就这些经济问题达成协议。"[40]

但在2月8日的会晤中，尽管斯大林明确地给了罗斯福一个机会，罗斯福却并未提出经济援助的问题，会议期间也没有讨论过这一问题，不像德国的战争赔款问题，斯大林和丘吉尔曾多次就这个问题争执不下。一战后，国际债务纠纷使世界经济陷入困境并衰退，英国不希望国际债务纠纷重演，而斯大林则将巨额赔款视为苏联在对德战争中一马当先抗击敌人的回报。丘吉尔拖延整个问题的策略，是英国在这次会议上取得的一个重大成功，同时也令斯大林非常恼火，而罗斯福则选择了无论如何都不打经济牌，也许他认为这不是一种讨价还价的工具，[41] 最明显的原因是他对苏联人的整个策略要避免给人留下强硬的美元外交的印象，他寻求的是建立一种信任关系。

即使在会议期间，丘吉尔也继续向斯大林提供有关战争形势的生动有趣的最新消息，这或许是为了制定更令人满意的重大的政策文件。

丘吉尔致斯大林

1945年2月9日发，1945年2月9日收[42]

我随信给您寄去：
（1）从伦敦收到的关于西线战斗的最新消息；
（2）一份希腊的最新局势的备忘录。

我相信您会对这些资料感兴趣。

第一个附件包括马歇尔在 2 月 4 日第一次全体会议上概述的两次新攻势的最新情况。[43] 由于阿登的突出部已经被消灭，2 月 8 日，蒙哥马利的第 21 集团军与美国第 9 集团军一起，开始向杜塞尔多夫以北的莱茵河推进，为横渡莱茵河和突入鲁尔区做准备。再向南，在阿尔萨斯，杰克·德弗斯将军率领的美国第 6 集团军刚刚彻底肃清了由德国第 19 集团军长期构筑的"科尔马口袋"。到 2 月 9 日，德弗斯率领的美法联军占领了从瑞士边境到斯特拉斯堡的莱茵河西岸。这两次行动是艾森豪威尔挺进德国的"宽大正面"战略的一部分，意图使德军首尾不能相顾而加速崩溃，这与英国人偏爱的"一路突击"战略形成鲜明对比。一路突击的战略构想会为蒙蒂（蒙哥马利的昵称）的部队提供特权，但会让美军的大部分部队相对闲置。作为一名完美的军事外交家，艾克制定的盟国战略很好地调节了英美部队的关系，避免了两国容易出现的政治分歧。

丘吉尔的第二个附件涉及希腊。在 2 月 8 日的全体会议上，人们针对波兰的混乱局势进行了非常激烈的辩论。会议结束时，斯大林面无表情地说："关于希腊，有各种各样的谣言。我没有什么可批评的，但我很想知道发生了什么事。"被触及痛处，丘吉尔说，解释希腊问题会花费很多时间，他将把这个问题留到第二天的会议上讨论。结果，他选择给斯大林发一份关于希腊局势的备忘录——也许是希望避免曝光这一问题，因为其美国盟友公开批评他们的做法，同时他也意识到，希腊的一切仍在变化之中，提前讨论为时尚早。他的备忘录中，提到英国支持的希腊政府和共产党领导的游击队正在雅典进行谈判。在"全面裁军"和大赦方面，已经取得了一些进展。但是共产党人要求立即结束戒严令，当被拒绝时，备忘录写道，"会议中断，并且没有在 2 月 7 日举行会议"。最终，2 月 12 日，双方在雅典附近的瓦尔基扎签署了一项协议。但为时已晚，丘吉尔在 9 日的全体会议上还是受到斯大林的暗讽。在会议上，丘吉尔一度傲慢地表示，欢迎苏联派观察员前往希腊。根据会议记录，斯大林庄重地回答说，他"对英国在希腊的政策完全有信心"。在私下里，斯大林对伦敦的行为提出了强烈批评，但在雅尔塔，他利用希腊提醒丘吉尔，他遵守了他们在去年10月达成的百分比协议，再次要求英国在其他方面让步。[44]

在联合国问题上，2月7日，斯大林同意在新的联合国大会上只保留3个苏联席位，已经做出让步。但美国国务院担心国内的反应，因为三大国在新机构中的代表性似乎不平等：美国只有1个席位，苏联有3个席位，大英帝国有6个席位——英国、印度以及加拿大、澳大利亚、新西兰和南非这4个自治领。在雅尔塔会议上，丘吉尔一直持谨慎态度，以确保印度的加入——不是自治，而是旧国际联盟的成员——这就是为什么他乐于支持斯大林的立场。他对内阁的批评人士说："鉴于我们有6个席位，我不知道我怎么能反对俄罗斯对乌克兰和白俄罗斯的要求，而且我仍然认为，如果俄罗斯也是一国多选票，我们的6张选票会更安全。"[45]

霍普金斯和其他人也向罗斯福提出了这个问题，指出1919年反对者曾引用"英国的6票"作为反对美国加入国际联盟的理由之一，罗斯福肯定不想冒险在1945年重蹈覆辙吧？[46] 但罗斯福也不想冒疏远苏联的风险，如果苏联已经降低的要求得不到满足，它可能会拒绝加入联合国。因此，他决定通过要求斯大林原则上同意额外增加美国的投票席位来掩盖自己的目的，如果这在政治上是必要的话。他也向丘吉尔发出了同样的请求。

罗斯福致斯大林

1945年2月10日发，1945年2月10日收[47]

我一直在考虑，正如我必须考虑的那样，我可能会在美国遇到政治难题——几个"大国"在"联合国大会"中享有的票数问题。我们已经同意，而且我当然会履行这一协定，在即将举行的联合国会议上支持乌克兰共和国和白俄罗斯共和国作为国际组织大会的成员。我担心的是，有人会说美国在联大会议上只有一票。因此，为了确保美国国会和美国人民真心诚意地支持我们加入这个国际组织，我有必要要求在大会中获得更多的席位，以使美国获得平等的地位。

在这个问题正式提交之前，我想知道，如果我有必要在即将召开的会议上提出这一问题，您不会反对，并且会支持这方面的提议。如果您能在回复此信时告诉我您的意见，我将不胜感激。

斯大林并不反对罗斯福的提议，他只是提议美国可以拥有和苏联相同数量的席位。[48] 丘吉尔也同意这样做，但与斯大林不同的是，他想让罗斯福自己提议如何在联合国大会上实现自己所说的"无可争议的平等"[49]。因此，《雅尔塔会议公报》*宣布4月25日在旧金山召开联合国成立大会，这是罗斯福的一项重大成就。但是，根据他和丘吉尔的要求，公报没有提到苏联的3个席位，只是平淡地说，虽然"表决程序的重要问题"没有在敦巴顿橡树园达成一致，但"目前的会议已经能够解决这个困难"[50]。事实上，在3月底，当美国媒体爆料出消息后，罗斯福就放弃了为美国设置3个席位的想法，这引发了外界对白宫"秘密外交"的激烈批评。

雅尔塔会议从未打算开成一个决定性的会议。相反，召开这次会议只是为了解决迫在眉睫的问题，并使联盟最终朝着和平会议的方向前进。虽然这次会议后来经常被指责出卖了波兰和东欧，但关于这些问题的讨论，反映了红军在波兰和东欧大部分地区决定性的现实存在和主导作用，这就像英美军队在意大利和法国的现实存在使得两国领导人在意法问题上能让斯大林妥协

---

* 全称为《英美苏三国克里米亚（雅尔塔）会议公报》，主要内容包括战后处置德国问题、波兰问题、南斯拉夫问题、联合国问题等。雅尔塔会议还通过了《雅尔塔协定》，全称为《苏美英三国关于日本的协定》，主要内容包括苏联对日宣战及远东问题。

一样。而且，为了弥补他们在波兰问题上的"屈服"，罗斯福和丘吉尔也把自己的成果记录了下来。罗斯福的成就是促成了联合国大会和让苏联加入对日战争，这是他的两个首要任务。而丘吉尔的成就是推迟了分割德国和赔款的严肃讨论，这显然激怒了斯大林。丘吉尔还为法国在战败的德国领土上争取了一块占领区，又让法国在盟国的对德管制委员会中获得了一席之地。这件事又让他的两个盟友心存疑虑。

从整体上看，雅尔塔会议似乎是一场令人满意的复杂的外交谈判。罗斯福和丘吉尔的感谢信，反映了他们对会议结果及其总体上热情和务实的基调感到满意。2月16日，罗斯福的感谢信函发表在《真理报》上。像往常一样，丘吉尔的感谢函更加充实，更加富有感染力，他在信中表达的情感是熟悉的，尤其是他对私人会面的推崇以及他对斯大林本人的信任。霍普金斯作了类似的总结，他说："俄罗斯人已经证明了他们是通情达理的，并且目光远大，总统和我们任何人都相信，我们可以与他们一起共事，与他们和平相处，直到我们可以想象到的遥远未来。"接着他又补充说，但是，"我想我们都曾有过这样的想法，如果斯大林有什么不测，我们无法预知会有什么结果"，因为，"我们永远无法确定在克里姆林宫里，他的背后是些什么人，做着什么事"。[51]

罗斯福致斯大林

1945年2月12日发，1945年2月13日收[52]

在离开热情好客的苏联海滨城市时，我想再次告诉您，我作为您的客人访问克里米亚时，您给予我许多帮助，对此，我深表谢意。您、首相和我之间的会晤使我深受鼓舞。我相信，世界各国人民对这次会议取得的成就不仅会赞许，而且会把这些成就看作一种真正的保证，即我们这三个伟大的国家，在和平时期也能像在战争时期那样紧密合作。

丘吉尔致斯大林

1945年2月17日发，1945年2月18日收[53]

我谨代表英国政府，向您表示衷心的感谢，感谢您对参加克里米亚会议的英国代表团的热情款待和友谊。你们通过合理而巧妙的组织安排，使会议能够在如此宜人和便利的环境中举行，给我们留下了深刻的印象。我们返程时都带着最愉快的回忆。除此之外，我还必须表达我个人的谢意和感激之情。在此之前，没有任何一次会议能够如此清楚地表明，当三位政府首脑怀着坚定的决心一起开会，共同面对困难和解决困难，就能取得如此卓越的成果。您自己也说过，当对抗共同敌人的团结纽带消失后，合作就不那么容易了。我有决心，正如我相信美国总统和您也有决心，如此牢固结成的合作与友谊之花，不会在赢得胜利之后凋谢。在您的领导下，您的国家展现了它的伟大，我祈祷您能健康长寿，长久地掌管您的国家的命运。我向您致以最美好的祝愿和衷心的感谢。

斯大林怎么看待雅尔塔会议呢？在峰会的宴会上，他的祝酒词未必能很好地引导人们清醒地面对现实。斯大林即使在饮酒时，往往也会小心谨慎地选择自己的措辞。以下是他在2月8日晚餐时发表的两项使人困惑的评论。他说，首先，"我想为我们的联盟干杯，它不应失去亲密关系的性质，也不应失去自由表达观点的性质。我深知在外交史上，从未有过像我们这样如此紧密团结的三大国联盟，盟友能够如此坦诚地表达自己的观点"。但斯大林接下来说的话，似乎是对另外两人的温和的警告，这将会被证明，对他们所有人来说，都是有先见之明的：

在联盟中，盟友之间不应该互相欺骗。也许这样的想法很天真吧？

有经验的外交官或许会说："为什么我不能欺骗我的盟友呢？"但作为一个不世故的人，我认为最好不要欺骗我的盟友，即使他是个愚者。或许我们的联盟之所以如此牢固，只是因为我们不互相欺骗，或许是欺骗彼此没那么容易？[54]

☆☆☆☆☆

两位西方领导人都面临着对国内宣传雅尔塔会议的艰巨任务。由于有关联合国表决的协议和苏联在远东的利益目前仍是秘密，公众的注意力主要集中在波兰的解决方案上。3月1日，丘吉尔以396票对25票，否决了下议院的一项动议，该动议谴责"将一个盟友的领土转让给另一个盟友的决议"，但压倒性的优势掩盖了反对的深度和重要性，为此，11名政府部长弃权，1名辞职。在前面的辩论中，丘吉尔最终承认了波兰解决方案的不足之处，但却冒着风险保证苏联人的忠诚，他说："我认为他们说话是算数的。"在私下里，他还保证了斯大林本人的忠诚。在一次政府部长的特别会议上，丘吉尔发表了一番引人注目的言论："可怜的内维尔·张伯伦认为，他可以信任希特勒。他错了。但我认为我对斯大林的看法没有错。"[55]

在美国的体制下，罗斯福并没有面临这样的质询，但他还是不得不向国会联席会议发表讲话，忍受公开质询的煎熬，这一天，也是3月1日。这是罗斯福绕道中东回到华盛顿的第二天，他的疲惫是显而易见的。过去在国会发表演讲时，他失去功能的双腿被钢架支撑固定住，他在助手的搀扶下僵硬地走过过道，然而这一次，他不仅坐着轮椅被推进众议院会议厅，还坐在椅子上发表了演讲。他承认自己在"1.4万英里的旅行"后，感到非常疲劳，并要求议员们原谅他"不寻常的姿势"，因为，"这样我就不必在腿上绑10磅重的钢架了，这使我轻松多了"。这是罗斯福对自己身体虚弱所作的最公开的表示。罗斯福在讲话中频繁地即兴发挥，他承认，没有一个国家在这次会议上"百分之百"地实现了自己的目标，他提到波兰的东部边界问题，作为他并未完全同意会议结果的一个例子，但他说，国际调停的决议，"往往是互相妥协的结果"。总的来说，他大力宣传雅尔塔会议为"美国历史的一个转折点"，实际上也是"世界历史"的一个转折点。他宣称，雅尔塔会议"应该是终结单边行动体系、排他性的联盟、势力范围、权力平衡以及所有其他已经被尝试了几个世纪但一直遭遇失败的可贵试验。我们提议用一个所有爱好和平的国家最终都有机会加入的国际组织来取代所有上述组织"[56]。像丘吉尔一样，罗斯福也曾对许多事情听天由命，任由事态自然地发展变化。

3月时，丘吉尔重新考虑后，开始改变主意。在8日和10日，他给罗斯福发了冗长的信件，大意是东欧无视《关于被解放的欧洲宣言》，正在逐步苏维埃化。在罗马尼亚问题上，丘吉尔实际上承认他的手脚被自己的百分比协议束缚住了，因为斯大林没有干涉英国在希腊的行动，他也不能阻拦苏联，所以他希望罗斯福能带头敦促斯大林在罗马尼亚问题上遵守"雅尔塔原则"。然而，丘吉尔最关心的还是波兰，尤其是在下议院辩论期间和其后各党派议员进行了大量的幕后诽谤和抗议之后。他告诉罗斯福："我想您会同意我的观点，这里涉及的问题远远超出了波兰的问题。我认为这是我们和俄罗斯人对民主、主权、独立、代议制政府以及自由的和不受限制的选举等词汇在理解和信仰上存在差距的试金石。"莫洛托夫即将终止与"非卢布林波兰人"的所有磋商，丘吉尔对此感到非常愤怒，他想向斯大林发一封"个人信件"，强调其中的利害关系，并附上了一份冗长的草稿。他说，如果允许莫洛托夫"在磋商中制造一场闹剧"，并且"我们现在不对事情拨乱反正"，他和罗斯福将会被世人看作在雅尔塔会议上，为波兰"担保了一份子虚乌有的欺诈合同"。[57]

然而，罗斯福说服了丘吉尔，不要发这样的信函。他告诉丘吉尔，他们两人在利害攸关的原则上没有分歧："在我看来，唯一的不同在于战术。"在这个阶段，罗斯福并没有通过给斯大林写信，将波兰问题"直接交给苏联政府",从而去冒"某种被拒绝"的风险。罗斯福认为,如果像在雅尔塔会议上达成的那样,在"全面政治休战的招牌下",通过各自的大使平稳而坚定地推进波兰事务,将会更有成效。[58]罗斯福虽然身体不佳,但他从未忘记这样一个事实,即雅尔塔协定关于波兰和东欧问题,本质上只是表面文章,是给苏联在波兰和东欧扶植亲苏政权披上一件好看的、让人愿意接受的外衣。丘吉尔也知道这一点,他声称,让苏联有和英国类似的"民主"和"代议制政府"的概念是滑稽可笑的,但随着5年战争的结束,国家资源的耗尽已成定局,他那本来就不稳定的情绪现在更容易波动。议会的激烈反对动摇了他日益降低的影响力,丘吉尔发现自己在历史上形成的声誉正变得岌岌可危。波兰现在的确是一个试金石,但不是英国和俄罗斯的政治理论的试金石,而是丘吉尔对斯大林能否信任的试金石。

因此,波兰变成了人们刻意回避的棘手问题。在3月的大部分时间里,三巨头之间的通信都是围绕美国和英国战俘的待遇展开的。在这方面,罗斯福走在了前面。此时,美国总统正面临着来自哈里曼、迪恩和驻莫斯科的军事代表团的巨大压力,因为据称,最近刚从纳粹手中解放出来的美国战俘在波兰的苏联集中营中受到了虐待。红军方面的借口是资源短缺,而且像往常一样,还以其后方地区的敏感性为借口。后来,五角大楼提议,用他们在乌克兰波尔塔瓦的空军基地向战俘空运物资,并立即撤离生病和受伤的人。他们还敦促总统在给斯大林的信件中强调这个问题。战争部拟的草稿由部长史汀生交给罗斯福,罗斯福又口述了关于在德国的战俘的最后三句话。这封信随后被发给迪恩,以呈交给克里姆林宫,此信同时抄送给丘吉尔。[59]

罗斯福致斯大林

1945年3月3日发,1945年3月4日收[60]

我有可靠的情报,说明在聚集、供应和撤离滞留在俄罗斯防线以东的美国战俘和美国机组人员时遇到困难。现在，我迫切请求您发出指示，授权 10 架美国飞机和美国机组人员在波尔塔瓦和波兰境内可能有美国战俘和被困飞行员的地方进行飞行操作。请求这一授权，是为了向所有美国士兵提供增补的服装、医疗用品和食品，撤离滞留的机组人员和获释的战俘，特别是将伤病人员转移到波尔塔瓦的美军医院。我认为这一请求极为重要，不仅出于人道主义原因，也因为美国公众强烈关注我们的战俘和被困机组人员的安康。其次，至于还在德国人手中的战俘的问题，我认为我们应该迅速采取行动。这些战俘有俄罗斯的、英国的和美国的，人数非常多。鉴于您不赞成我们提交的计划，您有什么方案来代替它呢？

斯大林断然拒绝了罗斯福的请求，并向罗斯福保证说，在波兰境内和其他被红军解放的地区，"没有成批的美国战俘，因为除了在医院里的个别病号，其他所有人都已经被送到了敖德萨的集合点，已经有 1200 名美国战俘抵达那里，其余的人预计在不久的将来到达"。斯大林补充说，因此，"就美国战俘问题而言，没有必要让美国飞机从波尔塔瓦飞往波兰领土"。[61]

争论在 3 月份逐步升级。12 日，苏联当局撤销了迪恩将军访问波兰的许可，声称该国已不再有任何美国战俘。根据雅尔塔会议公报受到制裁的美国"联络官"，也被排除在波兰之外。哈里曼告诉华盛顿："苏联人日复一日地试图用假的信息来敷衍我们。"为了促使莫斯科"履行我们对会议公报的解释"，他和迪恩敦促罗斯福再发出一封致斯大林的信，并以可能采取的"报复性措施"来给予支持，例如，艾森豪威尔限制苏联联络官在西方的行动，并削减苏联战争中并非至关重要的租借物资。[62] 由斯特蒂纽斯和史汀生起草的给斯大林的信件草稿得到了美国总统批准，他只作了一些小的修改（斜体）。

罗斯福致斯大林

1945年3月17日发，1945年3月18日收[63]

关于从波兰撤离美国战俘的问题，我被告知，迪恩将军与一名苏联军官一起调查美国战俘情况的安排已经被取消。在您给我的上一封信中，您说没必要同意我的要求，即允许美国飞机运送物资到波兰和疏散伤病员。我认为我得到的消息是真实可靠的，在波兰的医院里，有相当多生病和受伤的美国人，还有许多被解放的健康状况良好的美国囚犯，他们正在波兰等待被带到敖德萨的中转营，或者三五成群地到处游荡，还没有和苏联当局取得联系。

坦率地说，我无法理解您为何不允许美国政府和官员在这件事上帮助他们的人民。本政府已经尽一切努力满足了你们的*每一项*要求。我现在请求您在这件特殊的事情上满足我的要求。*请召唤哈里曼，他将详细解释我的愿望*。哈里曼可以详细解释我们的愿望。

英国人也担心他们的战俘的待遇问题。3月份，丘吉尔也受到了压力，军方和外交官员们要求他与斯大林本人商量此事，但他两次坚持让艾登与莫洛托夫一起处理这件事。3月1日，他告诉外交大臣艾登："目前我最好避免给斯大林发电报。"21日，他再次拒绝了就此事给斯大林的另一份信件草稿，他说："因为在沉默了一个月后，这封信只会使我们之间再发生争吵。"显然，丘吉尔已经决定，特别是在他与罗斯福就波兰问题交换意见后，要保留他与斯大林的联系渠道作为其他事情的"试金石"。后来，丘吉尔改变了主意，向斯大林发出了一封他所谓的"友好和非正式的信"，这封信没有给斯大林"粗鲁的答复留下任何借口"，因为它只是在3月21日要求苏联领袖"对此事给予您个人的关注"。这一策略以前对斯大林很有效，就像一年前的夏天有关登比察V-2导弹发射场的策略一样。随后，当艾森豪威尔的军队接近莱茵河时，他向斯大林提供了最新的战事消息。最后，他用熟悉的句式作为信的结尾："自从我们在雅尔塔分手以来，我们现在似乎遇到了很多困难，但我非常确信，只要我们能一起面对，所有这些困难将很快被解决。"[64] 丘吉尔对他的策略持开放态度。3月21日，在苏联大使馆的一次早餐会上，他告诉古谢夫说："目前，在与元帅的通信中，我不想触及政治问题。让大使和外交官们去处理政治问题，我们只专注于战斗。"[65]

但斯大林对战俘问题的态度并没有软化。面对罗斯福的第二次呼吁，他采取了被动时的一贯姿态，将攻击作为最好的防御，他再次以苏联战俘在美国和英国战俘营中的待遇问题来反诉对方。伦敦和华盛顿认为，这些反诉在很大程度上是虚假的。这场争论实际上是在波兰问题的大背景下发生的，斯大林不希望西方观察员不受约束地游荡在红军的交通线上，并且深入卢布林政府正在加强控制的国家里。3月16日，丘吉尔在给罗斯福的信中提到了这一点。丘吉尔说，"目前，我们的代表入境波兰的所有行动都被禁止了"，他还补充了一句意味深长的话："整个场景都被蒙上了一层令人费解的面纱。"[66]

特别是哈里曼，他完全把战俘问题看作大的政治问题的一个方面。到目前为止，他对苏联的诚意深表怀疑，并相信只有罗斯福采取强硬路线才能有所收获。他发出了更多有关战俘的信函，越来越情绪化，显然是希望这个"美国"问题，最终能促使罗斯福采取强有力的行动，而这是波兰政府迄今为止没有做到的。

斯大林致罗斯福

1945年3月22日发，1945年3月22日收[67]

我收到了您关于美国战俘从波兰撤离的信。

您所得到的信息称，在波兰有大量生病和受伤的美国人，还有不少正等待前往敖德萨或不与苏联当局取得联系的人。我必须说，这一信息并不准确。事实上，截至 3 月 16 日，在波兰境内，除了一些正在前往敖德萨的美国人，只有 17 名患病的美国人。今天我收到报告，他们（17 人）很快就会乘飞机到达敖德萨。

关于您来信中的一项要求，我必须说，如果这项要求与我个人有关，即使有损于我的利益，我也会同意。但在本例中，事情关系到前线的苏联军队和苏联指挥官的利益。他们不想有另外的军官在他们身边。这些人与军事行动没有关系，但需要照顾他们的食宿，为他们组织会议和建立各种联系，保护他们不受潜伏的德国特工的侵扰，以及安排其他活动，这会使指挥官和其下的各级军官在履职时分心。

我们的指挥官为前线和后方的局势付出了生命的代价，我认为不应该在任何程度上限制他们的权利。

除此之外，我不得不说，被红军解放的美国战俘关押在条件良好的苏联战俘集中营里，不管怎样，他们的条件也比关押在美国集中营里的苏联战俘的条件要优越。在美国集中营里，苏联战俘有的与德国战俘关押在一起，其中一些人受到了不公平的待遇和非法拘禁，甚至遭到殴打。此事苏方已向美国政府报告过不止一次。[68]

丘吉尔在战俘问题上并不坚持。他要集中火力针对波兰问题。他在急切地等待蒙蒂渡过莱茵河时，又发送了一份来自前线的新闻简报。3 月 26 日，丘吉尔享受了向德国标志性的河流里小便的愉快，之前他已在齐格菲防线上享受了这种乐趣。人们无法想象他的两位令人敬畏的同行会做出同样的事。他们不去做，不仅因为他们没有布鲁克所说的"温斯顿的孩子气幽默"，还因为罗斯福不能靠近前线，而斯大林不愿意靠近前线。[69]

丘吉尔致斯大林

1945年3月24日发，1945年3月24日收[70]

我在蒙哥马利元帅的总部，他刚刚下达命令开始重要战役，用强力夺取莱茵河，在以韦塞尔为中心的宽大正面登陆，并有空降部队和大约2000门大炮支援。

希望今晚和明天能如期过河，建立桥头堡。一旦强渡过河，就有大量的装甲预备队可以用来发动进攻。

我明天再给您发一封信。蒙哥马利元帅让我向您转达他的敬意。

☆☆☆☆☆

丘吉尔承诺要在3月25日发出的信件，一直到最后也没有兑现。那个周末，苏联和盟友之间的关系风云突变，接近完全破裂。罗斯福从雅尔塔返回后一直疲惫不堪，迫切需要休息一下，但有更严重的事情亟待解决。24日是星期六，在那一天的大部分时间里，罗斯福都在讨论两封给斯大林的信件，内容有关已经演变为重大外交危机的问题。第二封信涉及联合国的成立，这是罗斯福战后规划的关键。而第一封信更为紧迫，因为斯大林声称，西方盟国正试图背着他和纳粹做交易。

事情的起因是德军要向西方盟国投降。意大利北部的武装党卫军指挥官卡尔·沃尔夫将军与希姆莱关系密切，3月8日那一天，他与驻瑞士的美国战略情报局伯尔尼情报站秘密接触，商讨驻意大利的德国军队投降的问题。这一行动在英国被称为"填字游戏"（"Crossword"），在美国则被称为"日出"（"Sunrise"）。[71] 驻意大利的盟军总司令亚历山大元帅提议，德军首先需要派代表前往瑞士，以确定纳粹使者的"诚意"，然后如果双方满意，就在那不勒斯附近卡塞塔的亚历山大元帅的总部安排投降谈判。盟军的参谋长联席会议批准了这一行动，条件是在亚历山大采取任何进一步行动之前，一定要通知苏联政府。3月12日，哈里曼和克拉克·克尔分别致函莫洛托夫，传达了这一信息。根据1943年的莫斯科协议，盟国的行动是恰当的。该协议规定，如果敌人提出投降请求，盟国之间应进行磋商。即使不告诉，莫斯科在很大程度上也会发现这些接触和联系。莫洛托夫立即回复说，苏联政府不反对接触，但希望派遣三名苏联军官到伯尔尼，"参加这些对话"。虽然英国参谋长和外交部原本打算把苏联限制为观察员身份，但他们还是同意了，并向亚历山大和克拉克·克尔发出了这方面的指示，让他们与莫洛托夫联系。[72]

然而，哈里曼从中作梗，采取了一个极不寻常的步骤，要求克拉克·克尔推迟发出这封"英国的"信函，直到他与华盛顿协商之后。随后，哈里曼和迪恩给斯特蒂纽斯和马歇尔发了电报，强烈反对苏联的任何参与，并提出以下论点。他们说，当这些纯粹的军事讨论变成政治讨论，并且发展成"一个政府的投降"，苏联自然会有一席之地。但他们又声称，在东线的类似局势的讨论中，盟国的代表不会被邀请参加，例如在拉脱维亚被切断退路的30个师的投降，就没有通知盟军，而且现在，任何苏联人到场，都可能使德军打消投降的念头。罗斯福也大致持这一观点[73]（事实上，罗斯福对英国的干预非常恼火。3月13日，他对加拿大总理威廉·莱昂·麦肯齐·金说，"俄罗斯与意大利的战役毫无关系"，并补充说，"温斯顿已经使局势变得非常困难了"）[74]。但哈里曼和迪恩反对接受莫洛托夫请求的核心论点似乎是战术性的，符合他们现在强烈主张的总体政策。哈里曼认为，"苏联人会认为这是我们的软弱表现"，这将促使他们"在未来提出更不合理的要求"。迪恩更是直言不讳地说：接受苏联的观点将是"一种姑息行为"。克拉克·克尔把哈里曼的主要观点转达给丘吉尔，英国首相对这些观点很当一回事。[75]

美国参谋长联席会议研究了莫斯科发来的这些信息，认为伯尔尼会谈只是纯粹的探索性讨论，既然事情还在讨论阶段，就不会邀请苏联人参加。

当然，如果是在亚历山大的总部进行正式会谈，苏联人将会出席，但因为谈判研究的是德国军队向英美战区投降的问题，苏联人只能作为观察员出席。美国参谋长联席会议还表示，任何有关苏联人出席会议的安排，将完全由美国和英国在莫斯科的军事代表团作出，因为美国国务院和英国外交部"烦琐的"审批程序，"不可避免地会把政治因素引入到一个绝对的军事问题中"，这些政治因素可能会"束缚亚历山大元帅的手脚"。美国国务院和罗斯福接受了这一立场，丘吉尔和艾登也不得不同意。莫洛托夫及时接到了通知，但在3月16日，他向两位大使回复了一封语气激烈的信，谴责这一方针的改变。他表示，"从我们两国之间同盟关系的角度来看，这是完全出乎意料和不可理解的"。他坚持认为，"已经在伯尔尼开始的谈判应当中断"，而且"从现在起，应当'排除'一个或两个盟国在三个国家未全部参与的情况下进行单独谈判的一切可能性"。[76]

克拉克·克尔用枯燥而低调的口吻对外交部轻描淡写地说，"莫洛托夫回复的速度和态度，表明了强烈的不满"[77]。面对严重的分歧，英美的反应各有不同。英国的态度是对阻止俄罗斯人前往伯尔尼感到遗憾，他们认为，如果让俄国人去，"他们就能充分了解所发生的事情"。英国外交部起草了一份丘吉尔—罗斯福的联名信向斯大林解释，旨在及时澄清"误会"。但是哈里曼决心捍卫自己的立场，他又给华盛顿发了一份电报，明确表示，他认为伯尔尼事件进一步证明了自从雅尔塔会议以来他"不断增长的印象"，即"苏联领导层已经开始相信，他们可以在任何问题上为所欲为，把他们的意愿强加给我们"。他还举例说，在波兰、罗马尼亚和战俘的问题上，苏联人"不顾事实，武断地对雅尔塔会议公报的条款任意作出对自己有利的解释"。在华盛顿，莱希和参谋长联席会议认为，哈里曼的观点"必须得到支持"，并建议罗斯福不要给斯大林写信，应该继续与莫洛托夫打交道。美国军方拟写了一封简短的信，称美国对莫洛托夫回信的"要旨感到惊讶"，认为这是"苏联政府方面的误解"。此简信的语气近乎盛气凌人。[78]

3月22日，莫洛托夫对这封简信作出了激烈的回应。他表示，问题的要害不是"误解"，而是"更糟糕的事情"，即前两个星期在伯尔尼，美国和英国代表一直在"背着苏联政府"与德国人"进行谈判"，而苏联政府正在承担着"对德战争的重任"。他说，这是"绝对不允许的"。这样的信件只有经斯大林同意后才能发送，现在华盛顿已经非常清楚，罗斯福的回应不能再拖延。战争部和莱希准备了一份草稿，罗斯福对它作了一些删减和补充（斜体）。[79]

罗斯福致斯大林

1945年3月24日发，1945年3月25日收[80]

我从哈里曼大使那里收到了一封莫洛托夫先生写给他的信，信中提到亚历山大元帅正在进行一项调查，研判驻意大利的德国军队是否有可能部分或全部投降。在这封信中，莫洛托夫先生要求立即停止将要在瑞士进行的这项调查，理由是苏联军官没有参与其中。

我相信，由于误会，这件事并没有正确地呈现给您。

事实如下：前些天，瑞士方面收到消息说，一些德国军官正在考虑德国军队投降的可能性，他们是在意大利与亚历山大元帅指挥的英美军队作战的德国军队。但消息未经证实。

这一信息到达华盛顿时，亚历山大元帅*被授权指示*，派遣一名或多名他的参谋官到瑞士，以确定信息的准确性，并且，如果此事有足够的把握，就安排有决策权的德国军官到意大利的英军总部，与亚历山大元帅讨论投降的细节。~~如果能安排这样的一个会议，苏联代表当然会出席。~~

苏联政府立即被告知将在瑞士进行这项调查，后来又被告知，只有*在伯尔尼*安排亚历山大元帅与德国军官的会议，讨论在卡塞塔投降的细节时，才邀请苏联官员出席。

我们的代表试图与德国军官举行一次会议，到目前为止，还没有取得成功，但看起来，似乎仍有可能举行这样一次会议。

当然，您会明白，对于那些认为有可能迫使其所在地区的敌军投降的美军指挥官，我国政府必须向他们提供一切帮助。对我来说，采取任何其他态度或允许任何延误，都是完全没有道理的，因为这必然会给美国军队造成更多的、本可以避免的生命损失。作为一名军人，您应该明白，为避免错失良机，有必要迅速采取行动。这等同于敌人举着休战白旗，向你们在柯尼斯堡或但泽的将军走去。

敌军以这种方式投降，不可能有任何政治影响，也不可能违背我们商定的无条件投降的原则。

在有关投降细节的任何讨论中，我期待美军指挥官能借鉴出席讨论的贵军军官的经验和建议，但我不能同意暂停对受降可能性的调查。莫洛托夫先生出于某种我完全无法理解的原因，竟提出了反对意见。

我对所报告的敌人可能投降一事不抱太大的期望，但我希望，为了避免我军与贵军军官之间的误解，您将向有关的苏联官员指出我们立即采取有效行动的可取性和必要性，战场上任何与美国军队作战的敌人有意投降，我们都会尽力促成。

我相信，当苏联前线出现类似的机会时，您也会采取同样的态度，并采取同样的行动。

3月24日，星期六，罗斯福在这一天还有另一件头疼的事情，苏联突然暗示可能会退出新的联合国组织，联合国成立大会原定于4月25日在旧金山举行。3月13日，苏共中央政治局已经批准了一个高级代表团，不仅包括莫洛托夫，还有斯大林在党内的得力助手安德烈·日丹诺夫。这份名单显然是为了展示苏联在创建联合国方面的特殊作用，以及克里姆林宫对启动联合国的渴望。几天后，莫洛托夫向英外交部和美国国务院确认他将参加（成立大会）。但随后，在 3 月 22 日，苏共政治局的另一项决定突然降低了该名单的级别，就在同一天，莫洛托夫发出了关于伯尔尼的信函，实际上是指责同盟国的背叛。[81] 美国国务院的约瑟夫·格鲁在评论修改后的苏联代表团名单时说："除了大使本人，这不是一个高级别的代表团，甚至没有一位副外交事务人民委员，也没有任何内阁级别的政府成员。"[82]

事实上，几个星期以来，苏联人一直在探讨雅尔塔会议公报中有关联合国问题的条款。[83] 但这些都是相对低调的问题，作为一位国际名人，苏联外交人民委员如果缺席了成立大会（罗斯福视其为战后愿景的核心），那将是一场公共关系灾难。哈里曼称，这是"苏联惯用的战术"，当在一个方面受挫时，就会在另一个方面进行报复。[84] 尽管美国国务院担心罗斯福—斯大林沟通渠道的超负荷运转会对总统的身体不利，但华盛顿别无选择，只能在最高级别上作出回应。

罗斯福致斯大林

1945 年 3 月 24 日发，1945 年 3 月 25 日收[85]

葛罗米柯大使刚刚向美国国务院通报了参加旧金山会议的苏联代表团的人员组成情况。虽然我们对葛罗米柯大使的品格和能力怀有崇高的敬意，并知道他将出色地代表他的国家，但莫洛托夫先生显然还是不打算出席，这令我深感失望。回顾莫洛托夫先生、艾登先生和斯特蒂纽斯先生在雅尔塔的友好和富有成果的合作，我知道国务卿一直期待着以同样的精神在旧金山继续共同努力，最终实现我们的共同目标，即建立一个有效的国际组织，确保世界有一个安全与和平的未来。

如果莫洛托夫先生缺席，那么对旧金山会议将是重大缺憾。如果苏联国内紧迫和沉重的事务使他不可能参加整个会议，我仍然希望您至少让他来参加至关重要的开幕会议。由于所有发起国和出席会议的大多数国家都由外交部长出席，恐怕莫洛托夫先生的缺席，将被理解为苏联政府对本次会议的伟大目标缺乏应有的关注。

但斯大林以最高苏维埃会议要莫洛托夫必须在场这一借口，回复罗斯福的信，并预言葛罗米柯将在旧金山替代莫洛托夫，"取得巨大成功"。所有这些，都加深了克里姆林宫对联合国毫不关心的印象。

斯大林致罗斯福
1945年3月27日发，1945年3月27日收[86]

我们极其珍视并高度重视即将在旧金山举行的会议，这个大会的召开，旨在建立一个促进各国人民和平与安全的国际组织，但情况的变化，使V.M.莫洛托夫先生确实无法参加该会议。我和莫洛托夫先生对此感到极为遗憾，但应最高苏维埃代表会议的要求，4月召开的苏联最高苏维埃会议，莫洛托夫先生必须出席，这就排除了他参加旧金山大会开幕会议的可能性。

您也知道，葛罗米柯大使已经相当成功地完成了他在敦巴顿橡树园的任务，我们相信在旧金山会议上，他将率领苏联代表团取得巨大成功。

至于其他的各种说法，您肯定明白，这无法阻止将要作出的决策。

斯大林还反驳了罗斯福关于伯尔尼事件的主要论点，他完全采纳了莫洛托夫的草稿。斯大林首次提出了一个关键的问题：如果盟国对苏联没有什么可隐瞒的，为什么将苏联人排除在伯尔尼的接触之外？而且披露给苏联的相关信息太少。正如英国档案所证实的那样，与给予说明的情况相反，亚历山大的总部根本就没有通过英国军事代表团向莫斯科通报瑞士会谈的情况。下一轮会谈于3月19日，在驻意大利德军副总指挥沃尔夫和美国驻瑞士公使特别助理杜勒斯之间举行，地点在靠近瑞士—意大利边境的马焦雷湖北岸湖角的阿斯科纳。10天后，参谋长们和丘吉尔才发现这一情况，但为时已晚，他们担心会谈远远超出了最初向莫斯科描述的纯粹的可信度调查。丘吉尔告诉艾登："我们决定不理睬莫洛托夫发出的那些侮辱性的电报。"但接着他又说："不过，这并不能免除我们作为盟友在任何可能涉及和平谈判问题上的义务。"[87] 与此同时，苏联情报部门已经向克里姆林宫通报了这些接触，封闭消息给盟军带来了最负面的影响。

在信中，斯大林还驳斥了罗斯福关于柯尼斯堡和但泽的类比，并从苏联的角度强调关键不在于狭隘的军事意义（在意大利前线可能发生的情况），而在于更大的政治意义。3月13日，美国参谋长联席会议轻松反驳了斯大林的这个说法。莫斯科担心，西方盟国可能会单独签署一份和平协议，允许德国向东线调遣军队。在战争的那个阶段，这的确是德意志帝国许多高层人物的想法。

斯大林致罗斯福

1945年3月29日发，1945年3月29日收[88]

我考虑了您在1945年3月25日的信中向我提出的问题。我认为，在苏联代表被拒之门外，不能参加在伯尔尼与德国人讨论德军投降和在意大利北部向英美军队开放前线等事宜后，苏联政府不可能给出别的答案。

我不反对，更重要的是，我完全赞成利用德国军队瓦解的机会加速其在前线任何地区投降，鼓励他们为同盟国开放前线。

但我同意与敌人就此事进行谈判是有前提的，即这些谈判不会使敌人的处境趋于缓和，并排除德国人耍花招的可能性，以及利用这些谈判将他们的部队转移到其他前线地区，并且首先是转移到苏联前线的可能性。

苏联政府认为，苏联军事指挥部的代表有必要参加这种对敌谈判，不论谈判在哪里举行，伯尔尼或卡塞塔都不重要，只是为了得到上述保证。我无法理解为什么苏联军事指挥部的代表竟被拒绝参加这些谈判,以及他们怎么会给盟军司令部的代表造成不便。

我必须告诉您,德国人已经利用与盟军司令部的谈判机会,在此期间成功地将3个师从意大利北部转移到苏联前线。

在克里米亚会议上宣布的从西部、南部和东部打击德国人的协同作战任务,目的是将敌人的部队牵制在原地,不给敌人机动和向需要的方向转移兵力的机会。这项任务正在由苏军指挥部执行。亚历山大元帅违反了这一规定。

这种情况激怒了苏军指挥部,并滋生了不信任感。

"作为一名军人,"您写信对我说,"您应该明白,为避免错失良机,有必要迅速采取行动。这等同于敌人举着休战白旗,向你们在柯尼斯堡或但泽的将军走去。"遗憾的是,这个类比不适用于当前这种情况。柯尼斯堡和但泽的德军被包围了,如果他们投降,就免于被歼灭,但是他们无法为苏联军队打开前线的大门,因为这个前线已经超越他们,在向西方的奥得河移动。意大利北部的德国军队的情况则完全不同。他们没有被包围,他们没有面临被消灭的危险。如果意大利北部的德国人是这样一种情况,他们寻求谈判,投降并向盟军开放前线,意味着他们抱有某种与德国命运攸关的、更重要的目的。

我必须告诉您,如果在东线,在奥得河畔的某个地方,出现德国人可能投降或向苏联军队开放前线的类似情况,我将毫不犹豫地立即通知英美军事指挥部,并请他们派代表来参加谈判。因为在这种情况下,盟国之间不应有任何秘密。

在军方的建议下,罗斯福决定挑战斯大林关于伯尔尼的论点,但他也承诺,如果有进一步的接触,他会通过亚历山大随时通知苏联人,亚历山大对此刚刚确认过。[89]然而,当英国元帅亚历山大将相关信息传递给苏联方面时，这些信息却被驻莫斯科的盟军军事代表团的负责人扣留下来，因为它似乎会证实苏联对伯尔尼谈判的怀疑。扣留事情显然是迪恩带头的。美国人向亚历山大提要求，"修改您希望我们转给苏联当局的信息，以遵守我们各自的政府和美国首脑已经作出的保证"[90]。亚历山大适时地照做了。当然，苏联人也有自己的情报渠道，他们知道了（盟军和德国人）接触的范围和程度，只是不知道接触的详细内容。所有这些，都进一步增加了克里姆林宫的担忧。

罗斯福致斯大林

1945年3月31日发，1945年4月1日收[91]

你我就未来可能与德国人进行的关于其在意大利军队投降的谈判，已经有了一些书信往来。从这些书信中我看出，尽管我们双方在所有基本原则上意见是一致的，但单就这个问题，现在还被忧虑和不信任的气氛所笼罩，实在令人遗憾。

现在还未就投降举行任何谈判。如果要举行谈判，它们将会在卡塞塔进行，您的代表将全程在场。虽然我们曾想在伯尔尼安排会晤，但没有结果。亚历山大元帅已得到指示，随时告知您他在这件事情上的进展。

我必须重申，在伯尔尼举行会晤的唯一目的，是安排同有决断能力的德国军官接触，而不是举行任何形式的谈判。

无论以何种方式谈判，都不可能允许德国人将意大利前线的军队转移到其他地方去。即使举行谈判，也将在无条件投降的基础上进行。关于在意大利盟军停止进攻行动的问题，绝不是因为期望同德国人达成协议。事实上，最近在意大利的进攻行动中断，主要是由于盟军中英国和加拿大的数个师从意大利前线转移到法国。盟军正在为4月10日左右在意大利前线的进攻做准备，尽管我们希望能成功，但这次行动的规模有限，因为亚历山大目前兵力不足。他有 17 个可靠的师，却与 24 个德军师相对峙。我们打算在现有的能力范围内尽一切努力，防止目前在意大利的德国军队撤退。

我认为您得到的德国军队从意大利调动的情报在时间上是错误的。我们得到的最新消息是，自今年年初以来，已有 3 个德国师离开意大利，其中两个师已经去了东线。其中最后一个师大约在 2 月 25 日开始调动，比任何人听说可能投降的消息早了两个多星期。因此很明显，与德国人在伯尔尼的接洽是在最后一次部队调动开始之后，不可能对调动产生任何影响。

整个事件是由一位据说与希姆莱关系密切的德国军官发起的，当然，很有可能他的唯一目的就是在盟国之间制造猜疑和不信任。我们没有任何理由允许他成功实现这一目标。我相信上述对目前情况和我的意图的明确说明，将会消除您在 3 月 29 日信中所表达的忧虑。

事实上，苏联方面和美国方面都在欺骗。3 月 31 日，就在斯大林收到罗斯福的这封信之前，哈里曼和迪恩曾向斯大林转交了一份艾森豪威尔的电报，内容是他对自己的战略计划的修改。它表明，一旦鲁尔包围圈被打破，他的部队就会向东朝着莱比锡进发，与苏联红军会合，并向南开进巴伐利亚，以阻止德军对阿尔卑斯山要塞的巩固。英国人没有得到事先通知，强烈反对这一战略计划，但艾森豪威尔坚持认为，他只是在遵循寻找和消灭敌军的军事逻辑，以便尽快结束战争，并且通过确保他的部队和红军之间有明确的分界线，进一步发展 1 月份特德访问的成果。然而，丘吉尔强调了艾克的行动在外交上会产生不利影响：这将使蒙蒂在德国北部的 100 万人的英国—加拿大集团军群被边缘化，也将有利于苏联。4 月 1 日，他告诉罗斯福说："毫无疑问，俄罗斯军队将会占领整个奥地利，进入维也纳。如果他们也攻占了柏林，难道不会把他们一直是我们共同胜利的巨大贡献者这一印象，过多地印在脑海里吗？难道这不会强化他们的自大情绪，在未来引起重大的和难以克服的困难吗？"[92]

然而，当丘吉尔发出这封信时，一切木已成舟。当哈里曼和迪恩转达艾克关于攻击目标是莱比锡而不是柏林的信时，他们两人都惊讶地发现，斯大林似乎对这个消息非常满意。他当然满意，因为苏联进军柏林的计划已经准备就绪，而有关伯尔尼的情报碎片放大了人们的担忧，即德军可能会向西线的盟军投降，让艾森豪威尔的军队畅通无阻地开进德国首都。4月1日，在接到艾克信函的那个早晨，斯大林召来他的两位最高指挥官朱可夫和科涅夫（二人是竞争对手）。斯大林问道："那么，谁来攻占柏林呢，是我们还是盟军？"当然，答案只有一个。于是，斯大林展开了争夺柏林的竞赛。这是一场与西方的竞赛，也是科涅夫和朱可夫之间的竞赛。同一天，他给艾森豪威尔写了一封礼貌的回信，同意艾克的战略评估，并说："柏林已经失去了以前的战略重要性。因此，苏联最高统帅部计划向柏林方向调派二级部队。"历史学家安东尼·比弗称，这份电报，是"现代历史上最大的愚人节玩笑"[93]。

3月31日，罗斯福还为一封关于波兰的信件绞尽脑汁。几周以来，他一直抵制着来自丘吉尔的压力，甚至在3月16日，罗斯福还告诉他的内阁，英国人似乎"十分愿意看到美国与俄罗斯开战"[94]。但现在，他终于同意与斯大林本人就这些迫在眉睫的问题作出决定。争论的焦点是雅尔塔会议遗留下来的问题。

雅尔塔会议后最直接的目标，是波兰现有的临时政府应该"在一个更广泛的民主基础上重组，不仅要有波兰本土的领导人，还应该有国外波兰人的民主领导人"。为此，哈里曼、克拉克·克尔和莫洛托夫组成一个"委员会"，保持协调和磋商。[95]但是，雅尔塔会议公报中关于波兰的那部分，故意使用了模糊的措辞，以使各方面都能够接受，但是这样一来，就有了多种解释。莱希看到了这一点，提醒罗斯福说，这些协议的文字在言辞上过分灵活。罗斯福告诉他说："我知道，比尔，我知道这一点，但这是当时我尽己所能，能为波兰做到的最好的了。"[96]因为在拟定公报时，苏联人总是试图把措辞向他们更喜欢的方向延伸，而西方盟友则相反。为了保持波兰明显的亲苏优势，克里姆林宫让华沙政府审查所有的候选人，而伦敦和华盛顿则坚持该政府应该彻底更新，包括加入波兰的反对派成员。但莫洛托夫宣称，这样一来就不是对该政府的"重组"了，而是"清算"。[97] 由于莫斯科方面拒绝美国和英国的官方代表进入波兰，他们无法直接了解波兰的政治形势，这使得局势进一步恶化。英美代表进入波兰访问是斯大林在雅尔塔提出的，莫洛托夫在 2 月底正式提议[98]，但是很快苏联就出尔反尔，以访问需要得到华沙同意为借口，撤销了这一提议。

3 月 24 日，艾登对丘吉尔说："当然，莫洛托夫不希望事情分崩离析，他希望在他的傀儡们巩固权力的时刻，把事情拖延下去。我们不能坐视不理，必须在这个问题上施加压力。"英国外交大臣甚至想知道："在这种情况下去旧金山，还有价值吗？"但丘吉尔认为，现在时机已经成熟，可以向罗斯福提出对斯大林发出联名信，通过这种方式，也许可以一揽子提出目前所有亟待解决的问题。丘吉尔警告艾登说，"我们不能过分反对俄罗斯，不能让反对超过了美国支持的力度"，但他又补充说："旧金山会议正面临危机，没有什么比这更能让美国人与我们保持一致了。"[99] 正是按照这些原则，3 月 27 日，英国外交部起草了一封给罗斯福的信，由丘吉尔发出。罗斯福并没有完全被丘吉尔说服。他指出，关于波兰的雅尔塔会议公报是一种"妥协"，公报"在某种程度上，更强调卢布林波兰人，而不是其他群体"，同时罗斯福还敦促丘吉尔，最好把问题尽可能放在大使层面处理。但是，考虑到过去一周左右与莫斯科的所有摩擦，他同意"现在是直接与斯大林讨论苏联态度（特别是关于波兰问题）及更广泛的问题的时候了"。正如 1945 年春天华盛顿制定总方针时一样，罗斯福再一次决定单独行动。3 月 29 日，他向丘吉尔发送了一份给斯大林的电报草稿，丘吉尔的意见导致了几处修正，都用斜体字标出，下划线表示在美国的草稿送交伦敦之前所作的修改。罗斯福的信件语气平和，不像丘吉尔那么好斗，他的语气近乎一种谨慎的解释，字里行间夹杂着痛苦的焦虑。罗斯福在忧虑，斯大林这个人是不是完全理解自己最近的各种行为对美国舆论的影响呢。[100]

丘吉尔把自己写的信寄给了斯大林，又将草稿发给了罗斯福。在这封信中，他强化了罗斯福的论点，同时避开了罗马尼亚问题，因为罗马尼亚在关于希腊的百分比协议中太过敏感。他还提到了"一层神秘的面纱"笼罩着波兰，这是一句意味深长的话，并警告说，他或许很快就不得不告诉议会，英国和苏联在波兰问题上未能达成一致。和罗斯福一样，丘吉尔也试图对斯大林打一下"民意"牌——无论在那时，他是满怀希望还是满心绝望。

罗斯福致斯大林

1945年3月31日发，1945年4月1日收[101]

我毫不对您隐瞒，自我们结束在雅尔塔富有成果的会议以来，我对我们共同关心的事件的发展深表关切。我们在那里作出的决议是正确的，并在很大程度上受到世界各国人民的热烈欢迎，他们认为我们有能力找到相互理解的基础，为战后世界安全与和平提供可靠保证。正是因为这些决议所带来的希望与期待，它们的实现才受到最密切的关注。我们没有权利让世界人民失望。但是迄今为止，在世人期待已久的政治决议的履行上，特别是与波兰问题有关的决议上，一直缺乏进展，令人沮丧。坦率地说，我不明白为什么会是这样，而且我不得不告诉您，在许多方面，我不太理解贵国政府<u>明显的漠不关心</u>的态度。这次在雅尔塔，我们彼此加深了解，我相信我们三个人，能够并且将会解决自那时以来出现的任何障碍。因此，我打算在这封信中，把我看到的问题坦率地摆在您的面前。

虽然我主要想到的是关于波兰问题谈判中所遇到的困难，但是首先，我必须简要地提及《关于被解放的欧洲宣言》中所包含的我们之间的协议。坦率地说，我无法理解为什么罗马尼亚最近的事态发展竟然被认为不属于该协议的范围。我希望您能抽出时间来，亲自审查我们两国政府之间关于这个问题的函件。

然而，我们在雅尔塔达成的会议公报中，引起公众最大兴趣和最紧迫的部分是波兰问题。您当然知道，我们设立的委员会尚未取得任何进展。我认为这是由于贵国政府对克里米亚决议的不同解读造成的。为了不产生误解，我将在下面解释会议公报中以及委员会在莫斯科遇到的困难的有关要点。

在迄今为止的讨论中，贵国政府采取的立场似乎是：我们同意组建的新的波兰民族团结临时政府，只是现任华沙政府的延续而已。我无法将这个结论与我们的协议或我们的讨论统一起来。卢布林政府的确要改组，其成员也要发挥突出作用，但改组的方式将是建立一个新政府。这一点，在会议公报的文本中有几处都明确地指出。我必须很清楚地告诉您，任何这样的解决方案，都会导致目前的华沙政权几乎不变更地延续下去，这是不可接受的，而且会使美国人民认为，所谓的雅尔塔会议公报，只是一个骗局，已经失败。同样显而易见的是，出于同样的原因，华沙政府根据会议公报，无权选择或拒绝委员会让哪些波兰人到莫斯科进行磋商。难道我们不能达成一致意见，由我们的委员会来挑选波兰领导人来莫斯科进行磋商，并据此发出邀请函吗？如果可以做到这一点，我不反对卢布林团体先来，以便他们可以充分了解雅尔塔会议的公报对这方面已经达成一致的解释。当然，可以理解的是，*如果卢布林团体先来，在其他波兰领导人到来之前，不与卢布林方面单独签署任何协议*。为了顺利达成协议，委员会可以首先选出一个人数不多但具有代表性的波兰领导人小组，由他们提出其他人员名单供委员会审议。我们没有禁止，也不会禁止或否决莫洛托夫先生可能提议的任何候选人参与磋商，因为我们相信，他不会推举任何不利于克里米亚决议的波兰人。我认为，应当给予我国大使同样的信任，*并要求委员会任何一个成员提出的任何磋商候选人，都得到其他成员真诚的接受*，这并不过分。在我看来，很明显，如果委员会选择这些波兰人的权利受到限制，或需要听从华沙政府意见，我们达成会议公报的基础就会被破坏。虽然以上所述是我们的委员会在这一重要问题上未取得任何进展的直接障碍，但还有两项其他建议并未列入会议公报，但它们对我们努力达成的结果具有非常重要的影响。这两项建议至今尚未得到贵国政府的接受。我指的是：（1）波兰应该享有最大程度的政治安宁，持不同政见的团体应该停止采取任何相互对立的措施和反制措施。我们应该分别利用我们的影响力来达到这个目的，这在我看来是非常合理的。（2）鉴于会议公报赋予委员会的责任，委员会中美国和英国的代表应该被允许访问波兰，这似乎是顺理成章的。您应该记得，莫洛托夫先生本人在委员会的一次早期会议上提出了这一建议，只是后来又撤回了。

我希望您能明白，波兰问题得到公正而迅速的解决，对于我们国际合作项目的成功推进至关重要。如果做不到这一点，我们在克里米亚作决议时如此重视的同盟国团结问题就会变为现实问题，其带来的困难和危险将会更加严峻地摆在我们面前。我确信您知道，我们的政府实施任何国内政策或外交政策，都需要得到美国民众的支持。美国人民自己作决定，任何政府行为都无法改变他们的决定。我提及这一事实，是因为您关于莫洛托夫先生出席旧金山会议一事的信函中的最后一句话，使我很疑惑您是否充分考虑了这一因素。

丘吉尔致斯大林

1945年4月1日发，1945年4月1日收[102]

我想您现在已经收到了美国总统的信，他在发送此信之前，非常好意地让我看了。现在，我有责任代表国王陛下政府向您保证，战时内阁也希望我向您通报，我们对美国总统的这封信衷心支持，并且我们完全赞同这封信的观点。

我想特别强调两三点。首先，我们认为在莫斯科的讨论中没有遵循雅尔塔精神，事实上，在某些方面，连基本条文也没有遵守。我们从未想到，我们三个人以极大的善意任命的委员会，不能以一种相互让步的心态迅速而轻松地履行自己的职责。我们当然认为，一个"新的"和"重组的"波兰政府现在应该出现，并得到所有同盟国的承认。这本可以向全世界证明，我们有能力和决心为其未来共同努力。现在，实现这一目标还为时不晚。

在组建波兰新政府之前，委员会就已经同意，应该从波兰国内和国外的波兰人中召集有代表性的人物，未必是为了加入政府，只是为了自由而坦率地磋商。但即使是这一初始步骤，现在也不能被采纳，因为有人声称要否决苏联人或卢布林政府不赞成的任何邀请，甚至是磋商的邀请。我们三人中的任何一个人，都绝不能同意某一方拥有这样的否决权。这种否决权在米科瓦伊奇克先生的事例中极致地显现出来了，他在英国人和美国人的眼中是波兰境外杰出的政治人物。

我们还惊讶和遗憾地获悉，莫洛托夫先生关于允许观察员或代表团进入波兰的提议，现在已经被撤回。因此，我们被剥夺了一切自己检验信息的手段，这些信息往往是令人痛苦的，几乎每天都由在伦敦的波兰政府提供给我们。我们不明白，为什么要在波兰的局势上蒙上一层神秘的面纱。我们向苏联政府提供了最充分的条件，方便他们派代表团或个人访问我们的任何军事占领区。在一些情况下，苏联人接受了这一提议，并进行了令人满意的访问。我们要求在这些问题上遵守对等原则，这有助于为我们持久的伙伴关系奠定良好的基础。

美国总统还让我看了他和您之间关于莫洛托夫先生无法出席旧金山会议的往来信函。自从愉快且令人鼓舞的雅尔塔会谈结束以来，世事动荡，许多困难降临到我们头上，我们原本希望，三国外交部长出席那里的会议，可能会消除这些困难。不过，我们并不以任何方式质疑他留在俄罗斯对国家利益的重要性。

像美国总统一样，您给他的信中结尾那句话也使我感到震惊。他所说的美国人民的看法，也适用于英国人民和英联邦国家，除此之外，国王陛下目前的顾问只能根据普选议会的意愿任职。如果我们就波兰问题达成协议的努力注定要失败，在复活节之后召集的议会会议上，我必须向他们承认这一事实。没有人比我更热情、更坚定地声援俄罗斯。1941年6月22日，我是第一个大声疾呼的人。一年多前，我宣布俄罗斯西部边界的寇松线是合理的，当时举世震惊，现在这条边界已被英国议会和美国总统所接受。作为俄罗斯真诚的朋友，我以我个人的名义，呼吁您和您的同事们与西方民主国家就波兰问题达成各方满意的永久协议。我们正引领世界走向未来，在这个重要时刻，不应推开同志式的友谊之手。

针对战俘问题和联合国问题，针对波兰问题和伯尔尼会谈，在过去几周里，三巨头加强了通信沟通力度。大多数信件很长，需要每位领导人花几个小时的时间来思考和关注，他们已经因多年的战争而疲惫不堪，同时也对未来倍感焦虑。4月3日，斯大林终于毫无拘束地用愤怒的语气表达了他的意见。

他关于伯尔尼的第二封信的语气，不禁让人想起他对卡廷事件和华沙的抨击，只不过这次不是针对波兰的"罪犯"，而是针对美国总统。像往常一样，草稿出自莫洛托夫之手，但斯大林有限的补充（斜体）使语气更加尖锐。

斯大林致罗斯福

1945年4月3日发，1945年4月4日收[103]

我收到了您关于伯尔尼谈判问题的信。您说的完全正确，关于英美联军司令部与德军司令部在伯尔尼或其他地方谈判之事，"被忧虑和不信任的气氛所笼罩，实在令人遗憾"。

您坚持说目前还没有举行任何谈判。

可以假定您还没有完全了解情况。至于我的军事同僚们，他们根据现有的资料，毫不怀疑谈判已经发生，并且已与德国人达成了协议。在此基础上，德国西线的指挥官凯塞林元帅已经同意开放前线，允许英美军队向东推进，而英国人和美国人已经承诺对德国人放宽和平条件。

我认为我的同事们说的很接近事实。否则，人们无法理解英美拒绝接纳苏联司令部的代表前往伯尔尼，参加与德国人谈判的事实。

我也无法理解英国人为什么保持沉默。他们让您就这个令人不快的问题与我通信，而他们自己则保持沉默，尽管大家都知道，在伯尔尼谈判的整个事件中，主动权属于英国人。

我知道，在伯尔尼或其他地方进行这种单边谈判，会给英美军队带来一定的好处，因为英美军队有可能在不遭遇任何抵抗的情况下推进到德国腹地，但为什么要向俄罗斯人隐瞒这一点呢，为什么你们的盟友——俄罗斯人没有得到通知？

由于这个谈判，目前西线的德国人实际上已经停止对英国和美国作战。与此同时，德国人继续与英国和美国的盟友俄罗斯进行战争。显而易见，这种局势无助于维护和加强我们两国之间的信任。

我已经在前一封信中写过，现在有必要重复一遍，我个人和我的同事们绝不会迈出如此*冒险*的一步，因为我们深知，眼前的利益无论多么诱人，在*维护和加强盟国之间信任这一原则*（"原则"是原文拼写错误，应为"主要的"）利益面前，都会慢慢消失。

罗斯福目前在佐治亚州沃姆斯普林斯疗养，他是在3月30日，复活节前的星期五抵达那里的。他的医疗顾问们热切地希望总统能利用这一段时间好好地休养，恢复健康。因为4月25日在旧金山举行的联合国成立大会上，罗斯福要作主题演讲，他正在为此做积极的准备。在华盛顿，罗斯福的顾问们被斯大林的措辞和语气所震惊。"可以假定您还没有完全了解情况"这句外交辞令，听起来像是把罗斯福称为骗子。莱希认为，这"清楚地表明苏联对我们承诺的动机表示怀疑和不信任，在即将到来的旧金山会议上能否达成合作协议，前景堪忧"。他将斯大林的信转交给罗斯福，罗斯福指示他"采取必要措施，准备立即回复"。莱希根据马歇尔办公室提供的草稿进行了修改，并将文本发送给罗斯福，他只字未改，直接就批准了。莱希在日记中，称此信是对斯大林的"尖锐回应"，措辞"在国家之间的外交中接近于谴责"。[104]

还有像"强烈的怨恨"和"卑鄙地歪曲"这样的词语，非常夺人眼目。然而，这些大胆的断言明显是为了掩盖事实。以这句话为例，"在伯尔尼没有举行任何谈判"，从"谈判"的正式意义上来说确实如此，但白宫的文件档案中，包含了4月1日星期日复活节那天美国战略情报局伯尔尼情报站的一份"三方优先"的急件，急件总结了最近的接触，并表示假设没有进一步的拖延，"沃尔夫应该在周一某个时刻或周二早晨来参加会议"。[105]

罗斯福致斯大林

1945年4月4日发，1945年4月5日收[106]

您4月3日的信函收悉，我感到非常惊讶，信中指责亚历山大元帅和凯塞林元帅在伯尔尼作出的安排，"允许英美军队向东推进，而英国人和美国人已经承诺对德国人放宽和平条件"。

在先前给您的信件中，关于试图在伯尔尼安排一次会议以讨论德国军队在意大利投降一事，我已经告诉过您：

（1）在伯尔尼没有举行任何谈判；

（2）这次会议没有任何政治意义；

（3）敌人在意大利以任何方式投降，都不能违反我们商定的无条件投降原则；

（4）在任何讨论投降问题的会议上，苏联军官都将是受欢迎的。

我们共同对德战争所作出的努力即将结出硕果，使德国军队瓦解的胜利只在旦夕之间。为了延续这种努力的优势，我必须假设您对我高度信任，就像我一直对您高度信任一样。

我也十分赞赏英勇的贵军在使艾森豪威尔将军率领部队成功渡过莱茵河方面所发挥的作用，贵军的行动为今后最终瓦解德国对我们联合进攻的抵抗影响巨大。

我完全信任艾森豪威尔将军，并且知道他在与德国人签订任何协议之前，肯定会告知我。他奉命在当下和以后接受前线战败的敌军无条件投降。我们在西线的推进是由于军事行动，推进速度之快主要归功于我们空军的巨大威力，他们摧毁了德国人的交通设施，而且艾森豪威尔在德国军队还处于莱茵河以西的时候，重创了西线的大部分德国军队。

我确信，任何时候，在伯尔尼都没有举行过谈判，我认为您获取的这方面信息一定来自德国方面。资料显示，德国人一直努力在我们之间制造矛盾，以便在某种程度上逃避他们的战争罪行和责任。如果这是沃尔夫在伯尔尼的目的，您的信证明，他已经取得了一定的成功。

我相信您是信任我的，并且信任我与您一起让纳粹无条件投降的决心。然而令我惊讶的是，苏联政府似乎已经相信，我在事先没征得您同意的情况下，就与敌人达成了协议。

最后，我想说的是，胜利就在我们的眼前，如果在蒙受了巨大的生命、物资和财富损失之后，因为怀疑和不信任而使我们整个事业蒙上阴影，那将是历史上最大的悲剧之一。

坦白地说，我无法避免对您的情报提供者产生一种强烈的怨恨，无论他们是谁，因为他们卑鄙地歪曲了我的行为或我信任的下属的行为。

罗斯福回信的语气让丘吉尔很高兴，他对他"可怜的朋友"日益虚弱的身体感到痛心。4月6日，丘吉尔对妻子说："我从他那里收到的很多电报，显然都是他身边的人写的。"丘吉尔说，然而这封给斯大林的信"肯定会使他迸发出昔日的激情，而且这封信是迄今为止我在外交事务中所见过的最令人激动的事情"。后来他在回忆录中也表述了同样的观点。他说："我认为，虽然罗斯福先生没有起草这封信的全部内容，但他完全可以最后润色……罗斯福本人似乎很愤怒。"[107] 丘吉尔当时不知道，就像1945年他收到的大多数所谓罗斯福的"私人"电报一样，此份电报的结尾部分也是罗斯福的助手们写的。[108]

斯大林怀疑"填字游戏"起源于英国，其实相反，在这件事中，伦敦实际上处于次要地位，甚至被排除在局外。英国驻华盛顿大使馆只是被告知，美国国务院和美国参谋长联席会议决定，"不理睬莫洛托夫22日的信"。直到斯大林和罗斯福在4月3日至4日就伯尔尼的问题进行了激烈的交锋之后，信函才抄送给丘吉尔，而且是在莱希向总统本人提出正式请求之后。

所有这些都表明，美国可能故意不告诉英国，因为英国倾向于对苏联人采取更透明的方式，也许还提防着苏联在伦敦高层的特工。当丘吉尔发现自己被排除在外时，4月5日，他对内阁毫不掩饰地发泄了自己的愤怒。但他又给斯大林发了一封冗长的解释信函，以此来支持罗斯福。在信的结尾，他斥责了恶意中伤，并说："我自己和我的同事赞同美国总统回复的最后一句话。"[109]

罗斯福和丘吉尔就波兰问题发出的联合信函，并没有改变苏联的立场。4月2日，莫洛托夫—哈里曼—克拉克·克尔的委员会开会，但是毫无进展，西方的大使们质疑其继续工作的意义，因为克拉克·克尔称莫洛托夫"固执和反常"[110]。但是丘吉尔建议等待，等待斯大林回复他和罗斯福发出的"非常严肃的电报"。克兰伯恩勋爵是一位对丘吉尔的苏联政策持强硬态度的内阁批评家。丘吉尔对勋爵说："如果回应是完全敌对的，我认为俄罗斯人不太可能去旧金山。他们更愿意站在卢布林波兰人一边，坚持战斗到底。"丘吉尔继续说，在这种情况下，会议应该继续召开，"安东尼和我都认为，如果仅仅因为俄罗斯的愠怒，就推迟这次国际会议的召开，这将是对我们的事业和威望的巨大打击，也是对自由波兰事业的巨大打击"。俄罗斯人会认为，仅仅因为他们弃权，世界就陷入了瘫痪。事实上，丘吉尔也承认，尽管自己"对这次会议并不热衷"，但这次会议让美国总统非常痴迷，如果苏联试图阻止它，"在这种情况下，我就转而对这次会议非常热衷"，坚决表明"以英国和美国为首的所有同盟国"，并没有"因为斯大林和莫洛托夫的傲慢态度而推迟我们的行动"。[111] 美国人也不想推迟会议，在等待斯大林的回应时，他们如坐针毡。哈里曼则急于回华盛顿，为他对苏联的强硬路线争取支持。斯特蒂纽斯告诉他，一定要留在莫斯科，直到收到斯大林的回复。[112]

4月7日，在波兰问题上，斯大林分别回复了两封信，详细的那一封是给罗斯福的，简洁的是给丘吉尔的，再加上一份给罗斯福的信函的副本。斯大林丝毫没有让步，并将这场对峙归咎于西方的大使们，说他们"背离了克里米亚会议的原则"，是他们断然否定了临时政府，并试图拉拢不接受雅尔塔会议公报的波兰人。

斯大林致罗斯福

1945年4月7日发，1945年4月9日收[113]

关于您4月1日的来信，我认为有必要就波兰问题作出以下评论。

波兰的事态确实陷入了僵局。

原因何在？其原因就是美国和英国驻莫斯科大使，即莫斯科委员会的成员，已经背离了克里米亚会议的原则，在这一问题上引入了克里米亚会议没有提供的新内容。

即：(1) 在克里米亚会议上，我们三人都认为，波兰临时政府是目前在波兰运作的政府,它可能会进行重组,并应该成为新的民族团结的政府的核心。但是美国和英国驻莫斯科的大使背离了这一原则,无视波兰临时政府的存在,对它视而不见——充其量,是想让波兰和伦敦的独立代表与波兰临时政府平起平坐。况且他们认为,重组临时政府应被理解为对现有的临时政府加以清理,并成立一个全新的政府,以至于问题发展到了如此地步,哈里曼在莫斯科委员会上说:"波兰民族团结政府的组成,可能不会包括临时政府的任何成员。"

理所当然,美国和英国大使的这种立场不能不引起波兰临时政府的愤慨。至于苏联,当然也不能同意这种立场,因为这意味着直接违反克里米亚会议的决议。

(2)在克里米亚会议上,我们三人一致同意,应该邀请来自波兰的最多五人,来自伦敦的最多三人进行磋商。但是美国和英国驻莫斯科大使已经背离了这一立场,要求莫斯科委员会的每一个成员,都有权从波兰和伦敦邀请不限数量的人选。

苏联政府显然不能同意这一点,因为召集人的工作应该根据克里米亚会议的决议进行,不是委员会成员的个人行为,而是由整个委员会即委员会本身进行决定。召集不限数量的人员参加磋商,与克里米亚会议的计划相抵触。

(3)苏联政府的出发点是,根据克里米亚会议各项决议的精神,应该邀请这样的波兰领导人进行磋商:首先,他们承认克里米亚会议的决议,包括关于寇松线的决议;其次,他们真正努力建立波兰和苏联之间的友好关系。苏联政府坚持这一点,是因为苏联军队为解放波兰付出了巨大的牺牲,而且在过去30年中,波兰领土曾两次被敌人用来进攻俄罗斯,所有这一切迫使苏联政府不得不采取措施保持苏联和波兰之间的友好关系。

但是,美国和英国驻莫斯科大使却没有考虑到这一点,他们极力主张应该邀请波兰领导人参加磋商,而不管他们对克里米亚会议的决议和苏联持什么态度。

在我看来，这就是阻碍在共同协议的基础上解决波兰问题的原因。

为了走出僵局并达成一致决议，我认为有必要采取以下措施：

（1）同意波兰临时政府的重组并不意味着对它清理，而是通过扩充的方式对它进行重组，同时应该铭记，未来波兰民族团结政府的核心应该是波兰临时政府。

（2）回到克里米亚会议的规划上来，只召集八位波兰领导人，其中五位应该来自波兰，三位来自伦敦。

（3）同意在任何条件下，都应与波兰临时政府的代表进行协商，同时铭记与他们之间的协商应该首先进行。因为与从伦敦和波兰召集的独立代表相比，波兰临时政府代表着波兰的绝大多数人，那些独立代表对波兰人民的影响，无法与波兰临时政府在波兰享有的巨大影响力相比。

我提请您注意这一点，因为我认为，在波兰，背离这一点而作出任何其他决策都会被波兰人民视为侮辱，是企图强迫波兰接受一个没有考虑波兰民意而组建的政府。

（4）只从波兰和伦敦召集那些承认克里米亚会议的决议，并真正致力于苏波友好关系的领导人。

（5）从没有参与临时政府的波兰领导人中，选出新部长来替换临时政府中的一些现任部长，进行波兰临时政府的重组。

关于在波兰民族团结政府的组成中新老部长的人数比例，可以参照南斯拉夫政府的情况而定。

我认为，考虑到上述意见，可以在短时间内就波兰问题达成一致决议。

斯大林给丘吉尔抄送了这份电报，外加一封短信，回答了丘吉尔另外的问题。在这封简短的信中,他暗示可以创造一个机会,在莫斯科接待米科瓦伊奇克,前提是他要公开承认雅尔塔会议上有关波兰的决议。有趣的是,这一提议只出现在给丘吉尔的信中(丘吉尔被视为伦敦的波兰人的主要联系人),相关段落是在较晚的时候被插入在第二稿中。[114] 在莫斯科,米科瓦伊奇克仍然不受欢迎,驻伦敦的苏联代表团的列别杰夫写信告诉莫洛托夫,米科瓦伊奇克与波兰家乡军领导人之间的通信被截获,通信已经"暴露了他是苏联的死敌"[115]。但斯大林显然认为,他可以在不影响亲苏人士在华沙政府中占优势的情况下,就丘吉尔最喜欢的波兰人米科瓦伊奇克,向英国首相作出一个象征性的姿态。

这封致丘吉尔的信函的最后一段,带有不同的语气风格。这是莫洛托夫插入的,显然是斯大林口述的内容,这段话是:"我和丘吉尔夫人进行了愉快的谈话,她给我留下了深刻的印象。她转交给我一份您的礼物。请允许我为此向您表示衷心的感谢。"[116]

作为俄罗斯援助基金会的负责人,克莱门蒂娜·丘吉尔于4月2日至5月11日访问了苏联。她在战时联盟的大部分时间里,都致力于俄罗斯援助基金会的工作。3月底,由于关系紧张,丘吉尔曾考虑过推迟她的行程,他告诉艾登说,但后来,作为"个人善意的标志",他决定让访问继续进行。[117] 第一次这样的访问必然涉及微妙的礼仪问题,苏联人极为得体地解决了这些问题。丘吉尔夫人被安排乘坐专列游览全国,访问列宁格勒、斯大林格勒、敖德萨、库尔斯克、高加索地区和克里米亚半岛。4月3日,在离开莫斯科之前,她受到了莫洛托夫"最友好的"接待,莫洛托夫"提到了目前的困难,但表示它们会过去的,英苏友谊会保持下去"。随后,她作为贵宾参加了莫洛托夫夫妇举办的"令人愉快的宴会"。4月7日,斯大林会见克莱门蒂娜,并对她的筹款活动表示由衷的感谢。就在这一天,斯大林给丘吉尔发了信,所以这一段肯定是在最后一刻加上去的。信中提到丘吉尔的礼物,是一支金色的钢笔。克莱门蒂娜说:"我的丈夫希望我转达他的愿望,他想让您用这支笔给他写更多友好的信。"根据她的记述,斯大林微笑着接受了礼物,但补充说:"我只用铅笔写字。"丘吉尔对夫人在莫斯科受到高规格接待非常高兴,同时也发现这一切与紧张的、令人担忧的外交现状相矛盾。他在4月6日给她发了电报说:"让我困惑的是这种不一致性。"[118]

4月7日,在关于伯尔尼事件的另一封信中,斯大林的态度更为温和。他向罗斯福保证,他从未怀疑过罗斯福的诚信,对盟军与纳粹秘密交易的谴责也立即停止了。莫斯科从亚历山大总部和苏联情报部门获得的情报显示,美国战略情报局在瑞士的接触到那时已经停止了,显然上面的信息起了作用。不过,斯大林还是继续把同盟国之间的透明度当作一个原则问题。他还为他的那些"情报提供者"的声誉辩护,并提醒罗斯福美国特工犯下的错误,特工们特别援引了马歇尔将军提供的信息,这些信息后来遭到苏联情报部门的驳斥。

斯大林致罗斯福

1945年4月7日发,1945年4月9日收[119]

我收到了您4月5日的来信。

在我4月3日的信中,我谈的不是诚信的问题。我从未怀疑过您的诚信以及丘吉尔先生的诚信。我所说的只是事实,即在我们的通信交流过程中已经显露出了意见分歧,这种分歧是关于一个盟友在处理盟国关系时孰可为孰不可为的。我们俄罗斯人认为,在目前的前线形势下,敌人只有投降一条路可走,一个盟国的代表与德国人就投降问题举行任何会议,必须安排其他盟国的代表参加。如果盟国请求参加这样的会议,无论如何,我们都必须同意。然而,美国人以及英国人的想法不同,他们认为俄罗斯人的观点是错误的。从这一事实出发,他们拒绝了俄罗斯人参加在瑞士与德国人谈判的权利。我已经写信给您,我认为没有必要重复一遍,假如俄罗斯人处于类似的境地，在任何情况下，他们都不会拒绝美国人和英国人参加这种会议的权利。到现在，我仍然认为，俄罗斯人的观点是唯一正确的观点，因为它排除了任何相互不信任的可能性，而且也不允许敌人在我们三人中间播下不信任的种子。

德国人在西线缺乏抵抗只是解释为他们战败了，这一点很难让人赞同。德国人在东线有147个师。他们可以在不损害自己利益的情况下，从东线调集15至20个师来支援西线的部队。然而，德国人没有这样做，现在也不会这样做。为了争夺捷克斯洛伐克的某个不出名的枢纽泽姆利亚尼察，他们继续与俄罗斯人野蛮地战斗，其实，他们需要这个枢纽，如同死人需要膏药一样——无用。但是德国人没有任何抵抗，就交出了德国中部的重要城镇，如奥斯纳布吕克、曼海姆和卡塞尔。难道您不认为德国人的这种行为是非常反常和令人费解的吗？

至于给我提供情报的人，我可以向您保证，他们是非常诚实和谦虚的人，他们尽职尽责，无意冒犯任何人。这些人已经通过他们的行为，经受住了我们的多次考验。您可以自己作出判断。1945年2月，马歇尔将军向苏联军队的总参谋部提供了一些重要的信息，他根据手头的资料警告俄罗斯人，3月份在东线，德国人将有两次重大的反击，一次是从波美拉尼亚向托伦的反击，另一次是从摩拉维亚－俄斯特拉发地区向罗兹的反击。然而，事实证明，德军的主要打击并不是在上述地区实施，而是在另一个地区，即布达佩斯西南面的巴拉顿湖地区。众所周知，德国人在这个地区集中了多达35个师，包括11个坦克师。这是这场战争中密集使用坦克部队进行的最严酷的战斗之一。托尔布欣元帅成功地避免了一场大灾难，并在后来彻底击败了德国人，这是因为我的情报提供者已经发现了德国人的这个主要打击计划，并立即通知了托尔布欣元帅，即使消息来得晚了一些。因此，我又有实例让自己信服苏联情报提供者的认真态度和专业性。

随函附上红军总参谋长安东诺夫将军写给迪恩少将[原文如此]的信，

以供您确定考虑的方向。[120]

这封信也抄送给了丘吉尔一份，同时还有另一封短信。斯大林告诉丘吉尔说，如果他认为，"我的每一句坦率的话都是无礼的冒犯"，再继续他们的"私密通信"将会"非常困难"。这是一种巧妙的奚落。简而言之，斯大林绝对没有放弃自己的主张，而是决定淡化伯尔尼事件，以免破坏三巨头的关系。

斯大林致丘吉尔
1945年4月7日发，1945年4月7日收[121]

您4月5日的来函已收悉。在我4月7日给美国总统的并且也抄送给您的信中，我已经回复了您在信中提出的有关瑞士谈判的所有基本问题。对您来信中提到的其他问题，我认为有必要作以下说明。

我和莫洛托夫都没有"诋毁"任何人的意图。这不是想要"诋毁"某个人的问题，而是我们对一个盟友的权利和义务持不同观点的问题。您会从我给美国总统的信中看到，俄罗斯在这个问题上的观点是正确的，因为它保证了每个盟友的权利，并防止敌人在我们之间挑拨离间。

我的信件都是私人信件，绝对保密。这使得我们能够清楚而坦率地表达自己的想法。这就是私密通信的好处。然而，如果您认为我的每一句坦率的话都是无礼的冒犯，那么这就使这种私密通信变得非常困难。我可以向您保证，我过去和现在都无意冒犯任何人。

在这三个国家的首都，人们都能感觉到三位领导人呼出的气息。这几个星期，真是酷热难当。

☆ ☆ ☆ ☆ ☆

丘吉尔是第一个采取行动的人。他想利用米科瓦伊奇克这枚棋子，于是要求艾登敦促这位波兰人公开声明他接受雅尔塔关于边界的决议，以及他对苏联的态度是友好的。但是，在了解罗斯福对 4 月 7 日有关波兰问题的电报作何反应之前，他不想回复斯大林。他对艾登说："上次我们快马加鞭，完成了大部分的起草工作。"他指的是 3 月 31 日的那封信，"现在我认为，他最好让我们知道他的感受"。所以在 4 月 11 日，丘吉尔征求罗斯福的意见，"我们应该如何尽快答复斯大林"，并指出自己在 19 日必须对下议院发表关于波兰问题的讲话。他补充说："我有一种感觉，他们不想和我们争吵，您那封有关'填字游戏'的电报可能已经使他们感到极度不安了。"同一天，丘吉尔转发了斯大林关于伯尔尼的信，丘吉尔认为，这是"他们能够得到的最接近道歉的东西"[122]。

正如美国档案馆一些被忽视的文件所显示的那样，罗斯福也想要弥合这个裂痕，尽管他还有一些犹豫。对于斯大林关于伯尔尼问题的信，罗斯福的第一个反应是在 9 日指示莱希："我认为没有必要回复，除非你或马歇尔将军想要回复。"[123] 到目前为止，由于苏联人对"填字游戏"的冷处理，军方的立场已有所缓和。4 月 5 日，联合战略调查研究委员会对最近同苏联关系的轨迹表示严重担忧，该委员会的职能是思考军事行动以外的问题和考虑安全与外交政策的相互作用问题。委员会强调，维持战时同盟始终是高于一切的目标，并公开反对哈里曼和迪恩所倡导的报复手段，这二人的倡议加强了参谋长联席会议对战俘和伯尔尼问题的强硬立场。4 月 5 日，联合战略调查研究委员会甚至建议罗斯福应该给斯大林发一封补充信，说明"我们之间非常令人遗憾的深深的误解"，建议邀请一批苏联高级军官到西线考察作战，以证明盟军领导层的真诚和正直。莱希拒绝了再发另一封总统信函的想法，认为那样做会削弱罗斯福4月4日那封信的影响力。但他对联合战略调查研究委员会的担忧表示理解。[124]

这种新的情绪影响了人们对斯大林4月7日关于伯尔尼信函的反应,这封信是在两天后收到的。11日,莱希向罗斯福递交了一份回应的草稿,罗斯福未修改就批准了。确认批准的电报是由在沃姆斯普林斯的总统秘书发出的,刚过午夜,信件到达了白宫,这封信立即被发给哈里曼,让他转交给克里姆林宫。几个小时后,白宫也对丘吉尔提出的如何回应斯大林的问题作出回复。但是这封信是由罗斯福本人在沃姆斯普林斯写的,这是他在1945年撰写的为数不多的三巨头信件之一。在信中,罗斯福告诉丘吉尔:"我会尽可能将苏联的总体问题最小化,因为这些问题以这样或那样的形式似乎每天都在出现,就像伯尔尼会议的情况一样。然而,我们必须坚定不移,我们的路线到目前为止是正确的。"[125]

这封信只有两句话,而且前后不太连贯,譬如"问题"一词的双重用法,但却是雄辩且真实的。在某种程度上,考虑到距离旧金山会议只有两周时间了,罗斯福敦促丘吉尔在下议院尽可能淡化最近的紧张局势。但从更普遍的意义上说,罗斯福表达了他一贯的观点,即与苏联的持久关系是最大的问题,其他一切都是次要的。他在伯尔尼问题上已经表明了自己的观点,而后来斯大林也缓和了,所以是时候继续前行了。这也是罗斯福刚刚批准的莱希给斯大林的电报中采取的方针。我们不知道罗斯福和参谋长是否打电话沟通过,但他们肯定是协同工作的。

罗斯福致斯大林

1945年4月11日发,1945年4月13日收[126]

感谢您坦率地阐释了苏联对伯尔尼事件的看法,该事件现在看来已成为过去,没有实现任何有用的目的。

在任何情况下，我们都应该相互信任，今后也不应该出现这种性质的小误会。我确信当我们的军队在德国与敌人遭遇并团结协作发动全面进攻时，纳粹军队将会瓦解。

因为哈里曼大胆地对这封信的内容提出了质疑，这封信还有一个发人深省的后续。此时的美国大使已经认定罗斯福对苏联的政策是根本错误的。正是他敦促罗斯福对雅尔塔会议公报中有关波兰的部分作出"我们的解释"，他还把模糊的战俘问题变成了对信任的考验。这件事反过来，又使参谋长联席会议在伯尔尼问题上对苏联和英国的欺瞒更加大胆。虽然罗斯福不希望与莫斯科在一连串的"问题"上争执不休而破坏两国关系，但哈里曼认为，两国关系已经无可挽回地被克里姆林宫破坏了。他认为美国政策是被"恐惧苏联"的想法所驱动的。"恐惧苏联"这句话，在他4月10日起草的一份给美国国务院的长篇电报中反复出现。他在这封电报中还写道："总统带着极大的不便并冒着极大风险来到雅尔塔，向苏联表达了最高的敬意。显然，他的这种宽宏大量的行为被解读为软弱的表现，而斯大林及其同僚正在采取相应的行动。"[127]

最后，美国大使没有发出自己的指责，但他亲自阻止了罗斯福向斯大林发出信函。他在4月12日星期四上午从莫斯科发来的一封电报中，建议罗斯福可以与丘吉尔联名作出回应，并修改其信函的措辞和主旨，删除"小"一词。哈里曼宣称："我必须承认，在我看来，这个误会性质严重，使用'小'这个词，在这里很可能会被曲解。"然而，莱希支持罗斯福的想法，尤其是在前一晚莱希看到罗斯福写给丘吉尔的信函之后。他迅速起草了一份简短的回复，告诉哈里曼没有理由推迟发信或者修改内容，莱希说："我不希望删除'小'这个词，因为我愿意把伯尔尼的误会视为一件小事。"罗斯福表示同意，这一指示在当天下午及时发送给了美国大使。给斯大林、丘吉尔和哈里曼的信函，是由罗斯福和莱希通过这种离奇的合作方式撰写的，概括了罗斯福对苏联的政策。[128]

在显示 4 月 12 日给哈里曼发送电报的地图室日志表上，可以看到这样简短的历史记录："有趣的是，这是罗斯福总统发出的最后一封信。它在战时中部时间将近 12 时 45 分获得总统批准，于 13 时 06 分传输到地图室，大约在同一时间，总统突发脑出血。"[129]

后 记

4月12日午夜时分，丘吉尔收到了罗斯福去世的消息，当时他正忙于处理文件。周围的人发现丘吉尔非常痛苦。他给罗斯福的遗孀埃莉诺·罗斯福写信说："我失去了一位并肩作战的挚友。"丘吉尔的第一反应是飞往美国，在葬礼上表达他的敬意，并与新总统哈里·S.杜鲁门交谈。这位前参议员缺乏行政经验，而生病体衰的罗斯福也没有为可能的接班人做任何铺垫，这体现了他的特点。卡多根在日记中写道，飞机原定于13日20时30分起飞，但在19时45分，"首相还未作出决定，他说他会在机场作出决定"。到了最后一刻，丘吉尔决定放弃飞往美国的想法，个中原因尚不完全清楚。他告诉国王说，如果去，他和艾登就会同时离开英国，外交大臣要去旧金山参加会议，丘吉尔还提到了伦敦纪念美国总统的仪式，以及"工作压力"对他来说"非常巨大"。1941年12月，在珍珠港事件爆发后，他们肩负使命分别前往华盛顿和莫斯科，但那时候，丘吉尔对与艾登同时离开英国并没有感到不安。国内政治可能是一个更重要的因素，尽管丘吉尔不承认，因为工党已经发出通知，一旦德国战败，它将退出战时的联合政府。4月9日，丘吉尔写信给克莱门蒂娜说："我认为，毫无疑问，政府很快就会解散。"丘吉尔在回忆录中说，无论如何，他很遗憾没有参加葬礼，也没有在美国新总统未站稳脚跟的时候去和杜鲁门交谈。但这是冷战后的反思。[1]

在莫斯科，4月13日凌晨1时刚过，哈里曼大使就听到了这个消息。他立即给莫洛托夫打了电话，莫洛托夫坚持要来美国大使馆。他于凌晨3时到达，并在那里待了一段时间，谈论罗斯福在战争中的贡献和他的和平计划。哈里曼发电报给华盛顿说，外交人民委员"似乎非常感动和不安，我从来没有听过莫洛托夫这么认真地讲话"。那天晚上8时，美国大使前往克里姆林宫。他告诉华盛顿方面，"当我进入斯大林元帅办公室时"：

> 我注意到，很显然，他听到罗斯福总统逝世的消息深感悲痛。他默默地和我打招呼，握着我的手站立了大约30秒，然后让我坐下。接着，他问了很多关于总统去世的原因和细节。

哈里曼笼统地解释了罗斯福的心脏问题。无论如何，哈里曼强调杜鲁门将继续罗斯福的政策，并说新总统是"斯大林元帅喜欢的类型，他是一个实干家，而不是空谈的人"。斯大林插话说："虽然罗斯福总统已经去世，但他未竟的事业必须继续。我们将全力以赴，支持杜鲁门总统。"哈里曼抓住这个机会，提出了一个他反复考虑了一整天的建议。他说，"向美国公众和全世界保证愿意继续与我们以及其他同盟国合作的最有效方式，就是莫洛托夫先生此时前往美国"，在华盛顿拜会新总统，然后参加在旧金山举行的联合国成立大会，即使只做短暂停留也是有益的。斯大林和莫洛托夫简要地讨论了联合国会议的日期和最高苏维埃会议的日期，然后问哈里曼，他说的这些话是否纯粹代表他个人。美国大使写道："我明确表示是代表个人，但我又补充说，我完全相信自己在表达总统和国务卿的观点。"有了这些保证，斯大林承诺会安排莫洛托夫的美国之行，"尽管目前很困难"。[2]

哈里曼大使瞒天过海，巧妙地施展了外交手段，他利用罗斯福之死带来的冲击，使苏美关系走出了3月份形成的对抗局面。4月25日，莫洛托夫如期和艾登、斯特蒂纽斯一同出席了联合国成立大会，杜鲁门代替罗斯福发表了开幕词。后来的冷战期间，因为"警察们"彼此争吵，联合国从一个维护和平的组织很快就变得雷声大,雨点小。事实上,苏联是在罗斯福去世后短暂的友好时期加入了联合国,这意味着苏联正式成为战后国际秩序的一部分,而在此之前的国际联盟时期,布尔什维克革命后的苏联仅仅作为一个局外人存在。把俄罗斯从孤立中解救出来,是罗斯福生前的一个梦想。他用自己的死亡,完成了长久以来的夙愿。

距欧洲胜利不到一个月,罗斯福猝然离世。然而,在这个联盟的关键时刻,又起争议。5月7日,西线的德国军队准备投降,艾森豪威尔于当天凌晨在兰斯签署了相关文件,所有战斗将于5月8日至9日午夜0时1分停止。考虑到伯尔尼的纷争,尽管没有莫斯科的官方授权,他也确保有一名苏联代表在场。艾克想在那天晚上发表一份公开声明,因为让德国军队放下武器的命令将会用普通电报传递,无法保密。丘吉尔也渴望这样做,因为消息已经在英国传开,人们开始在伦敦聚集。但是斯大林决定在柏林举行一次盛大的受降仪式,因为在那里,红军仍在应对德国人的顽强抵抗。据朱可夫说,5月7日他在柏林,斯大林给他打电话说,"兰斯投降"只能被视为"预备的"投降。"在战争中承受主要压力的是苏联人民,而不是同盟国,"斯大林告诉朱可夫,"因此,德国人应该在所有反希特勒联盟国家的最高指挥部前,而不仅仅是在盟军的最高指挥部前,签署投降书。"受降仪式必须在"法西斯侵略的中心"柏林完成。由于丘吉尔不愿进一步限制民众的庆祝活动,5月8日,英国和美国举行了"欧洲胜利日"(VE)庆祝活动。实际上,苏联军队在柏林,也非正式地庆祝了这一节日。但是,按照斯大林的命令,柏林郊区卡尔斯霍斯特的朱可夫司令部直到5月9日凌晨才正式宣布德国投降。因此,西方盟国将5月8日作为胜利日,而不像苏联及其继承国家那样将5月9日作为胜利日。1945年和1941年一样,三个大国仍在进行各自的战争。[3]

伴随着第三帝国的垮台,是一系列充满溢美之词的信件。对于苏联的"辉煌胜利",丘吉尔从"我们的祖国"向斯大林致以"衷心的祝贺",并重申他"坚信英俄两国人民之间的友谊和理解,关系着人类的未来"。斯大林在回信中表示，"相信我们两国在战争期间形成的友好关系，在战后时期也能顺利和愉快地发展"。杜鲁门在给斯大林的信中，称赞"热爱自由和无比勇敢的人民具有粉碎野蛮邪恶力量的能力"，而斯大林则回信说，三国联盟将"作为我们的人民战斗合作的模范，永载史册"。[4]

然而在这些华丽辞藻的背后，气氛正变得冷淡。4月23日在华盛顿，杜鲁门就波兰问题严厉斥责了莫洛托夫，要求他信守雅尔塔会议公报。这场外交表演反映了哈里曼的意志，他专程飞回美国来推行他的强硬政策，同时这也满足了新总统杜鲁门的心理需求，以表明他不会被人摆布。"我斥责了他，"杜鲁门后来吹嘘道，"直截了当地反驳了他的说教。"[5] 几个星期后，5月18日，丘吉尔以同样的方式就波兰问题对古谢夫大使进行了"尖刻的训斥"。他随即指示参谋长们制订一份使用武力的应急计划，目的是"为波兰争取公平的交易"。对苏联采取敌对行动的假设最早于1945年7月1日实施。计划的策划者们非常震惊，称这是一个"不可思议的行动"（"Operation Unthinkable"）。这不仅因为胜利还不到两周，英国就想与战时的盟友反目，甚至在这个过程中要重新武装前德国敌人，这些都是不可想象的，而且成功的概率为零。策划者解释说，由47个英美师在德累斯顿周围发起突然袭击，可能会迫使苏联在波兰问题上让步，但这将导致一场全面战争，用布鲁克的话来说，胜利是"完全不可能的"。[6]

丘吉尔竟然会有如此惊人的想法，完全无视1941年至1945年东线战争的教训，毫无疑问，他在领导了5年战争后已身心俱疲。这或许也暗示着，在丘吉尔与莫斯科的关系中，罗斯福作为平衡大师的角色已不复存在。他们在波兰问题上建设性的紧张关系，就是一个恰当的例子：丘吉尔反复在波兰问题上以"信用债务"施压，而罗斯福则退避三舍，极力避免三巨头的合作出现裂痕。他们给斯大林的许多信函，都是跨越大西洋起草的，罗斯福经常缓和丘吉尔的情绪，避免其行为冲动或使用过激的言辞。丘吉尔对这位勇敢的轮椅总统的感情是毋庸置疑的。1947年，有一次，丘吉尔谈论罗斯福的时候，突然停顿下来，望着窗外喃喃地说："我是多么喜欢那个人啊！"[7] 至于斯大林，4月13日对旧金山会议的态度发生大逆转，暗示了他对罗斯福的特别尊敬，有时候这在通信中也是显而易见的，他给罗斯福的信既有积极的语言润色，又罕见他发给丘吉尔的那种充满暴躁、讽刺甚至粗鲁语言的信函。像1943年1月13日和1945年4月3日那样在信中提出激烈的批评，在他和罗斯福的通信中只是特例。斯大林从不轻易信任任何人，但在这个不确定的世界里，罗斯福似乎是一个可靠的因素。简而言之，尽管罗斯福在三巨头的通信交流中经常是沉默的伙伴，但他的猝然长逝，似乎更表露了他对另外两人的重要性。

然而，这并不是要夸大从罗斯福到杜鲁门过渡不畅。[8] 从莫洛托夫受到斥责，到丘吉尔"不可思议的"行动的隐约存在，可以看出在1945年三巨头关系并不稳定。5月，当杜鲁门终于抽出时间阅读雅尔塔会议公报时，他才真正意识到，公报是多么智慧与灵活。现在，在罗斯福的老朋友约瑟夫·戴维斯的影响下，杜鲁门决定平息这场围绕波兰的长期争论。杜鲁门下达指令，哈里·霍普金斯抱病前往莫斯科，与少数非共产主义者达成象征性的扩大波兰政府的协议，这为美国承认波兰政府铺平了道路。丘吉尔别无选择，只能眼巴巴吞下苦果。5月12日，丘吉尔给杜鲁门发电报说，"铁幕"即将在欧洲落下。尽管他的忧郁话语预示着冷战的开始，但他并没有放弃对斯大林的个人景仰。丘吉尔和其他英国政策制定者，将最近的问题归咎于莫洛托夫、"党魁"或"陆军元帅"。从根本上说，丘吉尔的目标是在另一次峰会上与苏联领袖达成和解，从他希望的强势地位开始谈判。[9]

然而，那次会议被推迟了几个月，到1945年7月底波茨坦会议举行时，英国的影响力正在减弱。关于德国赔偿和波兰西部边界的主要协议，是由杜鲁门的国务卿吉米·伯恩斯起草的，他成了一名政治调停人，英国反倒成了局外人。丘吉尔本人也失去了首相之位。7月26日，就在波茨坦会议期间，英国选举结果公之于众。艾德礼和工党出人意料地取得了压倒性的胜利，保守党则遭遇了耻辱的失败。丘吉尔的光环褪去，风光不再。但这个结果是可以理解的。正如他在竞选期间哀叹的那样："我现在对他们无话可说。"在1940年发出"狮吼"之后，他对渴望和平和"新耶路撒冷"的人民失去了发言权。冷静下来之后，他对一名助手说，他们完全有权利按照自己的意愿投票。这就是民主。这就是我们一直奋斗的目标。[10]

当然，对于斯大林来说，这样的结果是不可思议的。丘吉尔突然在政治上的垮台，紧跟在罗斯福去世后不久，让又一个"世界名人"从国际舞台上消失了。公正的人们注意到，苏联领袖斯大林"失去了两个旗鼓相当的对手"，失去了两个熟悉的合作伙伴，到战争结束的时候，一场"经典的三边外交"游戏，蜕变为一个复杂的"国际困境"，出现了大量的新面孔和新问题。在这些令人不安的新奇事件中，最突出的是8月6日美国已经拥有了原子弹的消息，这使所有传统的力量观念都过时了，平衡被打破了。[11]

对丘吉尔来说，这次选举的失败就像是宣判了他的死刑。7月26日，全家人共进午餐时，气氛沉闷。克莱门蒂娜意识到丈夫的身心几近崩溃，于是强作欢笑地说"很可能，这是祸中得福"。丘吉尔看着她，咕哝道："这会儿，福似乎完全被掩盖住了。"然而，克莱门蒂娜是对的。[12]经过几个月的恢复，温斯顿又开始讲话了。1946年丘吉尔一出场，他的演讲就在全世界引起了共鸣，尤其是在美国富尔顿（关于美国和苏联的关系）和法国斯特拉斯堡（关于法德和解与欧洲统一）的演讲。

随后，1948年至1954年期间，他的六卷本《第二次世界大战回忆录》陆续出版，卷帙浩繁，气势磅礴，这在近代历史上留下了丘吉尔的深刻印记。这也促使斯大林着手出版三巨头的全部信件，以此来记录苏联方面的故事。这一出版计划，斯大林曾在1944年12月向戴高乐透露过[13]。于是，历史之战就此拉开序幕。

☆☆☆☆☆

不过，丘吉尔和斯大林的书信关系并没有在 1945 年 7 月结束，这个故事为 1941 年至 1945 年的历史画上了一个迷人的句号。得知斯大林在波茨坦会议期间生病，政坛败将丘吉尔从伦敦给他发去一封告别信，表达自己对斯大林的良好祝愿。8 月 1 日，斯大林回复道："感谢您的电报。我只是身体稍有不适，现在又恢复了健康。祝好。约·斯大林。"我们将看到，丘吉尔没有忘记这句话。他还保留了在战争时期发送生日祝福的习惯，依然在 1945 年 12 月发电报庆贺："祝您生日快乐。"斯大林回复说："我感谢您对我生日的美好祝愿。我当时正在休假，很抱歉我现在才对您的生日送上迟来的我的最诚挚的祝福。"[14]

当然，斯大林"休假"的想法令人瞠目。但就像他的两个战时盟友一样，这场战争也让苏联领导人付出了健康代价。他患上了动脉硬化症，这种疾病会减少血液流向大脑，罗斯福中风也是由于这个原因。斯大林的疾病加剧了他的猜疑和情绪波动。1945 年 10 月 9 日，他决定休假，并前往黑海岸边索契附近的山顶别墅住了几个月。没有不透风的墙，随着消息的泄露，西方媒体充满了对他健康状况的猜测，包括心脏病发作的报道，以及可能的继任者。斯大林很快知道了这些消息，因为他是一个外国报刊摘要的热心读者。斯大林疗养期间，莫洛托夫在莫斯科负责日常工作。"老板"把他置于"远程控制"之下，他每天都要向老板报告自己的行为，就像这位外交人民委员 1942 年在丘吉尔和罗斯福之间"斡旋"一样。斯大林总是做最坏的打算，他开始琢磨"莫洛托夫同志"的野心。没想到丘吉尔无意间把问题激化了。

1945 年 11 月 7 日，前首相丘吉尔在下议院的一场辩论中发表了讲话，谈及与美国的关系，尤其是美国拥有原子弹的问题，他将此称之为"维护和平的神圣的信任"。11月7日也是俄国十月革命纪念日，这一天，丘吉尔小心翼翼地用一段很长的告白开始了他的演讲。"我们对高尚的俄罗斯人民和英勇的苏联军队怀有深深的感激之情，当他们遭到希特勒攻击时，他们抛洒热血，遭受了不可估量的痛苦，直到取得了完全的胜利，"他同时敦促说，"英国人民和俄罗斯人民发展起来的同志情谊和友谊，不仅应该维护，而且应该迅速增进。"丘吉尔继续说道：

> 我想说的是，我们都很高兴地知道并感到，斯大林大元帅仍在坚定地掌舵并驾驶着他的巨轮。就我个人而言，我对这位真正的伟人只有最热烈的赞美。他是他们的国家之父，是和平时期国家命运的主宰，是战争时期国家主权的胜利的捍卫者。[15]

在过去的几年里，尤其是在苏联的特殊纪念日时，丘吉尔曾在充满华丽辞藻的信件中表达过这样的情感。同样令人熟悉的是莫洛托夫的回应，他在《真理报》上发表了丘吉尔的演讲摘录。但斯大林的反应与战争时期截然不同，11月10日，他从索契给他的四名副手发了一份严厉的电报，告诉"莫洛托夫、贝利亚、马林科夫和米高扬同志"：

> 我认为发表丘吉尔赞扬俄罗斯和斯大林的演讲是一个错误。丘吉尔之所以这样做，是因为他需要安抚他的内疚，并掩饰他对苏联的敌对态度，特别是他和支持他的英国工党政客，是反苏的英美法阵营的组织者。

斯大林坚称，"我们必须全力反对这种在外国人面前卑躬屈膝的态度"，并警告说，发表这种讲话只会"植入奴性和奉承"。莫洛托夫模仿他"老板"的口吻恭敬地道歉说："现在我认为，这是个错误，因为即使在我们出版的版本中，也可以看出丘吉尔对俄罗斯和斯大林的赞扬，有助于掩饰他的反苏目标。在任何情况下，没有您的同意，这篇讲话稿都不该刊载出来。"[16]

来自索契的严厉指责，并非一时兴起。

> 这更可能是斯大林的蓄意设计，他利用《真理报》的文章作为借口，对西方采取新的、更强硬的态度，通过重新点燃老布尔什维克的警惕精神和对阶级敌人的蔑视，来摆脱他的同事们对盟国的残余尊重和幻梦。[17]

但是莫洛托夫似乎没有明白这一点。在接下来的几个星期里，他放松了对外国媒体的一些审查限制，导致伦敦《每日先驱报》驻莫斯科记者发表了一篇快讯，肆意地对斯大林健康状况作了猜测，甚至猜测他可能被莫洛托夫取代。斯大林对这种"关于我们政府的谎言和诽谤性捏造"非常愤怒，他开始彻底地羞辱莫洛托夫。他告诉核心集团的另外三名成员："我确信，莫洛托夫并不珍惜我们国家的利益和我们政府的威望，他只想在某些外国圈子里获得声望。我再也不能把这样一个同志当作我的第一副手了。" 12月7日，莫洛托夫在贝利亚、米高扬和马林科夫的指责下，给斯大林发了一份谦卑的电报，承认自己犯了"严重的政治错误"，对莫斯科的外国记者"展示了虚假的自由主义"。他给索契发去电报，承诺要努力赢回斯大林的信任。他说："您的电报充满了对我这个党员以及对我个人的深深的不信任，我认为这是最严重的党内警告，对我今后所有的工作有警示意义，我珍惜这些工作，胜过我的生命本身。"莫洛托夫可怜的"认错"，让人想起了1942年5月斯大林在英苏条约的条款上彻底改变立场时他的低声下气。[18]

这并非一个孤立事件。9月，在伦敦外长会议上，斯大林已经对莫洛托夫进行了指责，当时莫洛托夫倾向于在一些问题上与美国和英国妥协，包括从苏联对的黎波里塔尼亚的托管到莫斯科在占领日本过程中发挥的全面作用，这与斯大林不可调和的强硬态度背道而驰。就像1943年至1944年对意大利军舰问题争论不休一样，这位苏联领导人沉迷于三巨头之间的平等权利和地位。他对莫洛托夫大发雷霆："同盟国正在向你施压，逼迫你违背自己的意志，他们对盟友缺乏最起码的尊重。"[19] 围绕伦敦会议、丘吉尔演讲和《每日先驱报》文章的争论，表明斯大林正在从务实的战时合作转向将西方视为潜在的敌人。这一姿态也将证明，在国内对政治偏向和"世界主义"进行新的打击是有充分理由的。丘吉尔在1946年的另一次演讲，又给了斯大林更有价值的论据。

丘吉尔对自己失去权力感到恼火，他接受了美国密苏里州一所鲜为人知的长老会学院的邀请，发表演讲，因为那里是杜鲁门的家乡，杜鲁门主动介绍了他。丘吉尔于1946年3月5日在富尔顿发表的演说，被称为"铁幕"演说而载入史册，但"铁幕"这一词汇只是他为数不多的几个核心词语之一。他还警告说，苏联日益严重的问题不会"通过绥靖政策"来解决，并呼吁建立永久的"英联邦和大英帝国与美利坚合众国的特殊关系"，包括军事合作、可互换武器、共享基地，最终实现共同公民身份。不过这一切并不是要吹响与苏联开战的号角，而是从实力的立场上请求谈判。他说，他希望在"英语世界的全力"支持下，"在联合国组织的普遍权威之下，与俄罗斯就所有问题达成良好的谅解"。丘吉尔在结束语中说："这就是我在这次题目为'和平砥柱'的演讲中，恭敬地向你们提出的解决方案。"[20]

他对听众说，在这些核心词语中，特殊关系是他要传达的信息的"关键"。因为这一战时同盟，不仅仅削弱了三角关系中苏联一方。此时，丘吉尔正对美国与英国的渐行渐远深感忧虑。参谋长联席会议停掉了，租借计划突然终止了，一个民族主义的国会正在退出原子武器合作项目。因此，在富尔顿，丘吉尔对华盛顿的关注不亚于对莫斯科的关注，他援引"铁幕"来证明这种特殊关系的合理性。[21]

"和平砥柱"的演讲在历史上具有特殊地位，不是丘吉尔的本意，而是斯大林的反应促成的。苏联已经成为媒体的焦点，因为它没有按照协议从伊朗北部撤军，这是1941年的另一个遗留问题。然后，在1946年3月11日至12日，《真理报》和《消息报》对丘吉尔的演讲进行了抨击；之后，在13日的《真理报》上，斯大林本人发表了一篇精彩的问答，谴责丘吉尔的演讲是"向苏联宣战"，其断言英语民族"是唯一有价值的民族，应该统治世界上其余的民族"。斯大林宣称，这是基于语言的"种族论"，让人想起希特勒及其同伴。这成为西方的头版新闻。例如，3月14日《纽约时报》的头条新闻：

斯大林说丘吉尔挑起战争
并蔑视英苏条约；
苏联坦克逼近德黑兰

看到了种族论

俄罗斯领导人将丘吉尔比作希特勒，向美国求援

说苏联能赢得战争[22]

历史学家推测了斯大林的动机。通过将丘吉尔的话夸大为全面的"战争号召"，他或许希望在动员自己的人民的同时撼动西方？他也许想让杜鲁门知道，他没有被美国的原子弹吓倒？[23] 无论如何，华盛顿和伦敦都匆忙与富尔顿演讲划清界限，尽管艾德礼私下里事先对其主旨表示认可，杜鲁门也曾在前往富尔顿的途中阅读了全文并表示赞同。事实上，杜鲁门很可能将其视为对苏联更强硬的新政策的一种试探，美国政府在1946年至1947年逐步推行了这一政策。[24] 结果，丘吉尔的演讲在短期内受到了各方指责，但随着冷

战的加深，赞誉又如潮而来。而富尔顿演讲，则被视为他政治家先见之明的又一例证（就像20世纪30年代在重整军备问题上一样）。斯大林的斥责反倒让丘吉尔自鸣得意。从3月15日在纽约发表的一篇演讲草稿中被删除的几句话可以看出，他很高兴能成为头条新闻：

> 一个强大的、胜利的政府的首脑，竟然从他庄严的权力宝座上走下来，与一个没有任何官方职位的人进行个人辩论，并且从严格意义上讲此人的讲话未经任何政府授权，这是很不寻常的。我不会让这种含蓄的恭维冲昏我的头脑。即使是来自最强大的独裁者的最严厉言辞，也不会让我感到沮丧。事实上，多年来希特勒用刻薄的话语攻击我，而我依然努力前行并取得了令人满意的进展。[25]

在全球舆论的刺激下，丘吉尔重新焕发了活力，他发现自己对政治的热情又沸腾起来，他相信工党正在出卖帝国，出卖国家。6月27日，他告诉他的医生："不久之前，我还准备退休，准备体面地死去。但现在我要坚持不懈，把他们赶出去。"他的密友布伦丹·布拉肯用特有的生动语言总结了这种新情绪。他说，丘吉尔"决心继续领导保守党，直到他成为人间的首相或天堂的国防大臣"。[26]

然而，丘吉尔并没有把斯大林对他在富尔顿演讲的指责，当成是针对他个人的宣泄。1946年12月21日，他让苏联驻伦敦大使向斯大林转达一封简短的信函："我的战友，在您生日之际，献上我个人所有美好的祝福。"3天后他收到了回信："衷心感谢您对我生日的良好祝愿。"经莫斯科方面同意，丘吉尔适时地发表了他写给斯大林的信，这封信出现在几家英国报纸上，通常以"我的战友"这样的字眼为特色。[27]1947年1月，英国陆军元帅蒙哥马利接受了为时甚久的邀请，访问了莫斯科，他希望能消除艾德礼所说的笼罩在英苏关系上的"疑云"。1月10日，蒙蒂（蒙哥马利的昵称）与斯大林度过了一个愉快的夜晚。他后来告诉丘吉尔，斯大林询问了丘吉尔的健康状况，然后说："现在您在许多政治问题上与他意见不同，但作为二战期间英国伟大的领导人，他将铭记与您一起工作的最愉快的经历；他还说，他对您在战争年代所做的一切表示极大的敬意和钦佩。"斯大林说，如果蒙蒂能把这些话转告给丘吉尔，他将"非常高兴"。[28]

1947年2月3日，丘吉尔以他所谓的"对等精神"回复了斯大林：

亲爱的斯大林：

我很高兴通过蒙哥马利元帅收到您的友好信息。关于政治分歧，我确实不太精通卡尔·马克思的学说。

我总是回顾在许多危急关头我们共同面对的战友情谊，当涉及苏联的安全和军队的声誉时，您永远可以信赖我。

从蒙哥马利那里得知您身体健康，我也很高兴。您的生命不仅对您所拯救的您的国家来说是宝贵的，而且对苏联和英语世界的友谊来说也是宝贵的。

请相信我
您最真挚的朋友，
温斯顿·丘吉尔[29]

当然，这种外交上的寒暄不应该做得太多。然而，这些函件往来提醒我们，富尔顿演讲的本意并不是针对斯大林的人身攻击，而且这些信件表明，丘吉尔对斯大林保留了一定程度的战时的信任。在这一点上，引人注目的是，丘吉尔在1947年至1953年撰写的战争回忆录中，始终避免对斯大林进行人身攻击。即使对苏联战时行为进行直言不讳的批评时，比如在1944年华沙起义的问题上，丘吉尔也会泛指"克里姆林宫的人"，他说，这些人都是"被自私的打算操纵的，而不是受情感支配的"。在战争回忆录第六卷的注释里，丘吉尔暗示雅尔塔会议公报的违约，"很可能不是由于斯大林和莫洛托夫的不守信，而是当他们回到首都后，受到了同事们的影响"。

这一有趣的观察与他战时关于斯大林并非一个完全自由的人的评论相呼应。[30] 第六卷实际上包含了一些关于斯大林的非常积极的表述。1950 年 11 月，在朝鲜战争的最低谷时期，丘吉尔在本卷《访问莫斯科的序幕》这一章中，写到了 1944 年的秋天："我强烈地感到有必要会见斯大林，我一直认为和他可以面对面地交谈。"而在 1951 年 5 月底，丘吉尔在修改他对斯大林在波茨坦的描述时，称斯大林拥有"惊人的、伟大的人格"。[31]

对丘吉尔来说，这段过去是通往未来的跳板。1951 年 11 月 4 日，即重返唐宁街开始他第二任期的一个多星期后，他给斯大林发了一份电报："现在我再次掌管国王陛下的政府，请允许我回复您 1945 年从波茨坦发来的告别电报：'诚挚的问候。温斯顿·丘吉尔。'"第二天，斯大林回复了一封简短的感谢信，丘吉尔随即电告杜鲁门："我们又恢复了交流。"11 月 6 日，他向下议院宣读了 1945 年 4 月 29 日发给斯大林的一封信，信中警告说，"英语民族"与"您和您所管理的国家"之间的争吵，将会"把世界撕得四分五裂"。他向议员们承诺，他将要"尽最大努力弥合这两个世界之间的鸿沟，使双方都能过上自己的生活，即使不能和睦相处，至少也能摆脱'冷战'带来的恐惧、仇恨和可怕的消耗"。[32] 写完回忆录后，他对 1945 年的文件记忆犹新，1951 年 11 月，他给斯大林的信是这样说的："让我们从 6 年前被粗鲁地打断话题的地方重新开始。"

1950 年 2 月，当时还是反对党领袖的丘吉尔呼吁与苏联再次进行"峰会谈判"，这是一个新的口号，与"铁幕""特殊关系"同为外交辞令。[33] 在这位老人的第二个任期内，峰会的激情压倒了一切。1952 年，他曾多次私下表示，他希望以英美两国的方式来对待斯大林，这可能会导致现代维也纳会议，波茨坦会议将重新开幕，然后正式结束。1952 年 6 月，丘吉尔评论说，"假如斯大林去世了，他的副手们开始争夺继承权，相比之下，他健在的时候，我们更安全"。1953年2月，与苏联大使安德烈·葛罗米柯一起回忆战时峰会时，丘吉尔说，1944年10月他与斯大林在莫斯科关于"百分比协定"的会面，是"我们（在互信方面）达到的最高水平"[34]。

但几个星期后，斯大林患了严重的中风，和罗斯福一样，是由动脉硬化引起的。1953年3月5日，政治局四人组目睹了他痛苦地死去，然后为他举行了盛大的国葬。"整个俄罗斯在哭泣，我也如此，"诗人叶夫根尼·叶夫图申科写道，"人们被教导成相信斯大林会照顾好每一个人，没有他，人们迷失了方向，深感困惑。"然而在数周内，解冻的迹象就显现出来。记者爱德华·克兰克肖写道，由老成员组成的新的领导集体，正在"积极地展示自己"，"像坚韧的仙人掌一样怒放"。政治局达成了普遍共识，其中，格奥尔基·马林科夫是最初的"一把手"，大家一致同意减少关押政治犯，改善集中营的生活水平，缓和与西方的关系。[35]

丘吉尔把斯大林的去世看作一个机会，来实现他在富尔顿所倡导的事情，在峰会上再次与苏联领导层会晤。他的医生在3月7日写道："他似乎很少考虑其他事情。"[36]11日，丘吉尔写信给另一位战时同事德怀特·艾森豪威尔总统，敦促其考虑联合或单独地对待"新政权"。丘吉尔认为，"现在斯大林已经不在了"，他们两人可能会"受到责问，假如他们不作出努力翻开新的历史一页"。他提醒艾克，他和现在已回到外交大臣职位的艾登，已经"和莫洛托夫开展了很多事务"。然而，美国国务院和英国外交部对此并不热心，他们更愿意等待和观察莫斯科的事态发展，但是丘吉尔继续施加压力。5月4日，他把准备给莫洛托夫的信件的草稿发送给艾森豪威尔，他在信中征求苏联外交部长的意见：

> 我不知道您是否愿意我前往莫斯科，这样我们就可以重新建立我们战时的关系，同时我可以会见马林科夫先生和你们的其他领导人。当然，我不认为我们可以解决所有威胁到未来世界的严重问题，但我有一

种感觉,如果我们的往来是在友好的相识和善意的基础上进行的,而不是借助于缺乏人情味的外交和宣传,可能会有所裨益。"[37]

艾森豪威尔用外交辞令说,他感觉"有几分惊讶"。他提醒丘吉尔:"'乔大叔'过去常以身体不适为借口,拒绝离开本国或克里姆林宫控制下的领土。"但"这个借口不再适用了",而且"我确实怀疑,任何可能被克里姆林宫误解为我方软弱或过分热心的事情,都将不利于谈判的成功"。艾森豪威尔提醒上了年纪的丘吉尔,他提出的"独自朝圣"可能会引发令人不安的猜测。艾森豪威尔还表明了自己的坚定信念,即会议外交应该等待"一些事实证明,苏联的态度发生了变化"[38]。

丘吉尔相当不悦地回应,再次援引1941至1945年的经验:

根据我在战时对这些人的经验,我们应该前去苏联做客,在现场获得更多的好感,而不是向他们示好而失去好感。1944年10月,我和安东尼在莫斯科待了两周,情况尤其如此。

丘吉尔重提他的"两个斯大林"比喻,又补充说,"我完全了解苏联政策缺乏人情味和机械教条的基础"。他提醒艾克,该领导集体中没有任何人"与俄罗斯以外有任何联系,除了莫洛托夫。我非常渴望认识这些人,并尽可能与他们进行私密而坦率的交谈"。[39]

几天后,即1953年5月11日,丘吉尔公开告诉下议院和全世界,鉴于苏联新政府的"态度转变"和"友好姿态","主要大国之间应立即举行一次最高级别的会议",会议"可以在一定程度上不拘泥于形式,并在更大程度上保持隐私和隔绝"。他告诉下议院,如果对"各国首脑会议"有足够的意愿,这样的会议至少可以建立"更多密切的联系"。他补充说,最好的情况是,"我们可能会迎来和平的一代"。[40]

丘吉尔的宏伟计划最终搁浅，部分原因是 1953 年 6 月 23 日他也得了严重的中风，虽然不是致命的，但足以破坏他的第二任首相生涯。然而，根本问题是，不管丘吉尔的健康状况如何，无论是艾森豪威尔还是新的苏联领导人，都无意在一个与战时截然不同的全球舞台上重新扮演罗斯福和斯大林的角色，用以取悦丘吉尔。艾森豪威尔对丘吉尔冗长的信件越来越恼火，他计划在这个两极分化的时代，以"自由世界"领导人的身份书写自己的剧本。在莫洛托夫和他的同事们看来，丘吉尔的富尔顿演讲意思是"铁幕"，而不是"和平砥柱"。他们怀疑他想利用后斯大林时期的过渡，来获取冷战的优势。[41]

然而丘吉尔不会轻言放弃。1954 年 7 月 4 日，他主动给莫洛托夫写了一封信，建议他和苏联领导人在某个中立国家的首都，"进行一次没有议程的友好会晤"，这可能会为"更广泛的重聚，解决更多问题"奠定基础。这个想法再次落空了，尽管马林科夫对巩固自己正处于颓势的地位更感兴趣，但莫洛托夫和他的大多数同事认为，英国现在江河日下，只是一个次要角色。然而，1955 年 4 月，当丘吉尔的家人最终说服他放弃权力时，丘吉尔给艾森豪威尔发了最后一封"亲爱的朋友"的信，表达了令人心酸的遗憾：现在，"我们将永远不会在与潜在朋友的顶级对峙中见面了"[42]。

"潜在朋友"一词提醒我们，丘吉尔从未忘记他与斯大林的战时关系，实际上，在敌对的战后世界中，他一直保持这种关系。他对这位已故的苏联领袖斯大林保持着非常积极的态度。当然，丘吉尔偶尔也会灵光一现。1954 年 11 月 23 日，丘吉尔在他的选区发表演讲，评论战后民主德国从敌人转化成盟友。他说，这种"英国、美国和欧洲舆论的巨大逆转，仅仅是由于苏联本身的政策，尤其是斯大林的政策，这个独裁者被胜利的喜悦冲昏了头脑，他似乎认为，他可以确保俄罗斯和共产主义统治世界"。

这是丘吉尔对斯大林最直接的个人攻击。[43] 但是在 1956 年 4 月，他告诉艾森豪威尔，"斯大林总是信守对我的诺言"，他再次回忆起 1944 年在莫斯科关于"百分比协定"的会面,当时他对斯大林说:"您把罗马尼亚和保加利亚留在了您的势力范围内,但要把希腊留给我。"丘吉尔告诉艾克,"在与希腊共产党数月的战斗中,斯大林一丝不苟地遵守了"这一协议。直到1965年1月去世,晚年的丘吉尔一直坚称斯大林"从未违背过他对我的个人承诺"。多年以后,甚至温斯顿的最后一位私人秘书,也无法解释他所谓的丘吉尔"评判斯大林时的显著盲点"[44]。

☆ ☆ ☆ ☆ ☆

鉴于我们现在对斯大林的了解,这确实是一个盲点。丘吉尔和伦敦以及华盛顿的其他人所珍视的"两个斯大林"的幻想,尤其为罗斯福所推崇,他经常把斯大林往好处想,善意地解释对他的怀疑。但是,"两个斯大林"的幻想,只是一厢情愿的产物。

也许丘吉尔和罗斯福对斯大林的盲点是必要的虚构,为了击败希特勒,必须结成神圣联盟,这是一个必要的条件,所以他们要塑造一个自己能够理解的斯大林。当然,1945年的世界与1941年的世界大不相同,联盟的解体在很大程度上是所谓结构性因素的结果:两个在战争中诞生的新"超级大国",在欧洲的废墟上以德国为界对峙,一个拥有原子弹,另一个致力于开发原子弹。因此,从某些方面来说,冷战不可避免,不论高层的个人关系如何。

《克里姆林宫的信件》提供了诱人的证据,表明斯大林逐渐进入了一种竞争合作的关系,这种关系未必一定要在冷战中消亡。1945年,他的两个西方伙伴的国际地位迅速发生变化,似乎真正地让他感到不安。正如我们所看到的,丘吉尔所代表的国家在莫斯科眼中已快速衰落了,而在国际事务中,美国则成为关键角色。所以这一切关系中,最难以捉摸的就是罗斯福。他在欧洲战争胜利前夕猝然病逝,这不禁让人浮想联翩,如果罗斯福在世,美国政策会如何演变,这能够产生一些有趣的假设。他是否会保持战时的立场,即美国扮演全球主要力量的角色的同时，又让欧洲保持平衡？他是否会像杜鲁门一样，最终认为有必要对斯大林在东欧日益扩大其势力范围作出回应？或者假如罗斯福继续留在白宫，在某种程度上会打消斯大林的疑虑？

这样的问题是无法回答的，尤其是他们假定罗斯福仍然有决策和行动的能力，而1945年4月的所有迹象都表明，罗斯福的日子屈指可数。然而，从世界大战联盟到冷战对抗的转变，到今天仍然是一个存在争议和各种猜测的问题。有人甚至在1954年7月莫洛托夫向丘吉尔提出的一个问题中发现了这一点："有人可能会问，为什么在战争年代，我们两国之间存在着不仅对我们两国人民，而且对整个世界的命运都具有积极意义的关系，而现在，这种关系不能朝同样好的方向发展。"[45]

丘吉尔的回答当初是，而且仍然是，个人外交立场。在战争期间，他投入了大量的时间和精力来写信，培养与斯大林的关系，为他在1942年和1944年独自前往莫斯科"朝圣"铺平了道路。斯大林也开始重视书信这个工具，自1941年半生不熟地开始之后，他在国际外交中表现出越来越多的手腕，尽管他时而为自己的地位焦虑（如在意大利舰队问题上）并过分地猜疑（如在伯尔尼事件中），更不用说他的热点盲区：波兰问题。作为一个通信者，罗斯福很少亲力亲为，他更多地依赖信得过的特使直接与对方接触，而不是仅靠那些在翻译中丢失或扭曲的冷冰冰的词语。但所有这一切都是为了一个目的，用丘吉尔的话来说，就是促成三巨头在德黑兰和雅尔塔举行"峰会谈判"。

他们对个人外交作用的推崇，在21世纪依然存在。但在我们这个拥有手机、电子邮件和视频会议，更不用说推特的时代，领导人相互结识当然要容易得多，而不必成为勤勉的笔友。在一个没有被战争吞噬的世界里，在喷气式飞机的协助下，首脑会议的召开不像1941年至1945年那样存在诸多困难和危险。因此，领导人如何进行个人外交越发不为人知。这就是为什么斯大林、丘吉尔和罗斯福的通信不仅具有历史意义，而且具有持久的价值。

《克里姆林宫的信件》为我们打开了一扇窗户,让我们得以窥见三位高层人物的思想,他们在一场结局难料的世界大战中相互交流,并赢得了一场无论好坏都改变了 20 世纪进程的胜利。他们创造了历史。

尾 注

导 言

1. We found five additional messages, plus a few paragraphs that seem to have been omitted by chance.

2. For fuller discussion see Vladimir Pechatnov, 'How Soviet cold warriors viewed World War II: The inside story of the 1957 edition of the Big Three correspondence', *Cold War History*, 14 (2014), 109–25.

3. WM 142 (43) 2 CA, 18 Oct. 1943, CAB 65/40.

4. RGASPI f.558, op.11, d.257, ll.82–4.

5. Richardson wrote *Pamela* (1740) and *Clarissa* (1747–48), Rousseau *Julie, ou la nouvelle Héloïse* (1761), and Goethe made his name with *Die Leiden des jungen Werthers* (1774).

6. Stephen Kotkin, *Stalin: Paradoxes of power, 1878–1928*, London, 2014, 736.

7. Sheila Fitzpatrick, *On Stalin's Team: The years of living dangerously in Soviet politics*, Princeton, 2015, 2.

8. Strictly 'minister' did not replace 'commissar' until 1946 – for foreign affairs and for other government departments. But for ease of comprehension, the terms 'ministry' and 'minister' are used throughout the book.

9. Albert Resis (ed.), *Molotov Remembers: Inside Kremlin politics. Conversations with Felix Chuev*, Chicago, 1993, 57.

10. Thomas Jones, *A Diary with Letters, 1931–1950*, London, 1954, entry for 22 May 1936, 204.

11. Harriman, 362.

12. Churchill to Stalin, draft 31 Jan. 1944, PREM 3/396/11/320.
13. Colville, 553.
14. *SWW*, 3: 331.
15. Speech of 12 Nov. 1942 in Gilbert 7, 254.
16. William D. Leahy, *I Was There*, London, 1950, 125; Bohlen memcons, 15 and 29 March 1945, in Charles E. Bohlen papers, box 4, Memcons, President, 1945 (NARA).
17. David Reynolds, 'The Wheelchair President and his special relationships', in Reynolds, *From World War to Cold War: Churchill, Roosevelt and the international history of the 1940s*, Oxford, 2006, 165–76.
18. Bohlen, minutes, Roosevelt–Stalin meeting, 28 Nov. 1943, in *FRUS Cairo and Tehran*, 483.
19. Address to the American Youth Congress, 10 Feb. 1940 (APP); see generally Mary Glantz, *FDR and the Soviet Union: The president's battles over foreign policy*, Lawrence, KS, 2005.
20. Warren F. Kimball, *The Juggler: Franklin Roosevelt as wartime statesman*, Princeton, 1991, 83ff.
21. Sherwood, 227.
22. Interview with FDR's physician, Dr Howard Bruenn, quoted in Robert H. Ferrell, *The Dying President: Franklin D. Roosevelt, 1944–1945*, Columbia, MO, 1998, 85.
23. Examples include Herbert Feis, *Churchill, Roosevelt, Stalin: The war they waged, the peace they sought*, Princeton, 1957; Robin Edmonds, *The Big Three: Churchill, Roosevelt and Stalin in peace and war*, London, 1991.
24. Milovan Djilas, *Conversations with Stalin*, London, 1962, 70.
25. Staff Meeting, 8 Dec. 1943, Harriman papers, box 171 (LC).
26. Spellman memo, quoted in Robert I. Gannon, *The Cardinal Spellman Story*, Garden City, NY, 1962, 223–4.
27. See Dennis J. Dunn, *Caught between Roosevelt and Stalin: America's ambassadors to Moscow*, Lexington, KY, 1998, 3–6; and more generally Eduard Mark, 'October or Thermidor? Interpretations of Stalinism and the perception of Soviet foreign policy in the United States, 1927–1947', *American Historical Review*, 94:4 (1989), 937–62.
28. Roosevelt to Churchill, 11 April 1945, in Kimball, 2: 630.
29. Minutes to Eden, 16 Jan. and 1 April 1944, CHAR 20/152.
30. Geoffrey Wilson to Sir Archibald Clark Kerr, 15 May 1944, 3, FO 800/302.

31. Winston S. Churchill, *Into Battle: Speeches, 1938–40*, London, 1941, 131.
32. Letter of 8 Feb. 1945, in Cadogan, 706.
33. Churchill to Eden, 18 March 1943, CHAR 20/108.
34. The complete Churchill–Roosevelt correspondence, edited by Warren F. Kimball, has been a fundamental resource in preparing this volume.
35. Moran, 160, 162, 166 – entries for 29 Nov. and 2 Dec. 1943.
36. A.A. Gromyko, I.N. Zemskov et al. (eds), *Sovetskiy Soyuz na mezhdunarodnykh konferentsiyakh perioda Velikoy Otechestvennoy voyny 1941–1945 gg.*, Moscow, 1984, 4: 94.
37. A theme developed in David Reynolds, 'The diplomacy of the Grand Alliance', in Ewan Mawdsley (ed.), *The Cambridge History of the Second World War*, 3 vols, Cambridge, 2015, 2: 301–23.

第一章　风云际会

1. In his memoirs, Churchill presented the letter of 25 June 1940 as his own initiative (*SWW*, 2: 119–20); on the FO's role, see Gabriel Gorodetsky, *Stafford Cripps' Mission to Moscow, 1940–42*, Cambridge, 1984, 51–3.
2. Horst Boog et al. (eds), *Germany and the Second World War*, Vol. 4: *The Attack on the Soviet Union*, Oxford, 1998, 47–8.
3. *SWW*, 3: 319–23, quoting p. 323.
4. Georgiy Zhukov, *Reminiscences and Reflections*, 2 vols, Moscow, 1985, 1: 281; see generally Gabriel Gorodetsky, *Grand Delusion: Stalin and the German invasion of Russia*, New Haven, CT, 1999, esp. chs 12–14.
5. Glantz/House, 37, 49; Richard Overy, *Russia's War*, London, 1998, 77–9.
6. Welles to Steinhardt, 4 July 1941, *FRUS 1941*, 1: 892–3; COS (41) 224th mtg, 25 June 1941, CAB 79/12.
7. Gorodetsky, *Cripps' Mission*, 184–6; *SWW*, 3: 340; Churchill to Cripps, 8 July 1941, PREM 3/403/6.
8. CD 1941, 903.
9. *SANO*, 1: 69–71.
10. Moscow to FO, 8 July 1941, PREM 3/403/6.
11. Eden to Churchill, 9 July 1941, PREM 3/403/6.

12. WM 67 (41) 1, 9 July 1941, CAB 65/19; Cadogan, 392.

13. And also, as Eden recalled from his time as foreign secretary in 1937–38, the way Neville Chamberlain – another enthusiast of personal diplomacy – had excluded him from dealings with Mussolini. See Harvey, 17–18.

14. CD 1941, 920.

15. *SANO*, 1: 77–81.

16. *Pravda*, 14 July 1941; *Hansard Parliamentary Debate*s, HC Deb 373 col. 463.

17. Gorodetsky, *Cripps' Mission*, 194.

18. 'Zapisnaya knizhka marshala F.I. Golikova. Sovetskaya voyennaya missiya v Anglii i SShA v 1941 godu', *Novaya i Noveyshaya Istoriya*, 2 (2004), 92–3.

19. CHAR 20/41/24–5.

20. Gorodetsky, 372–4; cf. the official despatch in *SANO*, 1: 85–8.

21. Gorodetsky, 375.

22. CD 1941, 964–5.

23. To Maisky in London, 25 July 1941, AVP RF f.059, op.1, p.365, d.2487, ll.110–11.

24. Beaumont, 32–3.

25. WM 41 (72) 2, 21 July 1941, CAB 65/19; Harris to Hap Arnold, 2 Aug. 1941, and Lyon to Echols, 'Notes on Soviet Aircraft Production', 17 Oct. 1941, RG 218, Central Decimal Files, 1942–1945, Foreign, Russia 400–B (NARA).

26. CD 1941, 981.

27. Moscow to Foreign Office, 26 July 1941, PREM 3/401/1.

28. Harvey, 24.

29. CD 1941, 991.

30. Gorodetsky, 375; Sherwood, 236.

31. Gorodetsky, 376.

32. Roosevelt to Hopkins for Stalin, 26 July 1941, printed in Sherwood, 321–2.

33. Sherwood, 321–2.

34. Memo of meeting, 31 July 1941, part 3, enclosed in Hopkins to Roosevelt, 20 Aug. 1941, PSF(S) box 5: Russia, 1939–41.

35. Quoted in Sherwood, 344.

36. FDR to Wayne Coy, 2 Aug. 1941, PSF(D) box 49: Russia, 1941.

37. CD 1941, 1016–17; M. Komarov, 'Postavki po lend-lizu dlya VMF', *Morskoy Sbornik*, 3 (2002), 76.

38. AVP RF f.059, op.1, p.365, d.2485, ll.61–3.

39. AVP RF f.059, op.1, p.365, d.2484, l.46.

40. Butler, 40.

41. Umanskiy to Molotov, 19 Aug. 1941, *SAMO*, 1: 106; cf. Welles, memo, 18 Aug. 1941, *FRUS 1941*, 1: 56–7.

42. WP (41) 202, CAB 65/19; David Reynolds, *The Creation of the Anglo-American Alliance, 1937–1941: A study in competitive cooperation*, London, 1981, 258–9.

43. CD 1941, 1065–6.

44. See *FRUS 1941*, 1: 819–22.

45. CD 1941, 1127–8.

46. Ashley Jackson, *The British Empire and the Second World War*, London, 2006, 157–9; V.P. Puzyrev, 'Iranskiy koridor lend-liza' in *Lend-liz i Rossiya*, Arkhangelsk, 2006, 171–83.

47. Eden to Cripps, 26 Aug. 1941, FO 954/24B, SU/41/74; Gorodetsky, 381; cf. *SANO*, 1: 106.

48. AVP RF f.059, op.1, p.365, d.2488, ll.45–6. Partially published in *SAMO*, 1: 109; see also summary in Gorodetsky, 381–2.

49. AVP RF f.059, op.1, p.365, d.2486, ll.146–8. See summary of this telegram in Gorodetsky, 382–3.

50. Stalin Archive, RGASPI f.558, op.11, d.255, ll.76–8.

51. Gorodetsky, 384.

52. CHAR 20/42A/64–7.

53. FO 371/29490, N5105/78/38.

54. Eden to Cripps, 4 Sept. 1941, FO 954/24B/388; cf. Colville, 381.

55. Gorodetsky, 387.

56. PREM 3/403/6, reprinted in CD 1941, 1171–2.

57. Gorodetsky, 388.

58. WM 90 (41) 1 CA, 5 Sept. 1941, CAB 65/23.

59. Cadogan, 405.

60. Memo to PM, 5 Sept. 1941, PREM 3/403/6/156–7.

61. Eden, 276.

62. CD 1941, 1170–1.

63. Cripps to FO, 7 Sept. 1941, PREM 3/403/6. When sending FDR copies of Stalin's message and his reply, Churchill noted that, although nothing had been said explicitly, 'we

could not exclude the impression that they might be thinking of separate terms' – in other words a negotiated peace with Germany. See Kimball, 1: 238.

64. Cf. David French, *Raising Churchill's Army: The British Army and the war against Germany, 1919–1945*, Oxford, 2000, 188.

65. FO 954/24B/403.

66. Gorodetsky, 390–1; *SANO*, 1: 119–22.

67. *SWW*, 3: 411.

68. CD 1941, 1231–2.

69. Churchill to Eden, 19 Sept. 1941, PREM 3/403/6/112; *SANO*, 1: 123–6.

70. Harriman, 79; Beaverbrook report, 18 Sept. 1941, DO (41) 11, CAB 69/3.

71. DO (41) 62nd mtg, 19 Sept. 1941, CAB 69/2; DO (41) 12, CAB 69/3, quoting para. 15.

第二章 "两场相对无关的战争"

1. Herring, 18–21.

2. Harriman, 89; see also Harriman papers, box 872, Feis files, 21 Oct. 1953 (LC); L.F. Sotskov (ed.), *Agressiya. Rassekrechennye dokumenty sluzhby vneshney razvedki Rossiyskoy Federatsii 1939–1941*, Moscow, 2011, 525–31.

3. PREM 3/401/7/175–9.

4. Text in *FRUS 1941*, 1: 836; for background see PSF(D) box 49: Russia, 1941.

5. SAMO, 1: 158; Kimball, 1: 371.

6. FRUS 1941, 1: 836.

7. Sherwood, 390.

8. PSF(D) box 49: Russia, 1941.

9. *SWW*, 3: 415–16; cf. Beaumont, 52–3; A.J.P. Taylor, *Beaverbrook*, London, 1974, 626–7.

10. Ismay, military report, 6 Oct. 1941, in WP (41) 238, CAB 66/19.

11. Stalin to Churchill, 3 Oct. 1941, *Corr 1957*, 1: 29.

12. WM 100 (41) 2, CAB 65/19.

13. CD 1941, 1308.

14. CD 1941, 1329.

15. Rodric Braithwaite, *Moscow 1941: A city and its people at war*, London, 2006, ch. 12, esp. pp. 243, 249; Gorodetsky, *Cripps' Mission*, 251–4.

16. Roosevelt, memo to Hopkins, 25 Oct. 1941, PSF(D) box 49: Russia, 1941.
17. Memo, 30 Oct. 1941, Harry Hopkins papers, Sherwood Collection, Box 309 (FDRL).
18. PSF(S) box 5: Russia, 1939–41.
19. Although FDR sent a copy to Churchill for information and Maisky was then given a copy by Beaverbrook – see *Corr 1957*, 1: 6.
20. *Corr 1957*, 2: 22, 286.
21. PSF(D) box 49: Russia, 1941.
22. Reception of American Ambassador Steinhardt, 2 Nov. 1941, RGASPI f.558, op.11, d.363, l.23.
23. A.Yu. Borisov, *SSSR i SShA: soyuzniki v gody voyny, 1941–1945*, Moscow, 1983, 59; Mikoyan to Stalin, 13 Aug. 1941, AP RF f.3, op.66, d.295, ll.9–10.
24. PSF(S) box 5: Russia, 1939–41.
25. Steinhardt to Vyshinskiy, 5 Nov. 1941, RGASPI f.558, op.11, d.363, ll.44–8.
26. In fact the list was sent by Hopkins, after Roosevelt's 'OK'; see PSF(S) box 5: Russia, 1939–41 – Berney to Tully, 31 Oct. 1941 and list (which is reproduced in full in Butler, 49–51).
27. PSF(D) box 49: Russia, 1941.
28. Reception of American Ambassador Steinhardt, 6 Nov. 1941, RGASPI f.558, op.11, d.363, ll.49–50.
29. G.N. Sevostyanov (ed.), *Sovetsko-amerikanskiye otnosheniya, 1939–1945*, Moscow, 2004, 167–8.
30. *SAMO*, 1: 139.
31. *Izvestiya*, 9 November 1941.
32. Kimball, 1: 253, 255–6; Harriman, 107–8.
33. Churchill to Cripps, 28 Oct. 1941, and Cripps to Churchill, 30 Oct. 1941, FO 954/24B/476–7 and 481–2.
34. Cripps handed Vyshinskiy the text on 6 November; a copy of the message with Stalin's remarks on it was dated similarly (Vyshinskiy diary, 5 Nov. 1941, RGASPI f.558, op.11, d.255, l.131 and ll.136–8). But Stalin referred to it as Churchill's message of 7 November when he replied on the 8th.
35. WM 108 (41) 6 CA, CAB 65/24.
36. Quoted in Eden to Cripps, 21 Oct. 1941, FO 954/24B/441.
37. In the draft approved by the Cabinet, the second paragraph opened 'We told you in my

message of September 6th that we were willing to declare war on Finland' – but it was later decided not to remind Stalin of that. Cf. text in WM 108 (41) 6 CA, CAB 65/24.

38. FO 954/24B/488–9.

39. Roosevelt to Stalin, 6 Nov. 1941, *FRUS 1941*, 1: 856–7 and Stalin to Roosevelt, 21 Nov. 1941, PSF(D) box 49: Russia, 1941.

40. AVP RF f.059, op.1, p.365, d.2468, ll.250–8.

41. *SANO*, 1: 138; DVP, 24: 374.

42. RGASPI f.558, op.11, d.255, l.146.

43. WM 111 (41) 8, CAB 65/24.

44. Gorodetsky, 400–2.

45. Eden, 281.

46. WM 111 (41) 8, CAB 65/24; Harvey, 62–3.

47. Cripps to Eden, 13 and 15 Nov. 1941, PREM 3/395/6/131–2.

48. Harvey, 63.

49. WM 114 (41) CA, CAB 65/24.

50. Record of Eden–Maisky conversation, 12 Nov. 1941, PREM 3/395/17/481–4.

51. Maisky to NKID, 19 Nov. 1941, AVP RF f.059, op.1, p.365, d.2486, ll.288–90 and 296–8; cf. Eden, 282.

52. Eden to Cripps, 17 Nov. 1941, approved by War Cabinet, WM 111 (41) 1, CAB 65/24.

53. RGASPI f.558, op.11, d.255, ll.144–5.

54. Harvey, 65; *SWW*, 3: 470–1.

55. Eden, 282–3.

56. CD 1941, 1486–7.

57. FO 954/24B/521.

58. DO 71 (41)2, CAB 69/2; Alanbrooke, 206.

59. CD 1941, 1562–3.

60. FO 954/24B/523.

61. AVP RF f.059, op.1, p.352, d.2406, l.238.

62. RGASPI f.558, op.11, d.256, l.2.

63. FO 954/24B/523.

64. See PREM 3/170/1, esp. Cranborne to Eden, 2 Dec., Eden to PM, 29 Nov. and minutes by Churchill, 4 Dec. 1941; also Harvey, 68. See more generally Markuu Ruotsila, *Churchill and Finland: A study in anticommunism and geopolitics*, London, 2006, 103–43.

第三章 "我能应对斯大林"

1. The phrase of Robert Sherwood: see Sherwood, 264, 269–70; on 8 Dec. 1941 see Eden, 285–6.

2. Alfred E. Eckes Jr, *The United States and the Global Struggle for Minerals*, Austin, TX, 1979, 75, 84.

3. Forrest C. Pogue, *George C. Marshall: Ordeal and hope, 1939–42*, New York, 1966, 275–6.

4. Sherwood, 442.

5. Eden had visited Moscow in March 1935 when parliamentary under-secretary at the FO.

6. Eden memo, 28 Jan. 1942, WP (42) 48, CAB 66/21.

7. Doris Kearns Goodwin, *No Ordinary Time: Franklin and Eleanor Roosevelt, the home front in World War II*, New York, 1994, 312–13, 319–20, quoting FDR to Russell Leffingwell, 16 March 1942 on 320.

8. *SAMO* 1: 143; also see *FRUS 1941*, 1: 662–3.

9. *SAMO* 1: 145.

10. *FRUS 1941*, 4: 752–3, 760.

11. To Stalin from Washington, 19 Dec. 1941, AVP RF f.059, op.1, p.346, d.2366, ll.179–81.

12. RGASPI f.82, op.2, d.1091, l.104.

13. From Moscow to Foreign Office, 17 Dec. 1941, CHAR 20/47/30.

14. CHAR 20/50/7.

15. CHAR 20/47/105.

16. Northern Dept. minute for Sargent, 11 Jan. 1942, FO 371/32874, N716.

17. CD 1942, 11–12.

18. Horst Boog et al. (eds), *Germany and the Second World War*, Vol. 4: *The Attack on the Soviet Union*, Oxford, 1998, 716–17.

19. G.K. Zhukov, *Vospominaniya i razmyshleniya*, 2 vols, Moscow, 2002, 2: 42–4.

20. Stavka Directive, 10 Jan. 1942, Dmitriy Volkogonov Papers, reel 4, Manuscripts Division, LC.

21. Glantz/House, 91.

22. There was a further round of hortatory platitudes on 8 and 14 February – see CD 1942,

232, 248–9.

23. Gerhard Schreiber et al., *Germany and the Second World War*, Oxford, 1995, 3: 751.

24. A.S. Lukicheva (ed.), *Moskovskaya bitva v khronike faktov i sobytii*, Moscow, 2004, 468.

25. CD 1942, 57.

26. CHAR 20/132.

27. Secretary of War to President, 30 Dec. 1941, RG 218, Geographic File, 1942–1945, CCS 400.3295 USSR (2–27–42), Sec.1, Pt.1 (NARA); Report on War Aid furnished by USA to USSR, PSF, Subject File, Russia – Lend-Lease (HSTL).

28. PSF(S) box 5: Russia, 1942–45.

29. Welles to President, 10 Feb. 1942, PSF(D) box 49: Russia, 1942–43.

30. Beaverbrook's notes on 3rd meeting, 30 Sept. 1941, Harriman papers, box 160 (LC); David Mayers, *FDR's Ambassadors and the Diplomacy of Crisis*, Cambridge, 2013, 221–2.

31. PSF(D) box 49: Russia, 1942–43.

32. *SAMO*, 1: 192, 196.

33. *SAMO*, 1: 216.

34. PSF(S) box 5: Russia, 1942–45.

35. PSF(S) box 5: Russia, 1942–45.

36. Roosevelt, memo for Hopkins, 23 Feb. 1942, PSF(D) box 49: Russia, 1942–43.

37. PSF(S) box 5: Russia, 1942–45.

38. CD 1942, 299; amended draft in FO 371/32876, N1081/5/38.

39. Hinsley, 2: 88–99.

40. *SWW*, 4: 81; Yasmin Khan, *The Raj at War: A people's history of India's Second World War*, London, 2015, 113.

41. Harvey, 91.

42. Quoted in Max Hastings, *Finest Years: Churchill as warlord, 1940–1945*, London, 2009, 238.

43. Quotations from CD 1942, 321–2.

44. Kimball, 1: 362.

45. Draft in CHAR 20/71A/4; Cadogan, 437–8, 440; DO 7 (42) 4, CAB 69/4.

46. Eden to Halifax, 22 Jan. 1942, FO 954/29A; CD 1942, 47–8.

47. WM 17 (42) 5 CA, CAB 65/29. Beaverbrook claimed that Attlee, in the heat of argument, said that he would resign if the borders were affirmed, see Kenneth Young, *Churchill and Beaverbrook*, London, 1966, 235.

48. Kimball, 1: 394. See also Steven M. Miner, *Between Churchill and Stalin: The Soviet Union, Great Britain, and the origins of the grand alliance*, Chapel Hill, NC, 1988, 201–13.

49. CD 1942, 370–1.

50. DVP, 25/1: 190–1.

51. AVP RF f.43z, op.10, p.71, d.10, l.55.

52. CD 1942, 395–6.

53. Gorodetsky, 417–21.

54. Personal message from Beaverbrook to Comrade Stalin, 19 March 1942, RGASPI f.558, op.11, d.256, l.41; Comrade Stalin's reply of 26 March to Beaverbrook, ibid., l.46.

55. CD 1942, 417.

56. RGASPI f.558, op.11, d.284, l.5, and Clark Kerr to Warner, 11 June 1942, FO 800/300/22–4; see also Beaumont, 110, 233, and Clark Kerr to FO, 29 March 1942, PREM 3/395/18/674–5.

57. CD 1942, 451 and 503.

58. Henry Morgenthau Jr, Presidential Diaries, 5: 1075, 11 March 1942 (FDRL).

59. Kimball, 1: 420.

60. Kimball, 1: 400–4, 446–8.

61. Kimball, 1: 441.

62. Roosevelt to Stalin, 11 April 1942, and drafts and notes of 31 March and 1 April, PSF(S) box 5: Russia, 1942–45.

63. *SAMO*, 1: 158–9.

64. Kimball, 1: 437.

65. PSF(S) box 5: Russia, 1942–45.

66. See correspondence in *SAMO*, 1: 159–63.

67. Butler, 65.

68. William H. Standley and Arthur A. Ageton, *Admiral Ambassador to Russia*, Chicago, 1955, 151–8. Butler, 66, chose to distil Standley's memoir account of his conversation into a formal message from the president.

69. Kimball, 1: 448, 458–9.

70. Stoler, 75–6.

71. Alanbrooke, 248–9; Pogue, *George C. Marshall*, 319–20.

72. *SAMO*, 1: 164–5.

第四章　中间人莫洛托夫

1. *SWW*, 4: 344.

2. See US Dept. of Agriculture leaflet on 'Mitchell Monument' www.fs.usda.gov/Internet/FSE_DOCUMENTS/stelprdb5374039.pdf

3. Glantz/House, 283, 292.

4. Mark Harrison (ed.), *The Economics of World War II: Six great powers in international comparison*, Cambridge, 1998, 283, 287; Lisa A. Kirschenbaum, *The Legacy of the Siege of Leningrad, 1941–1945: Myth, memories, and monuments*, Cambridge, 2006, 60.

5. This paragraph follows the account in Beaumont, ch. 4, esp. pp. 88–9 and 92. Hopkins is quoted in Richard M. Leighton and Robert W. Coakley, *Global Logistics and Strategy, 1940–1943*, Washington, DC, 1955, 556.

6. For fuller background on the British side, see Ross, 18–25.

7. WM 44 (42) 4 CA, CAB 65/30; see also WP (42) 144, CAB 66/23.

8. CD 1942, 555–6.

9. CD 1942, 589.

10. Roosevelt to Stalin, 4 May 1942, PSF(S) box 5: Russia, 1942–45.

11. PSF(S) box 5: Russia, 1942–45.

12. WM 52 (42) 5, CAB 65/26.

13. Kimball, 1: 473, 482–3.

14. WM 52 (42) 5, CAB 65/26.

15. Beaumont, 101–2; *SAMO*, 1: 172.

16. CD 1942, 634.

17. CHAR 20/75/7.

18. CD 1942–43, 669.

19. Rzheshevsky, 63.

20. PSF(S) box 5: Russia, 1942–45.

21. CD 1942, 679; see also James Levy, 'The needs of political policy versus the reality of military operations: Royal Navy opposition to the Arctic convoys, 1942', *Journal of Strategic Studies*, 26 (2003), 36–52, quoting Pound on p. 46.

22. CD 1942, 688–9.

23. *SWW*, 4: 301; cf. the draft in CHUR 4/271, fo. 35.

24. The full run of Stalin–Molotov correspondence during the visit is printed, with commentary, in Rzheshevsky, 63–161. See also, more recently, the discussion of Molotov's visit in *Velikaya Otechestvennaya voyna 1941–1945 godov* (12 vols), Vol. 8: V.G. Titov et al. (eds), *Vneshnyaya politika i diplomatiya Sovetskogo Soyuza v gody voyny*, Moscow, 2014, 166–78.

25. Rzheshevsky, 103–4.

26. CD 1942, 705–6.

27. Stalin to Churchill, 23 May 1942, CD 1942, 706; I. Inozemtsev, 'Zashchita s vozdukha severnykh morskikh kommunikatsiy', *Voyenno-Istoricheskiy Zhurnal*, 8 (1982), 15–16.

28. WP (42) 198, 18 May 1942, CAB 66/24.

29. Rzheshevsky, 121–3, 138–9.

30. WP (42) 198; Harvey, 127–9.

31. WM 68 (42) 68 CA, 26 May 1942, CAB 65/30; Kimball, 1: 490.

32. Steven M. Miner, *Between Churchill and Stalin: The Soviet Union, Great Britain, and the origins of the grand alliance*, Chapel Hill, NC, 1988, 246–51 stresses the American role. On the military situation, see Glantz/House, 114–16.

33. CD 1942, 707.

34. Rzheshevsky, 148.

35. *Pravda*, 12 June 1942.

36. CHAR 20/75/83.

37. CHAR 20/75/108.

38. Rzheshevsky, 174–5, 177, 224.

39. *FRUS 1942*, 3: 577; Rzheshevsky, 205–6.

40. *FRUS 1942*, 3: 571, 579, 583.

41. Rzheshevsky, 204, 210–11, 218–20. In Russian: 'V khode peregovorov bylo dostignuto polnoye ponimaniye v otnoshenii neotlozhnykh zadach sozdaniya vtorogo fronta v Evrope v 1942 godu.'

42. Sherwood, 577; Kimball, 1: 504; Charles E. Bohlen, *Witness to History, 1929–1969*, New York, 1973, 128.

43. Rzheshevsky, 221, 266 (quote).

44. Rzheshevsky, 269, 274, 281–2, 298–9.

45. Sherwood, 561.

46. MR box 8.

47. PSF(D) box 49: Russia, 1942–43.

48. Churchill to Stalin, 16 June 1942, and reply, 20 June 1942, CD 1942, 798–9, 814.

49. FDR to Stalin, 17 June 1942, MR box 8; SAMO, 1: 198–202.

50. CD 1942, 729; see more generally Christopher Mann, *British Policy and Strategy Towards Norway, 1941–45*, Basingstoke, 2012, 76–7.

51. CD 1942, 781.

52. Hollis to Eden, 10 July 1942, with draft reply, FO 954/23B/519–21.

53. WM (42) 73 CA, CAB 65/30.

54. Kimball, 1: 515.

55. Churchill to Stalin, 20 June 1942, CD 1942, 809–10; see also Clark Kerr to Molotov, 21 June 1942 in RGASPI f.558, op.11, d.256, l.104.

56. FDR to Stalin, 23 June 1942, and reply, 1 July 1942, MR box 8; see also *SAMO*, 1: 211–13 and *FRUS 1942*, 3: 604–6.

57. FDR to Stalin, 6 July 1942, MR box 8.

58. Kimball, 1: 518.

59. Stalin to FDR, 18 July 1942, and FDR to Stalin, 22 July 1942, MR box 8.

60. MR box 8.

61. *Corr 1957*, 2: 29.

62. MR box 8.

63. CD 1942, 939.

64. S.W. Roskill, *The War at Sea*, London, 1956, vol. 2, esp. pp. 115, 138, 143; Correlli Barnett, *Engage the Enemy More Closely: The Royal Navy in the Second World War*, London, 2000, 710–22.

65. DO 14 (42), 10 July 1942, CAB 69/2.

66. CD 1942, 798.

67. DO 15 (42), 13 July 1942, CAB 69/2.

68. Kimball, 1: 528–33.

69. Gorodetsky, 447–50.

70. See drafts in PREM 3/393/3.

71. DVP, 25/1: 505. For fuller discussion of Anders' Army, see *Russkiy Arkhiv: Velikaya Otechestvennaya*, Vol. 14: *SSSR i Polsha, 1941–1945*, Moscow, 1994.

72. CHAR 20/78/26–8.

73. Welles to President, 18 July 1942, and copy of letter signed by Roosevelt for Stalin, 20 July 1942, PSF(D), box 49: Russia, 1942–43.

74. Harold Shukman (ed.), *Stalin's Generals*, London, 1993, 281.

75. Glantz/House, 117–21, quoting p. 120; Antony Beevor, *Stalingrad*, London, 1998, 84–5.

76. Gorodetsky, 451–3; DVP, 25/2: 58–9.

77. CD 1942, 985.

78. This sentence was omitted – apparently by mistake – from the translation in the British files, though it appears in the original Russian text: see *Corr 1957*, 1: 56.

79. Gorodetsky, 453; WM 95 (42) 2, CA, 24 July 1942, CAB 65/31.

80. Gorodetsky, 454.

81. Kimball, 1: 545.

82. Stoler, 79–90, quoting p. 88.

83. Clark Kerr to Eden, 28 July 1942, and Cadogan, minute for Eden, 29 July 1942, PREM 3/76A/1.

84. Eden, 338; WM 100 (42) CA, CAB 65/27; Cadogan, 464–5. Churchill was specially tested for high-altitude flying before leaving.

85. Gorodetsky, 456–7.

86. CD 1942, 1019.

87. CD 1942, 1021–2.

88. CD 1942, 1021.

89. Molotov to Maisky, 31 July 1942, RGASPI f.558, op.11, d.256, l.141.

90. Gorodetsky, 456–7.

第五章　丘吉尔的"冰块"

1. *SWW*, 4: 428. In an early draft (Jan. 1949) Churchill said his mission was 'like carrying cold weather to the North Pole' – CHUR 4/279/446.

2. Donald Gillies, *Radical Diplomat: The life of Archibald Clark Kerr, Lord Inverchapel, 1882–1951*, London, 1999, 136: Moran, 82.

3. Kimball, 1: 566.

4. Clark Kerr to Eden, 20 Aug. 1942, FO 954/25B/382.

5. Dennis J. Dunn, *Caught between Roosevelt and Stalin: America's ambassadors to*

Moscow, Lexington, KY, 1998, 139, 169.

6. Ian Jacob diary, 8 Aug. 1942, Jacob papers JACB 1/15.

7. See Hinsley, 2: 103–8.

8. CD 1942, 1255; Kimball, 1: 643.

9. CD 1942, 1031.

10. Kimball, 1: 553; Harriman, 146–7; FDR to Harriman, 4 Aug. 1942, Harriman papers, box 163 (LC).

11. MR box 8.

12. Roosevelt to Standley, 8 Aug. 1942, MR box 8. For a more detailed discussion of Willkie's visit, see V.O. Pechatnov,'Vizit V.Villki [W.Willkie] v SSSR (po novym dokumentam)', in *SShA – Kanada: ekonomika, politika, kultura*, 7 (1999), 73–90.

13. MR box 8.

14. *Corr 1957*, 2: 32.

15. Gilbert 7, 217.

16. See minutes of the conversation in CAB 127/23; also SANO, 1: 265–71 and DVP, 25/2, 106–11. The British transcripts and records of the conference were printed for the War Cabinet as WP (32) 373, CAB 66/28.

17. *SWW*, 4: 430.

18. Text in RGASPI f.558, op.11, d.257, ll.9–12; printed in *Corr 1957*, 1: 59–60.

19. CHAR 20/79A/28.

20. Sentence in square brackets omitted in English translation: cf. *Corr 1957*, 1: 60–1 and CHAR 20/79A/28.

21. British minute in CAB 127/23; Moran, 75–6. On the interpreters, see Ian Jacob diary, 13 Aug. 1942, Jacob papers JACB 1/17; for Churchill on Pavlov, see Kimball, 1: 569–70.

22. Churchill to War Cabinet, 14 Aug. 1942, CD 1942, 1077.

23. Arthur Bryant, *The Turn of the Tide, 1939–1942*, London, 1957, 461.

24. DVP, 25/2: 58.

25. *SAMO*, 1: 221.

26. OGB, 3/2: 84. There was in fact only one meeting of the Cabinet's Defence Committee in July 1942, on the 13th, and that discussed convoys – see DO 15 (42) in CAB 69/4.

27. Albert Resis (ed.), *Molotov Remembers: Inside Kremlin politics. Conversations with Felix Chuev*, Chicago, 1993, 45–6.

28. See O.A. Rzheshevskiy, *Stalin i Cherchill*, Moscow, 2010, 258, 268.

29. Ibid., 380–1.

30. Stalin had insisted on this phrasing: 'full understanding was reached . . . with regard to the urgent tasks of creating a second front in Europe in 1942'. He alluded to the communiqué when talking with Churchill on 13 August.

31. CD 1942, 1077–8.

32. CD 1942, 1087.

33. *Corr 1957*, 1: 63; Maurice Matloff and Edwin M. Snell, *Strategic Planning for Coalition Warfare, 1941–1942*, Washington, DC, 1953, 308–9.

34. Moran, 77–9.

35. Clark Kerr diary, FO 800/300/138–45; extracts also in Gillies, *Radical Diplomat*, 134–6.

36. Kimball, 1: 571. See also A.H. Birse, *Memoirs of an Interpreter*, London, 1967, 97–105, quoting p. 101.

37. *SWW*, 4: 445–9; also Birse's notes in PREM 3/76A/12/35–7, and Birse, *Memoirs*, 103. For Maisky's advice, see Gorodetsky, 458–9, 461.

38. Clark Kerr to Molotov, 17 Aug. 1942 in RGASPI f.558, op.11, d.257, l.24.

39. CD 1942, 1089.

40. CD 1942, 1087; DVP, 25/2: 158: The Russian word 'dusha' could be a translation of 'soul' or 'heart' in English – the latter being perhaps a more Churchillian word – but in any event it connotes 'the essence of a person'.

41. After meeting Putin for the first time in Slovenia in 2001, Bush told a reporter: 'I found him to be very straightforward and trustworthy. We had a very good dialog. I was able to get a sense of his soul, a man deeply committed to his country and the best interests of his country.' Bush, News Conference in Kranj, 16 June 2001 (APP).

42. W. Averell Harriman and Elie Abel, *Special Envoy to Churchill and Stalin*, New York, 1975, 160.

43. PSF(S) box 5: Russia, 1942–45.

44. MR box 8.

45. Deliveries of trucks amounted to less than half of what had been promised – see Herring, 66.

46. MR box 8.

47. Butler, 86.

48. Churchill to Stalin, 31 Aug. 1942, CD 1942, 1136.

49. See Correlli Barnett, *Engage the Enemy More Closely: The Royal Navy in the Second World War*, London, 2000, 724. This section of the message was amended in detail by the

chiefs of staff – see record by Jacob, 5 Sept. 1942, PREM 3/393/4.

50. *SANO*, 1: 271.

51. Kimball, 1: 570; CD 1942, 988. See also Nicholas Tamkin, 'Britain, the Middle East, and the "Northern Front," 1941–42', *War in History*, 15 (2008), 314–36.

52. CD 1942, 1159–60.

53. CD 1942, 1163.

54. Churchill to Stalin, 12 Sept. 1942, CD 1942, 1197; on Willkie see DVP, 25/2: 214.

55. *SAMO*, 1: 286.

56. Maisky to Eden, 16 Sept. 1942, PREM 3/401/21; Eden to Churchill, 17 Sept. 1942, FO 954/3A/128–30; DVP, 25/2: 190–2.

57. Eden to PM, 23 Sept. 1942, FO 954/3A/136.

58. Eden to PM, 25 Sept. 1942, FO 954/3A/140.

59. *Hansard Parliamentary Debates*, HC Deb 383, col. 95.

60. *SAMO*, 1: 286.

61. Stalin to Maisky, 28 Oct. 1942 cited in Rzheshevskiy, *Stalin i Cherchill*, 378.

62. J. Burns to H. Arnold, 31 Oct. 1942, RG 18, Central Decimal Files, Oct. 1942–1944, Foreign, Russia 452.1–B (NARA).

63. Eisenhower to Marshall, 21 Sept. 1942, in Eisenhower, 1: 570–3.

64. Kimball, 1: 602–6, C-151 and draft to Stalin C-154.

65. Kimball, 1: 606.

66. Churchill to Stalin, 22 and 30 Sept. 1942, CD 1942, 1227, 1241–2.

67. A.M. Samsonov, *Stalingradskaya bitva*, 4th edn, Moscow, 1989, 178.

68. RGASPI f.558, op.11, d.257, l.74.

69. *SAMO*, 1: 233.

70. Mikoyan to Stalin, Molotov, 20 Sept. 1942 in AP RF f.3, op.63, d.220, l.101.

71. *SANO*, 1: 236.

72. CD 1942, 1245.

73. For more detail, see Baker B. Beard,'The Bradley Mission: The evolution of the Alaska–Siberia route', in Fern Chandonnet (ed.), *Alaska at War, 1941–1945: The forgotten war remembered*, Fairbanks, AK, 2008, 311–18.

74. DVP, 25/2: 235.

75. *SAMO* 1: 244–9.

76. Herring, 72; *Mirovye voyny XX veka*, Book 3: *Vtoraya mirovaya voyna: Istoricheskiy*

ocherk, Moscow, 2002, 249.

77. Warren F. Kimball, 'Stalingrad: A chance for choices', *Journal of Military History*, 60 (1996), 105.

78. PSF(D) box 49: Russia, 1942–43.

79. *FRUS 1942*, 3: 655–8; Hurley to President, 8 Dec. 1942, PSF(S) box 5: Russia, 1942–45.

80. PSF(D) box 49: Russia, 1942–43.

81. As he had to admit to Stalin – see *SAMO*, 1: 248. Standley devoted a chapter of his memoirs to a caustic account of his treatment by Willkie: William H. Standley and Arthur A. Ageton, *Admiral Ambassador to Russia*, Chicago, 1955, ch. 17.

82. *SAMO*, 1: 235, 248–50.

83. Washington – Soviet Ambassador, 8 Oct. 1942 in AVP RF f.059, op.1, p.369, d.2512, l.131.

84. MR box 8.

85. Kimball, 1: 617, 621.

86. MR box 8.

87. Kimball, 1: 617, 621; cf. WM 135 (42) 1 CA, CAB 65/32.

88. CHAR 20/81/18–20.

89. MR box 8.

90. Maisky to Molotov, 9 Oct. 1942, AVP RF f.059, op.8, p.2, d.7, ll.322–3.

91. AVP RF f.059, op.1, p.369, d.2509, l.39.

92. Hopkins to Marshall, 10 Oct. 1942, Hopkins papers, box 217 (FDRL).

93. MR box 8.

94. FO 954/3A/176.

95. Sargent, minute, 28 Oct. 1942, FO 954/3A/188.

96. Kimball, 1: 637, 643.

97. RGASPI f.558, op.11, d.257, ll.82–4.

98. RGASPI f.558, op.11, d.257, l.93.

99. Roosevelt to Stalin, 14 Oct. 1942, MR box 8.

100. MR box 8.

101. MR box 8.

102. Antony Beevor, *Stalingrad*, London, 1998, 192–7.

103. CHAR 20/132.

104. MR box 8.

105. Stalin to Roosevelt, 28 Oct. 1942, MR box 8; RGASPI f.558, op.11, d.364, l.96.

106. *SANO*, 1: 294.

107. Maisky to Stalin, 24 Oct. 1942 in DVP 25/2: 293.

108. Rzheshevskiy, *Stalin i Cherchill*, 378.

109. OGB, 3/2: 407–8.

110. L.F. Sotskov (ed.), *Agressiya. Rassekrechennye dokumenty sluzhby vneshney razvedki Rossiyskoy Federatsii 1939–1941*, Moscow, 2011, 380.

111. *SANO*, 1: 294.

112. *Pravda*, 19 October 1942.

113. *Vneshnyaya politika Sovetskogo Soyuza v period Otechestvennoy voyny*, Moscow, 1946, 1: 318.

114. Harvey, 172.

115. DVP, 25/2: 290–3; Eden to Clark Kerr, 25 Oct. 1942, FO 954/25B/449–50.

116. WM 145 (42) 2, CA, 26 Oct. 1942, CAB 65/32.

117. Churchill to Eden, 27 Oct. 1942, CHAR 20/67, printed in CD 1942, 1318–19.

第六章　卡萨布兰卡：一桌只有两人

1. Harvey, 165; Eric Larrabee, *Commander in Chief: Franklin Delano Roosevelt, his lieutenants, and their war*, New York, 1987, 140.

2. Glantz/House, 134.

3. CHAR 20/82/51 and 55.

4. *SANO*, 1: 270.

5. CD 1942, 1358.

6. CHAR 20/82/77.

7. CD 1942, 1371–2.

8. *SANO*, 1: 303–8, quoting pp. 303, 307.

9. Kimball, 1: 671–3.

10. See R.C. Lukas, *Eagles East: The Army Air Forces and the Soviet Union, 1941–1945*, Tallahassee, FL, 1970, 153–8.

11. *SANO*, 1: 307.

12. CD 1942, 1401–2.

13. The message to Churchill is printed in CD 1941, 1402–3.

14. AP RF f.45, op.1, d.374, l.15.

15. Transcript of a conversation of I.V. Stalin with British Ambassador Clark Kerr, 24 Feb. 1943, RGASPI f.558, op.11, d.284, l.49.

16. *FRUS 1942*, 3: 655–8; Butler, 94–7.

17. Henderson to Molotov, 14 Dec. 1942, RGASPI f.558, op.11, d.364, l.141.

18. MR box 8.

19. MR box 8.

20. The message to Roosevelt is in MR box 8.

21. CD 1942, 1426.

22. Clark Kerr to Eden, 25 Nov. 1942, FO 181/969/6.

23. CD 1942, 1430–2.

24. On 10 August 1941, the Soviet and British governments, through their ambassadors in Ankara, proclaimed their respect for Turkey's territorial integrity and their readiness to assist her in the event of an attack by a European power.

25. MR box 8; cf. *SAMO*, 1: 58, 63.

26. H. Freeman Matthews, acting US head of mission in Algiers, told his former boss, Admiral William Leahy, by then FDR's chief of staff:'Only Darlan could order the cease-fire and ensure its implementation throughout North Africa.' Matthews to Leahy, 10 Dec. 1942, Leahy diaries, reel 3 (LC).

27. Molotov to Maisky, 27 Nov. 1942 in RGASPI f.558, op.11, d.257, ll.149–51, with Stalin's amendments at ll.154–5.

28. CD 1942, 1446–7.

29. 'This is a strong Russian proverb,' Maisky added on the translation sent to Churchill.

30. Maisky to NKID, 3 Dec. 1942, AVP RF f.059, op.1, p.372, d.2533, l.205.

31. Steven Casey, *Cautious Crusade: Franklin D. Roosevelt, American public opinion, and the war against Nazi Germany*, Oxford, 2001, 114.

32. Baggallay to Eden, 27 Dec. 1942, FO 181/969/6.

33. Clark Kerr to Eden, minute, 10 Dec. 1942, FO 954/16/210.

34. WM 162 (42), CAB 65/28, fo. 149.

35. WSC to Ismay for COS Committee, 29 Nov. 1942, PREM 3/499/7.

36. MR box 8.

37. FO memo, 29 Dec. 1942, quoted in Martin H. Folly, *Churchill, Whitehall and the*

Soviet Union, 1940–45, London, 2000, 84. For the 6 Nov. speech to the Moscow Soviet of Workers' Deputies, see J. Stalin, *On the Great Patriotic War of the Soviet Union*, Moscow, 1944, 61–77, quoting pp. 69, 74.

38. *Corr 1957*, 1: 81, 83.

39. Kimball, 2: 42–3.

40. Kimball, 2: 54–5; cf. Sherwood, 661.

41. MR box 8.

42. CD 1942, 1475.

43. The message to FDR is in MR box 8.

44. Warren F. Kimball, *Forged in War: Roosevelt, Churchill, and the Second World War*, New York, 1997, 185.

45. Meeting with Churchill, 8 Feb. 1943, in Gorodetsky, 481–2.

46. CD 1942, 1488.

47. *SANO*, 1: 321.

48. A draft of this message suggested 1 or 15 February: MR box 8.

49. MR box 8.

50. CD 1942, 1522.

51. MR box 8.

52. DVP, 25/2: 418–20.

53. Roosevelt to Stalin, 16 Dec. 1942, and Stalin to Roosevelt, 18 Dec. 1942, MR box 8.

54. Exchange of messages on 21 Dec. 1942 in Kimball, 2: 85–6.

55. CD 1943, 42.

56. CD 1942, 1556.

57. Leahy, memo for the President, 30 Dec. 1942, MR box 8.

58. MR box 8.

59. RGASPI f.558, op.11, d.365, l.2.

60. Stalin to Roosevelt, 5 January 1943, *Corr 1957*, 2: 48.

61. *FRUS W and C*, 506–7.

62. MR box 8.

63. CD 1942, 1557–8; Gilbert 7, 285.

64. Kimball, 1: 648–51 and 2: 44–7.

65. *SANO*, 1: 326–7.

66. Churchill to Foreign Secretary, 9 Jan. 1943, FO 954/3/262. Churchill cited his message

to Stalin on 29 Dec. 1942, which promised 'thirty or more ships' in January – in one 'portion' or two – and did not mention February. See also S.W. Roskill, *The War at Sea*, London, 1956, 2: 397–8.

67. Ivan M. Maisky, *Dnevnik diplomata*, ed. A.O. Chubaryan, 2 vols, Moscow, 2009, 2: 190.

68. CD 1943, 126.

69. CD 1943, 85.

70. RGASPI f.558, op.22, d.365, ll.12–13.

71. Entry for 18 Jan. 1943 in Gorodetsky, 468.

72. MR box 8.

73. Meeting of 8 Feb. 1943 in Gorodetsky, 481.

74. Kimball, 2: 108–9.

75. *FRUS W and C*, 628.

76. *FRUS W and C*, 796 (CCS Final Report), 591 (Arnold and Brooke).

77. *FRUS W and C*, 583 (Marshall) and 584–5 (Brooke).

78. Stoler, 103.

79. Entry for 26 Aug. 1941 in Gorodetsky, 381.

80. *FRUS W and C*, 640, 672, 732, 782–5, 803–7; Churchill to War Cabinet, 20 Jan. 1943, CD 1943, 164.

81. *FRUS W and C*, 848; cf. APP, Casablanca communiqué, 26 Jan. 1943.

82. Churchill to War Cabinet, 26 Jan. 1943, CD 1943, 235.

83. CD 1943, 230–1.

84. *SAMO*, 1: 273–4.

85. RGASPI f.558, op.11, d.365, l.31.

86. For Prime Minister from Foreign Secretary, 28 Jan. 1943, PREM 3/333/3; William H. Standley and Arthur A. Ageton, *Admiral Ambassador to Russia*, Chicago, 1955, 327–8; cf. *SAMO*, 1: 273.

87. Churchill to Stalin, 27 and 29 Jan. 1943, CD 1943, 244–5, 260; Tamkin, 84–6; cf. *FRUS W and C*, 659–60.

88. The (poorly translated) British version of the message is printed in CD 1943, 286.

89. MR box 8.

90. Antony Beevor, *Stalingrad*, London, 1998, 383.

91. Nicholas Stargardt, *The German War: A nation under arms, 1939–1945*, London, 2015, 329–37.

92. Entry for 7 Feb. 1943, in Gorodetsky, 477.

第七章　第二战场何时开辟？

1. For example, CD 1943, 428, 558, 938.

2. Kimball, 2: 189.

3. See Sherwood, 707–21, quoting pp. 717, 719.

4. Excerpts from Presidential Press Conference, 30 March 1943 (APP website).

5. Churchill to Stalin, 1 Feb. 1943, and Stalin to Churchill, 6 February 1943, CD 1943, 316–18, 357–8.

6. Churchill to Stalin, 1 Feb. 1943, CD 1943, 316–18.

7. Press conference, Cairo, 1 Feb. 1943, in CD 1943, 307–8.

8. Stalin's reply, sent on 5 February, is in MR box 8.

9. PPPR 1943, 63.

10. Churchill's message and Roosevelt's reply are in Kimball, 2: 132–5; but see also the original documentation in MR box 3: Roosevelt–Churchill, esp. pp. 31–6, and PREM 3/333/3.

11. The 29th Infantry Division, which would spend twenty months in Britain before finally receiving its baptism of fire on Omaha beach on the morning of D-Day.

12. Gorodetsky, esp. pp. 478–80; cf. Ivan M. Maisky, *Dnevnik diplomata*, ed. A.O. Chubaryan, 2 vols, Moscow, 2009, 2: 211–19.

13. Maisky to NKID, 9 Feb. 1943, AVP RF f.059, op.10, p.8, d.64, ll.15–17. Also printed in DVP, 26: 97–8.

14. CD 1943, 438.

15. CD 1943, 377.

16. The 16 Feb. message to FDR is in MR box 8.

17. Glantz/House, 143.

18. CD 1943, 447–8.

19. Eden, memo, 17 Feb. 1943, circulated to the Cabinet's Defence Committee as DO (43) 3, CAB 69/5.

20. From London, 18 Feb. 1943, AVP RF f.059, op.10, p.8, d.64, ll.29–30; also in DVP, 26: 130–1; Eden, memo, 17 Feb. 1943, 2.

21. President to Stalin, draft, 19 Feb. 1943, MR box 8.

22. MR box 8.

23. Bracken, memo, 22 Jan. 1943, WP (43) 37, CAB 66/33; P.M.H. Bell, *John Bull and the Bear: British public opinion, foreign policy and the Soviet Union, 1941–1945*, London, 1990, 68–9; Gorodetsky, 487.

24. CD 1943, 502, 547, 553, 562, 584, 589.

25. Kimball, 2: 151–4.

26. Maisky to NKID, 9 March 1943, AVP RF f.059, op.10, p.8, d.64, l.47.

27. Ismay for PM, 18 Feb. 1943. After the war, captured German documents indicated that seventeen divisions moved from France to Russia in the period Nov. 1942 to Feb. 1943, while three divisions had been transferred in the opposite direction en route for Tunisia. Hinsley, 2: 617.

28. CHAR 20/107/94–6.

29. CD 1943, 618; *SWW*, 4: 661–2.

30. Churchill to FO, 12 March, and Churchill to Stalin, 13 March 1943 in CD 1943, 626, 632–3.

31. Glantz/House, 144–7, quoting p. 144; Horst Boog et al. (eds), *Germany and the Second World War*, Vol. 6, *The Global War*, Oxford, 2001, 1184–93.

32. RGASPI f.558, op.11, d.260, l.29.

33. The message to FDR is printed in *Corr 1957*, 2: 58–9.

34. CHAR 20/108/25.

35. Stalin to Churchill, 15 March 1943 and Churchill to Stalin, 20 March 1943, CD 1943, 655–6, 719.

36. CHAR 20/108/24.

37. Churchill to Eden, 17 March 1943, CHAR 20/108/26.

38. Churchill to Eden, 18 March 1943, CHAR 20/108/32.

39. WM 42 (43) CA, 18 March 1943, CAB 65/37, fo. 89. Also CD 1943, 686–7.

40. RGASPI f.558, op.11, d.260, l.114.

41. CD 1943, 823.

42. CD 1943, 844–5.

43. Transcript of Stalin's conversation with Martel and Clark Kerr, 12 April 1943, RGASPI f.558, op.11, d.277, l.56.

44. Gorodetsky, 502–3.

45. Warner to Clark Kerr, 9 April 1943, FO 800/301, fo. 24.

46. AVP RF f.059a, op.7, p.13, d.6, ll.255–6.

47. Churchill to Ismay for COS, 13 March 1943, CD 1943, 633–4.

48. Churchill to Eden, 25 March 1943, CD 1943, 783–4.

49. Kimball, 2: 172–7.

50. CD 1943, 854.

51. CD 1943, 852–3.

52. Maisky to NKID, 31 March 1943, AVP RF f.059a, op.7, p.13, d.6, ll.258–60. See also Gorodetsky, 503–4.

53. CD 1943, 888.

54. Gorodetsky, 504.

55. Maisky to NKID, 3 April 1943, AVP RF f.059, op.10, p.8, d.64, ll.182–3; cf. Gorodetsky, 497, 504.

56. Cadogan, 518; Kimball, 2: 179–80.

57. Churchill to Clark Kerr, 4 April 1943, and replies 4 and 5 April 1943, FO 954/3B, fos 387–8, 390.

58. See CD 1943, 918–20.

59. CD 1943, 932.

60. CD 1943, 916.

61. PREM 3/401/16/29–30.

62. CD 1943, 951–2.

63. Mary Soames, *Clementine Churchill*, revised edn, London, 2002, 340–1, 360–3.

64. *Vneshnyaya torgovlya*, 3–4 (1943), 6.

65. Transcript of Stalin's conversation with Martel and Clark Kerr, 12 April 1943, RGASPI f.558, op.11, d.277, l.54.

66. CD 1943, 956.

67. CD 1943, 967–8.

68. Maisky to NKID, 14 April 1943, AVP RF f.059, op.10, p.8, d.64, l.107.

69. Message of 15 April 1943 in Kimball, 2: 191.

70. E.M. Spiers, *Chemical Warfare*, Chicago, 1986, 76–7.

71. Clark Kerr to FO, 14 April 1943, FO 800/301, fo. 26.

72. Maisky to NKID, 21 April 1943, AVP RF f.059, op.10, p.8, d.64, l.113; also see Maisky, *Dnevnik diplomata*, 2: 262–3.

第八章　南辕北辙

1. Lawrence Rees, *World War Two Behind Closed Doors: Stalin, the Nazis and the West*, London, 2008, 51–5. Extensive documentation has been published in a joint American–Russian–Polish volume: Anna M. Cienciala, Natalia Lebedeva and Wojciech Materski (eds), *Katyn: A crime without punishment*, New Haven, CT, 2007.

2. Molotov to Bogomolov, 22 April 1943, AVP RF f.059, op.10, p.23, d.182, l.145.

3. CD 1943, 1066. The message of 21 April to FDR is in MR box 8.

4. *SWW*, 4: 679–80; memo of Maisky visit, 23 April 1943, FO 954/19B/487–9.

5. Gorodetsky 508–9; Maisky to NKID, 24 April 1943, AVP RF f.059, op.10, p.8, d.54, ll.115–20.

6. WM 56 (43) 5, 19 April 1943, CAB 65/34.

7. O'Malley's despatch is in FO 371/34568, C4230/258/55; cf. P.M.H. Bell, *John Bull and the Bear: British public opinion, foreign policy and the Soviet Union, 1941–1945*, London, 1990, 116 and more generally FCO, *Katyn: British reactions to the Katyn Massacre, 1943–2003*, London, 2003.

8. Harvey, 249; Eden to PM, 20 April 1943, with draft, and PM to Eden, 23 April 1943, PREM 3/354/8.

9. CD 1943, 1100.

10. Cienciala et al., *Katyn*, 219–20.

11. Churchill to Stalin, 25 April 1943, CD 1943, 1106–7.

12. CD 1943, 1107.

13. President to Hull and Hull to Capt. Hammond, both 26 April 1943, MR box 8.

14. Which was how it was translated in *Corr 1957*, 2: 62.

15. MR box 8.

16. MR box 8.

17. Maisky to NKID, 29 April 1943, AVP RF f.059, op.10, p.8, d.54, ll.117–22 (DVP, 26: 361); similarly in Gorodetsky, 514; Harvey, 251. Eden was referring to Edvard Beneš, who was browbeaten by Hitler during the Sudeten crisis.

18. Clark Kerr to Foreign Office, 26 April 1943, PREM 3/354/8/416.

19. WM 59 (43) 1, CAB 65/34; cf. Bell, *John Bull and the Bear*, 120–5.

20. Cadogan, 525; cf. Gorodetsky, 515–17.

21. Cadogan, 524; Clark Kerr to FO, tel. 317, 29 April 1943 and FO to Clark Kerr, tel. 450, 30 April 1943, in FO 800/301, Pol/43/29 and Pol/43/26. Because of the late revision, the opening paragraph was not in the message sent to FDR: see Kimball, 2: 199.

22. As did Molotov, vehemently, when handed Churchill's message: Clark Kerr to FO, tel. 327, 1 May 1943, FO 800/301, Pol/43/27. See also Barker, 250.

23. CD 1943, 1137–8.

24. Rees, *World War Two: Behind Closed Doors*, 185.

25. For more on the vicissitudes of the families see Olga Kucherenko, *Soviet Street Children and the Second World War: Welfare and social control under Stalin*, London, 2016, 79–81.

26. Kimball, 2: 202–5.

27. Churchill to Clark Kerr, 2 May 1943, CD 1943, 1177.

28. Clark Kerr to Churchill, 3 May 1943, CD 1943, 1182.

29. Clark Kerr to Churchill, 8 May 1943 about Kremlin meeting on 7 May, CD 1943, 1238; Pavlov's rendition is in RGASPI f.558, op.11, d.284, ll.66–7.

30. Churchill to Stalin, 2 May 1943, CD 1943, 1178–9. See also Order of the Day no. 195, 1 May 1943, www.marxists.org/reference/archive/stalin/works/1943/05/01.htm

31. Stalin to Churchill, 4 May 1943, CHAR 20/111/25–6.

32. CHAR 20/111/66–7.

33. Kimball, 3: 202–3, 206.

34. MR box 8.

35. Davies was the third husband of Marjorie Merriweather Post, heiress to the General Foods empire. One of her estates – Mar-a-Lago in Florida – later became notorious as the biliously grandiose 'Southern White House' of billionaire president Donald J. Trump.

36. *SAMO*, 1: 314–15.

37. AVP RF f.06, op.5, d.327, ll.16–17.

38. Halifax to Eden and Churchill, 25 April 1943, FO 954/26A/58.

39. PSF(D) box 49: Russia, 1942–43.

40. The message to Churchill is printed in CD 1943, 1236.

41. MR box 8. As the file copy indicates, the telegram was sent *en clair* via RCA radio telecommunications from Moscow at 04.49 on 8 May and received by the White House at 23.15 on 7 May.

42. Churchill to Stalin, 9 May 1943, CD 1943, 1240.

43. Eden to Clark Kerr, 6 May 1943, FO 954/19B/520–1.

44. Churchill to Eden, 10 May 1943, CD 1943, 1255.

45. W.M. 67 (43) 3, annex, 10 May 1943, CAB 65/34; cf. Churchill's draft of 10 May in CHAR 20/128/9.

46. Cadogan, 529.

47. CD 1943, 1258.

48. Churchill to Stalin, 14 May 1943, CD 1943, 1291.

49. Beaumont, 142–57; Mikoyan to Stalin and Molotov, 27 June 1943, AP RF f.3, op.63, d.218, ll.90–1.

50. Roosevelt to Stalin, 18 May 1943, MR box 8; RGASPI f.558, op.11, d.365, l.110.

51. Dennis J. Dunn, *Caught between Roosevelt and Stalin: America's ambassadors to Moscow*, Lexington, KY, 1998, 185–6; William H. Standley and Arthur A. Ageton, *Admiral Ambassador to Russia*, Chicago, 1955, 369.

52. G.A. Koltunov and B.G. Solovev, *Kurskaya bitva*, Moscow, 1970, 40.

53. Dunn, *Caught between Roosevelt and Stalin*, 187–9; Clark Kerr to Warner, 3 June 1943 and Warner to Clark Kerr, 1 July 1943, FO 800/301/33–4, 53.

54. Quoted in Mary E. Glantz, *FDR and the Soviet Union: The president's battles over foreign policy*, Lawrence, KS, 2005, 128.

55. MR box 8.

56. PM to Deputy PM, 23 May 1943, CHAR 20/128/40.

57. Ivo Banac (ed.), *The Diary of Georgi Dimitrov, 1933–1949*, London, 2003, 275–6.

58. Warner to Clark Kerr, 28 May 1943, FO 800/301, fo. 30.

59. On which see Alex Danchev, *Very Special Relationship: Field Marshal John Dill and the Anglo-American Alliance, 1941–44*, London, 1986, 118–21.

60. *FRUS W and C*, esp. pp. 44–5, from CCS meeting of 13 May.

61. *FRUS W and C*, 282; Alanbrooke, 410.

62. *SWW*, 4: 729; cf. CD 1943, 1488–91, 1501.

63. *SWW*, 4: 726.

64. Churchill to Roosevelt, 26 May 1943, and FDR's revisions to Marshall's draft, both in MR box 8.

65. The draft preamble is in *FRUS W and C*, 379–80.

66. MR box 8.

67. MR box 8.

68. Standley to President, 5 June 1943, MR box 8.
69. MR box 8.
70. For the message to Churchill see CD 1943, 1573.
71. MR box 8.
72. Warner to Clark Kerr, 8 July 1943, FO 800/301, fo. 60.
73. Clark Kerr to FO, 15 June 1943, FO 954/26A/91; Churchill to Eden, 16 June 1943, CD 1943, 1624.
74. FDR to Arnold, memo, 10 June 1943, MR box 8 – where FDR's two messages of 16 June are also to be found.
75. Kimball, 2: 244–7 and 259–61.
76. Churchill to Clark Kerr, 19 June 1943, CD 1943, 1624–5. On the original copy dated 16 April in Eden's files (FO 954/26A/93-4), Churchill corrected the typo 'Channel reaches' to read 'Channel beaches', but this was not done in the telegram sent to Moscow.
77. MR box 8.
78. CD 1943, 1651–2.
79. FDR's message of 22 June 1943 may be found on the APP website and Stalin's reply on 26 June 1943 in MR box 8.
80. Churchill to Attlee and Eden, 21 May 1943, CD 1943, 137; Eden, 390.
81. Kimball, 2: 254–7.
82. *SANO*, 1: 398.
83. Stalin to Churchill, 26 June 1943, CD 1943, 1720–1; cf. Molotov to Maisky, 25 June 1943, AVP RF f.059, op.10, p.23, d.183, ll.96–9 (DVP, 26: 505–6).
84. CHAR 20/113/108.
85. Stalin to Roosevelt, 24 June 1943, MR box 8.
86. CD 1943, 1704–6.
87. Ismay to Churchill and Churchill to Clark Kerr, both 26 June 1943, PREM 3/333/5/252–3.
88. CD 1943, 1719–20.
89. Kimball, 2: 278–9, 283–4; cf. W. Averell Harriman and Elie Abel, *Special Envoy to Churchill and Stalin*, New York, 1975, 216–18. On 26 June a still-angry Churchill mused to Harriman that Stalin wanted to tie the Allies down by a second front in France because of his own designs on the Balkans.
90. Kimball, 2: 285–90.
91. Churchill to Clark Kerr, 29 June 1943, PREM 3/333/5/245.

92. Clark Kerr to Churchill, 1 July 1943, PREM 3/333/5/443–4.

93. Churchill, minute, 3 July 1943, PREM 3/333/5/240–2; cf. Eden to Clark Kerr, 5 July 1943, FO 954/26A/107.

94. Maisky to NKID, 3 July 1943, AVP RF f.059a, op.7, p.13, d.6, ll.293–8.

95. Molotov to Maisky, 25 June 1943, AVP RF f.059, op.10, p.22, d.177, l.29.

96. Maisky to NKID, 29 June 1943, AVP RF f.059, op.10, p.7, d.59, ll.130–2; Eden to Clark Kerr, 29 July 1943, FO 954/26A/108.

97. CD 1943, 1835.

98. CD 1943, 1862.

99. Text of Eden to Clark Kerr, with Churchill minute, 29 July 1943, FO 954/26A/109.

100. Halifax to Churchill, 8 July 1943, CD 1943, 1840.

101. MR box 8.

102. Davies to Stalin, 22 July 1943; Hopkins to Gromyko, 22 July 1943, MR box 8.

103. From Washington, 23 June 1943, AVP RF f.059, op.10, p.3, d.25, l.41.

104. RGASPI f.558, op.11, d.366, l.1.

第九章　反击：乌克兰和意大利

1. Cited in *Velikaya Otechestvennaya voyna 1941–1945 godov* (12 vols), Volume 3: V.P. Baranov et al. (eds), *Bitvy i srazheniya, izmenivshiye khod voyny*, Moscow, 2012, 531.

2. Glantz/House, 176

3. *SWW*, 5: 230.

4. Frieser, 150–7, 168–70.

5. Ibid., 138–40, 145–6.

6. Eisenhower, 2: 1261–2; Kimball, 2: 331–2; CD 1943, 2076–80.

7. Alanbrooke, 433, entry for 25 July 1943.

8. Yee Wah Foo, *Chiang Kaishek's Last Ambassador to Moscow: The wartime diaries of Fu Bingchang*, Basingstoke, 2011, 43–4, 94.

9. Churchill to King George VI, 11 Aug. 1943, CD 1943, 2237–8.

10. Harvey, 291 (quote), 295.

11. Diary entry for 1 Sept. 1943 in Eden, 405.

12. Wilson to Clark Kerr, 8 Aug. 1943, FO 800/301/110.

13. See Gorodetsky, 536–40, quoting p. 538.
14. Clark Kerr to Warner, 5 Sept. 1943, FO 954A/139; Alanbrooke, 464.
15. Roosevelt to Stalin, 5 Aug. 1943, MR box 8.
16. Memo of conversation with Churchill, 7 Aug. 1943, Harriman papers, box 164 (LC).
17. Sobolev to NKID, 27 July 1943, AVP RF f.059a, op.7, p.13, d.6, l.304 (DVP, 26: 600).
18. Harvey, 277, 281 – diary entries for 20 and 29 July. For fuller discussion of Churchill's downgrading of 'Overlord' in the light of success in Sicily see Reynolds, 374–6.
19. Clark Kerr to Eden, 30 July 1943, Eden to Churchill, 31 July 1943 and Churchill to Eden, 1 Aug. 1943, FO 954/26A/111–15; also Cadogan, 549.
20. See annotations by Cadogan and Eden on FO 954/26A/114; cf. Eden, 401.
21. CHAR 20/133/1. The version in CD 1943, 2206–7 prints the text as if it was a direct Churchill–Stalin message.
22. MR box 8.
23. The PM passed the message on to FDR, together with his reply of 12 August – Kimball, 2: 385–7.
24. CD 1943, 2226.
25. Eden to Churchill, 10 Aug. 1943, CD 1943, 2229.
26. WM 114 (43) 2 CA, 11 Aug. 1943, CAB 65/39.
27. Churchill to Stalin, 12 Aug. 1943, CD 1943, 2236–7.
28. Kimball, 2: 421.
29. Churchill to Sir Ronald I. Campbell, 18 Aug. 1943, CD 1943, 2284.
30. Eden, minute for Cadogan, 19 Aug. 1943, FO 954/2/39.
31. MR box 8.
32. Telegrams of 25 and 26 July in Kimball, 2: 347–8.
33. Standley to Hull, 30 July 1943, reprinted in Hull, memo for the President, 31 July 1943, MR box 8 – S-R messages.
34. Winant to FDR and Hull, 26 July 1943, *FRUS 1943*, 2: 335.
35. Sobolev to NKID, 27 July 1943, AVP RF f.059a, op.7, p.13, d.6, l.302.
36. *SANO*, 1: 410.
37. *SANO*, 1: 412–13.
38. Churchill to Attlee and FO, 18 Aug. 1943, CD 1943, 2283–4.
39. Kimball, 2: 423–4.
40. Roosevelt and Churchill to Stalin, 19 Aug. 1943, CHAR 20/132/1/57–8 and 58–9. They

were printed as a single message in *Corr 1957*, 1: 79–82.

41. Stalin came back from a short visit to the Western and Kalinin *Fronts* on 5 August. In his office ledger there are two entries on 17 and 21 August, in both cases listing Molotov among the visitors. See A.A. Chernobayev (ed.), *Na priyeme u Stalina. Tetradi (zhurnaly) zapisey lits, prinyatykh I.V. Stalinym (1924–1953 gg.). Spravochnik*, Moscow, 2008, 416.

42. Clark Kerr to Eden, 28 Aug. 1943, and minute by Warner, 30 Aug. 1943, FO 954/26A/125–7.

43. Maisky to Molotov, 31 Aug.1943, AVP RF f.059, op.10, p.8, d.64, ll.182–9.

44. CD 1943, 2315–16.

45. Harriman, 225–6. See also his original memo of the dinner on 24 Aug. 1943 in Harriman papers, box 164 (LC).

46. Eden, 404, diary entry for 26 Aug. 1943.

47. Churchill to War Cabinet, 25 Aug. 1943, CD 1943, 2343–4; cf. WM 119 (43) 1 CA, CAB 65/39.

48. From Washington, 25 Aug. 1943, AVP RF f.059, op.10, p.3, d.26, l.2 (DVP, 26: 693).

49. CD 1943, 2338–9.

50. Clark Kerr to Eden, 24 Aug. 1943, FO 965/13B/396–7; WM 119 (43) 1 CA, CAB 65/39.

51. Kimball, 2: 432–4; Roosevelt and Churchill to Stalin, 29 Aug. 1943, MR box 8.

52. Brooke and Leahy to President and Prime Minister, 24 Aug. 1943, MR box 8.

53. Alanbrooke, 437–51, esp. p. 437, 440, 442, 448, 450–1.

54. Martin J. Sherwin, *A World Destroyed: The atomic bomb and the grand alliance*, New York, 1977, 85, 89.

55. V.I. Lota, GRU. *Ispytanie voynoy. Voyennaya razvedka Rossii nakanune i v gody Velikoy Otechestvennoy voyny 1941–1945 gg.*, Moscow, 2010, 648. The Soviet government had formally decided on 12 April 1943 to set up its own atomic project under Igor Kurchatov but, despite considerable intelligence from British and American sources, they were a long way behind 'Manhattan' – see David Holloway, *Stalin and the Bomb: The Soviet Union and atomic energy, 1939–1956*, New Haven, CT, 1994, 96–105.

56. MR box 8.

57. *SANO*, 1: 426–7, 440.

58. Churchill to Stalin, 30 Aug. 1943, and Stalin to Churchill, 31 Aug. 1943, CD 1943, 2358, 2370; see also CD 1943–44, 13.

59. On operation 'Achse', see Frieser, 1123–5.

60. See draft 2 Sept. 1943 marked 'For Col. Hammond' in MR box 8.

61. *SANO*, 1: 427–39, 442.

62. Roosevelt and Churchill to Stalin, 2 Sept. 1943, in MR box 8 and CD 1943–44, 6–7.

63. CD 1943–44, 44, 45–6, 54.

64. CD 1943–44, esp. 61–2.

65. MR box 8.

66. Eden to Churchill, 2 Sept. 1943, PREM 3/172/1/73A.

67. CD 1943–44, 47–8.

68. Stalin to Roosevelt and Churchill, 7 Sept. 1943, MR box 8.

69. RGASPI f.558, op.11, d.263, l.2. The message of 8 Sept. 1943 to Churchill is in CD 1943, 84–5.

70. Subsequently, as relations with the Allies warmed up after the Tehran conference, Soviet military missions were sent to Italy and France. For more details, see V.I. Lota, *Taynye operatsii Vtoroy mirovoy voyny: kniga o voyennoy razvedke, 1944 god*, Moscow, 2006, ch.2.

71. MR box 8.

72. From Washington, 9 Sept. 1943, AVP RF f.059, op.10, p.3, d.26, l.126.

73. MR box 8.

74. Roosevelt to Stalin, 9 Sept. 1943, MR box 8; Churchill to Stalin, 10 Sept. 1943, CD 1943–44, 104–6.

75. Stalin to Roosevelt and Churchill, 10 Sept. 1943, MR box 8.

76. N.G. Kuznetsov, *Kursom k pobede*, Moscow, 2003, 316.

77. MR box 8.

78. The word 'Tegeran' in the translation in the White House files is probably another sign of Gromyko's work: the Russian alphabet does not include any approximation to the letter 'h' (voiceless glottal fricative), which is therefore usually rendered as a 'g' – notoriously in the case of 'Garry Gopkins'.

79. CD 1943–44, quoting pages 156 and 152–3.

80. Kimball, 2: 447–8, 491, 492.

81. Eisenhower, 2: 1430–3; Kimball, 2: 456–63.

82. CD 1943–44, 213–14.

83. Stalin to Churchill, 22 Sept. 1943, CD 1943–44, 229.

84. *SAMO*, 1: 368–9, 371–2. Molotov's message dated 26 Sept. 1943 is in MR box 8.

85. Warren F. Kimball, *Forged in War: Roosevelt, Churchill, and the Second World War*,

New York, 1997, 223.

86. Draft message, 25 Sept. 1943, RGASPI f.599, op.11, d.263, l.81.

87. Frieser, 294, 1255, drawing on the study edited by G.F. Krivosheyev, *Grif sekretnosti snyat*, Moscow, 1993 on the 'secret' losses of the Soviet forces.

88. V.P. Istomin, *Smolenskaya nastupatelnaya operatsiya (1943 g.)*, Moscow, 1975, 21.

89. CD 1943–44, 261 and note.

90. Cordell Hull, *The Memoirs of Cordell Hull*, 2 vols, New York, 1948, 2: 1255.

91. FDR's amendments to draft message, 25 Sept. 1943, and Opnav to Alusna, Moscow, 30 Sept. 1943, MR box 8. See also Frank Costigliola, *Roosevelt's Lost Alliances: How personal politics helped start the Cold War*, Princeton, NJ, 2012, 186–90.

92. MR box 8.

93. CD 1943–44, 273.

94. CD 1943–44, 258.

95. MR box 8.

第十章　面对面：莫斯科与德黑兰

1. *SAMO*, 1: 373.

2. WM 142 (43) 2 CA, 18 Oct. 1943.

3. Roosevelt and Churchill were worrying about interpreters for the Tehran conference as early as mid-September 1943 – see CD 1943–44, 153.

4. CD 1943–44, 760. For background, see Keith Sainsbury, *The Turning Point: The Moscow, Cairo, and Teheran conferences*, Oxford, 1986, chs 1–5.

5. Eisenhower, 3: 1469–70; Roosevelt to Stalin, 1 Oct. 1943, MR box 8.

6. Kimball, 2: 471–4, 484, quoting p. 473; Churchill to Stalin, 1 Oct. 1943, CHAR 20/132/1/68.

7. Stalin to Churchill, 2 Sept. 1943, CD 1943–44, 339, and Stalin to Roosevelt, 5 Sept. 1943, MR box 8.

8. Clark Kerr to FO, 23 Sept. 1943, FO 954/3B/485.

9. CD 1943–44, 266, 282.

10. CD 1943–44, 266.

11. CD 1943–44, 322–4.

12. OGB, 4/2: 618; O.A. Rzheshevskiy, *Stalin i Cherchill*, Moscow, 2010, 389; Michael Reilly (as told to William J. Slocum), *Reilly of the White House*, New York, 1947, 179.

13. CD 1943–44, 348.

14. MR box 8.

15. Hinsley, 3/1: 114–17, 173–7.

16. MR box 8.

17. Clark Kerr to Eden, 14 Oct. 1943, FO 954/3B/503; Kimball, 2: 533.

18. A.A. Gromyko, I.N. Zemskov et al. (eds), *Sovetskiy Soyuz na mezhdunarodnykh konferentsiyakh perioda Velikoy Otechestvennoy voyny 1941–1945 gg.*, Moscow, 1984, 1: 121.

19. CD 1943–44, 500–1.

20. CD 1943–44, 521–2, 554–5; WM 142 (43) 2 CA, CAB 65/40.

21. Churchill note, 18 Oct. 1943, CD 1943–44, 556–7; paraphrased in *SWW*, 5: 241–2.

22. From London, 19 Oct. 1943, AVP RF f.059, op.10, p.8, d.62, ll 74–7.

23. Cadogan, 568–9.

24. Gromyko et al., *Sovetskiy Soyuz na mezhdunarodnykh konferentsiyakh*, 1: 122; CD 1943– 44, 609–10; Eden, 412–13.

25. Beaumont, 165.

26. WM 142 (43) 2 CA, CAB 65/40; CD 1943–44, 565–6.

27. From London, 22 Oct. 1943, AVP RF f.059, op.10, p.8, d.62, ll.105–7.

28. Warner to Secretary of State, 21 Oct. 1943, FO 371/37030.

29. Churchill to Roosevelt and Stalin, 12 Oct. 1943, CD 1943–44, 486–7; cf. WM 137 (43) 2, 8 Oct. 1943, CAB 65/36.

30. SecState to Embassy Moscow, 18 Oct. 1943, RG 84, US Embassy Moscow, Ambassador's Top Secret Records, 1943–50, Box 8 (NARA).

31. Gromyko et al., *Sovetskiy Soyuz na mezhdunarodnykh konferentsiyakh*, 1: 336–7.

32. Roosevelt to Stalin, 14 Oct. 1943, MR box 8.

33. MR box 8.

34. Stalin to Roosevelt, 17 Oct. 1943, MR box 8; Molotov to Gromyko, 12 Oct. 1943, AVP RF f.059, op.10, p.19, d.150, l.64.

35. MR box 8.

36. Roosevelt to Hull, 21 Oct. 1943, MR box 8.

37. MR box 8.

38. Kimball, 2: 547, 550–1.

39. CD 1943–44, 612.
40. *FRUS Cairo and Tehran*, 44–7.
41. Kimball, 2: 561.
42. CD 1943–44, 736, 760; *FRUS Cairo and Tehran*, 35, 52.
43. MR box 8.
44. Kimball, 2: 563; Stoler, 166.
45. Kimball, 2: 541, 555–7, 565
46. Harvey, 317–18. On Churchill's attempts to deceive Eden and Stalin about his strategic rethink and his cover-up of all this in his war memoirs, see Reynolds, 378–82.
47. MR box 8.
48. Stalin to Roosevelt, 10 Nov. 1943, MR box 8.
49. CD 1943–44, 872–3. The draft of the 8 Nov. message in the White House files is marked 'Will notify Prime tomorrow'.
50. Messages in Kimball, 2: 596–7.
51. Kimball, 2: 595. For texts of the two telegrams to Stalin on 12 November, see CD 1943–44, 864, 872–3.
52. Stalin to FDR, 12 Nov. 1943, MR box 8, and Stalin to Churchill, same date, CD 1943–44, 877; *SAMO*, 1: 438.
53. Quoted in Eden to Churchill, 14 Nov. 1943, FO 800/410/39.
54. Kimball, 2: 600. Stalin's messages to Churchill, 12 Nov. 1943, and to Roosevelt, 13 Nov. 1943, are in CD 1943–44, 877 and MR box 8.
55. Smuts to Churchill, 14 Nov. 1943, FO 800/410/35.
56. Roosevelt to Stalin, 20 Nov. 1943, MR box 8.
57. Molotov to Hamilton, 22 Nov. 1943, RGASPI f.558, op.11, d.367, l.23.
58. OGB, 4/2: 613.
59. V. Zhilyayev and A. Gamov, 'V poezde Stalina "zaytsami" ekhali ugolovniki', *Komsomolskaya Pravda*, 7 May 2007.
60. A.E. Golovanov, *Dalnyaya bombardirovochnaya . . .*, Moscow, 2004, 354.
61. RGASPI f.74, op.2, d.123, l.16 (first quotation); S.M. Shtemenko, *Generalnyy shtab v gody voyny*, b.1, Moscow, 1975, 148; OGB, 4/2: 613 (second quotation); on the itinerary of the support team, see V.M. Loginov, *Zhivoy Stalin. Otkroveniya glavnogo telokhranitelya Vozhdya*, Moscow, 2010, 123.
62. Michael F. Reilly (as told to William J. Slocum), *Reilly of the White House*, New York,

1947, 174–6.

63. MR box 8.

64. Cordell Hull, *The Memoirs of Cordell Hull*, 2 vols, New York, 1948, 2: 1313.

65. CD 1943–44, 940.

66. Stalin to Churchill, 25 Nov. 1943, CD 1943–44, 974.

67. MR box 8.

68. Minutes of Maksimov–Dreyfus conversation, 25 Nov. 1943, AVP RF f.06, op.5, p.23, d.248, ll.107–8.

69. From Tehran, 25 Nov. 1943, AP RF f.3, op.63, d.222, l.6.

70. Molotov to Dekanozov, 26 Nov. 1943, AP RF f.3, op.63, d.222, l.7.

71. *FRUS Cairo and Tehran*, 439–40.

72. Minutes of Maksimov–Harriman conversation, 27 Nov. 1943, AVP RF f.06, op.5, p.23, d.248, l.114.

73. *SAMO*, 1: 442–3.

74. Yu. L. Kuznets, *Tegeran 43*, Moscow, 2003; Donal O'Sullivan, *Dealing with the Devil: Anglo-Soviet intelligence cooperation in the Second World War*, New York, 2010, 200–5.

75. *SAMO*, 1: 463–7.

76. *FRUS Cairo and Tehran*, 463–4, quoting Harriman letter of 25 May 1954.

77. Quotations from Frances Perkins and Sergo Beria in Frank Costigliola, *Roosevelt's Lost Alliances: How personal politics helped start the Cold War*, Princeton, NJ, 2012, 196.

78. *FRUS Cairo and Tehran*, 426–7.

79. *FRUS Cairo and Tehran*, 258.

80. For the three documents see *FRUS Cairo and Tehran*, 617–19.

81. *FRUS Cairo and Tehran*, 490, 494.

82. *FRUS Cairo and Tehran*, 535, 537, 539, also 546–8; Alanbrooke, 483.

83. *FRUS Cairo and Tehran*, 552–5; *SWW*, 5: 330; Moran, 163.

84. Moran, 164.

85. *FRUS Cairo and Tehran*, 582–5.

86. Moran, 163 (Clark Kerr), 165.

87. *FRUS Cairo and Tehran*, 554–5.

88. As recalled by Violet Bonham Carter, quoted in John Wheeler-Bennett (ed.), *Action This Day: Working with Churchill*, London, 1968, 96.

89. WM 174 (43) CA, CAB 65/40. See also Reynolds, 384–7.

90. Roosevelt to Stalin, 6 Dec. 1943, and Stalin to Roosevelt, 10 Dec. 1943, both MR box 8; cf. Harriman, 285.

91. *Pravda*, 7 Dec. 1943.

92. *Times*, 6 Dec. 1943.

93. Andrew Buchanan, *American Grand Strategy in the Mediterranean during World War II*, Cambridge, 2013, 164; Ralph B. Levering, *American Opinion and the Russian Alliance, 1939–1945*, Chapel Hill, NC, 1976, 205.

94. Geoffrey Roberts, *Stalin's Wars: From world war to cold war, 1939–1953*, London, 2006, 187.

95. RGASPI f.558, op.11, d.234, ll.103–4.

96. *Corr 1957*, 2: 111.

97. MR box 8.

98. RGASPI f.558, op.11, d.367, l.44.

99. MR box 8.

100. MR box 8.

101. CD 1943–44, 1169.

102. *Corr 1957*, 1: 179.

103. *Corr 1957*, 1: 179.

104. CD 1943–44, 1217.

105. CD 1943–44, 1243.

106. RGASPI f.558, op.11, d.264, ll.110–11.

107. CD 1943–44, 1262.

108. Minutes of conversation between Comrade Stalin and British Ambassador Kerr, 2 Feb. 1944, RGASPI f.558, op.11, d.284, l.81.

109. CD 1943–44, 1271.

110. Zhilyayev and Gamov, 'V poezde Stalina'; Golovanov, *Dalnyaya bombardirovochnaya*, 366.

111. A.A. Chernobayev (ed.), *Na priyeme u Stalina. Tetradi (zhurnaly) zapisey lits, prinyatykh I.V. Stalinym (1924–1953 gg.). Spravochnik*, Moscow, 2008, 424.

112. Elliott Roosevelt (ed.), *FDR: His personal letters, 1928–1945*, 2 vols, New York, 1950, 2: 1483.

第十一章　德黑兰精神消逝

1. CD 1943–44, 1423.

2. G.K. Zhukov, *Vospominaniya i razmyshleniya*, 2 vols, Moscow, 2002, 2: 191.

3. State of the Union radio address to the nation, 11 Jan. 1944 (APP website).

4. Donald Gillies, *Radical Diplomat: The life of Archibald Clark Kerr, Lord Inverchapel, 1882–1951*, London, 1999, 156.

5. Warner to Balfour, 25 Jan. 1944, FO 800/302/1–3.

6. CD 1943–44, 1317.

7. Transcript of Comrade Stalin's conversation with British Ambassador Kerr, 2 Feb. 1944, RGASPI f.558, op.11, d.284, l.81.

8. MR box 9.

9. Churchill to Eden, and to Stalin, both 4 Jan. 1944, CD 1943–44, 1322 and 1323.

10. CD 1943–44, 1324.

11. Kimball, 2: 651.

12. RGASPI f.558, op.11, d.265, ll.25–6.

13. CD 1943–44, 1362.

14. Eden to Churchill, 10 Jan. 1944, FO 954/20A/7.

15. CD 1943–44, 1374–5.

16. A.E. Golovanov, *Dalnyaya bombardirovochnaya . . .*, Moscow, 2004, 490; cf. Churchill to Stalin, 10 Jan. 1944, CD 1943–44, 1368.

17. CD 1943–44, 1412.

18. CD 1943–44, 1406.

19. Frieser, 394; Glantz/House, 185–6.

20. Stalin to Churchill, 12 Jan. 1944, CD 1943–44, 1414.

21. Kimball, 2: 653–4, 662. That sentence was added to the draft by FDR.

22. Churchill to Stalin, 17 Jan. 1944, and Stalin to Churchill, 20 Jan. 1944, CD 1943–44, 1420, 1454.

23. Churchill to Stalin, 21 Jan. 1944, CD 1943–44, 1460; *SWW*, 5: 432, 437.

24. WM 147 (43) 2 CA, CAB 65/40, quoting fo. 47, Eden to Churchill, tel. 64 Space, 23 Oct. 1943.

25. CD 1943–44, 680–2, 700–1.

26. CD 1943–44, 1041–2; cf. *FRUS Cairo and Tehran*, 597.

27. Kimball, 2: 625; N.G. Kuznetsov, *Kursom k pobede*, Moscow, 2003, 337.

28. Chiefs of Staff to Britman, Washington, 23 Dec. 1943, PREM 3/240/3.

29. Churchill to Eden, 7 Jan. 1944, CD 1943–44, 1358–9.

30. Churchill to Eden, 10 Jan. 1944, CD 1943–44, 1380.

31. Eden to Churchill, 11 Jan. 1944, CD 1943–44, 1393.

32. Kimball, 2: 664–6, 669–71, 675–6; see also document on the background to the two messages to Stalin, 23 Jan. 1944, MR box 9 – R-S messages, and the summary in Woodward, 2: 586–7, 604–11.

33. CD 1943–44, 1469–70.

34. Printed in CD 1943–44, 1470.

35. SecState to Moscow Embassy, 25 Jan 1944, RG 84, Poles — State Cables, January–July 1944 (NARA).

36. Kimball, 2: 672–3, 677.

37. See Hiroaki Kuromiya and Andrzej Pepłoński, 'Kōzō Izumi and the Soviet breach of Imperial Japanese diplomatic codes', *Intelligence and National Security*, 28 (2013), 769–84.

38. Geoffrey Roberts, *Stalin's Wars: From world war to cold war, 1939–53*, London, 2006, 173–4.

39. CD 1943–44, 1487–8.

40. Conversation with journalist Colin Coote, 27 Jan. 1944, CD 1943–44, 1534.

41. Cadogan, 599.

42. CD 1943–44, 1535–8.

43. Preliminary requirements of the USSR regarding the Italian fleet, AVP RF f.07, op.4, p.26, d.13, l.54.

44. Stalin to Churchill and Roosevelt, 29 Jan. 1944, CD 1943–44, 1554–5.

45. Kimball, 2: 694, 698.

46. PREM 3/396/10/325–6.

47. A mistranslation of the original Russian, which should have been rendered 'unlike'.

48. Churchill to Stalin (draft), and Eden note, both 31 Jan. 1944, PREM 3/396/11/319–20.

49. Duff Hart-Davis (ed.), *King's Counsellor. Abdication and War: The diaries of Sir Alan Lascelles*, London, 2007, 198.

50. Churchill to Clark Kerr, 2 Feb. 1944, CD 1943–44, 1589.

51. Kimball, 2: 701–2; cf. FO comments on FO 954/20A/45–6, quoting Harvey.

52. Eden believed that Stalin may have raised the issue as 'an afterthought' and argued that the Curzon Line would be more than enough compensation for Stalin. Eden to Churchill, 24 Dec. 1943, FO 954/19B/587.

53. See Harriman to SecState, 27 Jan. 1944, *FRUS 1944*, 3: 1238–40.

54. CHAR 20/156/18–19.

55. British record of the meeting in CD 1943–44, 1649–55, quoting from p. 1655; copied to Roosevelt on 11 Feb. 1944 – Kimball, 2: 715–23.

56. Harvey, 331, entry for 15 Feb. 1944.

57. *FRUS Cairo and Tehran*, 594; Harriman, 320–4.

58. Message of 7 Feb. 1944, MR box 9.

59. MR box 9.

60. Ismay to PM, 2 Feb. 1944, CD 1943–44, 1592.

61. Churchill to Clark Kerr, 5 Feb. 1944, CD 1943–44, 1630.

62. CD 1943–44, 1664–5; MR box 9.

63. Churchill to Stalin, 10 Feb. 1944, and Stalin to Churchill, 11 Feb. 1944, CD 1943–44, 1713 and 1724.

64. CD 1943–44, 1675–6.

65. Stalin to Roosevelt, 16 February 1944, MR box 9.

66. Butler, 206; Roosevelt to Stalin, 17 Feb. 1944, and Mathewson to President, 19 Feb. 1944, and amended draft – all in MR box 9; Churchill to Stalin, 18 Feb. 1943, CD 1943–44, 1792.

67. CD 1943–44, 1773–82, quoting Churchill on p. 1779.

68. CD 1943–44, 1807.

69. CD 1943–44, 1807–10.

70. Harriman to President, and reply, both 23 Feb. 1944, MR box 9.

71. MR box 9.

72. MR box 9.

73. Roosevelt's telegram sent on 17 February offering two US merchantmen and a cruiser for 'temporary use'.

74. CD 1943–44, 1814.

75. Churchill to Clark Kerr, and reply, both 19 Feb. 1944, CD 1943–44, 1797, 1798–9.

76. Churchill to Clark Kerr, 22 Feb. 1944, CD 1943–44, 1836.

77. CD 1943–44, 1837.

78. The president sent a similar message on 23 Feb. 1944, MR box 9.

79. CD 1943–44, 1831.

80. Clark Kerr to Molotov, 23 Feb. 1944, RGASPI f.558, op.11, d.266, l.61.

81. Churchill to Stalin, 22 Feb. 1944, CD 1943–44, 1839; for the COS see RGASPI f.558, op.11, d.266, l.57.

82. MR box 9.

83. Kuznetsov, *Kursom k pobede*, 338. For the British version see CD 1943–44, 1891–2.

84. MR box 9.

85. From London, 3 March 1944, AVP RF f.059a, op.12, p.39, d.248, ll.255–7.

86. Transcript of Comrade Stalin's conversation with British Ambassador Kerr, 28 Feb. 1944, RGASPI f.558, op.11, d.284, l.101.

87. Clark Kerr to Churchill, 29 Feb. 1944, FO 954/20A/119–20; text also copied to FDR – see Kimball, 2: 763–5.

88. Transcript of Comrade Stalin's conversation with US Ambassador Harriman, 3 March 1944, RGASPI f.558, op.11, d.377, ll.40–6.

89. The response to Roosevelt on 3 March 1943, virtually identical, is in MR box 9.

90. CHAR 20/158/58.

91. Note dated 15 March on Stalin's message of 3 March 1944, MR box; Kimball, 3: 20–1.

92. Churchill to Eden, 2 March 1944, CD 1943–44, 1949–50.

93. Colville, 476.

第十二章 "力量与事实"

1. Doris Kearns Goodwin, *No Ordinary Time: Franklin and Eleanor Roosevelt, the home front in World War II*, New York, 1994, 497–501.

2. Wilson to Clark Kerr, 19 March [Eton] and 15 May 1944, FO 800/302, fos 30 and 73.

3. From London, 5 March 1944, AVP RF f.059a, op.7, p.13, d.6, l.318.

4. Eden, 450.

5. Clark Kerr to Churchill, 20 March 1944, FO 954/20A, fos 144–6.

6. Churchill to Eden, 7 May 1944, PREM 3/403/10.

7. CD 1943–44, 1423 and 2267–8; Churchill to Eden, M537/4, 8 May 1944, CHAR

20/152/5.

8. Message of 18 March. He also told Marshall: 'I am hardening very much on this operation as the time approaches in the sense of wishing to strike if humanly possible even if the limiting conditions we laid down at Moscow are not exactly fulfilled.' See Kimball, 3: 53–4.

9. Kimball, 3: 139, 162.

10. WM 28 (44) 1 CA, CAB 65/45; Cadogan, 609.

11. Kimball, 3: 33.

12. CD 1943–44, 1987.

13. CD 1943–44, 1986.

14. Messages of 8 March, CD 1943–44, 2006–8.

15. Harvey, 335; CD 1943–44, 2029.

16. Presidential press conference, no. 939, 3 March 1944, 6–9. The press conference started at 10.58; the messages were sent at 12.04 (Churchill) and 12.05 (Stalin) – see Kimball, 3: 14–15 and MR box 9.

17. Stalin to Roosevelt, 6 March 1943, MR box 9; Kimball, 3: 15–16, 19, 23–8.

18. CD 1943–44, 2020.

19. AVP RF f.06, op.5b, p.41, d.35, l.58. See also Armand van Dormael, *Bretton Woods: Birth of a monetary system*, London, 1978, 124–6.

20. AVP RF f.07, op.9, p.61, d.24, ll.7–8.

21. MR box 9.

22. CHAR 20/159/114.

23. Colville, 479, entry for 18 March 1944; Kimball, 3: 54.

24. CD 1943–44, 2110–11.

25. *Corr 1957*, 2: 293, note 55.

26. Message to Churchill, 3 April 1944 (also prepared by Lubin), in Kimball, 3: 75.

27. MR box 9.

28. FO to Moscow, 19 and 23 March 1944, FO 954/20A/142–3, 151.

29. Cadogan, 611–12; Harvey, 336.

30. CD 1943–44, 2153–4.

31. Clark Kerr to Churchill, 18 March 1944, FO 954/20A/139.

32. Clark Kerr to Churchill, 20 March 1944, FO 954/20A/144–6.

33. A copy was also sent to Roosevelt – text in MR box 9.

34. CHAR 20/160/72–4.

35. Cadogan, 613; Eden, 439.

36. WM 40 (44) 1 CA, 27 March 1944, CAB 65; Kimball, 3: 68–74, quoting pp. 69 and 73, also 79.

37. CD 1943–44, 2267–8.

38. Eden to Churchill, 5 April 1944, FO 954/26B, fo. 567; Harvey, 338–9; see also FO 371/43304, N2128.

39. *Russkiy Arkhiv: Velikaya Otechestvennaya*, Vol. 14: *SSSR i Polsha, 1941–1945*, Moscow, 1994, 151–3.

40. Transcript of conversation between Stalin and Harriman, 3 March 1944, RGASPI f.558, op.11, d.377, l.44.

41. Stettinius to President, 8 March 1944, and related correspondence, PSF(D) box 48: Poland, Orlemanski–Lange Reports; Stalin to Roosevelt, 28 March 1944, MR box 9. See also Steven Miner, *Stalin's Holy War: Religion, nationalism, and alliance politics, 1941–1945*, Chapel Hill, NC, 2003, 164–8.

42. PSF(D) box 48: Poland, Orlemanski–Lange Reports.

43. Roosevelt to Stalin, 31 March 1944, and reply of 4 April, MR box 9. Stalin quote from his letter to Kaganovich and Molotov, 12 September 1935, in O.V. Khlevnyuk et al., *Stalin and Kaganovich. Perepiska, 1931–1936*, Moscow, 2001, 564; cf. Victor-Yves Ghebali, *The International Labour Organisation: A case study on the evolution of UN specialised agencies*, Boston, 1989, 105–6.

44. MR box 9.

45. From London, 24 March 1944, AVP RF f.059, op.12, p.28, d.165, l.29–30, 33.

46. See Harvey, 331.

47. CD 1943–44, 2203.

48. WM 40 (44) 1 CA, CAB 65/24; CD 1943–44, 2227–8.

49. Churchill to Eden, 15 July 1944, M 865/4, CHAR 20/153/1.

50. See correspondence in FO 800/302, esp. fos 142–3, 147, 153–4.

51. FO 800/302/156–60, 164.

52. Kimball, 3: 90–1.

53. CCS to Deane and Burrows, 6 April 1944, RG 218, Geographical File 42–45, CCS 092 USSR (NARA).

54. Kimball, 3: 93–4, 100; see also Marshall to Roosevelt, 15 April 1944, MR box 6: R-C, from which it seems that neither FDR nor Churchill knew of the CCS initiative.

55. CD 1943–44, 2472.

56. Antonov to Deane, 22 April 1944, RG 218, Geographical File 42–45, CCS 092 USSR (NARA); RGASPI f.558, op.11, d.267, ll.57–8.

57. I.P.Makar, 'Operatsiya "Bagration"', *Voyenno-Istoricheskiy Zhurnal*, 6 (2004), 3.

58. Georgiy Zhukov, *Reminiscences and Reflections*, 2 vols, Moscow, 1985, 2: 261.

59. CD 1943–44, 2527.

60. Stalin–Roosevelt/Churchill message, 22 April 1944, action sheet, MR box 9.

61. Churchill to Molotov, 23 April 1944, CHAR 20/163/46, and Molotov to Churchill, 28 April 1944, CHAR 20/164/5.

62. Stalin to Roosevelt, 29 April 1944, and Roosevelt to Stalin, 5 May 1944, MR box 9.

63. Churchill to Stalin, 3 May 1944, and Stalin to Churchill, 8 May 1944, CHAR 20/164/32–3 and 67.

64. From Washington, 15 May 1944, AVP RF f.059, op.12, p.33, d.209, ll.67–8.

65. Transcript of Stalin's conversation with Leo Krzycki, head of American Slav Congress, 3 Jan. 1946, RGASPI f.558, op.11, d.374, l.131.

66. Lange report, conversations with Stalin, 17 May 1944, p. 4, and with Clark Kerr, 14 May, PSF(D) box 48: Poland, Orlemanski–Lange Reports.

67. SecState, 19 May 1944, Moscow Post Files, RG 84, CGR, Poles — State cables, Jan.–July 1944 (NARA).

68. Lange to President, 12 June 1944, PSF(D) box 48: Poland, Orlemanski–Lange Reports.

69. Drew Pearson, 'Washington merry-go-round', *Washington Post*, 3 July 1944, p. 4; cf. Lange to J. Edgar Hoover, 5 July 1944, PSF(D) box 48: Poland, Orlemanski–Lange Reports.

70. DeWitt Poole, memo of conversation with Orlemanski, 27 May 1944, and FDR to Hull, 31 May 1944, PSF(D) box 48: Poland, Orlemanski–Lange Reports.

71. MR box 9.

72. Barker, 277; Churchill to Eden, M497/4 and M498/4, 4 May 1944, CHAR 20/152/5. On Churchill's health see Harvey, 339.

73. Harriman, 327–8; Churchill to Eden, M537/4, 8 May 1944, CHAR 20/152/5.

74. Barker, 278–81; Kimball, 3: 137, 181–2.

75. Kimball, 3: 126–8; see also text showing deletions and insertion in MR box 9.

76. A.A. Gromyko, I.N. Zemskov et al. (eds), *Sovetskiy Soyuz na mezhdunarodnykh konferentsiyakh perioda Velikoy Otechestvennoy voyny 1941–1945*, Moscow, 1984, 2: 128.

77. MR box 9.

78. CHAR 20/164/95.

79. Churchill to Stalin, 19 May 1944, CHAR 20/164/12–13.

80. For more detail, see Thomas M. Barker, 'The Ljubljana Gap Strategy: Alternative to Anvil/Dragoon or Fantasy?', *Journal of Military History*, 56 (1992), 57–86.

81. Stalin to Churchill, 22 May 1944, CHAR 20/164/112–13.

82. Kimball, 3: 134–5, 142.

83. MR box 9.

84. Churchill to Stalin, 23 May 1944, CHAR 20/165/16.

85. RGASPI f.558, op.11, d.267, l.93.

86. CHAR 20/165/40.

87. *Corr 1957*, 2: 143; Cf. Memo for the President, 29 March 1944, Official File OF 220 (Russia), Roosevelt–Stalin messages (FDRL).

88. RGASPI f. 558, op. 11, d.368, l.77.

89. MR box 9.

90. Kimball, 3: 143; WM 68 (44) 2, 24 May 1944, CAB 65/46.

91. Roosevelt to Stalin, 27 May 1944, MR box 9; Kimball, 3: 145–6.

92. Jon B. Mikolashek, *General Mark Clark: Commander of US Fifth Army and liberator of Rome*, Philadelphia, 2013, 134.

93. OGB, 5/1: 568. Stalin's messages of 5 June 1944 are in MR box 9 and CHAR 20/166/5.

94. CHAR 20/165/109.

95. A.M. Vasilevskiy, *Delo vsey zhizni*, 2nd edn, Moscow, 1975, 400.

96. WX-45590, 3 June 1944, WO 229/30.

97. *SAMO*, 2: 17.

98. Bradley F. Smith, *Sharing Secrets with Stalin: How the Allies traded intelligence, 1941–1945*, Lawrence, KS, 1996, 193.

99. N.I. Biryukov, *Tanki – frontu*, Smolensk, 2005, 408.

100. *Otnosheniya Rossii (SSSR) s Yugoslaviyey*, Moscow, 1998, 239.

第十三章　东西合击

1. Harriman comments on Churchill's account of Tehran in 'Closing the Ring', Harriman papers, box 872, Feis files.

2. Elizabeth Borgwardt, *A New Deal for the World: America's vision for human rights*, Cambridge, MA, 2005, 163–7.

3. CHAR 20/166/4.

4. Molotov to Clark Kerr, 6 June 1944, in RGASPI f.558, op.11, d.267, l.110.

5. Stalin to Roosevelt, 6 June 1944, MR box 9.

6. CHAR 20/166/15.

7. Kimball, 3: 173.

8. Churchill to Stalin, 7 June 1944, CHAR 20/166/22–3. On 9 June, Stalin also tipped off his allies about the opening of the Soviet offensive against Finland the following day: see CHAR 20/166/51.

9. Note on log sheet for 7 June message, MR box 9: R-S.

10. MR box 9.

11. CHAR 20/155/54.

12. Allen Raymond, *Saturday Evening Post*, 17 June 1944, quoted in David W. Ellwood, *Italy 1943–1945: The politics of liberation*, Leicester, 1985, 97.

13. Silvio Pons, 'Stalin, Togliatti, and the origins of the cold war in Europe', *Journal of Cold War Studies*, 3:2 (2001), 9. Churchill's message to Stalin, dated 10 June, is in CHAR 20/166/56.

14. *Pravda*, 14 June 1944; Harriman, 314; *SWW*, 6: 5.

15. CHAR 20/166/76.

16. *SWW*, 6: 8. The adjective twice transliterated as 'grandiose' is essentially a borrowed word in Russian: more appropriate translations would be 'colossal' or, as Churchill said, even 'majestic'.

17. Gilbert 7, 808. For Churchill's message of 14 June 1944 and Stalin's reply next day, see CHAR 20/166/96–7 and 116.

18. Gilbert 7, 808–9.

19. From London, 16 June 1944 in AVP RF f.059, op.12, p.40, d.252, ll.210–19.

20. N.M. Kharlamov, *Trudnaya missiya*, Moscow, 1983, ch. 17.

21. Churchill to Stalin, 17 June 1944, CHAR 20/167/3–4.

22. Summary of Mikołajczyk letter of 18 March 1944, attached to memo from Hull to President, 26 March 1944, PSF(D) box 47: Poland, January–July 1944.

23. Cordell Hull, *The Memoirs of Cordell Hull*, 2 vols, New York, 1948, 2: 1441–2.

24. Conversation with Molotov, 3 June 1944, Harriman papers, box 172 (LC); From

Washington, 6 June 1944 in AVP RF f.059, op.12, p.34, d.210, l.99. See also the US records of these conversations in *FRUS 1944*, 3: 1273–4, 1276–7.

25. Stanislaw Mikołajczyk, *The Rape of Poland: The pattern of Soviet aggression*, London, 1948, 59–60.

26. Conference with Polish Prime Minister and President, 14 June 1944, RG 59, Decimal Files, 711.60C/6–1444 (NARA).

27. FDR, memo for the Director, Bureau of the Budget, 6 July 1944, and amended draft, PSF 47(D): Poland, January to June 1944, fos 136–7.

28. *SAMO*, 2: 102.

29. MR box 9.

30. RGASPI f.558, op.11, d.267, ll.161–2.

31. Stalin to Roosevelt, 21 June 1944, MR box 9.

32. A.M. Vasilevskiy, *Delo vsey zhizni*, 2nd edn, Moscow, 1975, 410.

33. CHAR 20/167/39.

34. Kimball, 3: 200; Roosevelt to Stalin, 22 June 1944, MR box 9: R-S. See also log sheet attached to Stalin to Roosevelt, 21 June 1944, MR box 9: S-R.

35. To Lebedev in London, 26 May 1944 in AVP RF f.059, op.12, p.27, d.149, ll.7–9.

36. *FRUS 1943*, 3: 1290–1.

37. To Lebedev in London, 22 June 1944 in AVP RF f.059, op.12, p.11, d.65, ll.114–15.

38. Eden to PM, 4 July 1944, enclosing O'Malley memo, 29 June 1944, FO 954/20A/197–9.

39. MR box 9.

40. *Velikaya Otechestvennaya voyna 1941–1945 godov* (12 vols), Vol. 4: M.A. Gareyev et al. (eds), *Osvobozhdeniye territoriy SSSR*, Moscow, 2012, 378.

41. Steven J. Zaloga, *Bagration 1944: The destruction of Army Group Centre*, Oxford, 1997, 71; Frieser, 554, 591.

42. V.A. Zolotarev (ed.), *Istoriya Velikoy Otechestvennoy voyny 1941–1945*, Moscow, 2010, 1: 552–6.

43. Clark Kerr to Eden, 19 July 1944, FO 371/43432.

44. Churchill to Stalin, 25 June 1944, CHAR 20/167/64–5.

45. From London, 17 June 1944; 24 June 1944 in AVP RF f.059, op.12, p.40, d.252, ll. 232–4; d.253, l.25.

46. Churchill's speech to the Commons, 2 August 1944, in Gilbert 7, 867.

47. Stalin to Churchill, 27 June 1944, CHAR 20/167/82 and 85; Stalin to Roosevelt, 27 June

1944, PSF(D) box 49: Russia, 1944.

48. Stalin to Roosevelt, 27 June 1944, and reply, 30 June, MR box 9; Churchill to Stalin, 4 July 1944, and reply, 7 July, CHAR 20/168/10 and 28.

49. Cf. Harriman to President, 12 June 1944, PSF(D) box 49: Russia, 1944.

50. Barker, 278–81.

51. Tamkin, 144–54; Eden, 'Soviet policy in the Balkans', 7 June 1944, WP (44) 304, CAB 66/51; *SANO*, 2: 121–4; Eden to Churchill, 11 July 1944, FO 954/28B/452.

52. WM 88 (44) 1 CA, 7 July 1944, CAB 65/47.

53. Alanbrooke, 566, 4 July 1944; see also Michael Howard, *The Mediterranean Strategy in the Second World War*, London, 1968, 66–7.

54. FO 954/28B/454–5.

55. For background, see Jonathan Walker, *Poland Alone: Britain, SOE and the collapse of the Polish resistance, 1944*, Stroud, 2008, 97–108.

56. CHAR 20/168/44.

57. CHAR 20/168/46.

58. To London, Washington, Algiers, 25 Jan. 1944 in AVP RF f.059, op.12, p.10, d.61, l.112.

59. CHAR 20/168/66–67.

60. Kimball, 3: 249–50.

61. Harriman to President, and President to Harriman, 18 July 1944, MR box 9.

62. MR box 9.

63. CHAR 20/168/84–5.

64. Roosevelt to Stalin, 21 July 1944, PSF(D) box 49: Russia, 1944.

65. L.A. Bezymenskiy, *Operatsiya 'Mif', ili skolko raz khoronili Gitlera*, Moscow, 1995, 78; OGB, 5/2: 48, 193–4.

66. Theodore S. Hamerow, *On the Road to the Wolf's Lair: German resistance to Hitler*, Cambridge, MA, 1997, 342.

67. Churchill to Stalin, 25 July 1944, CHAR 20/169/106–7.

68. MR box 9.

69. CHAR 20/168/101.

70. Also copied to Roosevelt: see MR box 9.

71. *Russkiy Arkhiv: Velikaya Otechestvennaya*, Vol. 14: *SSSR i Polsha, 1941–1945*, Moscow, 1994, 192, 198.

72. CHAR 20/168/104.

73. WM 95 (44) 3 CA, 24 July 1944, CAB 65/47.
74. Kimball, 3: 253.
75. CHAR 20/168/112.
76. Eden to Churchill, 26 July 1944, FO 954/20B/221; Kimball, 3: 255.
77. CHAR 20/169/6.
78. MR box 9.
79. MR box 9.
80. AVP RF f.06, op.6, p.49, d.667, l.8.
81. Kimball, 3: 261.
82. CHAR 20/169/28.
83. Gareyev, *Osvobozhdeniye territoriy SSSR*, 416.
84. *Russkiy Arkhiv: Velikaya Otechestvennaya*, Vol. 14: *SSSR i Polsha, 1941–1945*, 201.
85. Churchill to Stalin, 29 July 1944, CHAR 20/169/26.
86. Alanbrooke, 575, 27 July 1944; cf. Julian Lewis, *Changing Direction: British military planning for post-war strategic defence, 1942–47*, 2nd edn, London, 2003, 116–22, 349–50.
87. MR box 9.
88. Eden to Churchill, 3 Aug. 1944, FO 954/20B/232; Churchill to Stalin, and reply, both 4 Aug. 1944, CHAR 20/169/51 and 73.
89. For more detail see G.V. Dyadin and D.N. Filippovykh, *Pamyatnye starty*, Moscow, 2001.
90. B.P. Konovalov, *Tayna sovetskogo raketnogo oruzhiya*, Moscow, 1992, 6.
91. B.E. Chertok, *Rakety i lyudi*, Moscow, 1999, 1: 87. On Sanders' mission, see Christy Campbell, *Target London: Under attack from the V-weapons during World War II*, London, 2012, chs 42 and 46.
92. Konovalov, *Tayna*, 7; *SANO*, 2: 174.
93. *Russkiy Arkhiv: Velikaya Otechestvennaya*, Vol. 14: *SSSR i Polsha, 1941–1945*, 206. On the British side, see Hinsley, 3/2: 283–4.
94. AVP RF f.06, op.6, p.6, d.56, ll.2–3.
95. CHAR 20/169/50.
96. Quotations from *Russkiy Arkhiv: Velikaya Otechestvennaya*, Vol. 14: *SSSR i Polsha, 1941–1945*, 209–10, 218–19.
97. E. Durachinskiy, 'Varshavskoye vosstaniye', in Drugaya voyna 1939–1945, Moscow, 1996, 349.

98. For instance, Glantz/House, 213–14, argue that purely military considerations took precedence.

99. Frieser, 569, 579–84, quoting p. 583. See also documents in David M. Glantz, 'The Red Army's Lublin–Brest offensive and advance on Warsaw (18 July–30 September 1944): An overview and documentary survey', *Journal of Slavic Military Studies*, 19 (2006), 401–41.

100. CHAR 20/169/79.

101. Transcript of Stalin–Mikołajczyk conversation, 3 Aug. 1944 in AVP RF f.06, op.6, p.42, d.550, ll.6–15.

102. Transcripts of Stalin–Mikołajczyk conversation, 9 Aug. 1944 in AVP RF f.06, op.6, p.42, d.550, ll.25–9.

103. Clark Kerr to Churchill, in Kimball, 3: 273.

104. CHAR 20/169/101.

105. Osóbka-Morawski to Roosevelt, 8 Aug. 1944, Moscow Post Files, RG 84, CGR, box 40 (NARA); Stalin to Roosevelt, 9 Aug. 1944, MR box 9.

106. Kimball, 3: 269, 273.

107. Churchill to Stalin, 10 Aug. 1944, CHAR 20/170/4.

108. *Varshavskoye vosstaniye v dokumentakh iz arkhivov spetssluzhb*, Moscow/Warsaw, 2007, 74.

109. According to one authoritative assessment, 41 of the 306 planes that flew on these missions were lost (13.3 per cent), which was significantly higher than the average losses sustained in raids on Germany. Norman Davies, *Rising '44: The battle for Warsa*w, London, 2003, 381.

110. Churchill to Stalin, 12 Aug. 1944, PREM 3/396/6; Clark Kerr to Molotov, 13 Aug. 1944, RGASPI f.558, op.11, d.268, l.129. On the debate in Britain, see P.M.H Bell, *John Bull and the Bear: British public opinion, foreign policy and the Soviet Union, 1941–1945*, London, 1990, 130–72.

111. Churchill to Eden, 14 Aug. 1944, CHAR 20/180/9.

112. Stettinius to President, 11 Aug. 1944, and accompanying log sheet, MR box 9.

113. MR box 9.

114. *Otnosheniya Rossii (SSSR) s Yugoslaviyey, 1941–1945 gg.*, Moscow, 1998, 279–80, 289, 293.

115. Ibid., 555.

116. CHAR 20/170/22.

117. Quotations from Harriman, 339–40.

118. AVP RF f.06, op.6, p.30, d.352, l.26.

119. *Velikaya Otechestvennaya voyna 1941–1945 godov* (12 vols), Vol. 8: V.G. Titov et al. (eds), *Vneshnyaya politika i diplomatiya Sovetskogo Soyuza v gody voyny*, Moscow, 2014, 421.

120. CHAR 20/170/33–4.

121. AVP RF f.06, op.6, p.30, d.352, 1.14, published in *Russkii Arkhiv: Velikaya Otechestvennaya*, 14 (3–1): 231–2.

122. WM 107 (44) CA and WM 108 (44) CA, CAB 65/47; Kimball, 3: 282–4.

123. Memorandum for JCS, 14 Aug. 1944, RG 165, OPD Executive 10, Item 69 (NARA); log sheet for message of 19 Aug. 1944, MR box 9.

124. *SAMO*, 2: 572–81.

125. Harriman to SecState, 17 Aug. 1944, and SecState to Harriman, 17 Aug. 1944, Moscow Post Files, RG 84, CGR, respectively boxes 40 and 39 (NARA); also Harriman, 342.

126. Kimball, 3: 284.

127. See log sheet to 20 Aug. 1944 message, MR box 9.

128. MR box 9.

129. CHAR 20/170/74–5.

130. Kimball, 3: 295–6; FDR note for Leahy, 28 Aug. 1944, MR box 9.

131. WM 111 (44) 7 CA, 28 Aug. 1944, CAB 65/47.

132. WM 122 (44) 7 CA, 11 Sept. 1944, CAB 65/47.

133. Data on Soviet and British aid in Geoffrey Roberts, *Stalin's Wars: From world war to cold war, 1939–1953*, London, 2006, 216.

134. AVP RF f.5, op.66, d.66, ll.70–6.

135. MR box 9.

136. Russian embassy translation as amended by Col. Park of Roosevelt's staff – see text in MR box 9: Stalin.

137. N.G. Kuznetsov, *Kursom k pobede*, 3rd edn, Moscow, 1989, 341.

138. Note to Private Office, 1 Oct. 1944, PREM 3/240/2.

139. From 1940 to 1956, Soviet Karelia was counted as a separate republic.

140. Directives for negotiations on the establishment of the international security organization in RGASPI f.17, op.162, d.37, l.131; Thomas M. Campbell and George C. Herring (eds), *The Diaries of Edward R. Stettinius, Jr. 1943–1946*, New York, 1975, 111, 113.

141. Borgwardt, *A New Deal for the World*, 163–4.
142. WP (45) 12, 5 Jan. 1945, CAB 66/60.
143. Campbell and Herring, *Stettinius Diaries*, 118, entry for 31 Aug. 1944.
144. MR box 9.
145. MR box 9.
146. A.A. Gromyko, I.N. Zemskov et al. (eds), *Sovetskiy Soyuz na mezhdunarodnykh konferentsiyakh perioda Velikoy Otechestvennoy voyny 1941–1945 gg.*, Moscow, 1984, 3: 178–9.
147. MR box 9.
148. To Soviet Ambassador in Washington, 16 Sept. 1944 in AVP RF f.059, op.12, p.6, d.31, l.20.
149. MR box 9.
150. Message of 4 Aug. 1944, in Kimball, 3: 262; see also FRUS Quebec, 12.
151. CCS 681/2 (Octagon), 15 Oct. 1944, PREM 3/329/2.
152. Churchill did say he wanted to add 'a word on the political dangers of divergences between the Russian and the Western Allies in respect of Poland, Greece and Yugoslavia', but FDR disagreed on the grounds that 'the communication was purely military in character'. *FRUS Quebec*, 382.
153. *FRUS Quebec*, 466–76.
154. Aide-mémoire, 18 Sept 1944, in Martin J. Sherwin, *A World Destroyed: The atomic bomb and the grand alliance*, New York, 1975, 284.
155. MR box 9.
156. Clark Kerr to Foreign Office, 24 Sept. 1944, FO 954/26B/458; Harriman to President only, 23 Sept. 1944, Harriman papers, box 174 (LC).
157. CHAR 20/172/45–6.
158. Kimball, 3: 341.
159. Minute D (O) 1/4, 8 Sept. 1944, CHAR 20/153/3.
160. *SAMO*, 2: 201.
161. Minute 942/4, 30 Aug. 1944, CHAR 20/153/2.
162. COS (44) 824 (O), 9 Sept. 1944, CAB 80/87.
163. Minutes of Armistice and Post-War Planning Commt, APW 14 (44) 1, CAB 87/1.
164. OGB, 5/2: 560.
165. APW 14 (44) 1, CAB 87/1.
166. COS (44) 843 (O), 19 Sept. 1944, CAB 80/87.

167. AVP RF f.07, op.5, p.53, d.234, l.20a.

168. *Otnosheniya Rossii (SSSR) s Yugoslaviyey*, 318.

169. Churchill to Eden, 21 Sept. 1944, CHAR 20/257/4.

170. The message to Churchill, also dated 29 Sept. 1944, is in CHAR 20/172/79.

171. MR box 9.

172. RGASPI f.558, op.11, d.269, l.22.

173. CHAR 20/172/71–2.

174. Eden, 479.

175. Clark Kerr to Churchill, 2 Oct. 1944, CHAR 20/172/85.

第十四章 "只有我们三人"

1. Churchill to Eden, 10 Nov. 1944, CHAR 20/153/5.

2. CHAR 20/172/109.

3. Kimball, 3: 341–5; Sherwood, 832–4; Charles E. Bohlen, *Witness to History, 1929–1969*, New York, 1973, 162–3.

4. MR box 9.

5. MR box 9.

6. Churchill to Smuts, 9 Oct. 1944, CHAR 20/173/17.

7. See the records in PREM 3/434/2 and O.A. Rzheshevskiy, *Stalin i Cherchill*, Moscow, 2010, 420–1.

8. The typescript of Birse's record, with manuscript amendments by the Cabinet Office, is in FO 800/302/227–35.

9. Churchill's memoirs include an abbreviated but colourful account of the meeting, which he dictated six years later. See *SWW*, 6: 199 and CHUR 4/356/152.

10. Eden–Molotov meeting, 10 Oct. 1944, PREM 3/434/2. On the 11th, they settled on 80:20 for the USSR in Bulgaria and Romania, in return for conceding the British demand for 50:50 in Yugoslavia.

11. *SWW*, 6: 204; cf. Reynolds, 460.

12. Jacob, note, 6 Nov. 1944, CAB 120/158. Pierson Dixon of the FO also lamented the 'frivolities' and 'bad passages' in the original record.

13. Harriman, 357.

14. MR box 9.

15. SWW, 6: 203; Harriman, 358.

16. Rzheshevsky, 460–8.

17. Alanbrooke, 607–8.

18. Churchill to Eden, M.1025/4, 23 Oct. 1944, CHAR 20/153/4.

19. Alanbrooke, 603, 606.

20. Gromyko to Molotov, 13 Oct. 1944, AVP RF f.059, op.12, p.34, d.213, ll.284–5. See also *SAMO*, 2: 233–4.

21. MR box 7.

22. General Sikorski Historical Institute, *Documents on Polish-Soviet Relations 1939–1945*, Vol. 2: *1943–1945*, London, 1967, 416–24; Harvey, 361.

23. Churchill to King George VI, 15 Oct. 1944, CHAR 20/181/17.

24. 'I liked that,' Churchill added in an early draft of his war memoirs, but the passage was amended and then deleted from the final text in 1952 at the suggestion of the Cabinet secretary – see CHUR 4/356, fos 56, 138, 154.

25. To all ambassadors and ministers (to London), 21 Oct. 1944, AVP RF f.059, op.12, p.12, d.69, l.147.

26. CHAR 2/497/54.

27. CHAR 2/497/55.

28. Alanbrooke, 610; Gilbert 7, 1032 (Layton).

29. Harriman, 362.

30. Quotations from Moran, 225, 227–8.

31. Churchill to Attlee and War Cabinet, 17 Oct. 1944, CHAR 20/181/8–9. The quotation is a famous tag from one of Horace's Odes: *post equitem sedet atra cura*.

32. MR box 9.

33. Sherwood, 844, quoting from a memo written by Hopkins in October 1945, as he was thinking about his memoirs. The dating is somewhat fuzzy – Hopkins claimed that he talked to Gromyko after the election – but the gist of what he wrote seems accurate.

34. Gromyko to Molotov, 13 Oct. 1944, AVP RF f.059, op.12, p.34, d.213, ll.284–5.

35. Kimball, 3: 362.

36. CHAR 20/173/62.

37. AVP RF f.06, op.6, p.22, d.225, l.35; Kimball, 3: 365.

38. Roosevelt to Stalin, 20 Oct. 1944, and Stalin to Roosevelt, 22 Oct. 1944, MR box 9.

39. Kimball, 3: 366, 368; see also S.M. Plokhy, *Yalta: The price of peace*, New York, 2011, 26–7.
40. MR box 9.
41. MR box 9.
42. CHAR 20/173/130.
43. *SANO*, 2: 189–90.
44. To all ambassadors and ministers (to London), 21 Oct. 1944, AVP RF f.059, op.12, p.12, d.69, ll.147–8.
45. *Otnosheniya Rossii (SSSR) s Yugoslaviyey, 1941–1945 gg.*, Moscow, 1998, 320, 370.
46. Stalin to Churchill, 9 Nov. 1944, CHAR 20/175/12.
47. CHAR 20/174/82–3.
48. Stalin to Churchill, 16 Nov. 1944, CHAR 20/175/44.
49. CHAR 20/174/91.
50. Gromyko to Molotov, 8 Nov. 1944, AVP RF f.059, op.12, p.34, d.214, l.250.
51. MR box 9.
52. MR box 9.
53. Kimball, 3: 390.
54. CHAR 20/175/19.
55. Transcript of a conversation between Comrade Stalin and British Foreign Minister A. Eden, 21 Oct. 1943 in RGASPI f.558, op.11, d.281, l.4. This remark was not included in the published rendition of the meeting: see A.A. Gromyko, I.N. Zemskov et al. (eds), *Sovetskiy Soyuz na mezhdunarodnykh konferentsiyakh perioda Velikoy Otechestvennoy voyny 1941–1945 gg.*, Moscow, 1984, 1: 120–3.
56. CHAR 20/175/21.
57. OGB, 5/2: 568–77, 636–7.
58. Churchill to Stalin, 16 Nov. 1944, CHAR 20/175/32–3.
59. Stalin to Churchill, 20 Nov. 1944, CHAR 20/175/68; Kimball, 3: 394.
60. Gusev to Molotov, 18 Nov. 1944, AVP RF f.059, op.12, p.34, d.214, l.250.
61. Stalin to Churchill, 20 Nov. 1944, CHAR 20/175/68.
62. MR box 9.
63. MR box 9.
64. *Otnosheniya Rossii (SSSR) s Yugoslaviyey*, 586–7.
65. Ibid., 378.

66. Churchill to Gen. Wilson, 20 Nov. 1944, CHAR 20/175/53.

67. CHAR 20/175/100.

68. Churchill to Eden, 25 Nov. 1944, and Eden to Churchill, 29 Nov. 1944, PREM 4/30/8, fos 488–90, 452–8.

69. FO minutes, FO 954/22A, 260–1, quoting Harvey, 30 Nov. 1944.

70. OGB, 5/2: 633.

71. CHAR 20/175/106–7.

72. To Molotov, 15 Nov. 1944, AVP RF f.059, op.12, p.34, d.214, ll.309–10.

73. From London, 13 Nov. 1944, AVP RF f.050, op.12, p.41, d.258, ll.42–6.

74. Kimball, 3: 425.

75. *Corr 1957*, 1: 274.

76. Churchill to Stalin, 2 Dec. 1944, CHAR 20/176/48.

77. Colville, 530, entry for 30 Nov. 1944.

78. D.A. Vershinin et al., *Deystviya nemetskikh podvodnykh lodok vo vtoruyu mirovuyu voynu na morskikh soobshcheniyakh*, Moscow, 1956, 325–6.

79. CHAR 20/176/26.

80. Churchill to Stalin, 1 and 2 Dec. 1944, CHAR 20/176/36–7 and 51, and Stalin to Churchill, 8 Dec. 1944, CHAR 20/177/8.

81. CHAR 20/176/51.

82. The message to Churchill is in CHAR 20/176/50.

83. MR box 9.

84. Churchill to Eden, 26 Nov. 1944, CHAR 20/153/5.

85. CHAR 20/176/38.

86. Churchill to Tito, 3 Dec. 1944, and to Stalin, 3 Dec. 1944, CHAR 20/176/69–71 and 72; Stalin to Churchill, 14 Dec. 1944, CHAR 20/177/65.

87. The message to Roosevelt, also dated 3 Dec. 1944, is in MR box 9.

88. CHAR 20/176/76.

89. WM 161 (44) 10 CA, 4 Dec. 1944, CAB 65/48.

90. CHAR 20/176/83–4.

91. Kimball, 3: 445; Roosevelt to Stalin, 6 Dec. 1944, MR box 9.

92. *FRUS Yalta*, 50–1.

93. Stettinius to Harriman, 5 Dec. 1944, MR box 9.

94. MR box 9.

95. Yu.V. Ivanov, *Ocherki istorii rossiysko (sovetsko)–polskikh otnosheniy v dokumentakh, 1914–1945 gg.*, Moscow, 2014, 285–6.

96. Churchill to Stalin, 10 Dec. 1944, CHAR 20/177/12.

97. CHAR 20/177/4–5.

98. Stalin to Churchill, 7 Dec. 1944, CHAR 20/176/123; Charles de Gaulle, *The Complete War Memoirs of Charles de Gaulle*, translated by Jonathan Griffin and Richard Howard, New York, 1998, 730, 744.

99. *Sovetsko-frantsuzskiye otnosheniya vo vremya Velikoy Otechestvennoy voyny, 1941–1945*, 2 vols, Moscow, 1983, 2: 199–200.

100. To Soviet ambassadors, 14 Dec. 1944, AVP RF f.059, op.12, p.6, d.33, ll.129–31.

101. Jean Lacouture, *De Gaulle: The ruler, 1945–70*, New York, 1993, 46.

102. CHAR 20/177/37.

103. MR box 9.

104. Churchill to Stalin, 23 Dec. 1944, CHAR 20/178/27.

105. CHAR 20/177/66.

106. Winston S. Churchill, *The Dawn of Liberation: War speeches, 1944*, London, 1945, 297.

107. WM (44), 169 CA, 16 Dec. 1944, CAB 65/48; Kimball, 3: 462–3, 468.

108. MR box 9.

109. Aide-memoire to the King from Dr. Subasić, 17 Dec. 1944, annex 6 to WP (45) 4, 6 Jan. 1945, 66/60.

110. Churchill to Stalin, 19 Dec. 1944, CHAR 20/177/103.

111. David Reynolds, *From World War to Cold War: Churchill, Roosevelt and the international history of the 1940s*, Oxford, 2006, 26.

112. CHAR 20/177/103.

113. WP (45) 111, 18 Feb. 1945, CAB 66/62.

114. *Corr 1957*, 1: 287.

115. *Corr 1957*, 2: 177.

116. Eisenhower, 4: 2367.

117. Kimball, 3: 468–9; Churchill to Stalin, 23 Dec. 1944, CHAR 20/178/27; Stalin to Roosevelt, 25 Dec. 1944, MR box 9.

118. N.S. Khrushchev, *Vremya. Lyudi. Vlast: Vospominaniya*, Moscow, 1999, 1: 610.

119. MR box 9.

120. Churchill to Ismay, 29 Dec. 1944, PREM 3/398/3; Alanbrooke, 641–2.

121. CHAR 20/178/39.

122. CHAR 20/178/40.

123. *Corr 1957*, 2: 178.

124. From Washington, 22 Dec. 1944, AVP RF f.059, op.12, p.35, d.215, ll.387–91.

125. MR box 9.

126. Halifax to FO, 5 Jan. 1945, PREM 4/30/11/693; Stimson diary, 31 Dec. 1944, Sterling Library, Yale University.

127. V.S. Parsadanova, *Sovetsko-polskiye otnosheniya v gody Velikoy Otechestvennoy voyny 1941–1945 gg.*, Moscow, 1982, 209.

128. MR box 9.

129. Kimball, 3: 475–7, 480–1.

130. White House note following Roosevelt to Stalin, 30 Dec. 1944, MR box 9.

131. MR box 9.

第十五章　雅尔塔会议及其后

1. Edward R. Stettinius, *Roosevelt and the Russians: The Yalta Conference*, New York, 1949, 306.

2. Churchill to Smuts, 3 Dec. 1944, CHAR 20/176/53–4.

3. Kimball, 3: 496–7; Stalin to Roosevelt, 1 Jan. 1945, MR box 9; Stalin to Churchill, 3 Jan. 1945, CHAR 20/210/30.

4. *FRUS Yalta*, 20–3; see also Harriman memcon, 26 Dec. 1944, Harriman papers, box 176 (LC).

5. CHAR 20/210/39–40.

6. Eisenhower, 4: 2407–8.

7. CHAR 20/210/47–8.

8. I.S. Konev, *Zapiski komanduyushchego frontom*, Moscow, 2003, 366.

9. Antony Beevor, *Berlin: The downfall, 1945*, London, 2002, 6, 19–20; Hinsley, 3/2: 643.

10. CHAR 20/210/69.

11. Churchill to Stalin, 9 Jan. 1945, CHAR 20/210/73; Eisenhower, 4: 2412, 2428.

12. WM 2 (45) 6 CA, 8 Jan. 1945, CAB 65/51.

13. WM 4 (45) 2 CA, 11 Jan. 1945, CAB 65/51; Churchill to Stalin, 11 Jan. 1945, CHAR 20/210/9.

14. See CHAR 20/210/107–8 and 115, CHAR 20/211/10, 12, 14, 34, 47, 51.

15. Notes on Tedder's meeting with Stalin, 15 Jan. 1945, PREM 3/398/3/151–3; A.H. Birse, *Memoirs of an Interpreter*, London, 1967, 176–7.

16. RGASPI f.558, op.11, d.381, l.4. The message to Churchill is in CHAR 20/210/117.

17. MR box 9.

18. Glantz/House, ch. 15, esp. pp. 233, 241–2, 246–7.

19. Churchill to Stalin, 17 Jan. 1945, CHAR 20/211/10.

20. MR box 9.

21. Churchill to Stalin, 21 Jan. 1945, and reply, 23 Jan. 1945, CHAR 20/211/25 and 40; Roosevelt to Stalin, 22 Jan. 1945, and Stalin to Roosevelt, 23 Jan. 1945, MR box 9.

22. MR box 9.

23. David B.Woolner, *The Last Hundred Days: FDR at war and at peace*, New York, 2018, 43, 60.

24. Kimball, 3: 519.

25. *FRUS Yalta*, 39–40.

26. MR box 170: Naval Aide's Files A16/3 Warfare Russia, 1944–45.

27. *FRUS Yalta*, 766–71. There is no evidence for the claim in a chatty passage from Gromyko's memoirs that FDR had already told Stalin in a letter that the USA would accommodate his claims to South Sakhalin and the Kuril Islands: see Andrei Gromyko, *Memories*, London, 1989, 114–16, and S.M. Plokhy, *Yalta: The price of peace*, New York, 2011, 216, 223.

28. *FRUS Yalta*, 984; cf. Russell D. Buhite, *Decisions at Yalta: An appraisal of summit diplomacy*, Wilmington, DE, 1986, ch. 5. When the details leaked out, the issue became another element in accounts of the Yalta 'sellout'.

29. WM 10 (45) 1 CA, 26 Jan. 1945, CAB 65/51; Thomas C. Campbell and George C. Herring (eds), *The Diaries of Edward R. Stettinius Jr., 1943–1946*, New York, 1975, 214.

30. *FRUS Yalta*, 667–71, 677–81, 686.

31. Charles E. Bohlen, *Witness to History, 1929–1969*, New York, 1973, 188; Eden, 516–17; *FRUS Yalta*, 726–8.

32. *FRUS Yalta*, 727–8.

33. *FRUS Yalta*, 711.

34. *FRUS Yalta*, 711–13; cf. David Reynolds, *Summits: Six meetings that shaped the twentieth century*, London, 2007, 117.

35. Quotations from *FRUS Yalta*, 973–4; see generally Reynolds, *Summits*, 126–8.

36. *FRUS Yalta*, 647.

37. *Corr 1957*, 2: 189.

38. MR box 170: Naval Aide's Files A16/3 Warfare Russia, 1944–45.

39. *FRUS Yalta*, 767–8.

40. *FRUS Yalta*, 309–24, 610; Campbell and Herring, *Stettinius Diaries*, 216.

41. This was his line when meeting senators on 11 January 1945: Campbell and Herring, *Stettinius Diaries*, 214.

42. *Corr 1957*, 1: 304.

43. *Corr 1957*, 1: 396; cf. *FRUS Yalta*, 575–6.

44. *Corr 1957*, 1: 396; *FRUS Yalta*, 781, 790, 849; *Otnosheniya Rossii (SSSR) s Yugoslaviyey*, 394.

45. Churchill to Attlee for War Cabinet, 10 Feb. 1945, PREM 3/51/10.

46. Plokhy, *Yalta*, 195.

47. *FRUS Yalta*, 966.

48. Stalin to Roosevelt, 11 Feb. 1945, *FRUS Yalta*, 967–8.

49. Kimball, 3: 532–3.

50. *FRUS Yalta*, 971.

51. Sherwood, 870 – quoting remarks by Hopkins to him after the conference. They also sent the now customary messages about Red Army Day: see Churchill to Roosevelt, 20 Feb. 1945, CHAR 20/211/180 and Roosevelt to Stalin, 23 February 1945, MR box 9.

52. MR box 9.

53. CHAR 20/211/116.

54. Birse, notes on some of the speeches at dinner, Yusupov Palace, 8 Feb 1945, PREM 3/51/10/24.

55. *Hansard Parliamentary Debates*, HC Deb 408, col. 1284; Ben Pimlott (ed.), *The Second World War Diary of Hugh Dalton, 1940–1945*, London, 1986, 836.

56. George McJimsey (ed.), *Documentary History of the Franklin D. Roosevelt Presidency*, Vol. 14: *The Yalta Conference, October 1944–March 1945*, New York, 2003, doc. 144, esp. pp. 631, 633, 639.

57. Kimball, 3: 547–51, 553–9.

58. Kimball, 3: 560–2.

59. Notes after conference with the President, 3 March 1945, Stimson diary (LC).

60. MR box 9.

61. Stalin to Roosevelt, 5 March 1945, MR box 9.

62. *FRUS 1945*, 5: quoting 1074, 1078, 1081.

63. MR box 9.

64. Churchill to Eden, 1 and 21 March, FO 954/22B/486 and 498; Churchill to Stalin, 21 March 1945, CHAR 20/213A/14–15.

65. From London, 22 March 1945, AVP RF f.59, op.1, p.53, d.313, ll.205–8.

66. Kimball, 3: 572. See also the discussion in Frank Costigliola, ' "Like animals or worse": Narratives of culture and emotion by US and British POWs and airmen behind Soviet lines, 1944–1945', *Diplomatic History*, 28 (2004), 749–80.

67. MR box 9.

68. For the briefer message to Churchill on 23 March 1945, similarly phrased, see CHAR 20/213A/52.

69. Alanbrooke, 667–8, 678.

70. CHAR 20/213A/40.

71. For background see Bradley F. Smith and Elena Aga Rossi, *Operation Sunrise: The secret surrender,* New York, 1979.

72. FO to Moscow, tel. 1234, 13 March 1945, FO 954/17A/129.

73. Cf. *FRUS 1945*, 3: 727.

74. Woolner, *Last Hundred Days*, 203–4.

75. Clark Kerr to FO, tel. 797, 14 March 1945, with Churchill annotations, PREM 3/198/2; Harriman to Stettinius and Deane to Marshall, both 13 March 1945, MR box 35: Germany, Italian negotiations, 1945.

76. *FRUS 1945*, 3: 727–32.

77. Clark Kerr to FO, tel. 837, 17 March 1945, FO 954/17A/154.

78. *FRUS 1945*, 3: 735–6; Stimson diary, 17 March 1945.

79. See drafts and log for message of 24 March 1945, MR box 9. Molotov's message is in *FRUS 1945*, 3: 786–7.

80. MR box 9.

81. Politburo decrees dated 13 and 22 March 1945, RGASPI f.17, op.13, d.1052, ll.10, 13.

82. Grew to President, 23 March 1945, *FRUS 1945*, 1: 151–2.

83. *FRUS 1945*, 1: 113–14, 132–4.

84. *FRUS 1945*, 5: 822.

85. MR box 9.

86. MR box 9.

87. Chiefs of Staff to Joint Staff Mission, Washington, 29 March 1945, and Churchill to Eden, 30 March 1945, FO 954/17A/180–2. See also Neal H. Petersen (ed.), *From Hitler's Doorstep: The wartime intelligence reports of Allen Dulles, 1943–1945*, University Park, PA, 2010, 478ff.

88. MR box 9.

89. See FO 954/17A/201, docs 62–5.

90. Moscow to Alexander, 2 April 1945, FO 954/17A/202, doc. 67. Churchill was not, of course, a head of state – as any British official would have known.

91. MR box 9.

92. Kimball, 3: 603–5; see more generally Forrest C. Pogue, *The Supreme Command*, Washington, DC, 1954, 441–7

93. Georgiy Zhukov, *Reminiscences and Reflections*, 2 vols, Moscow, 1985, 2: 346–9; Eisenhower, 4: 2583–4; Beevor, *Berlin*, 146–7.

94. Woolner, *Last Hundred Days*, 204.

95. *FRUS Yalta*, 980.

96. According to William D. Leahy, *I Was There*, London, 1950, 370; cf. Leahy diary, 7 Feb. 1945 (LC).

97. Fifth Session of the Polish Commission, 23 March 1945, copy in Harriman papers, box 178 (LC).

98. Cf. Churchill to Clark Kerr, 28 Feb. 1945, FO 954/20B/423.

99. Eden to Churchill, 24 March 1945, and Churchill to Eden, 25 March 1945, FO 954/26C/586–90.

100. Kimball, 3: 593–8, 601–2.

101. MR box 9.

102. CHAR 20/213A/97–98.

103. MR box 9.

104. Log sheet for 4 April message, MR box 9; entry for 4 April 1945, Leahy diaries (LC); cf. Leahy, *I Was There*, 392: '. . . between friendly states'.

105. Donovan, memo for the President, 1 April 1945, PSF OSS, 1945 in Declassified

Holdings (FDRL).

106. MR box 9.

107. Mary Soames (ed.), *Speaking for Themselves: The personal letters of Winston and Clementine Churchill*, London, 1999, 522; *SWW*, 6: 394.

108. The evidence of how the message was composed and where Roosevelt was is hard to reconcile with what is claimed by Bohlen in his 1973 memoirs to be his recollection of the president 'seated at his White House desk, his eyes flushed, outraged that he should be accused of dealing with the Germans behind Stalin's back'. Bohlen, *Witness to History*, 209.

109. See log for message to Stalin, 4 April 1945, MR box 9, and *FRUS 1945*, 3: 735–6, note 69 (Leahy); Halifax to FO, 26 and 27 March 1945, FO 954/17A/178–9; WM 40 (45) CA, 5 April 1945, CAB 65/52. The message Churchill to Stalin, 5 April 1945, CHAR 20/214/10–12.

110. Clark Kerr to FO, 3 April 1945, PREM 3/356/5.

111. PM, minute to Dominions Secretary, 3 April 1945, copy in FO 954/20C/531–4.

112. *FRUS 1945*, 5: 824.

113. MR box 9.

114. RGASPI f.558, op.11, d.272, ll.71–4; cf. Stalin to Churchill, 7 April 1945, CHAR 20/214/48–9.

115. Lebedev to Molotov, 3 March 1945, AVP RF f.06, op.7, p.39, d.588, ll.15–16.

116. Stalin to Churchill, 7 April 1945, CHAR 20/214/48–9; cf. RGASPI f.558, op.11, d.370, l.128.

117. Churchill to Eden, 25 March 1945, FO 954/26C/591.

118. Soames, *Speaking for Themselves*, 521–4.

119. MR box 9.

120. Printed in *Corr 1957*, 2: 210, this is largely the same as the summary in Stalin's letter.

121. CHAR 20/214/33.

122. Churchill to Eden, 11 April 1945, CHAR 20/209/4; Kimball, 3: 624–5, 628–9.

123. From the President to Marshal Stalin, 11 April 1945, log sheet, MR box 9.

124. Arrangements with the Soviets: Report by the Joint Strategic Survey Committee, 5 April 1945, and Leahy to JCS, 6 April 1945, RG 218, Geographical File 42–45, CCS 092 USSR, (3–27–45), Sec.1 (NARA).

125. MR box 23: Warm Springs, 1945 messages, esp. OUT–402, and IN–196 and 197; cf. Kimball, 3: 630, and Woolner, *Last Hundred Days*, 264.

126. MR box 9.

127. Harriman, draft telegram, 10 April 1945, Harriman papers, box 178 (LC).

128. MR box 23: Warm Springs, 1945 messages, 12 April 1945, esp. OUT–409 and 411, and IN–198.

129. Log sheet for President to Harriman, 12 April 1945, MR box 35: Germany, Italian negotiations.

后 记

1. Gilbert 7, 1293–4; Mary Soames (ed.), *Speaking for Themselves: The personal letters of Winston and Clementine Churchill*, London, 1999, 524; SWW, 6: 418.

2. Harriman to SecState, 13 April 1945, and memcon 13 April 1945, *FRUS 1945*, 5: 825–9; see also Harriman papers, box 178 (LC).

3. Georgiy Zhukov, *Reminiscences and Reflections*, 2 vols, Moscow, 1985, 2: 396–7; Antony Beevor, *Berlin: The downfall*, London, 2002, 402–5.

4. *Corr 1957*, 1: 352–3, 2: 230–1.

5. Frank Costigliola, 'After Roosevelt's death: Dangerous emotions, divisive discourses, and the abandoned alliance', *Diplomatic History*, 34 (2010), 21.

6. Clark Kerr, note of meeting with Gusev, 18 May 1945, PREM 3/396/12/363–5; report by Joint Planning Staff, 'Operation Unthinkable', 22 May 1945, CAB 120/691; Alanbrooke, 693.

7. Daniel Longwill to Henry Laughlin, 8 Sept. 1953, Houghton Mifflin Trade Editorial papers, 318/1: Life, 1952–3 (Houghton Library, Harvard University).

8. See for example Geoffrey Roberts, 'Sexing Up the Cold War: New Evidence on the Molotov–Truman Talks of April 1945', *Cold War History*, 4/3 (April 2004), 105–25.

9. Robert L. Messer, *The End of the Alliance: James F. Byrnes, Roosevelt, Truman, and the origins of the Cold War*, Chapel Hill, NC, 1982, 71–84; Sargent to Churchill, 14 May 1945, PREM 3/396/14/585–6.

10. Moran, 277; Gilbert 8, 111.

11. Vladislav Zubok and Constantine Pleshakov, *Inside the Kremlin's Cold War: From Stalin to Khrushchev*, Cambridge, MA, 1996, 39–43.

12. *SWW*, 6: 583.

13. *Sovetsko-frantsuzskiye otnosheniya vo vremya Velikoy Otechestvennoy voyny, 1941–*

1945, 2 vols, Moscow, 1983, 2: 200.

14. CHUR 2/142/136–40.

15. *Hansard Parliamentary Debates*, HC Deb 414, cols 1291, 1300.

16. Vladimir O. Pechatnov,'"The Allies are pressing on you to break your will ...": Foreign policy correspondence between Stalin and Molotov and other Politburo members, September 1945 – December 1946', *Cold War International History Project Working Paper*, no. 26 (Sept. 1999), 10–11.

17. Alexander O. Chubariyan and Vladimir O. Pechatnov, eds,'Molotov"the Liberal"': Stalin's Criticism of his Deputy', *Cold War History*, 1 (2000), 130.

18. Quotations from ibid., 132–8.

19. Pechatnov ' "The Allies" ', 6.

20. Winston S. Churchill, *Winston Churchill, His Complete Speeches*, ed. Robert Rhodes James, 8 vols, New York, 1974, 7: 7285–93; cf. speech drafts in CHUR 5/4.

21. This argument is developed in David Reynolds, *From World War to Cold War: Churchill, Roosevelt and the international history of the 1940s*, Oxford, 2006, 259–60.

22. Quotations from reports of the speech in *New York Times*, 14 March 1946, 1 and 4.

23. See William Taubman, *Stalin's American Policy: From entente to détente to cold war*, New York, 1982, 141, 144; David Holloway, *Stalin and the Bomb: The Soviet Union and atomic energy, 1939–1956*, New Haven, CT, 1994, 168–71.

24. Reynolds, *From World War to Cold War*, 261–2; Fraser Harbutt, *The Iron Curtain: Churchill, America, and the origins of the cold war*, New York, 1986, 280–5.

25. Second draft of 15 March 1946 speech, p. A2, in CHUR 5/4.

26. Moran, 339; Bracken to Beaverbrook, 16 Oct. 1946, Beaverbrook papers, C/56 (House of Lords Record Office).

27. See CHUR 2/156/90–102.

28. Montgomery to Churchill, 21 Jan. 1947, CHUR 2/143/95. See also B.L. Montgomery, *The Memoirs of Field-Marshal the Viscount Montgomery of Alamein, KG*, London, 1958, 446–56, quoting Attlee on p. 446.

29. Churchill to Montgomery, 23 Jan. 1947, and to Stalin, 3 Feb. 1947, CHUR 2/143/96, 100.

30. 'Notes on Volume VI', p. 15, Ismay papers, 2/3/296 (Liddell Hart Centre, King's College, London).

31. *SWW*, 6: 186; cf. CHUR 4/355/8. On Potsdam see CHUR 4/380B/187.

32. Gilbert 8, 659; Churchill, *Speeches*, 8: 8296–7; John W. Young, *Winston Churchill's Last Campaign: Britain and the cold war, 1951–5*, Oxford, 1996, 46–7.

33. Speech in Edinburgh, 14 Feb. 1950, in Churchill, *Speeches*, 8: 7944.

34. Colville, 650, 655; Young, *Churchill's Last Campaign*, 130.

35. Quotations from Sheila Fitzpatrick, *On Stalin's Team: The years of living dangerously in Soviet politics*, Princeton, 2015, 226.

36. Moran, 427.

37. Messages of 11 March and 4 May 1953 in Peter Boyle (ed.), *The Churchill–Eisenhower Correspondence, 1953–1955*, Chapel Hill, NC, 1990, 31, 48. The originals of the correspondence are in PREM 11/1074 and Whitman Files: International Series, boxes 16–17, Dwight D. Eisenhower Library, Abilene, KS.

38. Eisenhower to Churchill, 5 May 1953, in Boyle, *Correspondence*, 49–50.

39. Churchill to Eisenhower, 7 May 1953, in Boyle, *Correspondence*, 50–1.

40. Churchill, *Speeches*, 8: 8475–85, quoting pp. 8484–85. The speech notes are in CHUR 5/51C/260–320.

41. Klaus Larres, *Churchill's Cold War: The politics of personal diplomacy*, New Haven, CT, 2002, 217–19, and generally chs 10–11.

42. Churchill messages of 7 and 9 July 1954 and 18 March 1955 in Boyle, *Correspondence*, 152–3, 157–8, 200. On Soviet attitudes see Uri Bar-Noi, 'The Soviet Union and Churchill's appeals for high-level talks, 1953–54', *Diplomacy and Statecraft*, 9:3 (1998), 110–33.

43. Churchill, *Speeches*, 8: 8604; also CHUR 5/56A/156.

44. Churchill to Eisenhower, 16 April 1956, CHUR 2/217/98–9; Anthony Montague Browne, *Long Sunset*, London, 1996, 158.

45. Molotov to Churchill, 7 July 1954, CHUR 6/3A/42.

致 谢

这部书是长期研究的成果，是本着真正的国际合作精神，精心研究俄文本原著之后，经过修订和改写，倾心奉献，以飨母语为英语的读者。一路走来，我们蓄积了许多感激之情，很高兴在此一并致谢。

在资金上，这项研究工作得到了英国利华休姆信托基金（研究项目拨款 RPG-2015-156）、英国人文和社会科学院（小型研究补助金 SG100185）和俄罗斯米尔基金会的慷慨资助。本书作者弗拉基米尔·佩恰特诺夫，也是剑桥大学丘吉尔学院档案奖学金和纽约海德公园罗斯福研究所科研补助金的获得者，他为此心怀感激。

我们也非常感谢下列资料库的档案管理员的帮助，在此致谢俄罗斯联邦国家档案管理局的 A.N. 阿尔季佐夫，俄罗斯国家社会政治历史档案馆的 O.V. 瑙莫夫、A.K. 索罗金、V.N. 舍佩列夫，俄罗斯联邦总统档案馆、俄罗斯外交部历史文献部和对外政策档案馆的 A.I. 库兹涅佐夫、I.V. 费季索夫、A.N 扎列耶娃，纽约海德公园富兰克林·D. 罗斯福图书馆档案管理员罗伯特·克拉克，密苏里州独立城哈里·S. 杜鲁门总统图书馆的档案管理员丽贝卡·索厄尔，剑桥大学丘吉尔档案中心主任艾伦·帕克伍德。莫斯科德国历史研究所的 S.V. 库德里亚绍夫，在鉴定和处理档案材料方面提供了很大的帮助。俄罗斯外交部莫斯科国立国际关系学院和莫斯科德国历史研究所的 N. 卡策尔，为俄罗斯的研究创造了有利的工作条件，并提供了组织支持。弗拉基米尔·佩恰特诺夫特别感谢莫斯科国立国际关系学院院长、俄罗斯科学院院士A.V.托尔库诺夫，他对该项目的信心和对该项目的不断推进，使其俄文版本的出版成为可能。

在英国，本书作者戴维·雷诺兹致谢丹尼尔·文德利希和爱德华·梅斯，感谢他们在获得和管理英国基金方面给予的帮助，以及剑桥历史学院和基督学院对他的工作持久的支持。

俄罗斯外交部对外政策档案馆、俄罗斯国家社会政治历史档案馆、俄罗斯国家影像资料档案馆和俄罗斯国防部，真诚地允许使用他们收藏的一些资料作为插图。由温斯顿·丘吉尔和其他战时英国政府成员编写的皇家版权文件，是根据《开放政府许可》复制的，但在可能的情况下，作者会从公开的馆藏资料中引用。

本书极大地受益于俄罗斯科学院院士、已故的G.N.谢沃斯季亚诺夫的建议，以及俄罗斯联邦荣誉学者O.A.勒热舍夫斯基和V.L.马尔科夫的建议。罗斯福时代的两位著名的美国历史学家沃伦·F.金博尔和戴维·伍尔纳，对英文本初稿作出了有价值的评论。英国外交和联邦事务部历史学家克里斯蒂娜·斯波尔、帕特里克·迈尔斯和帕特里克·萨蒙，友善地提供了更多的评论和建议。像通常一样，我们每个人都亏欠各自坚忍的伴侣玛格丽特和卢巴一笔特别的人情。

我们要感谢耶鲁大学出版社支持这个项目的人，特别是罗伯特·鲍多克、雷切尔·朗斯代尔和克拉丽莎·萨瑟兰，以及责任编辑克莱夫·利迪亚德。耶鲁大学致力于出版这本书，并且后来还出版了全部通信的在线版本，堪称典范。我们还要感谢罗杰斯、柯勒律治和怀特有限公司的我们的经纪人彼得·鲁宾逊和助理马修·马兰。

如果没有两位才华横溢的年轻的二战历史学家的帮助，这本书是不可能完成的，他们的语言、学术和写作能力，都是非常宝贵的：伊斯坎德尔·马加德耶夫在俄文版的研究和出版上贡献良多；奥尔加·库切连科在翻译俄文材料和协助编写英文文本方面，也作出了同样的贡献。感谢他们的话写在扉页上。

《克里姆林宫的信件》这部书谨献给两位学者，一位是俄罗斯人，另一位是美国人，他们开创了跨越冷战鸿沟建立学术联系的先河，并为战时文献的编辑率先垂范。他们是历史学家，也是朋友，我们感谢他们。

最后，说一句赞美的话：这本书表明，受不同的、经常发生摩擦的政治文化影响的两位学者，有可能找到共同点并完成一个项目，我们希望这个项目将会加强历史研究，并在某种程度上增强国际理解。

2018 年 5 月，于剑桥和莫斯科

图书在版编目（CIP）数据

克里姆林宫的信件/（英）戴维·雷诺兹，（俄罗斯）弗拉基米尔·佩恰特诺夫编著；云晓丽译—成都：天地出版社，2023.6
ISBN 978-7-5455-7458-6

Ⅰ.①克… Ⅱ.①戴… ②弗… ③云… Ⅲ.①罗斯福（Roosevelt Franklin Delano 1882-1945）–传记 ②丘吉尔（Churchill, Winston Leonard Spencer 1874-1965）–传记 ③斯大林（Stalin, Joseph Vissarionovich 1879-1953）–传记 Ⅳ.①K837.127=5 ②K835.617=5 ③A741

中国版本图书馆CIP数据核字（2022）第225147号

THE KREMLIN LETTERS: STALIN'S WARTIME CORRESPONDENCE WITH CHURCHILL AND ROOSEVELT
Copyright © 2018 David Reynolds and Vladimir Pechatnov
Simplified Chinese language edition © Beijing Huaxia Winshare Books Co., Ltd.
Through Big Apple Agency, Inc..

图进字：21-2019-593

KELIMULIN GONG DE XINJIAN

克里姆林宫的信件

出 品 人	杨 政
编 者	［英］戴维·雷诺兹　［俄罗斯］弗拉基米尔·佩恰特诺夫
译 者	云晓丽
责任编辑	杨永龙　李建波
责任校对	杨金原
装帧设计	尚上文化
责任印制	王学锋

出版发行	天地出版社
	（成都市锦江区三色路238号 邮政编码：610023）
	（北京市方庄芳群园3区3号 邮政编码：100078）
网　　址	http://www.tiandiph.com
电子邮箱	tianditg@163.com
经　　销	新华文轩出版传媒股份有限公司

印	刷	北京文昌阁彩色印刷有限责任公司
版	次	2023年6月第1版
印	次	2023年6月第1次印刷
开	本	710mm×1000mm　1/16
印	张	56
字	数	798千字
定	价	168.00元（全二册）
书	号	ISBN 978-7-5455-7458-6

版权所有◆违者必究

咨询电话：（028）86361282（总编室）
购书热线：（010）67693207（营销中心）

如有印装错误，请与本社联系调换。